CONTENTS

MATHS 25 PRACTICE SETS

REASONING 25 PRACTICE SETS

* * *

Maths
25 Practice
Sets

1 PRACTICE SET

1. The number of votes not cast for the Praja Party increased by 25% in the National General Elections over those not cast for it in the previous Assembly Polls, and the Praja Party lost by a majority twice as large as that by which it had won the Assembly Polls. If a total of 2,60,000 people voted each time, how many voted for the Praja Party in the Assembly Elections last time ?
राष्ट्रीय आम चुनावों में प्रजा पार्टी को न मिले वोटों की संख्या पिछले विधानसभा चुनावों में उसे न मिले वोटों की संख्या से 25% बढ़ गई, और प्रजा पार्टी विधानसभा चुनावों में मिली जीत से दोगुने बहुमत से हार गई। यदि हर बार कुल 2,60,000 लोगों ने वोट दिया, तो पिछली बार विधानसभा चुनावों में प्रजा पार्टी को कितने लोगों ने वोट दिया था?
(a) 100000 (b) 120000 (c) 140000 (d) 160000

2. Amit and Bilal buy goods for ₹1,500 and ₹2,000, respectively. Amit marks his goods up by y%, while Bilal marks his goods up by 2y% and offers a discount of y%. If both make the same profit, then find the value of y.
अमित और बिलाल क्रमशः ₹1,500 और ₹2,000 का सामान खरीदते हैं। अमित अपने सामान पर y% अधिक मूल्य अंकित करता है, जबकि बिलाल अपने सामान पर 2y% अधिक मूल्य अंकित करता है और y% की छूट प्रदान करता है। यदि दोनों समान लाभ कमाते हैं, तो y का मान ज्ञात करें।
(a) 12 (b) 10.5 (c) 11.5 (d) 12.5

3. If a shopkeeper sells sugar at ₹44.8 per kg. he is able to make a 12% profit. Due to water seepage, 1/5 of sugar is damaged. what should now be the selling price per kg of the rest of the sugar to have 5% profit ?
यदि कोई दुकानदार ₹44.8 प्रति किलोग्राम पर चीनी बेचता है। वह 12% लाभ कमाने में सक्षम है। पानी के रिसाव के कारण चीनी का 1/5 भाग खराब हो जाता है। अब 5% लाभ पाने के लिए शेष चीनी का प्रति किलोग्राम विक्रय मूल्य क्या होना चाहिए?
(a) ₹52.5 (b) ₹49.5 (c) ₹51.5 (d) ₹48.5

4. The monthly expenses of a person are $66\frac{2}{3}\%$ more than her monthly savings. If her monthly income increases by 44% and her monthly expenses increase by 60%, then there is an increase of Rs. 1,040 in her monthly savings. What is the initial expenditure (in Rs.) ?
एक व्यक्ति का मासिक खर्च उसकी मासिक बचत से $66\frac{2}{3}\%$ अधिक है। यदि उसकी मासिक आय 44% बढ़ जाती है और उसका मासिक खर्च 60% बढ़ जाता है, तो उसकी मासिक बचत में 1,040 रुपये की वृद्धि होती है। प्रारंभिक व्यय (रुपये में) क्या है?
(a) 10,000 (b) 12,000 (c) 13,000 (d) 9,000

5. What annual instalment will discharge a debt of ₹26,160 due in 4 years at 6% simple interest p.a.?
कौन सी वार्षिक किस्त 6% प्रति वर्ष साधारण ब्याज पर 4 वर्षों में देय ₹26,160 के ऋण का भुगतान करेगी?
(a) ₹4,500 (b) ₹5,800 (c) ₹5,500 (d) ₹6,000

6. Mohan borrows a sum of ₹4,22,092 at the rate of 20% per annum simple interest. At the end of the first year, he repays ₹21,679 towards return of principal amount borrowed. If Mohan clears all pending dues at the end of the second year, including interest payment that accrued during the first year, how much does he pay (in ₹) at the end of the second year ?
मोहन ने 20% प्रति वर्ष साधारण ब्याज की दर से ₹4,22,092 की राशि उधार ली। पहले वर्ष के अंत में, वह उधार ली गई मूल राशि की वापसी के लिए ₹21,679 चुकाता है। यदि मोहन दूसरे वर्ष के अंत में सभी लंबित बकाया राशि का भुगतान करता है, जिसमें पहले वर्ष के दौरान अर्जित ब्याज भुगतान भी शामिल है, तो वह दूसरे वर्ष के अंत में कितना भुगतान (₹ में) करेगा?
(a) 564914 (b) 561347 (c) 556367 (d) 558380

7. One year ago, the ratio between Ram's and Shyam's salaries was 3:5. The ratio of their individuals' salaries of last year and present year are 2:3 and 4:5 respectively. If their total salaries for the present year is Rs 8600. Find the present salary of Ram ?
एक वर्ष पहले, राम और श्याम के वेतन के बीच का अनुपात 3:5 था। उनके व्यक्तिगत वेतन का पिछले वर्ष और वर्तमान वर्ष का अनुपात क्रमशः 2:3 और 4:5 है। यदि वर्तमान वर्ष के लिए उनका कुल वेतन 8600 रुपये है। राम का वर्तमान वेतन ज्ञात करें?
(a) 3200 (b) 3600 (c) 4000 (d) 4400

8. Glass 'A' contains 400ml sprite & glass B contains 220ml coke. 4X ml sprite taken out from 'A' and mixed in 'B' and then 3X ml mixture from 'B' taken out and poured into a vacant glass 'C'. If ratio of coke to sprite

in glass C is 11:4, then find remaining quantity of sprite in glass B ?
ग्लास 'A' में 400 ml स्प्राइट और ग्लास B में 220 ml कोक है। 'A' से 4 X ml स्प्राइट निकालकर 'B' में मिलाया गया और फिर 'B' से 3 x ml मिश्रण निकालकर एक खाली गिलास 'C' में डाला गया। यदि गिलास C में कोक और स्प्राइट का अनुपात 11:4 है, तो गिलास B में स्प्राइट की शेष मात्रा ज्ञात कीजिए?

(a) 240ml (b) 60ml (c) 64ml (d) 80ml

9. Two people A and B are initially 8km apart and they start travelling towards each other at the same time. They meet after travelling for 30min and time taken by B to reach A is 32min more than the time taken to A to reach B, then what is the speed of A ?
दो व्यक्ति A और B शुरू में 8 किमी दूर हैं और वे एक ही समय में एक–दूसरे की ओर यात्रा करना शुरू करते हैं। वे 30 मिनट की यात्रा करने के बाद मिलते हैं और B द्वारा A तक पहुँचने में लिया गया समय A द्वारा B तक पहुँचने में लिए गए समय से 32 मिनट अधिक है, तो A की गति क्या है?

(a) 6km/hr (b) 8km/hr (c) 10km/hr (d) 12km/hr

10. Savitha and Pranika decided to run a 2250m long race on a track as long as the length of the race. But Savitha gave Pranika a 396m head start and also allowed her to start 9 sec before Savitha started running. Pranika ran at 6m/sec and Savitha caught up with Pranika 250 seconds after Savitha started running. What was Savitha's speed (in m/s) during the race ?
सविता और प्रणिका ने दौड़ की लंबाई जितनी लंबी ट्रैक पर 2250 मीटर लंबी दौड़ दौड़ने का फैसला किया। लेकिन सविता ने प्रणिका को 396 मीटर की बढ़त दी और सविता के दौड़ने से 9 सेकंड पहले उसे शुरुआत करने की अनुमति भी दी। प्रणिका 6 मीटर/सेकंड की गति से दौड़ी और सविता ने दौड़ना शुरू करने के 250 सेकंड बाद प्रणिका को पकड़ लिया। दौड़ के दौरान सविता की गति (मीटर/सेकेंड में) क्या थी?

(a) 7.2 (b) 7.8 (c) 8 (d) 7.5

11. A takes 8 more days than B to finish a work. A and B start this work and B leaves the work 9 days before the work is finished. If A completes 75% of the work. How long would A have taken to finish the work alone ?
A को एक कार्य पूरा करने में B से 8 दिन अधिक लगते हैं। A और B यह काम शुरू करते हैं और B काम खत्म होने से 9 दिन पहले काम छोड़ देता है। यदि A 75% कार्य पूरा कर लेता है। A को अकेले काम ख़त्म करने में कितना समय लगा होगा?

(a) 26 days (b) 24 days (c) 14 days (d) 10 days

12. A and B working together can complete a work in d days. working alone A takes (8+d) days and B takes (18+d) days to complete the same work. A work for 4 days and the remaining work will be completed by B alone is ?
A और B एक साथ काम करके किसी कार्य को d दिनों में पूरा कर सकते हैं। अकेले काम करने में A को (8 + d) दिन लगते हैं और B को उसी काम को पूरा करने में (18 + d) दिन लगते हैं। एक कार्य 4 दिनों के लिए और शेष कार्य अकेले B द्वारा पूरा किया जाएगा?

(a) 16 days (b) 18 days (c) 20 days (d) 24 days

13. A right triangle with sides 3 cm, 4 cm and 5 cm is rotated about the sides of 3 cm to form a cone. The volume of the cone so formed is:
3 सेमी, 4 सेमी और 5 सेमी भुजाओं वाले एक समकोण त्रिभुज को एक शंकु बनाने के लिए 3 सेमी भुजाओं के चारों ओर घुमाया जाता है। इस प्रकार बने शंकु का आयतन है:

(a) 20π cm³ (b) 28π cm³ (c) 16π cm³ (d) 25π cm³

14. A rectangular piece of paper is 50 cm long and 22 cm wide. If a cylinder is formed by rolling the paper along its breadth, then the volume of the cylinder is
कागज का एक आयताकार टुकड़ा 50 सेमी लंबा और 22 सेमी चौड़ा है। यदि कागज को उसकी चौड़ाई के अनुदिश घुमाकर एक बेलन बनाया जाता है, तो बेलन का आयतन होता है

(a) 1825 (b) 1925 (c) 2025 (d) 2125

15. If $A=0.3\overline{12}, B=0.4\overline{15}$ & $C=0.30\overline{9}$, then what is the value of A + B + C?
यदि $A=0.3\overline{12}, B=0.4\overline{15}$ और $C=0.30\overline{9}$ है, तो A+ B+ C का मान क्या है?

SSC CGL Tier II (08/08/2022)

(a) 1141/1100 (b) 1097/1100
(c) 1211/1100 (d) 1043/1100

16. Find the approximate standard deviation of observations 21, 67, 13, 34, and 45.
प्रेक्षणों 21, 67, 13, 34, और 45 का अनुमानित मानक विचलन ज्ञात कीजिए।

(a) 21 (b) 19 (c) 17 (d) 15

17. If A and B are two events such that P(A) = 0.67, P (B) = 0.52, and P (A ∩ B) = 0.47, then find the odds in favour of P (neither A nor B).
यदि A और B दो घटनाएँ हैं जैसे कि P(A) = 0.67, P (B) = 0.52, और P (A ∩ B) = 0.47, तो P (न तो A और न ही B) के पक्ष में संभावनाएँ ज्ञात कीजिए।

(a) 7/25 (b) 7/18 (c) 18/7 (d) 25/18

18. What is $\frac{cos\,7x - cos\,3x}{sin\,7x - 2\,sin\,5x + sin\,3x}$ equal to ?

$\frac{cos\,7x - cos\,3x}{sin\,7x - 2\,sin\,5x + sin\,3x}$ किसके बराबर है?

(a) tan x (b) cot x (c) tan 2x (d) cot 2x

19. On simplifying $\frac{sin^3 A + sin 3A}{sin\,A} + \frac{cos^3 A - cos 3A}{cos\,A}$ we get

$\frac{sin^3 A + sin 3A}{sin\,A} + \frac{cos^3 A - cos 3A}{cos\,A}$ को सरल बनाने पर हमें प्राप्त होता है

(a) sin3A (b) cos3A
(c) sinA + cosA (d) 3

20. A vertical tower standing on a levelled field is mounted with a vertical flag staff of length 3 m. From a point on the field, the angles of elevation of the bottom and tip of the flag staff are 30° and 45° respectively. Which one of the following gives the best approximation to the height of the tower?

एक समतल मैदान पर खड़ा एक ऊर्ध्वाधर टॉवर 3 मीटर लंबे ऊर्ध्वाधर ध्वज स्तंभ के साथ स्थापित किया गया है। मैदान के एक बिंदु से, ध्वजदंड के निचले भाग और सिरे का उन्नयन कोण क्रमशः 30° और 45° है। निम्नलिखित में से कौन सा टॉवर की ऊंचाई का सबसे अच्छा अनुमान देता है?

(a) 3.90 m (b) 4.00 m (c) 4·10 m (d) 4.25 m

21. For what value of k do the system of equations 2x + y +3z=6, 2x+z = 5, x+2y+kz = 0 have a unique solution?

समीकरण 2x + y + 3z = 6, 2x +z = 5, x + 2y + kz = 0 की प्रणाली में k के किस मान के लिए एक अद्वितीय समाधान है?

(a) k value not equal to 4.5
(b) k value not equal to 0
(c) k can be any real value
(d) k value equal to 4.5

22. If the number 413283P759387 is divisible by 13, then what is the value of P?

यदि संख्या 413283P759387,13 से विभाज्य है, तो P का मान क्या है?

(a) 3 (b) 6 (c) 7 (d) 8

23. If the digits of a 2–digit number are interchanged then the original number is greater than four times the new number so obtained. How many such natural numbers are there? Assume that '0' cannot be at the unit place of the number.

यदि 2 अंकीय संख्या के अंकों को आपस में बदल दिया जाए तो मूल संख्या प्राप्त नई संख्या के चार गुना से अधिक होती है। ऐसी कितनी प्राकृतिक संख्याएँ हैं? मान लें कि '0' संख्या के इकाई स्थान पर नहीं हो सकता।

(a) 3 (b) 4 (c) 5 (d) 6

24. Let X and Y be natural numbers. What is the possible value of (X – Y) such that (35X + 42Y) is divisible by 161?

मान लीजिए कि X और Y प्राकृतिक संख्याएँ हैं। (X – Y) का संभावित मान क्या है जिससे (35X + 42Y), 161 से विभाज्य हो?

(a) 1 (b) 2 (c) –2 (d) 3

25. If $p^2 + q^2 - 29 = 2pq - 20 = 52 - 2pq$, then the difference between the maximum and minimum possible value of $(p^3 - q^3)$ is

यदि $p^2 + q^2 - 29 = 2pq - 20 = 52 - 2pq$, तो $(p^3 - q^3)$ के अधिकतम और न्यूनतम संभव मान के बीच का अंतर है

(a) 243 (b) 378 (c) 189 (d) 486

26. If $\left(\sqrt[3]{x}\right)^2 - 9\sqrt[3]{x} + 16 = 0$, then, determine the value of $(\sqrt[3]{x} - 3)^3 - \frac{8}{(\sqrt[3]{x} - 3)^3}$

यदि $\left(\sqrt[3]{x}\right)^2 - 9\sqrt[3]{x} + 16 = 0$, तो, $\left(\sqrt[3]{x} - 3\right)^3 - \frac{8}{\left(\sqrt[3]{x} - 3\right)^3}$ का मान निर्धारित करें

(a) 45 (b) 42 (c) 35 (d) 65

27. If AC – AB = 6, DC = 3√5 and AD is the angle bisector, then find BD?

यदि AC – AB = 6, DC = 3√5 और AD कोण समद्विभाजक है, तो BD ज्ञात कीजिए?

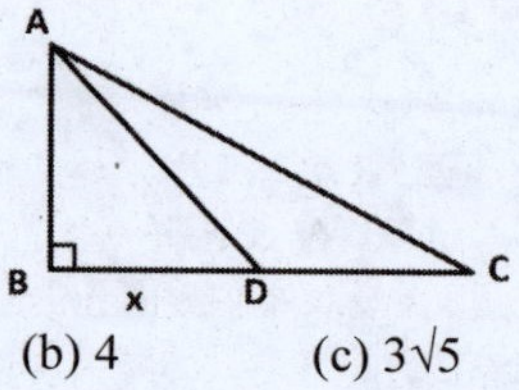

(a) 3 (b) 4 (c) 3√5 (d) 4√5

28. In the given figure if AE=8 cm, EC=10cm CD is an angle bisector of ∠C then find the value of AD?

दिए गए चित्र में यदि AE = 8 cm, EC = 10cm CD, ∠C का कोण समद्विभाजक है तो AD का मान ज्ञात कीजिये?

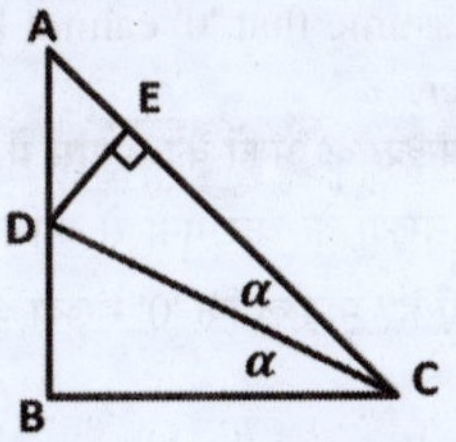

(a) 12 (b) 10 (c) 15 (d) 11

29. In triangle ABC, AD is perpendicular to BC and BE is perpendicular to AC, AD and BE intersect at F (inside the triangle). If AB = 20 cm, CD = 4 cm and AD = 12 cm, then what will be the length of BE?
त्रिभुज ABC में, AD, BC के लंबवत और BE, AC के लंबवत है, AD और BE, F (त्रिभुज के अंदर) पर प्रतिच्छेद करते है। यदि AB = 20 cm, CD = 4cm और AD = 12cm हो, तो BE की लम्बाई कितनी होगी?

(a) 5/10 (b) $6\sqrt{10}$ (c) 8 (d) 16

30. A solid metal cylinder of 12 cm height and 7 cm radius is melted and recast into two cones in the proportion of 1: 2 (volume), keeping the height 12 cm. What would be the percentage change in the flat surface area before and after [use π =22/7]?
12 सेमी ऊंचाई और 7 सेमी त्रिज्या वाले एक ठोस धातु सिलेंडर को पिघलाया जाता है और ऊंचाई 12 सेमी रखते हुए 1: 2 (आयतन) के अनुपात में दो शंकु में बदल दिया जाता है। [उपयोग π =22/7] से पहले और बाद में समतल सतह क्षेत्र में प्रतिशत परिवर्तन क्या होगा?

(a) 35% (b) 45% (c) 50% (d) 20%

2 PRACTICE SET

1. Avantika spends 25% of an amount of money on an clothing, 26% on food, 23% on education and 19% on Traveling. He deposits the remaining amount of ₹26,600 in the bank. What is the total amount (in ₹) that he spends on food and travelling together?
अवंतिका एक राशि का 25% कपड़ों पर, 26% भोजन पर, 23% शिक्षा पर और 19% यात्रा पर खर्च करती है। वह शेष राशि ₹26,600 बैंक में जमा करता है। कुल राशि (₹ में) क्या है जो वह भोजन और यात्रा पर एक साथ खर्च करता है?
(a) 1,95,000 (b) 1,83,000
(c) 1,62,000 (d) 1,71,000

2. A man is known to speak truth 3 out of 4 times. He throws a die and reports that it is a six. Find the probability that it is actually a six.
एक आदमी 4 में से 3 बार सच बोलने के लिए जाना जाता है। वह पासा फेंकता है और रिपोर्ट करता है कि यह छक्का है। इसकी प्रायिकता ज्ञात कीजिए कि यह वास्तव में छक्का है।
(a) 3/8 (b) 7/8 (c) 4/8 (d) 1/8

3. If the HCF of x and 221 is expressible in the form 3x–187, then which of the following can be a value of x?
यदि x और 221 का HCF 3x–187 के रूप में व्यक्त किया जा सकता है, तो निम्नलिखित में से कौन सा x का मान हो सकता है?
(a) 68 (b) 62 (c) 57 (d) 51

4. $3^{71}+3^{72}+3^{73}+3^{74}+3^{75}$ is divisible by?
$3^{71}+3^{72}+3^{73}+3^{74}+3^{75}$ किससे विभाज्य है?
(a) 8 (b) 5 (c) 11 (d) 7

5. A man rows 48 km and back in 48 hours. He can row 4 km with the stream in the same time as 3 km against the stream. The speed of the stream (in km/h) is
एक आदमी 48 किमी तक नाव चलाता है और 48 घंटे में वापस आता है। वह धारा के साथ 4 किमी की दूरी तय करने में उतने ही समय में नाव चला सकता है जितनी धारा के विपरीत 3 किमी की दूरी तय कर सकता है। धारा की गति (किमी/घंटा में) है
(a) 3/29 (b) 5/21 (c) 7/21 (d) 7/24

6. X and Y enter into a partnership with capital in ratio 3: 5. After 5 months X adds 50% of his capital, while Y withdraws 60% of his capital. What is share (in ₹ lakhs) of X in the annual profit of ₹6.84 lakhs?
X और Y 3:5 के अनुपात में पूंजी के साथ साझेदारी में प्रवेश करते हैं। 5 महीने के बाद X अपनी पूंजी का 50% जोड़ता है, जबकि Y अपनी पूंजी का 60% निकाल लेता है। ₹6.84 लाख के वार्षिक लाभ में X का हिस्सा (₹ लाख में) क्या है?
(a) 3.72 (b) 4.2 (c) 3.6 (d) 3.12

7. The numbers 2, 3, 4 and 5 occur (2 + 5k), (5k – 7), (2k– 3) and (k + 2) times, respectively. The average of the number is 2.85. Later on, the number 2 was replaced by 4 in all the places. What is the average of the new numbers?
संख्याएँ 2, 3, 4 और 5 क्रमशः (2 +5k), (5k – 7), (2k – 3) और (k +2) बार आती हैं। संख्या का औसत 2.85 है, बाद में सभी स्थानों पर अंक 2 के स्थान पर 4 कर दिया गया। नई संख्याओं का औसत क्या है?
(a) 2.4 (b) 5.25 (c) 4.05 (d) 4.75

8. A vessel contains mixture of milk and water in the ratio of 6 : 1 respectively. If 21 liters mixture taken out and replaced with 77 liters of milk, then the resultant mixture becomes twice of the initial mixture. Find the quantity of the initial mixture?
एक बर्तन में दूध और पानी का मिश्रण क्रमशः 6 : 1 के अनुपात में है। यदि 21 लीटर मिश्रण निकालकर 77 लीटर दूध से बदल दिया जाए, तो परिणामी मिश्रण प्रारंभिक मिश्रण का दोगुना हो जाता है। प्रारंभिक मिश्रण की मात्रा ज्ञात कीजिये?
(a) 56 liters (b) 42 liters (c) 84 liters (d) 35 liters

9. Akshita and Raina are typing a book, but have only one laptop to work upon. They decided that they will work on alternate basis such that Akshita works for the first day, Raina works for the second day, Akshita for the third day and so on. Akshita alone can finish the typing work in 16 days, while Raina will take 24 days if she works alone on the entire book. How many days will they take to finish the typing work if they work on an alternate basis?
अक्षिता और रैना एक किताब टाइप कर रहे हैं, लेकिन काम करने के लिए उनके पास केवल एक लैपटॉप है। उन्होंने निर्णय लिया कि वे वैकल्पिक आधार पर काम करेंगे जैसे कि अक्षिता पहले दिन काम करती है, रैना

दूसरे दिन काम करती है, अक्षिता तीसरे दिन काम करती है और इसी तरह। अक्षिता अकेले टाइपिंग का काम 16 दिनों में पूरा कर सकती है, जबकि रैना को पूरी किताब पर अकेले काम करने में 24 दिन लगेंगे। यदि वे वैकल्पिक आधार पर काम करते हैं तो उन्हें टाइपिंग का काम पूरा करने में कितने दिन लगेंगे?

(a) 19 (b) 15 (c) 17 (d) 18

10. Vikas gave 3 examinations. The respective ratio of marks scored by him in the 3 examinations is 3 : 5 : 6. The respective ratio of maximum marks of the 3 examination is 5 : 7 : 8. If he scored 50 percent marks in total, then in how many examination has he scored marks more than 50 percent?
विकास ने तीन परीक्षाएं दीं। तीनों परीक्षाओं में उसके द्वारा प्राप्त अंकों का संबंधित अनुपात 3: 5: 6 है। तीसरी परीक्षा के अधिकतम अंकों का संबंधित अनुपात 5: 7: 8 है। यदि उसने कुल मिलाकर 50 प्रतिशत अंक प्राप्त किए हैं, तो कितनी परीक्षाओं में क्या उसने 50 प्रतिशत से अधिक अंक प्राप्त किये हैं?

(a) 0 (b) 1 (c) 2 (d) 3

11. A flat can be purchased in a building–society for ₹5,00,000 cash or on the terms that the customer pays ₹54,805 as cash down payment and the rest in three equal instalments. The society charges interest at the rate of 20% per annum compounded half–yearly. If the flat i purchased under instalment plan, find the total interest paid (in ₹) in this instalment scheme.
एक बिल्डिंग–सोसाइटी में ₹5,00,000 नकद में या इस शर्त पर फ्लैट खरीदा जा सकता है कि ग्राहक ₹54,805 नकद डाउन पेमेंट के रूप में और बाकी तीन समान किस्तों में भुगतान करेगा। सोसायटी 20% प्रति वर्ष की दर से ब्याज लेती है जो अर्धवार्षिक रूप से संयोजित होता है। यदि फ्लैट मैंने किस्त योजना के तहत खरीदा है, तो इस किस्त योजना में भुगतान किया गया कुल ब्याज (₹ में) ज्ञात करें।

(a) 83,759.5 (b) 81,632.5
(c) 85,638.5 (d) 91,863.5

12. The amount payable on maturity of a certain sum invested at a certain rate of simple interest per annum for one year was ₹1,484. If the rate of interest had been 2% higher, the amount would have been ₹ 26.50 more. What was the interest that was paid on the sum invested at the original rate?
एक वर्ष के लिए प्रति वर्ष एक निश्चित साधारण ब्याज दर पर निवेश की गई एक निश्चित राशि की परिपक्वता पर देय राशि ₹1,484 थी। यदि ब्याज दर 2% अधिक होती, तो राशि ₹ 26.50 अधिक होती। मूल दर पर निवेश की गई राशि पर कितना ब्याज दिया गया था?

(a) ₹152.50 (b) ₹161 (c) ₹157 (d) ₹159

13. A shopkeeper marked the price of an article by 40% above cost price and gave discount of Rs. 224. On the final amount, he charged 10% tax. In the whole transaction, he earned Rs. 158.6. Find cost price of the article.
एक दुकानदार ने एक वस्तु का मूल्य क्रय मूल्य से 40% अधिक अंकित किया और 224 रुपये की छूट दी। अंतिम राशि पर उसने 10% कर लगाया। पूरे लेन–देन में उसे 158.6 रुपये की कमाई हुई। वस्तु का क्रय मूल्य ज्ञात कीजिए।

(a) Rs 750 (b) Rs 760 (c) Rs 744 (d) Rs 757

14. A trader buys 60 bags of grain at the rate of ₹400 each. If he sells 18 bags at 8% profit. To gets a total profit of 16.4% on 60 bags. On which rate he should sell remaining bags?
एक व्यापारी 60 बोरी अनाज प्रत्येक ₹400 की दर से खरीदता है। यदि वह 18 बैग 8% लाभ पर बेचता है। 60 बैग पर कुल 16.4% का लाभ प्राप्त करना। उसे शेष बैग किस दर पर बेचने चाहिए?

(a) ₹400 (b) ₹480 (c) ₹540 (d) ₹520

15. Calculate the mean from the following table.
निम्न तालिका से माध्य की गणना करें।

Scores	Frequencies
0 – 10	2
10 – 20	4
20 – 30	12
30 – 40	21
40 – 50	6
50 – 60	3
60 – 70	2

(a) 33.4 (b) 32.6 (c) 35.8 (d) 34.2

16. If $x+y+z=1$ then find the minimum value of $\frac{1}{x}+\frac{1}{y}+\frac{1}{z}$ (where x, y, z are +ve)
यदि $x+y+z=1$ तो $\frac{1}{x}+\frac{1}{y}+\frac{1}{z}$ (जहाँ x, y, z धनात्मक हैं) का न्यूनतम मान ज्ञात कीजिए।

(a) 9 (b) 10 (c) 3 (d) 6

17. If $x=2-2^{\frac{1}{3}}+2^{\frac{2}{3}}$ then find the value of x^3-6x^2+18x .
यदि $x=2-2^{\frac{1}{3}}+2^{\frac{2}{3}}$ तब x^3-6x^2+18x का मान ज्ञात कीजिए।

(a) 40 (b) 33 (c) 45 (d) 22

18. If $x+\frac{1}{x}=5$ then find the value of $x^4-\frac{1}{x^4}$.
यदि $x+\frac{1}{x}=5$ तो $x^4-\frac{1}{x^4}$ का मान ज्ञात कीजिए।

(a) $92\sqrt{21}$ (b) $115\sqrt{21}$
(c) $138\sqrt{21}$ (d) $230\sqrt{21}$

19. If $2x+3y-5z=18, 3x+2y+z=29$ and $x+y+3z=17$, then what is the value of $xy+yz+zx$?
यदि $2x+3y-5z=18, 3x+2y+z=29$ तथा $x+y+3z=17$, तब $xy+yz+zx$ का मान क्या होगा ?

(a) 32 (b) 52 (c) 64 (d) 46

20. The base of a right prism is an equilateral triangle with each side measuring 4 cm. If the lateral surface area is 120 cm², find the volume (in cm³) of the prism.
एक समकोण प्रिज्म का आधार एक समबाहु त्रिभुज है जिसकी प्रत्येक भुजा की माप 4 सेमी है। यदि पार्श्व पृष्ठीय क्षेत्रफल 120 वर्ग सेमी है, तो प्रिज्म का आयतन (वर्ग सेमी में) ज्ञात कीजिए।

(a) $30\sqrt{3}$ (b) $40\sqrt{3}$ (c) $10\sqrt{3}$ (d) $20\sqrt{3}$

21. Some ice pieces, spherical in shape, of diameter 6 cm are dropped in a cylindrical container containing some juice and are fully submerged. If the diameter of the container is 18 cm and level of juice rises by 40 cm, then how many ice pieces are dropped in the container?
कुछ गोलाकार बर्फ के टुकड़े, जिनका व्यास 6 सेमी है, एक बेलनाकार बर्तन में डाले जाते हैं जिसमें थोड़ा रस भरा होता है और पूरी तरह से डूब जाते हैं। यदि बर्तन का व्यास 18 सेमी है और रस का स्तर 40 सेमी बढ़ जाता है, तो बर्तन में कितने बर्फ के टुकड़े डाले जाते हैं?

(a) 90 (b) 80 (c) 85 (d) 95

22. Some medicine in liquid form is prepared in a hemispherical container of diameter 36 cm. When the container is full of medicine, the medicine is transferred to small cylindrical bottles of diameter 6 cm and height 6 cm. How many bottles are required to empty the container?
तरल रूप में कुछ दवा 36 सेमी व्यास वाले एक अर्धगोलाकार कंटेनर में तैयार की जाती है। जब कंटेनर दवा से भर जाता है, तो दवा को 6 सेमी व्यास और 6 सेमी ऊंचाई वाली छोटी बेलनाकार बोतलों में स्थानांतरित कर दिया जाता है। कंटेनर को खाली करने के लिए कितनी बोतलों की आवश्यकता होगी?

(a) 70 (b) 75 (c) 72 (d) 76

23. Two circles with centres P and Q of radii 6 cm and 4 cm, respectively, touch each other internally. If the perpendicular bisector of PQ meets the bigger circle in A and B, then the value of AB is:
केंद्र P और Q वाले दो वृत्त जिनकी त्रिज्याएँ क्रमशः 6 सेमी और 4 सेमी हैं, एक दूसरे को आंतरिक रूप से स्पर्श करते हैं। यदि PQ का लंब समद्विभाजक A और B में बड़े वृत्त से मिलता है, तो AB का मान है:

(a) $\sqrt{35}$ cm (b) $\sqrt{5}$ cm (c) $2\sqrt{5}$ cm (d) $2\sqrt{35}$ cm

24. Two circles of radius 13 cm and 15 cm intersect each other at points A and B. If the length of the common chord is 12 cm, then what is the distance between their centres?
13 सेमी और 15 सेमी त्रिज्या वाले दो वृत्त एक दूसरे को बिंदु A और B पर प्रतिच्छेद करते हैं। यदि उभयनिष्ठ जीवा की लंबाई 12 सेमी है, तो उनके केंद्रों के बीच की दूरी क्या है?

(a) $\sqrt{145}+\sqrt{184}$ (b) $\sqrt{131}+\sqrt{181}$
(c) $\sqrt{145}+\sqrt{169}$ (d) $\sqrt{133}+\sqrt{189}$

25. Which of the following sets of lengths (in cm) will give three sides of an obtuse– angled triangle?
लंबाई का निम्नलिखित में से कौन सा सेट (सेमी में) एक अधिक कोण त्रिभुज की तीन भुजाएं देगा?

(a) 15, 62, 64 (b) 17, 64, 66
(c) 16, 63, 65 (d) 18, 65, 67

26. PQ is a chord of a circle. The tangent XR at X on the circle cuts PQ produced at R. If XR = 12 cm, PQ = x cm, QR = x – 2 cm, then x (in cm) is:
PQ एक वृत्त की जीवा है। वृत्त पर X पर स्पशरिखा XR निर्मित PQ को R पर काटती है। यदि XR = 12 सेमी, PQ = x सेमी, QR = x – 2 सेमी, तो x (सेमी में) है:

(a) 7 (b) 6 (c) 10 (d) 14

27. Given that A and B are second quadrant angles, $\sin A=\frac{1}{3}$ and $\sin B=\frac{1}{5}$ then find the value of cos (A – B)
दिया गया है कि A और B द्वितीय चतुर्थांश के कोण हैं, $\sin A=\frac{1}{3}$ और $\sin B=\frac{1}{5}$ है, तो cos(A – B) का मान ज्ञात कीजिए।

(a) $\frac{4\sqrt{3}+1}{15}$ (b) $\frac{8\sqrt{3}-1}{15}$
(c) $\frac{8\sqrt{3}+1}{15}$ (d) $\frac{4\sqrt{3}+1}{15}$

28. Find the smallest positive angle which satisfies the given trigonometric equation:
सबसे छोटा धनात्मक कोण ज्ञात कीजिए जो दिए गए त्रिकोणमितीय समीकरण को संतुष्ट करता है

$2\sin^2 x+\sqrt{3}\cos x+1=0$

(a) $\frac{\pi}{6}$ (b) $\frac{2\pi}{3}$

(c) $\frac{5\pi}{6}$ (d) none

29. Simplify/निम्न का मान ज्ञात कीजिए।

$$\frac{\sin 8\theta\cos\theta-\sin 6\theta\cos 3\theta}{\cos 2\theta\cos\theta-\sin 3\theta\sin 4\theta}$$

(a) $\cot\theta$ (b) $\tan\theta$

(c) $\tan 2\theta$ (d) $\cot 2\theta$

30. The value of $\frac{1}{\sqrt{17+12\sqrt{2}}}$ is closest to:

$\frac{1}{\sqrt{17+12\sqrt{2}}}$ का मान किसके सबसे निकट है ?

(a) 0.17 (b) 1.2

(c) 1.4 (d) 0.1

3 PRACTICE SET

1. A is 120% of B and B is 65% of C. If the sum of A, B and C is $121\frac{1}{2}$, then the value of 2C – 4B + A is:
A, B का 120% है और B, C का 65% है। यदि A, B और C का योग $121\frac{1}{2}$ है, तो 2C – 4B + A का मान है:
(a) 15 (b) 9 (c) 10 (d) 12

2. A speaks truth in 75% cases and B in 80% of the cases. In what percentage of cases are they likely to contradict each other narrating the same incident?
A 75% मामलों में सच बोलता है और B 80% मामलों में सच बोलता है। कितने प्रतिशत मामलों में उनके एक ही घटना का वर्णन करते हुए एक–दूसरे का खंडन करने की संभावना है?
(a) 5% (b)15% (c)35% (d)45%

3. x is the least number which when divided by 19, 20 and 25 leaves the remainders 4, 5 and 10, respectively, and y is the HCF of the numbers 24, 32 and 48. The value of $x - y^3$ is?
x वह सबसे छोटी संख्या है जिसे 19, 20 और 25 से विभाजित करने पर क्रमशः 4, 5 और 10 शेष बचता है और y संख्या 24, 32 और 48 का HCF है। $x - y^3$ का मान क्या है?
(a) 1675 (b) 1373 (c) 1426 (d) 1527

4. A 5–digit number ABCDE is made by using 1,2,3,4,5. Its three digit ABC is divisible by 4 , BCD is divisible by 5 and CDE is divisible by 3. Find A ?
1,2,3,4,5 का उपयोग करके 5 अंकों की संख्या ABCDE बनाई जाती है। इसका तीन अंक ABC 4 से विभाज्य है, BCD 5 से विभाज्य है और CDE 3 से विभाज्य है। A ज्ञात कीजिए?
(a) 1 (b) 2 (c) 3 (d) 4

5. A boat covers 24 km upstream and 36 km downstream in 10 hours, and 36 km upstream and 24 km downstream in 12 hours. The speed of the current is:
एक नाव 10 घंटे में धारा के विपरीत 24 किमी और धारा के अनुकूल 36 किमी की दूरी तय करती है, और 12 घंटे में धारा के प्रतिकूल 36 किमी और धारा के अनुकूल 24 किमी की दूरी तय करती है। धारा की गति है:
(a) $\frac{26}{9}$ (b) $\frac{33}{13}$ (c) $\frac{24}{7}$ (d) $\frac{25}{8}$

6. A, B and C are partners in a firm sharing profit in the ratio of 3:4:5. If they set aside 4% of the profits as emergency fund and shared the rest of the profit and B gets his share of profit as Rs. 1,81,400, the amount of profit set aside for emergency fund is:
A, B और C एक फर्म में साझेदार हैं और लाभ को 3:4:5 के अनुपात में बाँटते हैं। यदि वे लाभ का 4% आपातकालीन निधि के रूप में अलग रखते हैं और शेष लाभ आपस में बाँट लेते हैं और B को लाभ का अपना हिस्सा 1,81,400 रुपये मिलता है, तो आपातकालीन निधि के लिए अलग रखी गई लाभ राशि है:
(a) Rs. 27848 (b) Rs. 18140
(c) Rs. 22675 (d) Rs. 24500

7. If the average of the 3–digit numbers 23x, 385, xx3, 6x8, 3x1 and 523 is x29, then what will be the average of (x – 1), (x – 3), (x + 3) and (x + 5)?
यदि तीन अंकों की संख्या 23x, 385, xx3, 6x8 , 3x1 और 523 का औसत x29 है, तो (x – 1), (x – 3), (x+3) और (x +5) का औसत क्या होगा?
(a) 6 (b) 3 (c) 5 (d) 4

8. A container contains mixture of milk & water in ratio 5 : 3 respectively. If 8 lit milk is added in it then ratio of milk to water becomes 11 : 5. Find difference between initial quantity of milk & that of water.
एक कंटेनर में दूध या पानी का मिश्रण क्रमशः 5 : 3 के अनुपात में है। यदि इसमें 8 लीटर दूध मिलाया जाए तो दूध और पानी का अनुपात 11 : 5 हो जाता है। दूध की प्रारंभिक मात्रा के बीच अंतर ज्ञात कीजिए
(a) 5 lit (b) 38 lit (c) 18 lit (d) 10 lit

9. When A alone does a piece of work, he takes 25 days more than the time taken by A and B to do the work together. On the other hand, B alone takes 16 days more than the time taken by A and B to do the work together. How many days will A and B, working together, take to do the work?

जब A अकेले कोई कार्य करता है, तो उसे A और B द्वारा मिलकर कार्य करने में लिए गए समय से 25 दिन अधिक लगते हैं। दूसरी ओर, A और B द्वारा एक साथ काम करने में लिए गए समय से B अकेले 16 दिन अधिक लेता है। A और B को एक साथ काम करते हुए काम पूरा करने में कितने दिन लगेंगे?

(a) 20 (b) 22 (c) 23 (d) 24

10. Rs 600 are divided among A, B and C so that Rs 30 less than $\frac{2}{5}$ of A's share, Rs 10 more than $\frac{2}{7}$ of B's share and Rs 10 less than $\frac{3}{13}$ of C's share are all equal. A's share is

600 रुपये को A, B और सी के बीच इस तरह बांटा गया है कि A के हिस्से के $\frac{2}{5}$ से 30 रुपये कम, B के हिस्से के $\frac{2}{7}$ से 10 रुपये अधिक और C के हिस्से के $\frac{3}{13}$ से 10 रुपये कम सभी बराबर हैं। A का हिस्सा है

(a) Rs 200 (b) Rs 160 (c) Rs 150 (d) Rs 140

11. What annual instalment will discharge a debt of Rs.10,192 due in 3 years at 10% simple interest?

कौन सी वार्षिक किस्त 10% साधारण ब्याज पर 3 वर्षों में देय 10,192 रुपये के ऋण का भुगतान करेगी?

(a) Rs.3,144.48 (b) Rs.3,044.48
(c) Rs.3,088.48 (d) Rs.3,188.48

12. A person invested some amount at the rate of 12% per annum simple interest and some amount at the rate of 10% per annum simple interest. He received yearly interest of ₹125 from both the investments. But if he had interchanged the amounts invested, he would have received ₹3 more as interest. How much did he invest at 10 % per annum simple interest originally?

एक व्यक्ति ने कुछ राशि 12% प्रति वर्ष साधारण ब्याज की दर से और कुछ राशि 10% प्रति वर्ष साधारण ब्याज की दर से निवेश की। उन्हें दोनों निवेशों से ₹125 का वार्षिक ब्याज प्राप्त हुआ। लेकिन यदि उसने निवेश की गई राशि को आपस में बदल लिया होता, तो उसे ब्याज के रूप में ₹3 अधिक प्राप्त होते। उसने मूल रूप से 10% प्रति वर्ष साधारण ब्याज पर कितना निवेश किया?

(a) 500 (b) 600 (c) 650 (d) 700

13. A shopkeeper sells two pens, he sold 1 pen at profit and other pen at loss. SP of each of the two pens is Rs.300 and profit percentage on 1 pen is equal to loss percentage on other. If overall loss of shopkeeper is 6.25%, then find difference between cost price of both pens.

एक दुकानदार दो पेन बेचता है, उसने 1 पेन लाभ पर और दूसरा पेन हानि पर बेचा। दोनों पेनों में से प्रत्येक का एसपी 300 रुपये है और 1 पेन पर लाभ प्रतिशत दूसरे पर हानि प्रतिशत के बराबर है। यदि दुकानदार की कुल हानि 6.25% है, तो दोनों पेन के क्रय मूल्य के बीच अंतर ज्ञात कीजिए।

(a) Rs.350 (b) Rs.100 (c) Rs.240 (d) Rs.160

14. By selling an article at $\frac{19}{24}$ of its actual selling price, a man loses 5%. If the sells it at 90% of the actual selling price, then what will his gain percentage be?

एक वस्तु को उसके वास्तविक विक्रय मूल्य के $\frac{19}{24}$ पर बेचने पर, एक आदमी को 5% की हानि होती है। यदि वह इसे वास्तविक विक्रय मूल्य के 90% पर बेचता है, तो उसका लाभ प्रतिशत क्या होगा?

(a) 10% (b) 10.5% (c) 7.5% (d) 8%

15. Given that the mean of five numbers is 28. If one is excluded, the mean gets reduced by 5. Determine the excluded number.

दिया गया है कि पांच संख्याओं का माध्य 28 है। यदि एक को हटा दिया जाए, तो माध्य 5 से कम हो जाता है। निकाली गई संख्या निर्धारित करें।

(a) 46 (b) 48 (c) 47 (d) 45

16. The salaries of three friends Sita, Gita and Mita are initially in the ratio 5 : 6 : 7, respectively. In the first year, they get salary hikes of 20%, 25% and 20%, respectively. In the second year, Sita and Mita get salary hikes of 40% and 25%, respectively, and the salary of Gita becomes equal to the mean salary of the three friends. The salary hike of Gita in the second year is

तीन सहेलियों सीता, गीता और मीता का वेतन प्रारंभ में क्रमशः 5 : 6 : 7 के अनुपात में है। पहले वर्ष में, उन्हें क्रमशः 20%, 25% और 20% की वेतन वृद्धि मिलती है। दूसरे वर्ष में, सीता और मीता को क्रमशः 40% और 25% की वेतन वृद्धि मिलती है, और गीता का वेतन तीन दोस्तों के औसत वेतन के बराबर हो जाता है। दूसरे वर्ष में गीता की वेतन वृद्धि है

(a) 26% (b) 30% (c) 28% (d) 25%

17. If $P=7\times4-3, Q=8\div4+2,$ and $R=14\div21\times9,$ then what is the value $P\times Q+R$?

यदि $P=7\times4-3, Q=8\div4+2,$ और $R=14\div21\times9,$ तो P × Q + R का मान क्या है?

SSC MTS 25/07/2022 (Morning)

(a) 96 (b) 112 (c) 108 (d) 106

18. If $b+c=ax, c+a=by$ and $a+b=cz$, then the value of $\frac{1}{9}\left[\frac{1}{x+1}+\frac{1}{y+1}+\frac{1}{z+1}\right]$ is

यदि $b+c=ax, c+a=by, a+b=cz$, तो $\frac{1}{9}\left[\frac{1}{x+1}+\frac{1}{y+1}+\frac{1}{z+1}\right]$ का मान क्या है?

SSC CGL 06/03/2020 (Evening)

(a) $\frac{1}{3}$ (b) 0 (c) $\frac{1}{9}$ (d) 1

19. If $x=\sqrt{1+\frac{\sqrt{3}}{2}}-\sqrt{1-\frac{\sqrt{3}}{2}}$, then the value of $\frac{\sqrt{2}-x}{\sqrt{2}+x}$ will be closest to:

यदि $x=\sqrt{1+\frac{\sqrt{3}}{2}}-\sqrt{1-\frac{\sqrt{3}}{2}}$, तो $\frac{\sqrt{2}-x}{\sqrt{2}+x}$ का मान किसके सबसे निकट होगा?

SSC CGL Tier II (11/09/2019)

(a) 0.17 (b) 0.12 (c) 1.4 (d) 1.2

20. If $A=\frac{1+2x}{1-2x}$ and $B=\frac{1-2x}{1+2x}$, then the value of $\frac{A+B}{A-B}$ is:

यदि $A=\frac{1+2x}{1-2x}$ और $B=\frac{1-2x}{1+2x}$, तो $\frac{A+B}{A-B}$ का मान क्या होगा?

SSC CHSL 26/10/2020 (Afternoon)

(a) $x+\frac{1}{4x}$ (b) $x-\frac{1}{4x}$

(c) $\frac{1}{4x}-x$ (d) $x^2+\frac{1}{4x^2}$

21. The length and the breadth of the floor of a rectangular hall are 126 feet and 90 feet, respectively. What will be the area (in square feet) of each of the largest identical square tiles that can be used to tile this floor in a way that no part of the floor remains uncovered?

एक आयताकार हॉल के फर्श की लंबाई और चौड़ाई क्रमशः 126 फीट और 90 फीट है। प्रत्येक सबसे बड़ी समान वर्गाकार टाइल का क्षेत्रफल (वर्ग फुट में) क्या होगा जिसका उपयोग इस फर्श पर इस तरह से टाइल लगाने के लिए किया जा सकता है कि फर्श का कोई भी हिस्सा खुला न रहे?

(a) 196 (b) 256 (c) 324 (d) 484

22. The radii of the ends of a frustum of a solid right-circular cone 45 cm high are 28 cm and 7 cm. If this frustum is melted and reconstructed into a solid right circular cylinder whose radius of base and height are in the ratio 3: 5, find the curved surface area (in cm^2) of this cylinder. [Use π= 22/7]

45 सेमी ऊंचे एक ठोस लंबवृत्ताकार शंकु के छिन्नक के सिरों की त्रिज्याएँ 28 सेमी और 7 सेमी हैं। यदि इस छिन्नक को पिघलाकर एक ठोस लंब वृत्ताकार बेलन बनाया जाए, जिसके आधार की त्रिज्या और ऊंचाई का अनुपात 3:5 है, तो इस बेलन का वक्र पृष्ठीय क्षेत्रफल (सेमी^{2} में) ज्ञात कीजिए। [π=22/7 का प्रयोग करें]

(a) 4610 (b) 4620 (c) 4580 (d) 4640

23. A square and a rhombus have the same base and the rhombus is inclined at 45°, then what will be the ratio of the area of the square to the area of the rhombus?

एक वर्ग और एक समचतुर्भुज का आधार समान है और समचतुर्भुज 45° पर झुका हुआ है, तो वर्ग के क्षेत्रफल और समचतुर्भुज के क्षेत्रफल का अनुपात क्या होगा?

(a) $\sqrt{3}:1$ (b) $1:\sqrt{3}$ (c) $\sqrt{2}:\sqrt{3}$ (d) $\sqrt{2}:1$

24. AB = 8 cm and CD = 6 cm are two parallel chords on the same side of the centre of a circle. If the distance between them is 2 cm, then the radius (in cm) of the circle is:

AB = 8 सेमी और CD = 6 सेमी एक वृत्त के केंद्र के एक ही तरफ दो समानांतर जीवाएँ हैं। यदि उनके बीच की दूरी 2 सेमी है, तो वृत्त की त्रिज्या (सेमी में) है:

(a) $\frac{\sqrt{198}}{4}$ (b) $\frac{\sqrt{256}}{4}$ (c) $\frac{\sqrt{258}}{4}$ (d) $\frac{\sqrt{198}}{4}$

25. If the distance between the centres of two circles is 12 cm and the radii are 5 cm and 4 cm, then the length (in cm) of the transverse common tangent is:

यदि दो वृत्तों के केन्द्रों के बीच की दूरी 12 सेमी है और त्रिज्याएँ 5 सेमी और 4 सेमी हैं, तो अनुप्रस्थ उभयनिष्ठ स्पर्शरेखा की लंबाई (सेमी में) है:

(a) 9 (b) $\sqrt{143}$ (c) 7 (d) $\sqrt{63}$

26. In ΔABC , the straight line parallel to side BC meets AB and AC at the points P and Q, respectively. If AP = QC, the length of AB is 16 cm and the length of AQ is 4 cm, then the length (in cm) CQ is:

ΔABC में, भुजा BC के समानांतर सीधी रेखा क्रमशः बिंदु P और Q पर AB और AC से मिलती है। यदि AP = QC है, AB की लंबाई 16 सेमी है और AQ की लंबाई 4 सेमी है, तो CQ की लंबाई (सेमी में) है:

(a) $2\sqrt{21}+2$ (b) $2\sqrt{18}-2$

(c) $2\sqrt{17}-2$ (d) $2\sqrt{19}+2$

27. The three sides of a triangle are 9, 24 and S units. Which of the following is correct?
एक त्रिभुज की तीन भुजाएँ 9, 24 और S इकाई हैं। निम्न में से कौन सा सही है?

(a) $15 < S < 33$
(b) $15 \le S < 33$
(c) $15 < S \le 33$
(d) $15 \le S \le 33$

28. If $\cot^4 A + \cot^2 A = 1$, then find the value of $\cos^4 A - 3\cos^2 A$
यदि $\cot^4 A + \cot^2 A = 1$ हो, तो $\cos^4 A - 3\cos^2 A$ का मान ज्ञात कीजिए।

SSC CHSL Tier II 02/11/2023

(a) –1
(b) –2
(c) 2
(d) 1

29. If $\cot^2 \theta = 1 - e^2$, then the value of $cosec\,\theta + \cot^3 \theta \sec \theta$ is:
यदि $\cot^2 \theta = 1 - e^2$ हो, तो $cosec\theta + \cot^3 \theta\sec \theta$ का मान क्या है?

SSC CPO 05/10/2023 (3rd Shift)

(a) $\left(2-e^2\right)^{3/2}$ (b) $\left(1-e^2\right)$
(c) $\left(1-e^2\right)^{3/2}$ (d) $\left(2-e^2\right)^{1/2}$

30. If $cosec\,A + \cot A = a\sqrt{b}$, then find the value of $\frac{(a^2b-1)}{(a^2b+1)}$.
यदि $cosec A + \cot A = a\sqrt{b}$ हो, तो $\frac{(a^2b-1)}{(a^2b+1)}$ का मान ज्ञात कीजिए:

SSC CHSL 17/08/2023 (2nd Shift)

(a) $\cos A$ (b) $\tan A$
(c) $\frac{1}{\sin A}$ (d) $\frac{1}{\cot A}$

4 PRACTICE SET

1. Rajeev spent 10% of his salary on rent. He spent 20% of the remaining part of the salary on transport. After which he spent 40% of the balance of the salary on food. Further, he spent 80% of the balance on various bills. He deposited 5000 in the bank and kept the remaining 1480 for his own petty expenditure. Find his monthly salary.
राजीव ने अपने वेतन का 10% किराये पर खर्च किया। उन्होंने वेतन के शेष भाग का 20% परिवहन पर खर्च किया। जिसके बाद उन्होंने वेतन का 40% हिस्सा खाने पर खर्च कर दिया। इसके अलावा, उन्होंने शेष राशि का 80% विभिन्न बिलों पर खर्च किया। उन्होंने 5000 बैंक में जमा कर दिए और बाकी 1480 अपने छोटे–मोटे खर्च के लिए रख लिए। उसका मासिक वेतन ज्ञात कीजिए।
(a) 75000 (b) 80000 (c) 64800 (d) 82500

2. The probability of solving a problem by three students A, B and C are $\frac{3}{7}$, $\frac{5}{9}$ & $\frac{1}{5}$ respectively. What is the probability that the problem is solved?
तीन छात्रों A, B और C द्वारा एक समस्या को हल करने की प्रायिकता क्रमशः $\frac{3}{7}$, $\frac{5}{9}$ और $\frac{1}{5}$ है। इसकी क्या प्रायिकता है कि समस्या हल हो जायेगी?
(a) $\frac{64}{315}$ (b) $\frac{32}{315}$ (c) $\frac{251}{315}$ (d) $\frac{155}{315}$

3. When 4062, 6618 and 1719 are divided by the greatest number x, then the remainder in each case is y. What is the value of (x – y)?
जब 4062, 6618 और 1719 को सबसे बड़ी संख्या x से विभाजित किया जाता है, तो प्रत्येक स्थिति में शेषफल y होता है। (x – y) का मान क्या है?
(a) 197 (b) 179 (c) 189 (d) 198

4. How many numbers are there from 300 to 650 which are completely divisible by both 5 and 7?
300 से 650 तक ऐसी कितनी संख्याएँ हैं जो 5 और 7 दोनों से पूर्णतः विभाज्य हैं?
(a) 8 (b) 9 (c) 10 (d) 12

5. A man's speed in still water is 4 km/h more than the speed of the current. If the man takes a total of 10 h to cover 45 km downstream and 35 upstream, then the speed of the man in still water is:
शांत पानी में एक आदमी की गति धारा की गति से 4 किमी/घंटा अधिक है। यदि आदमी को धारा के अनुकूल 45 किमी और धारा के प्रतिकूल 35 किमी की दूरी तय करने में कुल 10 घंटे लगते हैं, तो शांत पानी में आदमी की गति है:
(a) 20 km/h (b) 18 km/h
(c) 15 km/h (d) 22 km/h

6. A, B, and C enter into partnership with capitals in the ratio $\frac{2}{3} : \frac{3}{5} : \frac{5}{6}$ After 8 months, A increases his share of capital by 25%. If at the end of the year, the total profit earned is Rs 5,820, then the share of C in the profit is?
A, B, और C $\frac{2}{3} : \frac{3}{5} : \frac{5}{6}$ के अनुपात में पूंजी के साथ साझेदारी में प्रवेश करते हैं 8 महीने के बाद, A अपनी पूंजी में हिस्सेदारी 25% बढ़ा देता है। यदि वर्ष के अंत में अर्जित कुल लाभ 5,820 रुपये है, तो लाभ में C का हिस्सा कितना है?
(a) 2250 (b) 2350 (c) 2050 (d) 2450

7. The average of the numbers a, b, c and d is 2c – 9, Also, the averages of the numbers a and b, b and c, c and d are 5, 7 and 9, respectively. If e = a + c – 2, then what is the average of the numbers d and e?
संख्या a, b, c और d का औसत 2c – 9 है, साथ ही, संख्या a और b, b और c, c और d का औसत क्रमशः 5, 7 और 9 है। यदि e = a+ c – 2 है, तो संख्याओं d और e का औसत क्या है?
(a) 13 (b) 10 (c) 12 (d) 11

8. In a mixture of milk and water, the proportion of milk by weight is 60%. If from the 80 gm mixture, 20 gm of mixture is taken out and 6 gm of pure water is added to the mixture then find the ratio of milk and water in the new mixture.
दूध और पानी के मिश्रण में वजन के हिसाब से दूध का अनुपात 60% है। यदि 80 ग्राम मिश्रण में से 20 ग्राम मिश्रण निकाल लिया जाए और मिश्रण में 6 ग्राम शुद्ध पानी मिला दिया जाए तो नए मिश्रण में दूध और पानी का अनुपात ज्ञात कीजिए।
(a) 5 : 6 (b) 6 : 5 (c) 4 : 3 (d) 3 : 2

9. A pipe, working with its full speed, can fill an empty cistern in 1 hour. However, during the first hour it worked at one–twelth of its capacity, during the second hour at one–ninth of its capacity, during the third hour at one–sixth of its usual capacity, during the fourth hour at one–fourth of its usual capacity and during the fifth hour it was only one–third as efficient as it was supposed to be. A second pipe also shows similar performance, but it worked at full speed would have filled the empty cistern in 2 hours. Together with a drain pipe that drained water out of the tank at a constant rate, the empty cistern could be filled in 5 hours, with working together all the three pipes How many hours will it take the drain pipe to empty the filled cistern if no other pipe was working during the time?
एक पाइप, अपनी पूरी गति से काम करते हुए, एक खाली टंकी को 1 घंटे में भर सकता है। हालांकि, पहले घंटे के दौरान इसने अपनी क्षमता के बारहवें हिस्से पर काम किया, दूसरे घंटे के दौरान इसने अपनी क्षमता के नौवें हिस्से पर, तीसरे घंटे के दौरान इसने अपनी सामान्य क्षमता के छठे हिस्से पर, चौथे घंटे के दौरान इसने अपनी सामान्य क्षमता के एक–चौथाई पर और पांचवें घंटे के दौरान इसने अपनी अपेक्षित दक्षता का केवल एक–तिहाई ही दिखाया। एक दूसरा पाइप भी समान प्रदर्शन दिखाता है, लेकिन इसने पूरी गति से काम किया होता तो यह खाली टंकी को 2 घंटे में भर देता। एक स्थिर दर पर टैंक से पानी निकालने वाले एक निकासी पाइप के साथ, तीनों पाइपों के एक साथ काम करने पर, खाली टंकी को 5 घंटे में भरा जा सकता था। यदि इस दौरान कोई अन्य पाइप काम नहीं कर रहा था, तो निकासी पाइप को भरी हुई टंकी को खाली करने में कितने घंटे लगेंगे?

(a) 16 (b) 12 (c) 10 (d) 15

10. A sum of ₹46,800 is divided among A, B, C and D in such a way that the ratio of the combined share of A and D to the combined share of B and C is 8 : 5. The ratio of the share of B to that of C is 5: 4. A receives ₹18,400. If x is the difference between the shares of A and B and y is the difference between the shares of C and D, then what is the value of (x – y) (in ₹) ?
₹46,800 की एक राशि को A, B, C और D के बीच इस प्रकार विभाजित किया जाता है कि A और D के संयुक्त हिस्से का B और C के संयुक्त हिस्से से अनुपात 8 : 5 है। B के हिस्से का C के हिस्से से अनुपात 5 : 4 है। A को ₹18,400 प्राप्त होते हैं। यदि x, A और B के हिस्सों के बीच का अंतर है और y, C और D के हिस्सों के बीच का अंतर है, तो (x – y) का मान (₹ में) क्या है ?

(a) 6000 (b) 6500 (c) 5000 (d) 7000

11. In a store, Arun has two options to buy a mobile phone, either he can pay the full amount of Rs 2500 or he may buy at an installment scheme i.e. Rs 520 in down payment and four equal installments, rate being charged at 25% p.a. simple interest. Arun buys a mobile phone on the installment scheme. what is the Monthly installment for Arun?
एक स्टोर में, अरुण के पास मोबाइल फोन खरीदने के लिए दो विकल्प हैं, या तो वह 2500 रुपये की पूरी राशि का भुगतान कर सकता है या वह किस्त योजना पर खरीद सकता है यानी 520 रुपये डाउन पेमेंट और चार समान किस्तों में, दर 25% प्रति वर्ष ली जाएगी। साधारण ब्याज. अरुण किस्त योजना पर एक मोबाइल फोन खरीदता है। अरुण के लिए मासिक किस्त क्या है?

(a) 520 (b) 250 (c) 500 (d) 720

12. Out of a sum of ₹9200 some amount was lent at the rate of 5% p.a. and the rest at 8% p.a. both earning simple interest. Total interest received after 3 years was ₹1812. The sum (in ₹) lent at 5% p.a. was
₹9200 की राशि में से कुछ राशि 5% प्रति वर्ष की दर पर उधार दी गई थी। और बाकी 8% प्रति वर्ष। दोनों साधारण ब्याज अर्जित कर रहे हैं। 3 वर्षों के बाद प्राप्त कुल ब्याज ₹1812 था। 5% प्रति वर्ष की दर से उधार दी गई राशि (₹ में) था :

(a) ₹4,600 (b) ₹4,200 (c) ₹4,400 (d) ₹5,200

13. Suresh makes a profit of Rs 1250 if he sells a certain number of facemasks at the price of Rs 2.50 per mask and incurs a loss of Rs 150 if he sells the same number of pencils for Rs 2.25 per pencil, the cost price of both being the same. How many face masks does Suresh have?
सुरेश को 2.50 रुपये प्रति मास्क की दर से कुछ फेस मास्क बेचने पर 1250 रुपये का लाभ होता है, और यदि वह उतनी ही संख्या में पेंसिलें 2.25 रुपये प्रति पेंसिल की दर से बेचता है, तो उसे 150 रुपये की हानि होती है। दोनों का क्रय मूल्य समान है। सुरेश के पास कितने फेस मास्क हैं?

(a) 5400 (b) 5600 (c) 5800 (d) 6200

14. The marked price of an article is 60% above its cost price and the cost price is ₹750. It is sold for ₹710.40, after giving two successive discounts of 20% and x%. If a single discount of 1.5x% is given on the same marked price, then his loss percentage will be?
एक वस्तु का अंकित मूल्य उसके लागत मूल्य से 60% अधिक है और लागत मूल्य ₹750 है। इसे 20% और x% की दो क्रमिक छूट देने के बाद ₹710.40 में बेचा जाता है। यदि समान अंकित मूल्य पर 1.5x% की एकल छूट दी जाती है, तो उसकी हानि प्रतिशत होगी?

(a) 3.5% (b) 4% (c) 3% (d) 2.4%

15. What is the difference of mean and median of the given data 4, 13, 8, 15, 9, 21, 18, 23, 35, 1 ?
दिए गए डेटा के माध्य और माध्यिका का अंतर क्या है?
4, 13, 8, 15, 9, 21, 18, 23, 35, 1?
(a) 0.7 (b) 1.7 (c) 1.2 (d) 2.1

16. Gita sells two objects A and B at the same price such that she makes a profit of 20% on object A and a loss of 10% on object B. If she increases the selling price such that objects A and B are still sold at an equal price and a profit of 10% is made on object B, then the profit made on object A will be nearest to
गीता दो वस्तुएं A और B को समान कीमत पर इस प्रकार बेचती है कि उसे वस्तु A पर 20% का लाभ होता है और वस्तु B पर 10% की हानि होती है। यदि वह विक्रय मूल्य इस प्रकार बढ़ाती है कि वस्तु A और B अभी भी समान कीमत पर बेची जाती हैं समान कीमत और वस्तु B पर 10% का लाभ कमाया जाता है, तो वस्तु A पर होने वाला लाभ निकटतम होगा
(a) 42% (b) 49% (c) 45% (d) 47%

17. $\sqrt{12\sqrt{12\sqrt{12\sqrt{12....\infty}}}} = ?$
(a) 8 (b)12 (c) 36 (d) 6

18. On simplification / सरलीकरण पर,

$$\frac{x^3-y^3}{x\left[(x+y)^2-3xy\right]} \div \frac{y\left[(x-y)^2+3xy\right]}{x^3+y^3} \times \frac{(x+y)^2-(x-y)^2}{x^2-y^2}$$ is equal to/ बराबर है

SSC CGL 04/03/2020 (Morning)
(a) 4 (b) 1 (c) 1/2 (d) 1/4

19. Solve $\frac{(16)^4+(512)+1-(16)^2}{16^2+16+1}$
हल कीजिए: $\frac{(16)^4+(512)+1-(16)^2}{16^2+16+1}$
(a) 241 (b) 231 (c) 249 (d) 268

20. If $3^a = 27^b = 81^c$ and $abc = 144$, then the value of $12\left(\frac{1}{a}+\frac{1}{2b}+\frac{1}{5c}\right)$ is:
यदि $3^a = 27^b = 81^c$ तथा $abc = 144,$ तो $12\left(\frac{1}{a}+\frac{1}{2b}+\frac{1}{5c}\right)$ का मान क्या होगा?
SSC CGL 06/03/2020 (Morning)
(a) 17/120 (b) 18/10
(c) 18/120 (d) 33/10

21. If $\sin\theta+\tan\theta = p$ and $\tan\theta-\sin\theta = q$, then which of the relation satisfies for given values of p and q?
यदि $\sin\theta+\tan\theta = p$ तथा $\tan\theta-\sin\theta = q$, तो p और q के लिए कौन-सा सम्बन्ध सत्य होगा?
(a) $p^2-q^2 = 4\sqrt{pq}$ (b) $p^2-q^2 = 8\sqrt{pq}$
(c) $p^2+q^2 = 4\sqrt{pq}$ (d) $p^2-q^2 = 4pq$

22. If θ is an acute angle and $\sin\theta\cos\theta = 2\cos^3\theta - \frac{1}{4}\cos\theta$, then the value of sin θ
यदि θ एक न्यून कोण है और $\sin\theta\cos\theta = 2\cos^3\theta - \frac{1}{4}\cos\theta$ तो $\sin\theta$ का मान ज्ञात कीजिए।
(a) $\frac{\sqrt{15}-1}{8}$ (b) $\frac{\sqrt{15}-1}{4}$ (c) $\frac{\sqrt{15}+1}{4}$ (d) $\frac{\sqrt{15}-1}{2}$

23. The given expression is equal to :
दी गई अभिव्यक्ति बराबर है:
$\frac{\sin^4+\cos^4 A}{1-2\sin^2 A\cos^2 A}$ **SSC CHSL 09/08/2023 (2nd Shift)**
(a) 1 (b) –1 (c) 0 (d) 2

24. A hemispherical dome of a building needs to be painted. If the circumference of the base of the dome is 154 cm, then find the cost of painting it if the cost of painting is ₹4 per 100 cm² (use π= 22/7).
एक इमारत के एक अर्धगोलाकार गुंबद को चित्रित करने की आवश्यकता है। यदि गुंबद के आधार की परिधि 154 सेमी है, तो इसे पेंट करने की लागत ज्ञात करें यदि पेंटिंग की लागत ₹4 प्रति 100 सेमी² है (π= 22/7 का उपयोग करें)।
(a) ₹150.92 (b) ₹ 150.66 (c) ₹ 105.29 (d) ₹ 105.66

25. Find the volume of the largest right circular cone that can be cut out from a cube whose edge is $3\frac{1}{2}$ cm, correct to two places of decimals (use $\pi = \frac{22}{7}$).

सबसे बड़े लम्ब वृत्तीय शंकु का आयतन ज्ञात कीजिए जिसे एक घन से काटा जा सकता है जिसका किनारा $3\frac{1}{2}$ सेमी है, जो दशमलव के दो स्थानों तक सही है ($\pi = \frac{22}{7}$ का उपयोग करें)।

(a) 13.21 cm^3 (b) 21.31 cm^3
(c) 11.23 cm^3 (d) 12.13 cm^3

26. The sum of the radius of the base and the height of a cylinder is 42 m. If the total surface area of the cylinder is 6336 m^2, find the curved surface area of the cylinder correct to two places of decimals (use $\pi = \frac{22}{7}$)

एक बेलन के आधार की त्रिज्या और ऊंचाई का योग 42 मीटर है। यदि सिलेंडर का कुल सतह क्षेत्रफल 6336 वर्ग मीटर है, तो सिलेंडर का घुमावदार सतह क्षेत्र दशमलव के दो स्थानों तक सही ज्ञात करें ($\pi = \frac{22}{7}$ का उपयोग करें)

(a) 2157.43 (b) 2571.43 (c) 2715.43 (d) 2517.43

27. MN is the chord of the circle with centre O. A line segment ROP originating from a point R on the circumference of the circle in major segment meets MN produced at P such that NP = OR. If angle NPO = 25°, then angle MOR is?

MN केंद्र O वाले वृत्त की जीवा है। प्रमुख खंड में वृत्त की परिधि पर एक बिंदु R से शुरू होने वाला एक रेखा खंड ROP P पर निर्मित MN से इस प्रकार मिलता है कि NP = OR। यदि कोण NPO = 25° है, तो कोण MOR क्या है?

(a) 65° (b) 45° (c) 75° (d) 55°

28. In a parallelogram, one of the parallel sides is 16 cm and the other side is 12 cm. If the perpendicular distance between the two parallel sides of dimension 16 cm is 24 cm, then the perpendicular distance between its other two parallel sides is:

एक समांतर चतुर्भुज में, एक समांतर भुजा 16 सेमी और दूसरी भुजा 12 सेमी है। यदि 16 सेमी आयाम वाली दो समानांतर भुजाओं के बीच की लंबवत दूरी 24 सेमी है, तो इसकी अन्य दो समानांतर भुजाओं के बीच की लंबवत दूरी है:

(a) 16 cm (b) 12 cm (c) 32 cm (d) 24 cm

29. Two medians DM and EN of ΔDEF intersect each other at G at right angles. If EF = 20 cm and EN = 12 cm, then what is the length of DM? (in cm)

ΔDEF की दो माध्यिकाएँ DM और EN एक दूसरे को G पर समकोण पर प्रतिच्छेद करती हैं। यदि EF = 20 सेमी और EN = 12 सेमी है, तो DM की लंबाई क्या है? (सेमी में)

(a) 20 (b) 12 (c) 18 (d) 15

30. find the difference between the largest and the smallest height of triangle of sides 3,4 and 5 ?

3,4 और 5 भुजाओं वाले त्रिभुज की सबसे बड़ी और सबसे छोटी ऊँचाई के बीच का अंतर ज्ञात कीजिए?

(a) $\frac{5}{8}$ (b) $\frac{8}{5}$ (c) $\frac{12}{5}$ (d) 4

5 PRACTICE SET

1. The respective ratio of monthly income of Raman to monthly income of Raghav is 8:9, and Raman's saving is $\left(\frac{100}{3}\right)$ % more than Raghav's saving. Find the expenditure of Raman, if the sum of monthly income of Raman and Raghav is Rs. 51000, and expenditure of Raghav is Rs. 12000.
रमन की मासिक आय और राघव की मासिक आय का अनुपात 8:9 है, और रमन की बचत राघव की बचत से $\left(\frac{100}{3}\right)$% अधिक है। रमन का व्यय ज्ञात कीजिए, यदि रमन और राघव की मासिक आय का योग 51000 रुपये है, और राघव का व्यय 12000 रुपये है।
(a) Rs.12000 (b) Rs. 3000
(c) Rs. 4000 (d) Rs. 6000

2. In an entrance test that is graded on the basis of two examinations, the probability of a randomly chosen student passing the first examination is 0.8 and the probability of passing the second examination is 0.7. The probability of passing atleast one of them is 0.95. What is the probability of passing both?
एक प्रवेश परीक्षा में, जिसे दो परीक्षाओं के आधार पर वर्गीकृत किया जाता है, यादृच्छिक रूप से चुने गए छात्र की पहली परीक्षा उत्तीर्ण करने की संभावना 0.8 है और दूसरी परीक्षा उत्तीर्ण करने की संभावना 0.7 है। उनमें से कम से कम एक के उत्तीर्ण होने की प्रायिकता 0.95 है। दोनों के उत्तीर्ण होने की प्रायिकता क्या है?
(a) 0.65 (b) 0.55 (c) 0.50 (d) 0.60

3. In an election between two candidates, y% of the voters did not vote. 10% of the votes cast were declared invalid, while all the valid votes were cast in favour of either of the two candidates. The candidate who got 59.375% of the valid votes cast was declared elected by 2484 votes. If the number of people eligible to vote in that election was 16,000, what is the value of y?
दो उम्मीदवारों के बीच चुनाव में, y% मतदाताओं ने वोट नहीं दिया। डाले गए 10% वोट अवैध घोषित कर दिए गए, जबकि सभी वैध वोट दोनों उम्मीदवारों में से किसी एक के पक्ष में पड़े थे। जिस उम्मीदवार को कुल वैध मतों में से 59.375% वोट मिले, उसे 2484 वोटों से निर्वाचित घोषित किया गया। यदि उस चुनाव में मतदान करने के योग्य लोगों की संख्या 16,000 थी, तो y का मान क्या है?
(a) 7.5 (b) 8.4 (c) 7.2 (d) 8

4. A computer is available for Rs. 39,000 on cash payment or Rs. 19,000 as cash payment followed by five monthly installments of Rs. 4,200 each. What is the rate of interest per annum under the instalment plan?
एक कंप्यूटर 39,000 रुपये नकद भुगतान पर या 19,000 रुपये नकद भुगतान के बाद 4,200 रुपये की पांच मासिक किस्तों पर उपलब्ध है। किस्त योजना के तहत प्रति वर्ष ब्याज दर क्या है ?
(a) $20\frac{20}{29}$% (b) $20\frac{17}{29}$%
(c) $20\frac{18}{29}$% (d) $20\frac{19}{29}$%

5. Speed of stream of river is 20% of speed of boat in downstream and time taken to cover 48 km in upstream is 4 hr. and speed of boat in still water is equal to speed of train A which cross a standing man in 36 sec. Then find length of train A?
नदी की धारा की गति धारा के अनुकूल नाव की गति का 20% है और धारा के प्रतिकूल 48 किमी की दूरी तय करने में 4 घंटे का समय लगता है। और शांत पानी में नाव की गति ट्रेन A की गति के बराबर है जो एक खड़े आदमी को 36 सेकंड में पार करती है। तो ट्रेन A की लंबाई ज्ञात कीजिये?
(a) 220 m (b) 160 m (c) 240 m (d) 120 m

6. A started a business with a capital of ₹1,12,000. After 2 months, B joined the business with a capital ₹ 80,000, and after another 2 months, C joined the business with a capital of ₹ 72,000. After 10 months from the start of the business, B withdrew ₹ 8,000 and C also withdrew ₹ 8,000. If B received ₹ 9,800 as his share in the profit at the end of a year, then the total profit was:
A ने ₹1,12,000 की पूंजी के साथ एक व्यवसाय शुरू किया। 2 महीने के बाद, B ₹ 80,000 की पूंजी के साथ व्यवसाय में शामिल हो गया, और अगले 2 महीने के बाद, C ₹ 72,000 की पूंजी के साथ व्यवसाय में शामिल हो गया। व्यवसाय शुरू होने के 10 महीने बाद, B ने ₹ 8,000 निकाल लिए और C ने भी ₹ 8,000 निकाल लिए। यदि B को एक वर्ष के अंत में लाभ में अपने हिस्से के रूप में ₹ 9,800 प्राप्त हुए, तो कुल लाभ था:
(a) ₹ 30,800 (b) ₹ 35,800 (c) ₹ 32,400 (d) ₹ 33,600

7. Average weight of a family of X members is 18 kg. When three men of this family get married, average weight increases by 1kg and when an old man having weight 18 kg more than total weight of wife of these three men died, average weight become 16 kg. Find the value of X?
X सदस्यों वाले एक परिवार का औसत वजन 18 किलोग्राम है। जब इस परिवार के तीन पुरुषों की शादी होती है, तो औसत वजन 1 किलोग्राम बढ़ जाता है और जब इन तीन पुरुषों की पत्नी के कुल वजन से 18 किलोग्राम अधिक वजन वाले एक बूढ़े व्यक्ति की मृत्यु हो जाती है, तो औसत वजन 16 किलोग्राम हो जाता है। X का मान ज्ञात कीजिए ?
(a) 24 (b) 28 (c) 26 (d) 25

8. A container contains a mixture of two liquids P and Q in the ratio 5 : 3. If 16 liter of the mixture is taken out and replaced with liquid Q, then the new ratio of liquid P to liquid Q becomes 1 : 1. Find the initial quantity of mixture in the container.
एक बर्तन में दो तरल पदार्थ P और Q का मिश्रण 5:3 के अनुपात में है। यदि मिश्रण का 16 लीटर निकालकर तरल Q से प्रतिस्थापित कर दिया जाए, तो तरल P और तरल Q का नया अनुपात 1 : 1 हो जाता है। बर्तन में मिश्रण की आरंभिक मात्रा ज्ञात कीजिए।
(a) 80 L (b) 60 L (c) 70 L (d) 48 L

9. Among the two inlet pipes A and B, A's efficiency is twice than that of B. Pipe C is an outlet pipe which takes three times the time taken by pipe A to empty the filled reservoir. If the three pipes are opened together when the reservoir is empty then it takes 6 hours to fill the reservoir. When A and C are working together, then how much time will be taken to fill the reservoir?
दो इनलेट पाइप A और B में, A की दक्षता B की तुलना में दोगुनी है। पाइप C एक आउटलेट पाइप है जो भरे हुए जलाशय को खाली करने में पाइप A द्वारा लिए गए समय का तीन गुना लेता है। यदि जलाशय खाली होने पर तीनों पाइपों को एक साथ खोल दिया जाए तो जलाशय को भरने में 6 घंटे लगते हैं। जब A और C एक साथ कार्य कर रहे हैं, तो जलाशय को भरने में कितना समय लगेगा?
(a) 15.75 hours (b) 10.5 hours
(c) 21 hours (d) 42 hours

10. The ratio of the incomes of A and B in the last year was 4 : 3. The ratios of their individual incomes in the last year and the present year are 3 : 4 and 5 : 6, respectively. If their total income in the present year is Rs. 12.06 lakhs, then the sum of the income (in Rs. lakhs) of A in the last year and that of B in the present year is:
पिछले वर्ष में A और B की आय का अनुपात 4 : 3 था। पिछले वर्ष और वर्तमान वर्ष में उनकी व्यक्तिगत आय का अनुपात क्रमशः 3 : 4 और 5 : 6 है। यदि चालू वर्ष में उनकी कुल आय रु. 12.06 लाख है, तो पिछले वर्ष में A की आय और वर्तमान वर्ष में B की आय का योग (लाख रुपये में) है:
(a) 10.26 (b) 5.13 (c) 11.97 (d) 8.55

11. P borrows ₹5,00,000 from the bank which charges 18% simple interest per annum at the start of the year. He pays 11 equal monthly installments of ₹40,000 and his bike at the end of the year to pay the amount. What is the value of the bike given?
P ने वर्ष की शुरुआत में बैंक से ₹5,00,000 उधार लिए, जो 18% प्रति वर्ष साधारण ब्याज लेता है। वह राशि का भुगतान करने के लिए वर्ष के अंत में ₹40,000 की 11 समान मासिक किश्तें और अपनी बाइक का भुगतान करता है। दी गई बाइक का मूल्य क्या है?
(a) 1,50,000 (b) 1,75,000 (c) 1,25,000 (d) 1,10,000

12. A certain sum was invested at 40% p.a compound interest for two years and the interest was compounded annually. If the interest was compounded half-yearly, the amount payable of maturity after two years would have been ₹4,544 more. What was the sum invested?
एक निश्चित राशि को दो वर्षों के लिए 40% प्रति वर्ष चक्रवृद्धि ब्याज पर निवेश किया गया था और ब्याज वार्षिक रूप से संयोजित किया गया था। यदि ब्याज अर्ध-वार्षिक रूप से संयोजित किया जाता, तो दो साल के बाद परिपक्वता पर देय राशि ₹4,544 अधिक होती। निवेश की गई राशि क्या थी?
(a) ₹42,500 (b) ₹40,000 (c) ₹42,000 (d) ₹37,500

13. A shopkeeper sets MRP of a product such that after giving 10% discount, he earns 12.5% profit. What will be his profit/loss percent if he allows a discount of 25% ?
एक दुकानदार एक उत्पाद की एमआरपी इस प्रकार निर्धारित करता है कि 10% छूट देने के बाद वह 12.5% लाभ कमाता है। यदि वह 25% की छूट देता है तो उसका लाभ/हानि प्रतिशत क्या होगा?
(a) 5% (b) 10.45% (c) 8.33% (d) 6.25%

14. A shopkeeper loses 15% by selling article A for ₹212.50 and gains 35% by selling article B for ₹1,012.50. What is his overall gain percentage in the whole transaction?

एक दुकानदार को वस्तु A को ₹212.50 में बेचने पर 15% का नुकसान होता है और वस्तु B को ₹1,012.50 में बेचने पर 35% का लाभ होता है। पूरे लेन-देन में उसका कुल लाभ प्रतिशत क्या है?

(a) 20% (b) 12.5% (c) 22.5% (d) 24%

15. A set of data is given. The mean of the set is 35 while the median is set as 60. Find the mode of the data.
आंकड़ों का एक सेट दिया गया है। सेट का माध्य 35 है जबकि माध्यिका 60 है। आंकड़ों का बहुलक ज्ञात कीजिए।

(a) 25 (b) 30 (c) 20 (d) 110

16. A mixture P is formed by removing a certain amount of coffee from a coffee jar and replacing the same amount with cocoa powder. The same amount is again removed from mixture P and replaced with same amount of cocoa powder to form a new mixture Q. If the ratio of coffee and cocoa in the mixture Q is 16 : 9, then the ratio of cocoa in mixture P to that in mixture Q is?
एक मिश्रण P को कॉफी जार से कॉफी की एक निश्चित मात्रा निकालकर और उसी मात्रा को कोको पाउडर से बदलकर बनाया जाता है। उसी मात्रा को फिर से मिश्रण P से निकाला जाता है और उसी मात्रा में कोको पाउडर से बदलकर एक नया मिश्रण Q बनाया जाता है। यदि मिश्रण Q में कॉफी और कोको का अनुपात 16: 9 है, तो मिश्रण P में कोको का मिश्रण Q में अनुपात क्या है?

(a) 4:9 (b) 1:3 (c) 5:9 (d) 1:2

17. If ax + by = 1 and bx + ay $= \frac{2ab}{a^2+b^2}$ then the value of x (in terms of a and b)
यदि $ax + by = 1$ और $bx + ay = \frac{2ab}{a^2+b^2}$, तो x का मान (a और b के रूप में) क्या होगा?

SSC CHSL 11/08/2023 (4th Shift)

(a) $\frac{2b}{a^2+b^2}$ (b) $\frac{a}{a^2+b^2}$ (c) $\frac{b}{a^2+b^2}$ (d) $\frac{2a}{a^2+b^2}$

18. If $\frac{2x}{x+2}+\frac{1}{2x+4}-\frac{12-x}{2x^2+4x}=a+\frac{b}{x}$ where a and b are integers, then the value of ab =
यदि $\frac{2x}{x+2}+\frac{1}{2x+4}-\frac{12-x}{2x^2+4x}=a+\frac{b}{x}$ हो, जहाँ a और b पूर्णांक हैं, तो ab का मान ज्ञात कीजिए:

Graduate Level 27/06/2023 (Shift - 4)

(a) 3 (b) -6 (c) 6 (d) - 3

19. If $6^x = 3^y = 2^z$ then what is the value of $\frac{1}{y}+\frac{1}{z}-\frac{1}{x}$?
यदि $6^x = 3^y = 2^z$, तो $\frac{1}{y}+\frac{1}{z}-\frac{1}{x}$ का मान क्या होगा?

SSC CHSL 20/03/2023 (2nd Shift)

(a) 1 (b) 0 (c) 3 (d) 6

20. What value of 'y' will satisfy the following equation?

$$\frac{3y}{1+\frac{1}{1+\frac{y}{1-y}}}=2$$

कौन-सा y का मान निम्नलिखित समीकरण को संतुष्ट करेगा?

$$\frac{3y}{1+\frac{1}{1+\frac{y}{1-y}}}=2$$

SSC CGL 25/07/2023 (1st shift)

(a) $\frac{2}{3}$ (b) $\frac{5}{4}$ (c) $\frac{4}{5}$ (d) $\frac{3}{2}$

21. A spherical ball of diameter 8 cm is cut into two equal parts. The curved area of one such part has to be painted with green colour, while the other part has to be painted with red colour. The bases of both the hemispheres are to be painted with blue colour. The cost of painting with blue is ₹2/cm², while the cost of painting the curved area is ₹3/cm². What will be the cost (in₹) of painting the hemispheres? (Take π = 3.14)
8 सेमी व्यास वाली एक गोलाकार गेंद को दो बराबर भागों में काटा जाता है। ऐसे एक भाग के घुमावदार क्षेत्र को हरे रंग से रंगना है, जबकि दूसरे भाग को लाल रंग से रंगना है। दोनों गोलार्द्धों के आधारों को नीले रंग से रंगना है। नीले रंग से पेंटिंग की लागत ₹2/सेमी² है, जबकि घुमावदार क्षेत्र को पेंट करने की लागत ₹3/सेमी² है। गोलार्धों को पेंट करने की लागत (₹ में) क्या होगी? (π = 3.14)

(a) ₹451.92 (b) ₹492.92 (c) ₹803.84 (d) ₹401.92

22. A cube of side 5 cm, has been assembled using 125 cubes each of 1 cm edge. One cube is removed from the middle of each of the faces of the cube. What is the surface area (in cm²) of the remaining solid?
5 सेमी भुजा वाले एक घन को 1 सेमी किनारे वाले 125 घनों का उपयोग करके इकट्ठा किया गया है। घन के प्रत्येक फलक के मध्य से एक घन हटा दिया जाता है। शेष ठोस का पृष्ठीय क्षेत्रफल (सेमी² में) क्या है?

(a) 155 (b) 144 (c) 150 (d) 174

23. A prism and a pyramid have the same base and the same height. Find the ratio of the volumes of the prism and the pyramid.
एक प्रिज्म और एक पिरामिड का आधार और ऊंचाई समान है। प्रिज्म और पिरामिड के आयतन का अनुपात ज्ञात कीजिये।
(a) 2 : 3 (b) 3 : 1 (c) 1 : 3 (d) 3 : 2

24. 'O' is a point in the interior of an equilateral triangle. The perpendicular distance from 'O' to the sides are $\sqrt{3}$ cm, $2\sqrt{3}$cm, $5\sqrt{3}$ cm. The perimeter of the triangle is:
'O' एक समबाहु त्रिभुज के आंतरिक भाग में एक बिंदु है। 'O' से भुजाओं की लंबवत दूरी $\sqrt{3}$ सेमी, $2\sqrt{3}$ सेमी, $5\sqrt{3}$ सेमी है। त्रिभुज का परिमाप है:
(a) 48 cm (b) 32 cm (c) 24 cm (d) 64 cm

25. Three circles of radius 6 cm are kept touching each other. The string is tightly tied around these three circles. What is the length of the string?
6 सेमी त्रिज्या वाले तीन वृत्त एक दूसरे को स्पर्श करते रहते हैं। इन तीन घेरों के चारों ओर डोरी कसकर बंधी हुई है। स्ट्रिंग की लंबाई क्या है?
(a) $36 + 12\pi$ cm (b) $36 + 18\pi$ cm
(c) $24 + 36\pi$ cm (d) $36 + 20\pi$ cm

26. PQ and RS are two parallel chords of a circle such that PQ is 48 cm and RS is 40 cm. If the chords are on the opposite sides of the centre and the distance between them is 22 cm, what is the radius (in cm) of the circle?
PQ और RS एक वृत्त की दो समानांतर जीवाएँ हैं जैसे कि PQ 48 सेमी और RS 40 सेमी है। यदि जीवाएं केंद्र के विपरीत दिशा में हैं और उनके बीच की दूरी 22 सेमी है, तो वृत्त की त्रिज्या (सेमी में) क्या है?
(a) 25 (b) 24 (c) 35 (d) 22

27. In the given figure, MNP, SQP, NQR and MSR are straight lines. $\angle NPQ = 54°$ and $\angle QRS = 68°$. What is the degree measure of $\angle SMN$?
दिए गए चित्र में, MNP, SQP, NQR और MSR सीधी रेखाएँ हैं। $\angle NPQ = 54°$ और $\angle QRS = 68°$. $\angle SMN$ का डिग्री माप क्या है?

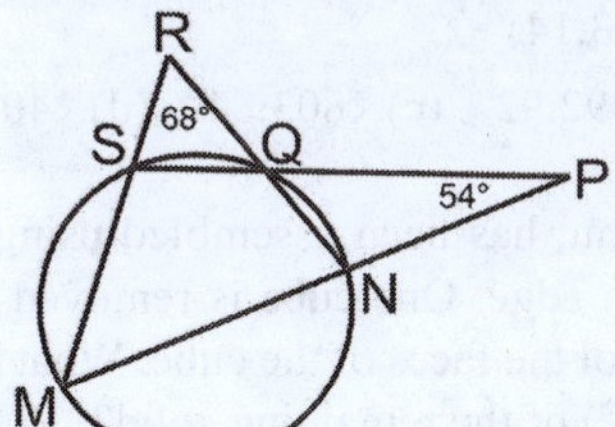

SSC CPO 10/11/2022 (Evening)
(a) 29° (b) 38° (c) 54° (d) 68°

28. M and N walk along a circular track. They start at 5:00 a.m. from the same point in the opposite directions. M and N walk at a speed of 5 rounds per hour and 2 rounds per hour, respectively. How many times will they cross each other before 6.30 a.m. on the same day?
M और N एक वृत्ताकार पथ पर चलते हैं। वे सुबह 5:00 बजे एक ही बिंदु से विपरीत दिशाओं में चलना शुरू करते हैं। M और N क्रमशः 5 चक्कर प्रति घंटे और 2 चक्कर प्रति घंटे की गति से चलते हैं। एक ही दिन प्रातः 6.30 बजे से पहले वे कितनी बार एक दूसरे को पार करेंगे?
(a) 3 (b) 7 (c) 10 (d) 5

29. The value of the expression $4\left(\sin^6 A+\cos^6 A\right)-6\left(\sin^4 A+\cos^4 A\right)+8$ is :
SSC CHSL 02/08/2023 (4th Shift)
अभिव्यक्ति $4\left(\sin^6 A+\cos^6 A\right)-6\left(\sin^4 A+\cos^4 A\right)+8$ का मान है
(a) 4 (b) 8 (c) 7 (d) 6

30. Evaluate the following: $\sqrt{2+\sqrt{2+\sqrt{2+2\cos 8\theta}}}$
निम्नलिखित का मान ज्ञात कीजिए: $\sqrt{2+\sqrt{2+\sqrt{2+2\cos 8\theta}}}$
SSC CGL 27/07/2023 (3rd shift)
(a) $2\cos\theta$ (b) $2\cos 2\theta$ (c) $\sin 2\theta$ (d) $\cos 2\theta$

6 PRACTICE SET

1. The ratio of expenditure to savings of Rajesh is 2:1 and 25% of the income of Nallu is equal to 40% of his income of Rajesh. If the expenditure of Nallu is double the expenditure of Rajesh, then the savings of Nallu is what percentage of the savings of Rajesh?
राजेश के व्यय और बचत का अनुपात 2:1 है और नल्लू की आय का 25%, राजेश की आय के 40% के बराबर है। यदि नल्लू का व्यय राजेश के व्यय का दोगुना है, तो नल्लू की बचत राजेश की बचत का कितना प्रतिशत है?

(a) 70% (b) 30% (c) 80% (d) 60%

2. If A and B are events with $P(A) = \frac{3}{8}$, $P(B) = \frac{1}{2}$ and $P(A \cap B) = \frac{1}{4}$, Find $P(\bar{A} \cap \bar{B}) = ?$

यदि A और B दो घटनाएं हैं, जहाँ $P(A) = \frac{3}{8}$, $P(B) = \frac{1}{2}$ और $P(A \cap B) = \frac{1}{4}$ है, तो $P(\overline{A} \cap \overline{B})$ का मान ज्ञात करें ?

(a) $\frac{1}{8}$ (b) $\frac{3}{8}$ (c) $\frac{5}{8}$ (d) $\frac{7}{8}$

3. How many pairs of natural numbers (x,y) exist such that x>y and the product of x,y and HCF (x,y) is 2520?
प्राकृतिक संख्याओं (x,y) के ऐसे कितने जोड़े मौजूद हैं कि x>y और x,y और HCF (x,y) का गुणनफल 2520 है?

(a) 3 (b) 4 (c) 5 (d) 6

4. How many natural numbers less than 1000 are divisible by 5 or 7 but NOT by 35 ?
1000 से कम कितनी प्राकृतिक संख्याएँ 5 या 7 से विभाज्य हैं लेकिन 35 से नहीं?

(a) 285 (b) 313 (c) 341 (d) 243

5. A boat covers a round-trip journey between two points A and B in a river in T hours. If its speed in still water becomes 2 times, it would take $\frac{160T}{323}$ hours for the same journey. Find the ratio of its speed in still water to the speed of the river.
एक नाव एक नदी में दो बिंदुओं A और B के बीच एक चक्कर की यात्रा T घंटे में तय करती है। यदि शांत पानी में इसकी गति 2 गुना हो जाती है, तो उसी यात्रा में इसे $\frac{160T}{323}$ घंटे लगेंगे। शांत जल में इसकी गति और नदी की गति का अनुपात ज्ञात कीजिए।

(a) 9 : 1 (b) 323 : 80 (c) 1 : 9 (d) 80:323

6. A, B and C are partners in a business. A, whose capital has been used for 5 months, claims $\frac{1}{7}$ of the profit. B whose capital has been used for 7 months, claims $\frac{1}{5}$ of the profit. C has invested Rs. 4,600 for 9 months. How much capital did A contribute?
A, B और C एक व्यवसाय में भागीदार हैं। A, जिसकी पूंजी का उपयोग 5 महीने के लिए किया गया है, लाभ का $\frac{1}{7}$ दावा करता है। B जिसकी पूंजी का उपयोग 7 महीने के लिए किया गया है, लाभ का $\frac{1}{5}$ दावा करता है। C ने 4,600 रु. का निवेश किया है. 9 महीने के लिए. A ने कितनी पूंजी का योगदान दिया?

(a) 1800 (b) 1650 (c) 1600 (d) 1850

7. My sister was born 26 yrs after my mother was born and I was born 28 yrs after my father was born. The present average age of my family is 32.5 yrs. After 3 yrs from now my sister will get married and will leave the family, then average age of family will become 41 yrs. What is the present age of my mother?(in yrs)
मेरी बहन का जन्म मेरी मां के जन्म के 26 साल बाद हुआ था और मेरा जन्म मेरे पिता के जन्म के 28 साल बाद हुआ था। मेरे परिवार की वर्तमान औसत आयु 32.5 वर्ष है। अब से 3 वर्ष बाद मेरी बहन की शादी हो जाएगी और वह परिवार छोड़ देगी, तब परिवार की औसत आयु 41 वर्ष हो जाएगी। मेरी माँ की वर्तमान आयु क्या है? (वर्षों में)

(a) 40 (b)50 (c) 45 (d)42

8. In an election between P and Q, if 2/5 th of the total voters promised to vote for P and rest promised to vote for Q. On the voting day 25% of the voters went back on their promise to vote for P & 30% of the voters went back on their promise to vote for Q. Find the total no. of voters, if Q wins by 400 votes.

P और Q के बीच एक चुनाव में, यदि कुल मतदाताओं में से 2/5 ने P को वोट देने का वादा किया और बाकी ने Q को वोट देने का वादा किया। मतदान के दिन 25% मतदाता P को वोट देने के अपने वादे से मुकर गए और 30% मतदाता Q को वोट देने के अपने वादे से मुकर गए। कुल संख्या ज्ञात कीजिए। मतदाताओं की संख्या, यदि Q 400 वोटों से जीतता है।

(a) 8000 (b) 10000 (c) 12000 (d) 5000

9. Two inlet taps, in which one tap's capacity is 4.5 times the other, and outlet tap which can empty a tank in 9 hours, working together can fill an empty tank in 7.5 hours. How many hours will be taken by the less efficient pipe to fill the tank?
दो इनलेट नल, जिसमें एक नल की क्षमता दूसरे से 4.5 गुना है, और आउटलेट नल जो एक टैंक को 9 घंटे में खाली कर सकता है, एक साथ काम करने पर एक खाली टैंक को 7.5 घंटे में भर सकता है। कम कुशल पाइप द्वारा टंकी को भरने में कितने घंटे लगेंगे?

(a) 18 (b) 27 (c) 22.5 (d) 13.5

10. A, B and C spend 80%, 85% and 75% of their incomes, respectively. If their savings are in the ratio 8: 9 : 20 and the difference between the incomes of A and C is Rs. 18,000, then the income of B is :
A, B और C अपनी आय का क्रमशः 80%, 85% और 75% खर्च करते हैं। यदि उनकी बचत 8:9:20 के अनुपात में है और A और C की आय के बीच का अंतर रु. 18,000 है, तो B की आय है:

(a) Rs. 24,000 (b) Rs. 27,000
(c) Rs. 30,000 (d) Rs. 36,000

11. Aman borrowed Rs. 22050 at 10 percent per annum rate of compound interest. He repaid a certain amount at the end of the first year. Then he paid Rs. 13420 at the end of the second year to completely discharge the loan. What amount did he repay at the end of the first year?
अमन ने 10 प्रतिशत प्रति वर्ष चक्रवृद्धि ब्याज की दर से 22050 रुपये उधार लिए। उसने पहले वर्ष के अंत में एक निश्चित राशि चुका दी। फिर उसने ऋण को पूरी तरह से चुकाने के लिए दूसरे वर्ष के अंत में 13420 रुपये का भुगतान किया। पहले वर्ष के अंत में उसने कितनी राशि चुकाई ?

(a) Rs. 12055 (b) Rs. 8055
(c) Rs. 10065 (d) Rs. 13075

12. A sum of ₹22,100 was divided between Timir and Monali in such a way that if both invested their shares at 10% compound interest per annum, the amount payable on maturity to Monali after 18 years would be the same as the amount payable on maturity to Timir after 20 years. What was the share of Monali in the initial sum?
तिमिर और मोनाली के बीच ₹22,100 की राशि इस तरह से विभाजित की गई कि यदि दोनों ने अपने शेयरों को 10% प्रति वर्ष चक्रवृद्धि ब्याज पर निवेश किया, तो 18 वर्षों के बाद परिपक्वता पर मोनाली को देय राशि 20 वर्षों के बाद परिपक्वता पर तिमिर को देय राशि के समान होगी। प्रारंभिक राशि में मोनाली का हिस्सा क्या था ?

(a) ₹12,050 (b) ₹12,100 (c) ₹12,150 (d) ₹12,180

13. When a person sold an article, his profit percent is 60% of the selling price. If the cost price is increased by 75% and the selling price remains the same, then find decrement in the profit is what percent of the selling price of the article ?
जब एक व्यक्ति एक वस्तु बेचता है, तो उसका लाभ प्रतिशत विक्रय मूल्य का 60% होता है। यदि लागत मूल्य 75% बढ़ जाता है और विक्रय मूल्य वही रहता है, तो लाभ में कमी वस्तु के विक्रय मूल्य का कितना प्रतिशत है?

(a) 25% (b) 30% (c) 40% (d) 27.5%

14. A shopkeeper marks an article at 35% above its cost price and sells it by allowing 10% discount on its marked price and another cash discount of ₹120. If he still earns a profit of 20% (when a customer buys it on cash payment), then what is the cost price (in ₹) of the article ?
एक दुकानदार एक वस्तु पर उसके लागत मूल्य से 35% अधिक मूल्य अंकित करता है और अंकित मूल्य पर 10% की छूट और ₹120 की अन्य नकद छूट देकर उसे बेचता है। यदि वह अभी भी 20% का लाभ कमाता है (जब ग्राहक इसे नकद भुगतान पर खरीदता है), तो वस्तु का लागत मूल्य (₹ में) क्या है?

(a) 8,000 (b) 8.500 (c) 7.500 (d) 9,000

15. What is the median of positive factor of 48
48 के धनात्मक गुणनखंड का माध्य क्या है ?

(a) 7 (b) 6 (c) 8 (d) 7.5

16. The number of all natural numbers up to 1000 with non-repeating digits is
1000 तक की सभी गैर-दोहराव अंकों वाली प्राकृतिक संख्याओं की संख्या है?

(a) 738 (b) 648 (c) 504 (d) 585

17. A field is in the shape of a rectangle of length 90 m and breadth 75 m. In one corner of the field, a pit, which is 18 m long ,15 m broad and 6 m deep, has been dug out. The Earth taken out of it is evenly spread over the remaining part of the field. Find the rise in the level of the field ?

एक मैदान एक आयत के आकार का है जिसकी लंबाई 90 मीटर और चौड़ाई 75 मीटर है। मैदान के एक कोने में 18 मीटर लंबा, 15 मीटर चौड़ा और 6 मीटर गहरा एक गड्ढा खोदा गया है। इसमें से निकाली गई मिट्टी को मैदान के शेष भाग पर समान रूप से फैला दिया जाता है। क्षेत्र के स्तर में वृद्धि ज्ञात कीजिये?

(a) 27 cm (b) 25 cm (c) 28 cm (d) 24 cm

18. The total surface area of a solid metallic hemisphere is 462 cm². This is melted and moulded into a right circular cone. If the radius of the base of the cone is the same as that of the hemisphere, then its height is: (use $\pi = 22/7$)

एक ठोस धात्विक गोलार्ध का कुल सतह क्षेत्रफल 462 सेमी² है। इसे पिघलाकर एक लम्ब वृत्ताकार शंकु के रूप में ढाला जाता है। यदि शंकु के आधार की त्रिज्या अर्धगोले के समान है, तो इसकी ऊंचाई है: (π = 22/7 का उपयोग करें)

(a) 14 cm (b) 7 cm (c) 21 cm (d) 28 cm

19. As shown in the given figure, inside the large semicircle, three semicircles (with equal radii) are drawn so that their diameters all sit on the large semicircle's diameter. What is the ratio between the unshaded and shaded areas?

जैसा कि दिए गए चित्र में दिखाया गया है, बड़े अर्धवृत्त के अंदर, तीन अर्धवृत्त (समान त्रिज्या वाले) खींचे जाते हैं ताकि उनके सभी व्यास बड़े अर्धवृत्त के व्यास पर बैठें। अछायांकित और छायांकित क्षेत्रों के बीच का अनुपात क्या है?

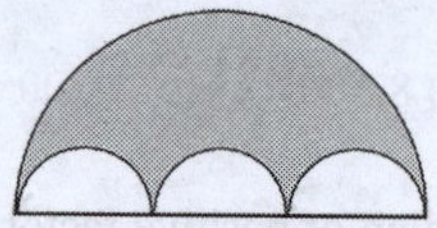

SSC CPO 09/11/2022 (Evening)

(a) 4:3 (b) 1:2 (c) 2:1 (d) 3:4

20. Find the value of $\left(\dfrac{9^3+9^4+9^5+9^6+9^7}{9^1+9^2+9^3+9^4+9^5}\right)^{1/2} = ?$

$\left(\dfrac{9^3+9^4+9^5+9^6+9^7}{9^1+9^2+9^3+9^4+9^5}\right)^{1/2}$ = ? का मान ज्ञात कीजिए।

SSC CHSL 01/06/2022 (Morning)

(a) 9 (b) 3 (c) 729 (d) 81

21. If the value of/यदि का मान

$\dfrac{3x\sqrt{y}+2y\sqrt{x}}{3x\sqrt{y}-2y\sqrt{x}} \cdot \dfrac{3x\sqrt{y}-2y\sqrt{x}}{3x\sqrt{y}+2y\sqrt{x}}$ is same as that of $\sqrt{x}\sqrt{y}$ then which of the following relations between x and y is correct?

$\sqrt{x}\sqrt{y}$ के समान है, तो x और y के बीच निम्नलिखित में से कौन सा संबंध सही है?

SSC CHSL 18/03/2020 (Morning)

(a) 9x - 4y = 36 (b) 9x + 4y = 24
(c) 9x + 4y = 36 (d) 9x - 4y = 24

22. If $\dfrac{8+2\sqrt{3}}{3\sqrt{3}+5} = a\sqrt{3}-b$, then the value of a + b is equal to:

यदि $\dfrac{8+2\sqrt{3}}{3\sqrt{3}+5} = a\sqrt{3}-b$, तो a + b का मान इसके बराबर है:

SSC CGL Tier II (18/11/2020)

(a) 18 (b) 15 (c) 16 (d) 24

23. $\dfrac{22\sqrt{2}}{4\sqrt{2}-\sqrt{3+\sqrt{5}}} = a+\sqrt{5}b$, with a,b>0, then what is the value of (ab) : (a + b)?

$\dfrac{22\sqrt{2}}{4\sqrt{2}-\sqrt{3+\sqrt{5}}} = a+\sqrt{5}b$, a,b>0, के साथ, तो (ab) : (a+b) का मान क्या है?

SSC CGL Tier II (29/01/2022)

(a) 7:8 (b) 4:7 (c) 7:4 (d) 8:7

24. ABC is a right-angled triangle, right-angled at B, D is a point on AC such that AD = 12 cm and CD = 16 cm. If BD bisects ∠ABC, then the perimeter of ΔABC will be:

ABC एक समकोण त्रिभुज है, B पर समकोण है, AC पर D इस प्रकार एक बिंदु है कि AD = 12 सेमी और CD = 16 सेमी है। यदि BD, ∠ABC को समद्विभाजित करता है, तो ΔABC का परिमाप होगा:

(a) 67.2 cm (b) 66 cm (c) 56.2 cm (d) 66.2 cm

25. The in-radius and circumradius of a rightangled triangle is 3 cm and 12.5 cm respectively. The area of the triangle is:

एक समकोण त्रिभुज की अंत:त्रिज्या और परित्रिज्या क्रमशः 3 सेमी और 12.5 सेमी है। त्रिभुज का क्षेत्रफल है:

(a) 65 cm² (b) 48 cm² (c) 88 cm² (d) 84 cm²

26. If the perimeter of an isosceles right triangle is 15(√2 + 1) cm, then the area of the triangle will be:
यदि एक समद्विबाहु समकोण त्रिभुज का परिमाप 15(√2+1) सेमी है, तो त्रिभुज का क्षेत्रफल होगा:

(a) 46.5 cm^2 (b) 45 cm^2
(c) 56.25 cm^2 (d) 55 cm^2

27. In the given figure, PQR is an equilateral triangle with side as 12 cm. S and T are the mid points of the sides PQ and PR respectively. What is the area (in cm^2) of the shaded region?
दी गई आकृति में, PQR एक समबाहु त्रिभुज है जिसकी भुजा 12 सेमी है। S और T क्रमशः भुजाओं PQ और PR के मध्य बिंदु हैं। छायांकित क्षेत्र का क्षेत्रफल (सेमी² में) क्या है?

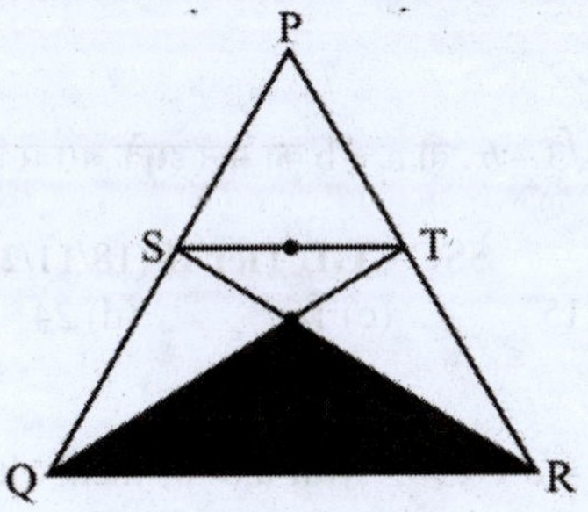

SSC CGL (Tier-II) 19-02-2018

(a) 10√3 (b) 12√3 (c) 9√3 (d) 14√3

28. Simplify the following expression

$$\frac{(sec\theta - cos\theta)(cot\theta + tan\theta)}{(1+tan\theta+sec\theta)(sec\theta)(1+cot\theta-cosec\theta)},$$

$0° < \theta < 90°$?

निम्नलिखित व्यंजक

$$\frac{(sec\theta - cos\theta)(cot\theta + tan\theta)}{(1+tan\theta+sec\theta)(sec\theta)(1+cot\theta-cosec\theta)},$$ को सरल

$0° < \theta < 90°$
कीजिए?

(a) $\frac{tan\theta}{2}$ (b) $\frac{\cot\theta}{2}$
(c) $cosec\theta\sec\theta$ (d) $\sin\theta\cos\theta$

29. If $\frac{(cos^6\theta+sin^6\theta-1)(tan^2\theta+cot^2\theta+2)+2}{(sec\theta+tan\theta)(sec\theta-tan\theta)^2\ cos\theta} = \frac{1}{k-1}$,

$0° < \theta < 90°$, then find k?

यदि $\frac{(cos^6\theta+sin^6\theta-1)(tan^2\theta+cot^2\theta+2)+2}{(sec\theta+tan\theta)(sec\theta-tan\theta)^2\ cos\theta} = \frac{1}{k-1}$,

$0° < \theta < 90°$, है, तो k ज्ञात करें?

(a) $\sin\theta$ (b) $\cos\theta$ (c) sec θ (d) cosec θ

30. The expression

$$\frac{(1+cos\theta+\sin\theta)\div(1+\cos\theta-\sin\theta)}{(sec\theta-\cos\theta)(\cot\theta+tan\theta)(1+\sin\theta)}, 0° < \theta < 90°$$ is

equal to?

व्यंजक $\frac{(1+cos\theta+\sin\theta)\div(1+\cos\theta-\sin\theta)}{(sec\theta-\cos\theta)(\cot\theta+tan\theta)(1+\sin\theta)}$,

$0° < \theta < 90°$ किसके बराबर है?

(a) sec θ (b) tan θ (c) cot θ (d) sin θ

7 PRACTICE SET

1. A fruit seller had some apples and oranges. he sold 25% apples to a person A, 40% of the remaining to a person B and had 45 apples left. Similarly, he sold 35% oranges to A, 80 oranges to B and had 15% oranges left. What is the total number of apples and oranges that the fruit seller had initially?
एक फल विक्रेता के पास कुछ सेब और संतरे थे। उसने 25% सेब व्यक्ति A को बेचे, शेष 40% सेब व्यक्ति B को बेचे और उसके पास 45 सेब बचे। इसी तरह, उसने A को 35% संतरे, B को 80 संतरे बेचे और उसके पास 15% संतरे बचे थे। फल विक्रेता के पास प्रारंभ में सेब और संतरे की कुल संख्या कितनी है?
(a) 240 (b) 260 (c) 270 (d) 280

2. Ten eggs are drawn successively with replacement from a lot containing 10% defective eggs. Find the probability that there is at least one defective egg.
10% दोषपूर्ण अंडों वाले लॉट से प्रतिस्थापन के साथ क्रमिक रूप से दस अंडे निकाले जाते हैं। कम से कम एक अंडा ख़राब होने की प्रायिकता ज्ञात कीजिए।
(a) $1 - (9/10)^9$ (b) $1 - (1/10)^9$
(c) $1 - (9/10)^{10}$ (d) $1 - (1/10)^{10}$

3. Let x be the least number which when divided by 34, 38 and 85, the remainders are 25, 29 and 76, respectively, and x is divisible by 21. What is the sum of the digit of x ?
माना x वह सबसे छोटी संख्या है जिसे 34, 38 और 85 से विभाजित करने पर क्रमशः 25, 29 और 76 शेष बचता है और x, 21 से विभाज्य है। x के अंक का योग क्या है?
(a) 26 (b) 25 (c) 23 (d) 24

4. When a two–digit number is multiplied by the sum of its digits, the product is 319. When the number obtained by interchanging its digits is multiplied by the sum of the digits, the result is 1012. The sum of the digits of the given number is?
जब दो अंकों की संख्या को उसके अंकों के योग से गुणा किया जाता है, तो गुणनफल 319 होता है। जब उसके अंकों को आपस में बदलने पर प्राप्त संख्या को अंकों के योग से गुणा किया जाता है, तो परिणाम 1012 होता है। दी गई संख्या के अंकों का योग है?
(a) 11 (b) 13 (c) 12 (d) 14

5. In the 100m race A beats B by 10 m and B beats C by 10m. By what distance A beats C (in m) ?
100 मीटर की दौड़ में A, B को 10 मीटर से हराता है और B, C को 10 मीटर से हराता है। A, C को कितनी दूरी से हराता है (मीटर में)?
(a) 19 (b) 18 (c) 20 (d) 21

6. A, B, C subscribe a sum of Rs.75,500 for a business. A subscribes Rs.3,500 more than B, and B subscribes Rs. 4,500 more than C. Out of a total profit of Rs.45,300 how much (in Rs.) does A receive ?
A, B, C एक व्यवसाय के लिए 75,500 रुपये की राशि की सदस्यता लेते हैं। A ने B से 3,500 रु. अधिक का अभिदान किया, और B ने रु. C से 4,500 अधिक। 45,300 रुपये के कुल लाभ में से A को कितना (रुपये में) प्राप्त होता है?
(a) 12,600 (b) 15,000 (c) 17,400 (d) 14,700

7. The average weight of students of section A and B having 40 students each is 42.5 kg and 40.5 kg respectively. Two students of section A having average weight 47.5 kg were shifted to B and 2 students of section B were shifted to section A, making the average weight of both the sections equal. What is the average weight (in kg) of the students who were shifted from section B to section A?
सेक्शन A और B, जिनमें से प्रत्येक में 40 छात्र हैं, के छात्रों का औसत वजन क्रमशः 42.5 किलोग्राम और 40.5 किलोग्राम है। सेक्शन A के दो छात्रों, जिनका औसत वजन 47.5 किलोग्राम था, को B में स्थानांतरित कर दिया गया और सेक्शन B के 2 छात्रों को सेक्शन A में स्थानांतरित कर दिया गया, जिससे दोनों वर्गों का औसत वजन बराबर हो गया। उन छात्रों का औसत वजन (किलो में) क्या है जिन्हें सेक्शन B से सेक्शन A में स्थानांतरित किया गया था?
(a) 27.5 (b) 28 (c) 28.5 (d) 29

8. A vessel contains mixture of milk and water in the ration of 3 : 1 respectively. If 20 liters mixture taken out from the vessel and now the difference between milk and water in the remaining mixture is 70 liters, then find initial mixture in vessel (in liters) ?
एक बर्तन में दूध और पानी का मिश्रण क्रमशः 3:1 के अनुपात में है। यदि बर्तन से 20 लीटर मिश्रण निकाला जाता है और अब शेष मिश्रण में दूध और पानी का अंतर 70 लीटर है, तो बर्तन में प्रारंभिक मिश्रण (लीटर में) ज्ञात करें?
(a) 240 (b) 160 (c) 120 (d) 80

9. A and B are equally efficient, and each can individually complete a piece of work in 36 days, if none takes any holiday. A and B started working together on this piece of work, but A took a day off after every five days of work, while B took a day off after every seven days of work. If the duo had started work on 1 July 2021, on which date was the work completed ?
A और B समान रूप से कुशल हैं, और यदि कोई भी छुट्टी नहीं लेता है, तो प्रत्येक व्यक्तिगत रूप से 36 दिनों में एक काम पूरा कर सकता है। A और B ने इस काम पर एक साथ काम करना शुरू किया, लेकिन A ने हर पांच दिन के काम के बाद एक दिन की छुट्टी ली, जबकि B ने हर सात दिन के काम के बाद एक दिन की छुट्टी ली। यदि दोनों ने 1 जुलाई 2021 को काम शुरू किया था, तो काम किस तारीख को पूरा हुआ?
(a) 19 July 2021 (b) 20 July 2021
(c) 22 July 2021 (d) 21 July 2021

10. In a school, of the number of $\frac{3}{8}$ students are girls and the rest are boys, One – third of the number of boys are below 10 years and of the number of $\frac{2}{3}$ girls is also below 10 years. If the number of students of age 10 or more years is 260, then the number of boys in the school is:
एक स्कूल में, $\frac{3}{8}$ छात्रों की संख्या लड़कियाँ हैं और शेष लड़के हैं, लड़कों की संख्या का एक तिहाई 10 वर्ष से कम है और $\frac{2}{3}$ लड़कियों की संख्या भी 10 वर्ष से कम है। यदि 10 वर्ष या उससे अधिक आयु के विद्यार्थियों की संख्या 260 है, तो विद्यालय में लड़कों की संख्या है:
(a) 280 (b) 300 (c) 234 (d) 312

11. An election is conducted between two candidates in a city. 50000 enrolled voters did not cast their votes and only 80% of cast voters were valid. If the winning candidate won by 12200 votes, the losing candidate got 18% of the total valid votes and 26% of the enrolled voters vote NOTA, then find the total number of enrolled voters?
एक शहर में दो उम्मीदवारों के बीच चुनाव कराया जाता है। 50000 नामांकित मतदाताओं ने अपना वोट नहीं डाला और डाले गए मतदाताओं में से केवल 80% ही वैध थे। यदि जीतने वाला उम्मीदवार 12200 वोटों से जीता, तो हारने वाले उम्मीदवार को कुल वैध वोटों में से 18% वोट मिले और 26% नामांकित मतदाताओं ने नोटा को वोट दिया, तो नामांकित मतदाताओं की कुल संख्या ज्ञात करें?
(a) 150,000 (b) 120,000 (c) 180,000 (d) 160,000

12. A person borrowed a sum of money at 9% simple interest and invested it at 10% compound interest for 3 years. After 3 years he received profit of ₹1952. How much money did he borrow?
एक व्यक्ति ने 9% साधारण ब्याज पर एक धनराशि उधार ली और इसे 3 वर्षों के लिए 10% चक्रवृद्धि ब्याज पर निवेश किया। 3 वर्ष बाद उसे ₹1952 का लाभ प्राप्त हुआ। उसने कितना पैसा उधार लिया?
(a) ₹30000 (b) ₹32000 (c) ₹33000 (d) ₹32543

13. A shopkeeper gives a discount of 12% on the purchase of 10 kg of sugar. The cost price of the sugar is Rs.30/kg, and the marked price is Rs.38/kg. The weighing machine of the shopkeeper is faulty, and it shows weight of 1 kg when the actual weight is 900 grams. Find the percentage profit of the shop keeper (rounded off to two decimal places).
एक दुकानदार 10 किलो चीनी की खरीद पर 12% की छूट देता है। चीनी का लागत मूल्य 30 रुपये प्रति किलोग्राम है, और अंकित मूल्य 38 रुपये प्रति किलोग्राम है। दुकानदार की तौल मशीन खराब है और वह एक किलो वजन दिखाती है जबकि वास्तविक वजन 900 ग्राम है। दुकानदार का प्रतिशत लाभ ज्ञात कीजिए (दो दशमलव स्थानों तक पूर्णांकित)।
(a) 30.18% (b)12.5% (c) 22.25% (d) 23.85%

14. The total cost of 3 mangoes and 4 apples is 160. If the cost of a mango increases by 20% and that of an apple decreases by 20%, then the total cost of 5 mangoes and 7 apples is ₹260. What is the original total cost of 1 mango and 2 apples ?
3 आम और 4 सेब की कुल कीमत 160 है। यदि एक आम की कीमत 20% बढ़ जाती है और एक सेब की कीमत 20% कम हो जाती है, तो 5 आम और 7 सेब की कुल कीमत ₹ 260 है। 1 आम और 2 सेब की मूल कुल लागत क्या है?
(a) 65 (b) 70 (c) 72 (d) 75

15. The Lines $x + y = 10$ and $-3x+y = 2$ has a unique solution. what is the distance (in units) between the unique solution and the point of intersection of the line $x + y = 10$ and the x–axis?
रेखाएँ $x+ y = 10$ और $-3x +y = 2$ का एक अद्वितीय समाधान है। अद्वितीय समाधान और रेखा $x +y = 10$ और x–अक्ष के प्रतिच्छेदन बिंदु के बीच की दूरी (इकाइयों में) क्या है?
(a) $10\sqrt{2}$ (b) $8\sqrt{2}$ (c) 10 (d) 8

16. Minu purchases a pair of sunglasses at Rs.1000 and sells to Kanu at 20% profit. Then, Kanu sells it back to Minu at 20% loss. Finally, Minu sells the same pair of sunglasses to Tanu. If the total profit made by Minu from all her transactions is Rs.500, then the percentage of profit made by Minu when she sold the pair of sunglasses to Tanu is

मीनू 1000 रुपये में एक जोड़ी धूप का चश्मा खरीदता है और कनु को 20% लाभ पर बेचता है। फिर, कनु इसे 20% हानि पर वापस मीनू को बेच देता है। अंत में, मीनू तनु को वही धूप का चश्मा बेचती है। यदि मीनू द्वारा अपने सभी लेनदेन से अर्जित कुल लाभ 500 रुपये है, तो मीनू द्वारा तनु को धूप का चश्मा बेचने पर प्राप्त लाभ का प्रतिशत क्या है?

(a) 26% (b) 31.25% (c) 52% (d) 35.42%

17. In the given figure, the ratio of the area of the largest square to that of the smallest square is:

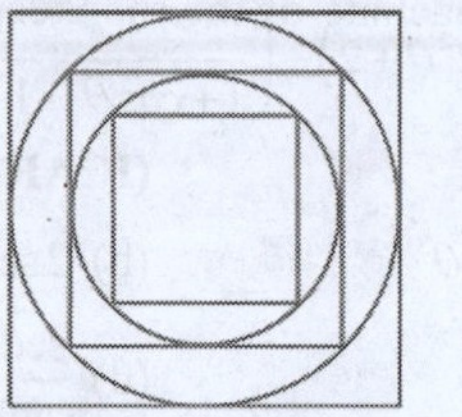

दिए गए चित्र में, सबसे बड़े वर्ग के क्षेत्रफल का सबसे छोटे वर्ग के क्षेत्रफल से अनुपात है:

SSC CHSL 14/10/2020 (Afternoon)

(a) 4:1 (b) 2:1 (c) 3:1 (d) 2:1

18. From a solid cylindrical wooden block of height 18cm and radius 7.5cm, a conical cavity of same radius and same height is taken out. What is total surface area (in cm^2) of the remaining solid ?

18 सेमी ऊंचाई और 7.5 सेमी त्रिज्या वाले एक ठोस बेलनाकार लकड़ी के ब्लॉक से, समान त्रिज्या और समान ऊंचाई की एक शंक्वाकार गुहा निकाली जाती है। शेष ठोस का कुल सतह क्षेत्रफल (सेमी² में) क्या है?

(a) 326.25π (b) 416.25π (c) 472.5π (d) 270π

19. If $m^2 = 19m+n$ and $n^2 = m+19n$ where $m \neq n$, then $\sqrt{(m^2+n^2+1)} = ?$

यदि $m^2 = 19m+n$ और $n^2 = m+19n$ जहाँ $m \neq n$, तो $\sqrt{(m^2+n^2+1)} = ?$

(a) 19 (b) 20 (c) 18 (d) 17

20. A right–angled triangle having two sides of 15 cm and 20 cm respectively is rotated along its hypotenuse. Find the total volume of the shape formed? Use $\pi = 3.14$

एक समकोण त्रिभुज जिसकी दो भुजाएँ क्रमशः 15 सेमी और 20 सेमी हैं, को उसके कर्ण के अनुदिश घुमाया जाता है। बनी आकृति का कुल आयतन ज्ञात कीजिए? $\pi = 3.14$ का प्रयोग करें

(a) 3758 cm^3 (b) 3778 cm^3
(c) 3768 cm^3 (d) 3798 cm^3

21. If $x+y+z=0$, then find the value of

$$\frac{x^2}{x^2-yz}+\frac{y^2}{y^2-xz}+\frac{z^2}{z^2-xy}$$

यदि $x+y+z=0$, तो $\frac{x^2}{x^2-yz}+\frac{y^2}{y^2-xz}+\frac{z^2}{z^2-xy}$ का मान ज्ञात कीजिए।

SSC CHSL 07/06/2022 (Evening)

(a) 2 (b) 1 (c) 3 (d) 0

22. If abc = 5, what is the value of

$\left(\frac{1}{1+a+b^{-1}}+\frac{1}{1+b+5c^{-1}}+\frac{1}{1+\frac{c}{5}+a^{-1}}\right)$/ यदि $abc = 5$, तो

$\left(\frac{1}{1+a+b^{-1}}+\frac{1}{1+b+5c^{-1}}+\frac{1}{1+\frac{c}{5}+a^{-1}}\right)$ का मान क्या है?

SSC CGL 08/12/2022 (3rd Shift)

(a) 5 (b) 1 (c) 1/5 (d) (a+b+c)

23. If $\left(\sqrt{2}+\sqrt{5}-\sqrt{3}\right)\times k = -12$, then what will be the value of k?

यदि $\left(\sqrt{2}\sqrt{5}-\sqrt{3}\right)\times k = -12$, तो k का मान क्या होगा?

SSC CGL Tier II (11/09/2019)

(a) $\left(\sqrt{2}+\sqrt{5}+\sqrt{3}\right)$

(b) $\left(\sqrt{2}+\sqrt{5}+\sqrt{3}\right)\left(2-\sqrt{10}\right)$

(c) $\left(\sqrt{2}+\sqrt{5}-3\right)\left(2+\sqrt{5}\right)$

(d) $\left(\sqrt{2}+\sqrt{5}+\sqrt{3}\right)\left(2-\sqrt{5}\right)$

24. In the given figure, PQRS is a square whose side is 8 cm. PQS and QPR are two quadrants. A circle is placed touching both the quadrants and the square as shown in the figure. What is the area (in cm²) of the circle ?

दी गई आकृति में, PQRS एक वर्ग है जिसकी भुजा 8 सेमी है। PQS और QPR दो चतुर्थांश हैं। एक वृत्त को दोनों चतुर्थांशों और वर्ग को स्पर्श करते हुए रखा गया है जैसा कि आकृति में दिखाया गया है। वृत्त का क्षेत्रफल (सेमी² में) क्या है ?

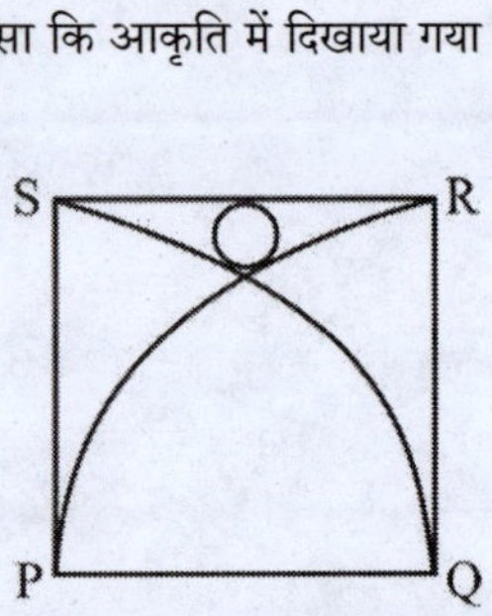

(a) 13/17 (b) 11/14 (c) 19/31 (d) 15/19

SSC CGL (Tier–II) 21–02–2018

25. In the given figure, PQRS is a square of side 8 cm. ∠PQO = 60°. What is the area (in cm²) of the triangle POQ? (where O is the point of intersection of OQ and PR).

दी गई आकृति में, PQRS 8 सेमी भुजा वाला एक वर्ग है। ∠PQO = 60°. त्रिभुज POQ का क्षेत्रफल (सेमी² में) क्या है? (जहाँ O, OQ और PR का प्रतिच्छेदन बिंदु है)।

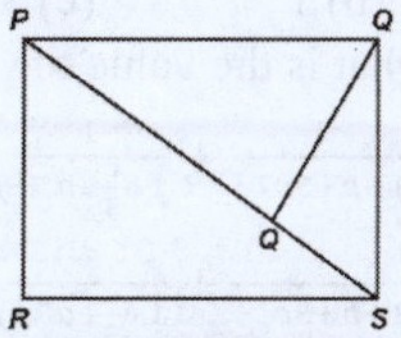

SSC CGL (Tier–II) 18–02–2018

(a) $32\sqrt{3}$ (b) $24[(\sqrt{3})-1]$

(c) $48(\sqrt{3})-1]$ (d) $16[3-(\sqrt{3})]$

26. ABC is a triangle, AB = 5 cm, AC = √41 cm and BC = 8 cm, AD is perpendicular to BC. What is the area (in cm²) of triangle ABD?

ABC एक त्रिभुज है, AB = 5 सेमी, AC = √41 सेमी और BC = 8 सेमी, AD BC पर लंबवत है। त्रिभुज ABD का क्षेत्रफल (सेमी² में) क्या है?

(a) 12 (b) 6 (c) 10 (d) 20

27. PQRS is a square whose side is 16 cm. What is the value of the side (in cm) of the largest octagon that can be cut from the given square ?

PQRS एक वर्ग है जिसकी भुजा 16 सेमी है। दिए गए वर्ग से काटे जा सकने वाले सबसे बड़े अष्टभुज की भुजा का मान (सेमी में) क्या है?

(a) $8-4\sqrt{2}$ (b) $16+8\sqrt{2}$

(c) $16\sqrt{2}-16$ (d) $16-8\sqrt{2}$

28. If $cos^2\theta+3=3\left(cot^2\theta+sin^2\theta\right), 0°<\theta<90°$, then what is the value of $(2cos\theta+3sin\theta)$?

यदि $cos^2\theta+3=3\left(cot^2\theta+sin^2\theta\right), 0°<\theta<90°$, है, तो $(2cos\theta+3sin\theta)$? का मान क्या है?

(a) $\frac{2\sqrt{3}+1}{2}$ (b) $\frac{2+3\sqrt{3}}{2}$ (c) $\frac{\sqrt{3}+2}{2}$ (d) $\frac{1+3\sqrt{3}}{2}$

29. $\left(tan^2\theta+cot^2\theta+2\right)\div\left(\frac{1}{1+cos\theta}+\frac{1}{1-cos\theta}\right), 0°<\theta<90°$ is equal to?

$\left(tan^2\theta+cot^2\theta+2\right)\div\left(\frac{1}{1+cos\theta}+\frac{1}{1-cos\theta}\right), 0°<\theta<90°$

किसके बराबर है? **(ICAR Technician 2022)**

(a) $2cosec^2\theta$ (b) $2\sec^2\theta$

(c) $\frac{cosec^2\theta}{2}$ (d) $\frac{\sec^2\theta}{2}$

30. If $sec\theta+tan\theta=k, 0°<\theta<90°$, then $\frac{(k-1)^2-2}{(k+1)^2-2k}$ is equal to?

यदि $sec\theta+tan\theta=k, 0°<\theta<90°$, है, तो $\frac{(k-1)^2-2}{(k+1)^2-2k}$ किसके बराबर है?

(a) $\cos\theta\sin\theta$ (b) $\sin\theta-\cos\theta$

(c) $\sec\theta\, cosec\theta$ (d) $\cos\theta+\sin\theta$

8 PRACTICE SET

1. Shyam obtained 45% marks in a test and failed by 18 marks. If he obtained 65% marks, he would have got 6 marks more than the minimum marks required to pass the test. How much were the maximum marks one could obtain in that test ?
श्याम को एक परीक्षा में 45% अंक प्राप्त हुए और वह 18 अंकों से अनुत्तीर्ण हो गया। यदि उसने 65% अंक प्राप्त किए होते, तो उसे परीक्षा उत्तीर्ण करने के लिए आवश्यक न्यूनतम अंकों से 6 अंक अधिक मिलते। उस परीक्षा में कोई अधिकतम कितने अंक प्राप्त कर सकता था?
(a) 130 (b) 140 (c) 120 (d) 80

2. In a box containing 100 bulbs, 10 are defective. The probability that out of a sample of 5 bulbs, none is defective is
100 बल्बों वाले एक बॉक्स में 10 ख़राब हैं। संभावना है कि 5 बल्बों के नमूने में से कोई भी दोषपूर्ण नहीं है
(a) $\left(\frac{9}{10}\right)^5$ (b) $\left(\frac{1}{10}\right)$ (c) $\frac{17}{240}$ (d) $\left(\frac{1}{2}\right)^5$

3. The number of positive integers less than 50, having exactly two distinct factors other than 1 and itself, is
50 से कम धनात्मक पूर्णांकों की संख्या, जिसमें 1 और स्वयं के अलावा बिल्कुल दो भिन्न गुणनखंड हों, है
(a) 13 (b) 15 (c) 12 (c) 14

4. The sum of all possible three–digit numbers formed by digits 2, 0 and 6 using each digit only once is
प्रत्येक अंक का केवल एक बार उपयोग करने पर अंक 2, 0 और 6 से बनी सभी संभावित तीन अंकीय संख्याओं का योग है
(a) 1477 (b) 844 (c) 1266 (d) 1688

5. Arun and Bhaskar run a race of 3 km. First, Arun gives Bhaskar a head start of 400 m and beats him by 30 seconds. While coming back, Arun gives Bhaskar a lead of 2.5 minutes and gets beaten by 500 m. What is the difference between the times in minutes in which Arun and Bhaskar can run the race for one side separately?
अरुण और भास्कर 3 किमी की दौड़ लगाते हैं। सबसे पहले, अरुण ने भास्कर को 400 मीटर की बढ़त दिलाई और उसे 30 सेकंड से हरा दिया। वापस आते समय, अरुण ने भास्कर को 2.5 मिनट की बढ़त दी और 500 मीटर से हार गया। मिनटों में उस समय के बीच क्या अंतर है जिसमें अरुण और भास्कर एक पक्ष के लिए अलग–अलग दौड़ लगा सकते हैं?
(a) 1.5 min (b) 2 min (c) 3 min (d) 2.5 min

6. A, B & C entered into a partnership business. Amount invested by B is 3 times of amount invested by A and ratio of amount invested by C to that of B is 1 : 2. After 11 months, all 3 withdrew Rs.Y. If ratio of C's profit share to total profit at the end of the year is 35 : 129, then find profit sharing ratio of A to that of B at the end of the year.
A, B और C ने साझेदारी व्यवसाय में प्रवेश किया। B द्वारा निवेश की गई राशि A द्वारा निवेश की गई राशि का 3 गुना है और C द्वारा निवेश की गई राशि का B से अनुपात 1: 2 है। 11 महीने के बाद, सभी 3 ने Y रुपये निकाल लिए। यदि वर्ष के अंत में C के लाभ हिस्से का कुल लाभ से अनुपात 35: 129 है, तो वर्ष के अंत में A का B के लाभ साझाकरण अनुपात ज्ञात कीजिए।
(a) 19 : 75 (b) 41 : 53 (c) 67 : 27 (d) 23 : 71

7. x, y and z are three positive numbers such that y is $\frac{4}{5}$ times of x and z is $\frac{5}{8}$ times of y. If the average of reciprocals of the numbers x, y and z is $\frac{17}{240}$, then the average of 3 times of x and 5 times of y will be:
x, y और z तीन धनात्मक संख्याएँ हैं जैसे कि y, x का $\frac{4}{5}$ गुना है और z, y का $\frac{5}{8}$ गुना है। यदि संख्याओं x, y और z के व्युत्क्रमों का औसत $\frac{17}{240}$ है, तो x का 3 गुना और y का 5 गुना का औसत होगा:
(a) 70 (b) 60 (c) 40 (d) 45

8. A container contain 96 litre mixture of milk and water out of which 35% is water. 20 lit of mixture is taken out and 10 litre milk & 16 litre water are added in remaining mixture. Find the difference between quantity of milk and water in the final mixture after replacement.

एक कंटेनर में दूध और पानी का 96 लीटर मिश्रण है जिसमें से 35% पानी है। 20 लीटर मिश्रण निकाला जाता है और शेष मिश्रण में 10 लीटर दूध और 16 लीटर पानी मिलाया जाता है। प्रतिस्थापन के बाद अंतिम मिश्रण में दूध और पानी की मात्रा के बीच अंतर ज्ञात कीजिये।

(a) 15.4 lit (b) 16.8 lit (c) 18.2 lit (d) 21.4 lit

9. A can do $\frac{1}{5}$ of a piece of work in 20 days, B can do 30% of the same work in 36 days, while C can do 80% of the same work in 160 days. B and C together started and worked for x days. After x days B left the work, and A joined C and both completed the remaining work in (x – 41) days. If the ratio between the work – done by (B + C) together to the work done by (A + C) together is 19 : 6, then what fraction of the same work can be completed by C alone in 2x days ?

A किसी कार्य का $\frac{1}{5}$ भाग 20 दिन में कर सकता है, B उसी कार्य का 30% भाग 36 दिन में कर सकता है, जबकि C उसी कार्य का 80% भाग 160 दिन में कर सकता है। B और C ने मिलकर कार्य शुरू किया और x दिन तक कार्य किया। x दिन बाद B ने कार्य छोड़ दिया और A, C के साथ जुड़ गया और दोनों ने शेष कार्य (x – 41) दिन में पूरा किया। यदि (B + C) द्वारा मिलकर किए गए कार्य और (A + C) द्वारा मिलकर किए गए कार्य के बीच का अनुपात 19 : 6 है, तो उसी कार्य का कितना भाग C अकेले 2x दिन में पूरा कर सकता है?

(a) $\frac{57}{100}$ (b) $\frac{19}{25}$ (c) $\frac{13}{25}$ (d) $\frac{6}{25}$

10. A person has some coins of ₹10, ₹5, and ₹2 denominations. The ratio of the products of the numbers of ₹10 and ₹5 coins, the numbers of ₹5 and ₹2 coins, and the numbers of ₹2 and ₹10 coins is 3:6:4 respectively. What could be the minimum amount of money this person has ?

एक व्यक्ति के पास ₹10, ₹5 और ₹2 मूल्यवर्ग के कुछ सिक्के हैं। ₹10 और ₹5 के सिक्कों की संख्या, ₹5 और ₹2 के सिक्कों की संख्या और ₹2 और ₹10 के सिक्कों की संख्या के गुणनफल का अनुपात क्रमशः 3:6:4 है। इस व्यक्ति के पास न्यूनतम कितनी धनराशि हो सकती है?

(a) 43 (b) 44 (c) 45 (d) 46

11. In a village 50% of total registered voters cast their votes in election. Only two candidates A and B were contesting the election. A won the election by 800 votes. Had B received 40% more votes, the result would have been a tie. How many registered voters are there in the village?

एक गाँव में कुल पंजीकृत मतदाताओं में से 50% ने चुनाव में अपना वोट डाला। केवल दो उम्मीदवार A और B चुनाव लड़ रहे थे। A ने 800 वोटों से चुनाव जीता। यदि B को 40% अधिक वोट प्राप्त होते, तो परिणाम टाई होता। गाँव में कितने पंजीकृत मतदाता हैं?

(a) 5600 (b) 6000 (c) 3000 (d) 4000

12. Aman invests Rs. 22000 for 6 years in a certain scheme with 4% interest per annum, compounded half–yearly. Suman invests in the same scheme for 5 years, and then reinvests the entire amount received at the end of 5 years for one year at 10% simple interest. If the amounts received by both at the end of 6 years are same, then the initial investment made by Suman, in rupees, is

अमन एक निश्चित योजना में 6 वर्षों के लिए 22000 रुपये का निवेश करता है, जिस पर 4% वार्षिक ब्याज मिलता है, जो अर्धवार्षिक रूप से संयोजित होता है। सुमन उसी योजना में 5 वर्षों के लिए निवेश करती है, और फिर 5 वर्षों के अंत में प्राप्त पूरी राशि को 10% साधारण ब्याज पर एक वर्ष के लिए पुनर्निवेशित करती है। यदि 6 वर्षों के अंत में दोनों द्वारा प्राप्त राशियाँ समान हैं, तो सुमन द्वारा किया गया प्रारंभिक निवेश, रुपये में, है

(a) 20808 (b) 20606 (c) 20707 (d) 20505

13. A vegetable vendor bought 100 kg of potatoes at the rate of Rs.19 per kg and spent Rs.100 as cartage. He sold 60 kg of potatoes with a 50% profit and half of the remaining stock with a 40% profit. He sold half of the still remaining potatoes with a 25% profit. What profit percentage should he aim for when selling the ultimate remaining potatoes to achieve an overall profit of 42% ?

एक सब्जी विक्रेता ने 19 रुपये प्रति किलोग्राम की दर से 100 किलोग्राम आलू खरीदा और 100 रुपये गाड़ी के रूप में खर्च किए। उसने 60 किलोग्राम आलू 50% लाभ पर और शेष स्टॉक का आधा 40% लाभ पर बेचा। उसने बचे हुए आधे आलू को 25% लाभ पर बेच दिया। 42% का समग्र लाभ प्राप्त करने के लिए शेष बचे आलू को बेचते समय उसे कितने प्रतिशत लाभ का लक्ष्य रखना चाहिए?

(a) 0.16 (b) 0.1 (c) 0.12 (d) 0.15

14. The cost price of a table is ₹800 more than that of a chair. If the table is sold at a loss of 10% and the chair is sold at a gain of 40%, then there is an overall profit of 10% in the whole transaction. What is the cost price (in ₹) of the table ?

एक मेज का क्रय मूल्य एक कुर्सी के क्रय मूल्य से ₹800 अधिक है। यदि मेज को 10% की हानि पर और कुर्सी को 40% के लाभ पर बेचा जाता

है, तो पूरे सौदे में कुल मिलाकर 10% का लाभ होता है। मेज का क्रय मूल्य (₹ में) क्या है ?

(a) 2450 (b) 2,500 (c) 2,560 (d) 2,400

15. If the sum of the base and altitudes of a triangle is 30, then what will be the maximum possible area of the triangle?

यदि किसी त्रिभुज के आधार और ऊँचाई का योग 30 है, तो त्रिभुज का अधिकतम संभव क्षेत्रफल क्या होगा?

(a) 112.5 (b) 225 (c) 625 (d) 900

16. A merchant purchases a cloth at a rate of Rs.100 per meter and receives 5 cm length of cloth free for every 100 cm length of cloth purchased by him. He sells the same cloth at a rate of Rs.110 per meter but cheats his customers by giving 95 cm length of cloth for every 100 cm length of cloth purchased by the customers. If the merchant provides a 5% discount, the resulting profit earned by him is

एक व्यापारी 100 रुपये प्रति मीटर की दर से एक कपड़ा खरीदता है और उसके द्वारा खरीदे गए प्रत्येक 100 सेमी लंबाई के कपड़े के लिए 5 सेमी लंबाई का कपड़ा मुफ्त प्राप्त करता है। वह उसी कपड़े को 110 रुपये प्रति मीटर की दर से बेचता है लेकिन ग्राहकों द्वारा खरीदे गए प्रत्येक 100 सेमी लंबाई के कपड़े के लिए 95 सेमी लंबाई देकर अपने ग्राहकों को धोखा देता है। यदि व्यापारी 5% की छूट प्रदान करता है, तो उसके द्वारा अर्जित लाभ है

(a) 9.7% (b) 15.5% (c) 4.2% (d) 16%

17. From a solid sphere of radius 15cm a right circular cylinder hole of radius 9 cm whose axis passing through the centre is removed. Find the total surface area of the remaining shape?

15 सेमी त्रिज्या वाले एक ठोस गोले से 9 सेमी त्रिज्या वाला एक लंब वृत्तीय बेलन छेद निकाला जाता है जिसकी धुरी केंद्र से होकर गुजरती है। शेष आकृति का कुल पृष्ठीय क्षेत्रफल ज्ञात कीजिये?

(a) 1188π (b) 1152π (c) 1170π (d) 1444π

18. A sector of radius 10.5 cm with the central angle is folded to form a 120° cone by joining the two bounding radii of the sector. What is the volume (in cm^3) of the cone so formed ?

केंद्रीय कोण के साथ 10.5 सेमी त्रिज्या वाले एक त्रिज्यखंड को, त्रिज्यखंड की दो सीमाबद्ध त्रिज्याओं को जोड़कर 120° का शंकु बनाने के लिए मोड़ा जाता है। इस प्रकार बने शंकु का आयतन (सेमी³ में) क्या है?

(a) $343\pi\sqrt{\frac{2}{6}}$ (b) $343\pi\sqrt{\frac{3}{6}}$

(c) $343\pi\sqrt{\frac{3}{12}}$ (d) $\frac{343\sqrt{2}\,\pi}{12}$

19. The base of a right prism is a triangle with sides 20 cm, 21 cm and 29 cm. If its volume is 7560 cm^3 , then its lateral surface area (in cm^2) is :

एक समकोण प्रिज्म का आधार एक त्रिभुज है जिसकी भुजाएँ 20 सेमी, 21 सेमी और 29 सेमी हैं। यदि इसका आयतन 7560 सेमी³ है, तो इसका पार्श्व सतह क्षेत्रफल (सेमी² में) है:

(a) 2484 (b) 2556 (c) 2520 (d) 2448

20. The value of

$$\left(1\frac{1}{3}\div 2\frac{6}{7} of\, 5\frac{3}{5}\right)\div\left(6\frac{2}{5}\div 4\frac{1}{2} of\, 5\frac{1}{3}\right)\times\left(\frac{3}{4}\times 2\frac{2}{3}\div\frac{5}{9}\right),$$
$$of\, 1\frac{1}{5}) = 1+k$$

where k lies between:

$$\left(1\frac{1}{3}\div 2\frac{6}{7} of\, 5\frac{3}{5}\right)\div\left(6\frac{2}{5}\div 4\frac{1}{2} of\, 5\frac{1}{3}\right)\times\left(\frac{3}{4}\times 2\frac{2}{3}\div\frac{5}{9}\right)$$
$$of\, 1\frac{1}{5}) = 1+k$$

है, तो k किस अंतराल के बीच होगा?

SSC CGL Tier II (12/09/2019)

(a) $\frac{7}{20}$ (b) $\frac{8}{23}$

(c) $\frac{7}{22}$ (d) $\frac{8}{25}$

21. If $(x+1)(x+2)+\frac{1}{x(x-1)}=0$, then find x^2+x ?

यदि $(x+1)(x+2)+\frac{1}{x(x-1)}=0$ है, तो x^2+x ज्ञात कीजिये?

(a) 0 (b) 1 (c) 2 (d) –1

22. Simplify The expression $\frac{s^2+t^2+2st-u^2}{s^2-t^2-2tu-u^2}$ provided $(s+t+u)\neq 0$.

SSC CGL 25/07/2023 (4th shift)

(a) $\frac{s+t-u}{s-t-u}$ (b) $\frac{s+t+u}{s-t+u}$

(c) $\frac{s-t-u}{s+t-u}$ (d) $\frac{s-t+u}{s+t+u}$

23. Find the value of 3/4 + 5/36 + 7/144 + ... + upto 9 terms.
3/4 + 5/36 + 7/144 + ... + नौवे पद तक का मान ज्ञात करो।

(a) 0.95 (b) 0.91 (c) 0.99 (d) 0.97

24. An equilateral triangle of side 12 cm is drawn. What is the area (in cm²) of the largest square which can be drawn inside it ?
12 सेमी भुजा वाला एक समबाहु त्रिभुज बनाया गया है। इसके अंदर खींचे जा सकने वाले सबसे बड़े वर्ग का क्षेत्रफल (सेमी² में) क्या है?

(a) $1512 - 864\sqrt{3}$ (b) $3024 + 1728\sqrt{3}$
(c) $3024 - 1728\sqrt{3}$ (d) $1512 + 864\sqrt{3}$

25. In the given figure, AB, AE, EF, FG and GB are semicircles. AB = 56 cm and AE = EF = FG = GB. What is the area (in cm²) of the shaded region?
दी गई आकृति में, AB, AE, EF, FG और GB अर्धवृत्त हैं। AB = 56 सेमी और AE = EF = FG = GB। छायांकित क्षेत्र का क्षेत्रफल (सेमी² में) क्या है ?

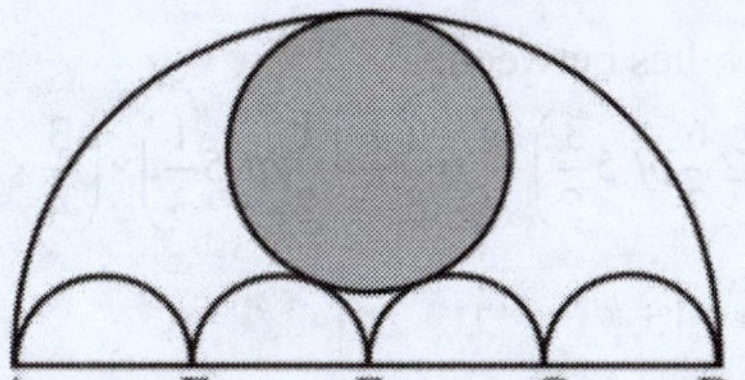

(a) 414.46 (b) 382.82 (c) 406.48 (d) 394.24

SSC CGL (Tier–II) 17–2–2018

26. In the given figure, PQR is a quadrant whose radius is 7 cm. A circle is inscribed in the quadrant as shown in the figure. What is the area (in cm²) of the circle?
दिए गए चित्र में, PQR एक चतुर्थांश है जिसकी त्रिज्या 7 सेमी है। जैसा कि चित्र में दिखाया गया है, चतुर्भुज में एक वृत्त अंकित है। वृत्त का क्षेत्रफल (सेमी² में) क्या है?

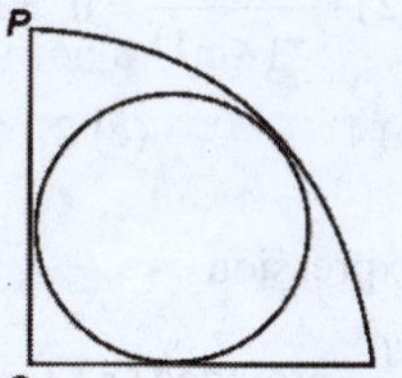

(a) $385–221\sqrt{2}$ (b) $308–154\sqrt{2}$
(c) $154–77\sqrt{2}$ (d) $462–308\sqrt{2}$

27. In the given figure, in a right angle triangle ABC, AB = 12 cm and AC = 15 cm. A square is inscribed in the triangle. One of the vertices of square coincides with the vertex of triangle. What is the maximum possible area (in cm²) of the square?
दी गई आकृति में, एक समकोण त्रिभुज ABC में, AB = 12 सेमी और AC = 15 सेमी है। त्रिभुज में एक वर्ग अंकित है। वर्ग का एक शीर्ष त्रिभुज के शीर्ष से मेल खाता है। वर्ग का अधिकतम संभव क्षेत्रफल (सेमी² में) क्या है?

SSC CGL (Tier–II) 18–02–2018

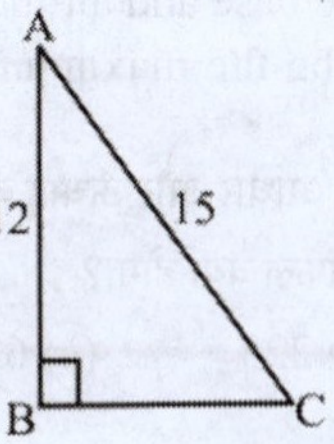

(a) 1296/49 (b) 25
(c) 1225/36 (d) 1225/64

28. Who will be equal to

$$\frac{(sin\theta - cos\theta)(1+tan\theta+cot\theta)(cosec^2\theta)}{sec^3\theta - cosec^3\theta}, 0 < \theta < 90°?$$

$0° < \theta < 90°$ होने पर

$$\frac{(\sin\theta - \cos\theta)(1+\tan\theta+\cot\theta)(\text{cosec}^2\theta)}{\sec^3\theta - \text{cosec}^3\theta}$$

किसके बराबर होगा?

(a) $\sin^2\theta$ (b) $\sin\theta cos\theta$
(c) $\cos^2\theta$ (d) None

29. $\frac{tan\theta + sec\theta - 1}{tan\theta - sec\theta + 1} \div \left(1 + \frac{tan^2\theta}{1+sec\theta}\right)$

is equal to ______ if $0° < \theta < 90°$?

यदि $0° < \theta < 90°$ तो, $\frac{tan\theta + sec\theta - 1}{tan\theta - sec\theta + 1} \div \left(1 + \frac{tan^2\theta}{1+sec\theta}\right)$

का मान के बराबर है?

(a) $1+\sin\theta$ (b) $\sin\theta cos\theta$
(c) $\sin\theta + \cos\theta$ (d) $1+\cos\theta$

30. If $x = 1 + cosec^2\theta + tan^2\theta, y = (tan\theta + cot\theta)sin\theta$

and $z = \frac{tan^3\theta}{sec^2\theta} + \frac{cot^3\theta}{cosec^2\theta} + 2sin\theta cos\theta$,

$0° < \theta < 90°$, then $(x \div z \times y)$ *is equal to.*

यदि $= 1 + cosec^2\theta + tan^2\theta, y = (tan\theta + cot\theta)sin\theta$ और

$z = \frac{tan^3\theta}{sec^2\theta} + \frac{co3\theta}{cosec^2\theta} + 2sin\theta cos\theta, 0° < \theta < 90°$ है, तो

$(x \div z \times y)$ कितना होगा?

(a) $\sec^2\theta cosec^2\theta$ (b) $\sec^2\theta cosec\theta$
(c) $sec\theta cose^2\theta$ (d) $sec\theta cosec\theta$

9 PRACTICE SET

1. Due to a reduction of 7.5% in the price of sugar, a man is able to buy 2 kg more for ₹925. What is the reduced rate of sugar (in ₹) per kg?
चीनी की कीमत में 7.5% की कमी के कारण, एक आदमी ₹925 में 2 किलो अधिक खरीद सकता है। प्रति किलोग्राम चीनी की घटी हुई दर (₹ में) क्या है?
(a) 34.6875 (b) 36.6275
(c) 35.5215 (d) 34.7125

2. A person can hit a target 5 times out of 8 shots. If he fires 10 shots, what is the probability that he will hit the target twice?
एक व्यक्ति 8 में से 5 बार किसी लक्ष्य पर निशाना साध सकता है। यदि वह 10 गोलियाँ चलाता है, तो इसकी क्या प्रायिकता है कि वह लक्ष्य पर दो बार वार करेगा?
(a) $1135\times\frac{3^8}{8^{10}}$ (b) $1125\times\frac{3^9}{8^{10}}$
(c) $1175\times\frac{3^8}{8^{10}}$ (d) $1125\times\frac{3^8}{8^{10}}$

3. If the five-digit number 672xy is divisible by 3,7 and 11, then what is the value of (6x + 5y)?
यदि पांच अंकों की संख्या 672xy 3,7 और 11 से विभाज्य है, तो (6x + 5y) का मान क्या है?
(a) 17 (b) 23 (c) 24 (d) 16

4. The sum of the cubes of two given numbers is 10234, while the sum of the two given numbers is 34. What is the positive difference between the cubes of the two given numbers?
दो दी गई संख्याओं के घनों का योग 10234 है, जबकि दो दी गई संख्याओं का योग 34 है। दी गई दोनों संख्याओं के घनों के बीच सकारात्मक अंतर क्या है?
(a) 3484 (b) 3488 (c) 3356 (d) 8602

5. In a 120 metre race, P beats S by 6 metres. If S starts with a head start of 7.5 metres and it is a 100 metre race, then who wins the race and how many metres? (Correct to 2 decimal places)
120 मीटर की दौड़ में, P, S को 6 मीटर से हरा देता है। यदि S 7.5 मीटर की बढ़त के साथ शुरू करता है और यह 100 मीटर की दौड़ है, तो दौड़ कौन जीतता है और कितने मीटर की दौड़ जीतता है? (दशमलव के 2 स्थानों तक सही)
(a) S, 2.63 (b) P, 3.63 (c) S, 3.63 (d) P, 2.63

6. A, B and C invested Rs.5000, Rs. 10000 and Rs.20000 in a partnership business respectively. After 'x' months A doubled his investment and after 'y' months B increased his investment by 50%. If at the end of the year they distributed the profit earned in the ratio 10:15:24, then find (x+y).
A, B और C ने क्रमशः 5000 रु. का निवेश किया। साझेदारी व्यवसाय में क्रमशः 10000 और 20000 रु. 'x' महीने के बाद A ने अपना निवेश दोगुना कर दिया और 'y' महीने के बाद B ने अपना निवेश 50% बढ़ा दिया। यदि वर्ष के अंत में उन्होंने अर्जित लाभ को 10:15:24 के अनुपात में वितरित किया, तो (x+ y) ज्ञात कीजिए।
(a) 18 (b) 10 (c) 12 (d) 15

7. The average weight of A, B, C is 40 kg, the average weight of B, D, E is 42 kg and the weight of F is equal to that of B. What is the average weight of A, B, C, D, E and F ?
A, B, C का औसत वजन 40 किग्रा है, B, D, E का औसत वजन 42 किग्रा है और F का वजन B के बराबर है। A, B, C, D, E और F का औसत वजन क्या है?
(a) 40.5 kg
(b) 40.8 kg
(c) 41 kg
(d) Cannot be determined as data is inedequate.

8. Two jars contain equal quantities of 40% alcohol. Anju changed the concentration of the first jar to 50% by adding extra quantity of pure alcohol. Sonal changed the concentration of the second jar to 50% by replacing a certain quantity of the solution with pure alcohol. By what percentage is the quantity of alcohol added by Anju more than that replaced by Sonal?
दो जार में बराबर मात्रा में 40% अल्कोहल है। अंजू ने शुद्ध अल्कोहल की अतिरिक्त मात्रा मिलाकर पहले जार की सांद्रता को 50% तक बदल दिया। सोनल ने घोल की एक निश्चित मात्रा को शुद्ध अल्कोहल से बदलकर दूसरे जार की सांद्रता को 50% तक बदल दिया। अंजू द्वारा जोड़ी गई अल्कोहल की मात्रा सोनल द्वारा प्रतिस्थापित अल्कोहल की मात्रा से कितने प्रतिशत अधिक है?
(a) 15% (b) 20% (c) 25% (d) 10%

9. P, Q and R, when workinsg individually, can complete a job in, respectively, 36 days, 48 days and 144 days. P, Q and R start working together. P leaves the job 12 days before completion and Q leaves the job 8 days before completion. R works from the beginning till the end of the job. Determine the total number of days taken to complete the job.

P, Q और R, जब व्यक्तिगत रूप से कार्य करते हैं, तो एक कार्य को क्रमशः 36 दिन, 48 दिन और 144 दिन में पूरा कर सकते हैं। P, Q और R एक साथ काम करना शुरू करते हैं। P काम पूरा होने से 12 दिन पहले काम छोड़ देता है और Q काम पूरा होने से 8 दिन पहले काम छोड़ देता है। R कार्य के आरंभ से अंत तक कार्य करता है। कार्य पूरा करने में लगने वाले दिनों की कुल संख्या निधारित करें।

(a) 30 (b) 24 (c) 27 (d) 25

10. Krishna has a few coins of 1 rupee, 50 paisa and 25 paisa in the ratio $\frac{1}{4}:\frac{1}{2}:\frac{1}{2}$. If the number of 25 paise coins is 100, then the total amount with Krishan is :

कृष्णा के पास 1 रुपया, 50 पैसे और 25 पैसे के कुछ सिक्के हैं जिनका अनुपात $\frac{1}{4}:\frac{1}{2}:\frac{1}{2}$ है। यदि 25 पैसे के सिक्कों की संख्या 100 है, तो कृष्णा के पास कुल कितनी राशि है ?

(a) 100 (b) 75 (c) 125 (d) 120

11. A computer is available for ₹76,800 cash or ₹23,840 cash down payment and three equal half-yearly instalments. If the interest charged is 20% p.a., compounded semi-annually, then the interest charged in the instalment scheme is:

एक कंप्यूटर ₹76,800 नकद या ₹23,840 नकद अग्रिम भुगतान और तीन समान अर्ध-वार्षिक किस्तों पर उपलब्ध है। यदि लगाया गया ब्याज 20% प्रति वर्ष है, जो अर्ध-वार्षिक रूप से संयोजित होता है, तो किस्त योजना में लगाया गया ब्याज है:

(a) 10928 (b) 11928 (c) 12928 (d) 10766

12. A sum of ₹14000 amounts to ₹18515 in 2 years at a certain rate percent p.a., interest compounded yearly. What will be the compound interest on the same sum, in the same time and at the same rate, if the interest is compounded 8-monthly ?

₹14000 की एक राशि एक निश्चित प्रतिशत प्रति वर्ष, वार्षिक चक्रवृद्धि ब्याज की दर से 2 वर्षों में ₹18515 हो जाती है। यदि ब्याज 8-मासिक रूप से संयोजित होता है, तो समान राशि पर, समान समय में और समान दर पर चक्रवृद्धि ब्याज क्या होगा?

(a) ₹3,234 (b) ₹4,494 (c) ₹4,620 (d) ₹4,634

13. The marked price of every item being sold by a wholesaler was ₹400. The wholesaler was offering a stock-clearance sale, under which for every four items paid for, one item was being given free. In addition to that, a further 5% discount on the amount payable on the 'Buy 4, Get 1 free' scheme price was being offered to anyone making purchases worth more than 15,000. Rameshwar made purchases for which the amount payable, before applying the 5% discount, was 16,000. What was the effective discount percentage that was finally offered to Rameshwar during this transaction?

एक थोक विक्रेता द्वारा बेची जा रही प्रत्येक वस्तु का अंकित मूल्य ₹400 था। थोक विक्रेता स्टॉक-क्लीयरेंस बिक्री की पेशकश कर रहा था, जिसके तहत भुगतान की गई प्रत्येक चार वस्तुओं के लिए एक वस्तु मुफ्त दी जा रही थी। इसके अलावा, 15,000 से अधिक की खरीदारी करने वाले किसी भी व्यक्ति को '4 खरीदें, 1 मुफ़्त पाएं' योजना मूल्य पर देय राशि पर 5% की अतिरिक्त छूट की पेशकश की जा रही थी।रामेश्वर ने खरीदारी की जिसके लिए 5% छूट लागू करने से पहले देय राशि 16,000 थी। इस लेन-देन के दौरान अंततः रामेश्वर को जो प्रभावी छूट प्रतिशत की पेशकश की गई वह क्या थी?

(a) 30% (b) 25% (c) 28.75% (d) 24%

14. If 3 rubber and 5 marker together cost ₹155 while 8 marker and 5 pencils together cost ₹188 and 5 rubber and 3 pencils cost ₹161, then the cost (in ₹) of 1 rubber, 1 marker and 1 pencil is ?

यदि 3 रबर और 5 मार्कर की कीमत एक साथ ₹155 है जबकि 8 मार्कर और 5 पेंसिल की एक साथ कीमत ₹188 है और 5 रबर और 3 पेंसिल की कीमत ₹161 है, तो 1 रबर, 1 मार्कर और 1 पेंसिल की कीमत (₹ में) है?

(a) 45 (b) 53 (c) 48 (d) 59

15. In an election there were three candidates A, B, C. B won the election from A by 1600 votes and C lost the election by getting 12% of casted votes only. If 20% of registered voters didn't cast their votes and total votes given to A and C are 5920, then find the total number of registered voters.

एक चुनाव में तीन उम्मीदवार A, B, C थे। B ने A से 1600 वोटों से चुनाव जीता और C केवल 12% वोट पाकर चुनाव हार गया। यदि 20% पंजीकृत मतदाताओं ने अपना वोट नहीं डाला और A और C को दिए गए कुल वोट 5920 हैं, तो पंजीकृत मतदाताओं की कुल संख्या ज्ञात कीजिए।

(a) 12000 (b) 15000
(c) 20000 (d) 18000

16. The price of a precious stone is directly proportional to the square of its weight. Sita has a precious stone weighing 18 units. If she breaks it into four pieces with each piece having distinct integer weight, then the difference between the highest and lowest possible values of the total price of the four pieces will be 288000. Then, the price of the original precious stone is
किसी कीमती पत्थर की कीमत उसके वजन के वर्ग के सीधे आनुपातिक होती है। सीता के पास 18 यूनिट वजन का एक कीमती पत्थर है। यदि वह इसे चार टुकड़ों में तोड़ देती है और प्रत्येक टुकड़े का वजन अलग-अलग होता है, तो चार टुकड़ों की कुल कीमत के उच्चतम और न्यूनतम संभव मूल्यों के बीच का अंतर 288000 होगा। फिर, मूल कीमती पत्थर की कीमत है

(a) 972000 (b) 1296000 (c) 1944000 (d) 1620000

17. If the radius of a sphere is increased by 4 cm, its surface area is increased by 464 π cm^2. What is the volume (in cm^3) of the original sphere?
यदि किसी गोले की त्रिज्या 4 सेमी बढ़ा दी जाए, तो उसका पृष्ठीय क्षेत्रफल 464 π cm^2 बढ़ जाता है। मूल गोले का आयतन (cm^3 में) क्या है?

(a) $15625\pi/6$ (b) $35937\pi/8$
(c) $11979\pi/2$ (d) $15625\pi/8$

18. The base of right prism is a trapezium whose parallel sides are 11cm and 15cm and the distance between them is 9 cm. If the volume of the prism is 1731.6 cm^3, then the height (in cm) of the prism will be:
दायीं ओर के प्रिज्म का आधार एक समलंब है जिसकी समानांतर भुजाएँ 11 सेमी और 15 सेमी हैं और उनके बीच की दूरी 9 सेमी है। यदि प्रिज्म का आयतन 1731.6 सेमी³ है, तो प्रिज्म की ऊंचाई (सेमी में) होगी:

(a) 15.6 (b) 15.2 (c) 14.8 (d) 14.2

19. A ribbon of equal width and length "L" is wrapped around the curved surface of a right circular cylinder to cover it completely. If the base circumference of this cylinder is "C", then how many times the ribbon was wrapped around the cylinder?
एक समान चौड़ाई और लंबाई "L" का एक रिबन एक लंबवृत्तीय बेलन की वक्र सतह के चारों ओर लपेटा गया है, ताकि वह पूरी तरह से ढक जाए। यदि इस बेलन की आधार परिधि "C" है, तो रिबन को बेलन के चारों ओर कितनी बार लपेटा गया है?

(a) $L\frac{4}{C}$ (b) $\frac{L}{C}$ (c) $L\frac{2}{C}$ (d) $2\frac{L}{C}$

20. If $x\left(\frac{1}{a}+\frac{1}{b}\right)=12$ then find $(x+6a)(x-6a)^{-1}+(x+6b)(x-6b)^{-1}$?
यदि $x\left(\frac{1}{a}+\frac{1}{b}\right)=12$ है, तो $(x+6a)(x-6a)^{-1}+(x+6b)(x-6b)^{-1}$ ज्ञात कीजिए?

(a) 1 (b) 2 (c) 5 (d) 4

21. If $\sin x + \sin y = a$ and $\cos x + \cos y = b$, what is $\sin x . \sin y + \cos x . \cos y$ equal to?
यदि sin x +sin y =a और cos x +cos y= b है तो sin x . sin y + cos x . cos y किसके बराबर है?

(a) $a + b - ab$ (b) $a + b + ab$
(c) $a^2 + b^2$ 2 (d) $(a^2 + b^2 - 2)/2$

22. $\frac{\cos x}{\cos y} = n, \frac{\sin x}{\sin y} = m$ then what is $(m^2 - n^2)\sin^2 y$ equal to?
$\frac{\cos x}{\cos y} = n, \frac{\sin x}{\sin y} = m$, तो $(m^2 - n^2)\sin^2 y$ किसके बराबर है?

(a) $1 - n^2$ (b) $1 + n^2$ (c) m^2 (d) n^2

23. What is the value of $\left(\frac{1}{a}-\frac{1}{b}-\frac{1}{c}\right)$ if, $\frac{2a-5}{a}-\frac{4b-5}{b}+\frac{6c+5}{c}=0$?
$\left(\frac{1}{a}-\frac{1}{b}-\frac{1}{c}\right)$ का मान ज्ञात कीजिए, यदि $\frac{2a-5}{a}-\frac{4b-5}{b}+\frac{6c+5}{c}=0$

SSC CGL 21/07/2023 (2nd shift)

(a) 4/5 (b) – 8/5 (c) 2/5 (d) – 12/5

24. What is the value of $\frac{a^2-(b-c)^2}{(a+c)^2-b^2}+\frac{b^2-(a-c)^2}{(a+b)^2-c^2}+\frac{c^2-(a-b)^2}{(b+c)^2-a^2}$ is
निम्न का मान ज्ञात कीजिए:

$$\frac{a^2-(b-c)^2}{(a+c)^2-b^2}+\frac{b^2-(a-c)^2}{(a+b)^2-c^2}+\frac{c^2-(a-b)^2}{(b+c)^2-a^2}$$

SSC CGL 21/07/2023 (2nd shift)

(a) 3 (b) -1 (c) 1 (d) 2

25. The expression $\sqrt{10+2\left(\sqrt{6}-\sqrt{15}-\sqrt{10}\right)}$ is equal to

SSC CGL Tier II (12/09/2019)

(a) $\sqrt{3}+\sqrt{2}-\sqrt{5}$ (b) $\sqrt{3}-\sqrt{2}-\sqrt{5}$

(c) $\sqrt{3}-\sqrt{2}+\sqrt{5}$ (d) $\sqrt{2}-\sqrt{3}-\sqrt{5}$

26. If $\sqrt{\frac{a}{b}}=\frac{8}{3}-\sqrt{\frac{b}{a}}$ and $a-b=10$ then the value of ab is:

SSC CHSL 04/08/2023 (2nd Shift)

(a) $32\left(\frac{1}{7}\right)$ (b) $32\left(\frac{3}{7}\right)$

(c) $32\left(\frac{4}{7}\right)$ (d) $32\left(\frac{2}{7}\right)$

27. In the given figure, MP is the tangent to a circle with centre A and NQ is a tangent to a circle with centre B. If MP = 15 cm, NQ = 8 cm, PA = 17 cm and BQ = 10 cm, then AB is:
दी गई आकृति में, MP केंद्र A वाले वृत्त पर स्पर्श रेखा है और NQ केंद्र B वाले वृत्त पर स्पर्श रेखा है। यदि MP = 15 सेमी, NQ = 8 सेमी, PA = 17 सेमी और BQ = 10 सेमी है, तो AB है ?

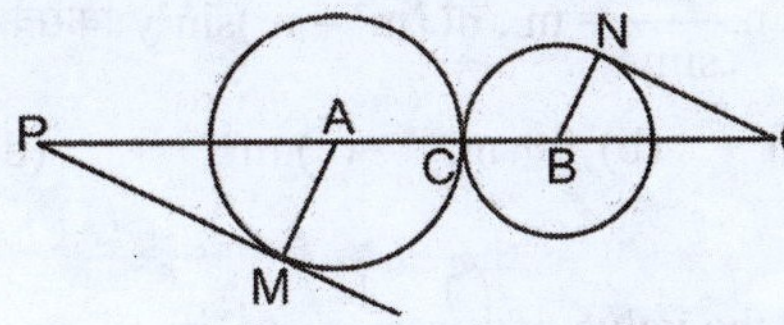

SSC CGL 07/03/2020 (Morning)

(a) 13.5 cm (b) 23 cm (c) 14 cm (d) 28 cm

28. PA and PB are tangents to the circle and O is the centre of the circle. The radius is 5 cm and PO is 13 cm. If the area of the triangle PAB is M, then the value of $\sqrt{\frac{M}{15}}$ is:
PA और PB वृत्त की स्पर्श रेखाएँ हैं और O वृत्त का केंद्र है। त्रिज्या 5 सेमी है और PO 13 सेमी है। यदि त्रिभुज PAB का क्षेत्रफल M है, तो $\sqrt{\frac{M}{15}}$ का मान है:

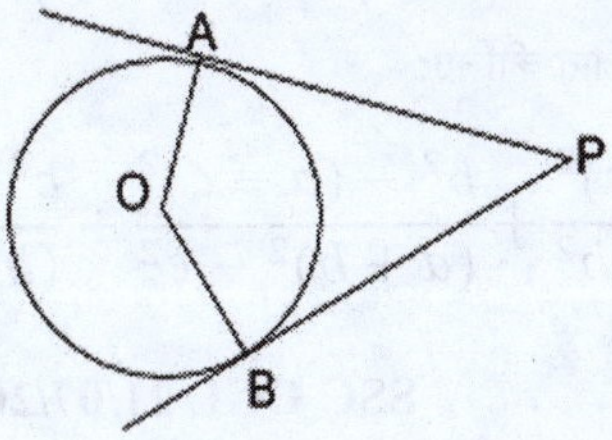

SSC CHSL 18/03/2020 (Morning)

(a) $\sqrt{\frac{24}{13}}$ (b) $\frac{24}{13}$ (c) $\frac{12}{13}$ (d) $\sqrt{\frac{12}{13}}$

29. In the figure, two circles with centres P and Q touch externally at R. Tangents AT and BT meet the common tangent TR at T. If AP = 6cm and PT = 10 cm, then BT =?
चित्र में, P और Q केंद्र वाले दो वृत्त बाह्य रूप से R पर स्पर्श करते हैं। स्पर्श रेखाएँ AT और BT उभयनिष्ठ स्पर्श रेखा TR से T पर मिलती हैं। यदि AP = 6 सेमी और PT = 10 सेमी, तो BT = ?

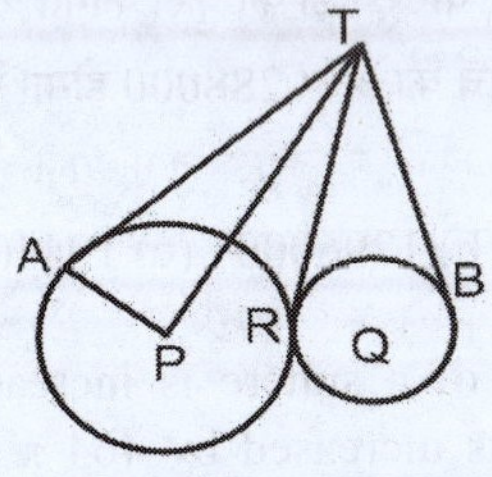

SSC CGL 05/03/2020 (Evening)

(a) 6 cm (b) 12 cm (c) 8 cm (d) 10 cm

30. ABCD is a quadrilateral such that ∠D= 90°. A circle with centre O touches the sides AB, BC and CD and DA at P, Q, R and S respectively. If BC = 40 cm, BP = 28 cm and CD = 25 cm, then what is the radius of the circle is:
ABCD एक चतुर्भुज है, जिसमें ∠D= 90° है। केंद्र O वाला एक वृत्त भुजाओं AB, BC और CD तथा DA को क्रमशः P, Q, R और S पर स्पर्श करता है। यदि BC = 40 सेमी, BP = 28 सेमी और CD = 25 सेमी है, तो वृत्त की त्रिज्या क्या है:

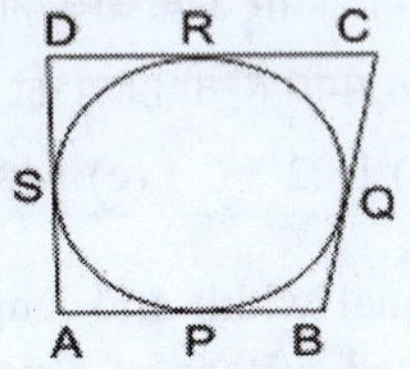

SSC CHSL 26/10/2020 (Morning)

(a) 12 (b) 13 (c) 5 (d) 8

10 PRACTICE SET

1. 15 kg of grapes, in which 90% of the content was water, were kept in sunlight. In presence of sunlight, the water content reduced to such an extent that now only 85% of the total weight of the grapes was water. Find the total reduced weight of the grapes.
15 किलो अंगूर, जिसमें 90% सामग्री पानी थी, सूरज की रोशनी में रखे गए थे। सूर्य के प्रकाश की उपस्थिति में, पानी की मात्रा इतनी कम हो गई कि अब अंगूर के कुल वजन का केवल 85% पानी ही था। अंगूर का कुल घटा हुआ वजन ज्ञात कीजिये।
(a) 10 kg (b) 14 kg (c) 13 kg (d) 12 kg

2. A box contains 20 electricbulbs, out of which 4 are defective. Two bulbs are chosen at random from this box. The probability that at least one of these is defective is :
एक बॉक्स में 20 बिजली के बल्ब हैं, जिनमें से 4 ख़राब हैं। इस बॉक्स से दो बल्ब यादृच्छिक रूप से चुने जाते हैं। इनमें से कम से कम एक के ख़राब होने की प्रायिकता है:
(a) 4/19 (b) 7/19 (c) 12/19 (d) 21/95

3. If 835AB is a five digit number and divisible by 7, 9 and 13 then |A–B| is ?
यदि 835AB पांच अंकों की संख्या है और 7, 9 और 13 से विभाज्य है तो |A–B| है ?
(a) 2 (b) 3
(c) 5 (d) None of these

4. which one of the following is largest among $(125)^{1/6}$, $(11)^{1/3}$, $(12)^{1/6}$ & $(5)^{1/4}$.
निम्नलिखित में से कौन सा $(125)^{1/6}$, $(11)^{1/3}$, $(12)^{1/6}$ और $(5)^{1/4}$ में से सबसे बड़ा है।
(a) $(125)^{1/6}$ (b) $(11)^{1/3}$ (c) $(12)^{1/6}$ (d) $(5)^{1/4}$

5. In a 1500 m race, if vehicle P gives vehicle Q a start of 200 m, then vehicle P wins the race by 8 sec. Alternatively, if vehicle P gives vehicle Q a start of 400 m, the race ends in a dead heat. How long does vehicle P take to run 1500 m ?
1500 मीटर की दौड़ में, यदि वाहन P वाहन Q को 200 मीटर की शुरुआत देता है, तो वाहन P 8 सेकंड से दौड़ जीत जाता है। वैकल्पिक रूप से, यदि वाहन P वाहन Q को 400 मीटर की शुरुआत देता है, तो दौड़ बहुत धीमी गति से समाप्त होती है। वाहन P को 1500 मीटर चलने में कितना समय लगेगा?
(a) 44 sec (b) 45 sec (c) 40sec (d) 60 sec

6. A seller offers a discount of 12% if the total sale price of different products purchased by a single customer is below ₹3,000, and discount of 15% if the total sale value of all the products exceeds ₹3,000. A shirt costing ₹900 was sold to Anand after earning a margin of 9% and also a jacket costing ₹1,900 was sold to him after a margin of 6%. How much does Anand have to pay (in ₹) for the final settlement of the bill?
यदि एक ही ग्राहक द्वारा खरीदे गए विभिन्न उत्पादों का कुल बिक्री मूल्य ₹3,000 से कम है, तो विक्रेता 12% की छूट प्रदान करता है, और यदि सभी उत्पादों का कुल बिक्री मूल्य ₹3,000 से अधिक है, तो 15% की छूट देता है। ₹900 की कीमत वाली एक शर्ट 9% के मार्जिन के बाद आनंद को बेची गई और ₹1,900 की कीमत वाली एक जैकेट भी उसे 6% के मार्जिन के बाद बेची गई। आनंद को बिल के अंतिम निपटान के लिए कितना भुगतान करना होगा (₹ में)?
(a) 2,953.60 (b) 2,635.60 (c) 2,645.60 (d) 3,005.40

7. The average weight of a certain number of students in a group is 72 kg. If 10 students having an average weight of 78 kg leave and 4 students having an average weight of 80 kg join the group, the average weight of the students in the group decreases by 0.7 kg. The number of students initially in the group is :
एक समूह में छात्रों की एक निश्चित संख्या का औसत वजन 72 किलोग्राम है। यदि 78 किलोग्राम औसत वजन वाले 10 छात्र समूह छोड़ देते हैं और 80 किलोग्राम औसत वजन वाले 4 छात्र समूह में शामिल हो जाते हैं, तो समूह में छात्रों का औसत वजन 0.7 किलोग्राम कम हो जाता है। प्रारंभ में समूह में छात्रों की संख्या है:
(a) 54 (b) 46 (c) 56 (d) 44

8. In 64 liter of pure milk, 20 liter of water is mixed and then 1/4 th of the mixture is taken out. When x liter of water is added again then ratio of water to that of the milk becomes 1:2. Find value of x ?
64 लीटर शुद्ध दूध में 20 लीटर पानी मिलाया जाता है और फिर मिश्रण का 1/4 भाग निकाल लिया जाता है। जब x लीटर पानी दोबारा मिलाया

जाता है तो पानी और दूध का अनुपात 1:2 हो जाता है। x का मान ज्ञात कीजिये?

(a) 9 liter (b) 8 liter (c) 12 liter (d) 6 liter

9. A and B complete a work in 24 and 30 days, respectively, working 10 hours per day. The work is to be done in two shifts. The morning shift is for 6 hours and the evening shift is for 4 hours. On the first day, A works in the morning and B works in the evening, and they interchange their shifts every day. On which day did the work get completed?
A और B प्रतिदिन 10 घंटे काम करके एक काम को क्रमशः 24 और 30 दिनों में पूरा करते हैं। दो शिफ्ट में काम होना है. सुबह की शिफ्ट 6 घंटे और शाम की शिफ्ट 4 घंटे की होती है. पहले दिन, A सुबह काम करता है और B शाम को काम करता है, और वे हर दिन अपनी शिफ्ट बदलते हैं। कार्य किस दिन पूरा हुआ?

(a) 24 day (b) 27 day (c) 30 day (d) 21 day

10. A payment of ₹120 is made with ₹10, ₹5 and ₹2 coins. A total of 25 coins are used. Which of the following is the number of ₹10 coins used in the payment?
₹120 का भुगतान ₹10, ₹5 और ₹2 के सिक्कों से किया जाता है। कुल 25 सिक्कों का उपयोग किया जाता है। भुगतान में उपयोग किए गए ₹10 के सिक्कों की संख्या निम्नलिखित में से कौन सी है?

(a) 10 (b) 8 (c) 6 (d) 4

11. In a state election between two parties, 83% of the voters cast their votes, out of which 4% of the votes were declared invalid. Party A got 156611 votes which were 83% of the total valid votes. Find the total number of votes enrolled in that election. (Consider integer part only)
दो पार्टियों के बीच एक राज्य चुनाव में 83% मतदाताओं ने वोट डाले, जिनमें से 4% वोट अवैध घोषित कर दिए गए। पार्टी ए को 156611 वोट मिले जो कुल वैध वोटों का 83% थे। उस चुनाव में नामांकित मतों की कुल संख्या ज्ञात कीजिये। (केवल पूर्णांक भाग पर विचार करें)

(a) 23,46,807 (b) 2,58,233
(c) 2,34,888 (d) 2,36,807

12. Hari invested ₹100 for three years at a simple interest rate of 11.03%. How much should tipu invest to get the same amount after three years but at the rate of 10% compound interest?
हरि ने 11.03% की साधारण ब्याज दर पर तीन साल के लिए ₹100 का निवेश किया। टीपू को तीन साल बाद समान राशि प्राप्त करने के लिए कितना निवेश करना चाहिए लेकिन 10% चक्रवृद्धि ब्याज की दर पर?

(a) ₹120 (b) ₹110 (c) ₹100 (d) ₹105

13. Under a sale offer, Tanu was offered a 32% discount on the part of the marked price that was paid in cash, but had to add 1.2% on the part of the marked price paid through a credit card. If Tanu paid 75% of the marked price in cash and the rest through a credit card, what percentage of the marked price was his total final payment?
एक बिक्री प्रस्ताव के तहत, तनु को नकद में भुगतान किए गए अंकित मूल्य के हिस्से पर 32% की छूट की पेशकश की गई थी, लेकिन क्रेडिट कार्ड के माध्यम से भुगतान किए गए अंकित मूल्य के हिस्से पर 1.2% जोड़ना पड़ा। यदि तनु ने अंकित मूल्य का 75% नकद में और शेष क्रेडिट कार्ड के माध्यम से भुगतान किया, तो उसका कुल अंतिम भुगतान अंकित मूल्य का कितना प्रतिशत था?

(a) 76.6% (b) 75.9% (c) 76.1% (d) 76.3%

14. A shopkeeper purchased 120 items and sold 45 items at a profit of 12% and remaining items at a profit of 25%. If he had sold all of them at a uniform profit of 15%, he would have got ₹126.69 less. What is the cost price (in) of each item?
एक दुकानदार ने 120 वस्तुएँ खरीदीं और 45 वस्तुएँ 12% के लाभ पर बेचीं और शेष वस्तुएँ 25% के लाभ पर बेचीं। यदि उसने उन सभी को 15% के समान लाभ पर बेचा होता, तो उसे ₹126.69 कम मिलते। प्रत्येक वस्तु का लागत मूल्य (में) क्या है?

(a) 24.8 (b) 20.6 (c) 16.7 (d) 18.4

15. If the difference between the mode and median is 2, then find the difference between the median and mean (in the given order) using empirical relation.
यदि बहुलक और माध्यिका के बीच का अंतर 2 है, तो अनुभवजन्य संबंध का उपयोग करके माध्यिका और माध्य के बीच का अंतर (दिए गए क्रम में) ज्ञात करें।

(a) 1 (b) 2 (c) 4 (d) 3

16. Anil mixes cocoa with sugar in the ratio 3 : 2 to prepare mixture A, and coffee with sugar in the ratio 7 : 3 to prepare mixture B. He combines mixtures A and B in the ratio 2 : 3 to make a new mixture C. If he mixes C with an equal amount of milk to make a drink, then the percentage of sugar in this drink will be
मिश्रण A तैयार करने के लिए अनिल कोको को चीनी के साथ 3:2 के अनुपात में मिलाता है, और कॉफ़ी को चीनी के साथ 7:3 के अनुपात में मिश्रण B तैयार करने के लिए मिलाता है। वह मिश्रण A और B को 2:3 के अनुपात में मिलाकर एक नया मिश्रण C बनाता है। यदि वह एक पेय बनाने के लिए समान मात्रा में दूध के साथ C मिलाता है, तो इस पेय में चीनी का प्रतिशत होगा

(a) 24 (b) 16 (c) 17 (d) 21

17. The areas of the three adjacent faces of a cuboid are 32 cm², 24 cm² and 48 cm². What is the volume (in cm³)of the cuboid ?

एक घनाभ के तीन आसन्न फलकों का क्षेत्रफल 32 सेमी², 24 सेमी² और 48 सेमी² है। घनाभ का आयतन (सेमी³ में) क्या है?

(a) 192 (b) 256 (c) 288 (d) 128

18. A solid cube of volume 13824cm³ is cut into 8 cubes of equal volumes. The ratio of the surface area of the original cube to the sum of the surface areas of three of the smaller cubes is :

13824 सेमी³ आयतन वाले एक ठोस घन को समान आयतन वाले 8 घनों में काटा जाता है। मूल घन के पृष्ठीय क्षेत्रफल का तीन छोटे घनों के पृष्ठीय क्षेत्रफलों के योग से अनुपात है:

(a) 2 : 3 (b) 4 : 3 (c) 8 : 3 (d) 2 : 1

19. Original breadth of a rectangular box is 20cm. The box was then remade in such a way that its length increased by 30% but the breadth decreased by 20% and the area increased by 100 cm². What is the new area (in cm²) of the box ?

एक आयताकार डिब्बे की मूल चौड़ाई 20cm थी। बाद में डिब्बे को इस तरह से फिर से बनाया गया कि उसकी लंबाई 30% बढ़ गई, लेकिन चौड़ाई 20% कम हो गई और क्षेत्रफल 100 cm² बढ़ गया। डिब्बे का नया क्षेत्रफल (cm² में) कितना है?

(a) 2500 (b) 2200 (c) 2600 (d) 2400

20. If $\alpha \neq \beta$ but $\alpha^2 = 5\alpha - 3$, $\beta^2 = 5\beta - 3$, then find the equation whose roots are $\frac{\alpha}{\beta}, \frac{\beta}{\alpha}$.

यदि $\alpha \neq \beta$ लेकिन $\alpha^2 = 5\alpha - 3$, $\beta^2 = 5\beta - 3$, तो समीकरण 2 ज्ञात करें जिसके मूल $\frac{\alpha}{\beta}, \frac{\beta}{\alpha}$. हैं

(a) $3x^2 - 19x - 3 = 0$ (b) $3x^2 - 19x + 3 = 0$
(c) $3x^2 + 19x - 3 = 0$ (d) $3x^2 + 19x + 3 = 0$

RRB Group-D – 05/12/2018 (Shift-I)

21. If $(a+b+4)\{ab+4(a+b)\} - 4ab = 0, a \neq -4, b \neq -4$, then, $\left\{\frac{1}{(a+b+4)^{117}} - 2^{-234}\right\}$ is equal to :

SSC CHSL 11/07/2019 (Afternoon)

(a) $\frac{1}{4^{117}}$ (b) $\frac{1}{2^{117}}$ (c) $\frac{1}{2^{234}}$ (d) 0

22. What will be the value of x in the equation $\sqrt{x^2+2x-3} + \sqrt{x^2-x} = \sqrt{5(x-1)}$

समीकरण $\sqrt{x^2+2x-3} + \sqrt{x^2-x} = \sqrt{5(x-1)}$ में x का मान क्या होगा?

(a) $2\frac{1}{5}$ (b) $1\frac{1}{5}$ (c) $2\frac{2}{5}$ (d) $1\frac{2}{5}$

23. The simplified value of $\frac{\left(3\frac{1}{5} - \frac{3}{5}\right) \div \frac{8}{5}}{1\frac{1}{7} \div \left\{\frac{6}{7} - \left(\frac{1}{7} \div \frac{1}{5}\right)\right\}}$ is

SSC CHSL 05/07/2019 (Afternoon)

(a) 13/64 (b) 13/16 (c) 13/8 (d) 13/7

24. $\frac{\cos\theta}{1-\sin\theta} - \frac{\cos\theta}{1+\sin\theta} = 2$ is satisfied by which one of the following values of θ?

$\frac{\cos\theta}{1-\sin\theta} - \frac{\cos\theta}{1+\sin\theta} = 2$ के निम्नलिखित में से θ किस एक मान से संतुष्ट है?

(a) $\frac{\pi}{2}$ (b) $\frac{\pi}{3}$ (c) π/4 $\frac{\pi}{4}$ (d) $\frac{\pi}{6}$

25. If $\tan\theta = \frac{p}{q}$, then what is $\frac{p\sec\theta - q\,cosec\theta}{p\sec\theta + q\,cosec\theta}$ equal to?

यदि $\tan\theta = \frac{p}{q}$ किसके बराबर है? , तो $\frac{p\sec\theta - q\,cosec\theta}{p\sec\theta + q\,cosec\theta}$

(a) $\frac{p-q}{p+q}$ (b) $\frac{q^2-p^2}{q^2+p^2}$ (c) $\frac{p^2-q^2}{q^2+p^2}$ (d) 1

26. A pole stands vertically on a road, which goes in the north- south direction. P, Q are two points towards the north of the pole, such that PQ = b and the angles of elevation of the top of the pole at P, Q are α, β respectively. Then the height of the pole is:

एक सड़क पर एक खंभा लंबवत खड़ा है, जो उत्तर-दक्षिण दिशा में जाती है। P, Q खंभे के उत्तर की ओर दो बिंदु हैं, जैसे कि PQ = b और P, Q पर खंभे के शीर्ष का उन्नयन कोण क्रमशः α, β है। तो खंभे की ऊंचाई है:.

SSC CPO 09/12/2019 (Morning)

(a) $\frac{b}{\tan\beta + \tan\alpha}$ (b) $\frac{b}{\cot\alpha - \cot\beta}$
(c) $\frac{b}{\tan\beta - \tan\alpha}$ (d) $\frac{b\tan\alpha}{\tan\beta}$

27. In the following figure (not to scale), $\angle DAB + \angle CBA = 90°$, BC = AD, AB = 20 cm, CD = 10 cm, then the area of the quadrilateral (in cm^2) ABCD is:
निम्नलिखित आकृति में (पैमाने पर नहीं), $\angle DAB + \angle CBA = 90°$, BC = AD, AB = 20 सेमी, CD = 10 सेमी, तो चतुर्भुज ABCD का क्षेत्रफल (सेमी² में) क्या होगा ?

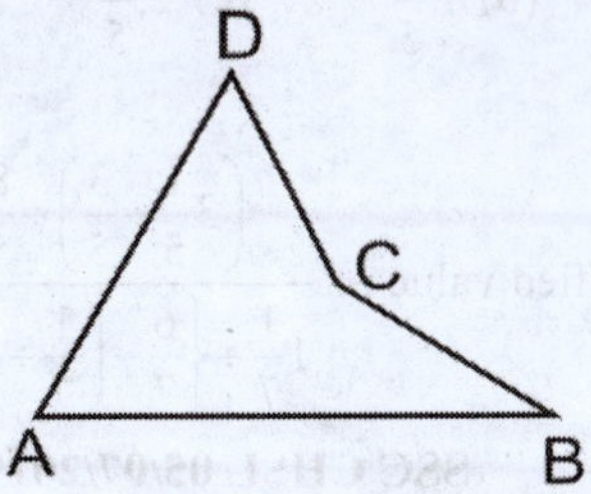

SSC CHSL 13/10/2020 (Afternoon)

(a) 120 (b) 150 (c) 100 (d) 75

28. An isosceles ΔMNP is inscribed in a circle. If MN = MP = $16\sqrt{5}$ cm, and NP = 32cm what is the radius (in cm) of the circle ?
एक समद्विबाहु ΔMNP एक वृत्त में अंकित है। यदि MN = MP = $16\sqrt{5}$ सेमी, और NP = 32 सेमी है तो वृत्त की त्रिज्या (सेमी में) क्या है?

(a) 20 (b) 18 (c) 18 (d) 20

29. In triangle ABC, D and E are points on BC such that AD = AE and $\angle BAD = \angle CAE$. If AB = (2p + 3), BD = 2p, AC = (3q - 1) and CE =q, then find the value of (p + q).
त्रिभुज ABC में, D और E, BC पर इस प्रकार स्थित हैं कि AD = AE और $\angle BAD = \angle CAE$. यदि AB = (2p + 3), BD = 2p, AC = (3q - 1) और CE =q, तो (p + q) का मान ज्ञात कीजिए।

(a) 3 (b) 4.5 (c) 3.6 (d) 2

30. AB is a chord in the minor segment of a circle with center O. C is a point on the minor arc (between A and B). The tangents to the circle at A and B meet at a point P. If $\angle ACB = 108°$, then $\angle APB$ is equal to:
केंद O वाले वृत्त के लघु खंड में AB एक जीवा है। C लघु चाप (A और B के बीच) पर एक बिंदु है। A और B पर वृत्त की स्पशरिखाएँ बिंदु P पर मिलती हैं। यदि $\angle ACB = 108°$ है, तो $\angle APB$ बराबर है:

(a) 36° (b) 54° (c) 27° (d) 18°

11 PRACTICE SET

1. Aman gave 30% of his monthly income to his father and of the remaining income he gave 30% to his daughter and 25% to his wife. Aman invested the amount of money still remaining from his monthly income equally in three schemes. If he invested ₹42,000 in each scheme, what is Aman's monthly income (in ₹thousand) ?
अमन ने अपनी मासिक आय का 30% अपने पिता को दिया और शेष आय का 30% अपनी बेटी को और 25% अपनी पत्नी को दिया। अमन ने अपनी मासिक आय से अभी भी शेष धनराशि को तीन योजनाओं में समान रूप से निवेश किया। यदि उसने प्रत्येक योजना में ₹42,000 का निवेश किया, तो अमन की मासिक आय (₹हजार में) क्या है?

(a) 300 (b) 400 (c) 200 (d) 500

2. Find the probability of getting 5 exactly twice in 7 throws of a die.
एक पासे को 7 बार फेंकने पर ठीक दो बार 5 आने की प्रायिकता ज्ञात कीजिए।

(a) $\frac{7}{12}\times\left(\frac{5}{6}\right)^5$ (b) $\frac{7}{12}\times\left(\frac{6}{5}\right)^5$

(c) $\frac{12}{17}\times\left(\frac{5}{6}\right)^5$ (d) $\frac{12}{17}\times\left(\frac{6}{5}\right)^5$

3. If a six digit number 1145xy is divisible by 9,11 and 13 then $\sqrt{x^2+y^2}$ is
यदि छह अंकों की संख्या 1145xy 9,11 और 13 से विभाज्य है तो $\sqrt{x^2+y^2}$ है

(a) 5 (b) 9 (c) 6 (d) 8

4. Find the unit digit in $(14)^{112} + (14)^{113}$?
$(14)^{112} + (14)^{113}$ में इकाई अंक ज्ञात कीजिए।

(a) 2 (b) 8 (c) 0 (d) 4

5. Two people A and B started running from the same point on a circular track of length 400 m in opposite directions with initial speeds of 10 m/s and 40 m/s, respectively. Whenever they meet, A's speed doubles and B's speed halves. After what time from the start will they meet for the third time ?
दो व्यक्ति A और B ने एक ही बिंदु से 400 मीटर लंबे वृत्ताकार ट्रैक पर क्रमशः 10 मीटर/सेकेंड और 40 मीटर/सेकेंड की प्रारंभिक गति से विपरीत दिशाओं में दौड़ना शुरू किया। जब भी वे मिलते हैं, A की गति दोगुनी हो जाती है और B की गति आधी हो जाती है। प्रारंभ से कितने समय बाद वे तीसरी बार मिलेंगे?

(a) 30 sec (b) 24 sec (c) 26 sec (d) 28 sec

6. A, B and C started a business with their capitals in the ratio 2 : 3 : 5. A increased his capital by 50% after 4 months, B increased his capital by 33⅓% after 6 months and C withdrew 50% of his capital after 8 months, from the start of the business. If the total profit at the end of a year was Rs. 86,800, then the difference between the shares of A and C in the profit was
A, B और C ने 2: 3: 5 के अनुपात में अपनी पूंजी के साथ एक व्यवसाय शुरू किया। A ने 4 महीने के बाद अपनी पूंजी में 50% की वृद्धि की, B ने 6 महीने के बाद अपनी पूंजी में 33⅓% की वृद्धि की और कारोबार शुरू होने के 8 महीने बाद C ने अपनी पूंजी का 50% निकाल लिया | यदि एक वर्ष के अंत में कुल लाभ रु. 86,800, तो A और C के शेयरों के बीच लाभ का अंतर था

(a) Rs.12,600 (b) Rs.7,000
(c) Rs.9,800 (d) Rs.8,400

7. Bhavya invested some amount in a scheme which offers 10% p.a. at simple interest. After 1 year, he withdrew Rs 4400 and the rest of the amount is invested in different scheme which offers 20% p.a. at S.I. If interest earned in 2nd year is $\frac{11}{7}$ of the interest earned in first year, then find the amount of money Bhavya invested initially?
भव्या ने कुछ राशि एक योजना में निवेश की जो साधारण ब्याज पर 10% प्रति वर्ष प्रदान करती है। 1 वर्ष के बाद, उसने 4400 रुपये निकाल लिए और शेष राशि को अलग योजना में निवेश किया जो साधारण ब्याज पर 20% प्रति वर्ष प्रदान करती है। यदि दूसरे वर्ष में अर्जित ब्याज पहले वर्ष में अर्जित ब्याज का $\frac{11}{7}$ है, तो भव्या ने शुरू में कितनी राशि निवेश की?

(a) Rs 18600 (b) Rs 9000
(c) Rs 12000 (d) Rs 14000

8. In vessel A, the mixture of milk and water are in the ratio of 5:7. 48ltr of mixture is taken out from vessel A and is poured in the vessel B, which contains P ltr of pure milk. The new ratio of milk to water in vessel

B becomes 3: 1, and the quantity of mixture in vessel B is 32ltr more than the initial quantity of mixture in vessel A. Then find the quantity of initial mixture in vessel A ?
बर्तन A में दूध और पानी का मिश्रण 5:7 के अनुपात में है। बर्तन A से 48 लीटर मिश्रण निकाला जाता है और बर्तन B में डाला जाता है, जिसमें P लीटर शुद्ध दूध है। बर्तन B में दूध और पानी का नया अनुपात 3:1 हो जाता है, और बर्तन B में मिश्रण की मात्रा बर्तन A में मिश्रण की प्रारंभिक मात्रा से 32 लीटर अधिक है। तो बर्तन A में प्रारंभिक मिश्रण की मात्रा ज्ञात कीजिए?

(a) 70 (b) 80 (c) 90 (d) 72

9. Two pipes can fill a cistern in 12 hours and 16 hours, respectively. The pipes are opened simultaneously and it is found that due to leakage at the bottom, it takes 90 minutes more to fill the cistern. How much time will the leakage take to empty the completely filled tank?
दो पाइप एक टंकी को क्रमशः 12 घंटे और 16 घंटे में भर सकते हैं। पाइपों को एक साथ खोला जाता है और पाया जाता है कि तली में रिसाव के कारण टंकी को भरने में 90 मिनट अधिक लगते हैं। रिसाव के कारण पूरी तरह भरे हुए टैंक को खाली होने में कितना समय लगेगा?

(a) $39\frac{13}{49}$ hr (b) $39\frac{29}{49}$ hr

(c) $37\frac{15}{49}$ hr (d) $38\frac{10}{49}$ hr

10. If the average of three two-digit numbers is 48 and the average of the numbers obtained by reversing the order of the digits is 3 more than the average of the numbers, what is the sum of all the digits in the numbers?
यदि दो अंकों की तीन संख्याओं का औसत 48 है और अंकों के क्रम को उलटने पर प्राप्त संख्याओं का औसत संख्याओं के औसत से 3 अधिक है, तो संख्याओं के सभी अंकों का योग क्या है?

(a) 25 (b) 24 (c) 27 (d) 33

11. Expenses of a hostel are partly constant and partly vary with number of students. When there are 20 students, total expenses are Rs. 2000. When there are 50 students, total expenses are Rs. 3500. Find the total expenses when there are 70 students in the hostel.
एक छात्रावास का खर्च आंशिक रूप से स्थिर है और आंशिक रूप से छात्रों की संख्या के साथ बदलता रहता है। जब 20 छात्र हैं, तो कुल खर्च 2000 रुपये है। जब 50 छात्र हैं, तो कुल खर्च 3500 रुपये है। जब छात्रावास में 70 छात्र हैं, तो कुल खर्च ज्ञात कीजिए।

(a) 4000 (b) 5000 (c) 3500 (d) 4500

12. Monu invested his total savings in schemes A and B in the ratio 4: 5, each for 1½ years. Scheme A offered interest at the rate of 20% p.a., compounded half-yearly and scheme B offered simple interest at the same rate. If the total interest he received from both schemes on maturity was ₹12,708, then how much money (in) did he invest in scheme B?
मोनू ने अपनी कुल बचत को स्कीम A और B में 4:5 के अनुपात में, प्रत्येक डेढ़ वर्ष के लिए निवेश किया। योजना ए ने 20% प्रति वर्ष की दर से ब्याज की पेशकश की, जो अर्ध-वार्षिक रूप से संयोजित है और योजना बी ने उसी दर पर साधारण ब्याज की पेशकश की। यदि परिपक्वता पर दोनों योजनाओं से उसे प्राप्त कुल ब्याज ₹12,708 था, तो उसने योजना बी में कितना पैसा (में) निवेश किया?

(a) 23,000 (b) 20,000 (c) 23,500 (d) 22,500

13. An article was marked at ₹ x and sold at a discount of $(x - 40)$ %. If the customer paid ₹$(x - 32)$, then find the marked price of the article.
एक वस्तु पर ₹ x अंकित किया गया और $(x - 40)$% की छूट पर बेचा गया। यदि ग्राहक ने ₹$(x - 32)$ का भुगतान किया है, तो वस्तु का अंकित मूल्य ज्ञात कीजिए।

(a) 75 (b) 60 (c) 80 (d) 50

14. Shivani bought a refrigerator for ₹15,500 and sold it to kirti at a loss of 12%. Kirti spent ₹3,360 on its repairs and sold it to Raman at a price which would have given a profit of 20% to Shivani. The percentage profit earned by Kirti is closest to:
शिवानी ने ₹15,500 में एक रेफ्रिजरेटर खरीदा और इसे 12% हानि पर कीर्ति को बेच दिया। कीर्ति ने इसकी मरम्मत पर ₹3,360 खर्च किए और इसे रमन को उस कीमत पर बेच दिया जिससे शिवानी को 20% का लाभ होता। कीर्ति द्वारा अर्जित प्रतिशत लाभ निकटतम है:

(a) 10.2% (b) 12.8% (c) 9.4% (d) 11.6%

15. The mean of three numbers is 53. The range of this data set is 28 while the difference between the two smallest numbers is 8. The greatest of the three numbers is:
तीन संख्याओं का माध्य 53 है। इस डेटा सेट की सीमा 28 है जबकि दो सबसे छोटी संख्याओं के बीच का अंतर 8 है। तीन संख्याओं में से सबसे बड़ी संख्या है:

(a) 71 (b) 72 (c) 73 (d) 69

16. The price of a fan is 60% less than that of a washing machine. If the price of a fan is increased by 28% and that of a washing machine is decreased by 12%, then

what is the percentage increase/decrease in the combined price of 5 fans and 8 washing machines ?
एक पंखे की कीमत वॉशिंग मशीन की तुलना में 60% कम है। यदि एक पंखे की कीमत में 28% की वृद्धि होती है और एक वॉशिंग मशीन की कीमत में 12% की कमी होती है, तो 5 पंखों और 8 वॉशिंग मशीनों की संयुक्त कीमत में कितने प्रतिशत वृद्धि/कमी है?

(a) Increase by 5% (b) Decrease by 4%
(c) Increase by 2.5% (d) Decrease by 2%

17. A field is 119m × 18m in dimension. A tank 17m × 6m × 3m is dug out in the middle and the soil removed is evenly spread over the remaining part of the field. The increase in the level on the remaining part of the field is: (in cm)
एक मैदान का आयाम 119m × 18m है। 17m × 6m × 3m का एक टैंक बीच में खोदा जाता है और निकाली गई मिट्टी को मैदान के शेष भाग पर समान रूप से फैला दिया जाता है। मैदान के शेष भाग पर स्तर में वृद्धि है: (सेमी में)

(a) 14 cm (b) 13 cm (c) 15 cm (d) 12 cm

18. A square piece of cardboard with side 12 cm has a small square of 2 cm cut out from each of the corners. The resulting flaps are turned up to make a box 2 cm deep. The volume (in cm^3) of the box is:
12 सेमी भुजा वाले कार्डबोर्ड के एक चौकोर टुकड़े के प्रत्येक कोने से 2 सेमी का एक छोटा वर्ग काटा गया है। परिणामी फ्लैप को 2 सेमी गहरा एक बॉक्स बनाने के लिए ऊपर की ओर घुमाया जाता है। बॉक्स का आयतन (सेमी³ में) है:

(a) 128 (b) 94 (c) 102 (d) 11

19. The ratio of the length, width and height of a closed cuboid is given as 6 : 3 : 2. The total surface area of this cuboid is given as 1800 cm^2 . Find the volume (in cm^3) of this cuboid.
एक बंद घनाभ की लंबाई, चौड़ाई और ऊंचाई का अनुपात 6:3:2 दिया गया है। इस घनाभ का कुल सतह क्षेत्रफल 1800 सेमी² दिया गया है। इस घनाभ का आयतन (सेमी³ में) ज्ञात कीजिए।

(a) 4650 (b) 4800 (c) 4500 (d) 4200

20. Two circles touch each other externally at T, RS is a direct common tangent to the two circles touching the circles at P and Q . ∠TPQ = 42°, ∠PQT (in degrees) is:
दो वृत्त एक दूसरे को बाह्य रूप से T पर स्पर्श करते हैं, RS, P और Q पर वृत्तों को स्पर्श करने वाले दो वृत्तों की सीधी उभयनिष्ठ स्पर्श रेखा है। ∠TPQ = 42°, ∠PQT (डिग्री में) है:

(a) 48 (b) 45 (c) 42 (d) 60

21. In ΔABC, M is the midpoint of the side AB. N is a point in the interior of ΔABC such that CN is the bisector of ∠C and CN⊥NB. What is the length (in cm) of MN, if BC =10 cm and AC = 15 cm ?
ΔABC में, M भुजा AB का मध्यबिंदु है। N, ΔABC के आंतरिक भाग में एक बिंदु है जिससे CN, ∠C का समद्विभाजक है और CN⊥NB है। MN की लंबाई (सेमी में) क्या है, यदि BC = 10 सेमी और AC = 15 सेमी है?

(a) 5 (b) 2.5 (c) 4 (d) 2

22. How many isosceles triangles with integer sides are possible such that the sum of two of the sides is 16 cm?
पूर्णांक भुजाओं वाले ऐसे कितने समद्विबाहु त्रिभुज संभव हैं जिनकी दो भुजाओं का योग 16 सेमी हो?

(a) 18 (b) 15 (c) 9 (d) 24

23. In the given figure, if AD = 3, DE = 4, AB = 12, BF = 2, FG = 6, BC = 10. Then the value of M/N is:
(Assume : M is the area of the quadrilateral FGDE and N is the area of the triangle ABC.)
दिए गए चित्र में, यदि AD = 3, DE = 4, AB = 12, BF = 2, FG = 6, BC = 10. तो M/N का मान है:
(मान लीजिए: M चतुर्भुज FGDE का क्षेत्रफल है और N त्रिभुज ABC का क्षेत्रफल है।)

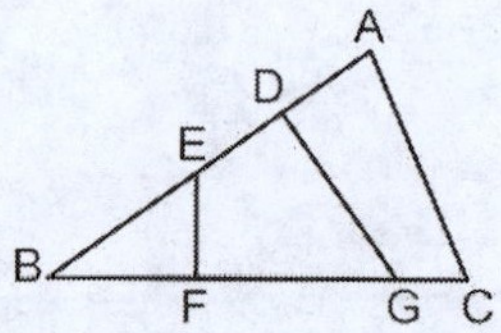

SSC CHSL 14/10/2020 (Afternoon)

(a) $\frac{31}{60}$ (b) $\frac{1}{2}$ (c) $\frac{25}{49}$ 25/49 (d) $\frac{1}{3}$

24. If $x^2+2x+4=0$, then find the value of $\frac{x^4}{4}+\frac{8}{x}-3=?$
यदि $x^2+2x+4=0$, तो $\frac{x^4}{4}+\frac{8}{x}-3$ का मान ज्ञात कीजिए।

(a) -6 (b) -7 (c) -8 (d) -9

25. What is $(cosec\,x-sin\,x)(sec\,x-cos\,x)(tan\,x+cot\,x)$ equal to?
$(cosec\,x-sin\,x)(sec\,x-cos\,x)(tan\,x+cot\,x)$ किसके बराबर है?

(a) sin x + cos x (b) sin x − cos x
(c) 2 (d) 1

26. What is $\frac{(sin\theta+cos\theta)(tan\theta+cot\theta)}{sec\theta+cosec\theta}$ equal to?

$\frac{(sin\theta+cos\theta)(tan\theta+cot\theta)}{sec\theta+cosec\theta}$ किसके बराबर है?

(a) 1 (b) 2 (c) sin θ (d) cos θ

27. What is $\frac{(1+sec\theta-tan\theta)cos\theta}{(1+sec\theta+tan\theta)(1-sin\theta)}$ equal to?

$\frac{(1+sec\theta-tan\theta)cos\theta}{(1+sec\theta+tan\theta)(1-sin\theta)}$ किसके बराबर है?

(a) 1 (b) 2 (c) tan θ (d) cot θ

28. If $mx^m - nx^n = 0$ then what is the value of $\frac{1}{x^m+x^n}+\frac{1}{x^m-x^n}$ in terms of x^n ?

यदि $mx^m - nx^n = 0$ तो $\frac{1}{x^m+x^n}+\frac{1}{x^m-x^n}$ का मान x^n के रूप में ज्ञात कीजिए।

SSC CHSL 24/05/2022 (Morning)

(a) $\frac{2mn}{x^n(n^2+m^2)}$ (b) $\frac{2m}{x^n(m^2+n^2)}$

(c) $\frac{2mn}{x^n(n^2-m^2)}$ (d) $\frac{2mn}{x^n(m^2-n^2)}$

29. A and B each have a certain number of oranges. A says to B, "If you give me 10 of your oranges, I will have twice the number of oranges left with you." B replies, "If you give me 10 of your oranges, I will have the same number of oranges left with you." Find the number of oranges that A has.

A और B में से प्रत्येक के पास निश्चित संख्या में संतरे हैं। A, B से कहता है, "यदि तुम मुझे अपने 10 संतरे दे दोगे, तो मेरे पास तुम्हारे संतरे की दोगुनी संख्या बच जाएगी।" B जवाब देता है, "यदि तुम मुझे अपने 10 संतरे दे दोगे, तो मेरे पास तुम्हारे संतरे की उतनी ही संख्या बच जाएगी।" A के पास संतरे की संख्या ज्ञात कीजिए।

(a) 65 (b) 50 (c) 55 (d) 70

30. If $9x^2 + 41y^2 + 4z^2 = 24xy + 20yz$ then find the value of x:y:z ?

यदि $9x^2 + 41y^2 + 4z^2 = 24xy + 20yz$ तो $x:y:z$ का अनुपात ज्ञात कीजिए।

(a) 8:6:15 (b) 4:3:7 (c) 8:15:6 (d) 3:4:7

12 PRACTICE SET

1. Two candles of same height can burn completely in 4 hours and 6 hours respectively. If both started burning at the same time at their respective constant speed, then find after how much time ratio of there height become 2:3?
समान ऊँचाई की दो मोमबत्तियाँ क्रमशः 4 घंटे और 6 घंटे में पूरी तरह जल सकती हैं। यदि दोनों एक ही समय में अपनी-अपनी स्थिर गति से जलना शुरू कर दें, तो ज्ञात कीजिए कि कितने समय के बाद उनकी ऊँचाई का अनुपात 2:3 हो गया?
(a) $\frac{11}{5}$ *hr* (b) $\frac{x}{4}\%$
(c) $\frac{12}{5}$ *hr* (d) $\frac{14}{5}$ *hr*

2. A bag contains 4 white, 5 red and 6 blue balls. Three balls are drawn at random from the bag.The probability that all of them are red is:
एक बैग में 4 सफेद, 5 लाल और 6 नीली गेंदें हैं। बैग से यादृच्छिक रूप से तीन गेंदें निकाली जाती हैं। उनमें से सभी के लाल होने की प्रायिकता है:
(a) $\frac{1}{22}$ (b) $\frac{3}{22}$ (c) $\frac{2}{91}$ (d) $\frac{1}{77}$

3. 10A5A is a five-digit number which is exactly divisible by 2, 3, 4, 6, 8, 9, and 24 among other numbers. What is the value of the digit A ?
10A5A एक पांच अंकों की संख्या है जो अन्य संख्याओं में से 2, 3, 4, 6, 8, 9 और 24 से पूर्णतः विभाज्य है। अंक A का मान क्या है?
(a) 2 (b) 8 (c) 4 (d) 6

4. The square root of which of the following in a rational number?
निम्नलिखित में से किसका वर्गमूल एक परिमेय संख्या है?
(a) 6250.49 (b) 1250.49
(c) 1354.24 (d) 5768.28

5. Two runners, Sony and Mony, start running on a circular track of length 200 m at speeds of 18 and 24 km/h, respectively, in the same direction. After how much time from the start will they meet again at the starting point?
दो धावक, सोनी और मोनी, 200 मीटर लंबे एक गोलाकार ट्रैक पर क्रमशः 18 और 24 किमी/घंटा की गति से एक ही दिशा में दौड़ना शुरू करते हैं। प्रारंभ से कितने समय बाद वे पुनः प्रारंभिक बिंदु पर मिलेंगे?
(a) 120 sec (b) 110 sec (c) 100 sec (d) 90 sec

6. A and B start an enterprise together, with A as active partner. A invests Rs. 4000 and Rs. 2000 more after 8 months. B invests Rs. 5000 and withdraws Rs. 2000 after 9 months. Being the active partner, A takes Rs. 100 per month as an allowance, from the profit. What is the share of B if the profit for the year is Rs. 6700?
A और B एक साथ एक उद्यम शुरू करते हैं, जिसमें A सक्रिय भागीदार है। A 4000 रुपये का निवेश करता है और 8 महीने बाद 2000 रुपये और लगाता है। B 5000 रुपये का निवेश करता है और 9 महीने बाद 2000 रुपये निकाल लेता है। सक्रिय भागीदार होने के नाते, A लाभ से भत्ते के रूप में 100 रुपये प्रति माह लेता है। यदि वर्ष का लाभ 6700 रुपये है, तो B का हिस्सा क्या है ?
(a) Rs. 3350 (b) Rs. 3250
(c) Rs. 2700 (d) Rs. 2800

7. A student on her first 3 tests receives on an average score of N points. If she exceeds her previous average score by 20 points on her fourth test, then what is the average score for the first 4 tests?
एक छात्रा को अपने पहले तीन परीक्षणों में औसतन N अंक प्राप्त होते हैं। यदि वह अपने चौथे टेस्ट में अपने पिछले औसत स्कोर से 20 अंक अधिक हो जाती है, तो पहले 4 टेस्ट के लिए औसत स्कोर क्या है?
(a) N + 20 (b) N + 10 (c) N + 4 (d) N + 5

8. A vessel contains 160 litres mixture of milk and water and the % of milk in the mixture is 75%, if some quantity of mixture is replaced with pure milk, then water in the vessel becomes 25% of the replaced quantity of mixture, quantity of milk removed from the mixture is what % of the capacity of the vessel ?
एक बर्तन में दूध और पानी का 160 लीटर मिश्रण है और मिश्रण में दूध का प्रतिशत 75% है, यदि मिश्रण की कुछ मात्रा को शुद्ध दूध से बदल दिया जाए तो बर्तन में पानी मिश्रण की प्रतिस्थापित मात्रा का 25% हो जाता है, दूध की मात्रा मिश्रण से निकाला गया बर्तन की क्षमता का कितना % है?
(a) 37.5% (b) 25% (c) 12.5% (d) 42.5%

9. Two pipes can fill a cistern in 21 hours and 24 hours, respectively. The pipes are opened simultaneously and it is found that due to leakage in the bottom it took 48 minutes more to fill the cistern. When the cistern is full, in what time will the leak empty half of the cistern ?
दो पाइप एक टंकी को क्रमशः 21 घंटे और 24 घंटे में भर सकते हैं। पाइपों को एक साथ खोला गया और पाया गया कि तली में रिसाव के कारण टंकी को भरने में 48 मिनट अधिक लगे। जब टंकी पूरी भर जाती है, तो कितने समय में रिसाव से टंकी का आधा हिस्सा खाली हो जाएगा?
(a) 84 hours (b) 168 hours
(c) 94 hours (d) 178 hours

10. Ramesh marks up an article by $x\%$, gives a discount of $\frac{x}{4}\%$ and gets a profit of $\frac{x}{4}\%$. Had he marked up by $\frac{x}{2}\%$ and given a discount $\frac{x}{6}\%$, what would be his profit percentage ?
रमेश एक वस्तु का मूल्य $x\%$ बढ़ाता है, $\frac{x}{4}\%$ की छूट देता है और $\frac{x}{4}\%$ का लाभ प्राप्त करता है। यदि उसने $\frac{x}{2}\%$ मूल्य बढ़ाया होता और $\frac{x}{6}\%$ की छूट दी होती, तो उसका लाभ प्रतिशत क्या होता?
(a) 25% (b) 33.33% (c) 50% (d) 66.66%

11. A person borrows Rs.1,00,000 from a bank at 10% per annum simple interest and clears the debt in five years. If the installment paid at the end of the first, second, third and fourth years to clear the debt are Rs.10,000, Rs.20,000, Rs.30,000 and Rs.40,000, respectively, what amount should be paid at the end of the fifth year to clear the debt?
एक व्यक्ति बैंक से 10% प्रति वर्ष साधारण ब्याज पर 1,00,000 रुपये उधार लेता है और पाँच वर्षों में ऋण चुका देता है। यदि ऋण चुकाने के लिए पहले, दूसरे, तीसरे और चौथे वर्ष के अंत में भुगतान की गई किश्तें क्रमशः 10,000 रुपये, 20,000 रुपये, 30,000 रुपये और 40,000 रुपये हैं, तो ऋण चुकाने के लिए पाँचवें वर्ष के अंत में कितनी राशि चुकानी चाहिए ?
(a) Rs.38,250 (b) Rs.39,490
(c) Rs.40,450 (d) Rs.36,450

12. A man received Rs.3456 when he invested Rs.P at 12% p.a. at SI for 3 years. If he invested Rs. (P + 4400) at 15% p.a. at CI compounding annually for 2 years, then find the interest received by him.
एक व्यक्ति को 3 वर्षों के लिए 12% प्रति वर्ष की दर से साधारण ब्याज पर P रुपये का निवेश करने पर 3456 रुपये प्राप्त हुए। यदि उसने 2 वर्षों के लिए वार्षिक चक्रवृद्धि ब्याज पर (P + 4400) 15% प्रति वर्ष की दर से निवेश किया, तो उसे प्राप्त ब्याज ज्ञात कीजिए?
(a) Rs.4515 (b) Rs.4960
(c) Rs.4725 (d) Rs.4185

13. A dealer allows 25% discount on the marked price of an article and gains 20%. If the cost price of the article increases by 20%, what percent discount should he allow on the marked price so that his profit percentage remains the same ?
एक डीलर एक वस्तु के अंकित मूल्य पर 25% की छूट देता है और 20% का लाभ प्राप्त करता है। यदि वस्तु का लागत मूल्य 20% बढ़ जाता है, तो उसे अंकित मूल्य पर कितने प्रतिशत की छूट देनी चाहिए ताकि उसका लाभ प्रतिशत वही रहे?
(a) 8.5% (b) 10% (c) 12% (d) 7.25%

14. Two saleswomen, Manu and Tanu, are allowed 12% and 15% commission, respectively on the total sales made by them. Manu gets 3% and Tanu gets 5% extra bonus on the sales over ₹20,000. If the difference in total earnings of both Manu and Tanu is ₹7,600, then Manu's total earning is:
दो सेल्सवुमेन, मनु और तनु को उनके द्वारा की गई कुल बिक्री पर क्रमशः 12% और 15% कमीशन की अनुमति है। ₹20,000 से अधिक की बिक्री पर मनु को 3% और तनु को 5% अतिरिक्त बोनस मिलता है। यदि मनु और तनु दोनों की कुल कमाई में अंतर ₹7,600 है, तो मनु की कुल कमाई है:
(a) 19,200 (b) 21,600 (c) 17,800 (d) 23,400

15. In an election only two candidates contested 30% of the voters did not vote and 130 votes were declared as invalid. The winner got 300 votes more than his opponent thus he secured 45% votes of the total on the voters list. Approximate percentage votes of the defeated candidate out of the total valid votes is?
एक चुनाव में केवल दो उम्मीदवारों ने चुनाव लड़ा, 30% मतदाताओं ने वोट नहीं दिया और 130 वोट अवैध घोषित कर दिए गए। विजेता को अपने प्रतिद्वंद्वी से 300 वोट अधिक मिले, इस प्रकार उसने मतदाता सूची में कुल 45% वोट हासिल किए। कुल वैध मतों में से पराजित उम्मीदवार को प्राप्त मतों का अनुमानित प्रतिशत कितना है?
(a) 18 (b) 13 (c) 20 (d) 15

16. The price of raw materials has gone up by 15%, labour cost has also increased from 25% of the cost of raw material to 30% of the cost of raw material. By how much percentage should there be a reduction in the usage of raw materials so as to keep the cost same? (approximate value)
कच्चे माल की कीमत 15% बढ़ गई है, श्रम लागत भी कच्चे माल की लागत के 25% से बढ़कर कच्चे माल की लागत का 30% हो गई है। लागत को समान रखने के लिए कच्चे माल के उपयोग में कितने प्रतिशत की कमी की जानी चाहिए? (अनुमानित मूल्य)
(a) 17% (b) 24% (c) 25% (d) 28%

17. A solid cube, whose each edge is of length 48 cm, is melted. Identical solid cubes, each of volume 64 cm^3, are made out of this molten cube, without any wastage. How many such small cubes are obtained ?
एक ठोस घन, जिसके प्रत्येक किनारे की लंबाई 48 सेमी है, पिघलाया जाता है। समान ठोस घन, प्रत्येक का आयतन 64 सेमी^{3}, बिना किसी बर्बादी के, इस पिघले हुए घन से बनाए जाते हैं। ऐसे कितने छोटे घन प्राप्त होंगे?

(a) 1728 (b) 1718 (c) 1748 (d) 1738

18. The total surface area of a square-based right pyramid is 1536 m^2, of which 37.5% is the area of the base of the pyramid. What is the volume (in m^3) of this pyramid ?
एक वर्गाकार आधार वाले समकोण पिरामिड का कुल पृष्ठीय क्षेत्रफल 1536 वर्ग मीटर है, जिसमें से 37.5% पिरामिड के आधार का क्षेत्रफल है। इस पिरामिड का आयतन (वर्ग मीटर में) क्या है ?

(a) 3108 (b) 3048 (c) 3072 (d) 3144

19. A cylindrical metallic rod of diameter 2 cm and length 45 cm is melted and converted into wire of uniform thickness and length 5 m. The diameter of the wire is:
व्यास 2 सेमी और लंबाई 45 सेमी की एक बेलनाकार धातु की छड़ को पिघलाया जाता है और एक समान मोटाई और 5 मीटर लंबाई के तार में परिवर्तित किया जाता है। तार का व्यास है:

(a) 5 mm (b) 3 mm (c) 2 mm (d) 6 mm

20. Cost of 8 pencils, 5 pens and 3 erasers is Rs. 111. Cost of 9 pencils, 6 pens and 5 erasers is Rs. 130. Cost of 16 pencils, 11 pens and 3 erasers is Rs. 221. What is the cost (in Rs.) of 39 pencils 26 pens and 13 erasers?
8 पेंसिल, 5 पेन और 3 रबड़ की कीमत 111 रुपये है। 9 पेंसिल, 6 पेन और 5 रबड़ की कीमत 130 रुपये है। 16 पेंसिल, 11 पेन और 3 रबड़ की कीमत 221 रुपये है। 39 पेंसिल, 26 पेन और 13 रबड़ की कीमत (रुपये में) क्या है?

(a) 316 (b) 546 (c) 624 (d) 482

21. If $x^3 + y^3 + z^3 = 3(1+xyz)$, $P = y + z - x$, $Q = z + x - y$ and $R = x + y - z$, then what is the value of $P^3+Q^3+R^3-3PQR$?
यदि $x^3 + y^3 + z^3 = 3(1 + xyz)$, $P = y + z - x$, $Q = z + x - y$, $R = x + y - z$ तो $P^3 + Q^3 + R^3 - 3PQR$ = ?

(a) 9 (b) 8 (c) 12 (d) 6

22. If A/L + M/B = 1 , B/M + N/C = 1 then the value of L/A + C/N ?
यदि $\frac{A}{L}+\frac{M}{B}=1, \frac{B}{M}+\frac{N}{C}=1$

तो $\frac{L}{A}+\frac{C}{N}$ का मान ज्ञात कीजिए।

(a) 1 (b) 0 (c) B/M (d) M/B

23. The value of $0.5\bar{6} - 0.7\overline{23} + 0.3\bar{9} \times 0.\bar{7}$
$0.5\bar{6} - 0.7\overline{23} + 0.3\bar{9} \times 0.\bar{7}$ **का मान है -**

SSC CGL Tier II (12/09/2019)

(a) 0.154 (b) 0.154 (c) 0.158 (d) 0.158

24. A person was standing on a road near a mall. He was 1215 m away from the mall and able to see the top of the mall from the road in such a way that the top of a tree, which is in between him and the mall, was exactly in line of sight with the top of the mall. The tree height is 20m and it is 60m away from him. How tall (in m) is the mall?
एक व्यक्ति एक मॉल के पास सड़क पर खड़ा था। वह मॉल से 1215 मीटर दूर था और सड़क से मॉल की चोटी को इस तरह देख पा रहा था कि एक पेड़ की चोटी, जो उसके और मॉल के बीच में है, मॉल की चोटी के ठीक सामने थी। पेड़ की ऊँचाई 20 मीटर है और वह उससे 60 मीटर दूर है। मॉल की ऊँचाई (मीटर में) कितनी है ?

SSC CPO 25/11/2020 (Morning)

(a) 405 (b) 250 (c) 300 (d) 375

25. $\left(\frac{1}{cos\theta}-\frac{1}{sin\theta}\right)+\frac{1}{cosec\,\theta-cot\,\theta}-\frac{1}{sec\,\theta+tan\,\theta}=?$

SSC CGL Tier II (15/11/2020)

(a) $\sec\theta \operatorname{cosec}\theta$ (b) $\sin\theta \tan\theta$
(c) $\operatorname{cosec}\theta \cot\theta$ (d) $\sin\theta \cos\theta$

26. The value of $\frac{sin\theta+cos\theta-1}{sin\theta-cos\theta+1}\times\sqrt{\frac{1+sin\theta}{1-sin\theta}}$

SSC CGL Tier II (16/11/2020)

(a) 1 (b) –1 (c) –2 (d) 2

27. If a and b are the length of two sides of a triangle such that the product ab = 24, where a and b are integers, then how many such triangles are possible ?
यदि a और b किसी त्रिभुज की दो भुजाओं की लंबाई इस प्रकार है कि गुणनफल ab = 24 है, जहाँ a और b पूर्णांक हैं, तो ऐसे कितने त्रिभुज संभव हैं?

(a) 15 (b) 12 (c) 18 (d) 16

28. D, E and F are the feet of the perpendiculars from the vertices A,B and C respectively, of a triangle ABC. If angle BED and angle BFE(in degrees) are 24 and 110, respectively, what is the measure of angle EBF? (in degrees)

D, E और F एक त्रिभुज ABC के शीर्षों A, B और C से क्रमशः लंबों के पाद हैं। यदि कोण BED और कोण BFE (डिग्री में) क्रमशः 24 और 110 हैं, तो कोण EBF का माप क्या है? (डिग्री में)

(a) 55 (b) 67 (c) 86 (d) 46

29. PQRS is a cyclic quadrilateral in which PQ = x cm, QR = 16.8 cm, RS = 14 cm and PS = 25.2 cm and PR bisects QS. What is the value of x ?

PQRS एक चक्रीय चतुर्भुज है जिसमें PQ = x सेमी, QR = 16.8 सेमी, RS = 14 सेमी और PS = 25.2 सेमी है और PR QS को समद्विभाजित करता है। एक्स का मूल्य क्या है ?

(a) 18 (b) 21 (c) 28 (d) 24

30. In ΔABC, $\angle C = 90°$, M and N are the mid-points of the sides AB and AC respectively. CM and BN intersect each other at D and $\angle BDC = 90°$. If BC = 8 cm, then the length of BN is:

ΔABC में, $\angle C = 90°$, M और N क्रमशः भुजाओं AB और AC के मध्य-बिंदु हैं। CM और BN एक दूसरे को D और $\angle BDC = 90°$ पर काटते हैं। यदि BC = 8 सेमी है, तो BN की लंबाई है:

(a) $6\sqrt{3}$ (b) $6\sqrt{6}$ (c) $4\sqrt{6}$ (d) $8\sqrt{3}$

13 PRACTICE SET

1. A, B and C donate 8%,7% and 9%, of their salaries respectively to a charitable trust. The salaries of A and B are the same and the difference between their donations is ₹259. The total donation of A and B is ₹1,185 more than that of C. The total donation of A and C is what percentage of the total salaries of A, B and C? (Correct to one decimal place)
A, B और C अपने वेतन का क्रमशः 8%, 7% और 9% एक धमार्थ ट्रस्ट को दान करते हैं। A और B का वेतन समान है और उनके दान के बीच का अंतर ₹259 है। A और B का कुल दान C के दान से ₹1,185 अधिक है। A और C का कुल दान A, B और C के कुल वेतन का कितना प्रतिशत है? (दशमलव के एक स्थान तक सही)
(a) 6.2 % (b) 5.8 % (c) 6.4 % (d) 7.1%

2. A bag contains 2 red, 3 green and 2 blue balls. Two balls are drawn at random. What is the probability that none of the balls drawn is blue.
एक बैग में 2 लाल, 3 हरी और 2 नीली गेंदें हैं। दो गेंदें यादृच्छिक रूप से निकाली जाती हैं। इसकी क्या प्रायिकता है कि निकाली गई कोई भी गेंद नीली नहीं है?
(a) 10/21 (b) 11/21 (c) 2/7 (d) 5/7

3. If a 5-digit number 579ab is divisible by 11 and 21, then what is the value of $(a^2 + b^2 + ab)$?
यदि 5 अंकों की संख्या 579ab 11 और 21 से विभाज्य है, तो $(a^2+ b^2+ ab)$ का मान क्या है?
(a) 73 (b) 57 (c) 84 (d) 91

4. What least number must be subtracted from 923604 so that it becomes a perfect square ?
923604 में से कौन सी न्यूनतम संख्या घटाई जानी चाहिए ताकि यह एक पूर्ण वर्ग बन जाए?
(a) 78 (b) 79 (c) 83 (d) 84

5. A 240 m long train X passes a pole in 18 seconds and completely crosses another train Y running at a speed of 72 km/h, in the opposite direction in 21 seconds. How much time (in seconds) will train Y take to completely cross a 140-m long train Z running at a speed of 42 km/h in the same direction ?
240 मीटर लंबी एक ट्रेन X एक खंभे को 18 सेकंड में पार करती है और विपरीत दिशा में 72 किमी/घंटा की गति से चल रही दूसरी ट्रेन Y को 21 सेकंड में पूरी तरह से पार कर जाती है। ट्रेन Y को समान दिशा में 42 किमी/घंटा की गति से चलने वाली 140 मीटर लंबी ट्रेन Z को पूरी तरह से पार करने में कितना समय (सेकंड में) लगेगा?
(a) 68 (b) 65 (c) 72 (d)70

6. In an election between two candidates A and B, 15% of the voters did not cast their votes, 20% of the casted votes were declared invalid. The winning candidate got 8262 votes, which were 54% of the total valid votes. The candidate who was defeated got how much percentage votes from the total voters in the list.
दो उम्मीदवारों A और B के बीच हुए चुनाव में, 15% मतदाताओं ने वोट नहीं डाला, 20% वोट अवैध घोषित कर दिए गए। विजयी उम्मीदवार को 8262 वोट मिले, जो कुल वैध वोटों का 54% था। पराजित उम्मीदवार को सूची में शामिल कुल मतदाताओं में से कितने प्रतिशत वोट मिले?
(a) 31.28% (b) 35.50% (c) 28.31% (d) 32.50%

7. A family has two children along with their parents. The average of the weights of the children and their mother is 50 kg. The average of the weights of the children and their father is 52 kg. If the weight of the father is 60 kg, then what is the weight of the mother?
एक परिवार में उनके माता-पिता के साथ दो बच्चे भी हैं। बच्चों और उनकी मां का वजन औसत 50 किलोग्राम है। बच्चों और उनके पिता के वजन का औसत 52 किलोग्राम है। यदि पिता का वजन 60 किलो है तो माता का वजन कितना है?
(a) 48 kg (b) 50 kg (c) 52 kg (d) 54 kg

8. A tank contains 384 liters mixture of milk & water in the ratio of 15 : 17. If X liters of mixture taken out and (X – 14) liters of milk & (X – 34) liters of water added in remaining mixture so ratio of milk & water becomes equal. Find quantity of milk in original mixture is what percent of total final mixture ?
एक टैंक में 15:17 के अनुपात में दूध और पानी का 384 लीटर मिश्रण है। यदि X लीटर मिश्रण निकाल लिया जाए और शेष मिश्रण में (X – 14) लीटर दूध और (X – 34) लीटर पानी मिला दिया जाए, तो दूध और पानी का अनुपात बराबर हो जाता है। मूल मिश्रण में दूध की मात्रा कुल अंतिम मिश्रण का कितना प्रतिशत है?
(a) 40% (b) 35% (c) 45% (d) 50%

9. C is 100% more efficient than B. A alone can complete a piece of work in 9 days and B & C together can complete the same work in $2\frac{2}{3}$ days. Find what portion of work will be completed, if A & B works together for 4 days.
C, B से 100% अधिक कुशल है। A अकेले एक कार्य को 9 दिनों में पूरा कर सकता है और B और C मिलकर उसी कार्य को $2\frac{2}{3}$ दिनों में पूरा कर सकते हैं। यदि A और B एक साथ 4 दिनों तक कार्य करते हैं, तो ज्ञात कीजिए कि कार्य का कितना भाग पूरा हो जाएगा।
(a) 13/18 (b) 8/9 (c) 5/6 (d) 17/18

10. In a firm, the ratio of male and female officers is in the ratio of 4 : 7. If 50 male officers and 100 female officers are shifted to another firm, then the ratio of male and female officers becomes 7 : 12. Find the number of male officers before shifting in the firm.
एक फर्म में, पुरुष और महिला अधिकारियों का अनुपात 4:7 है। यदि 50 पुरुष अधिकारियों और 100 महिला अधिकारियों को दूसरी फर्म में स्थानांतरित कर दिया जाता है, तो पुरुष और महिला अधिकारियों का अनुपात 7:12 हो जाता है। फर्म में स्थानांतरित होने से पहले पुरुष अधिकारियों की संख्या ज्ञात कीजिए।
(a) 300 (b) 400 (c) 450 (d) 500

11. A sum of 18,000 is lent at 10% p.a. compound interest, compounded annually. What is the difference between the compound interest for 3rd year and 4th year ?
18,000 रुपये की राशि 10% वार्षिक चक्रवृद्धि ब्याज पर उधार दी जाती है, जो वार्षिक रूप से संयोजित होती है। तीसरे वर्ष और चौथे वर्ष के चक्रवृद्धि ब्याज के बीच क्या अंतर है?
(a) ₹215.40 (b) ₹217.80 (c) ₹220.60 (d) ₹221.80

12. A man invested Rs.X at 15% p.a. at SI for 4 years and Rs. (1.35X) at 18% p.a. at SI for 3 years. If total interest received by man is Rs.15948, then find value of Rs. (3.12X).
एक व्यक्ति ने 4 वर्षों के लिए साधारण ब्याज पर 15% प्रति वर्ष की दर से X रुपए और 3 वर्षों के लिए साधारण ब्याज पर 18% प्रति वर्ष की दर से (1.35X) रुपए का निवेश किया। यदि व्यक्ति को प्राप्त कुल ब्याज 15948 रुपए है, तो (3.12X) रुपए का मूल्य ज्ञात कीजिए।
(a) Rs.50544 (b) Rs.42764
(c) Rs.32580 (d) Rs.37440

13. The marked price of an article is Rs 500. If two successive discounts, each of x%, on the marked price is equal to a single discount of Rs 195.80, then what will be the selling price of the article if a single discount of x% is given on the marked price?
किसी वस्तु का अंकित मूल्य 500 रुपये है। यदि अंकित मूल्य पर x% की दो क्रमिक छूट 195.80 रुपये की एकल छूट के बराबर है, तो वस्तु का विक्रय मूल्य क्या होगा, यदि अंकित मूल्य पर x% की एकल छूट दी गई हो?
(a) 390 (b) 370 (c) 380 (d) 360

14. A shopkeeper purchased a chair marked at ₹8,500 at two successive discounts of 10% and 8%, respectively. He spent ₹362 on transportation and sold the chair for ₹7,800. His gain percent was: (correct to two decimal places)
एक दुकानदार ने क्रमशः 10% और 8% की दो क्रमिक छूट पर ₹8,500 अंकित मूल्य वाली एक कुर्सी खरीदी। उन्होंने परिवहन पर ₹362 खर्च किए और कुर्सी ₹7,800 में बेच दी। उसका लाभ प्रतिशत था: (दो दशमलव स्थानों तक सही)
(a) 6.25% (b) 4.82% (c) 4.25% (d) 5.40%

15. If the mean is 25 and the standard deviation is 5 then the coefficient of variation is:
यदि माध्य 25 है और मानक विचलन 5 है तो विचरण गुणांक है:
(a) 48% (b) 27% (c) 20% (d) 60%

16. A tradesman fixed his selling price of goods at 35% above the cost price. He sells half the stock at this price, one-quarter of his stock at a discount of 20% on the original selling price and rest at a discount of 35% on the original selling price. Find the gain percentage altogether ?
एक व्यापारी ने अपने माल का विक्रय मूल्य लागत मूल्य से 35% अधिक निर्धारित किया। वह आधा स्टॉक इस कीमत पर बेचता है, अपने स्टॉक का एक-चौथाई हिस्सा मूल बिक्री मूल्य पर 20% की छूट पर और बाकी स्टॉक मूल बिक्री मूल्य पर 35% की छूट पर बेचता है। कुल मिलाकर लाभ प्रतिशत ज्ञात कीजिए?
(a) 13.11% (b) 10.55% (c) 12.33% (d) 16.44%

17. The height and the radius of the base of a right circular cone are in the ratio of 12 : 5. If its volume is 314 cm^3, then what is the slant height of the cone ? (Use $\pi = 3.14$)
एक लंब वृत्तीय शंकु की ऊंचाई और आधार की त्रिज्या का अनुपात 12: 5 है। यदि इसका आयतन 314 सेमी³ है, तो शंकु की तिरछी ऊंचाई क्या है? ($\pi = 3.14$ का प्रयोग करें)
(a) 11 cm (b) 14 cm (c) 12 cm (d) 13 cm

18. A cylinder has some water in it at a height of 16 cm. If a sphere of radius 9 cm is put into it, then find the rise in the height of the water if the radius of the cylinder is 12 cm.
एक बेलन में 16 सेमी की ऊँचाई पर थोड़ा पानी है। यदि इसमें 9 सेमी त्रिज्या का एक गोला डाला जाए, तो पानी की ऊँचाई में वृद्धि ज्ञात कीजिए, यदि बेलन की त्रिज्या 12 सेमी है।
(a) 1.6 cm (b) 8.75 cm
(c) 8 cm (d) 6.75 cm

19. A hemispherical bowl of internal radius 18 cm is full of liquid. This liquid is to be filled in cylindrical bottles each of radius 3 cm and height 6 cm. How many bottles are required to empty the bowl ?
18 सेमी आंतरिक त्रिज्या का एक अर्धगोलाकार कटोरा तरल से भरा है। इस तरल को 3 सेमी त्रिज्या और 6 सेमी ऊंचाई वाली बेलनाकार बोतलों में भरना है। कटोरा खाली करने के लिए कितनी बोतलों की आवश्यकता होगी?
(a) 72 (b) 70 (c) 68 (d) 66

20. If $(x + y)^3 + 27 (x - y)^3 = (Ax - 2y) (Bx^2 + Cxy + 13y^2)$, then the value of A – B – C is :
यदि $(x+y)^3+27(x-y)^3=(Ax-2y)\left(Bx^2+Cxy+13y^2\right)$
तो A – B – C का मान है :
(a) 27 (b) 13 (c) 15 (d) 20

21. If x + y + z = 22 and xy + yz + zx = 35, then what is the value of $(x - y)^2 + (y - z)^2 + (z - x)^2$?
यदि $x+y+z=22$ और $xy+yz+zx=35$ है, तो
$(x-y)^2+(y-z)^2+(z-x)^2$ का मान क्या है?
(a) 793 (b) 681 (c) 758 (d) 715

22. If x + y = 1 and xy (xy – 2) = 12, then the value of is $x^4 + y^4$
यदि x + y = 1 और xy (xy – 2) = 12 है, तो का मान $x^4 + y^4$ है
(a) 19 (b) 25 (c) 20 (d) 23

23. ABCD is a cyclic quadrilateral. Sides AB and DC, when produced, meet at E, and sides BC and AD, when produced, meet at F. If ∠BFA = 60° and ∠AED = 30°, then the measure of ∠ABC is :
ABCD एक चक्रीय चतुर्भुज है। भुजाएँ AB और DC, बढ़ाने पर, E पर मिलती हैं, और भुजाएँ BC और AD, बढ़ाने पर, F पर मिलती हैं। यदि ∠BFA = 60° और ∠AED = 30° है, तो ∠ABC का माप है:
(a) 65° (b) 75° (c) 70° (d) 80°

24. PT is a tangent at the point R on a circle with centre O. SQ is a diameter. Which when produced meets the tangent PT at P. If ∠SPT = 32°, then what will be the measure of ∠QRP ?
PT केंद्र O वाले एक वृत्त पर बिंदु R पर एक स्पर्श रेखा है। SQ एक व्यास है। जिसे बढ़ाने पर स्पर्श रेखा PT से P पर मिलती है। यदि ∠SPT = 32° है, तो ∠QRP का माप क्या होगा ?
(a) 32 (b) 58 (c) 30 (d) 29

25. PQRS is a rectangle. T is a point on PQ such that RTQ is an isosceles triangle and PT = 5QT. if the area of the triangle RTQ is $12\sqrt{3}cm^2$, then the area of rectangle PQRS is :
PQRS एक आयत है। T, PQ पर एक बिंदु इस प्रकार है कि RTQ एक समद्विबाहु त्रिभुज है और PT = 5QT है। यदि त्रिभुज RTQ का क्षेत्रफल $12\sqrt{3}cm^2$ है, तो आयत PQRS का क्षेत्रफल क्या है ?
(a) $142\sqrt{3}$ cm² (b) $134\sqrt{3}$ cm²
(c) $144\sqrt{3}$ cm² (d) 142 cm²

26. If in ΔPQR, ∠P = 120°, PS⊥QR and PQ + QS = SR, then the measure of ∠Q is:
ΔPQR में, ∠P = 120°, PS ⊥ QR और PQ + QS = SR.
तो ∠Q का मान क्या होगा?
(a) 20° (b) 50° (c) 40° (d) 30°

27. If $\cos\theta+\sin\theta=\sqrt{2}\cos\theta$, find the value of $(\cos\theta - \sin\theta)$.
यदि $\cos\theta + \sin\theta = \sqrt{2}\cos\theta$ तो $\cos\theta - \sin\theta$ का मान ज्ञात कीजिए।

SSC CPO 10/11/2022 (Afternoon)

(a) $\sqrt{2}$ Sin θ (b) $\sqrt{2}$ Cos θ
(c) $\frac{1}{\sqrt{2}}$ sin (d) $\frac{1}{2}\cos\theta$

28. What is the value of the expression $\cos 2A\cos 2B + \sin^2(A-B) - \sin^2(A+B)$?
$\cos 2A\cos 2B + \sin^2(A-B) - \sin^2(A+B)$ का मान क्या है?

SSC CGL 12/12/2022 (1st Shift)

(a) sin (2A – 2B) (b) sin (2A + 2B)
(c) cos (2A + 2B) (d) cos (2A – 2B)

29. If $A = \dfrac{\sqrt{0.0004} \times \sqrt[3]{0.000008}}{\sqrt[4]{16000} \times \sqrt[3]{125000} \times \sqrt[4]{810}}$ and

$B = \dfrac{\sqrt[3]{0.729} \times \sqrt[4]{0.0016}}{\sqrt{0.16}}$, then what is $A \times B$?

यदि $A = \dfrac{\sqrt{0.0004}\sqrt[3]{0.000008}}{\sqrt[4]{16000}\sqrt[3]{125000}\sqrt[4]{810}}$,

$B = \dfrac{\sqrt[3]{0.729}\sqrt[4]{0.0016}}{\sqrt{0.16}}$ तो $A \times B =$?

SSC CGL Tier II (08/08/2022)

(a) 7×10^{-7} (b) $\left(\dfrac{7}{4}\right) \times 10^{-8}$

(c) $\dfrac{3}{5} \times 10^{-7}$ (d) $\left(\dfrac{7}{3}\right) \times 10^{-7}$

30. If $a\cot\theta + b\,cosec\,\theta = p$ and $b\cot\theta + a\,cosec\,\theta = q$ then $p^2 - q^2$ is equal to

यदि $a\cot\theta + b\csc\theta = p$ और $b\cot\theta + a\csc\theta = q$

तो $p^2 - q^2$ का मान क्या होगा?

SSC CGL Tier II (07/03/2023)

(a) $b^2 - a^2$ (b) $a^2 - b^2$ (c) $b - a$ (d) $a^2 + b^2$

14 PRACTICE SET

1. ABCD is a trapezium. Slides AB and CD are parallel to each other. AB = 6cm, CD =18cm, BC = 8cm and AD = 12cm. A line parallel to AB divides the trapezium in two parts of equal perimeter. This line cuts BC at E and AD at F. If $\frac{BE}{EC} = \frac{AF}{FD}$, what is the value of EF?
ABCD एक समलम्ब चतुर्भुज है। रेखाएँ AB और CD एक-दूसरे के समांतर हैं। AB = 6 सेमी, CD = 18 सेमी, BC = 8 सेमी और AD = 12 सेमी। AB के समांतर एक रेखा समलम्ब चतुर्भुज को समान परिमाप वाले दो भागों में विभाजित करती है। यह रेखा BC को E पर और AD को F पर काटती है। यदि $\frac{BE}{EC} = \frac{AF}{FD}$ है, तो EF का मान क्या है?
(a) 78/5 (b) 39/5 (c) 47/5 (d) 76/5

2. A bag contains 6 white and 4 red balls. Three balls are drawn at random. What is the probability that one ball is red and the other two are white?
एक बैग में 6 सफेद और 4 लाल गेंदें हैं। तीन गेंदें यादृच्छिक रूप से निकाली जाती हैं। इसकी क्या प्रायिकता है कि एक गेंद लाल है और बाकी दो सफेद हैं?
(a) 1/2 (b) 1/12 (c) 3/10 (d) 7/12

3. If the seven-digit number 52A6B7C is divisible by 33, and A, B, C are primes, then the maximum value of 2A + 3B + C is?
यदि सात अंकों की संख्या 52A6B7C 33 से विभाज्य है, और A, B, C अभाज्य हैं, तो 2A + 3B + C का अधिकतम मान क्या है?
(a) 32 (b) 23 (c) 27 (d) 34

4. How many times is digit 3 comes in counting from 301 to 399?
301 से 399 तक की गिनती में अंक 3 कितनी बार आता है?
(a) 119 (b) 11 (c) 121 (d) 21

5. Train X of length 350 m crosses an 850-m long bridge in $1\frac{1}{3}$ minutes. How much time (in minutes) will it take to completely cross a 250-m long train Y, running at a speed of 42 km/h in the same direction ?
350 मीटर लंबी ट्रेन X 850 मीटर लंबे पुल को $1\frac{1}{3}$ मिनट में पार करती है। समान दिशा में 42 किमी/घंटा की गति से चल रही 250 मीटर लंबी ट्रेन Y को पूरी तरह से पार करने में कितना समय (मिनटों में) लगेगा?
(a) 4 (b) $3\frac{1}{2}$ (c) 3 (d) $2\frac{2}{3}$

6. Three partners P, Q and R invested their amounts in ratio of 2 : 5 : 7. At the end of 6 months, 'P' added some more amount such that his investment become equals to half of sum of 'Q' and 'R' initial investment. If at the end of the year, Q's share in profit is Rs 425, then find the total profit
तीन साझेदार P, Q और R ने अपनी राशि 2 : 5 : 7 के अनुपात में निवेश की। 6 महीने के अंत में, 'P' ने कुछ और राशि जोड़ी जिससे उसका निवेश 'Q' और 'R' के शुरुआती निवेश के योग के आधे के बराबर हो गया। यदि वर्ष के अंत में, लाभ में Q का हिस्सा 425 रुपये है, तो कुल लाभ ज्ञात कीजिए
(a) Rs 1250 (b) Rs 1360
(c) Rs 1840 (d) Rs 1050

7. There are 3 groups of persons – male, female and children. There are 20 males and the number of females and children taken together is 4 more than that of the males. The average weight of males is 54 kg, that of females is 49 kg and that of children is 30 kg. If the average weight of the whole group is 48.25 kg, then what is the difference between the number of females and the number of children ?
व्यक्तियों के 3 समूह हैं - पुरुष, महिला और बच्चे। वहाँ 20 पुरुष हैं और महिलाओं और बच्चों की संख्या पुरुषों की तुलना में 4 अधिक है। पुरुषों का औसत वजन 54 किलोग्राम, महिलाओं का 49 किलोग्राम और बच्चों का 30 किलोग्राम होता है। यदि पूरे समूह का औसत वजन 48.25 किलोग्राम है, तो महिलाओं की संख्या और बच्चों की संख्या के बीच अंतर क्या है?
(a) 17 (b) 10 (c) 7 (d) 14

8. Two bottles of same capacity are 35% and $33\frac{1}{3}$% full of orange juice respectively. They are filled up

completely with apple juice and then the contents of both bottles are emptied into another vessel. The percentage of apple juice in the mixture is:

समान क्षमता की दो बोतलें क्रमशः 35% और $33\frac{1}{3}\%$ संतरे के रस से भरी हैं। उन्हें सेब के रस से पूरी तरह भर दिया जाता है और फिर दोनों बोतलों की सामग्री को दूसरे बर्तन में खाली कर दिया जाता है। मिश्रण में सेब के रस का प्रतिशत है:

(a) $34\frac{1}{6}$ (b) $64\frac{1}{3}$ (c) $60\frac{2}{3}$ (d) $65\frac{5}{6}$

9. A alone can fill a tank in 16 mins and B alone can fill the same tank in 'X' mins. C alone can empty the tank in 12 mins. A, B, and C together take $34\frac{2}{7}$ min to fill the tank. What is the time taken by B alone to fill the tank ?

A अकेले एक टैंक को 16 मिनट में भर सकता है और B अकेले उसी टैंक को 'X' मिनट में भर सकता है। C अकेले टैंक को 12 मिनट में खाली कर सकता है। A, B और C को मिलकर टंकी भरने में $34\frac{2}{7}$ मिनट लगते हैं। B को अकेले टंकी भरने में कितना समय लगेगा?

(a) 12 min (b) 16 min (c) 20 min (d) 24 min

10. The ratio of the number of banyan trees cut to the number of Ashoka trees planted are in the ratio 4:7, respectively. The number of Ashoka trees planted is 12.5% less than the number of mango trees planted which is 33.33% more than the neem trees cut. Find the ratio of the number of trees cut to the number of trees planted ?

काटे गए बरगद के पेड़ों की संख्या और लगाए गए अशोक के पेड़ों की संख्या का अनुपात क्रमशः 4:7 है। लगाए गए अशोक के पेड़ों की संख्या आम के पेड़ों की संख्या से 12.5% कम है जो काटे गए नीम के पेड़ों की संख्या से 33.33% अधिक है। काटे गए पेड़ों की संख्या और लगाए गए पेड़ों की संख्या का अनुपात ज्ञात कीजिए?

(a) 1:3 (b) 4:1 (c) 2:3 (d) 2:1

11. The compound interest on ₹4,000 after 3 year is ₹630.50. Then the rate of interest compounded yearly is:

3 वर्ष के बाद ₹4,000 पर चक्रवृद्धि ब्याज ₹630.50 है। तो वार्षिक चक्रवृद्धि ब्याज दर है:

(a) 6% (b) 7% (c) 8% (d) 5%

12. Difference between total CI and total SI on a certain sum at 20% per annum for 2 years is Rs 420. What will be the simple interest earned on same sum at 25% per annum for 3 years?

एक निश्चित राशि पर 2 वर्षों के लिए 20% प्रति वर्ष की दर से कुल CI और कुल SI के बीच अंतर 420 रुपये है। 3 वर्षों के लिए 25% प्रति वर्ष की दर से उसी राशि पर अर्जित साधारण ब्याज क्या होगा?

(a) Rs 5725 (b) Rs 7875
(c) Rs 6525 (d) Rs 7000

13. A shopkeeper marks up his goods by 30% and then gives a discount of 10% on the marked price. Apart from this, he uses a faulty balance which reads 1 kg for 870 g. What is his net profit percentage?

एक निर्माता अपने सामान पर 30% मूल्य पर अंकित करता है और फिर अंकित मूल्य पर 10% की छूट देता है। इसके अलावा, वह एक दोषपूर्ण पैमाने का उपयोग करता है जिसमें 870 ग्राम के बदले 1 किलो होता है। उसका शुद्ध लाभ प्रतिशत क्या है?

(a) 38.42% (b) 34.84% (c) 34.48% (d) 38.24%

14. At what percentage above the cost price must an article be marked so as to gain 27.8% after allowing a customer a discount of 10%?

किसी वस्तु को लागत मूल्य से कितने प्रतिशत ऊपर अंकित किया जाना चाहिए ताकि ग्राहक को 10% की छूट देने के बाद 27.8% का लाभ प्राप्त हो सके?

(a) 45% (b) 36% (c) 42% (d) 50%

15. The value of the 5 variance is 16. If each value becomes double then find the new value of standard deviation?

5 प्रसरण का मान 16 है। यदि प्रत्येक मान दोगुना हो जाता है तो मानक विचलन का नया मान ज्ञात कीजिए?

(a) 16 (b) 4 (c) 10 (d) 8

16. Rajesh buys a pen, a pencil and an eraser for Rs.41. If the least cost of any of the three items is Rs.12 and it is known that a pen costs less than a pencil and an eraser costs more than a pencil. If it is known that the eraser's cost is not divisible by 4, the cost of the pencil could be:

राजेश 41 रुपये में एक पेन, एक पेंसिल और एक रबर खरीदता है। यदि तीनों वस्तुओं में से किसी की न्यूनतम कीमत 12 रुपये है और यह ज्ञात है कि एक पेन की कीमत एक पेंसिल से कम है और एक रबर की कीमत एक पेंसिल से अधिक है। यदि यह ज्ञात हो कि इरेज़र की कीमत 4 से विभाज्य नहीं है, तो पेंसिल की कीमत हो सकती है:

(a) Rs.12 (b) Rs.15 (c) Rs.14 (d) Rs.13

17. A pyramid has an equilateral triangle as its base, of which each side is 8 cm. Its slant edge is 24 cm. The whole surface area of the pyramid (in cm^2) is:
एक पिरामिड का आधार एक समबाहु त्रिभुज है, जिसकी प्रत्येक भुजा 8 सेमी है। इसका तिरछा किनारा 24 सेमी है। पिरामिड का संपूर्ण सतह क्षेत्रफल (सेमी² में) है:

(a) $16\sqrt{3} + 24\sqrt{35}$ (b) $12\sqrt{3} + 24\sqrt{35}$
(c) $24\sqrt{3} + 36\sqrt{35}$ (d) $16\sqrt{3} + 48\sqrt{35}$

18. If the curved surface area of a cylinder is $126\pi cm^2$ and its height is 14 cm, what is the volume of the cylinder.
यदि एक बेलन का वक्र पृष्ठीय क्षेत्रफल $126\pi cm^2$ है और इसकी ऊंचाई 14 सेमी है, तो बेलन का आयतन क्या है?

(a) $283\frac{1}{2\pi}$ (b) $137\frac{1}{2\pi}$ (c) $128\frac{1}{2\pi}$ (d) $125\frac{1}{2\pi}$

19. The difference between the length of two parallel sides of a trapezium is 12 cm. The perpendicular distance between these two parallel sides is 60 cm. If the area of the trapezium is 1380 cm^2, then find the length of each of the parallel sides (in cm).
एक समलंब की दो समानांतर भुजाओं की लंबाई के बीच का अंतर 12 सेमी है। इन दोनों समान्तर भुजाओं के बीच की लम्बवत् दूरी 60 सेमी है। यदि समलंब का क्षेत्रफल 1380 सेमी² है, तो प्रत्येक समानांतर भुजा की लंबाई (सेमी में) ज्ञात कीजिए।

(a) 27, 15 (b) 31, 19 (c) 29, 17 (d) 24, 12

20. If $27x^3 - 64y^3 = (Ax + By)(Cx^2 + Dy^2 - Exy)$, then value of $(A - B + C - D + E)$ will be:
यदि $27x^3 - 64y^3 = (Ax + By)(Cx^2 + Dy^2 - Exy)$, तो $(A - B + C - D + E)$ का मान होगा:

(a) –12 (b) 18 (c) 15 (d) –20

21. If $(4x - 5)^3 + (x - 2)^3 + 27(2x - 5)^3 = 9(4x - 5)(x - 2)(2x - 5)$, then the value of $(x+3/2)$ will be ?
यदि $(4x - 5)^3 + (x - 2)^3 + 27(2x - 5)^3 = 9(4x - 5)(x - 2)(2x - 5)$, तो $(x+3/2)$ का मान क्या होगा?

(a) 1/2 (b) 3/2 (c) 7/2 (d) 5/2

22. If $x + 16/x = 8$, then the value of $x^2 + 32/x^2$?
यदि $x + 16/x = 8$, तो $x^2 + 32/x^2$ का मान क्या होगा?

(a) 24 (b) 16 (c) 20 (d) 18

23. A circle is inscribed in a quadrilateral ABCD touching AB, BC, CD and AD at the points P, Q, R and S, respectively, and $\angle B = 90°$. If AD = 24 cm, AB = 27 cm and DR = 6cm, then what is the circumference of the circle ?
चतुर्भुज ABCD में एक वृत्त अंकित है जो AB, BC, CD और AD को क्रमशः बिंदु P, Q, R और S पर स्पर्श करता है और $\angle B = 90°$ है। यदि AD = 24 सेमी, AB = 27 सेमी और DR = 6 सेमी है, तो वृत्त की परिधि क्या है?

(a) 20π (b) 18π (c) 15π (d) 12π

24. In an election only two candidates contested. 70% of the voters casted their votes and 340 casted votes declared invalid. Winner got 784 valid votes more than his opponent, if the number of valid votes received by the winner 38% of the number of registered total voters, then find how many registered voters cast their votes?
एक चुनाव में केवल दो उम्मीदवारों ने चुनाव लड़ा। 70% मतदाताओं ने वोट डाले और 340 वोट अवैध घोषित किये गये। विजेता को अपने प्रतिद्वंद्वी से 784 वैध वोट अधिक मिले, यदि विजेता को प्राप्त वैध वोटों की संख्या पंजीकृत कुल मतदाताओं की संख्या का 38% है, तो ज्ञात करें कि कितने पंजीकृत मतदाताओं ने अपना वोट डाला?

(a) 5080 (b) 5180 (c) 5040 (d) 5020

25. A quadrilateral ABCD is inscribed in a circle with centre O. If $\angle BOC = 92°$ and $\angle ADC = 112°$, then $\angle ABO$ is equal to :
एक चतुर्भुज ABCD केंद्र O वाले एक वृत्त में अंकित है। यदि $\angle BOC = 92°$ और $\angle ADC = 112°$ है, तो $\angle ABO$ बराबर है:

(a) 22° (b) 24° (c) 28° (d) 26°

26. The perimeter of ΔABC is 24 cm and its side, BC = 9 cm. AD is the bisector of BAC, while I is the incentre $\angle AI:ID$ is equal to :
ΔABC का परिमाप 24 सेमी है और इसकी भुजा BC = 9 सेमी है। AD, BAC का समद्विभाजक है, जबकि I अंतःकेन्द्र है। $\angle AI:ID$ बराबर है:

(a) 7:5 (b) 5:2 (c) 3:2 (d) 5:3

27. The angle of elevation of a flying drone from a point on the ground is 60°. After flying for 5 seconds the angle of elevation drops to 30 deg If the drone is flying horizontally at a constant height of $1000\sqrt{3}$ m the distance (in m) travelled by the drone is:
जमीन पर एक बिंदु से उड़ते हुए ड्रोन का उन्नयन कोण 60° है। 5 सेकंड तक उड़ान भरने के बाद ऊंचाई का कोण 30 डिग्री तक गिर जाता है। यदि ड्रोन $1000\sqrt{3}$ m की स्थिर ऊंचाई पर क्षैतिज रूप से उड़ रहा है, तो ड्रोन द्वारा तय की गई दूरी (मीटर में) है:

(a) 2000 (b) 1000

(c) 3000 (d) 4000

28. is $(\tan x+\tan y)(1-\cot x\cot y)+(\cot x+\cot y)(1-\tan x\tan y)$ equal to.

$(\tan x+\tan y)(1-\cot x\cot y)+(\cot x+\cot y)(1-\tan x\tan y)$ किसके बराबर है

(a) 0 (b) 1 (c) 2 (d) 4

29. What is the value of $\sin x\sqrt{\frac{1}{1+\cos x}+\frac{1}{1-\cos x}}$?

$\sin x\sqrt{\frac{1}{1+\cos x}+\frac{1}{1-\cos x}}$ का मान क्या है?

(a) √2 (b) 2√2 (c) √2tanx (d) 0

30. What is the value of $\frac{\sqrt{29.16}}{\sqrt{1.1664}}+\frac{\sqrt{0.2916}}{\sqrt{116.64}}+\frac{\sqrt{0.0036}}{\sqrt{0.36}}=$

निम्नलिखित का मान क्या होगा?

$$\frac{\sqrt{29.16}}{\sqrt{1.1664}}+\frac{\sqrt{0.2916}}{\sqrt{116.64}}+\frac{\sqrt{0.0036}}{\sqrt{0.36}}$$

SSC CGL Tier II (08/08/2022)

(a) 26/5

(b) 103/20

(c) 27/5

(d) 101/2

15 PRACTICE SET

1. A five-digit number XY235 is divisible by 3 where X and Y are digits satisfying $X + Y \leq 5$. what is the number of possible pairs of values (X, Y) ?
पांच अंकों की संख्या XY235, 3 से विभाज्य है जहां X और Y, $X+Y \leq 5$ को संतुष्ट करने वाले अंक हैं। मानों (X, Y) के संभावित जोड़े की संख्या क्या है?
(a) 5 (b) 6 (c) 7 (d) 9

2. A box contains 6 white balls and 7 black balls. Two balls are drawn at random. What is the probability the both of them are of different colors?
एक डिब्बे में 6 सफेद गेंदें और 7 काली गेंदें हैं। दो गेंदें यादृच्छिक रूप से निकाली जाती हैं। इसकी क्या प्रायिकता है कि वे दोनों अलग-अलग रंग के हों?
(a) $\frac{4}{13}$ (b) $\frac{2}{13}$ (c) $\frac{6}{13}$ (d) $\frac{7}{13}$

3. If the 7-digit number x8942y4 is divisible by 56, what is the value of $(x^2 + y)$ for the largest value of y, where x and y are natural numbers ?
यदि 7-अंकीय संख्या x8942y4, 56 से विभाज्य है, तो y के सबसे बड़े मान के लिए $(x^2 + y)$ का मान क्या है, जहाँ x और y प्राकृतिक संख्याएँ हैं?
(a) 33 (b) 44 (c) 55 (d) 70

4. Two vessels A and B of equal capacities contain milk and water in the ratio of 3 : 1 and 5 : 1, respectively. (x+5) % of the solution is taken out from container A and added to container B after which the ratio of milk to water in container B becomes 49:11. Find the value of x.
बराबर क्षमता वाले दो बर्तन A और B में दूध और पानी का अनुपात क्रमशः 3:1 और 5:1 है। बर्तन A से घोल का (x+5)% निकालकर बर्तन B में डाला जाता है, जिसके बाद बर्तन B में दूध और पानी का अनुपात 49:11 हो जाता है। x का मान ज्ञात कीजिए।
(a) 20% (b) 16(⅔)% (c) 10% (d)15%

5. The speed of A is 20 km/hr more than the speed of B. The time that A takes to travel a distance of 300km is 2 hours less than the time that B takes to travel a distance of 240km. What is the speed(in km/h) of A ?
A की गति B की गति से 20 किमी/घंटा अधिक है। A को 300 किमी की दूरी तय करने में जो समय लगता है, वह B को 240 किमी की दूरी तय करने में लगने वाले समय से 2 घंटे कम है। A की गति (किमी/घंटा में) क्या है?
(a) 30 (b) 40 (c) 45 (d) 50

6. In an election, 35% of the voters voted for candidate P whereas 50% of the remaining voted for candidate Q. The remaining voters did not vote. If the difference between those who voted for candidate P and those who did not vote was 1000, the number of individuals eligible for casting a vote in that election was:
एक चुनाव में, 35% मतदाताओं ने उम्मीदवार P के लिए मतदान किया जबकि शेष में से 50% मतदाताओं ने उम्मीदवार Q के लिए मतदान किया। शेष मतदाताओं ने मतदान नहीं किया। यदि उम्मीदवार P को मत देने वालों और मत न देने वालों के बीच का अंतर 1000 था, तो उस चुनाव में मतदान करने के लिए योग्य व्यक्तियों की संख्या कितनी थी?
(a) 55000 (b) 60000 (c) 40000 (d) 75000

7. Average age of 20 students is 26 years. 2 students leave the group and 1 new student joins the group. The average age now becomes 25 years. If age of one of the student who left the group is 30 years and the age of one who joined is 21 years, then what is the age of the other student who left the group ?
20 विद्यार्थियों की औसत आयु 26 वर्ष है। 2 छात्र समूह छोड़ देते हैं और 1 नया छात्र समूह में शामिल हो जाता है। अब औसत उम्र 25 साल हो गई है. यदि समूह छोड़ने वाले छात्रों में से एक की आयु 30 वर्ष है और शामिल होने वाले छात्र की आयु 21 वर्ष है, तो समूह छोड़ने वाले दूसरे छात्र की आयु क्या है?
(a) 36 years (b) 34 years
(c) 38 years (d) 31 years

8. A milkman uses three containers for selling milk, their capacities being 40L, 30L and 20L respectively. He fills respectively 87.5%, 80% and 90% of the containers with a mix of milk and water in the ratios, 3 : 2, 5 : 1 and 7 : 2 respectively. What is the ratio of total quantity of milk to that of water carried by him?

एक दूधवाला दूध बेचने के लिए तीन कंटेनरों का उपयोग करता है, उनकी क्षमता क्रमशः 40L, 30L और 20L है। वह क्रमशः 87.5%, 80% और 90% कंटेनरों को दूध और पानी के मिश्रण से क्रमशः 3:2, 5:1 और 7:2 के अनुपात में भरता है। उसके द्वारा ले जाए गए दूध की कुल मात्रा और पानी की कुल मात्रा का अनुपात क्या है?

(a) 7 : 2 (b) 31 : 12 (c) 35 : 9 (d) 5 : 2

9. A can complete 45% of a work in $11\frac{1}{4}$ days and B can do 30% of same work in 3 days. If A, B & C can do the same work in $6\frac{1}{4}$ days, then find that C is how much percent less efficient than A ?

A किसी काम का 45% $11\frac{1}{4}$ दिन में पूरा कर सकता है और B उसी काम का 30% 3 दिन में पूरा कर सकता है। यदि A, B और C समान कार्य को $6\frac{1}{4}$ दिन में कर सकते हैं, तो ज्ञात करें कि C, A से कितने प्रतिशत कम कुशल है?Practice batch by Abhas Saini

(a) 60% (b) 50% (c) 40% (d) 54%

10. A bag has some red marbles and the rest are blue marbles. If one red marbles is removed from the bag, then the ratio of the number of red marbles to that of the blue marbles is 1:3. If two blue marbles are removed from the bag, then the ratio of the number of red marbles to blue marble is 3:4. How many blue marbles are there in the bag?

एक थैले में कुछ लाल कंचे हैं और शेष नीले कंचे हैं। यदि बैग से एक लाल कंचा निकाल दिया जाए, तो लाल कंचों की संख्या और नीले कंचों की संख्या का अनुपात 1:3 है। यदि बैग से दो नीले कंचे निकाल दिए जाएं, तो लाल कंचों की संख्या और नीले कंचों की संख्या का अनुपात 3:4 है। बैग में कितने नीले पत्थर हैं?

(a) 5 (b) 6 (c) 7 (d) 8

11. The compound interest and the amount obtained, on a certain sum of money are ₹820 and ₹8,820 respectively after 2 years. If the rate of interest compounded yearly, then the rate of interest is:

2 वर्ष बाद एक निश्चित धनराशि पर चक्रवृद्धि ब्याज और प्राप्त राशि क्रमशः ₹820 और ₹8,820 है। यदि ब्याज की दर वार्षिक रूप से संयोजित होती है, तो ब्याज की दर है:

(a) 8% (b) 7% (c) 5% (d) 6%

12. If a person invested 6000 at T% S.I for 3 year and same amount at (T + 5)% CI for 2 year and difference between both interest is 60 Rs. then find T?(in %)

यदि एक व्यक्ति ने 3 साल के लिए T% S.I पर 6000 का निवेश किया और 2 साल के लिए (T+ 5)% CI पर समान राशि का निवेश किया और दोनों ब्याज के बीच का अंतर 60 रुपये है। तो T ज्ञात कीजिए? (% में)

(a) 15 (b) 18 (c) 20 (d) 24

13. The price of rice is reduced by 5%. How many more or less kg of rice can now be bought for the money which was sufficient to buy 47.5 kg rice earlier.

चावल की कीमत 5% कम हो गई है। जो पैसा पहले 47.5 किलो चावल खरीदने के लिए पर्याप्त था, उसमें अब कितना कम या ज्यादा किलो चावल खरीदा जा सकता है?

(a) 4.5 (b) 2.5 (c) 5 (d) 3

14. A trader marked his goods at 32% a ove the cost price. He sold one-third of the stock at the marked price, one-fourth at a discount of 30% on the marked price and the rest at a discount of 35% on the marked price. What was his total gain in the entire transaction?

एक व्यापारी ने अपने माल पर लागत मूल्य से 32% अधिक मूल्य अंकित किया। उसने एक तिहाई माल अंकित मूल्य पर बेचा, एक चौथाई माल अंकित मूल्य पर 30% की छूट पर बेचा तथा शेष माल अंकित मूल्य पर 35% की छूट पर बेचा। पूरे लेन-देन में उसका कुल लाभ कितना था?

(a) 3.15% (b) 2.85% (c) 4.25% (d) 5.05%

15. If $x\left(a-b+\frac{ab}{a-b}\right)=y\left(a+b-\frac{ab}{a+b}\right)$ and $x+y=2a^3$, then what is x – y equal to?

यदि $x\left(a-b+\frac{ab}{a-b}\right)=y\left(a+b-\frac{ab}{a+b}\right)$ और $x+y=2a^3$, तो x – y के बराबर क्या होगा?

(a) $-2b^3$ (b) $-2ab^3$ (c) $2b^2$ (d) $2ab^3$

16. If 88 is replaced by 93 and 41 is replaced by 47 in the following observations, 46, 48, 63, 76, 88, 41, 35, 55, 90, 56, 92, then what would be the difference between the new median and the previous median?
यदि निम्नलिखित प्रेक्षणों 46, 48, 63, 76, 88, 41, 35, 55, 90, 56, 92 में 88 को 93 से तथा 41 को 47 से प्रतिस्थापित कर दिया जाए, तो नई माध्यिका तथा पिछली माध्यिका के बीच क्या अंतर होगा?
(a) 1 (b) 0 (c) 2 (d) 3

17. A cone whose base radius is 7cm and height 24cm is cut into four parts by two cuts. One along the axis of cone and another parallel to the base of the cone at a height of 12cm from base. Find the Increase in area in total surface area after two cuts?
एक शंकु जिसके आधार की त्रिज्या 7 सेमी और ऊँचाई 24 सेमी है, उसे दो कटों द्वारा चार भागों में काटा जाता है। एक कट शंकु की अक्ष के अनुदिश और दूसरा आधार से 12 सेमी की ऊँचाई पर शंकु के आधार के समानांतर है। दो कटों के बाद कुल पृष्ठीय क्षेत्रफल में वृद्धि ज्ञात कीजिए?
(a) 413 (b) 399 (c) 385 (d) 427

18. Two identical circles each of radius 30 cm intersect each other such that the circumference of each one passes through the center of the other. What is the area of the intersecting region ?
30 सेमी त्रिज्या वाले दो समान वृत्त एक-दूसरे को इस प्रकार प्रतिच्छेद करते हैं कि प्रत्येक की परिधि दूसरे के केंद्र से होकर गुजरती है। प्रतिच्छेदी क्षेत्र का क्षेत्रफल कितना है?
(a) $400\pi - 250\sqrt{3}$ cm² (b) $300\pi - 150\sqrt{3}$ cm²
(c) $500\pi - 350\sqrt{3}$ cm² (d) $600\pi - 450\sqrt{3}$ cm²

19. For making a toy, a hemisphere is attached at one end of a cylinder and a cone is attached at the other end of the cylinder. The cylinder, the cone and the hemisphere have a common radius of 4.2 cm. The height of the cylinder and that of the cone is 7 cm. Find the volume (in cm³) of the toy. (Use π =22/7)
एक खिलौना बनाने के लिए, एक बेलन के एक सिरे पर एक अर्धगोला और दूसरे सिरे पर एक शंकु लगा हुआ है। बेलन, शंकु और अर्धगोले की समान त्रिज्या 4.2 सेमी है। बेलन और शंकु की ऊँचाई 7 सेमी है। खिलौने का आयतन (सेमी³ में) ज्ञात करें। (π =22/7 का प्रयोग करें)
(a) 762.255 (b) 863.25
(c) 672.672 (d) 358.8

20. A, B and C started a business together in which A invested ₹7,000 for 12 months, B invested ₹8,000 for 10 months and C invested ₹12,000 for 6 months. A was an executive member for which he received 20% of the profits as his remuneration. The total profit earned at the end of one year was ₹14,750. What is C's share (in ₹) in this profit?
A, B और C ने साथ मिलकर एक व्यवसाय शुरू किया जिसमें A ने 12 महीने के लिए ₹7,000 का निवेश किया, B ने 10 महीने के लिए ₹8,000 का निवेश किया और C ने 6 महीने के लिए ₹12,000 का निवेश किया। A कार्यकारी सदस्य था जिसके लिए उसे अपने पारिश्रमिक के रूप में लाभ का 20% प्राप्त हुआ। एक वर्ष के अंत में अर्जित कुल लाभ ₹14,750 था। इस लाभ में C का हिस्सा (₹ में) कितना है?
(a) 2,950 (b) 4,200 (c) 4,000 (d) 3,600

21. If $x + y + z = 1$, $xy + yz + zx = xyz = -4$, then what is the value of $(x^3 + y^3 + z^3)$?
यदि $x + y + z = 1, xy + yz + zx = -4$, और $xyz = -4$, तो $(x^3 + y^3 + z^3)$ का मान क्या होगा?
(a) 8 (b) –8 (c) 1 (d) –1

22. If $x^4 + y^4 = x^2y^2$ then the value of $x^6 + y^6$.
यदि $x^4 + y^4 = x^2y^2$ तो $x^6 + y^6$ का मान क्या होगा?
(a) 0 (b) 1 (c) 2 (d) 3

23. In a circle with centre O, AD is a diameter and AC is a chord. B is a point on AC, such that OB = 5 cm and ∠OBA = 60°. If ∠DOC = 60°, then what is the length of BC (in cm) ?
केंद्र O वाले वृत्त में, AD एक व्यास है और AC एक जीवा है। B, AC पर एक बिंदु है, इस प्रकार कि OB = 5 सेमी और ∠OBA = 60° है। यदि ∠DOC = 60° है, तो BC की लंबाई (सेमी में) क्या है?
(a) 4 (b) $3\sqrt{5}$ (c) $5\sqrt{3}$ (d) 5

24. Chords AB and CD of a circle, when produced, meet at point P outside the circle. If AB = 6 cm, CD = 3 cm and PD = 5 cm, then PB is equal to:
जीवा AB और CD, जब विस्तारित की जाती हैं, तो बिंदु P पर वृत्त के बाहर मिलती हैं। यदि AB = 6 सेमी, CD = 3 सेमी और PD = 5 सेमी है, तो PB के मान का क्या होगा:
(a) 6 cm (b) 6.25 cm
(c) 5 cm (d) 4 cm

25. In a ΔABC, the sides are AB = 16cm, AC = 63cm, BC = 65cm. From A, a straight-line AM is drawn up to the midpoint M of side BC. Then the length of AM is equal to in (cm) :

ΔABC में, भुजाएँ AB = 16 सेमी, AC = 63 सेमी, BC = 65 सेमी हैं। A से, एक सीधी रेखा AM भुजा BC के मध्यबिंदु M तक खींची जाती है। तब AM की लंबाई in (cm) के बराबर है:

(a) 32.5 (b) 24.5 (c) 23.5 (d) 31.5

26. From a point P, outside a circle, PAB is a secant and PT is a tangent to the circle, where A, B and T are points on the circle. If PT = 5 cm, PA = 4 cm and AB = x, then x is equal to :

एक वृत्त के बाहर, एक बिंदु P से, PAB एक छेदक रेखा है और PT वृत्त की एक स्पर्शरेखा है, जहाँ A, B और T वृत्त पर बिंदु हैं। यदि PT = 5 सेमी, PA = 4 सेमी और AB = x है, तो x बराबर है:

(a) 2.25 (b) 2.75 (c) 2.45 (d) 1.75

27. What is the correct descending order of the following ratios?

$\frac{17}{30}, \frac{7}{15}, \frac{27}{50}, \frac{11}{20}$

निम्नलिखित अनुपातों का सही अवरोही क्रम क्या है?

$\frac{17}{30}, \frac{7}{15}, \frac{27}{50}, \frac{11}{20}$ **SSC CHSL Tier II (26/06/2023)**

(a) $\frac{11}{20} > \frac{17}{20} > \frac{27}{50} > \frac{7}{15}$ (b) $\frac{17}{30} > \frac{11}{20} > \frac{27}{50} > \frac{7}{15}$

(c) $\frac{17}{30} > \frac{27}{50} > \frac{11}{20} > \frac{7}{15}$ (d) $\frac{7}{15} > \frac{11}{20} > \frac{27}{50} > \frac{17}{30}$

28. The shadow of a tower standing on level ground is found to be 40 m longer when the Sun's altitude is 30° than when it was 45°. Find the height (in meters) of the tower.

जब सूर्य की ऊँचाई 30° होती है तो समतल ज़मीन पर खड़े एक टावर की छाया 45° की तुलना में 40 मीटर अधिक लंबी पाई जाती है। टावर की ऊँचाई (मीटर में) ज्ञात कीजिए।

SSC CHSL Tier II 10/01/2024

(a) $10(\sqrt{3} - 1)$ (b) $20(\sqrt{3} - 1)$

(c) $20(\sqrt{3} + 1)$ (d) $10(\sqrt{3} + 1)$

29. The value of

$$\frac{sec\theta(1-sin\theta)(sin\theta+cos\theta)(sec\theta+tan\theta)}{sin\theta(1+tan\theta)+cos\theta(1+cot\theta)}$$ is equal to:

निम्नलिखित का मान

$$\frac{sec\theta(1-sin\theta)(sin\theta+cos\theta)(sec\theta+tan\theta)}{sin\theta(1+tan\theta)+cos\theta(1+cot\theta)}$$ के बराबर है :

SSC CGL Tier II (12/09/2019)

(a) $2cos\theta$ (b) $cosec\theta sec\theta$

(c) $2sin\theta$ (d) $sin\theta cos\theta$

30. The value of $\sqrt{\frac{cosec\theta - cot\theta}{cosec\theta + cot\theta}} \div \frac{sin\theta}{1+cos\theta}$ is equal to

निम्नलिखित का मान $\sqrt{\frac{cosec\theta - cot\theta}{cosec\theta + cot\theta}} \div \frac{sin\theta}{1+cos\theta}$ के बराबर है :

SSC CGL Tier II (12/09/2019)

(a) $cosec\theta$ (b) 1/2

(c) $sec\theta$ (d) 1

16 PRACTICE SET

1. In a group of persons travelling in a bus, 6 persons can speak Tamil, 15 can speak Hindi and 6 can speak Gujrati. In that group none can speak any other language. If 2 persons in the group can speak two languages and one person can speak all the three languages, then how many persons are there in the group?
बस में यात्रा करने वाले व्यक्तियों के एक समूह में, 6 व्यक्ति तमिल बोल सकते हैं, 15 हिंदी बोल सकते हैं और 6 गुजराती बोल सकते हैं। उस समूह में कोई भी अन्य भाषा नहीं बोल सकता। यदि समूह में 2 व्यक्ति दो भाषाएँ बोल सकते हैं और एक व्यक्ति तीनों भाषाएँ बोल सकता है, तो समूह में कितने व्यक्ति हैं?
(a) 21 (b) 22 (c) 23 (d) 24

2. A box contains 10 black and 10 white balls. The probability of drawing two balls of the same color is
एक डिब्बे में 10 काली और 10 सफेद गेंदें हैं। एक ही रंग की दो गेंदें निकालने की प्रायिकता है
(a) $\frac{9}{19}$ (b) $\frac{9}{38}$ (c) $\frac{10}{19}$ (d) $\frac{5}{19}$

3. If a 9-digit number 9834x97y4 is divisible by 88, then what is the maximum possible value of (2x + 5y)?
यदि 9 अंकों की संख्या 9834x97y4, 88 से विभाज्य है, तो (2x + 5y) का अधिकतम संभव मान क्या है?
(a) 47 (b) 52 (c) 58 (d) 61

4. What is the number of digits required for numbering a book with 428 pages?
428 पृष्ठों वाली एक पुस्तक को क्रमांकित करने के लिए आवश्यक अंकों की संख्या क्या है?
(a) 1176 (b) 1500 (c) 2000 (d) 988

5. Two trains of lengths 250 metres and 200 metres run on parallel tracks. When running in the same direction the faster train crosses the slower one in 37.5 seconds. When running in opposite directions at speeds the same as their earlier speeds, they pass each other completely in 7.5 seconds. Then the ratio of the speeds of the faster train to the slower train:
250 मीटर और 200 मीटर लंबाई की दो ट्रेनें समानांतर पटरियों पर चलती हैं। एक ही दिशा में चलने पर तेज़ ट्रेन धीमी गति वाली ट्रेन को 37.5 सेकंड में पार कर जाती है। जब वे विपरीत दिशाओं में अपनी पिछली गति के समान गति से दौड़ते हैं, तो वे 7.5 सेकंड में एक-दूसरे को पूरी तरह से पार कर जाते हैं। फिर तेज़ ट्रेन की गति से धीमी ट्रेन की गति का अनुपात:
(a) 3:2 (b) 5:4 (c) 4:3 (d) 6:5

6. Every month, a man consumes 20 kg of rice and 8 kg of wheat. The price of rice is 20% of the price of wheat, resulting in a total expenditure of ₹300 per month for rice and wheat combined. If the price of wheat is increased by 20%, what percentage reduction in rice consumption is needed to maintain the same expenditure of ₹300? (Given that price of rice and consumption of wheat is constant.)
हर महीने एक आदमी 20 किलो चावल और 8 किलो गेहूं खाता है। चावल की कीमत गेहूं की कीमत का 20% है, जिसके परिणामस्वरूप चावल और गेहूं को मिलाकर प्रति माह ₹300 का कुल खर्च होता है। यदि गेहूं की कीमत 20% बढ़ जाती है, तो ₹300 के समान व्यय को बनाए रखने के लिए चावल की खपत में कितने प्रतिशत की कमी की आवश्यकता है? (यह देखते हुए कि चावल की कीमत और गेहूं की खपत स्थिर है।)
(a) 24% (b) 40% (c) 22% (d) 38%

7. The average height of girls in a group is 154 cm and the average height of boys in the group is 3cm more than the average height of all the boys and girls in the group. If the number of girls is 25% less than the number of boys, then what is the average height (in cm) of the boys?
एक समूह में लड़कियों की औसत ऊंचाई 154 सेमी है और समूह में लड़कों की औसत ऊंचाई समूह के सभी लड़कों और लड़कियों की औसत ऊंचाई से 3 सेमी अधिक है। यदि लड़कियों की संख्या लड़कों की संख्या से 25% कम है, तो लड़कों की औसत ऊंचाई (सेमी में) क्या है?
(a) 159 (b) 158 (c) 161 (d) 160

8. A, B and C enter into a partnership by investing Rs. 1,600, Rs. 3,600 and Rs. 4,800. A is a working partner and gets a fifth of the profit for his services and remaining profit is divided amongst the three in their ratio. What is the sum of the profit of B and C get if A gets Rs. 5330?
A, B और C क्रमशः 1,600 रुपये, 3,600 रुपये और 4,800 रुपये निवेश करके साझेदारी करते हैं। A एक कार्यकारी साझेदार है और अपनी सेवाओं के लिए लाभ का पाँचवाँ हिस्सा प्राप्त करता है और शेष लाभ तीनों के बीच उनके अनुपात में विभाजित किया जाता है। यदि A को 5330 रुपये मिलते हैं, तो B और C को मिलने वाले लाभ का योग क्या है?
(a) Rs. 13,923 (b) Rs. 10,920
(c) Rs. 14,940 (d) Rs. 10,993

9. 12 men can do a work in 10 days while 10 women can do the same work in 18 days. In how many days 4 men & 6 women together can do the same work?
12 पुरुष एक काम को 10 दिनों में कर सकते हैं जबकि 10 महिलाएं उसी काम को 18 दिनों में कर सकती हैं। 4 पुरुष और 6 महिलाएं मिलकर उसी काम को कितने दिनों में कर सकते हैं?
(a) 120/7 days (b) 24 days
(c) 180/13 days (d) 15 days

10. The average of 8 numbers 127, 432, p, 89, q, 99, 842 and 76 is 221 and the numbers p and q are two-digit numbers. If the units digit of p is one less than that of q and tens digit of q is one less than that of p, then the sum of the digits of p is:
8 संख्याओं 127, 432, p, 89, q, 99, 842 और 76 का औसत 221 है और संख्याएँ p और q दो अंकों की संख्याएँ हैं। यदि p का इकाई अंक q से एक कम है और q का दहाई अंक p से एक कम है, तो p के अंकों का योग है:
(a) 13 (b) 14 (c) 12 (d) 11

11. A person bought a refrigerator worth Rs. 22800 with 12.5% interest compounded yearly. At the end of first year he paid Rs. 8650 and at the end of second year Rs. 9125. How much will he have to pay at the end of third year to clear the debt?
एक व्यक्ति ने 22800 रुपये का एक रेफ्रिजरेटर खरीदा, जिस पर 12.5% वार्षिक ब्याज मिलता है। पहले वर्ष के अंत में उसने 8650 रुपये और दूसरे वर्ष के अंत में 9125 रुपये का भुगतान किया। तीसरे वर्ष के अंत में उसे ऋण चुकाने के लिए कितना भुगतान करना होगा?
(a) Rs. 9990 (b) Rs. 10000
(c) Rs. 10590 (d) Rs. 11250

12. A man invested Rs. 1600 on CI for two years at the rate of R% p.a. and gets amount of Rs. 2304. If man invested same sum on SI for same period of time at the rate of (R − 8)%, then find interest he will get?
एक व्यक्ति ने दो वर्षों के लिए चक्रवृद्धि ब्याज पर 1600 रुपये R% प्रति वर्ष की दर से निवेश किए और 2304 रुपये की राशि प्राप्त की। यदि व्यक्ति ने समान राशि को समान अवधि के लिए (R - 8)% की दर से साधारण ब्याज पर निवेश किया, तो उसे कितना ब्याज मिलेगा?
(a) 384 Rs. (b) 324 Rs. (c) 316 Rs. (d) 372 Rs

13. Raghav owns a clock worth Rs.10,000. He sells it to Bharat at a profit of 15%. After some days, Bharat sells it back to Raghav at 15% loss. Find the percentage profit or loss faced by Raghav?
राघव के पास 10,000 रुपये की एक घड़ी है। वह इसे 15% के लाभ पर भारत को बेचता है। कुछ दिनों के बाद, भरत इसे 15% हानि पर वापस राघव को बेच देता है। राघव को कितने प्रतिशत लाभ या हानि हुई?
(a) 17.25% loss (b) 17.25% profit
(c) 18.25% profit (d) 18.75% loss

14. A shopkeeper purchased 150 identical pieces of calculator at the rate of 250 each. He spent an amount of Rs2500 on transport and packing. He fixed the labelled of each calculator at Rs. 320. However he decided to gave a discount of 5% on the labelled price. what is the percentage profit earned by him?
एक दुकानदार ने कैलकुलेटर के 150 समान टुकड़े प्रत्येक 250 रुपये की दर से खरीदे। उन्होंने परिवहन और पैकिंग पर 2500 रुपये की राशि खर्च की। उन्होंने प्रत्येक कैलकुलेटर का लेबल रु320. निर्धारित किया। हालाँकि उसने अंकित मूल्य पर 5% की छूट देने का निर्णय लिया। उसके द्वारा अर्जित लाभ प्रतिशत क्या है?
(a) 14% (b) 15% (c) 16% (d) 20%

15. A die is cast twice and a coin is tossed thrice. Find the probability that the die will turn a 5 each time and the coin will turn a head every time.
पासा दो बार फेंका जाता है और एक सिक्का तीन बार उछाला जाता है। प्रायिकता ज्ञात कीजिए कि पासा हर बार 5 पर घूमेगा और सिक्का हर बार चित पर घूमेगा।
(a) 1/288 (b) 1/200
(c) 1/50 (d) 1/100

16. If we add the square of the digit in the tens place of a positive two-digit number to the product of the digits of that number, we shall get 52, and if we add the square of the digit in the units place to the same product of the digits, we shall get 117. Find the two-digit number.
यदि हम एक धनात्मक दो अंकीय संख्या के दहाई के अंक के वर्ग को उस संख्या के अंकों के गुणनफल में जोड़ दें, तो हमें 52 प्राप्त होगा, और यदि हम इकाई के अंक के वर्ग को उसी संख्या में जोड़ दें अंकों का गुणनफल, हमें 117 प्राप्त होगा। दो अंकों वाली संख्या ज्ञात कीजिए।
(a) 49 (b) 28 (c) 18 (d) 39

17. The sum of the curved surface area and the total surface area of a solid cylinder is 2068 cm^2. If the radius of its base is 7 cm, then what is the volume of this cylinder? (use π=22/7)
एक ठोस बेलन के वक्र पृष्ठ क्षेत्रफल और कुल पृष्ठ क्षेत्रफल का योग 2068 सेमी^{2} है। यदि इसके आधार की त्रिज्या 7 सेमी है, तो इस बेलन का आयतन क्या है? (π = 22/7 का प्रयोग करें)
(a) 2060 (b) 2480 (c) 3080 (d) 2760

18. The height of a cylinder is 6 cm more than the radius of its base. If its radius is 14 cm, then what will be volume of this cylinder? (use π = 22/7)
एक बेलन की ऊँचाई उसके आधार की त्रिज्या से 6 सेमी अधिक है। यदि इसकी त्रिज्या 14 सेमी है, तो इस बेलन का आयतन क्या होगा? (π = 22/7 का प्रयोग करें)
(a) 13560 (b) 14340 (c) 10440 (d) 12320

19. ABCD is a quadrilateral. The length of diagonal AC is 24 cm. The sum of perpendiculars drawn from vertex B and D on the diagonal AC is 10 cm. What is the area of the quadrilateral?
ABCD एक चतुर्भुज है। विकर्ण AC की लंबाई 24 सेमी है। शीर्ष B और D से विकर्ण AC पर डाले गए लंबों का योग **10** सेमी है। चतुर्भुज का क्षेत्रफल क्या है**?**
(a) 240 (b) 180 (c) 120 (d) 90

20. If $a^2 + b^2 = 25$, $x^2 + y^2 = 17$ & $ax + by = 8$ then find the value of $(ay - bx)$
यदि $a^2 + b^2 = 25$, $x^2 + y^2 = 17$ और $ax + by = 8$ हो, तो $(ay - bx)$ का मान निकालें।
(a) 33 (b) 25
(c) 21 (d) 19

21. If $x + y + z = 13$, $x^2 + y^2 + z^2 = 91$ and $xz = y^2$, then the difference between z and x is:
यदि $x + y + z = 13$, $x^2 + y^2 + z^2 = 91$ और $xz = y^2$, तो z और x के बीच अंतर है:
(a) 3 (b) 8 (c) 5 (d) 9

22. If $x^2 + 1 = x$ then find the value of $x^{14} - x^8 + 1$.
यदि $x^2 + 1 = x$ तो $x^{14} - x^8 + 1$ का मान निकालें।
(a) 1 (b) 3 (c) 5 (d) 0

23. In a ΔABC, Points P, Q and R are taken on AB, BC and CA, respectively, such that BQ = PQ and QC = QR. If $\angle BAC = 75^o$, what is the measure of $\angle PQR$ (in degrees)?
ΔABC में, बिंदु P, Q और R को क्रमशः AB, BC और CA पर इस प्रकार लिया जाता है, कि BQ = PQ और QC = QR है। यदि $\angle BAC = 75^o$, तो $\angle PQR$ का माप (डिग्री में) क्या है?
(a) 40 (b) 30 (c) 50 (d) 75

24. In a triangle ABC, a point D lies on AB and points E and F lie on BC such that DF is parallel to AC and DE is parallel to AF. If BE = 4 cm, EF = 6 cm, then find the length (in cm) of BC.
त्रिभुज ABC में, एक बिंदु D, AB पर स्थित है और बिंदु E और F, BC पर इस प्रकार स्थित हैं कि DF, AC के समानांतर है और DE, AF के समानांतर है। यदि BE = 4 सेमी, EF = 6 सेमी, तो BC की लंबाई (सेमी में) ज्ञात कीजिए।
(a) 30 (b) 20 (c) 25 (d) 15

25. What is the central angle of a sector of a circle whose area and perimeter are, respectively, equal to 209 cm^2 and 63 cm if it is given that its radius is a nonnegative integer (roundup to one decimal place)?
एक वृत्त के उस त्रिज्यखंड का केंद्रीय कोण क्या है जिसका क्षेत्रफल और परिधि क्रमशः 209 सेमी^{2} और 63 सेमी के बराबर है यदि यह दिया गया है कि इसकी त्रिज्या एक गैर-नकारात्मक पूर्णांक है (एक दशमलव स्थान तक पूर्णांकित)?
(a) 49.5° (b) 51.5° (c) 53.5° (d) 55.5°

26. In ΔPQR, $\angle Q > \angle R$, PS is the bisector of $\angle P$, $PT \perp QR$. If $\angle SPT = 28°$ and $\angle R = 23°$, then the measure of $\angle Q$ is :
ΔPQR में, $\angle Q > \angle R$, PS, $\angle P$ का समद्विभाजक है, $PT \perp QR$. यदि $\angle SPT = 28°$ और $\angle R = 23°$ है, तो $\angle Q$ का माप है ?
(a) 79° (b) 89° (c) 74° (d) 82°

27. Subhas, a 3.15 m tall tree, and an 11.25 m tall building are positioned such that their feet on the ground are collinear and the tree is located between Subhas and the building. The tree is located at a distance of 7.5 m from Subhas and at a distance of 45 m from the building. Further, the eyes of Subhas, the top of the tree, and the top of the building fall in one line. Find the height (in m) from the ground at which Subhas' eyes are situated.

3.15 मीटर लंबा पेड़ सुभाष और 11.25 मीटर ऊंची इमारत इस तरह स्थित हैं कि जमीन पर उनके पैर एकरेखीय हैं और पेड़ सुभाष और इमारत के बीच स्थित है। पेड़ सुभाष से 7.5 मीटर की दूरी पर और इमारत से 45 मीटर की दूरी पर स्थित है। इसके अलावा, सुभाष की आंखें, पेड़ की चोटी और इमारत की चोटी एक पंक्ति में पड़ती है। जमीन से वह ऊँचाई (मीटर में) ज्ञात कीजिए जिस पर सुभाष की आँखें स्थित हैं।

SSC CHSL 09/08/2023 (4th Shift)

(a) 1.75 (b) 1.8
(c) 1.6 (d) 1.5

28. $\dfrac{(1+\cos\theta)^2+\sin^2\theta}{(\text{cosec}^2\theta-1)\sin^2\theta}=?$

SSC CGL Tier II (11/09/2019)

(a) $\cos\theta(1+\sin\theta)$

(b) $2\cos\theta(1+\sec\theta)$

(c) $\sec\theta(1+\sin\theta)$

(d) $2\sec\theta(1+\sec\theta)$

29. If $117\,Cos^2 A+129\,Sin^2 A=120$ and $170\,Cos^2 B+158\,Sin^2 B=161$, then the value of $Cosec^2 A\,Sec^2 B$ is:

यदि $117\,Cos^2 A+129\,Sin^2 A=120$ and $170\,Cos^2 B+158\,Sin^2 B=161$, तो $Cosec^2 A\,Sec^2 B$ का मान क्या होगा?

SSC CHSL 13/10/2020 (Morning)

(a) 1 (b) 9 (c) 4 (d) 16

30. The HCF of 1.75, 5.6 and 7 is:

1.75, 5.6 और 7 का HCF है:

(a) 3.5 (b) 0.07
(c) 0.35 (d) 0.7

17 PRACTICE SET

1. If decreasing 180 by x% gives the same result as increasing 60 by x% then x% of 80 is what percent more than (x – 30) % of 120?
यदि 180 को x% से घटाने पर वही परिणाम मिलता है जो 60 को x% से बढ़ाने पर मिलता है तो 80 का x%, 120 के (x - 30) % से कितने प्रतिशत अधिक है?
(a) $33\frac{1}{3}$ (b) $66\frac{2}{3}$ (c) $16\frac{2}{3}$ (d) $12\frac{1}{5}$

2. A bag contains 'a' red ball, 5 green balls. One ball taken out at random, then probability of being red ball is $\frac{3}{8}$. If two balls taken out at random from bag, then find probability of being both balls either red or green?
एक बैग में 'a' लाल गेंदें, 5 हरी गेंदें हैं। एक गेंद यादृच्छिक रूप से निकाली जाती है, तो लाल गेंद होने की संभावना $\frac{3}{8}$ है। यदि बैग से यादृच्छिक रूप से दो गेंदें निकाली जाती हैं, तो दोनों गेंदों के लाल या हरे होने की प्रायिकता ज्ञात कीजिए?
(a) $\frac{15}{28}$ (b) $\frac{13}{28}$
(c) $\frac{9}{28}$ (d) $\frac{11}{28}$

3. If the 4-digit number 48ab is divisible by 2, 5 and 7, then what is the value of (10a - b)?
यदि 4 अंकों की संख्या 48ab 2, 5 और 7 से विभाज्य है, तो (10a - b) का मान क्या है?
(a) 0 (b) 20 (c) 10 (d) 30

4. What is the value of the digits A and B when BA × B3 = 57A
जब BA × B3 = 57A हो तो अंक A और B का मान क्या है?
(a) A = 2, B = 4 (b) A = 3, B = 5
(c) A = 5, B = 2 (d) A = 5, B = 3

5. A train starts from a station P for another station Q at 6 p.m. at an average speed of 75 km per hour. Another train starts from station Q for station P at 8 p.m. at an average speed of 105 km per hour. If the distance between these two stations is 690 km, then at what time will the two trains meet?
एक ट्रेन शाम 6 बजे स्टेशन P से दूसरे स्टेशन Q के लिए 75 किमी प्रति घंटे की औसत गति से चलती है। एक और ट्रेन शाम 8 बजे स्टेशन Q से स्टेशन P के लिए 105 किमी प्रति घंटे की औसत गति से चलती है। यदि इन दोनों स्टेशनों के बीच की दूरी 690 किमी है, तो दोनों ट्रेनें किस समय मिलेंगी?
(a) 10 : 30 p.m. (b) 10 p.m.
(c) 11 p.m. (d) 11 : 30 p.m.

6. A, B, and C started a business with an initial investment in the ratio 6:7:9, respectively. After one year A, B and C made additional investments in the ratio 1:2:4, respectively. In the business, A is an active working partner, so 25% of the profit is given to him for managing the business, and the rest is distributed among A, B, and C in the ratio of their investments. Find the profit share of A out of the total profit of Rs. 3400 after two years.
A, B और C ने क्रमशः 6:7:9 के अनुपात में प्रारंभिक निवेश के साथ एक व्यवसाय शुरू किया। एक वर्ष के बाद A, B और C ने क्रमशः 1:2:4 के अनुपात में अतिरिक्त निवेश किया। व्यवसाय में, A एक सक्रिय भागीदार है, इसलिए लाभ का 25% उसे व्यवसाय के प्रबंधन के लिए दिया जाता है, और शेष राशि A, B और C के बीच उनके निवेश के अनुपात में वितरित की जाती है। दो वर्षों के बाद 3400 रुपये के कुल लाभ में से A का लाभ हिस्सा ज्ञात कीजिए।
(a) 1500 (b) 1200 (c) 1800 (d) 2100

7. The average weight of some boys in a group was 65.5 kg. When 5 boys with weights 71 kg, 72.8 kg, 80 kg, 72.2 kg and 65 kg joined the group and 9 boys with average weight of 70 kg left the group, then the average weight of all the boys in the group decreased by 140 g. What was the number of boys in the group, initially?
एक समूह में कुछ लड़कों का औसत वजन 65.5 किलोग्राम था। जब 71 किलोग्राम, 72.8 किलोग्राम, 80 किलोग्राम, 72.2 किलोग्राम और 65 किलोग्राम वजन वाले 5 लड़के समूह में शामिल हुए और 70 किलोग्राम औसत वजन वाले 9 लड़कों ने समूह छोड़ दिया, तो समूह के सभी लड़कों का औसत वजन 140 ग्राम कम हो गया. प्रारंभ में समूह में लड़कों की संख्या कितनी थी?
(a) 64 (b) 49 (c) 59 (d) 54

8. In what ratio must a grocer mix two varieties of pulses costing ₹18 per kg and ₹22 per kg, respectively, so as to get a mixture worth ₹19.50 per kg ?
एक पंसारी को क्रमशः ₹18 प्रति किलोग्राम और ₹22 प्रति किलोग्राम कीमत वाली दो प्रकार की दालों को किस अनुपात में मिलाना चाहिए, ताकि मिश्रण का मूल्य ₹19.50 प्रति किलोग्राम हो सके?
(a) 5 : 3 (b) 5 : 1 (c) 1 : 5 (d) 5 : 2

9. A & B together can complete a piece of work in 9 days. Time taken by A alone to complete the same work is 7.5 days less than time taken by B alone to complete the same work. In how many days B alone will complete $\frac{2}{9}$ of the work?
A और B मिलकर एक कार्य को 9 दिनों में पूरा कर सकते हैं। A द्वारा अकेले उसी कार्य को पूरा करने में लिया गया समय B द्वारा अकेले उसी कार्य को पूरा करने में लिए गए समय से 7.5 दिन कम है। B अकेले कार्य का $\frac{2}{9}$ भाग कितने दिनों में पूरा करेगा?
(a) 8 days (b) 6 days (c) 7 days (d) 5 days

10. The ratio of the numbers of red and blue balls in the bag is constant. When there were 44 red balls in it the number of blue balls was 36. If the number of blue balls is 54, then what will be the number of red balls in the bag?
बैग में लाल और नीली गेंदों की संख्या का अनुपात स्थिर है। जब उसमें 44 लाल गेंदें थीं तो नीली गेंदों की संख्या 36 थी। यदि नीली गेंदों की संख्या 54 है, तो बैग में लाल गेंदों की संख्या क्या होगी?
(a) 66 (b) 62 (c) 64 (d) 68

11. A and B together borrowed a sum of ₹51,750 at an interest rate of 7% p.a. compound interest in such a way that to settle the loan, A paid as much amount after three years as paid by B after 4 years from the days of borrowing. The sum (in ₹) borrowed by A was:
A और B ने मिलकर 7% प्रति वर्ष की ब्याज दर पर ₹51,750 की राशि उधार ली। चक्रवृद्धि ब्याज इस प्रकार है कि ऋण का निपटान करने के लिए, A ने तीन वर्षों के बाद उतनी ही राशि का भुगतान किया, जितनी B द्वारा उधार लेने के दिनों से 4 वर्षों के बाद भुगतान की गई थी। A द्वारा उधार ली गई राशि (₹ में) थी:
(a) ₹24,860 (b) ₹25,000
(c) ₹26,750 (d) ₹25,650

12. What is the present value of Rs. 14739 payable in 3 years at the rate of 6.25% yearly compound interest?
6.25% वार्षिक चक्रवृद्धि ब्याज की दर से 3 वर्षों में देय 14739 रुपये का वर्तमान मूल्य क्या है?
(a) Rs 12184 (b) Rs 12288
(c) Rs 12473 (d) Rs 12148

13. A person purchases 90 copper water bottles and sells 40 copper bottles at a gain of 12% and 50 copper bottles at a gain of 20%. If he sold all of them at a uniform profit of 16%, then he would have got 50 less. What is the cost price (in ₹) of 1 copper bottles?
एक व्यक्ति 90 तांबे की पानी की बोतलें खरीदता है और 40 तांबे की बोतलें 12% के लाभ पर और 50 तांबे की बोतलें 20% के लाभ पर बेचता है। यदि उसने उन सभी को 16% के एकसमान लाभ पर बेचा होता, तो उसे 50 बोतलें कम मिलतीं। 1 तांबे की बोतल का क्रय मूल्य (₹ में) क्या है?
(a) 117.5 (b) 115 (c) 125 (d) 127

14. The initial profit percentage on the sale of an item was 74%. If the cost price of the item went up by 50%, but the selling price remained the same, what would be the new profit percentage?
किसी वस्तु की बिक्री पर प्रारंभिक लाभ प्रतिशत 74% था। यदि वस्तु का लागत मूल्य 50% बढ़ गया, लेकिन विक्रय मूल्य वही रहा, तो नया लाभ प्रतिशत क्या होगा?
(a) 8% (b) 16% (c) 13% (d) 24%

15. A rectangular sheet of length 28 cm and breadth 16 cm is folded to meet the edges so that it is made into a cylindrical pipe in two possible ways – one along the length and the other along the breadth. The larger volume is how much percentage of smaller volume?
28 सेमी लंबाई और 16 सेमी चौड़ाई वाली एक आयताकार शीट को किनारों से मिलाने के लिए मोड़ा जाता है ताकि यह दो संभावित तरीकों से एक बेलनाकार पाइप बन जाए - एक लंबाई के साथ और दूसरा चौड़ाई के साथ। बड़ा आयतन छोटे आयतन का कितना प्रतिशत है?
(a) 180% (b) 185% (c) 175% (d) 165%

16. A train approaches a tunnel MN. Inside the tunnel is a dog located at a point that is 2/5 of the distance MN measured from the entrance M. when the train whistles, the dog runs. If the dog moves towards the entrance of the tunnel M, the train catches the dog exactly at the entrance M. If the dog moves towards the exit N, the train catches the dog exactly at the exit N. Find the ratio of the speed of the dog to that of the train?
एक रेलगाड़ी सुरंग MN के पास पहुँचती है। सुरंग के अंदर एक कुत्ता ऐसे बिंदु पर स्थित है जो प्रवेश द्वार M से मापी गई दूरी MN का 2/5 है। जब रेलगाड़ी सीटी बजाती है, तो कुत्ता दौड़ता है। यदि कुत्ता सुरंग M के प्रवेश द्वार की ओर बढ़ता है, तो रेलगाड़ी कुत्ते को प्रवेश द्वार M पर ही पकड़ लेती है। यदि कुत्ता निकास द्वार N की ओर बढ़ता है, तो रेलगाड़ी कुत्ते को निकास द्वार N पर ही पकड़ लेती है। कुत्ते की गति का रेलगाड़ी की गति से अनुपात ज्ञात कीजिए।
(a) 1:2 (b) 5:1 (c) 2:1 (d) 1:5

17. The side of an equilateral triangle is 28 cm. Taking each vertex as the centre, a circle is described with a radius equal to half the length of the side of the triangle. Find the area of that part of the triangle which is not included in the circles (use $\pi = 22/7$ and $\sqrt{3} = 1.73$)
एक समबाहु त्रिभुज की भुजा 28 सेमी है। प्रत्येक शीर्ष को केंद्र मानकर, त्रिभुज की भुजा की आधी लंबाई के बराबर त्रिज्या वाले एक वृत्त का वर्णन किया गया है। त्रिभुज के उस भाग का क्षेत्रफल ज्ञात करें जो वृत्त में शामिल नहीं है ($\pi = 22/7$ और $\sqrt{3} = 1.73$ का उपयोग करें)
(a) 39.08 cm (b) 31.08 cm
(c) 38.08 cm (d) 30.89 cm

18. A solid sphere whose radius is 21 cm is melted and recast into a regular pyramid of square base. If the height of the pyramid is 66 cm, then what is the length of each side of the base of the pyramid ? [use $\pi = 22/7$]
एक ठोस गोला जिसकी त्रिज्या 21 सेमी है, पिघलाया जाता है और वर्गाकार आधार के नियमित पिरामिड में बदल दिया जाता है। यदि पिरामिड की ऊंचाई 66 सेमी है, तो पिरामिड के आधार की प्रत्येक भुजा की लंबाई क्या है? [$\pi = 22/7$ का प्रयोग करें]
(a) 68 cm (b) 85 cm (c) 42 cm (d) 48 cm

19. ABCD is a trapezium. An inner circle touches it's all sides. Radius of circle is 2cm and AB = 3cm. BCD is right angle and AB||CD. Find the area of trapezium.
ABCD एक समलंब है। एक आंतरिक वृत्त इसके सभी पक्षों को छूता है। वृत्त की त्रिज्या 2 सेमी और AB = 3 सेमी है। BCD समकोण है और AB||CD है। समलम्ब चतुर्भुज का क्षेत्रफल ज्ञात कीजिए।
(a) 18 (b) 12 (c) 15 (d) 16

20. If $a^2 + b^2 + 49c^2 + 18 = 2(b + 28c - a)$, then the value of $(2a - b + 7c)$ is ?
यदि $a^2 + b^2 + 49c^2 + 18 = 2(b + 28c - a)$, तो $(2a - b + 7c)$ का मान क्या होगा?
(a) 5 (b) –3 (c) –4 (d) 1

21. If x = 222, y = 223 and z = 224, then find the value of $x^3 + y^3 + z^3 - 3xyz$.
यदि x = 222, y = 223 और z = 224, तो $x^3 + y^3 + z^3 -$ का मान क्या होगा?
(a) 2007 (b) 2004 (c) 2006 (d) 2005

22. If $x = (\sqrt{5} - \sqrt{3}) / (\sqrt{5} + \sqrt{3})$ and y is the reciprocal of x, then what is the value of $(x^3 + y^3)$?
यदि $x = (\sqrt{5} - \sqrt{3}) / (\sqrt{5} + \sqrt{3})$ और y, x का व्युत्क्रम है, तो $(x^3 + y^3)$ का मान क्या है?
(a) 504 (b) 476 (c) 472 (d) 488

23. Given that $x^{2018} y^{2017} = ½$ and $x^{2016} y^{2019} = 8$, the value of $x^2 + y^3$ is
यह देखते हुए कि $x^{2018} y^{2017} = ½$ और $x^{2016} y^{2019} = 8$, $x^2 + y^3$ का मान है
(a) 35/4 (b) 37/4 (c) 31/4 (d) 33/4

24. From the top of an upright pole 17.75 m high, the angle of elevation of the top of an upright tower was 60°. If the tower was 57.75 m tall, how far away (in m) from the foot of the pole was the foot of the tower?
17.75 मीटर ऊंचे एक सीधे खंभे के शीर्ष से, एक सीधे टॉवर के शीर्ष का उन्नयन कोण 60° था। यदि टॉवर 57.75 मीटर लंबा था, तो टॉवर का पैर खंभे के नीचे से कितनी दूर (मीटर में) था?
SSC CGL Tier II (03/03/2023)
(a) $40\sqrt{3}$ (b) $\frac{151\sqrt{3}}{6}$ (c) $\frac{77}{4}\sqrt{3}$ (d) $\frac{40\sqrt{3}}{3}$

25. The least value of $8 \csc^2\theta + 25\sin^2\theta$ is:
$8 \csc^2\theta + 25\sin^2\theta$ का न्यूनतम मान है:
SSC CHSL 12/10/2020 (Morning)
(a) $20\sqrt{2}$ (b) $10\sqrt{2}$ (c) $40\sqrt{2}$ (d) $30\sqrt{2}$

26. If $A=2\left(sin^6\theta+cos^6\theta\right)-3\left(sin^4\theta+cos^4\theta\right)$ then the value of 3α such that $cos\,\alpha=\sqrt{\frac{3+A}{5+A}}$ is
यदि $A=2\left(sin^6\theta+cos^6\theta\right)-3\left(sin^4\theta+cos^4\theta\right)$ हो, तो 3α का मान जो कि $cos\,\alpha=\sqrt{\frac{3+A}{5+A}}$ है, क्या होगा?
SSC CHSL 13/10/2020 (Morning)
(a) 45° (b) 135° (c) 180° (d) 90°

27. In ΔABC, BE⊥AC, CD⊥AB and BE and CD intersect each other at O. The bisectors of ∠OBC and ∠OCB meet at P. If ∠BPC = 148°, then what is the measure of ∠A?
ΔABC में, BE⊥AC, CD⊥AB और BE और CD एक दूसरे को O पर काटते हैं। ∠OBC और ∠OCB के समद्विभाजक P पर मिलते हैं। यदि ∠BPC = 148° है, तो ∠A का माप क्या है?
(a) 64° (b) 28° (c) 56° (d) 32°

28. In ΔABC, the perpendiculars drawn from A, B and C meet the opposite sides at D, E and F, respectively. AD, BE and CF intersect at point P. If ∠EPD = 116° and the bisectors of ∠A and ∠B meet at Q, then the measure of ∠AQB is :
ΔABC में, A, B और C से खींचे गए लम्ब क्रमशः D, E और F पर विपरीत भुजाओं से मिलते हैं। AD, BE और CF बिंदु P पर प्रतिच्छेद करते हैं। यदि ∠EPD = 116° है और ∠A और ∠B के समद्विभाजक Q पर मिलते हैं, तो ∠AQB का माप है:
(a) 96° (b) 64° (c) 122° (d) 124°

29. In the given figure, a circle touches the sides of the quadrilateral PQRS. The radius of the circle is 9 cm. ∠RSP = ∠SRQ = 60° and ∠PQR = ∠QPS = 120°. What is the perimeter (in cm) of the quadrilateral?
दी गई आकृति में, एक वृत्त चतुर्भुज PQRS की भुजाओं को स्पर्श करता है। वृत्त की त्रिज्या 9 सेमी है। ∠RSP = ∠SRQ = 60° और ∠PQR = ∠QPS = 120° है। चतुर्भुज का परिमाप (सेमी में) क्या है?

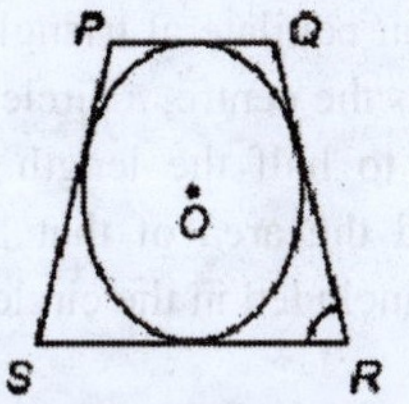

(a) $36\sqrt{3}$ (b) $24\sqrt{3}$ R (c) $48\sqrt{3}$ (d) 32

30. In the given figure, PQRS is a quadrilateral. If QR = 18 cm and PS = 9 cm, then what is the area (in cm²) of quadrilateral PQRS?
दिए गए चित्र में, PQRS एक चतुर्भुज है। यदि QR = 18 सेमी और PS = 9 सेमी है, तो चतुर्भुज PQRS का क्षेत्रफल (सेमी² में) क्या है?

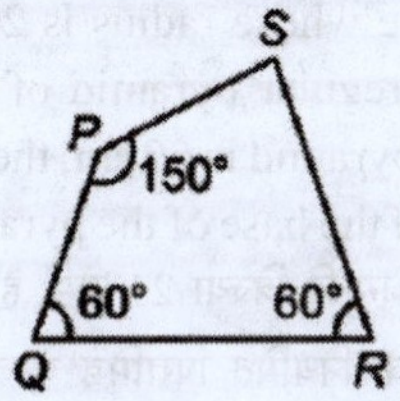

(a) $\frac{64\sqrt{3}}{3}$ (b) $\frac{177\sqrt{3}}{2}$ (c) $\frac{135\sqrt{3}}{2}$ (d) $\frac{98\sqrt{3}}{3}$

18 PRACTICE SET

1. In a city 60% of the population are males and the rest are females. If the ratio of married males to non-married males is 5 : 7, and the ratio of married females to non-married females is 2 : 3, then what percentage of the total population is married?
एक शहर में 60% जनसंख्या पुरुष हैं और शेष महिलाएँ हैं। यदि विवाहित पुरुषों का गैर-विवाहित पुरुषों से अनुपात 5 : 7 है, और विवाहित महिलाओं का गैर-विवाहित महिलाओं से अनुपात 2 : 3 है, तो कुल जनसंख्या का कितना प्रतिशत विवाहित है?
(a) 41% (b) 59% (c) 51% (d) 49%

2. A bag contains (x + 3) pink, 4 blue and 6 white color balls. If two balls are taken random and the probability of getting both being blue color balls is $\frac{2}{51}$, then find the total number of pink color balls?
एक बैग में (x +3) गुलाबी, 4 नीली और 6 सफेद रंग की गेंदें हैं। यदि दो गेंदों को यादृच्छिक रूप से लिया जाता है और दोनों के नीले रंग की गेंद होने की संभावना $\frac{2}{51}$ है, तो गुलाबी रंग की गेंदों की कुल संख्या ज्ञात कीजिए?
(a) 6 balls (b) 7 balls (c) 8 balls (d) 5 balls

3. What is the total number of factors of the number 720 except 1 and the number itself?
1 और स्वयं संख्या को छोड़कर संख्या 720 के कारकों की कुल संख्या क्या है?
(a) 29 (b) 27 (c) 32 (d) 28

4. A 3 digit number is such that the ratio of its units digit, tens digit and hundreds digit is 1 : 2 : 3. The sum of this number and the reversed number obtained by reversing the order of its digits is 1332. Find the number.
एक 3 अंकों की संख्या इस प्रकार है कि इसके इकाई अंक, दहाई अंक और सैकड़ा अंक का अनुपात 1: 2: 3 है। इस संख्या और इसके अंकों के क्रम को उलटने पर प्राप्त विपरीत संख्या का योग 1332 है। संख्या ज्ञात करें।
(a) 246 (b) 414 (c) 123 (d) 963

5. A policeman chases a thief who is 630 metres ahead of him. If they run at a speed of 9.5 km per hour and 6.5 km per hour, respectively, then what distance (in km, rounded off to 1 decimal place) does the thief run before he is nabbed by the policeman ?
एक पुलिसकर्मी एक चोर का पीछा करता है जो उससे 630 मीटर आगे है। यदि वे क्रमशः 9.5 किमी प्रति घंटा और 6.5 किमी प्रति घंटा की गति से दौड़ते हैं, तो पुलिसकर्मी द्वारा पकड़े जाने से पहले चोर कितनी दूरी (किमी में, दशमलव स्थान तक पूर्णांकित) तक दौड़ता है?
(a) 1.8 (b) 2.0 (c) 1.4 (d) 1.2

6. Raman mixed 8kg of superior variety of wheat with x kg of another. If the cost per kg of the two varieties are in the ratio 3:2, the ratio of the selling price of the blended wheat per kg to that of the cost price of the superior variety of wheat per kg is 1:1 and Raman makes an overall profit of 25%. what is the value of x?
रमन ने 8 किग्रा बेहतर किस्म के गेहूँ को x किग्रा अन्य किस्म के गेहूँ के साथ मिलाया। यदि दोनों किस्मों की प्रति किग्रा लागत का अनुपात 3:2 है, तो मिश्रित गेहूँ के प्रति किग्रा विक्रय मूल्य और बेहतर किस्म के प्रति किग्रा लागत मूल्य का अनुपात 1:1 है और रमन को कुल मिलाकर 25% का लाभ होता है। x का मान क्या है?
(a) 9 (b) 10 (c) 11 (d) 12

7. Out of 72 students in a class, the number of boys is 40% more than the number of girls. The average score of all the students in a test is 63. If the average score of the girls is 30% more than that of the boys, then what is the average score of the girls ?
एक कक्षा में 72 छात्रों में से लड़कों की संख्या लड़कियों की संख्या से 40% अधिक है। एक टेस्ट में सभी छात्रों का औसत स्कोर 63 है। यदि लड़कियों का औसत स्कोर लड़कों की तुलना में 30% अधिक है, तो लड़कियों का औसत स्कोर क्या है?
(a) 71.5 (b) 74.1 (c) 72.8 (d) 70.2

8. How many kilograms of sugar at ₹3.80 per kg must be mixed with 60 kg of sugar at ₹4.60 per kg, so that by selling the mixture at ₹5.20 per kg there may be a gain of 30% ?
₹3.80 प्रति किलोग्राम की दर से कितने किलोग्राम चीनी को ₹4.60 प्रति किलोग्राम की दर से 60 किलोग्राम चीनी के साथ मिलाया जाना चाहिए, ताकि मिश्रण को ₹5.20 प्रति किलोग्राम की दर से बेचने पर 30% का लाभ हो सके?
(a) 170 kg (b) 120 kg (c) 160 kg (d) 180 kg

9. C is twice as efficient as A, while B takes thrice as many days as C to do the same work. A takes 10 days to do the work alone. If they work in pairs [like (A, B), (B, C) and (C, A)], with (A, B) working on the first day, then (B, C) working on the second day and (C, A) working on the third day and continuing the cycle till the work gets completed, then how many days will be required to complete this work?
C, A से दोगुना कुशल है, जबकि B को समान कार्य करने में C से तीन गुना दिन लगते हैं। A को अकेले कार्य करने में 10 दिन लगते हैं। यदि वे जोड़े में काम करते हैं [जैसे (A, B), (B, C) और (C, A)], जिसमें (A, B) पहले दिन काम करता है, फिर (B, C) दूसरे दिन काम करता है और (C, A) तीसरे दिन काम करता है और कार्य पूरा होने तक यह चक्र जारी रहता है, तो इस कार्य को पूरा करने में कितने दिन लगेंगे?

(a) 8 days (b) $8\frac{3}{4}$ days
(c) 4 days (d) $4\frac{3}{8}$ days

10. What should be added to each of the numbers 39, 42, 9 and 10 to get the numbers which are in proportion ?
समानुपातिक संख्याएँ प्राप्त करने के लिए संख्याओं 39, 42, 9 और 10 में से प्रत्येक में क्या जोड़ा जाना चाहिए?

(a) 4 (b) 6 (c) 7 (d) 8

11. A person invested a sum of ₹6500 at x% per annum at simple interest and a sum of ₹7500 at (x–2)% per annum at simple interest. If the total interest earned on both the investment for 3 years is ₹3,750, then the rate of interest on the first investment is
एक व्यक्ति ने ₹6500 की राशि x% प्रति वर्ष साधारण ब्याज पर और ₹7500 की राशि (x–2)% प्रति वर्ष साधारण ब्याज पर निवेश की। यदि 3 वर्षों के लिए दोनों निवेशों पर अर्जित कुल ब्याज ₹3,750 है, तो पहले निवेश पर ब्याज दर है

(a) 14% (b) 10% (c) 8% (d) 12%

12. Rajat invested his savings in two schemes A and B in the ratio 3: 5 each for 1years. Scheme A offers interest at 20% p.a. compounded half-yearly, and scheme B also offers interest at the same rate, compounded annually. He received a total amount of ₹1,27,116 from both the schemes together, at maturity. How much did he invest in scheme B ?
रजत ने अपनी बचत दो योजनाओं **A** और **B** में **3:5** के अनुपात में **1** वर्ष के लिए निवेश की। योजना **A 20%** प्रति वर्ष की दर से अर्धवार्षिक रूप से चक्रवृद्धि ब्याज प्रदान करती है, और योजना **B** भी उसी दर से वार्षिक रूप से चक्रवृद्धि ब्याज प्रदान करती है। परिपक्वता पर उसे दोनों योजनाओं से कुल **₹1,27,116** प्राप्त हुए। उसने योजना **B** में कितना निवेश किया?

(a) ₹75.000 (b) ₹55,000
(c) ₹60,000 (d) ₹66000

13. A man buys a land for ₹3 lacs. He sells its 25% part at 25% loss and 40% part at 25% profit. In order to earn a total profit of 15% for how much money should he sell the remaining part of the land.
एक आदमी ₹3 लाख में एक ज़मीन खरीदता है। वह इसका 25% भाग 25% हानि पर और 40% भाग 25% लाभ पर बेचता है। कुल 15% लाभ कमाने के लिए उसे जमीन का शेष भाग कितने पैसे में बेचना चाहिए?

(a) ₹1,37,500 (b) ₹1,38,750
(c) ₹1,34,500 (d) ₹1,45,000

14. The cost price of two articles is equal. One article is sold at a profit of 12% and the other article for Rs.3,600 more than the first. If the net profit is $15\frac{27}{51}\%$, then what is the cost price of each article ?
दो वस्तुओं का लागत मूल्य बराबर है। एक वस्तु 12% के लाभ पर बेची जाती है और दूसरी वस्तु पहली से 3,600 रुपये अधिक पर बेची जाती है। यदि शुद्ध लाभ $15\frac{27}{51}\%$ है, तो प्रत्येक वस्तु का लागत मूल्य क्या है?

(a) Rs.50,000 (b) Rs.51,000
(c) Rs.50,990 (d) Rs.52,150

15. In a rectangle ABCD, AB = 9cm and BC = 6cm. P and Q are two points on BC such that the areas of the figures ABP, APQ and AQCD are in geometric progression. If the area of the figure AQCD is four times the area of triangle ABP, then BP : PQ : QC is
एक आयत ABCD में, AB = 9 सेमी और BC = 6 सेमी है। P और Q BC पर दो बिंदु इस प्रकार हैं कि आकृतियों ABP, APQ और AQCD के क्षेत्रफल ज्यामितीय क्रम में हैं। यदि आकृति AQCD का क्षेत्रफल त्रिभुज ABP के क्षेत्रफल का चार गुना है, तो BP : PQ : QC है

(a) 1:2:4 (b) 1:4:2 (c) 2:1:4 (d) 2:4:1

16. Let N be a three-digit positive integer such that the unit digit of N is prime and the product of all the digits of N is also prime. The number of possible values of N is:
मान लीजिए N एक तीन अंकों वाला धनात्मक पूर्णांक है जैसे कि N का इकाई अंक अभाज्य है और N के सभी अंकों का गुणनफल भी अभाज्य है। N के संभावित मानों की संख्या है

(a) 12 (b) 3 (c) 4 (d) 8

17. A solid cube has side 8 cm. It is cut along diagonals of top face to get 4 equal parts. What is the total surface area (in cm^2) of each part ?
एक ठोस घन की भुजा 8 सेमी है। इसे 4 बराबर भाग प्राप्त करने के लिए शीर्ष सतह के विकर्णों के साथ काटा जाता है। प्रत्येक भाग का कुल सतह क्षेत्रफल (सेमी² में) क्या है?
(a) $96 + 64\sqrt{2}$ (b) $80 + 64\sqrt{2}$
(c) $96 + 48\sqrt{2}$ (d) $80 + 48\sqrt{2}$

18. A cylinder of radius 4.5 cm and height 12 cm just fits in another cylinder completely with their axis perpendicular. What is the radius (in cm) of second cylinder ?
त्रिज्या 4.5 सेमी और ऊंचाई 12 सेमी का एक सिलेंडर दूसरे सिलेंडर में पूरी तरह से अपनी धुरी के लंबवत फिट बैठता है। दूसरे सिलेंडर की त्रिज्या (सेमी में) क्या है?
(a) 5 (b) 6 (c) 15 (d) 7.5

19. A cylindrical container with no lid is to be made from a rectangular seat of metal measuring 2.2 m × 2.1 m. The diameter and height of the container to be made is the same. The cost of manufacturing a container is Rs. 50. If the diameter of the container is to be made 14 cm, Find the total cost price to make the full container.
2.2 मीटर × 2.1 मीटर मापने वाली धातु की एक आयताकार सीट से बिना ढक्कन वाला एक बेलनाकार कंटेनर बनाया जाना है। बनाए जाने वाले कंटेनर का व्यास और ऊंचाई समान होती है। एक कंटेनर के निर्माण की लागत रु. 50. यदि कन्टेनर का व्यास 14 सेमी बनाना है, तो पूरा कन्टेनर बनाने का कुल लागत मूल्य ज्ञात कीजिये।
(a) 3,000 (b) 5,000 (c) 3,750 (d) 2,500

20. If $x^2 - 11x + 1 = 0$ what is the value of $x^8 - 14159x^4 + 11$?
यदि $x^2 - 11x + 1 = 0$ तो $x^8 - 14159x^4 + 11$ का मान क्या होगा?
(a) 9 (b) 10 (c) 12 (d) 11

21. If $x + y + z = 3$, $x^2 + y^2 + z^2 = 45$ and $x^3 + y^3 + z^3 = 69$, then the value of xyz is ?
यदि $x + y + z = 3$, $x^2 + y^2 + z^2 = 45$ और $x^3 + y^3 + z^3 = 69$, तो xyz का मान क्या है?
(a) –40 (b) 40 (c) –30 (d) 30

22. If $x - y = 4$ and $x^3 - y^3 = 316$, then the value of $x^4 + y^4$ is:
यदि $x - y = 4$ और $x^3 - y^3 = 316$, तो $x^4 + y^4$ का मान है?
(a) 2248 (b) 2482 (c) 2428 (d) 2284

23. If $x = \frac{1}{12.13} + \frac{1}{13.14} + \frac{1}{14.15} ..... + \frac{1}{23.24}$ and $y = \frac{1}{36.37} + \frac{1}{37.38} + \frac{1}{38.39} ..... + \frac{1}{71.72}$ then x/y is equal to
यदि $x = \frac{1}{12.13} + \frac{1}{13.14} + \frac{1}{14.15} ...... + \frac{1}{23.24}$ और $y = \frac{1}{36\cdot37} + \frac{1}{37\cdot38} + \frac{1}{38\cdot39} + \cdots + \frac{1}{71\cdot72}$ तो $\frac{x}{y}$ का मान क्या है?

SSC CHSL 10/07/2019 (Evening)

(a) 1/3 (b) 1/24 (c) 1/72 (d) 3

24. A pole 23 m long reaches a window which is $3\sqrt{5}$ m above the ground on one side of a street. Keeping its foot at the same point, the pole is turned to the other side of the street to reach a window $4\sqrt{15}$ m high. What is the width (in m) of the street?
23 मीटर लंबा एक खंभा एक खिड़की तक पहुंचता है जो सड़क के एक तरफ जमीन से $3\sqrt{5}$ मीटर ऊपर है। उसी बिंदु पर अपना पैर रखते हुए, खंभे को $4\sqrt{15}$ मीटर ऊंची खिड़की तक पहुंचने के लिए सड़क के दूसरी ओर घुमाया जाता है। सड़क की चौड़ाई (मीटर में) क्या है?

SSC CGL 11/04/2021 (Afternoon)

(a) 17 (b) 35 (c) 39 (d) 22

25. If $(sin\theta + cosec\theta)^2 + (cos\theta + sec\theta)^2 = k + tan^2\theta + cot^2\theta$, then the value of k is equal to:
यदि $(sin\theta + cosec\theta)^2 + (cos\theta + sec\theta)^2 = k + tan^2\theta + cot^2\theta$, तो k का मान क्या होगा?

SSC CGL Tier II (18/11/2020)

(a) 7 (b) 2 (c) 9 (d) 5

26. $\frac{sec A(sec A + tan A)(1 - sin A)}{(cosec^2 A - 1) sin^2 A}$ is equal to.
$\frac{sec A(sec A + tan A)(1 - sin A)}{(cosec^2 A - 1) sin^2 A}$ का मान बराबर है:

SSC CGL Tier II (16/11/2020)

(a) $sec^2 A$ (b) $cos^2 A$ (c) $cotA$ (d) $cos A$

27. In quadrilateral ABCD, ∠C = 72° and ∠D = 28°. The bisectors of ∠A and ∠B meet in O. What is the measure of ∠AOB?
चतुर्भुज ABCD में, ∠C = 72° और ∠D = 28° है। ∠A और ∠B के समद्विभाजक O पर मिलते हैं। ∠AOB का माप क्या है?
(a) 48° (b) 54° (c) 36° (d) 50°

28. ABCD is square and CDE is an equilateral triangle outside the square. What is the value (in degrees) of ∠BEC?

ABCD वर्ग है और CDE वर्ग के बाहर एक समबाहु त्रिभुज है। ∠BEC का मान (डिग्री में) क्या है?

(a) 15
(b) 30
(c) 45
(d) 60

29. In the given figure, ABCD is a rectangle and P is point on DC such that BC = 24 cm, DP = 10 cm and CD = 15 cm. If AP produced intersects BC produced at Q, then find the length of AQ.

दी गई आकृति में, ABCD एक आयत है और P, DC पर इस प्रकार बिंदु है कि BC = 24 सेमी, DP = 10 सेमी और CD = 15 सेमी है। यदि AP उत्पादित, BC को Q पर प्रतिच्छेद करता है, तो AQ की लंबाई ज्ञात कीजिए।

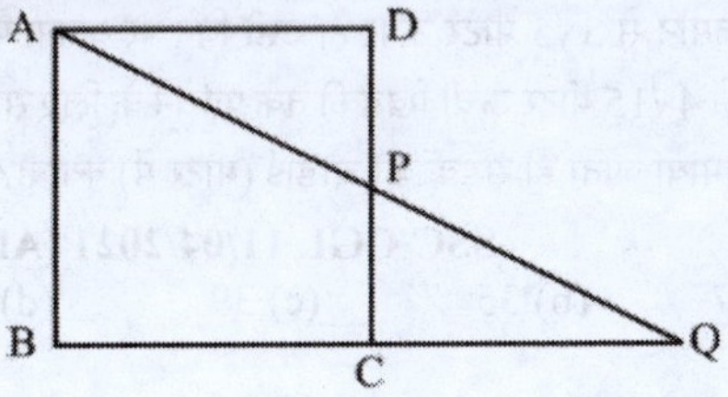

(a) 39 cm
(b) 35 cm
(c) 26 cm
(d) 24 cm

30. In the given figure, MNOP is a square of side 6 cm. What is the value (in cm) of radius of circles?

दिए गए चित्र में, MNOP 6 सेमी भुजा वाला एक वर्ग है। वृत्तों की त्रिज्या का मान (सेमी में) क्या है?

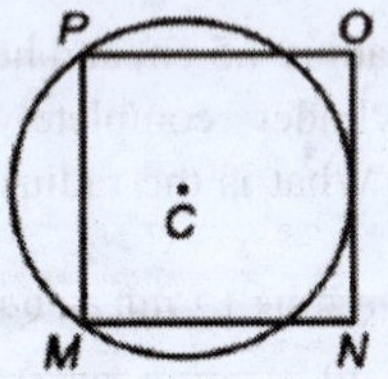

(a) 4.25
(b) 3.75
(c) 3.5
(d) 4.55

19 PRACTICE SET

1. In an office of 900 employees, on a particular day, except for 10% of the female employees, all employees were present. On the next day, except for 8% of the male employees, all employees were present. The number of employees present on each of these two days was the same. Find the total number of male employees on the payrolls of this office.
900 कर्मचारियों के एक कार्यालय में, एक विशेष दिन पर, 10% महिला कर्मचारियों को छोड़कर, सभी कर्मचारी उपस्थित थे। अगले दिन 8% पुरुष कर्मचारियों को छोड़कर सभी कर्मचारी उपस्थित थे। इन दोनों दिनों में प्रत्येक दिन उपस्थित कर्मचारियों की संख्या समान थी। इस कार्यालय के वेतनमान पर पुरुष कर्मचारियों की कुल संख्या ज्ञात कीजिये।
(a) 550 (b) 450 (c) 800 (d) 500

2. A Box contains 10 black and 5 white balls. Two balls are drawn from the box one after the other without replacement. What is the probability that both drawn balls are black ?
एक बॉक्स में 10 काली और 5 सफेद गेंदें हैं। बॉक्स से एक के बाद एक बिना प्रतिस्थापन के दो गेंदें निकाली जाती हैं। इसकी क्या प्रायिकता है कि दोनों निकाली गई गेंदें काली हैं?
(a) $\frac{2}{7}$ (b) $\frac{3}{7}$ (c) $\frac{4}{7}$ (d) $\frac{5}{7}$

3. Find the number of prime factors in the product $30^5 \times 24^5$
गुणनफल $30^5 \times 24^5$ में अभाज्य गुणनखंडों की संख्या ज्ञात कीजिए
(a) 45 (b) 35 (c) 10 (d) 30

4. if $a^2 - 2a + 4 = 0$ then $a^5 - 2a^4 + 30 =$?
यदि $a^2 - 2a + 4 = 0$ तो $a^5 - 2a^4 + 30 =$?
(a) 63 (b) 62 (c) 64 (d) 60

5. A thief steals an item and escapes, running at a speed of 15 km/h. A policeman arrives at the spot of the crime after 4 minutes and immediately starts chasing the thief. 16 minutes after the policeman started to chase the thief; there is still a gap of 200 m between the two. At what distance from the spot of the crime will the policeman catch up the thief and what is the speed (in km/h) of the policeman?
एक चोर एक वस्तु चुराता है और 15 किमी/घंटा की गति से भागता है। 4 मिनट बाद एक पुलिसकर्मी मौका-ए-वारदात पर पहुंचता है और तुरंत चोर का पीछा करना शुरू कर देता है. 16 मिनट बाद पुलिसकर्मी ने चोर का पीछा करना शुरू किया; दोनों के बीच अभी भी 200 मीटर का अंतर है। अपराध स्थल से कितनी दूरी पर पुलिसकर्मी चोर को पकड़ लेगा और पुलिसकर्मी की गति (किमी/घंटा में) क्या है?
(a) 5.5 km; 16.5 km/hr (b) 6 km; 18 km/hr
(c) 6.5 km; 19.5 km/hr (d) 5 km; 15 km/hr

6. Ratio of income of A to that of B is 5:9. If expenditure of A is $\frac{3}{8}$ th of his income and expenditure of B is $\frac{4}{9}$ th of his income and sum of their saving is Rs 1950 then find the difference between their income?
A की आय का B की आय से अनुपात 5:9 है। यदि A का व्यय उसकी आय का $\frac{3}{8}$ वां हिस्सा है और B का व्यय उसकी आय का $\frac{4}{9}$ वां हिस्सा है और उनकी बचत का योग 1950 रुपये है, तो उनकी आय के बीच अंतर ज्ञात करें?
(a) Rs 900 (b) Rs 1000 (c) Rs 880 (d) Rs 960

7. There were 54 students in a hostel. Due to the admission of 9 new students. The expenses of the mess were increased by ₹540 per day while the average expenditure per head diminished by ₹3. What was the original expenditure (in ₹) of the mess?
एक छात्रावास में 54 छात्र थे। 9 नये विद्यार्थियों के प्रवेश के कारण। मेस का खर्च प्रतिदिन ₹540 बढ़ गया जबकि प्रति व्यक्ति औसत खर्च ₹3 कम हो गया। मेस का मूल व्यय (₹ में) क्या था?
(a) 4374 (b) 4419 (c) 4616 (d) 4518

8. X liters of milk is taken out and replaced with water from a container having 240 liters milk. Now, 20% of the mixture is taken out and replaced with water. In final mixture, the difference in quantity of milk & water is 128 liters. Find X.
240 लीटर दूध वाले एक बर्तन से X लीटर दूध निकालकर उसकी जगह पानी डाला जाता है। अब, मिश्रण का 20% निकालकर उसकी जगह पानी डाला जाता है। अंतिम मिश्रण में, दूध और पानी की मात्रा में अंतर 128 लीटर है। X ज्ञात करें।
(a) 12 (b) 10 (c) 9 (d) 11

9. A cistern can be filled by one of two pipes in 52 minutes and by the other pipe in 60 minutes. Both pipes are opened together for a certain time but being particularly clogged only $\frac{13}{20}$ of the full quantity of water flows through the first pipe and only $\frac{4}{3}$ of the full quantity of water flows through the second pipe. The obstructions, however, were suddenly removed in both the pipes after some time and the cistern got filled in $15\frac{3}{5}$ minutes from that moment. For how many minutes did the pipes remain clogged?
एक टंकी को दो पाइपों में से एक द्वारा 52 मिनट में और दूसरे पाइप द्वारा 60 मिनट में भरा जा सकता है। दोनों पाइपों को एक निश्चित समय के लिए एक साथ खोला जाता है, लेकिन विशेष रूप से बंद होने के कारण पानी की पूरी मात्रा का केवल $\frac{13}{20}$ भाग पहले पाइप से प्रवाहित होता है और पानी की पूरी मात्रा का केवल $\frac{3}{4}$ भाग दूसरे पाइप से प्रवाहित होता है।हालाँकि, कुछ समय बाद अचानक दोनों पाइपों में रुकावटें दूर हो गईं और टंकी उसी क्षण से $15\frac{3}{5}$ मिनट में भर गई। पाइप कितने मिनट तक बंद रहे?

(a) $17\frac{3}{5}$ minute (b) $17\frac{4}{5}$ minute
(c) $17\frac{2}{5}$ minute (d) $17\frac{1}{5}$ minute

10. Aditya and Anshuman started a business andinvested Rs. 52,500 and Rs. 75000 respectively. At the end of year, they decided to distribute 50% of profit equally among them and remaining in capital ratio. Had they distributed entire profit in capital ratio, Aditya got Rs. 2250 less. Find the total profit amount.
आदित्य और अंशुमान ने एक व्यवसाय शुरू किया और क्रमशः 52,500 रुपये और 75000 रुपये का निवेश किया। वर्ष के अंत में, उन्होंने लाभ का 50% बराबर-बराबर बांटने और शेष को पूंजी अनुपात में बांटने का फैसला किया। यदि उन्होंने पूरा लाभ पूंजी अनुपात में बांट दिया होता, तो आदित्य को 2250 रुपये कम मिलते। कुल लाभ राशि ज्ञात कीजिए।

(a) 51000 (b) 34000 (c) 59500 (d) 68000

11. A person invested one-fourth of the sum of ₹25,000 at a certain rate of simple interest and the rest at 4% p.a. higher rate. If the total interest received for 2 years is ₹4,125, what is the rate at which the second sum was invested?
एक व्यक्ति ने ₹25,000 की एक-चौथाई राशि साधारण ब्याज की एक निश्चित दर पर और शेष राशि 4% प्रति वर्ष की उच्च दर पर निवेश की। यदि 2 वर्षों के लिए प्राप्त कुल ब्याज ₹4,125 है, तो दूसरी राशि किस दर पर निवेश की गई?

(a) 9.25% (b) 9.5% (c) 7.5% (d) 5.25%

12. A certain sum invested at simple interest amounts to ₹11,000 in 3 years at a certain rate percent per annum and amounts to ₹13,000 in 5 years at the same rate. What is the rate of interest?
साधारण ब्याज पर निवेश की गई एक निश्चित राशि प्रति वर्ष एक निश्चित दर प्रतिशत पर 3 वर्षों में ₹11,000 हो जाती है और उसी दर पर 5 वर्षों में राशि ₹13,000 हो जाती है। ब्याज दर क्या है?

(a) 10.5% (b) 10% (c) 12% (d) 12.5%

13. A person purchased two articles at the same price and on selling the first article he makes a profit of 12%. Selling price of second article is Rs 90 more than the selling price of the first article. Find the cost price of one article if his overall profit percent is 15% ?
एक व्यक्ति ने एक ही कीमत पर दो वस्तुएं खरीदीं और पहली वस्तु बेचने पर उसे 12% का लाभ हुआ। दूसरी वस्तु का विक्रय मूल्य पहली वस्तु के विक्रय मूल्य से 90 रुपये अधिक है। यदि एक वस्तु का कुल लाभ प्रतिशत 15% है तो उसका क्रय मूल्य ज्ञात कीजिये?

(a) Rs 1800 (b) Rs 1500
(c) Rs 2000 (d) Rs 2400

14. Rajan sold a article at a loss of 20%. If he sold it Rs. 200 more, he would have made a profit of 5%. Find the price of the article at which Rajan bought.
राजन ने एक वस्तु 20% की हानि पर बेची। यदि वह उसे ₹200 अधिक में बेचता, तो उसे 5% का लाभ होता। राजन ने वस्तु को जिस मूल्य पर खरीदा, उसका मूल्य ज्ञात कीजिए।

(a) ₹800 (b) ₹700 (c) ₹600 (d) ₹500

15. A set of data presented in the form of a frequency distribution table with class intervals and their respective frequencies had a mode of 48.5. The lower boundary of the modal class was 46.5; the frequency of the modal class was 34; the frequency of the class interval just preceding the modal class was 32 and the frequency of the class interval just succeeding the modal class was 25. What was the width of the modal class?
वर्ग अंतराल और उनकी संबंधित आवृत्तियों के साथ आवृत्ति वितरण तालिका के रूप में प्रस्तुत डेटा के एक सेट का मोड 48.5 था। मोडल वर्ग की निचली सीमा 46.5 थी; मोडल वर्ग की आवृत्ति 34 थी; मोडल वर्ग के ठीक पहले वाले वर्ग अंतराल की आवृत्ति 32 थी और मोडल वर्ग के ठीक बाद वाले वर्ग अंतराल की आवृत्ति 25 थी। मोडल वर्ग की चौड़ाई क्या थी?

(a) 12 (b) 10.5 (c) 11 (d) 10

16. Devendra leaves his home every day at 8:25 AM and reaches the office at 9:55 AM. One day he left his home at 8:25 AM but travelled $\frac{3}{10}$ of the distance at $\frac{6}{7}$ of the usual speed and the rest of the distance at $\frac{7}{6}$ of the usual speed. At what time did Devendra reach the office on that day?
देवेन्द्र प्रतिदिन सुबह 8:25 बजे अपने घर से निकलता है और 9:55 बजे कार्यालय पहुंचता है। एक दिन वह सुबह 8:25 बजे अपने घर से निकला लेकिन $\frac{3}{10}$ दूरी सामान्य गति की $\frac{6}{7}$ गति से और शेष दूरी सामान्य गति की $\frac{7}{6}$ गति से तय की। उस दिन देवेन्द्र कितने बजे कार्यालय पहुंचा?

(a) 9:50:40 AM (b) 9:50:50 AM
(c) 9:50:30 AM (d) 9:50:20 AM

17. A cube is placed inside a cone of radius 20 cm and height 10 cm, one of its face being on the base of the cone and vertices of opposite face touching the cone. What is the length (in cm) of side of the cube?
एक घन को 20 सेमी त्रिज्या और 10 सेमी ऊंचाई वाले शंकु के अंदर रखा गया है, इसका एक चेहरा शंकु के आधार पर है और विपरीत चेहरे का शीर्ष शंकु को छू रहा है। घन की भुजा की लंबाई (सेमी में) क्या है?

(a) 5 (b) 6 (c) 8 (d) 9

18. A tent is such that its lower part is like a cylinder of 12 meters height with a diameter of 112 meters. Its top is like a cone with a base of the same diameter of 112 meters and is 60 meters slant height. And its canvas is 4 meters wide. Calculate the required length of the canvas to make the tent.
एक तंबू इस प्रकार है कि इसका निचला हिस्सा 12 मीटर ऊंचे सिलेंडर जैसा है और इसका व्यास 112 मीटर है। इसका शीर्ष एक शंकु के समान है जिसका आधार समान व्यास 112 मीटर तथा तिरछी ऊंचाई 60 मीटर है। और इसका कैनवास 4 मीटर चौड़ा है. तम्बू बनाने के लिए कैनवास की आवश्यक लंबाई की गणना करें।

(a) 3276 m (b) 3696 m (c) 4686 m (d) 4096 m

19. The top of the rocket is shaped like an elliptical cone with a height of 3m while its lower part is cylindrical with a radius of 3m and height 10m. To make room for the engine, the base of the rocket is cut in a hemispherical shape from inside, whose radius is also 3m. Find the total volume of the rocket in cubic meters.
रॉकेट का शीर्ष एक अण्डाकार शंकु के आकार का है जिसकी ऊंचाई 3 मीटर है जबकि इसका निचला हिस्सा बेलनाकार है जिसकी त्रिज्या 3 मीटर और ऊंचाई 10 मीटर है। इंजन के लिए जगह बनाने के लिए रॉकेट के आधार को अंदर से अर्धगोलाकार आकार में काटा जाता है, जिसकी त्रिज्या भी 3 मीटर है। रॉकेट का कुल आयतन घन मीटर में ज्ञात कीजिए।

(a) 72π (b) 90π (c) 100π (d) 81π

20. If $x^4 - 83x^2 + 1 = 0$, then value of $x^3 - \frac{1}{x^3}$ can be:
यदि $x^4 - 83x^2 + 1 = 0$, तो $x^3 - \frac{1}{x^3}$ का मान क्या होगा?

(a) 758 (b) 739 (c) 737 (d) 756

21. If $a + b + c = 5$ and $ab + bc + ca = 7$, then the value of $a^3 + b^3 + c^3 - 3abc$ is?
यदि $a + b + c = 5$ और $ab + bc + ca = 7$, तो $a^3 + b^3 + c^3 - 3abc$ का मान क्या है?

(a) 20 (b) 25 (c) 15 (d) 30

22. If $x^3 + y^3 = 468$ and $x + y = 12$, then the value of $x^4 + y^4$ will be ?
यदि $x^3 + y^3 = 468$ तथा $x + y = 12$, तो $x^4 + y^4$ का मान क्या होगा?

(a) 3026 (b) 2036 (c) 3620 (d) 3025

23. Find $\sqrt{12\sqrt{12\sqrt{12\sqrt{12\sqrt{12\sqrt{12}}}}}} = ?$
मान ज्ञात कीजिए: $\sqrt{12\sqrt{12\sqrt{12\sqrt{12\sqrt{12\sqrt{12}}}}}} = ?$

(a) $12^{\frac{32}{31}}$ (b) $12^{\frac{64}{63}}$ (c) $12^{\frac{31}{32}}$ (d) $12^{\frac{63}{64}}$

24. The value of
$$\frac{cos^6\theta + sin^6\theta + 3\,sin^2\theta cos^2\theta}{cosec\,\theta sec\,\theta(sin\theta + cos\theta - 1)(sin\theta + cos\theta + 1)}$$
मान ज्ञात कीजिए:
$$\frac{cos^6\theta + sin^6\theta + 3\,sin^2\theta cos^2\theta}{cosec\,\theta sec\,\theta(sin\theta + cos\theta - 1)(sin\theta + cos\theta + 1)}$$

SSC CGL Tier II (15/11/2020)

(a) 1 (b) 2 (c) ½ (d) 3

25. The value of

$$\frac{sec^2\theta\left(2+tan^2\theta+cot^2\theta\right)\div\left(sin^2\theta-tan^2\theta\right)}{\left(cosec^2\theta+sec^2\theta\right)\left(1+cot^2\theta\right)^2}$$

मान ज्ञात कीजिए:

$$\frac{sec^2\theta\left(2+tan^2\theta+cot^2\theta\right)\div\left(sin^2\theta-tan^2\theta\right)}{\left(cosec^2\theta+sec^2\theta\right)\left(1+cot^2\theta\right)^2}$$

SSC CGL Tier II (15/11/2020)

(a) – 1 (b) 1 (c) – 2 (d) 2

26. $\frac{sin\theta\left[\left(1-tan\theta\right)tan\theta+sec^2\theta\right]}{\left(1-sin\theta\right)tan\theta\left(1+tan\theta\right)\left(sec\theta+tan\theta\right)}$ is equal to

$\frac{sin\theta\left[\left(1-tan\theta\right)tan\theta+sec^2\theta\right]}{\left(1-sin\theta\right)tan\theta\left(1+tan\theta\right)\left(sec\theta+tan\theta\right)}$ का मान बराबर है:

SSC CGL Tier II (15/11/2020)

(a) 1 (b) $cosec\theta\, sec\theta$

(c) $sin\theta\, cos\theta$ (d) – 1

27. PQRS is a rectangle. T is a point on PQ such that RTQ is an isosceles triangle and PT = 5 QT. If the area of triangle RTQ is 12√3 sq.cm then the area of the rectangle PQRS is:

PQRS एक आयत है. PQ पर T एक बिंदु इस प्रकार है कि RTQ एक समद्विबाहु त्रिभुज है और PT = 5 QT है। यदि त्रिभुज RTQ का क्षेत्रफल 12√3 वर्ग सेमी है तो आयत PQRS का क्षेत्रफल है:

(a) $144\sqrt{3}cm^2$ (b) $142\sqrt{3}cm^2$

(c) $142cm^2$ (d) $134\sqrt{3}cm^2$

28. PQRS is a parallelogram and its area is 300 cm^2. Side PQ is extended to X such that PQ = QX. If XS intersects QR at Y, then what is the area (in cm^2) of triangle SYR?

PQRS एक समांतर चतुर्भुज है और इसका क्षेत्रफल 300 सेमी² है। भुजा PQ को X तक इस प्रकार बढ़ाया गया है कि PQ = QX है। यदि XS, QR को Y पर काटता है, तो त्रिभुज SYR का क्षेत्रफल (सेमी² में) क्या है?

(a) 75 (b) 50 (c) 120 (d) 100

SSC CGL (Tier-II) 9-3-2018

29. In a trapezium PQRS, PQ is parallel to RS and diagonals PR and QS intersect at O. If PQ = 4 cm, SR = 10 cm, then what is area (ΔPOQ) : area (ΔSOR)?

एक समलम्ब चतुर्भुज PQRS में, PQ, RS के समान्तर है तथा विकर्ण PR और QS, O पर प्रतिच्छेद करते हैं। यदि PQ = 4 सेमी, SR = 10 सेमी, तो क्षेत्रफल (ΔPOQ) : क्षेत्रफल (ΔSOR) क्या है?

(a) 2:3 (b) 2:5 (c) 4:25 (d) 4:9

30. A field is in the shape of a trapezium whose parallel sides are 200m and 400m long, whereas each of other two sides is 260m long. What is the area (in m^2) of the field?

एक मैदान एक समलंब के आकार का है जिसकी समानांतर भुजाएँ 200 मीटर और 400 मीटर लंबी हैं, जबकि अन्य दो भुजाएँ 260 मीटर लंबी हैं। मैदान का क्षेत्रफल (वर्ग मीटर में) क्या है?

(a) 52000 (b) 60000

(c) 48000 (d) 72000

20 PRACTICE SET

1. A thief sees a police van at a distance of 250m, coming towards him at 36km/h. Thief takes 5 seconds to realize that there is nothing but the police is approaching him by the van and start running away from police a 54km/h but police realize after 10seconds, when the thief start running away, that he is actually a thief and gives chase at 72 km/h. How long after thief saw police did police catchup with him and what is the distance police had to travel to do so?
एक चोर **250** मीटर की दूरी पर एक पुलिस वैन को **36** किमी/घंटा की रफ्तार से अपनी ओर आते देखता है। चोर को यह समझने में **5** सेकंड लगते हैं कि पुलिस वैन से उसकी ओर आ रही है, और वह पुलिस से **54** किमी/घंटा की रफ्तार से भागने लगता है, लेकिन पुलिस को **10** सेकंड बाद, जब चोर भागने लगता है, तब पता चलता है कि वह असल में चोर है और वह **72** किमी/घंटा की रफ्तार से उसका पीछा करता है। चोर को पुलिस देखने के कितने समय बाद पुलिस उसे पकड़ पाई और ऐसा करने के लिए पुलिस को कितनी दूरी तय करनी पड़ी?
(a) 50 s, 1000 m (b) 65 s, 1150 m
(c) 65 s, 1300 m (d) 45 s, 1050 m

2. A box contains 4 red balls, 5 green balls and 6 white balls. A ball is drawn at random from the box. What is the probability that the ball drawn is either red or green ?
एक डिब्बे में 4 लाल गेंदें, 5 हरी गेंदें और 6 सफेद गेंदें हैं। बॉक्स से यादृच्छिक रूप से एक गेंद निकाली जाती है। इसकी क्या प्रायिकता है कि निकाली गई गेंद या तो लाल है या हरी?
(a) $\frac{2}{5}$ (b) $\frac{3}{5}$ (c) $\frac{1}{5}$ (d) $\frac{7}{5}$

3. What is the sum of the divisors of 484 that are perfect squares ?
484 के उन विभाजकों का योग क्या है जो पूर्ण वर्ग हैं?
(a) 125 (b) 35 (c) 610 (d) 13

4. If x,y,z are prime no and x+y+z = 50 then the maximum value of x.
यदि x,y,z अभाज्य संख्याएँ हैं और x+y+z = 50 है तो x का अधिकतम मान क्या होगा?
(a) 31 (b) 37 (c) 43 (d) 41

5. The distance between two railway stations is 1176 km. To cover this distance, an express train 5 hours less than a passenger train while the average speed of the passenger train is 70 km/h less than that of the express train. The time taken by the passenger train to complete the travel is:
दो रेलवे स्टेशनों के बीच की दूरी 1176 किमी है। इस दूरी को तय करने में एक एक्सप्रेस ट्रेन को पैसेंजर ट्रेन से 5 घंटे कम समय लगता है जबकि पैसेंजर ट्रेन की औसत गति एक्सप्रेस ट्रेन से 70 किमी/घंटा कम है। पैसेंजर ट्रेन द्वारा यात्रा पूरी करने में लिया गया समय है?
(a) 18 (b) 17 (c) 23 (d) 12

6. ₹21,150 is distributed among A, B and C. The share of A is $\frac{4}{5}$ of the share of B, and the share of B is $\frac{3}{4}$ of the share of C. After receiving their respective sums, C gives some money out of her share to A so that after the transfer, the ratio of the sums A and C have 7:9. What part of her initial share did C transfer to A ?
₹21,150 A, B और C के बीच वितरित किए जाते हैं। A का हिस्सा B के हिस्से का $\frac{4}{5}$ है, और B का हिस्सा C के हिस्से का $\frac{3}{4}$ है। अपनी-अपनी राशि प्राप्त करने के बाद, C अपने हिस्से में से कुछ राशि A को देती है, जिससे हस्तांतरण के बाद, A और C की राशियों का अनुपात 7:9 हो जाता है। C ने अपने प्रारंभिक हिस्से का कितना हिस्सा A को हस्तांतरित किया?
(a) $\frac{1}{5}$ (b) $\frac{1}{12}$ (c) $\frac{1}{8}$ (d) $\frac{1}{10}$

7. Average age of 20 students is 26 years. 2 students leave the group and 1 new student joins the group. The average age now becomes 25 years. If age of one of the student who left the group is 30 years and the age of one who joined is 21 years, then what is the age of the other student who left the group?
20 विद्यार्थियों की औसत आयु 26 वर्ष है। 2 छात्र समूह छोड़ देते हैं और 1 नया छात्र समूह में शामिल हो जाता है। अब औसत उम्र 25 साल हो गई है. यदि समूह छोड़ने वाले छात्रों में से एक की आयु 30 वर्ष है और समूह में शामिल होने वाले छात्र की आयु 21 वर्ष है, तो समूह छोड़ने वाले दूसरे छात्र की आयु क्या है?
(a) 36yrs (b) 31yrs (c) 38yrs (d) 34yrs

8. At a certain time in a park, the number of heads and the number of legs of monkeys and human visitors were counted, and it was found that there were 54 heads and 148 legs. Find the number of monkeys in the park.
एक पार्क में एक निश्चित समय पर, बंदरों और मानव आगंतुकों के सिरों की संख्या और पैरों की संख्या की गिनती की गई, और यह पाया गया कि 54 सिर और 148 पैर थे। पार्क में बंदरों की संख्या ज्ञात कीजिए।
(a) 20 (b) 16 (c) 18 (d) 14

9. A and B together can complete a piece of work in 25 days, B and C together can complete the same piece of work in 36 days, while C and A together can complete it in 30 days. If A, B, C, and D together can complete this piece of work in 18 days, then in how many days can D alone complete this piece of work?
A और B मिलकर एक काम को 25 दिनों में पूरा कर सकते हैं, B और C एक साथ उसी काम को 36 दिनों में पूरा कर सकते हैं, जबकि C और A मिलकर उसी काम को 30 दिनों में पूरा कर सकते हैं। यदि A, B, C और D मिलकर इस कार्य को 18 दिनों में पूरा कर सकते हैं, तो D अकेले इस कार्य को कितने दिनों में पूरा कर सकता है?
(a) 225 (b) 210 (c) 200 (d) 180

10. If the denominator of a fraction is multiplied by 2 and the numerator is increased by 2, the fraction becomes ½. If instead, the numerator is multiplied by 2 and the denominator is increased by 2, it becomes 6/7. What is the sum of the numerator and the denominator of the original fraction (in the lowest form) ?
यदि किसी भिन्न के हर को 2 से गुणा किया जाए और अंश में 2 की वृद्धि की जाए तो भिन्न ½ हो जाती है। इसके बजाय, यदि अंश को 2 से गुणा किया जाए और हर को 2 से बढ़ाया जाए, तो यह 6/7 हो जाता है। मूल भिन्न के अंश और हर का योग (न्यूनतम रूप में) क्या है?
(a) 11 (b) 7 (c) 6 (d) 8

11. A sum of ₹8,400 amounts to ₹11,046 at 8.75% p.a. simple interest in certain time. What is the simple interest on the sum of ₹9,600 at the same rate for the same time?
₹8,400 की एक राशि 8.75% प्रति वर्ष साधारण ब्याज की दर से निश्चित समय में ₹11,046 हो जाती है। ₹9,600 की राशि पर समान दर से समान समय में साधारण ब्याज कितना होगा?
(a) ₹3,024 (b) ₹2,686 (c) ₹3,012 (d) ₹2,990

12. Atul gives Vishu a head-start of 20 seconds in a 900 m race and beats him by 135 m. While running the same race again Atul gives a start of 189 m and beats him by 8 seconds. In how much time can Vishu complete the full race of 900m ?
अतुल ने विशु को 900 मीटर की दौड़ में 20 सेकंड की बढ़त दिलाई और उसे 135 मीटर से हरा दिया। उसी दौड़ को दोबारा दौड़ते समय अतुल 189 मीटर की शुरुआत देता है और उसे 8 सेकंड से हरा देता है। विशु 900 मीटर की पूरी दौड़ कितने समय में पूरी कर सकता है?
(a) 3 minutes 10 seconds
(b) 3 minutes 30 seconds
(c) 3 minutes 20 seconds
(d) 2 minutes 50 seconds

13. Selling price of an article becomes Rs.2160 after giving two successive discounts of x% and 25% and marked price of article is Rs.3600. Find the cost price of article if there is a profit of x% on selling the article after giving two successive discounts.
x% और 25% की दो क्रमिक छूट देने के बाद एक वस्तु का विक्रय मूल्य 2160 रुपये हो जाता है और वस्तु का अंकित मूल्य 3600 रुपये है। यदि वस्तु को लगातार दो छूट देने के बाद बेचने पर x% का लाभ होता है तो वस्तु का लागत मूल्य ज्ञात करें।
(a) Rs. 1720 (b) Rs.1500
(c) Rs.1600 (d) Rs.1800

14. Ram purchased 60 articles at Rs.150 each. He sold one-third of them at a loss of 16%. At what price each must he sell the remaining articles so as to gain 10% on the whole deal ?
राम ने 60 वस्तुएँ ₹150 प्रति वस्तु की दर से खरीदीं। उसने उनमें से एक-तिहाई को 16% की हानि पर बेच दिया। शेष वस्तुओं को उसे किस मूल्य पर बेचना चाहिए कि उसे पूरे सौदे पर **10%** का लाभ हो?
(a) Rs 182.5 (b) Rs 178.5
(c) Rs 184.5 (d) Rs.180.5

15. A, B and C contested an election. All the votes polled were valid. A got 38% of the total votes. For every 45 votes polled, B got 18 votes. The winner got 5,760 more votes than the person who received the least number of votes. The total number of votes polled was
A, B और C ने एक चुनाव लड़ा। डाले गए सभी वोट वैध थे। A को कुल वोटों का 38% वोट मिले। डाले गए प्रत्येक 45 वोटों के लिए, B को 18 वोट मिले। विजेता को सबसे कम वोट पाने वाले व्यक्ति से 5,760 अधिक वोट मिले। कुल पड़े वोटों की संख्या थी
(a) 37,200 (b) 38,400 (c) 36,000 (d) 32,000

16. A machine depreciates in value in the first year at the rate of 20% of its previous value. However, every second year there is some maintenance work, so in that year the depreciation is only 10% of its previous value. If at the end of the fourth year, the value of the machine stands at ₹2,92,410, then what was the value (in ₹, rounded off to the nearest tens) at the start of the year?
एक मशीन का मूल्य पहले वर्ष में उसके पिछले मूल्य के 20% की दर से घटता है। हालाँकि, हर दूसरे वर्ष कुछ रखरखाव कार्य होता है, इसलिए उस वर्ष मूल्यह्रास इसके पिछले मूल्य का केवल 10% है। यदि चौथे वर्ष के अंत में, मशीन का मूल्य ₹2,92,410 है, तो वर्ष की शुरुआत में मूल्य (₹ में, निकटतम दहाई तक पूर्णांकित) क्या था?
(a) 6,02,560 (b) 6,57,680
(c) 5,64,060 (d) 5,89,450

17. A sphere was divided in the ratio 2 : 3. The larger part is inserted as a cone whose height is equal to the radius of its base, while the smaller part is inserted as a cylinder, whose height is equal to the radius of its base. What will be the ratio of the radii of the base of the cone to the height of the cylinder?
एक गोले को 2:3 के अनुपात में विभाजित किया गया था। बड़े हिस्से को एक शंकु के रूप में डाला गया है, जिसकी ऊंचाई इसके आधार की त्रिज्या के बराबर है, जबकि छोटे हिस्से को एक सिलेंडर के रूप में डाला गया है, जिसकी ऊंचाई इसके आधार की त्रिज्या के बराबर है। . शंकु के आधार की त्रिज्या और बेलन की ऊंचाई का अनुपात क्या होगा?
(a) 3:1 (b) $\sqrt[3]{9} : \sqrt[3]{2}$
(c) $\sqrt[3]{9}:1$ (d) $1: \sqrt[2]{3}$

18. A rectangle with dimensions of 24 cm and 28 cm was reconstructed to make a rhombus with the same perimeter as that of the rectangle and 120° as one of its angles. The area of the rhombus was:
24 सेमी और 28 सेमी के आयाम वाले एक आयत का पुनर्निर्माण करके एक समचतुर्भुज बनाया गया, जिसका परिमाप आयत के समान था और इसका एक कोण 120° था। समचतुर्भुज का क्षेत्रफल था:
(a) $169\sqrt{3}/3$ (b) $169\sqrt{3}$
(c) $338\sqrt{3}$ (d) $338\sqrt{3}/3$

19. A spherical glass vessel has a cylindrical upper part 7 cm long and 4 cm in diameter. The diameter of the spherical part is 21cm. Find the quantity of water it can hold in cm³.
एक गोलाकार कांच के बर्तन का ऊपरी भाग 7 सेमी लंबा और 4 सेमी व्यास वाला बेलनाकार है। गोलाकार भाग का व्यास 21 सेमी है। सेमी³ में इसमें समा सकने वाले पानी की मात्रा ज्ञात कीजिए।
(a) 4932 cm³ (b) 4939 cm³
(c) 4930 cm³ (d) 4929 cm³

20. If $(x^2+1)(y^2+1)+36=12(x+y)$, then x^3+y^3 =?
यदि $(x^2+1)(y^2+1)+36=12(x+y)$, तो x^3+y^3 का मान क्या है?
(a) 198 (b) 178 (c) 148 (d) 128

21. if $x+\frac{1}{y}=10$, $y+\frac{1}{z}=5$ & $z+\frac{1}{z}=\frac{17}{49}$. find the value of $(xyz)^3+\frac{1}{(xyz)^3}$
यदि $x+\frac{1}{y}=10$, $y+\frac{1}{z}=5$ तथा $z+\frac{1}{z}=\frac{17}{49}$,
तो $(xyz)^3+\frac{1}{(xyz)^3}$ का मान ज्ञात कीजिए।
(a) 2 (b) 4 (c) 6 (d) 1

22. A sum of Rs. 10 is lend to be returned in 11 monthly instalments of Rs. 1 each, interest being simple. The rate of interest charged is:
10 रुपये की राशि 1 रुपये प्रति किश्त की 11 मासिक किश्तों में लौटाने के लिए उधार दी जाती है, ब्याज साधारण है। ब्याज दर है ?
(a) 10% (b) 22% (c) $9\frac{1}{11}\%$ (d) $21\frac{9}{11}\%$

23. The value of $\frac{\sec\theta\,cosec\theta}{2+\tan^2\theta+\cot^2\theta}$ is equal to:
$\frac{\sec\theta\,cosec\theta}{2+\tan^2\theta+\cot^2\theta}$ का मान बराबर है:

SSC CHSL 11/08/2021 (Morning)

(a) $\sec\theta\,cosec\theta$ (b) $\sec\theta\sin\theta$
(c) $\sin\theta\cos\theta$ (d) $\cos\theta\,cosec\theta$

24. If $\frac{5\cot\theta+\sqrt{3}cosec\theta}{2\sqrt{3}cosec\theta+3\cot\theta}=1$, $0<\theta<90°$, then the value of $\frac{\frac{7}{2}\cot^2\theta-\frac{3}{4}cosec^2\theta}{4\sin^2\theta+\frac{3}{2}\tan^2\theta}$ will be:
यदि $\frac{5\cot\theta+\sqrt{3}cosec\theta}{2\sqrt{3}cosec\theta+3\cot\theta}=1$, $0<\theta<90°$, तो $\frac{\frac{7}{2}\cot^2\theta-\frac{3}{4}cosec^2\theta}{4\sin^2\theta+\frac{3}{2}\tan^2\theta}$ का मान होगा:

SSC CHSL 10/08/2021 (Afternoon)

(a) 7 (b) 2 (c) 3 (d) 5

25. The value of $\frac{3cos^2 27° - 5 + 3cos^2 63°}{tan^2 32° + 4 - cosec^2 58°} +$ $sin35° cos55° + cos35° sin55°$ is:

निम्न का मान ज्ञात कीजिए:

$\frac{3cos^2 27° - 5 + 3cos^2 63°}{tan^2 32° + 4 - cosec^2 58°} +$

$sin35° cos55° + cos35° sin55°$

SSC CHSL 19/04/2021 (Afternoon)

(a) $-\frac{1}{4}$ (b) $-\frac{1}{3}$ (c) $\frac{1}{3}$ (d) $1\frac{2}{3}$

26. The diluted wine contains only 8 liters of wine and the rest is water. A new mixture whose concentration is 30%, is to be formed by replacing wine. How many liters of mixture shall be replaced with pure wine if there was initially 32 liters of water in the mixture?

तनुकृत वाइन में केवल 8 लीटर वाइन है और शेष पानी है। वाइन को प्रतिस्थापित करके एक नया मिश्रण बनाया जाना है जिसकी सांद्रता 30% है। यदि मिश्रण में शुरू में 32 लीटर पानी था, तो कितने लीटर मिश्रण को शुद्ध वाइन से प्रतिस्थापित किया जाएगा?

(a) 4 (b) 5 (c) 6 (d) 7

27. In ΔABC, ∠A = 90°, M is the midpoint of BC and D is a point on BC such that AD ⊥ BC. If AB = 7 cm and AC = 24 cm, then AD : AM is equal to:

ΔABC में, ∠A = 90°, M, BC का मध्यबिंदु है और D, BC पर

ΔABC में, ∠A = 90°, M, BC का मध्यबिंदु है और D, BC पर
एक बिंदु इस प्रकार है कि AD ⊥ BC है। यदि AB = 7 सेमी और AC = 24 सेमी है, तो AD : AM बराबर है ?

SSC CGL (Tier-I)-2019 – 04/03/2020 (Shift-I)

(a) 168:275 (b) 336: 625
(c) 32:43 (d) 24:25

28. The radii of two concentric circles are 12 cm and 13 cm. AB is a diameter of the bigger circle. BD is a tangent to a smaller circle touching it at D. Find the length (in cm) of AD? (Correct to one decimal place):

दो संकेंद्रित वृत्तों की त्रिज्याएँ 12 सेमी और 13 सेमी हैं। AB बड़े वृत्त का व्यास है। BD एक छोटे वृत्त की स्पर्श रेखा है जो इसे D पर छूती है। AD की लंबाई (सेमी में) ज्ञात कीजिए? (दशमलव के एक स्थान तक शुद्ध) :

(a) 23.5 (b) 25.5 (c) 24.5 (d) 17.6

SSC CGI-(Tier-I) 13/08/2021 (Shift II)

29. Two chords AB and CD of a circle with centre O intersect each other at P. If ∠APC = 95° and ∠AOD = 110°, then ∠BOC is:

केंद्र O वाले एक वृत्त की दो जीवाएँ AB और CD एक दूसरे को P पर प्रतिच्छेद करती हैं। यदि ∠APC = 95° और ∠AOD – 110° है, तो ∠BOC है:

(a) 70° (b) 60° (c) 65° (d) 55°

SSC CGL (Tier-I)-2019 – 05/03/2020 (Shift-I)

30. In the given figure, P is the centre of the circle. If QS = PR, then what is the ratio of ∠RSP to the ∠TPR?

दिए गए चित्र में, P वृत्त का केंद्र है। यदि QS = PR है, तो ∠RSP और ∠TPR का अनुपात क्या है?

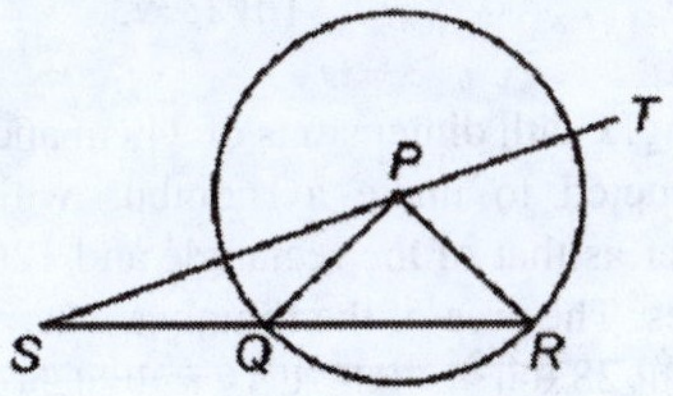

(a) 1 : 4 (b) 1 : 3 (c) 2 : 5 (d) 2 : 7

21 PRACTICE SET

1. The Price of an AC in increases and decreases in every alternate year by $1\frac{3}{5}\%$. It started with an increase in 2004. The Price of the AC in 2007 as compared to that in 2004 (correct to two decimal of places)

एक एसी की कीमत प्रत्येक एकांतर वर्ष में $1\frac{3}{5}\%$ बढ़ती और घटती है। यह 2004 में वृद्धि के साथ शुरू हुआ। 2004 की तुलना में 2007 में एसी का कीमत कितना है (दशमलव के दो स्थानों तक सही):

(a) decreased by 2.57%
(b) decreased by 1.57%
(c) increased by 1.57%
(d) increased by 2.57%

2. From a pack of 52 cards, 3 cards are drawn.What is the probability that one is ace, one is queen and one is jack ?

52 पत्तों की एक गड्डी में से 3 पत्ते निकाले जाते हैं। इसकी क्या प्रायिकता है कि एक इक्का, एक क्वीन और एक जैक है?

(a) $\frac{19}{5525}$ (b) $\frac{16}{5525}$
(c) $\frac{17}{5525}$ (d) $\frac{7}{5525}$

3. The sum of the odd divisors of 216 is :

216 के विषम भाजकों का योग है :

(a) 16 (b) 14 (c) 40 (d) 600

4. The height of solid metallic right circular cylinder exceeds the radius of its base by 23cm. Its total surface area is 1628cm². It is melted and recast into a cone of base radius 10.5cm and height x cm. what is the value of x ? (Take $\pi = 22/7$)

ठोस धातु के लम्ब वृत्तीय बेलन की ऊंचाई उसके आधार की त्रिज्या से 23 सेमी अधिक है। इसका कुल पृष्ठीय क्षेत्रफल 1628 सेमी² है। इसे पिघलाकर 10.5 सेमी आधार त्रिज्या और x सेमी ऊंचाई वाले शंकु में ढाला गया है। x का मान क्या है? ($\pi = 22/7$ लें)

(a) 40cm (b) 20cm (c) 48cm (d) 44cm

5. Travelling at 60 km/h, a person reaches his destination in a certain time. He covers 60% of his journey in $\frac{2}{5}$ of the time. At what speed (in km/h) should he travel to cover the remaining journey so that he reaches the destination on right time?

60 किमी/घंटा की गति से यात्रा करते हुए एक व्यक्ति एक निश्चित समय में अपने गंतव्य तक पहुँच जाता है। वह अपनी यात्रा का 60% भाग $\frac{2}{5}$ समय में तय करता है। शेष यात्रा तय करने के लिए उसे किस गति (किमी/घंटा में) से यात्रा करनी चाहिए ताकि वह सही समय पर गंतव्य तक पहुंच सके?

(a) 48 (b) 40 (c) 42 (d) 36

6. A, B and C are partners in a business with a total capital of ₹33,000. The profit at the end of the year is ₹15,000 that is to be divided in proportion to their capitals. A receives ₹4,500 and B receives ₹5,500 as their shares in profit. Find C's capital (in ₹)?

A, B और C ₹33,000 की कुल पूंजी वाले व्यवसाय में भागीदार हैं। वर्ष के अंत में लाभ ₹15,000 है जिसे उनकी पूंजी के अनुपात में विभाजित किया जाना है। A को लाभ में अपने हिस्से के रूप में ₹4,500 और B को ₹5,500 मिलते हैं। C की पूंजी ज्ञात करें (₹ में)?

(a) 11,000 (b) 13,000 (c) 12,000 (d) 14,000

7. There are thirteen 2-digit consecutive odd numbers. If 39 is the mean of the first five such numbers, then what is the mean of all the thirteen numbers?

तेरह दो अंकीय क्रमागत विषम संख्याएँ हैं। यदि ऐसी पहली पांच संख्याओं का माध्य 39 है, तो सभी तेरह संख्याओं का माध्य क्या है?

(a) 47 (b) 49 (c) 51 (d) 45

8. Two alloys contain silver and copper in the ratios 5:3 and 6: 5. In what ratio should the two alloys be added together to get a new alloy having silver and copper in the ratio of 3:2?

दो मिश्र धातुओं में चांदी और तांबा 5: 3 और 6: 5 के अनुपात में हैं। 3: 2 के अनुपात में चांदी और तांबे वाली एक नई मिश्र धातु प्राप्त करने के लिए दोनों मिश्र धातुओं को किस अनुपात में जोड़ा जाना चाहिए?

(a) 19:10 (b) 24:11 (c) 22:13 (d) 17:11

9. Mayank, Ashish and Avinash alone can complete a work in 20, 40 and 60 days respectively. Shubham is 50 percent more efficient than Mayank. Ansh is 60 percent less efficient than Ashish. Vaibhav is 10 percent less efficient than Avinash. Shubham, Ansh and Vaibhav together will complete the same work in how many days?
मयंक, आशीष और अविनाश अकेले एक काम को क्रमशः 20, 40 और 60 दिनों में पूरा कर सकते हैं। शुभम मयंक से 50 प्रतिशत अधिक कुशल है। अंश, आशीष से 60 प्रतिशत कम कुशल है। वैभव, अविनाश से 10 प्रतिशत कम कुशल है। शुभम, अंश और वैभव मिलकर उसी कार्य को कितने दिनों में पूरा करेंगे?
(a) 12 (b) 7 (c) 10 (d) 15

10. A, B and C started a business by investing 24,000, 32000 and 18000 respectively. A and B are active partner and get 15% and 12% of total profit and remaining profit is to be distributed among them in the ratio of their investments. If C got total 65700 as a profit, what was the total amount of profit?
A, B और C ने क्रमशः 24,000, 32000 और 18000 का निवेश करके एक व्यवसाय शुरू किया। A और B सक्रिय साझेदार हैं और उन्हें कुल लाभ का 15% और 12% मिलता है और शेष लाभ उनके निवेश के अनुपात में उनके बीच वितरित किया जाना है। यदि C को कुल 65700 का लाभ हुआ, तो लाभ की कुल राशि क्या थी?
(a) Rs 4,70,000 (b) Rs 3,70,000
(c) Rs 3,45,000 (d) Rs 1,57,000

11. Two equal sums were lent on simple interest at 6% and 10% per annum respectively. The first sum was recovered two years later than the second sum and the amount in each case was ₹1105. What was the sum (in ₹) lent in each scheme ?
दो समान राशियाँ क्रमशः 6% और 10% प्रति वर्ष साधारण ब्याज पर उधार दी गई। पहली राशि दूसरी राशि की तुलना में दो साल बाद वसूल की गई और प्रत्येक मामले में राशि ₹1105 थी। प्रत्येक योजना में उधार दी गई राशि (₹ में) क्या थी?
(a) 850 (b) 936 (c) 891 (d) 900

12. What will be the compound interest (in ₹) after 2 years if ₹24,000 is invested at 12% per annum interest being compounded half-yearly? (Rounded off to nearest integer)
यदि ₹24,000 का निवेश 12% वार्षिक ब्याज की अर्ध-वार्षिक दर पर किया जाता है, तो 2 वर्षों के बाद चक्रवृद्धि ब्याज (₹ में) क्या होगा? (निकटतम पूर्णांक तक पूर्णांकित)
(a) 6,299 (b) 6,305 (c) 6,253 (d) 6,186

13. The marked price of an article is ₹750. It is sold for ₹634.80, after giving two successive discounts each of x% on the marked price. The cost price of the article is 20% less than its marked price. If the article is sold after giving a single discount of 2x% on the same marked price, then what is the gain percentage?
एक वस्तु का अंकित मूल्य ₹750 है। अंकित मूल्य पर x% की दो क्रमिक छूट देने के बाद इसे ₹634.80 में बेचा जाता है। वस्तु का लागत मूल्य उसके अंकित मूल्य से 20% कम है। यदि वस्तु को उसी अंकित मूल्य पर 2x% की एकल छूट देने के बाद बेचा जाता है, तो लाभ प्रतिशत क्या है?
(a) 6% (b) 8% (c) 5% (d) 10%

14. Shruti sold two Mobile phone at Rs.15000 each. On one she gains 25% and on another she loses 25%. Calculate overall gain/loss percentage in the whole transaction?
श्रुति ने दो मोबाइल फोन प्रत्येक 15000 रुपये में बेचे। एक पर उसे 25% का लाभ होता है और दूसरे पर उसे 25% की हानि होती है। पूरे लेनदेन में कुल लाभ/हानि प्रतिशत की गणना करें?
(a) 6.67% gain (b) 6.67% loss
(c) No loss or gain (d) 6.25% loss

15. Calculate the mode from the following data.
निम्नलिखित डेटा से मोड की गणना करें।

Days of confinement	6	7	8	9	10
Number of patients	4	6	7	5	3

(a) 7 (b) 5 (c) 6 (d) 8

16. The batting average for 35 innings of a cricket player is 42 runs. His highest score in an innings exceeds his lowest score by 162 runs. If these two innings are excluded, the average score of the remaining 33 innings is 38 runs. Find his highest score in these innings.
एक क्रिकेट खिलाड़ी का 35 पारियों में बल्लेबाजी औसत 42 रन है। एक पारी में उनका उच्चतम स्कोर उनके न्यूनतम स्कोर से 162 रन अधिक है। यदि इन दोनों पारियों को हटा दिया जाए तो शेष 33 पारियों का औसत स्कोर 38 रन है। इन पारियों में उसका सर्वोच्च स्कोर ज्ञात कीजिए।
(a) 184 (b) 179 (c) 176 (d) 189

17. What is the area of the largest square that is inscribed in a semicircle of radius 10 cm?
10 सेमी त्रिज्या वाले अर्धवृत्त में अंकित सबसे बड़े वर्ग का क्षेत्रफल क्या है?
(a) 10 cm^2 (b) 70 cm^2 (c) 80 cm^2 (d) 90 cm^2

18. In a right circular cylinder, the ratio of the curved surface area to the total surface area is 5:9. Find the ratio of the height of the cylinder to the radius of the cylinder.
एक लंब वृत्तीय बेलन में, वक्र पृष्ठीय क्षेत्रफल का कुल पृष्ठीय क्षेत्रफल से अनुपात 5:9 है। बेलन की ऊँचाई का बेलन की त्रिज्या से अनुपात ज्ञात कीजिए?
(a) 3 : 5 (b) 5 : 3 (c) 4 : 5 (d) 5 : 4

19. In a rectangular park of 72 m × 48 m, 2m wide paths Nehru Road and Zoo Park Road intersect each other at right angles in the centre of the park. Each path is parallel to one of the dimensions of the park. What will be the cost of constructing the road at the rate of Rs. 150 per square meter?
72 मीटर × 48 मीटर के एक आयताकार पार्क में, नेहरू रोड और ज़ू पार्क रोड के 2 मीटर चौड़े रास्ते पार्क के केंद्र में एक दूसरे को समकोण पर काटते हैं। प्रत्येक रास्ता पार्क के किसी एक आयाम के समानांतर है। 150 रुपये प्रति वर्ग मीटर की दर से सड़क बनाने की लागत क्या होगी?
(a) Rs. 35,300 (b) Rs. 35,350
(c) Rs. 35,395 (d) Rs. 35,400

20. If $\frac{x+1}{x} = -1$ then find the value of $\frac{x^{15}+1}{x^{15}} = ?$
यदि $\frac{x+1}{x} = -1$ तो $\frac{x^{15}+1}{x^{15}}$ का मान ज्ञात कीजिए।
(a) –1 (b) 0 (c) 2 (d) 3

21. If $x + y + z = 2$, $xy + yz + zx = -11$, and $xyz = -12$, then what is the value of $x^3 + y^3 + z^3$?
यदि $x + y + z = 2$, $xy + yz + zx = -11$, तथा $xyz = -12$, तो $x^3 + y^3 + z^3$ का मान क्या है?
(a) 36 (b) 38 (c) 40 (d) 42

22. If $x - y = 11$ and $\frac{1}{x} - \frac{1}{y} = \frac{11}{24}$, then what is the value of $x^3 - y^3 + x^2y^2$?
यदि $x - y = 11$ तथा $\frac{1}{x} - \frac{1}{y} = \frac{11}{24}$, तो $x^3 - y^3 + x^2y^2$ का मान क्या है?
(a) 1331 (b) 1105 (c) 1307 (d) 1115

23. Find the value of $\sqrt{30+\sqrt{30+\sqrt{30}+\dots}}$
$\sqrt{30+\sqrt{30+\sqrt{30}+\dots}}$ का मान ज्ञात कीजिए?
(a) 5 (b) $3\sqrt{10}$ (c) 6 (d) 7

24. If tan(t) + cot(t) = 1, then one of the values of the expression $\frac{1}{(\sin t+\cos t)}$ is
यदि tan(t) + cot(t) = 1, तो व्यंजक $\frac{1}{(\sin t+\cos t)}$ का एक मान है_
(a) $1/\sqrt{3}$ (b) $2/\sqrt{3}$ (c) $\sqrt{3}/2$ (d) $\sqrt{3}$

25. If $0° < \theta < 90°$ then
$$\frac{(1-\sin\theta)(\sec\theta+\tan\theta)\tan\theta}{(\sec\theta+\tan\theta+1)(\cot\theta-\operatorname{cosec}\theta+1)} = 1 \text{ then } =?$$
यदि $0° < \theta < 90°$ तो
$$\frac{(1-\sin\theta)(\sec\theta+\tan\theta)\tan\theta}{(\sec\theta+\tan\theta+1)(\cot\theta-\operatorname{cosec}\theta+1)} = 1$$
SSC CHSL 13/04/2021 (Afternoon)
(a) $\sin\theta$ (b) $\frac{\sin\theta}{2}$ (c) $\cos\theta$ (d) $\frac{\cos\theta}{2}$

26. The expression $\frac{(1-2\sin^2\theta\cos^2\theta)(\cot\theta+1)\cos\theta}{(\sin^4\theta+\cos^4\theta)(1+\tan\theta)\operatorname{cosec}\theta}-1$,
$0°\ \theta < 90°$, is equal to:
अभिव्यक्ति $\frac{(1-2\sin^2\theta\cos^2\theta)(\cot\theta+1)\cos\theta}{(\sin^4\theta+\cos^4\theta)(1+\tan\theta)\operatorname{cosec}\theta}-1$,
$0°\ \theta < 90°$ का मान क्या है?
SSC CGL Tier II (03/02/2022)
(a) $\cos^2\theta$ (b) $-\sin^2\theta$ (c) $\sec^2\theta$ (d) $-\sec^2\theta$

27. In the figure given below, PQRS is a parallelogram. PA bisects angle P and SA bisects angle S. What is angle PAS equal to?
नीचे दी गई आकृति में, PQRS एक समांतर चतुर्भुज है। PA कोण P को समद्विभाजित करता है और SA कोण S को समद्विभाजित करता है। कोण PAS किसके बराबर है?

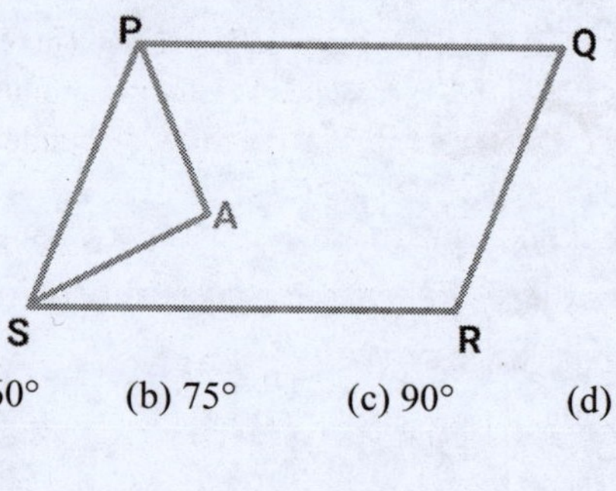

(a) 60° (b) 75° (c) 90° (d) 100°

28. In the figure given below, D is the diameter of each circle. What is the diameter of the shaded circle?
नीचे दी गई आकृति में, D प्रत्येक वृत्त का व्यास है। छायांकित वृत्त का व्यास क्या है?

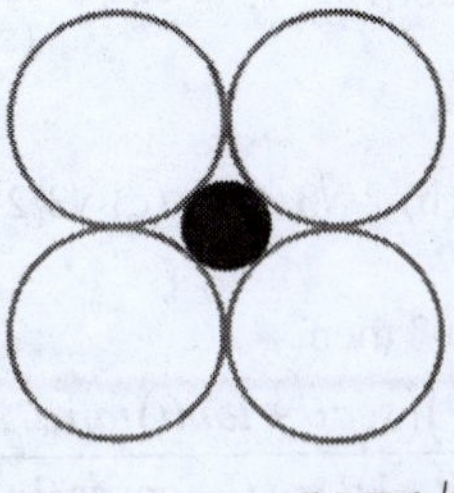

(a) $D(\sqrt{2}-1)$ (b) $D(\sqrt{2}+1)$
(c) $D(\sqrt{2}+2)$ (d) $D(2-\sqrt{2})$

29. ABC is a triangle right angled at C as shown in figure. Which one of the following is correct?
ABC एक त्रिभुज है जो C पर समकोण है जैसा कि चित्र में दिखाया गया है। निम्नलिखित में से कौन सा सही है?

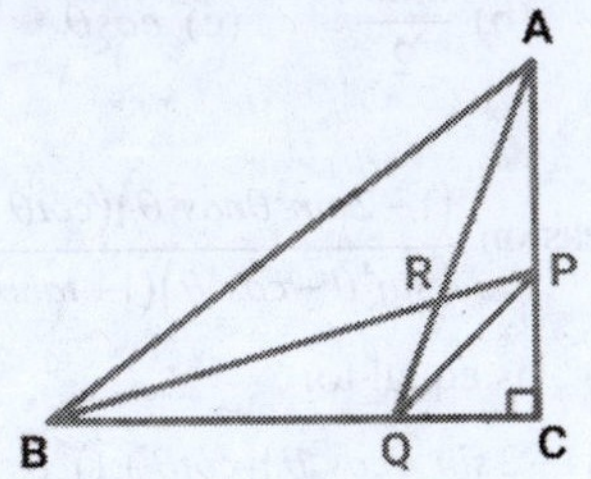

(a) $AQ^2 + AB^2 = BP^2 + PQ^2$
(b) $AQ^2 + PQ^2 = AB^2 + BP^2$
(c) $AQ^2 + BP^2 = AB^2 + PQ^2$
(d) $AQ^2 + AP^2 = BK^2 + KQ^2$

30. From an external point P tangents PA and PB are drawn to the circle as shown in below figure. CD is the tangent to the circle at F. If AP = 16 cm, then the perimeter of the triangle PCD is equal to
एक बाहरी बिंदु से P स्पर्शरखा PA और PB वृत्त पर खींची जाती है जैसा कि नीचे दिए गए चित्र में दिखाया गया है। CD, F पर वृत्त की स्पर्श रेखा है। यदि AP = 16 सेमी, तो त्रिभुज PCD का परिमाप किसके बराबर है?

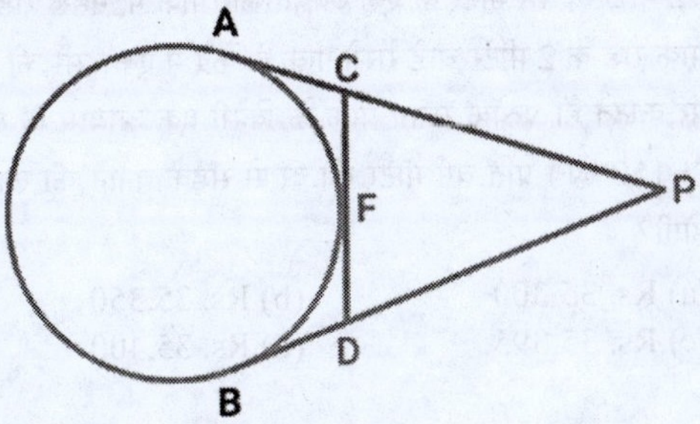

(a) 24 cm (b) 28 cm (c) 30 cm (d) 32 cm

22 PRACTICE SET

1. In an election between A and B, every fourth vote polled was marked as invalid by the machine. In the remaining votes, A wins the election with a margin of 3000 votes or 15% of the total votes polled, over B. If all the invalid votes would have been in favour of B, then which of the following would have been the result of the election?
A और B के बीच एक चुनाव में, डाले गए हर चौथे वोट को मशीन द्वारा अवैध घोषित कर दिया गया। शेष वोटों में, A, B से 3000 वोटों या कुल डाले गए वोटों के 15% के अंतर से चुनाव जीतता है। यदि सभी अमान्य वोट B के पक्ष में होते, तो निम्नलिखित में से कौन सा परिणाम होता चुनाव का?
(a) A would have won by 10%
(b) B would have won by 10%
(c) A would have won by 5%
(d) B would have won by 5%

2. Two cards are drawn from a pack of 52 cards. The probability that out of 2 cards, one card is red and one card is black is
52 पत्तों की एक गड्डी से दो पत्ते निकाले जाते हैं। संभावना है कि 2 कार्डों में से एक कार्ड लाल है और एक कार्ड काला है
(a) 1/2 (b) 13/25 (c) 25/51 (d) 26/51

3. How many factors of 14,400 are divisible by 18 but not by 36 ?
14,400 के कितने गुणनखंड 18 से विभाज्य हैं लेकिन 36 से नहीं?
(a) 5 (b) 2 (c) 4 (d) 3

4. What is the value of the expression 1 – 2 + 3 – 4 + 5 – 6 ..... to 100 terms?
व्यंजक 1 – 2 + 3 – 4 + 5 – 6 ..... का 100 पदों तक मान क्या है?
(a) – 50 (b) – 55 (c) – 49 (d) – 60

5. A person covers a distance of 300 km and then returns to the starting point. The time taken by him for the outward journey is 5 hours more than the time taken for the return journey. If he returned at a speed of 10 km/h more than the speed of going, what was the speed (in km/h) for the outward journey?
एक व्यक्ति 300 किमी की दूरी तय करता है और फिर प्रारंभिक बिंदु पर लौट आता है। उसके द्वारा बाहर की यात्रा में लिया गया समय वापसी यात्रा में लिए गए समय से 5 घंटे अधिक है। यदि वह जाने की गति से 10 किमी/घंटा अधिक गति से लौटा, तो बाहर की यात्रा के लिए उसकी गति (किमी/घंटा में) क्या थी?
(a) 25 (b) 30 (c) 20 (d) 15

6. A, B and C invest in a business in the ratio 3:6:5. A and C are working partners. Only B is sleeping partner hence his share will be 3/4th of what it would have been if he were a working partner. If they make Rs. 50,000 profits, half of which is reinvested in the business and the other half is distributed between the partners, then how much does C get (in Rs.)?
A, B और C किसी व्यवसाय में 3:6:5 के अनुपात में निवेश करते हैं। A और C कार्यशील साझेदार हैं। केवल B निष्क्रिय साझेदार है, इसलिए उसका हिस्सा कार्यशील साझेदार होने पर मिलने वाले हिस्से का 3/4 होगा। यदि वे 50,000 रुपये का लाभ कमाते हैं, जिसका आधा हिस्सा व्यवसाय में फिर से निवेश किया जाता है और बाकी आधा सांझेदारों के बीच वितरित किया जाता है, तो C को कितना मिलता है (रुपये में)?
(a) 20000 (b) 6000 (c) 10000 (d) 9000

7. The average of five numbers, given in a particular order, is 32. The average of the first three numbers is 28, while that of the last three numbers is 34. what is the average of the first two numbers ?
एक विशेष क्रम में दी गई पाँच संख्याओं का औसत 32 है। पहली तीन संख्याओं का औसत 28 है, जबकि अंतिम तीन संख्याओं का औसत 34 है। पहली दो संख्याओं का औसत क्या है?
(a) 29 (b) 30 (c) 27 (d) 28

8. A milk vendor has 2 vessels of milk and water. The first contains 80% milk and the rest is water. The second contains 50% milk. How much mixture (in L) should he mix from each of the vessels so as to get 9 litres of mixture such that the ratio of water to milk is 1 : 2 ? (Write your answer in the order of vessel 1 and vessel 2)
एक दूध विक्रेता के पास दूध और पानी के 2 बर्तन हैं। पहले में 80% दूध है और बाकी पानी है। दूसरे में 50% दूध है. उसे प्रत्येक बर्तन से कितना मिश्रण (एल में) मिलाना चाहिए ताकि 9 लीटर मिश्रण प्राप्त हो जाए ताकि पानी और दूध का अनुपात 1: 2 हो जाए? (अपना उत्तर बर्तन 1 और बर्तन 2 के क्रम में लिखें)
(a) 6, 3 (b) 4, 5 (c) 3, 6 (d) 5, 4

9. N, O and P can complete a work alone in 20, 15 and 12 days respectively. They started the work together. N left the work 4 days before the work was completed and O left the work 2 days after N had left. P completed the remaining work alone. How many days will be required to complete the whole work?
N, O और P अकेले एक काम को क्रमश: 20, 15 और 12 दिनों में पूरा कर सकते हैं। उन्होंने एक साथ काम शुरू किया. N ने काम पूरा होने से 4 दिन पहले काम छोड़ दिया और O ने N के जाने के 2 दिन बाद काम छोड़ दिया। P ने शेष कार्य अकेले पूरा किया। संपूर्ण कार्य को पूरा करने में कितने दिन लगेंगे?
(a) 20/3 days (b) 18/5 days
(c) 20/5 days (d) 21/4 days

10. The ratio of Copper, Zinc and Nickel in German Silver is 4:3:2. How many kilograms of Zinc should be added to this metal of 54 kg so that the new ratio becomes 2:5:1.
जर्मन सिल्वर में कॉपर, जिंक और निकेल का अनुपात 4:3:2 है। 54 किलोग्राम की इस धातु में कितने किलोग्राम जिंक मिलाया जाए ताकि नया अनुपात 2:5:1 हो जाए।
(a) 50 (b) 48 (c) 36 (d) 42

11. The simple interest on a certain sum for 3 years at 12% p.a. is ₹6750. What is the compound interest (in ₹) on the same sum for 2 years at 20% p.a., if interest is compounded half-yearly? (rounded off to the nearest ₹)
एक निश्चित राशि पर 3 वर्ष के लिए 12% प्रति वर्ष की दर से साधारण ब्याज ₹6750 है. यदि ब्याज अर्ध-वार्षिक रूप से संयोजित किया जाता है, तो उसी राशि पर 2 वर्षों के लिए 20% प्रति वर्ष की दर से चक्रवृद्धि ब्याज (₹ में) क्या है? (निकटतम ₹ तक पूर्णांकित)
(a) 7729 (b) 8702 (c) 8000 (d) 6750

12. 1500 rupees is invested in a scheme A at R% p.a. simple interest. Another amount (1500 - x) is invested in scheme B at 2R % p.a. simple interest. After 4 years, interest earned from scheme A is 25% less than that of scheme B. Find x.
1500 रुपये योजना A में R% प्रति वर्ष साधारण ब्याज पर निवेश किए जाते हैं। एक अन्य राशि (1500 - x) योजना B में 2R% प्रति वर्ष साधारण ब्याज पर निवेश की जाती है। 4 वर्ष बाद, योजना A से अर्जित ब्याज योजना B से अर्जित ब्याज से 25% कम है। x ज्ञात कीजिए ?
(a) 500 (b) 600 (c) 900 (d) 1000

13. A shopkeeper sells wheat at 20/kg that he purchased at 18/kg and he gives only 900 gm of wheat instead of 1 kg while selling. The actual percentage profit of the shopkeeper is:
एक दुकानदार 20/किग्रा गेहूं बेचता है जिसे उसने 18/किग्रा में खरीदा था और बेचते समय वह 1 किलोग्राम के बजाय केवल 900 ग्राम गेहूं देता है। दुकानदार का वास्तविक प्रतिशत लाभ है:
(a) 22.45 % (b) 24.45 %
(c) 23.45 % (d) 20.45 %

14. A person bought two buffaloes for Rs.11,520. One is sold at a loss of 15% and the other is sold at a gain of 19%. If the selling price of both buffaloes is equal, find the cost price of the first one.
एक व्यक्ति ने 11,520 रुपये में दो भैंसें खरीदीं. एक को 15% की हानि पर बेचा जाता है और दूसरे को 19% के लाभ पर बेचा जाता है। यदि दोनों भैंसों का विक्रय मूल्य बराबर है, तो पहली भैंस का लागत मूल्य ज्ञात कीजिए।
(a) Rs.6,700 (b) Rs.6,710
(c) Rs.6,720 (d) Rs.6,730

15. The marks obtained by 15 students out of a maximum of 25 in a test are given as 13, 11, 16, 15, 18, 12, 13, 14, 10, 22, 15, 21, 20, 17 and 24. Find the product of the modes of this set of data.
एक परीक्षा में अधिकतम 25 में से 15 छात्रों द्वारा प्राप्त अंक 13, 11, 16, 15, 18, 12, 13, 14, 10, 22, 15, 21, 20, 17 और 24 हैं। डेटा के इस सेट के मोड का उत्पाद।
(a) 192 (b) 210 (c) 182 (d) 195

16. A has some coins. He gives half of the coins and 2 more to B. B gives half of the coins and 2 more to C. C Gives half of the coins and two more to D. The number of coins D has now, is the smallest twodigit number. How many coins does A have in the beginning?
A के पास कुछ सिक्के हैं। वह उनमें से आधे सिक्के और 2 सिक्के B को दे देता है। B, उनमें से आधे सिक्के और 2 और सिक्के C को देता है। C, उनमें से आधे सिक्के और 2 और सिक्के D को देता है। अब D के पास जितने सिक्के हैं, वह दो अंकों की सबसे छोटी संख्या है। शुरुआत में A के पास कितने सिक्के हैं?
(a) 76 (b) 68 (c) 60 (d) 52

17. Find the area of the jogging track which has a width of 2m and is built around a rectangle with dimension 20m × 18m.
जॉगिंग ट्रैक का क्षेत्रफल ज्ञात करें जिसकी चौड़ाई 2 मीटर है और यह 20 मीटर × 18 मीटर आयाम वाले एक आयत के चारों ओर बनाया गया है।
(a) 200 m^2 (b) 140 m^2 (c) 136 m^2 (d) 168 m^2

18. Four equal circles are formed on the four vertices of a square in such a way that each circle touches two other circles. What will be the area outside the perimeter of the circles towards the middle of the square. If the length of each side of the square is 28 cm?
एक वर्ग के चारों शीर्षों पर चार समान वृत्त इस प्रकार बनाये जाते हैं कि प्रत्येक वृत्त दो अन्य वृत्तों को स्पर्श करता है। वृत्तों की परिधि के बाहर वर्ग के मध्य की ओर का क्षेत्रफल कितना होगा? यदि वर्ग की प्रत्येक भुजा की लंबाई 28 सेमी है?

(a) 168 (b) 40 (c) 42 (d) 32

19. The length, breadth and height of a solid cuboid are 3 cm, 4 cm and 5 cm respect is the volume of the largest cylinder which can be cut from this cuboid?
एक ठोस घनाभ की लंबाई, चौड़ाई और ऊंचाई क्रमशः 3 सेमी, 4 सेमी और 5 सेमी है, इस घनाभ से काटे जा सकने वाले सबसे बड़े बेलन का आयतन कितना है?

(a) $\left(\frac{264}{7}\right)cm^3$ (b) $\left(\frac{1056}{7}\right)cm^3$
(c) $\left(\frac{182}{7}\right)cm^3$ (d) $\left(\frac{528}{7}\right)cm^3$

20. If $x+\frac{1}{x}=5$ and $x>1$ what is the value of $x^8-\frac{1}{x^8}$?
यदि $x+\frac{1}{x}=5$ और $x>1$ तो $x^8-\frac{1}{x^8}$ का मान क्या है?

(a) $60605\sqrt{21}$ (b) $60615\sqrt{21}$
(c) $60705\sqrt{21}$ (d) $60725\sqrt{21}$

21. For what positive value of k, the equation $3x^2 + 2kx + 3 = 0$ has real and equal roots?
k के किस धनात्मक मान के लिए समीकरण $3x^2 + 2kx + 3 = 0$ के वास्तविक और बराबर मूल होंगे?

(a) 12 (b) 1 (c) 3 (d) 9

22. If $x^4 - 16x - 12 = 0$, then find the value of $x^2 - 2x$?
यदि $x^4 - 16x - 12 = 0$ है, तो $x^2 - 2x$ का मान ज्ञात कीजिए।

(a) 2 (b) –6 (c) –12 (d) 6

23. Let $x=\sqrt{42-\sqrt{42-\sqrt{42-\sqrt{42-....to\,infinity}}}}$: then x equal to
मान लीजिए $x=\sqrt{42-\sqrt{42-\sqrt{42-\sqrt{42-....}}}}$ तब x किसके बराबर है?

(a) 6 (b) 7
(c) between 6 and 7 (d) Greater than 7

24. The expression $\frac{cos^4\theta-sin^4\theta+2sin^2\theta+3}{(cosec\theta+cot\theta+1)(cosec\theta-cot\theta+1)-2}$, $0°<\theta<90°$, is equal to
$\frac{cos^4\theta-sin^4\theta+2sin^2\theta+3}{(cosec\theta+cot\theta+1)(cosec\theta-cot\theta+1)-2}$, $0°<\theta<90°$ का मान बराबर है:

SSC CGL Tier II (03/02/2022)

(a) $\frac{1}{2}sin\theta$ (b) $2\,sin\theta$
(c) $sec\theta$ (d) $2\,cosec\theta$

25. The expression $\frac{tan^6\theta-sec^6\theta+3sec^2\theta tan^2\theta}{tan^2\theta+cot^2\theta+2}$, $0°<\theta<90°$, is equal to
$\frac{tan^6\theta-sec^6\theta+3sec^2\theta tan^2\theta}{tan^2\theta+cot^2\theta+2}$, $0°<\theta<90°$ का मान बराबर है:

SSC CGL Tier II (03/02/2022)

(a) $sec^2\theta\,cosec^2\theta$ (b) $-sec^2\theta\,cosec^2\theta$
(c) $cos^2\theta\,sin^2\theta$ (d) $-cos^2\theta\,sin^2\theta$

26. $\left(\frac{tan^3\theta}{sec^2\theta}+\frac{cot^3\theta}{cosec^2\theta}+2sin\theta cos\theta\right)\div\left(1+cosec^2\theta+tan^2\theta\right)$, $0°<\theta<90°$, is equal to
$\left(\frac{tan^3\theta}{sec^2\theta}+\frac{cot^3\theta}{cosec^2\theta}+2sin\theta cos\theta\right)\div\left(1+cosec^2\theta+tan^2\theta\right)$, $0°<\theta<90°$ का मान बराबर है:

SSC CGL Tier II (29/01/2022)

(a) $cosec\theta\,sec\theta$ (b) $cosec\theta$
(c) $sin\theta\,cos\theta$ (d) $sec\theta$

27. If coordinates of orthocentre and centroid of a triangle are (6, -1) and (4, 1) then coordinates of a point which is equidistance from vertices of the triangle is?
यदि एक त्रिभुज के लंबकेन्द्र और केन्द्रक के निर्देशांक (6,1) और (4, 1) हैं, तो उस बिंदु के निर्देशांक हैं जो त्रिभुज के शीर्षों से समान दूरी पर है?

(a) (3, 2) (b) (2, –3) (c) (2, 3) (d) (–3, 2)

28. Find the coordinates of the circum-center of a triangle ABC with the vertices A = (3, 2), B = (1, 4) & C (5, 4)?
शीर्ष A = (3, 2), B = (1, 4) और C (5, 4) वाले त्रिभुज ABC के परि-केंद्र के निर्देशांक ज्ञात कीजिए?

(a) (–3, 4) (b) (3, 4)
(c) (3, –4) (d) (–3, –4)

29. In triangle ABC, AB = $8\sqrt{2}$ cm, AC = 17 cm and ∠ABC = 135°. What is the length (in cm) of BC?
त्रिभुज ABC में, AB = $8\sqrt{2}$ सेमी, AC = 17 सेमी और ∠ABC=135° है। BC की लंबाई (सेमी में) क्या है?

(a) 16.8 (b) 7, 8.5 (c) 21 (d) 18

30. If the orthocentre, centroid, incenter and circumcenter coincide in a triangle ABC, and if the length of side AB is $5\sqrt{3}$ cm, then what is the length of the altitude of the triangle through the vertex A?
यदि लम्बकेन्द्र, केन्द्रक, अंतः केन्द्र और परिकेन्द्र एक त्रिभुज ABC में संपाती हैं, और यदि भुजा AB की लंबाई $5\sqrt{3}$ सेमी है, तो शीर्ष A से त्रिभुज की ऊँचाई की लंबाई क्या है?

(a) 6.4 cm (b) 5.2 cm
(c) 8.6 cm (d) 7.5 cm

23 PRACTICE SET

1. In an election between P, R and S, $\frac{1}{10}$ of the total votes polled are invalid. Votes polled in favour of R and S are half of the total votes polled, and they get equal votes. Due to a fault in the machine, half of the votes of S and half of the invalid votes are counted additionally in favour of R. What is the overall percentage of votes secured by R due to the fault?
P, R और S के बीच चुनाव में, डाले गए कुल वोटों में से $\frac{1}{10}$ वोट अवैध हैं। आर और एस के पक्ष में पड़े वोट कुल पड़े वोटों के आधे हैं और उन्हें बराबर वोट मिले हैं। मशीन में खराबी के कारण, S के आधे वोट और आधे अवैध वोट R के पक्ष में अतिरिक्त रूप से गिने जाते हैं। गलती के कारण R द्वारा प्राप्त वोटों का कुल प्रतिशत क्या है?
(a) 37.55% (b) 41.55% (c) 38.5 (d) 42.5%

2. Two cards are drawn at random from a pack of 52 cards. What is the probability that either both are black or both are queen?
52 पत्तों की एक गड्डी में से दो पत्ते यादृच्छिक रूप से निकाले जाते हैं। क्या प्रायिकता है कि या तो दोनों काले हों या दोनों बेगम हों?
(a) $\frac{52}{221}$ (b) $\frac{55}{190}$ (c) $\frac{55}{221}$ (d) $\frac{19}{221}$

3. Three fractions x, y and z are such that x > y > z. When the smallest of them is divided by the greatest, the result is $\frac{9}{16}$ which exceeds y by 0.0625. If x + y + z = $\frac{27}{12}$, then what is the value of y + z?
तीन भिन्न x, y और z इस प्रकार हैं कि x > y > z है। जब उनमें से सबसे छोटी को सबसे बड़ी से भाग दिया जाता है, तो परिणाम $\frac{9}{16}$ प्राप्त होता है जो y से 0.0625 अधिक है। यदि x + y + z = $\frac{27}{12}$ है, तो y + z का मान क्या है?
(a)1.13 (b)1.14 (c)1.15 (d)1.16

4. What is the sum of the first 200 terms of the given series? 1 + 5 + 6 + 10 + 11 + 15 + 16 + 20 +.......
दी गई श्रृंखला के प्रथम 200 पदों का योग क्या है? 1 + 5 + 6 + 10 + 11 + 15 + 16 + 20 +.......
(a) 49400 (b) 49600 (c) 50100 (d) 48300

5. In covering a distance of 60 km. Arjun takes 2 hours more than Rohit. If Arjun doubles his speed, then he would take 1 hour less than Rohit. Arjun's original speed is:
60 किमी की दूरी तय करने में अर्जुन को रोहित से 2 घंटे ज़्यादा लगते हैं। अगर अर्जुन अपनी गति दोगुनी कर दे, तो उसे रोहित से 1 घंटा कम लगेगा। अर्जुन की मूल गति है:
(a) 15 km/h (b) 25 km/h
(c) 5 km/h (d) 10 km/h

6. The bowling average of a bowler is 16.2 runs per wicket. He took 5 wickets in his next innings by giving 23 runs and due to this his bowling average improved by 0.4 run per wicket. Find the total number of wickets taken by him till date.
एक गेंदबाज का गेंदबाजी औसत 16.2 रन प्रति विकेट है। उसने अपनी अगली पारी में 23 रन देकर 5 विकेट लिए और इस कारण उसका गेंदबाजी औसत 0.4 रन प्रति विकेट बढ़ गया। आज तक उसके द्वारा लिए गए कुल विकेटों की संख्या ज्ञात कीजिए।
(a) 150 (b) 145 (c) 140 (d) 155

7. The average of n numbers is 42. If 75% of the numbers are increased by 4 each and the remaining numbers are decreased by 8 each, then what is the average of the numbers, so obtained ?
n संख्याओं का औसत 42 है। यदि 75% संख्याओं में से प्रत्येक में 4 की वृद्धि की जाती है और शेष संख्याओं में से प्रत्येक में 8 की कमी की जाती है, तो प्राप्त संख्याओं का औसत क्या है?
(a) 43.8 (b) 42.5 (c) 43 (d) 44

8. From a cask of milk containing 64 liters, 8 liters are drawn out and the cask is filled up with water. If the same process is repeated a second, then a third time, what will be the proportion of milk to water in the resulting mixture?
64 लीटर दूध के एक पीपे में से 8 लीटर दूध निकाला जाता है और पीपे को पानी से भर दिया जाता है। यदि यही प्रक्रिया दूसरी बार, फिर तीसरी बार दोहराई जाए, तो परिणामी मिश्रण में दूध और पानी का अनुपात क्या होगा?
(a) 343 : 179 (b) 333 : 169
(c) 443 : 179 (d) 343 : 169

9. Working together Kamal and Sharth have to type a book containing 300 pages. Kamal takes 12 hrs to type 96 pages and Sharth takes 15 hrs to type 60 pages. Kamal typed first 120 pages alone and the last 180 pages were typed by Kamal and Sharth together. How much time will be taken to type the complete book?
कमल और शार्थ को एक साथ काम करते हुए 300 पन्नों की एक किताब टाइप करनी है। कमल को 96 पेज टाइप करने में 12 घंटे लगते हैं और शार्थ को 60 पेज टाइप करने में 15 घंटे लगते हैं। कमल ने पहले 120 पेज अकेले टाइप किए और आखिरी 180 पेज कमल और शार्थ ने मिलकर टाइप किए। पूरी किताब टाइप करने में कितना समय लगेगा?
(a) 35 hrs (b) 30 hrs (c) 40 hrs (d) 20 hrs

10. Three friends A, B and C divide 5,525 amongst them in such a way that if 50, 100 and 75 are removed from the sums that A, B and C received respectively, then the share of the sums that they get would have been in the ratio of 11 : 18 : 24. How much did C initially receive?
तीन मित्र A, B और C 5, 525 को आपस में इस प्रकार बांटते हैं कि यदि A, B और C को प्राप्त राशि में से क्रमशः 50, 100 और 75 हटा दें, तो उन्हें प्राप्त राशि का हिस्सा होगा 11 : 18 : 24 का अनुपात। C को प्रारंभ में कितना प्राप्त हुआ?
(a) ₹1,900 (b) ₹1,150 (c) ₹2,325 (d) ₹2,475

11. The simple interest on a sum of money for 3 years at an interest rate of 6% p.a. is ₹6,750. What will be the compound interest rounded off on the same sum at the same rate for the same period, compounded annually is closest to:
किसी धनराशि पर 6% वार्षिक ब्याज दर से 3 वर्षों का साधारण ब्याज ₹6,750 है। उसी धनराशि पर उसी अवधि के लिए उसी दर से पूर्णांकित चक्रवृद्धि ब्याज क्या होगा, जो वार्षिक रूप से संयोजित होता है?
(a) ₹7,103 (b) ₹7,133 (c) ₹7,663 (d) ₹7,163

12. A man borrowed Rs. Rs.12000 on compound interest at the rate of 20% per annum and at the end of first year man again borrowed Rs. 'X' more on compound interest at the same rate of interest. If at the end of second year, man paid total amount of Rs.20400, then find value of 'X'?
एक व्यक्ति ने 20% वार्षिक चक्रवृद्धि ब्याज पर 12000 रुपये उधार लिए और पहले वर्ष के अंत में उसने उसी ब्याज दर पर चक्रवृद्धि ब्याज पर 'X' रुपये और उधार लिए। यदि दूसरे वर्ष के अंत में उसने कुल 20400 रुपये चुकाए, तो 'X' का मान ज्ञात कीजिए?
(a) Rs.2400 (b) Rs.2000
(c) Rs.3600 (d) Rs.2600

13. The ratio of the marked price to the cost price of an article is 5 : 3. If the selling price of that article is ₹3645 and the shopkeeper gave two successive discounts of 25% and 10% on the marked price, then what is the profit or loss percent during this transaction?
किसी वस्तु के अंकित मूल्य और क्रय मूल्य का अनुपात 5:3 है। यदि उस वस्तु का विक्रय मूल्य ₹3645 है और दुकानदार ने अंकित मूल्य पर 25% और 10% की दो क्रमिक छूट दी, तो इस लेन-देन में लाभ या हानि प्रतिशत क्या है?
(a) 12.5% Profit (b) 10% Profit
(c) 15% Loss (d) 15.5% Loss

14. A shopkeeper sold 3 wristwatches for Rs. 2,800 each. If he has sold the watches with 40%, 25% and 12% profit, respectively, then find his overall profit percentage (correct to 2 decimal places).
एक दुकानदार ने 3 कलाई घड़ियाँ 2,800 रुपये प्रति घड़ियाँ बेचीं। यदि उसने घड़ियाँ क्रमशः 40%, 25% और 12% लाभ पर बेचीं, तो उसका कुल लाभ प्रतिशत ज्ञात कीजिए (दशमलव के बाद 2 स्थानों तक सही)?
(a) 24.19 (b) 24.63 (c) 24.55 (d) 24.51

15. Find the mode for the given distribution (rounded off to two decimal places).
दिए गए वितरण के लिए मोड खोजें (दशमलव के दो स्थानों तक पूर्णांकित करें)।

Class Interval	Frequency
5 – 10	8
10 – 15	7
15 – 20	6
20 – 25	9
25 – 30	11
30 – 35	10

(a) 35.25 (b) 40.25 (c) 30.33 (d) 28.33

16. The sum of 32 consecutive natural number is a perfect square, what is the least possible sum of smallest & largest of the numbers?
32 क्रमागत प्राकृतिक संख्याओं का योग एक पूर्ण वर्ग है, सबसे छोटी और सबसे बड़ी संख्याओं का न्यूनतम सम्भव योग क्या है?
(a) 49 (b) 63 (c) 54 (d) 51

17. The sides of a triangular park are 100 m, 156 m and 224 m. Its area is equal to the area of a rectangular field whose sides are in the ratio 21 : 20. What will be the cost (in Rs.) of putting fence around the rectangular field at a rate of Rs. 25.50 per metre?
एक त्रिभुजाकार पार्क की भुजाएँ 100 मीटर, 156 मीटर और 224 मीटर हैं। इसका क्षेत्रफल एक आयताकार मैदान के क्षेत्रफल के बराबर है जिसकी भुजाएँ 21 : 20 के अनुपात में हैं। 25.50 रुपये प्रति मीटर की दर से आयताकार मैदान के चारों ओर बाड़ लगाने की लागत (रुपये में) क्या होगी?

(a) 8,364 (b) 6,274 (c) 5,229 (d) 4,184

18. A sphere is placed in an inverted hollow conical vessel of base radius 7 cm and vertical height 24 cm. if the highest point of the sphere is at the level of the base of the cone, then what is the ratio of the volume of the sphere to that of the conical vessel?
एक गोले को 7 सेमी आधार त्रिज्या और 24 सेमी ऊर्ध्वाधर ऊंचाई वाले एक उल्टे खोखले शंक्वाकार बर्तन में रखा गया है। यदि गोले का उच्चतम बिंदु शंकु के आधार के स्तर पर है, तो गोले के आयतन और शंक्वाकार पात्र के आयतन का अनुपात क्या है?

(a) 63:128 (b) 21:96 (c) 63:256 (d) 21:64

19. The shape of a capsule is like two hemispheres connected at both ends of a cylinder. If the length of the entire capsule is 16 mm and the radius of the capsule is 3 mm, then what will be the maximum amount of medicine that can be filled in it ?
कैप्सूल का आकार एक सिलेंडर के दोनों सिरों पर जुड़े दो गोलार्धों जैसा होता है। यदि पूरे कैप्सूल की लंबाई 16 मिमी और कैप्सूल की त्रिज्या 3 मिमी है, तो इसमें भरी जा सकने वाली दवा की अधिकतम मात्रा क्या होगी?

(a) 286 (b) 250 (c) 400 (d) 396

20. If $x-\frac{1}{x}=1$, then what is the value of $x^8+\frac{1}{x^8}$?
यदि $x-\frac{1}{x}=1$, तो $x^8+\frac{1}{x^8}$ का मान क्या है?

(a) 119 (b) –1 (c) 3 (d) 47

21. α and β are the roots of quadratic equation. If α + β = 8 and α–β = 2√5, then which of the following equation will have roots α^4 and β^4 ?
α और β द्विघात समीकरण के मूल हैं। यदि α + β = 8 और α–β = 2√5, तो निम्नलिखित में से किस समीकरण के मूल α^4 और β^4 होंगे?

(a) $x^2 - 1522x + 14641 = 0$
(b) $x^2 - 1921x + 14641 = 0$
(c) $x^2 - 1764x + 14641 = 0$
(d) $x^2 - 2520x + 14641 = 0$

22. If $a^2 + b^2 + c^2 = 6.25$ and $(ab + bc + ca) = 0.52$, what is the value of $(a + b + c)$, if $(a + b + c) < 0$?
यदि $a^2 + b^2 + c^2 = 6.25$ और $(ab + bc + ca) = 0.52$, तो $(a + b + c)$, का मान क्या है, यदि $(a + b + c) < 0$ हो?

(a) ± 2.7 (b) – 2.7
(c) – 2.8 (d) ± 2.8

23. $$\frac{(1+sec\theta cosec\theta)^2(sec\theta-tan\theta)^2(1+sin\theta)}{(sin\theta+sec\theta)^2+(cos\theta+cosec\theta)^2}, 0° < \theta < 90°$$
is equal to
$$\frac{(1+sec\theta cosec\theta)^2(sec\theta-tan\theta)^2(1+sin\theta)}{(sin\theta+sec\theta)^2+(cos\theta+cosec\theta)^2}, 0° < \theta < 90°$$
मान बराबर है:

CGL Tier II (29/01/2022) 2

(a) $cos\theta$ (b) $1-cos\theta$ (c) $sin\theta$ (d) $1-sin\theta$

24. $\frac{1+cos\theta-sin^2\theta}{sin\theta(1+cos\theta)}\times\frac{\sqrt{sec^2\theta+cosec^2\theta}}{tan\theta+cot\theta}, 0° < \theta < 90°$, is equal to:
$$\frac{1+cos\theta-sin^2\theta}{sin\theta(1+cos\theta)}\times\frac{\sqrt{sec^2\theta+cosec^2\theta}}{tan\theta+cot\theta}, 0° < \theta < 90°,$$
का मान बराबर है:

SSC CGL Tier II (29/01/2022)

(a) $tan\theta$ (b) $sec\theta$ (c) $cosec\theta$ (d) $cot\theta$

25. The expression $(cos^6\theta+sin^6\theta-1)(tan^2\theta+cot^2\theta+2)+3$ is equal to:
अभिव्यक्ति $(cos^6\theta+sin^6\theta-1)(tan^2\theta+cot^2\theta+2)+3$ का मान है:

SSC CGL 13/04/2022 (Afternoon)

(a) 0 (b) 1 (c) 2 (d) – 1

26. Find $\sqrt{35+2\sqrt{35+2\sqrt{35+2\sqrt{35+\ldots\ldots\infty}}}} = ?$
मान ज्ञात कीजिए: $\sqrt{35+2\sqrt{35+2\sqrt{35+2\sqrt{35+\ldots\ldots}}}} = ?$

(a) 6 (b) 7 (c) 5 (d) 6.4

27. If A (–5, –2), B(1, 3) & C(2, –2) are the vertices of a triangle, then the area (in square units) of the triangle ABC is?
यदि A (–5, –2), B (1, 3) और C (2, –2) एक त्रिभुज के शीर्ष हैं, तो त्रिभुज त्रिभुज ABC का क्षेत्रफल (वर्ग इकाइयों में) है?
(a) 17.5 (b) 16 (c) 16.5 (d) 15.5

28. In ΔABC, angle ∠A = 90°, AB = 6 cm, AC = 8 cm. A square DEFG is drawn inside the triangle with side FG along BC, E and D on sides AB and AC, respectively. What is the length of the side of the square (in cm)?
ABC में, कोण ∠A = 90°, AB = 6 सेमी, AC = 8 सेमी। त्रिभुज के अंदर एक वर्ग DEFG खींचा गया है, जिसकी भुजा FG क्रमशः BC के अनुदिश, E और D भुजाओं AB और AC पर स्थित हैं। वर्ग की भुजा की लंबाई (सेमी में) क्या है?
(ICAR Assistant 2022)
(a) $\frac{40}{9}$ (b) $\frac{120}{37}$ (c) $\frac{24}{7}$ (d) $\frac{24}{5}$

29. In a trapezium ABCD, AB || DC, AB = 9 c,m, DC = 15 cm and the distance between AB and DC is 4 cm. F and G are the midpoints of AD and BC, respectively. DA & CB are produced to meet at point E. What is the area (in cm²) of triangle EFG?
एक समलंब ABCD में, AB | | DC, AB = 9 cm, DC = 15 सेमी और AB और DC के बीच की दूरी 4 सेमी है। F और G क्रमशः AD और BC के मध्यबिंदु हैं। DA और CB आगे बढ़ाने पर E पर मिलते हैं। त्रिभुज EFG का क्षेत्रफल (cm² में) क्या है?
(ICAR Assistant 2022)
(a) 45 (b) 40 (c) 48 (d) 36

30. In ΔABC, ∠A is the largest angle and ∠B is the smallest angle. If the largest angle is twice the smallest angle and the length of the sides of the triangle are consecutive positive integers, then find the length of the largest side (in units).
ΔABC में, ∠A सबसे बड़ा कोण है और ∠B सबसे छोटा कोण है। यदि सबसे बड़ा कोण सबसे छोटे कोण का दोगुना है और त्रिभुज की भुजाओं की लंबाई क्रमागत धनात्मक पूर्णांक हैं, तो सबसे बड़ी भुजा की लंबाई (इकाई में) ज्ञात करें।
(a) 8 (b) 6 (c) 7 (d) 5

24 PRACTICE SET

1. In an election, 95% of the total voters cast their votes. In this election, there were only two candidates A and B. The winner A, by obtaining 75% of the total votes, defeated his contestant B by 5500 votes. Find the total number of voters in the election.

एक चुनाव में कुल मतदाताओं में से 95% ने वोट डाला। इस चुनाव में केवल दो उम्मीदवार A और B थे। विजेता A ने कुल मतों का 75% प्राप्त करके अपने प्रतिद्वंद्वी B को 5500 मतों से हराया। चुनाव में मतदाताओं की कुल संख्या ज्ञात कीजिये।

(a) 11,000 (b) 10,000
(c) 13,000 (d) 12,000

2. Let a die be loaded in such a way that even faces are twice likely to occur as the odd faces. What is the probability that a prime number will show up when the die is tossed?

मान लीजिए कि एक पासा इस प्रकार उछाला जाता है कि सम फलकों के आने की संभावना विषम फलकों से दोगुनी है। क्या संभावना है कि पासा उछालने पर अभाज्य संख्या आएगी?

(a) $\frac{1}{3}$ (b) $\frac{4}{9}$
(c) $\frac{5}{9}$ (d) $\frac{2}{3}$

3. When a positive integer is divided by d, the remainder is 15. When ten times of the same number is divided by d, the remainder is 6. The least possible value of d is?

जब एक धनात्मक पूर्णांक को d से विभाजित किया जाता है, तो शेषफल 15 होता है। जब एक ही संख्या का दस गुना d से विभाजित किया जाता है, तो शेषफल 6 होता है। d का न्यूनतम संभव मान क्या है?

(a) 9 (b) 12
(c) 16 (d) 18

4. What is the value of $98^2 - 97^2 + 96^2 - 95^2 + 94^2$ .... $12^2 - 11^2$?

$98^2 - 97^2 + 96^2 - 95^2 + 94^2$ .... $12^2 - 11^2$ का मान क्या है?

(a) 4725 (b) 4796
(c) 4851 (d) 4926

5. A student reaches school on his bicycle in $\frac{3}{2}$ hours at a speed of 8 km/h. On the return journey he rests for half an hour and takes a route which is 1 km shorter. What should be the percentage increase in the speed of the bicycle so that he reaches home in the same time ?

एक छात्र अपनी साइकिल से 8 किमी/घंटा की गति से $\frac{3}{2}$ घंटे में स्कूल पहुंचता है। वापसी यात्रा में वह आधे घंटे तक आराम करता है और 1 किमी छोटा रास्ता लेता है। साइकिल की गति में कितने प्रतिशत की वृद्धि होनी चाहिए ताकि वह उतने ही समय में घर पहुँच जाए?

(a) 37% (b) 37.5%
(c) 30.5% (d) 35%

6. A and B entered into a business by making investment of Rs 2400 and 2800 respectively. After six months A left the business and after four more months C joined the business with capital 20 % more than A's investment. If at the end of year sum of profit share of A and C is Rs 4200, then find total profit?

A और B ने क्रमश: 2400 और 2800 रुपये का निवेश करके एक व्यवसाय में प्रवेश किया। छह महीने बाद A ने व्यवसाय छोड़ दिया और चार महीने बाद C, A के निवेश से 20% अधिक पूंजी के साथ व्यवसाय में शामिल हो गया। यदि वर्ष के अंत में A और C के लाभ हिस्से का योग 4200 रुपये है, तो कुल लाभ ज्ञात कीजिए।

(a) 10200
(b) 11600
(c) 11800
(d) 11200

7. The average of nine 2-digit numbers is decreased by 6 when the digits of one of the 2-digit numbers is interchanged. Find the difference between the digits of that number.
जब दो अंकों वाली संख्याओं में से एक के अंकों को आपस में बदल दिया जाता है, तो नौ दो अंकों वाली संख्याओं का औसत 6 कम हो जाता है। उस संख्या के अंकों के बीच अंतर ज्ञात कीजिए।
(a) 4 (b) 2
(c) 6 (d) 8

8. A jar contains 35% syrup in the mixture of syrup and water. A part of this mixture is replaced by another mixture containing 20% syrup. Now, in the new mixture, the percentage of syrup is found to be 24%. What is the ratio in which these mixtures were mixed to obtain the new mixture?
एक जार में चाशनी और पानी के मिश्रण में 35% चाशनी है। इस मिश्रण के एक भाग को 20% सिरप वाले दूसरे मिश्रण से बदल दिया जाता है। अब नये मिश्रण में सिरप का प्रतिशत 24% पाया गया है। नया मिश्रण प्राप्त करने के लिए इन मिश्रणों को किस अनुपात में मिलाया गया?
(a) 3 : 14 (b) 4 : 11
(c) 5 : 13 (d) 7 : 10

9. A can complete a certain work in 18 days. B can complete the same work in 72 days. C is $33\frac{1}{3}\%$ more efficient than B. All the three started the work together. A left 8 days and C left 17 days before the completion of work, but B continued to work till the work was completed. For how many days did A work?
A एक निश्चित कार्य को 18 दिनों में पूरा कर सकता है। B उसी कार्य को 72 दिनों में पूरा कर सकता है। C, B से $33\frac{1}{3}\%$ अधिक कुशल है। तीनों ने एक साथ काम शुरू किया। A ने काम पूरा होने से 8 दिन पहले और C ने 17 दिन पहले काम छोड़ दिया, लेकिन B ने काम पूरा होने तक काम करना जारी रखा। A ने कितने दिनों तक कार्य किया?
(a) 9 (b) 15
(c) 10 (d) 12

10. 5 years ago, B' age is twice of that of A and average of present age of A and C is 35 years. If ratio of present age of B to that of C is 11:8. Then find the average of present age of A, B & C is
5 वर्ष पहले B की आयु A की आयु से दोगुनी थी तथा A और C की वर्तमान आयु का औसत 35 वर्ष है। यदि B की वर्तमान आयु का C की आयु से अनुपात 11:8 है। तो A, B और C की वर्तमान आयु का औसत ज्ञात कीजिए।
(a) 48.67
(b) 34.67
(c) 45.33
(d) 41.67

11. What is the rate of interest (in %) if simple interest earned on a certain sum for the 3 years is Rs. 6,000 and compound interest earned for 2 years is Rs. 4,160?
यदि किसी निश्चित राशि पर 3 वर्षों में अर्जित साधारण ब्याज 6,000 रुपये है और 2 वर्षों में अर्जित चक्रवृद्धि ब्याज 4,160 रुपये है, तो ब्याज दर (% में) क्या होगी?
(a) 9%
(b) 8%
(c) 12%
(d) 6 %

12. 'A' invested Rs. X in a scheme on simple interest at the rate of 20% p.a. for two years and 'B' invested Rs. Y in same scheme. If interest got by A is Rs. 480 more than that of B after two years. If X is 25% more than Y, then find value sum of amount invested by A & B?
'A' ने एक योजना में 20% प्रति वर्ष की दर से साधारण ब्याज पर दो वर्षों के लिए X रुपये का निवेश किया और 'B' ने उसी योजना में Y रुपये का निवेश किया। यदि A को दो वर्षों के बाद प्राप्त ब्याज B को प्राप्त ब्याज से 480 रुपये अधिक है। यदि X, Y से 25% अधिक है, तो A और B द्वारा निवेश की गई राशि का योग ज्ञात कीजिए।
(a) 11400 Rs. (b) 10800 Rs.
(c) 10200 Rs. (d) 10400 Rs.

13. When a cycle manufacturer reduced the selling price by 50%, the number of cycles sold radically increased by 700%. Initially, the manufacturer was

getting a profit of 140%. What is the new profit percentage?
जब एक साइकिल निर्माता ने बिक्री मूल्य 50% कम कर दिया, तो बेची गई साइकिलों की संख्या में 700% की वृद्धि हुई। शुरुआत में निर्माता को 140% का मुनाफ़ा हो रहा था. नया लाभ प्रतिशत क्या है?

(a) 30% (b) 10%
(c) 20% (d) 40%

14. A girl bought a saree and a perfume for Rs.4000. She sold the saree at a gain of 25% and the perfume at a loss of 10%, thereby gaining 2% on the whole. Find the cost of the saree.
एक लड़की ने 4000 रुपये में एक साड़ी और एक परफ्यूम खरीदा। उसने साड़ी को 25% के लाभ पर और परफ्यूम को 10% की हानि पर बेचा, इस प्रकार कुल मिलाकर 2% का लाभ हुआ। साड़ी का मूल्य ज्ञात कीजिए।

(a) $\frac{9600}{7}$ (b) 2800 (c) 2400 (d) 3000

15. Vikas and Rohit are running around a circular track starting from the same point at the same time in the same direction, Vikas can complete one full round of circular track in 8 minutes whereas Rohit takes 15 minutes to do the same. If they run for 4 hours then how many times, they both will be diametrically opposite to each other?
विकास और रोहित एक ही समय पर एक ही बिंदु से एक ही दिशा में एक वृत्ताकार ट्रैक पर दौड़ रहे हैं, विकास 8 मिनट में वृत्ताकार ट्रैक का एक पूरा चक्कर पूरा कर सकता है जबकि रोहित को ऐसा करने में 15 मिनट लगते हैं। यदि वे 4 घंटे दौड़ते हैं तो वे दोनों कितनी बार एक दूसरे के बिल्कुल विपरीत होंगे?

(a) 30 (b) 18 (c) 14 (d) 16

16. If 50 less had applied and 25 less selected, the ratio of selected to unselected would have been 9 : 4. So how many candidates had applied if the ratio of selected to unselected was 2 : 1.
यदि 50 कम ने आवेदन किया था और 25 कम चयनित हुए थे, तो चयनित और अचयनित का अनुपात 9:4 होगा। तो यदि चयनित और अचयनित का अनुपात 2:1 था, तो कितने उम्मीदवारों ने आवेदन किया था।

(a) 125 (b) 250 (c) 375 (d) 500

17. A hemispherical bowl of internal diameter 72 cm is full of a liquid. This liquid is to be filled into cylindrical shaped bottles each of radius 3 cm and height 12 cm. how many such bottles are required to empty the bowl?
72 सेमी आंतरिक व्यास का एक अर्धगोलाकार कटोरा एक तरल से भरा है। इस तरल को 3 सेमी त्रिज्या और 12 सेमी ऊंचाई वाली बेलनाकार बोतलों में भरना है। कटोरा खाली करने के लिए ऐसी कितनी बोतलों की आवश्यकता होगी?

(a) 200 (b) 250 (c) 276 (d) 288

18. The height of a solid metallic right cylinder exceeds the radius of its base by 23 cm. its total surface area is 1628 cm². It is melted and recast into a cone of base radius 10.5 cm and height x cm. what is the value of x?
एक ठोस धात्विक लम्ब बेलन की ऊँचाई उसके आधार की त्रिज्या से 23 सेमी अधिक है। इसका कुल सतह क्षेत्रफल 1628 सेमी² है। इसे पिघलाया जाता है और आधार त्रिज्या 10.5 सेमी और ऊंचाई x सेमी के शंकु में बदल दिया जाता है। एक्स का मूल्य क्या है ?

(a) 35 (b) 40 (c) 42 (d) 30

19. The inner and outer radii of a hollow metal cylinder are 1.1 cm and 4.3 cm respectively, and its height is $6\frac{2}{3}$ cm. It is melted and made into a sphere. What will be the surface area of the sphere ?
एक खोखले धातु सिलेंडर की आंतरिक और बाहरी त्रिज्याएँ क्रमशः 1.1 सेमी और 4.3 सेमी हैं, और इसकी ऊंचाई $6\frac{2}{3}$ सेमी है। इसे पिघलाकर गोला बना दिया जाता है. गोले का पृष्ठीय क्षेत्रफल क्या होगा?

(a) 196π (b) 100π
(c) 256π (d) 144π

20. If $x+\frac{1}{x}=3, x \neq 0$, then the value of $x^7+\frac{1}{x^7}$ is?
यदि $x+\frac{1}{x}=3, x \neq 0$, तो $x^7+\frac{1}{x^7}$ का मान क्या है?

(a) 749 (b) 843
(c) 746 (d) 849

21. If, $x=2+\sqrt{3}, y=2-\sqrt{3}$ and $z=1$, then what is the value of $\frac{x}{yz}+\frac{y}{xz}+\frac{z}{xy}+2\left(\frac{1}{x}+\frac{1}{y}+\frac{1}{z}\right)$?
यदि $x=2+\sqrt{3}, y=2-\sqrt{3}$ और $z=1$, तो $\frac{x}{yz}+\frac{y}{xz}+\frac{z}{xy}+2\left(\frac{1}{x}+\frac{1}{y}+\frac{1}{z}\right)$ का मान है।

(a) 25 (b) 22
(c) 17 (d) 43

22. If $a^3 + 3a^2 + 9a = 1$, then what is the value of $a^3 + \frac{3}{a}$? यदि $a^3 + 3a^2 + 9a = 1$, तो $a^3 + \frac{3}{a}$ का मान क्या है?

(a) 31 (b) 26
(c) 28 (d) 24

23. If $(a+b\sqrt{3})^2 = 52+30\sqrt{3}$, where a and b are natural numbers, then a+b equals
यदि $(a+b\sqrt{3})^2 = 52+30\sqrt{3}$, जहाँ a और b प्राकृतिक संख्याएँ हैं, तो a+b बराबर है

(a) 7
(b) 8
(c) 9
(d) 10

24. If A + B = C, then tan A tan B tan C =?
यदि A + B = C, तो tan A tan B tan C का मान क्या है?

SSC CGL 08/12/2022 (1st Shift)

(a) tan C + tan A - tan B
(b) tan C + tan A + tan B
(c) tan A – tan B – tan C
(d) tan C – tan A – tan B

25. Simplify: $\frac{\cos A}{1+\tan A} - \frac{\sin A}{1+\cot A}$

सरल कीजिए: $\frac{\cos A}{1+\tan A} - \frac{\sin A}{1+\cot A}$

SSC CGL 03/12/2022 (1st Shift)

(a) tan A
(b) cos A – sin A
(c) cos A. sin A
(d) cos A + sin A

26. $(\sin\theta + \operatorname{cosec}\theta)^2 + (\cos\theta + \sec\theta)^2 = ?$

SSC CGL Tier II (07/03/2023)

(a) $5 + \tan^2\theta + \cot\theta$
(b) $7 + \tan^2\theta - \cot^2\theta$
(c) $7 + \tan^2\theta + \cot^2\theta$
(d) $5 + \tan^2\theta - \cot^2\theta$

27. If two identical circles with centers O and O' intersect each other at points a and b and OO' 12 cm, then what will be the diameter of each circle?
यदि O और O' केन्द्रो वाले दो सामान वृत्त परस्पर a और b बिंदुओं पर प्रतिछेद करते है और OO' 12 cm है, तो प्रत्येक वृत्त का ब्यास कितना होगा? **(ICAR Technician 2022)**

(a) 20
(b) 10
(c) 24
(d) 22

28. In triangle ABC, BE perpendicular to AC, CD is perpendicular to AB and BE & CD intersect at O. The bisector of angle OBC and angle OCB intersect at P. If angle ∠A = 62°, then what is the measure of angle ∠BPC?
त्रिभुज ABC में, BE, AC के लंबवत है, CD, AB पर लंबवत है और BE और CD, O पर प्रतिच्छेद करते है। कोण OBC और कोण OCB का समद्विभाजक P पर प्रतिच्छेद करता है। यदि कोण ∠A = 62° है, तो कोण ∠BPC का माप क्या है?

(ICAR Technician 2022)

(a) 118°
(b) 149°
(c) 139°
(d) 128°

29. In triangle ABC, AD is perpendicular to BC and BE is perpendicular to AC, AD and BE intersect at F (inside the triangle). If AB = 20 cm, CD = 4 cm and AD = 12 cm, then what will be the length of BE?
त्रिभुज ABC में, AD, BC के लंबवत और BE, AC के लंबवत है, AD और BE, F (त्रिभुज के अंदर) पर प्रतिच्छेद करते है। यदि AB = 20 cm, CD = 4cm और AD = 12cm हो, तो BE की लम्बाई कितनी होगी? **(ICAR Technician 2022)**

(a) $5\sqrt{10}$
(b) $6\sqrt{10}$
(c) 8
(d) 16

30. In triangle ABC, BD is the bisector of angle B meeting AC at D. If AB = 5cm, AD = 3 cm and BD = 7 cm, then the length of DC (in cm) is?
त्रिभुज ABC में, BD कोण B का समद्विभाजक है जो AC को D पर मिलाता है। यदि AB = 5 सेमी, AD = 3 सेमी और BD = 7 सेमी है, तो DC की लंबाई (सेमी में) क्या है?

(ICAR Technician 2022)

(a) $\frac{109}{12}$ (b) $\frac{37}{4}$
(c) $\frac{71}{8}$ (d) $\frac{147}{16}$

25 PRACTICE SET

1. In an election, 12% of the voters in the voter list did not cast their votes, whereas 84 voters cast their ballot papers blank. There were only two candidates: Ram and Shyam. The winner, Ram, was supported by 54% of all the voters in the list. He got 1456 more votes than his opponent Shyam. Find the total number of voters in the list.
एक चुनाव में, मतदाता सूची में शामिल 12% मतदाताओं ने अपना वोट नहीं डाला, जबकि 84 मतदाताओं ने अपने मतपत्र खाली छोड़ दिए। केवल दो उम्मीदवार थे: राम और श्याम। विजेता, राम को सूची में शामिल सभी मतदाताओं में से 54% का समर्थन प्राप्त था। उसे अपने प्रतिद्वंद्वी श्याम से 1456 वोट अधिक मिले। सूची में कुल मतदाताओं की संख्या ज्ञात कीजिए?
(a) 5690 (b) 6670 (c) 7860 (d) 6860

2. A bag contains 35 balls of three different colors viz. red, orange and pink. The ratio of red balls to orange balls is 3: 2, respectively and probability of choosing a pink ball is $\frac{3}{7}$. If two balls are picked from the bag, then what is the probability that one ball is orange and one ball is pink?
एक बैग में तीन अलग-अलग रंगों यानी लाल, नारंगी और गुलाबी की 35 गेंदें हैं। लाल गेंदों और नारंगी गेंदों का अनुपात क्रमशः 3: 2 है और गुलाबी गेंद चुनने की संभावना $\frac{3}{7}$ है। यदि बैग से दो गेंदें निकाली जाती हैं, तो क्या संभावना है कि एक गेंद नारंगी और एक गेंद गुलाबी हो?
(a) $\frac{24}{119}$ (b) $\frac{60}{119}$ (c) $\frac{96}{595}$ (d) $\frac{3}{17}$

3. When 200 is divided by a positive integer x, the remainder is 8. How many values of x are there?
जब 200 को एक धनात्मक पूर्णांक x से विभाजित किया जाता है, तो शेषफल 8 होता है। x के कितने मान हैं?
(a) 7 (b) 5 (c) 8 (d) 6

4. What is the sum of the first 20 terms of the following series
1*2 + 2*3 + 3*4 + 4*5 ...
निम्नलिखित श्रृंखला के पहले 20 पदों का योग क्या है
1*2 + 2*3 + 3*4 + 4*5 ...
(a) 3160 (b) 2940 (c) 3240 (d) 3080

5. Param belongs to Town A and Gayatri belongs to Town B. They start their journey to each other cities by the same route at the same time. They meet where some along the way and continue their journey. Param takes 12 hours to reach the destination after meeting Gayatri, while Gayatri takes another 3 hours to reach the city of param. If param travels at a speed of 60 km/hr, then find the speed of Gayatri in km/hr.
परम टाउन A से है और गायत्री टाउन B से है। वे एक ही समय में एक ही मार्ग से एक-दूसरे शहरों की यात्रा शुरू करते हैं। वे रास्ते में किसी जगह मिलते हैं और अपनी यात्रा जारी रखते हैं। परम को गायत्री से मिलने के बाद गंतव्य तक पहुंचने में 12 घंटे लगते हैं, जबकि गायत्री को परम के शहर तक पहुंचने में 3 घंटे लगते हैं। यदि परम 60 किमी/घंटा की गति से यात्रा करता है, तो गायत्री की गति किमी/घंटा में ज्ञात कीजिए।
(a) 120 (b) 105 (c) 90 (d) 125

6. A certain amount has to be shared among A, B and C in the ratio 3: 6: 8 but erroneously the amount was shared among A and C in the ratio 8: 17 as a result B got 25% less amount than the actual share. If the difference between the actual amount and amount received by A is 100. Find the actual share of C?
एक निश्चित राशि को A, B और C के बीच 3: 6: 8 के अनुपात में बांटा जाना है, लेकिन गलती से राशि को A और C के बीच 8: 17 के अनुपात में बांटा गया, जिसके परिणामस्वरूप B को वास्तविक हिस्से से 25% कम राशि मिली। यदि A की वास्तविक राशि और प्राप्त राशि के बीच का अंतर 100 है। C का वास्तविक हिस्सा ज्ञात कीजिए?
(a) 800 (b) 840 (c) 760 (d) 720

7. The average of sixteen numbers is 48. The average of the first six of these numbers is 45 and that of the last seven numbers is 53. The seventh and the eighth numbers are, respectively, 3 and 7 greater than the ninth number. What is the average of the ninth and seventh numbers ?
सोलह संख्याओं का औसत 48 है। इनमें से पहली छह संख्याओं का औसत 45 है और अंतिम सात संख्याओं का औसत 53 है। सातवीं और आठवीं संख्या नौवीं संख्या से क्रमशः 3 और 7 अधिक है। नौवीं और सातवीं संख्या का औसत क्या है?
(a) 41.5 (b) 40.5 (c) 42 (d) 39

8. Bablu runs a juice corner outside a park and sells giloy juice (giloy + water) in the morning. Initially he had 19 litres of juice, which had giloy and water in the ratio 2 : 9. He sold $2\frac{1}{2}$ litres of juice. Later, in order to dilute it, he added some water and the ratio of giloy and water became 1 : 5. How much water was added ?
बब्लू एक पार्क के बाहर जूस कार्नर चलाता है और सुबह गिलोय का जूस (गिलोय का पानी) बेचता है। प्रारंभ में उनके पास 19 लीटर जूस था, जिसमें गिलोय और पानी 2:9 के अनुपात में था। उन्होंने $2\frac{1}{2}$ लीटर जूस बेच दिया। बाद में, इसे पतला करने के लिए, उन्होंने इसमें थोड़ा पानी मिलाया और गिलोय और पानी का अनुपात 1:5 हो गया। कितना पानी मिलाया गया?

(a) $1\frac{1}{2}$ litres (b) 1/2 litre
(c) 2 litres (d) 1 litre

9. Pipes A and B can fill a tank in 20 hours and 25 hours, respectively. Pipe C is an emptying pipe. When all the three pipes are opened for 15 hours, then 7/20 part of the tank filled. How much time (in hours) will pipe C take to empty one-third part of the tank ?
पाइप A और B एक टैंक को क्रमशः 20 घंटे और 25 घंटे में भर सकते हैं। पाइप C एक खाली करने वाला पाइप है। जब तीनों पाइपों को 15 घंटे के लिए खोला जाता है, तो टंकी का 7/20 भाग भर जाता है। टैंक का एक तिहाई भाग खाली करने में पाइप C को कितना समय (घंटों में) लगेगा?

(a) 4 (b) 5 (c) $5\frac{1}{3}$ (d) $5\frac{2}{3}$

10. A naughty student breaks the pencil in such a way that the ratio of two broken parts is same as that of the original length of the pencil to one of the larger part of the pencil, The ratio of the other part to the original length of pencil is:
एक शरारती छात्र पेंसिल को इस तरह तोड़ता है कि दो टूटे हुए हिस्सों का अनुपात पेंसिल की मूल लंबाई और पेंसिल के एक बड़े हिस्से के अनुपात के समान है, दूसरे हिस्से का पेंसिल की मूल लंबाई से अनुपात है:

(a) $2: (3 + \sqrt{5})$ (b) $2: \sqrt{5}$
(c) can't be determined (d) $1: 2\sqrt{5}$

11. The simple interest on a sum of money at 10% per annum for 2 years is ₹8,100. Compounded annually, what would be the compound interest (in ₹) on the same sum for the same period at the same rate of interest ?
किसी धनराशि पर 2 वर्ष के लिए 10% प्रति वर्ष की दर से साधारण ब्याज ₹8,100 है। वार्षिक रूप से संयोजित होने पर, समान ब्याज दर पर समान अवधि के लिए समान राशि पर चक्रवृद्धि ब्याज (₹ में) क्या होगा?

(a) ₹8,715 (b) ₹8,100 (c) ₹9,000 (d) ₹8,505

12. Rs 6000 when invested at a certain rate at SI for 2 years, it fetches Rs 1200. If same sum is invested at same rate for a year compounded half – yearly then find compound interest.
जब 6000 रुपये को 2 साल के लिए SI पर एक निश्चित दर पर निवेश किया जाता है, तो 1200 रुपये मिलते हैं। यदि समान राशि को अर्ध-वार्षिक रूप से संयोजित एक वर्ष के लिए समान दर पर निवेश किया जाता है, तो चक्रवृद्धि ब्याज ज्ञात करें।

(a) Rs 615 (b) Rs 600 (c) Rs 1200 (d) Rs 585

13. A shopkeeper sells an article at 20% profit. If he had bought the article at 10% less and sold it at ₹18 more than the previous selling price, he would have made 40% profit. What is the original cost price of the article? (in ₹)
एक व्यापारी ने एक वस्तु का विक्रय मूल्य क्रय मूल्य से 20% अधिक अंकित किया। बेचते समय, उसने एक निश्चित छूट दी और 10% की हानि हुई। उसने छूट दी ?

(a) ₹350 (b) ₹320 (c) ₹300 (d) ₹280

14. A trader marked the selling price of an article at 20% above the cost price. At the time of selling, he allows a certain discount and suffers a loss of 10%. He allowed a discount of :
एक व्यापारी ने एक वस्तु का विक्रय मूल्य, क्रय मूल्य से 20% अधिक अंकित किया। बिक्री के समय, उसने कुछ छूट दी और उसे 10% का नुकसान हुआ। उसने कितनी छूट दी ?

(a) 20% (b) 15% (c) 25% (d) 30%

15. In a class of 80 students, a student is to be selected for becoming monitor. If 20% of total students belongs to ST category, 15% belongs to SC category, 30% belongs to OBC category and remaining belongs to General category and in each category the ratio of boys and girls is 1: 1. What is the probability that the monitor selected is a girl who belongs to either ST or OBC category?
80 छात्रों की एक कक्षा में, एक छात्र को मॉनिटर बनने के लिए चुना जाना है। यदि कुल छात्रों में से 20% ST श्रेणी के हैं, 15% SC श्रेणी के हैं, 30% OBC श्रेणी के हैं और शेष सामान्य श्रेणी के हैं और प्रत्येक श्रेणी में लड़के और लड़कियों का अनुपात 1: 1 है। क्या संभावना है कि चयनित मॉनिटर एक लड़की है जो ST या OBC श्रेणी से संबंधित है?

(a) $\frac{3}{5}$ (b) $\frac{1}{4}$ (c) $\frac{3}{4}$ (d) $\frac{3}{8}$

16. A faulty weighing machine reads 1 kg when 900 gm is actually weighted on it. The shopkeeper marked the price of his goods by 10%, but unfortunately, he was caught by the metrology department and then they ordered him to repair his weighing machine and gave punishment to sell the goods at 10% discount on cost price for a month. If each customer is now paying ₹20 for 1 kg, then before the raid amount they have paid for the same quantity. (Rounded off to two places of decimal)

एक दोषपूर्ण वजन मशीन 1 किलोग्राम पढ़ती है जबकि वास्तव में उस पर 900 ग्राम वजन होता है। दुकानदार ने अपने सामान की कीमत 10% अंकित की, लेकिन दुर्भाग्य से उसे मेट्रोलॉजी विभाग ने पकड़ लिया और फिर उन्होंने उसे अपनी वजन मापने वाली मशीन की मरम्मत करने का आदेश दिया और एक महीने के लिए लागत मूल्य पर 10% छूट पर सामान बेचने की सजा दी। यदि प्रत्येक ग्राहक अब 1 किलो के लिए ₹20 का भुगतान कर रहा है, तो छापे से पहले उन्होंने समान मात्रा के लिए राशि का भुगतान किया है। (दशमलव के दो स्थानों तक पूर्णांकित)

(a) ₹27.16 (b) ₹27.04 (c) ₹28.05 (d) ₹28.15

17. The base of a right prism is a trapezium whose parallel sides are 11 cm and 15 cm and the distance between them is 9cm. if the volume of the prism is 1614.6 square cm, then the height (in cm) of the prism is?

एक लम्ब प्रिज्म का आधार एक समलंब है जिसकी समानांतर भुजाएँ 11 सेमी और 15 सेमी हैं और उनके बीच की दूरी 9 सेमी है। यदि प्रिज्म का आयतन 1614.6 वर्ग सेमी है, तो प्रिज्म की ऊंचाई (सेमी में) क्या है?

(a) 12.6 (b) 14.2 (c) 15.5 (d) 13.8

18. The sides of a rectangular garden are 176 m and 56 m. Its area is equal to the area of a circular field. What will be the cost (in₹) of fencing the circular field at the rate of ₹35 per m ?

एक आयताकार बगीचे की भुजाएँ 176 मीटर और 56 मीटर हैं। इसका क्षेत्रफल एक वृत्ताकार मैदान के क्षेत्रफल के बराबर है। ₹35 प्रति मीटर की दर से वृत्ताकार क्षेत्र की बाड़ लगाने की लागत (₹ में) क्या होगी?

(a) 12,100 (b) 11,000 (c) 12,320 (d) 12,210

19. Two solid metallic right circular cones each of base radius 4.5 cm and heights 10 cm and 8 cm, are melted and recast into a solid sphere. What is the cost of polishing the surface area of the sphere at the rate of ₹3.50 per $10cm^2$ (nearest to a ₹)?

दो ठोस धात्विक लंब वृत्ताकार शंकु, जिनमें से प्रत्येक की आधार त्रिज्या 4.5 सेमी और ऊंचाई 10 सेमी और 8 सेमी है, को पिघलाया जाता है और एक ठोस गोले में बदल दिया जाता है। ₹3.50 प्रति 10 सेमी² (लगभग ₹) की दर से गोले के सतह क्षेत्र को चमकाने की लागत क्या है?

(a) 90 (b) 388 (c) 92 (d) 89

20. If $x+\frac{1}{x}=\sqrt{6}$, then the value of $x^6+\frac{1}{x^6}$ will be:

यदि $x+\frac{1}{x}=\sqrt{6}$, तो $x^6+\frac{1}{x^6}$ का मान होगा:

(a) 49 (b) 51 (c) 54 (d) 52

21. If $5\left(\frac{1}{x^2}+\frac{1}{y^2}+\frac{1}{z^2}\right)=4\left(\frac{1}{xy}+\frac{1}{yz}+\frac{1}{zx}\right)$: then $\frac{1}{x}+\frac{1}{y}+\frac{1}{z}$ is equal to:

यदि $5\left(\frac{1}{x^2}+\frac{1}{y^2}+\frac{1}{z^2}\right)=4\left(\frac{1}{xy}+\frac{1}{yz}+\frac{1}{zx}\right)$, तो $\frac{1}{x}+\frac{1}{y}+\frac{1}{z}$ का मान है:

(a) 0 (b) 1 (c) 2 (d) 3

22. If $a-b=3$ and $a^3-b^3=999$, then find the value of a^2-b^2.

यदि $a-b=3$ तथा $a^3-b^3=999$, तो a^2-b^2 का मान ज्ञात कीजिए:

(a) 60 (b) 62 (c) 64 (d) 63

23. $\left[\frac{1}{\sqrt{2}+\sqrt{3}-\sqrt{5}}+\frac{1}{\sqrt{2}-\sqrt{3}-\sqrt{5}}\right]$ in simplified form equals to:

$\left[\frac{1}{\sqrt{2}+\sqrt{3}-\sqrt{5}}+\frac{1}{\sqrt{2}-\sqrt{3}-\sqrt{5}}\right]$ का सरलीकृत मान किसके बराबर है?

(a) 1 (b) √2 (c) 1/√2 (d) 0

24. If $x\sin^3\theta+y\cos^3\theta=\sin\theta\cos\theta$ and $x\sin\theta=y\cos\theta$, then the value of. x^2+y^2 is:

यदि $x\sin^3\theta+y\cos^3\theta=\sin\theta\cos\theta$ और $x\sin\theta=y\cos\theta$, तो x^2+y^2 का मान क्या है?

SSC CHSL 20/10/2020 (Morning)

(a) 0 (b) 4 (c) 1 (d) 2

25. The value of $\frac{\sin4\theta+\sin2\theta}{\cos4\theta+\cos2\theta}$ is:

$\frac{\sin4\theta+\sin2\theta}{\cos4\theta+\cos2\theta}$ का मान है:

SSC CHSL 27/05/2022 (Morning)

(a) $\tan3\theta$ (b) $\cot3\theta$ (c) $\tan\theta$ (d) $\cot\theta$

26. The value of $sin18°$ is given as $\frac{\sqrt{5}-1}{4}$. Using this value, find the value of $cos18°$

$\sin 18^\circ = \frac{\sqrt{5}-1}{4}$ दिया है। इस मान का उपयोग करके $\cos 18^\circ$ का मान ज्ञात कीजिए।

SSC CHSL 30/05/2022 (Afternoon)

(a) $\frac{\sqrt{10+2\sqrt{5}}}{4}$ (b) $\frac{\sqrt{5}+1}{4}$

(c) $\frac{\sqrt{6}+\sqrt{2}}{4}$ (d) $\frac{\sqrt{10-2\sqrt{5}}}{4}$

27. In the given figure PR=QS=QR, find θ

दिए गए चित्र में PR = QS = QR, θ का मान होगा-

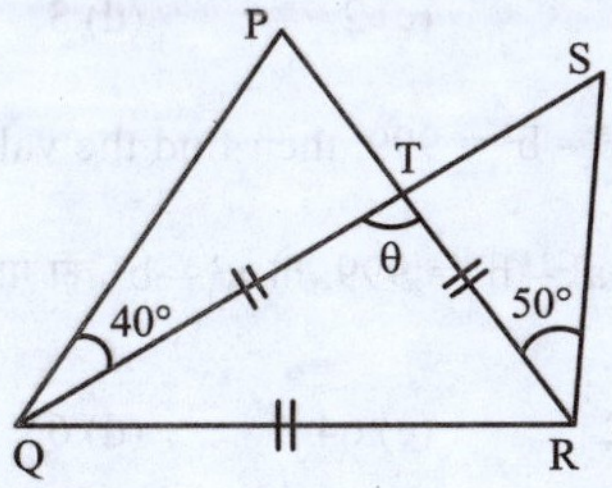

(a) 90° (b) 120° (c) 110° (d) 125°

28. If $mx^m - nx^m = 0$ then find $\frac{1}{x^m + x^n} + \frac{1}{x^m - x^n}$ in terms of x^n

यदि $mx^m - nx^m = 0$ तो $\frac{1}{x^m + x^n} + \frac{1}{x^m - x^n}$ को x^n के रूप में व्यक्त कीजिए।

(a) $\frac{2mn}{x^n(n^2+m^2)}$ (b) $\frac{2m}{x^n(m^2+n^2)}$

(c) $\frac{2mn}{x^n(n^2-m^2)}$ (d) $\frac{2mn}{x^n(m^2-n^2)}$

29. In Δ ABC, P is a point on AB such that PB : AP = 3 : 4 and PQ is parallel to AC. If AR and QS are perpendicular to PC and QS = 9 cm, what is the length (in cm) of AR ?

Δ ABC में, P, AB पर एक बिंदु है जैसे कि PB: AP = 3: 4 और PQ AC के समानांतर है। यदि AR और QS, PC के लंबवत हैं और QS = 9 सेमी है, तो AR की लंबाई (सेमी में) क्या है?

(a) 14 (b) 28 (c) 35 (d) 21

30. What is the length (in cm) of chord PQ in a circle with a radius of 7 cm, where a diameter AB and non-diameter chord PQ intersect perpendicularly at point C, and the ratio of AC to BC is 4 : 3 ?

7 सेमी त्रिज्या वाले एक वृत्त में जीवा PQ की लंबाई (सेमी में) क्या है, जहां एक व्यास AB और गैर-व्यास वाली जीवा PQ बिंदु C पर लंबवत प्रतिच्छेद करती है, और AC से BC का अनुपात 4:3 है?

(a) $2\sqrt{3}$ (b) $4\sqrt{3}$ (c) $6\sqrt{3}$ (d) $8\sqrt{3}$

MATHS PRACTICE SETS ANSWER KEY

PRACTICE SET-1

1	2	3	4	5	6	7	8	9	10	11	12	13	14	15
(c)	(d)	(a)	(a)	(d)	(a)	(b)	(c)	(c)	(b)	(c)	(d)	(c)	(b)	(a)

16	17	18	19	20	21	22	23	24	25	26	27	28	29	30
(b)	(b)	(b)	(d)	(c)	(a)	(d)	(a)	(b)	(b)	(a)	(a)	(a)	(b)	(c)

PRACTICE SET-2

1	2	3	4	5	6	7	8	9	10	11	12	13	14	15
(d)	(a)	(a)	(c)	(d)	(a)	(c)	(a)	(a)	(c)	(d)	(d)	(a)	(b)	(a)

16	17	18	19	20	21	22	23	24	25	26	27	28	29	30
(a)	(d)	(b)	(b)	(b)	(a)	(c)	(d)	(d)	(a)	(c)	(c)	(c)	(c)	(b)

PRACTICE SET-3

1	2	3	4	5	6	7	8	9	10	11	12	13	14	15
(b)	(c)	(b)	(a)	(d)	(c)	(c)	(d)	(a)	(a)	(c)	(c)	(d)	(d)	(b)

16	17	18	19	20	21	22	23	24	25	26	27	28	29	30
(a)	(d)	(c)	(a)	(a)	(c)	(b)	(d)	(a)	(d)	(c)	(a)	(a)	(a)	(a)

PRACTICE SET-4

1	2	3	4	5	6	7	8	9	10	11	12	13	14	15
(a)	(c)	(d)	(c)	(a)	(a)	(b)	(b)	(b)	(a)	(a)	(c)	(b)	(d)	(a)

16	17	18	19	20	21	22	23	24	25	26	27	28	29	30
(d)	(b)	(a)	(a)	(d)	(a)	(b)	(a)	(a)	(c)	(c)	(c)	(c)	(c)	(b)

PRACTICE SET-5

1	2	3	4	5	6	7	8	9	10	11	12	13	14	15
(c)	(b)	(d)	(a)	(b)	(d)	(d)	(a)	(b)	(a)	(a)	(b)	(d)	(c)	(d)

16	17	18	19	20	21	22	23	24	25	26	27	28	29	30
(c)	(b)	(b)	(b)	(c)	(c)	(d)	(b)	(a)	(a)	(a)	(a)	(c)	(d)	(a)

PRACTICE SET-6

1	2	3	4	5	6	7	8	9	10	11	12	13	14	15
(c)	(b)	(a)	(a)	(a)	(a)	(d)	(b)	(c)	(b)	(a)	(b)	(b)	(a)	(a)

16	17	18	19	20	21	22	23	24	25	26	27	28	29	30
(a)	(b)	(a)	(b)	(a)	(d)	(b)	(a)	(a)	(d)	(c)	(b)	(a)	(a)	(c)

PRACTICE SET-7

1	2	3	4	5	6	7	8	9	10	11	12	13	14	15
(b)	(c)	(d)	(a)	(a)	(c)	(a)	(b)	(d)	(b)	(a)	(b)	(d)	(b)	(b)

16	17	18	19	20	21	22	23	24	25	26	27	28	29	30
(b)	(a)	(c)	(a)	(c)	(a)	(b)	(b)	(b)	(d)	(b)	(c)	(b)	(d)	(b)

PRACTICE SET-8

1	2	3	4	5	6	7	8	9	10	11	12	13	14	15
(c)	(a)	(b)	(d)	(a)	(d)	(a)	(b)	(a)	(a)	(a)	(a)	(d)	(d)	(a)

16	17	18	19	20	21	22	23	24	25	26	27	28	29	30
(b)	(c)	(d)	(c)	(a)	(b)	(a)	(c)	(c)	(d)	(d)	(a)	(c)	(a)	(b)

PRACTICE SET-9

1	2	3	4	5	6	7	8	9	10	11	12	13	14	15
(a)	(d)	(a)	(a)	(a)	(b)	(c)	(b)	(c)	(c)	(a)	(d)	(d)	(b)	(b)

16	17	18	19	20	21	22	23	24	25	26	27	28	29	30
(b)	(a)	(c)	(b)	(b)	(d)	(a)	(a)	(c)	(a)	(a)	(c)	(b)	(c)	(b)

PRACTICE SET-10

1	2	3	4	5	6	7	8	9	10	11	12	13	14	15
(a)	(b)	(c)	(a)	(a)	(b)	(b)	(a)	(b)	(b)	(d)	(c)	(d)	(b)	(a)

16	17	18	19	20	21	22	23	24	25	26	27	28	29	30
(c)	(a)	(b)	(c)	(b)	(d)	(b)	(a)	(c)	(c)	(b)	(d)	(a)	(a)	(a)

PRACTICE SET-11

1	2	3	4	5	6	7	8	9	10	11	12	13	14	15
(b)	(a)	(a)	(c)	(c)	(a)	(d)	(b)	(d)	(b)	(d)	(d)	(c)	(c)	(d)

16	17	18	19	20	21	22	23	24	25	26	27	28	29	30
(b)	(c)	(a)	(c)	(a)	(b)	(d)	(a)	(b)	(d)	(a)	(a)	(c)	(d)	(a)

PRACTICE SET-12

1	2	3	4	5	6	7	8	9	10	11	12	13	14	15
(b)	(c)	(d)	(c)	(a)	(c)	(d)	(a)	(a)	(b)	(b)	(a)	(b)	(d)	(a)

16	17	18	19	20	21	22	23	24	25	26	27	28	29	30
(a)	(a)	(c)	(d)	(b)	(c)	(a)	(a)	(a)	(a)	(a)	(d)	(d)	(b)	(c)

PRACTICE SET-13

1	2	3	4	5	6	7	8	9	10	11	12	13	14	15
(b)	(a)	(a)	(c)	(c)	(a)	(d)	(c)	(d)	(b)	(b)	(d)	(a)	(d)	(c)

16	17	18	19	20	21	22	23	24	25	26	27	28	29	30
(d)	(d)	(d)	(a)	(b)	(c)	(b)	(b)	(d)	(c)	(c)	(a)	(c)	(c)	(a)

PRACTICE SET-14

1	2	3	4	5	6	7	8	9	10	11	12	13	14	15
(a)	(a)	(b)	(a)	(c)	(b)	(b)	(d)	(c)	(c)	(d)	(b)	(c)	(c)	(d)

16	17	18	19	20	21	22	23	24	25	26	27	28	29	30
(c)	(d)	(a)	(c)	(a)	(c)	(d)	(b)	(b)	(b)	(d)	(a)	(a)	(a)	(b)

PRACTICE SET-15

1	2	3	4	5	6	7	8	9	10	11	12	13	14	15
(c)	(d)	(c)	(a)	(d)	(c)	(a)	(d)	(b)	(b)	(c)	(a)	(b)	(b)	(a)

16	17	18	19	20	21	22	23	24	25	26	27	28	29	30
(b)	(a)	(b)	(c)	(d)	(c)	(a)	(d)	(d)	(a)	(a)	(b)	(c)	(d)	(d)

PRACTICE SET-16

1	2	3	4	5	6	7	8	9	10	11	12	13	14	15
(c)	(a)	(b)	(a)	(a)	(b)	(c)	(b)	(d)	(d)	(d)	(a)	(b)	(a)	(a)

16	17	18	19	20	21	22	23	24	25	26	27	28	29	30
(a)	(c)	(d)	(c)	(d)	(b)	(a)	(b)	(c)	(a)	(a)	(b)	(d)	(d)	(c)

PRACTICE SET-17

1	2	3	4	5	6	7	8	9	10	11	12	13	14	15
(b)	(b)	(d)	(c)	(c)	(a)	(d)	(a)	(d)	(a)	(c)	(a)	(c)	(b)	(c)

16	17	18	19	20	21	22	23	24	25	26	27	28	29	30
(d)	(b)	(c)	(a)	(d)	(a)	(d)	(d)	(d)	(a)	(b)	(a)	(c)	(c)	(c)

PRACTICE SET-18

1	2	3	4	5	6	7	8	9	10	11	12	13	14	15
(a)	(c)	(d)	(d)	(c)	(d)	(c)	(d)	(d)	(b)	(b)	(d)	(b)	(b)	(d)

16	17	18	19	20	21	22	23	24	25	26	27	28	29	30
(c)	(a)	(d)	(a)	(b)	(a)	(b)	(d)	(c)	(a)	(a)	(d)	(a)	(a)	(b)

PRACTICE SET-19

1	2	3	4	5	6	7	8	9	10	11	12	13	14	15
(d)	(b)	(b)	(b)	(b)	(d)	(a)	(b)	(a)	(a)	(a)	(d)	(b)	(a)	(c)

16	17	18	19	20	21	22	23	24	25	26	27	28	29	30
(c)	(c)	(d)	(d)	(d)	(a)	(a)	(d)	(c)	(a)	(a)	(a)	(a)	(c)	(d)

PRACTICE SET-20

1	2	3	4	5	6	7	8	9	10	11	12	13	14	15
(b)	(b)	(c)	(c)	(d)	(d)	(a)	(a)	(c)	(d)	(a)	(c)	(d)	(c)	(d)

16	17	18	19	20	21	22	23	24	25	26	27	28	29	30
(c)	(b)	(c)	(b)	(a)	(a)	(d)	(c)	(d)	(c)	(b)	(b)	(c)	(b)	(b)

PRACTICE SET-21

1	2	3	4	5	6	7	8	9	10	11	12	13	14	15
(c)	(b)	(c)	(a)	(b)	(a)	(a)	(b)	(c)	(b)	(a)	(a)	(c)	(d)	(d)

16	17	18	19	20	21	22	23	24	25	26	27	28	29	30
(d)	(c)	(d)	(d)	(c)	(b)	(d)	(c)	(a)	(b)	(b)	(c)	(a)	(c)	(d)

PRACTICE SET-22

1	2	3	4	5	6	7	8	9	10	11	12	13	14	15
(b)	(d)	(d)	(a)	(c)	(c)	(a)	(d)	(a)	(d)	(b)	(a)	(c)	(c)	(d)

16	17	18	19	20	21	22	23	24	25	26	27	28	29	30
(d)	(d)	(a)	(a)	(a)	(c)	(a)	(a)	(b)	(d)	(c)	(a)	(b)	(b)	(d)

PRACTICE SET-23

1	2	3	4	5	6	7	8	9	10	11	12	13	14	15
(d)	(c)	(a)	(c)	(d)	(b)	(c)	(d)	(b)	(d)	(d)	(d)	(a)	(b)	(d)

16	17	18	19	20	21	22	23	24	25	26	27	28	29	30
(a)	(a)	(a)	(d)	(d)	(a)	(b)	(d)	(d)	(a)	(b)	(a)	(b)	(c)	(b)

PRACTICE SET-24

1	2	3	4	5	6	7	8	9	10	11	12	13	14	15
(b)	(b)	(c)	(b)	(b)	(d)	(c)	(b)	(d)	(d)	(b)	(b)	(c)	(a)	(c)

16	17	18	19	20	21	22	23	24	25	26	27	28	29	30
(c)	(d)	(b)	(d)	(b)	(a)	(c)	(b)	(d)	(b)	(c)	(c)	(b)	(b)	(d)

PRACTICE SET-25

1	2	3	4	5	6	7	8	9	10	11	12	13	14	15
(d)	(a)	(c)	(d)	(a)	(a)	(b)	(a)	(b)	(a)	(d)	(a)	(c)	(c)	(b)

16	17	18	19	20	21	22	23	24	25	26	27	28	29	30
(a)	(d)	(c)	(d)	(d)	(a)	(d)	(c)	(c)	(a)	(a)	(b)	(c)	(d)	(d)

PRACTICE SET-1
HINTS & SOLUTIONS

1.

	favour	others	
Assembly Polls	260000 − 4x	4x	→ Praja Party → Won
Nat. Gen. Elec.	260000 − 5x	5x	→ Loss

A.T.Q → $2 \times \{\{260000 - 4x\} - 4x\} = 5x - \{260000 - 5x\}$

→ $250000 - 16x = 10x - 260000$

→ $26x = 780000$

→ $x = 30000$

So, Votes in favour of Praja Party in the Assembly Polls =

$260000 - 4 \times 30000$

$= 140000$

2.

Profit of A = Profit of B = SP − CP

→ $\overset{3}{\cancel{1500}}\{1+y\} - \overset{3}{\cancel{1500}} = \overset{4}{\cancel{2000}}\{1+2y\}\{1-y\} - \overset{4}{\cancel{2000}}$

→ $3 + 3y - 3 = 4\{1 + y + 2y - 2y^2 - 1\}$

→ $3y = 4y - 8y^2$

→ $y^2 = \frac{y}{8} = y = \frac{1}{8}$

$= 12.5\%$

3.

Let 5 kg is brought → 4 kg (normal) and 1 kg (damaged)

SP = 112% 44.8 rs/kg

CP = 100% $\frac{\cancel{44.8}^{4}}{\cancel{112}} \times 10\cancel{0} =$ 4rs/kg

5 kg bought at = 5 × 40 = 200 rs 5% P 210 rs.

$SP/kg = \frac{210}{4} = 52.5$ rs

4.

$\frac{E}{S} = \frac{5}{3}$

$I = E + S,\ 8 = 5 + 3$

As Income → 44% ↑

Expenses → 60% then

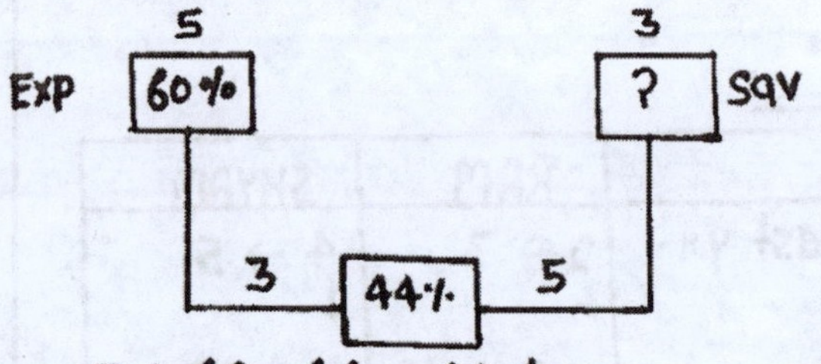

So → 3 → 60 − 44 = 16%

→ 5 → 16/3 × 5 = 80/3 %

$Sav = 44 - 80/3 = \frac{132-80}{3} = \frac{52}{3}\%$

→ A.T.Q = $\frac{\overset{2}{\cancel{52}}}{3}\%$ → $\frac{\cancel{1040}}{\cancel{40}_{20}}$ rs = 100% = 6000

∴ S = 3 → 6000

⇒ Initial Exp → 5 → 10000 rs

5.

Let, x → Instalment Debt =

Debt = P + SI

$\rightarrow 26160 = \dfrac{4x + x + 6 \times \{3+2+1+0\}}{100}$

$\rightarrow 26160 = \dfrac{400x + 36x}{100}$

$\rightarrow 2616000 = 436x$

$\rightarrow x = \dfrac{2616000}{436} = \dfrac{6540 \cdot 6}{109}$ = **6000 rs**

6. Use unit digit

As rate is 20% p.a

→ 1st yr. ⇒ 40% ↑

So 422092 × 1.4 − 21679 × 1.2

= 590928.8 − 26014.8

= **564914 rs**

7.

	RAM	SHYAM
last yr.	2 → 3 ↓	4 → 5 ↓
Present yr.	$3 \rightarrow \frac{9}{2}$ or $\frac{18}{4}$	$5 \rightarrow \frac{25}{4}$

⇒ So..

Present (R+S) = $\dfrac{18+25}{4} = \dfrac{43}{4}$

→ 8600 rs.

$\Rightarrow 1 \rightarrow \dfrac{8600}{43} \times 4 = 800$ rs.

RAM ⇒ $\dfrac{18}{4} \rightarrow 800 \times \dfrac{18}{4} =$ (200)

3600 rs

8.

sprite (A)

⇒ 4x → 80 ml

x → 20 ml

(B) 4x taken out

⇒ 4 : 11 = a : 220

11 × 20 → 220

4 × 20 → 80 = a

mix = 300

S : C : 220 — same ratio as mix was taken — S : C 4 : 11

(C) 3x transferred

→ Sprite gone into C : mix = $\dfrac{3 \times 20}{300} = \dfrac{1}{5}$

⇒ $\left(\frac{1}{5}\right)^{th}$ sprite sent to C, and $\left(\frac{4}{5}\right)^{th}$ remains.

So. now sprite in B after transfer = $80 \times \dfrac{4}{5}$ = (16)

= **64 ml**

9.

PRODUCT METHOD :

→ Time before meet = Time after meet

→ $T_A \times T_B = T'_A \times T'_B$ ⇒

⇒ $30 \times 30 = t \times (t+32)$

→ $900 = t\,(t+32) = t = 18$ min

So time taken by to cover 8km =

$30 + 18 = 48$ min

⇒ Speed of A = $\frac{8\text{ km}}{48/60\text{ hr}}$ =

$= \frac{8 \times 60^{10}}{48_6} = 10\ \text{Kmh}^{-1}$

10.

PRANJKA

Speed → 18 → 6m. Total headstart=

9s → 54m   54 + 396 = 450m

Total dist savitha has to cover =

$450 + 250 \times 6 = 450 + 500 =$ 1950 m

⇒ Speed of savitha =

$= \frac{195\cancel{0}}{25\cancel{0}} = 7.8\ \text{ms}^{-1}$

11.

	Time	Eff
A	(x+8)	x
B	x	(x+8)

→ $T_A - T_B = 9$ → $75\% \times \frac{x(x+8)}{x}$ −

$25\% \times \frac{x(x+8)}{(x+8)} = 9$

→ $\frac{3}{4}(x+8) - \frac{1}{4}x = 9$ ⇒

⇒ $\frac{3x - 24 - x}{9} = 9$

⇒ $2x = 12$ → $x = 6$

∴ Time taken by A =

$A = x + 8 = 6 + 8 = 14$ days.

12.

⇒ $d = \sqrt{8 \times 18} = \sqrt{144} = 12$

∴ A ⇒ $12 + 8 = 20$ (3)
B ⇒ $12 + 18 = 30$ (2)
60 — T.W

$A \times 4$ days $= 3 \times 4 = 12$

Rem work $= 60 - 12 = 48$

⇒ B will complete it in =

$\frac{48^{24}}{\cancel{2}} = 24$d

13.

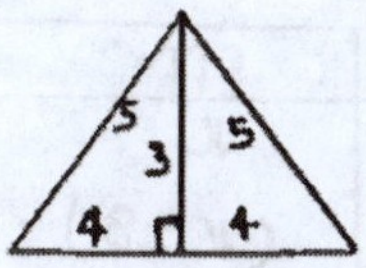

$$Vol^n = \frac{1}{3}\pi r^2 h = \frac{1}{3} \times \pi \times 4 \times 4 \times 3 =$$

$16\pi\ cm^3$

14.

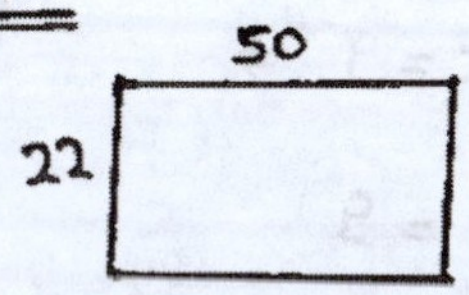

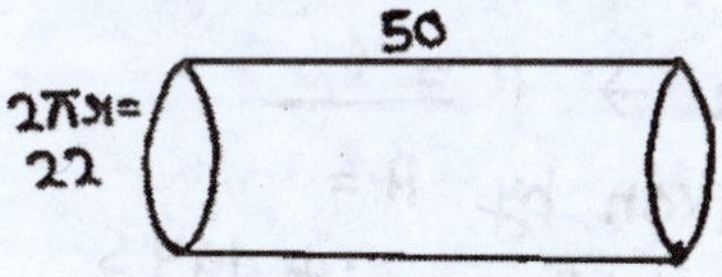

As $2\pi r = 22$

$\Rightarrow 2 \times \frac{22}{7} \times r = 22$

$\Rightarrow r = \frac{7}{2}$ cm

$$Vol^n = \pi r^2 h = \frac{22}{7} \times \frac{7}{2} \times \frac{7}{2} \times 50 =$$

$= 77 \times 25 = 1925 cm^3$

15.

$A = \frac{312-3}{990} = \frac{309}{990}$,

$B = \frac{415-4}{990} = \frac{411}{990}$

$C = \frac{309-30}{900} = \frac{279}{900}$

So $A + B + C =$

$$\frac{309}{990} \times \frac{10}{10} + \frac{411}{990} \times \frac{10}{10} + \frac{279}{900} \times \frac{11}{11}$$

$$= \frac{3090 + 4110 + 3069}{9900} =$$

$$\frac{10269}{9900} = \frac{1141}{1100}$$

16.

21	36 − 21 = 15	$(15)^2 = 225$
67	36 − 67 = 31	$(31)^2 = 961$
13	36 − 13 = 23	$(23)^2 = 529$
34	36 − 34 = 2	$(2)^2 = 4$
45	36 − 45 = 9	$(9)^2 = 81$
180		1800

mean $= \frac{180}{5} = 36$

Variance $= \frac{1800}{5} = 360$.

SD $= \sqrt{360} = 19$ (App)

17.

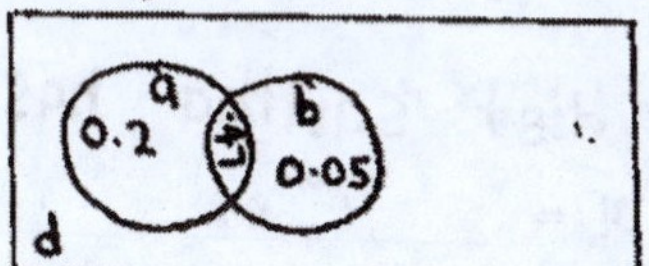

$\rightarrow d = 1 - (0.2 + 0.47 + 0.5) =$

$1 - 0.72 = 0.28 = \frac{28}{100}$

Odds in favour $= \frac{28}{72} = \frac{7}{18}$

18.

$= \frac{2 \sin 5x \sin 2x}{2 \sin 5x \cos 2x - 2 \sin 5x}$

$= \frac{\sin 2x}{\cos 2x - 1} = \frac{2 \sin x \cos x}{2 \sin^2 x}$

$= \cot x.$

19.

$\frac{s^3 + 3s - 4s^3}{s} + \frac{c^3 - (4c^3 - 3c)}{c}$

$= \frac{3s - 3s^3}{s} + \frac{-3c^3 + 3c}{c}$

$= 3(1 - s^2) + 3(1 - c^2)$

$3s^2 + 3c^2 = 3 \times 1 = 3$

20.

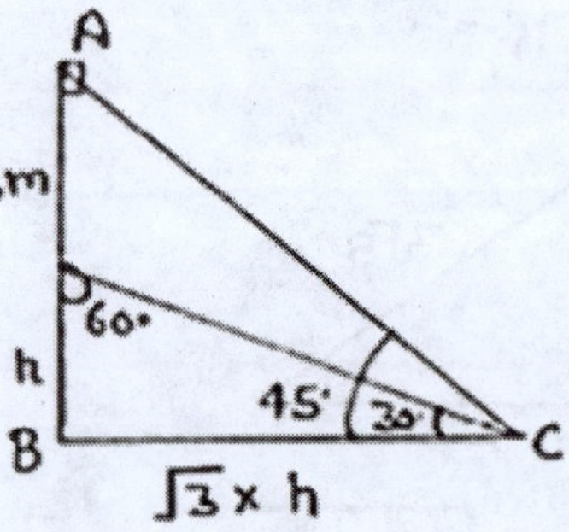

As, AB = BC :→

$\rightarrow 3 + h = \sqrt{3} \times h$

$\rightarrow 3 = h(\sqrt{3} - h)$

$\rightarrow h = \frac{3}{(\sqrt{3} - 1)} = \frac{3}{(0.73)}$

$\frac{300}{73} = 4.10\,m$

21. For unique sol.

Determinant $\neq 0$

$2(0-2) - 1(2k-1) + 3(4-0) \neq 0$

$-4 - 2k + 1 + 12 \neq 0$

$2k \neq 9$

$k \neq 4.5$

22.

→ 004 132 83P 759 387

$\rightarrow (391 + 83P) - 891 = 83P - 500$

$= \frac{33P}{13} = P = 8$

23. → Orig $\boxed{x|y}$ New $\boxed{y|x}$

A.T.Q $= 10x + y > 4(10y + y)$

$\rightarrow 10x + y > 40y + 4x$

$\rightarrow 6x > 39y$

So. $y = 1$, $y = 1$, $y = 1$

$x = 7$, $x = 8$, $x = 9$

→ 3 natural numbers

→ 71, 81, 91

24.

$\rightarrow 35x + 42y = 161\,m =$

$\overset{5}{35}x + \overset{6}{42}y = 7 \times 23\,m$

$\rightarrow 5x + 6y = 23 =$

$5(x+y) + y = 5 \times 4 + 3$

$x + 1,\ y = 3 = (x - y) = 1 - 3 =$

-2

25.

$2pq - 20 = 52 - 2pq$

$\Rightarrow 4pq = 72$

$pq = 18$

Whan, $p - q = 3$

$(p^3 - q^3) = 27 + 3 \times 3 \times 18$

$= 27 + 9 \times 18$

$= 189$

$p^2 + q^2 - 2q = 2pq - 20$

$p^2 + q^2 - 2pq = 9$

$(p - q)^2 = 9$

$\Rightarrow (p - q) = +3, -3$

when, $p - q = -3$

$p^3 - q^3 = (-27) + 3 \times -3 \times 18$

$= -27 - 9 \times 18$

$= -189$

Diff b/w maximum and minimum

$= 189 - (-189) = 378$

26.

$\rightarrow (m+3)^2 - 9(m+3) + 16 = 0$

$\rightarrow m^2 + 9 + 6m - 9m - 27 + 16 = 0$

$\rightarrow m^2 - 3m - 2 = 0$

$\rightarrow m - \frac{2}{m} = 3$

$m = \sqrt[3]{x} - 3$

$= m + 3 = \sqrt[3]{x}$

$\Rightarrow m^3 - \left[\frac{2}{m}\right]^3 = [3]^3 + 3 + 3 \times m \times \frac{2}{m} =$

$27 + 18 = 45$

27.

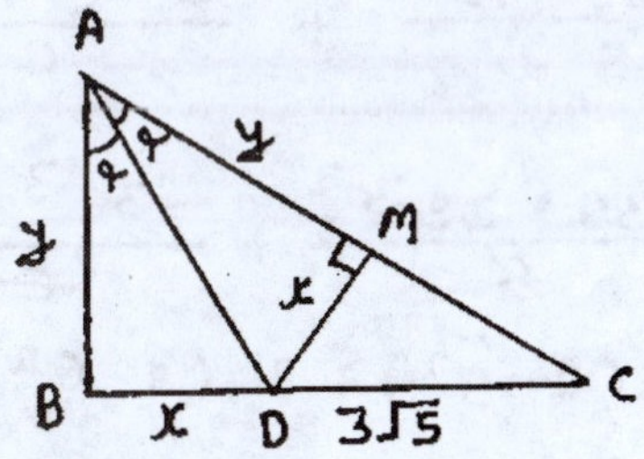

$\Delta ABD \approx AMD$

$BD = MD,\ AB = AM = y$

$\Rightarrow MC = 6$

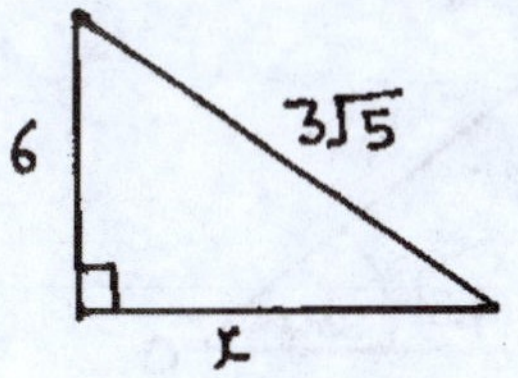

$\Rightarrow x = \sqrt{45 - 36} = 3$

28.

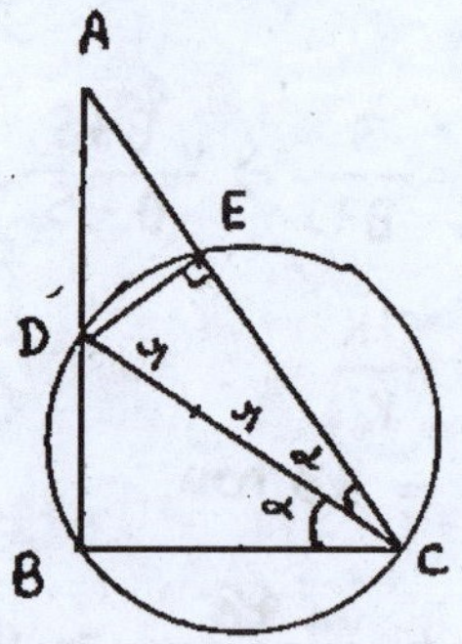

$AD^2 = AE \times AC$

$AD^2 = 8 \times 18$

$AD = 12$ cm

29.

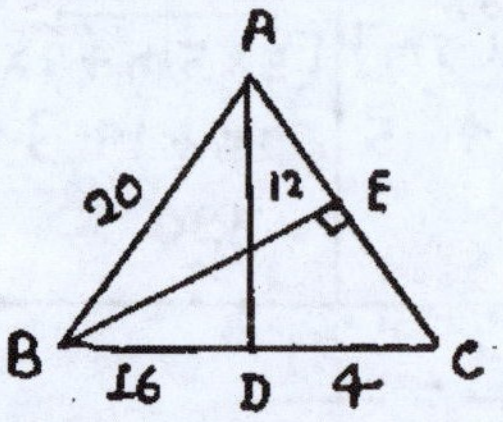

$AC^2 = 144 + 16 = 160$

$AC = 4\sqrt{10}$ cm

AS ar $\Delta ABC = \frac{1}{2} \times 4\sqrt{10} \times BE$

$= \frac{1}{2} \times 20 \times 12$

$BE = \frac{10 \times 6}{\sqrt{10}}$

$= 6\sqrt{10}$ cm

30.

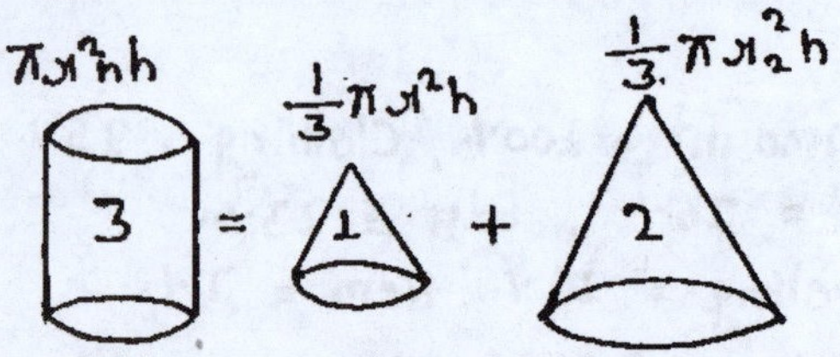

$\Rightarrow$ flat surfaces

$2r^2h \propto 3 \times 2 = 6$ (cylin), (1st cone)

$= \frac{1}{3} r^2 \propto 1$, (2nd cone)

$= \frac{1}{3} \pi r_2^2 \propto 2$

$r^2 \propto 3 \quad r_2^2 \propto 6 \quad = 3 + 6 = 9$

cylinder $\rightarrow$ cones $\Rightarrow 6 \rightarrow 9$

= 50 % change

PRACTICE SET-2
HINTS & SOLUTIONS

1.

Let amount = 100%, Clothing = 25%

Food = 26%, Edu = 23%

Traveling = 19% Rem = 7%

So 7% → 26600 ru

$45\% \rightarrow \frac{\cancel{26600}^{3800}}{\cancel{7}} \times 45$

= 171000 ru

2.

Truth $= \frac{3}{4}$ Lie $\frac{1}{4}$ six $\frac{1}{6}$

Not six $\frac{5}{6}$

$P[\text{actually a } 6] = \frac{\frac{3}{4} \times \frac{1}{6}}{\frac{3}{4} \times \frac{1}{6} + \frac{1}{4} \times \frac{5}{6}}$

$= \frac{\frac{3}{\cancel{24}}}{\frac{8}{\cancel{24}}} = \frac{3}{8}$

3.

$\Rightarrow HCF[x, \overset{13 \times 17}{221}] = 3x - 187$

13 | 17

$\Rightarrow 13 = 3x - 187$ $\Rightarrow 17 = 3x - 187$

$\Rightarrow x = \frac{200}{3}$ $\Rightarrow x = \frac{204}{3} = 68$

4.

$= 3^{71}[1 + 3 + 9 + 27 + 81]$

$= 3^{71} \times 121 \rightarrow$ Div. by 11

5.

$\frac{4}{B+S} = \frac{3}{B+S} \Rightarrow \frac{B+S}{B-S} = \frac{4}{3}$

$\Rightarrow \frac{B}{S} = \frac{7K}{K}$

So, $t_1 + t_2 = 48$ hrs

$\Rightarrow \frac{48}{7K+K} + \frac{48}{7K-K} = 48$ hrs

$\Rightarrow \frac{1}{8K} + \frac{1}{6K} = 1 \Rightarrow \frac{7}{24K} = 1 \Rightarrow K = \frac{7}{24}$

6.

X	Y
$[3 \times 5m + 4.5 \times 7m]$ (+50%)	$[5 \times 5m + 2 \times 7m]$ (−60%)
$= [15 + 31.5 = 46.5$	$[25 + 14] = 39$
$= 465$	$= 390$

So, $\frac{x}{y} = \frac{\cancel{465}^{\cancel{93}\,31}}{\cancel{390}_{\cancel{78}\,26}} = \frac{31}{26}$

$x + y = 31 + 26 = 57$

As, Annual profit = 57 → 6.84L

$x\text{'s share} = 31 \rightarrow \frac{\cancel{6.84}^{\cancel{36}\,\cancel{12}\,3}}{\cancel{57}_{3}} \times \frac{31}{\cancel{100}_{25}}$

$= \frac{93 \times 4}{25 \times 4} = \frac{372}{100} = 3.72L$

7.

Avg.

$= 2.85 = \dfrac{2[2+5K]+3[5K-7]+4[2K-3]+5[K+2]}{[2+5K+5K-7+2K-3+K+2]}$

$= 2.85 = \dfrac{4+10K+15K-21+8K-12+5K+10}{13K-6}$

$\Rightarrow 2.85 \times 13K - 2.85 \times 6 = 38K - 19$

$\Rightarrow 37.05K - 17.1 - 38K = -19$

$\Rightarrow 0.95K = 19 \Rightarrow K = 2$

No. 2 → coming for [2+5K] times

= 2 + 5 × 2 = 12 times

→ replaced by 4

⇒ Sum inc ↑ = 2 × 12 = 24

Total no = 13K − 6 = 26 − 6 = 20

New Avg = $2.85 + \dfrac{\text{Sum inc}\uparrow}{\text{Total no}}$

$= 2.85 + \dfrac{24}{20} = 2.85 + 1.2 = 4.05$

8. Let initial mix = x

A.T.Q ⇒ x − 21 + 77 = x + 56

⇒ x + 56 = 2x ⇒ x = 56L

9. →

	48 → T.W
A → 16 d	3
R → 24 d	2
2d →	5

As, [2d → 5w] × 9 → 18d → 45w

19d → 3w = 45 + 3 = 48w

→ 19d.

10.

Max = 5 : 7 : 6 = 20 × 14

Score = 3 : 5 : 6 = 14 × 10

→

70	98	114	= 280
30	50	60	= 140

↳ More than 50% = 2 subjects.

11.

Rem amount after downpayment

= 500000 − 54805 = 445195 − Loan

As. rate = 12m → 20% ⇒ 6m → 10% in 3 times.

10 — 11	× 11²	1210	— 1331
100 — 121	× 11	1100	— 1331
1000 — 1331	× 1	1000	— 1331
		3310	3993

↳ Diff = 3993 − 3310 = 683

Loan = 3310 → 445195 ru

Diff = 683 → $\dfrac{445195}{3310} \times 683$ (cancelled: 89039 / 1605, 321; 341.5)

= 91863.5 ru

12.

$\Rightarrow 2\% \to 26.50$ rs $= 1\% \to 13.25$ rs

$100\% \to 1325$ rs

Int. paid $= 1484 - 1325 = 159$ rs

13.

$P = SP - CP$

$\Rightarrow 158.6 = 1.1(1.4x - 224) - x$

$= 1.54x - 246.4 - x$

$158.6 + 246.4 = 0.54x$

$= x = \frac{405}{0.54} = \frac{40500}{54} = 750$

14.

$\Rightarrow$ Total bags $= 60$ < $18 \Rightarrow 8\%$ P, $42 \Rightarrow x\%$ P

So, $\frac{18 \times 8\% + 42 \times x\%}{60} = 16.4\%$

$\Rightarrow 24 + 7x \Rightarrow x = 20\%$

Rate $= 400 \times 1.2 = 480$ rs.

15.

Find mean $\Rightarrow$

SCORES		Freq	Score x Freq
0 - 10	5	2	10
10 - 20	15	4	60
20 - 30	25	12	300
30 - 40	35	21	735
40 - 50	45	6	270
50 - 60	55	3	165
60 - 70	65	2	130
		50	1670

$\Rightarrow$ Mean $= \frac{1670}{50} = 33.4$

16.

AM $\geq$ GM $\geq$ HM

AM $= b - a = c - b$, GM $= \sqrt[3]{a \times b \times c}$

HM $= \frac{1}{b} - \frac{1}{a} = \frac{1}{c} - \frac{1}{b}$

$\Rightarrow$ AM $\geq$ HM $= \frac{\overline{x + y + z}^{\,1}}{3} \geq \frac{3}{\left[\frac{1}{x} + \frac{1}{y} + \frac{1}{z}\right]}$

$\Rightarrow \frac{1}{x} + \frac{1}{y} + \frac{1}{z} \geq 9$

17.

If $x - 2 = 2^{2/3} - 2^{1/3}$, Cubing b.t.s.

$\Rightarrow x^3 - 8 - 3x \times 2(x - 2)$

$= 4 - 2 - 3 \times 2^{2/3} \times 2^{1/3}[2^{2/3} - 2^{1/3}]$

$\Rightarrow x^3 - 8 - 6x^2 + 12x - 2 - 6[x - 2]$

$\Rightarrow x^3 - 6x^2 + 18x$

$= 12 + 2 + 8 = 22$

18.

$\left[x^4 - \frac{1}{x^4}\right] = \left[x^2 + \frac{1}{x^2}\right] \times \left[x + \frac{1}{x}\right] \times \left[x - \frac{1}{x}\right]$

$= 23 \times 5 \times \sqrt{21} = 115\sqrt{21}$

19.

$\Rightarrow 1+2 \Rightarrow 2x+3y-5z=18$

$3x+2y+z=29$

$5x+5y-4z=47$

$(3)\times 5 \Rightarrow 5x+5y+15z=85$

$19z=38 \Rightarrow z=\underline{2}$

$x+y=17-3\times 2=11 \rightarrow 4$

$3x+2y=29-2=27 \rightarrow 5$

$2x+3y=18+10=28 \rightarrow 6$

$\Rightarrow 4+6-5 \Rightarrow y=6$

$x=5$

$xy+yz+zx$

$=5\times 6+6\times 2+2\times 5$

$=30+12+10=\underline{\underline{52}}$

20.

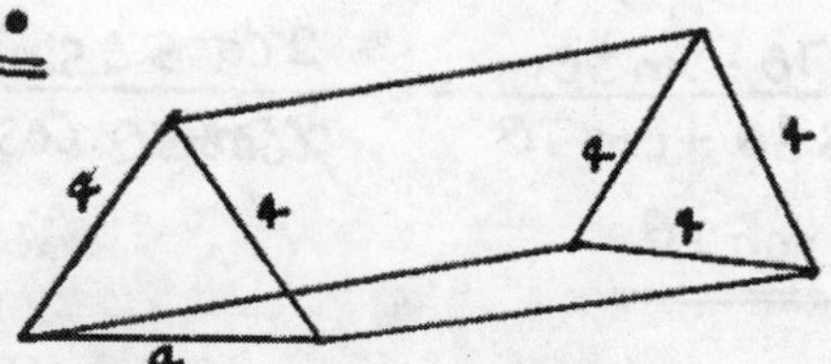

$3\times$ rect $=$ LSA $=120$ (40)

$\Rightarrow$ rect ar $=40\,cm^2$

As, $4\times h=40\,cm^2 \Rightarrow h=10\,cm$

$Vol^n=\Delta\times h=\frac{\sqrt{3}}{4}\times(4)^2\times 10=\underline{\underline{40\sqrt{3}\,cm^2}}$

21.

$N\times Vol^n$ of spheri $=$ Vol^n of water inc $\uparrow$

$\Rightarrow N\times\frac{4}{3}\pi\times 3\times 3\times 3=\pi\times 9\times 9\times 40$

$\Rightarrow N=90$

22.

$V_{cont}=n\times V_{cylin}$

$\Rightarrow \frac{2}{3}\pi\times 18\times 18\times 18$

$=n\times\pi\times 3\times 3\times 6 = n=\underline{\underline{72}}$

23.

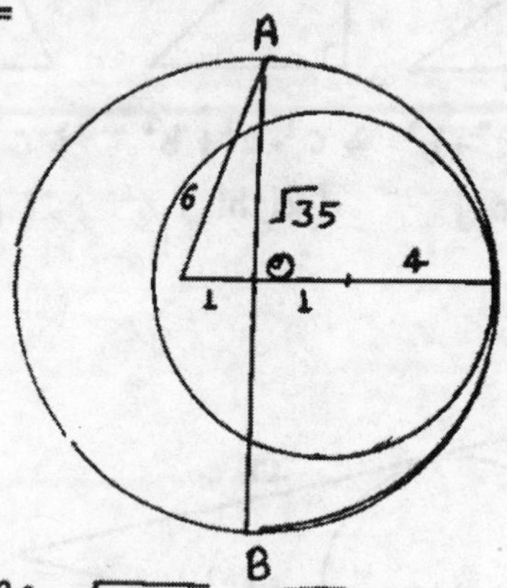

$AO=\sqrt{36-1}=\sqrt{35}$

$AB=\underline{\underline{2\sqrt{35}\,cm}}$

24.

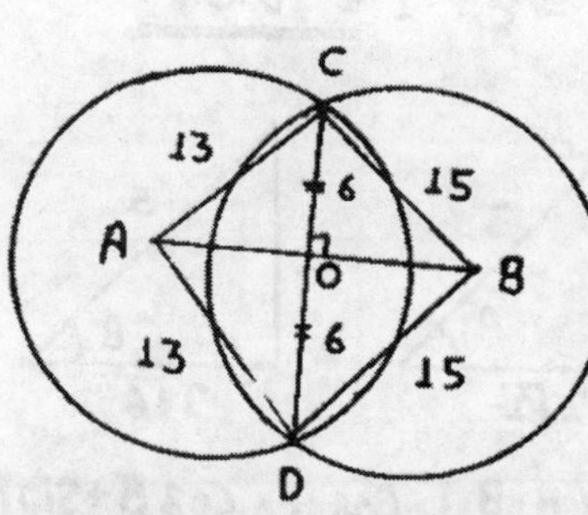

$AO=\sqrt{13^2-6^2}=\sqrt{169-36}=\sqrt{133}$

$BO=\sqrt{15^2-6^2}=\sqrt{225-36}=\sqrt{189}$

So. Dist. b/w centres $=\underline{\underline{\sqrt{133}+\sqrt{189}}}$

25.

(i) $(64)^2 > (62)^2 + (15)^2$

$\Rightarrow 4096 > 3844 + 225$

$\Rightarrow 4096 > 4069 \Rightarrow$ Obtuse.

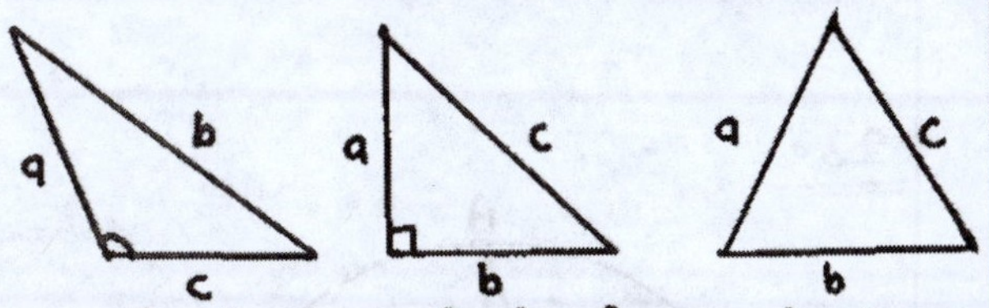

$\Rightarrow c^2 > a^2 + b^2$ (Obtuse) $\Rightarrow c^2 = a^2 + b^2$ (Right) $\Rightarrow c^2 < a^2 + b^2$ (Acute)

26.

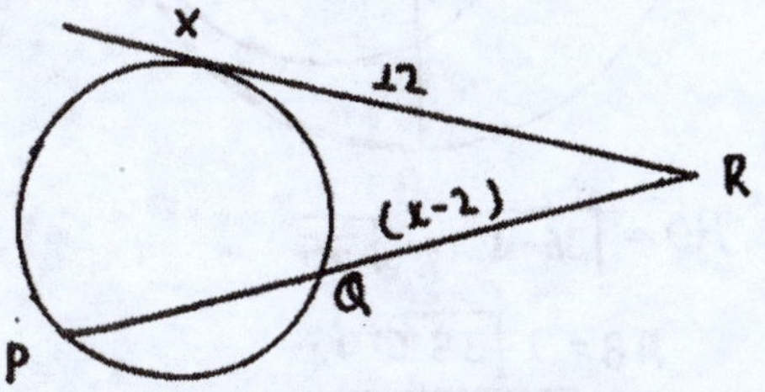

$XR^2 = PR \times QR \Rightarrow (12)^2 = (x-2)(x-2+x)$

$\Rightarrow 144 = (x-2)(2x-2) = 8 \times 18$

$\Rightarrow x = 8 + 2 = 10$ cm

27.

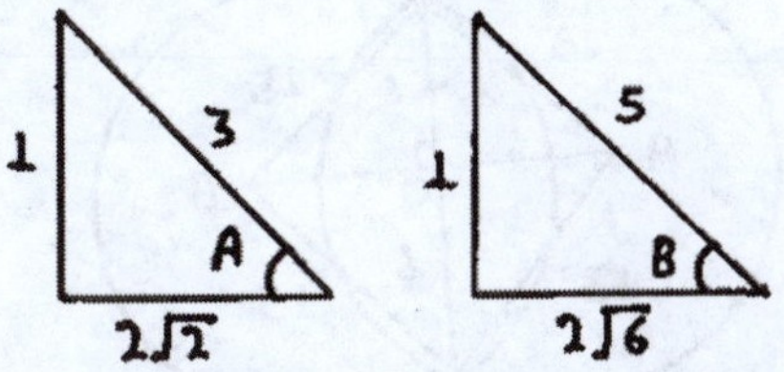

$\Rightarrow \cos(A-B) = \cos A \times \cos B + \sin A \times \sin B$

$= \frac{2\sqrt{2}}{3} \times \frac{2\sqrt{6}}{5} + \frac{1}{3} \times \frac{1}{5} = \frac{8\sqrt{3}+1}{15}$

28.

$\Rightarrow 2[1 - \cos^2 x] + \sqrt{3} \times \cos x + 1 = 0$

$2\cos^2 x - \sqrt{3}\cos x - 3 = 0$

$\Rightarrow \cos x = +\frac{2\sqrt{3}}{2}$ (×), $\frac{-\sqrt{3}}{2}$ (✓)

$\Rightarrow \cos x = -\frac{\sqrt{3}}{2} = \cos(90+60) = -\sin 60$

$\Rightarrow x = 150°$ or $\frac{5\pi}{6}$

29.

$= \frac{2\sin 8\theta \cdot \cos\theta - 2\sin 6\theta \cdot \cos 3\theta}{2\cos 2\theta \cdot \cos\theta - 2\sin 3\theta \cdot \sin 4\theta}$

$= \frac{\sin 9\theta + \sin 7\theta - [\sin 9\theta + \sin 3\theta]}{\cos 3\theta + \cos\theta - [\cos\theta - \cos 7\theta]}$

$= \frac{\sin 7\theta - \sin 3\theta}{\cos 3\theta + \cos 7\theta} = \frac{2\cos 5\theta \sin 2\theta}{2\cos 5\theta \cdot \cos 2\theta}$

$= \tan 2\theta$

30.

$\frac{1}{\sqrt{(3)^2 + (2\sqrt{2})^2 + 2 \times 3 \times 2\sqrt{2}}} = \frac{1}{3+2\sqrt{2}}$

$\times \frac{3-2\sqrt{2}}{3-2\sqrt{2}} = 3 - 2\sqrt{2}$

$= 3 - 2 \times 1.414 = 3 - 2.828$

$= 0.172$

PRACTICE SET-3
HINTS & SOLUTIONS

1.

$\frac{A}{B} = \frac{\cancel{120}^{6}}{\cancel{100}_{5}} = \frac{6}{5}$, $\frac{B}{C} = \frac{\cancel{65}^{13}}{\cancel{100}_{20}} = \frac{13}{20}$

A	B	C
6	5	5
13	13	20
78	65	100

$A+B+C = \frac{243}{2} = 243K = \frac{243}{2}$

$= K = \frac{1}{2}$

$2C - 4B + A = 200K - 260K + 78K$

$= 18K = \cancel{18}^{9} \times \frac{1}{\cancel{2}} = 9$

2.

$A(\text{Truth}) = \frac{3}{4}$; $A(\text{Lie}) = \frac{1}{4}$

$B(\text{Truth}) = \frac{4}{5}$; $B(\text{Lie}) = \frac{1}{5}$

$= \frac{3}{4} \times \frac{1}{5} + \frac{1}{4} \times \frac{4}{5}$

$= \frac{7}{\cancel{20}} \times \cancel{100}^{5}\% = 35\%$

3. Trick.

	m	n	p
	$-x_1$	$-x_2$	$-x_3$
diff →	d	d	d

$\Rightarrow$ No $= LCM(m, n, p)K - d$

$d = (19-4), (20-5), (25-10) = 15$

So, $x = LCM(19, 20, 25)K - d$

$= 19 \times 25 \times 4K - 15 = 1900K - 15$

→ for least no. be $K = 1$

$\Rightarrow 1900 - 15$

$y = HCF(24, 32, 48) = 8$

$\therefore x - y^3 = 1900 - 15 - 512 = 1373$

4.

No. = ABCDE

$\Rightarrow$ As, $ABC \div 4$

$\Rightarrow BC \Rightarrow 12, 24, \overset{}{\underset{\times}{32}}, 52$, and,

$BCD \div 5 \Rightarrow D \rightarrow \overset{}{\underset{\times}{0}}; 5 \Rightarrow 5$ (✓)

$CDE \div 3 \Rightarrow (C+5+E) \div 3$

Putting values in no., we get

$ABCDE = 12453$

So. $A = 1$

5.

B−S	B+S	t
24	36	10
36	24	12

⇒ To solve this :-

SHIFTING METHOD

In. B−S : 24−36 = 12 , t = 10 − 12 = 2

⇒ Negate 36 ⇒ 12×3 = 36

→ t = 10 + 6 = 16 hrs

↳ 24, 36) −12 → −36 ; 10, 12) +2 → +6

So, (24+36) = 60 → (10+6) = 16 hrs

B−S = 60/16

In B+S : 36 − 24 = 12 ; t = 12−10 = 2

⇒ Negate 36 ⇒ −12×3 = −36

t = 12 − 6 = 6 hrs.

↳ 36, 24) +12   10, 12) −2

So, (24 + 36) = 60 → (12−6) = 6 hrs

$B+S = \frac{60}{6}$

⇒ So, B + S = 60/6

B − S = 60/16

$\Rightarrow 2S = \left(\frac{60}{6} - \frac{60}{16}\right) \Rightarrow S = \frac{1}{2} \times \left(\frac{480-180}{48}\right)$

$= \frac{1}{2} \times \frac{300}{48} = \frac{25}{8}$

6.

A : B : C = 3 : 4 : 5 → 12

4 → 181400 rs.

(×3

12 → 181400 × 3 → 100 − 4 = 96%.

So amount of profit for emergency fund = 96% ⇒ 181400 × 3

$4\% = \frac{96\%}{24} = \frac{181400 \times 3}{24}$ 22675

= 22675

7. Take unit digits only.

$\text{Avg.} = \frac{\text{Sum}}{N}$

$9 = \frac{x+5+3+8+1+3}{6} = 4 = x + 0$

⇒ x = 4

(x−1), (x−3), (x+3), (x+5)

$\Rightarrow 3, 1, 7, 9 \Rightarrow \text{Avg} = \frac{3+1+7+9}{4}$

$= \frac{20}{4} = 5.$

8.

M : W

5 : 3   ×5 25 : 15

+8   ⇒ +8

11 : 5   ×3 33 : 15

As, 8 → 8 L

M → 25 → 25 L

W → 15 → 15 L

Diff = 25 − 15 = 10 L

9.

$\Rightarrow A = d + 25$; $B = d + 16$

$d = \sqrt{25 \times 16} = 5 \times 4 = 20$

	180
A = 45	4
B = 36	5
	9

$\Rightarrow A + B = \frac{180}{9} = 20d$

10.

$\frac{2A - 30}{5} = \frac{2B + 10}{7} = \frac{3C - 10}{13} = K$

$A = (K+30)\frac{5}{2}$; $B = (K-10)\frac{7}{2}$

$C = (K+10)\frac{13}{3}$

As, $A + B + C = 600$

$\Rightarrow \frac{(5K+150)3}{2\times 3} + \frac{(7K-70)3}{2\times 3}$

$\frac{(13K+130)2}{3\times 2} = 600$

$\Rightarrow 15K + 450 + 21K - 210 + 26K + 260 = 3600$

$\Rightarrow 62K = 3100 \Rightarrow K = \frac{3100}{62} = 50$

A's share $= (50 + 30) \times \frac{5}{2}$

$= \frac{80 \times 5}{2} = 200$ Rs

11.

$\Rightarrow$ Debt = Debt

$= 10192 = 3x + \frac{x \times 10 \times (2+1+0)}{100}$

$= 10192 = \frac{33x}{10}$

$x = \frac{101920}{33} = 3088.48$ Rs.

(33973.33 / 11)

12.

a	b	Int
12%	10%	125
10%	12%	128

Using shifting method $\Rightarrow$ (In.b)

$\Rightarrow$ 10 → 12 : +2, ×6 → +12 ; 125 → 128 : +3, ×6 → +18

$\Rightarrow (10 + 12)\% \rightarrow 125 + 18 = 143$ Rs

$\Rightarrow 22\% \rightarrow 143$ Rs $\Rightarrow 100\%$

$\rightarrow 650$ Rs

13.

As, SP in Same

$\Rightarrow$ overall Loss = 6.25% = $\frac{x^2}{100}$

$\Rightarrow x = 25\%$

So,

	CP	SP
Profit =	4×60 = 240 rs	5→300 rs = 1→60
Loss =	4×100 = 400 rs	3→300 rs = 1→100

So.

Diff = 400 − 240 = 160 rs.

14.

As. New SP = New SP

$\Rightarrow \frac{19}{20}CP = \frac{19}{24}SP \Rightarrow \frac{SP}{CP} = \frac{6}{5}$

So, CP = 500 rs. ⟶ SP

= 600 rs —90% of SP→ 540 rs.

Gain % = $\frac{540-500}{500} \times 100\%$

= $\frac{40}{500} \times 100\% = 8\%$

15.

4, 23; 1→5; 28; 4 − 4×5 = 20; 1

$\Rightarrow 28 + 20 = 48 \rightarrow$ Excluded no

16.

SITA	GITA	MITA
50	60	70
+20% ↓	+25% ↓	+20% ↓
60	75	84
+40% ↓	↓	+25% ↓
48	x	105

A.T.Q $\Rightarrow x = \frac{84 + x + 105}{3}$

$\Rightarrow 3x = 105 + 84 + x$

$\Rightarrow 2x = 189$

$\Rightarrow x = \frac{189}{2} = 94.5$

Salary hike of Gita in the 2nd yr = $\frac{94.5 - 75}{75} \times 100 = \frac{19.5}{3} \times 4$

= 6.5 × 4 = 26%

17.

P = 28 − 3 = 25; Q $\frac{5}{4}$ + 2 = 4

R = $\frac{14}{21} \times 9 = 6$

$\Rightarrow$ P × Q + R = 25 × 4 + 6 = 106

18.

Value Putting ⇒ $a = b = c = x = y = z = 2$

So. $\frac{1}{9}\left[\frac{1}{x+1} + \frac{1}{y+1} + \frac{1}{z+1}\right] = \frac{1}{9}$

$\left[\frac{1}{3} + \frac{1}{3} + \frac{1}{3}\right] = \frac{1}{9} \times \frac{3}{3} = \frac{1}{9}$

19.

$= \sqrt{\frac{1+\sqrt{3}\times 2}{2\times 2}} = \sqrt{\frac{4+2\sqrt{3}}{4}}$

$= \sqrt{\frac{(\sqrt{3}+1)^2}{4}} = \frac{\sqrt{3}}{2} + \frac{1}{2}$

$\Rightarrow \sqrt{\frac{1-\sqrt{3}}{2}} = \frac{\sqrt{3}}{2} \quad \frac{-1}{2}$

So. $x = \frac{\sqrt{3}}{2} + \frac{1}{2} - \frac{\sqrt{3}}{2} + \frac{1}{2} = 1$

$\therefore \frac{\sqrt{2}-1}{\sqrt{2}+1} \times \frac{\sqrt{2}-1}{\sqrt{2}-1} = (\sqrt{2}-1)^2$

$= (1.41-1)^2 = (0.41)^2$

$= 0.1681 \approx 0.17$

20.

$A = \frac{1}{B} \quad \frac{A+B}{A-B} = \frac{A+\frac{1}{A}}{A-\frac{1}{A}} = \frac{A^2+1}{A^2-1}$

$= \frac{\left[\frac{1+2x}{1-2x}\right]^2 + 1}{\left[\frac{1+2x}{1-2x}\right]^2 - 1} = \frac{[1+2x]^2 + [1-2x]^2}{[1+2x]^2 - [1-2x]^2}$

$= \frac{1+4x+4x^2+1+4x^2-4x}{1+4x+4x^2-1-4x^2+4x}$

$= \frac{8x^2+2}{8x} = x + \frac{1}{4x}$

21.

No. of tiles = min

Size of tiles = max

So.

Tile = HCF[126, 90] = 18 ft

area = $[18]^2 = 324\ ft^2$

Also. No of tiles = $\frac{126 \times 90}{18 \times 18}$ (cancelled: 126 → 7, 90 → 5)

= 35

22.

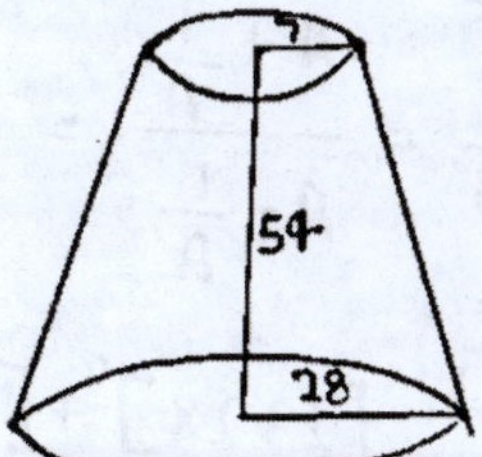

$\Rightarrow$ Vol. of frustum $= \frac{1}{3}\pi[r_1^2 + r_2^2 + r_1 \cdot r_2]h$

Vol of cylinder $= \pi \times (3x)^2 \times 5x$

$\frac{1}{3}\pi[784 + 49 + 196]\,45 = \pi \times 9x^2 \times 5x$

$\Rightarrow \frac{1}{3} \times 1029 = x^3 \Rightarrow x = 7\text{cm}$ (1029 cancelled to 343)

CSA of cylin $= 2\pi rh$

$2 \times \frac{22}{7} \times 3 \times 5 \times 7 \times 7 = 44 \times 15 \times 7$

$= 44 \times 105 = 4620\text{ cm}^2$

23.

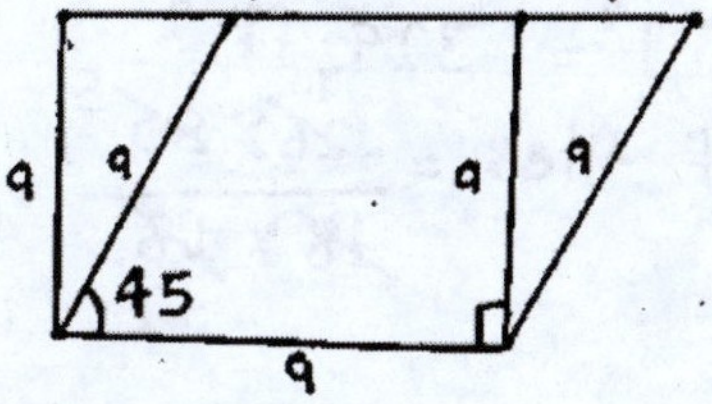

$\Rightarrow \frac{\text{Ar of square}}{\text{Ar of rhombus}} = \frac{a \times a \times \sin 90 \to 1}{a \times a \times \sin 45 \to \frac{1}{\sqrt{2}}}$

$= \sqrt{2} : 1$

24.

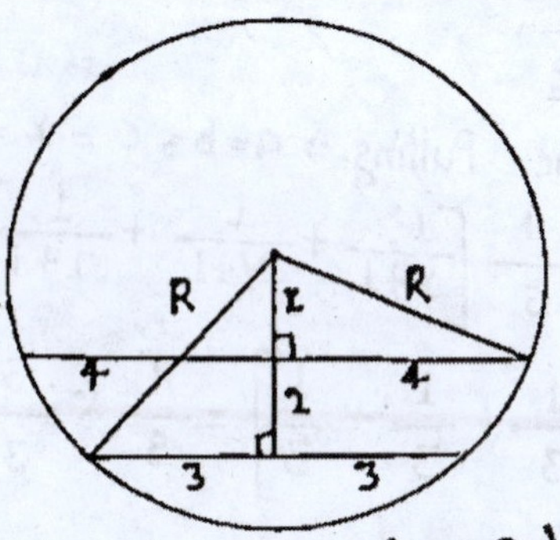

$R^2 = x^2 + 4^2 = 3^2 + (x+2)^2$

$\Rightarrow x^2 + 16 = 9 + [x^2 + 4x + 4]$

$\Rightarrow 4x = 3 \quad = x\ \frac{3}{4}$

So, $R = \sqrt{x^2 + 4^2}$

$= \sqrt{\frac{9}{16} + 4} = \sqrt{\frac{265}{16}} = \frac{\sqrt{265}}{4}$

25.

$TCT = \sqrt{d^2 - (r_1 + r_2)^2}$

$= \sqrt{144 - (5+4)^2}$

$= \sqrt{63}\text{ cm}$

26.

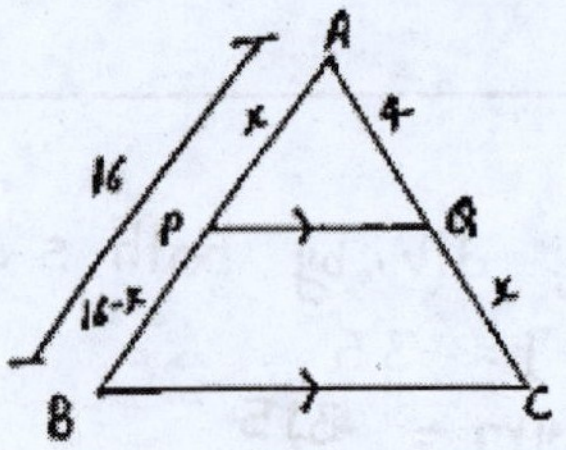

$\frac{x}{16-x} = \frac{4}{x} \Rightarrow x^2 = 64 - 4x$

$\Rightarrow x^2 + 4x - 64 = 0$

So, $x = \frac{-b \pm \sqrt{b^2-4ac}}{2a} = \frac{-4 \pm \sqrt{16+256}}{2 \times 1}$

$= \frac{-4 \pm \sqrt{272}}{2} = \sqrt{68} - 2$

$= 2\sqrt{17} - 2\text{ cm} = CQ$

27.

$\Rightarrow |29-4| < S < |29+4|$

$25 < S < 33$

28.

$\Rightarrow \cot^2 A[\cot^2 A + 1] = 1$

$\Rightarrow \cot^2 A \times \operatorname{cosec}^2 A = 1$

$\Rightarrow \frac{\cos^2 A}{\sin^2 A} \times \frac{1}{\sin^2 A} = 1$

$\Rightarrow \cos^2 A = \sin^4 A = (\sin^2 A)^2$

$\Rightarrow \cos^2 A = [1 - \cos^2 A]^2$

$\Rightarrow \cos^2 A = 1 + \cos^4 A - 2\cos^2 A$

$\Rightarrow \cos^4 A - 3\cos^2 A = \underline{-1}$

29.

$\operatorname{cosec} A + \cot^3 A \sec A$

$= \frac{1}{\sin A} + \frac{\cos^3 A}{\sin^3 A} \times \frac{1}{\cos A}$

$= \frac{\sin^2 A + \cos^2 A}{\sin^3 A} = \frac{1}{\sin^3 A} = \operatorname{cosec}^3 A$

$\cot^2 A = 1 - c^2$

$\Rightarrow \operatorname{cosec}^2 A - 1 = 1 - c^2 \Rightarrow \operatorname{cosec}^2 A = 2 - c^2$

$\Rightarrow \operatorname{cosec}^3 A = \underline{[2-c]^{3/2}}$

30.

$\Rightarrow a^2 b = [\operatorname{cosec} A + \cot A]^2$

$= \left[\frac{1}{S} + \frac{c}{S}\right]^2 = \frac{(1+c)^2}{S^2}$

Now,

$\frac{[a^2b - 1]}{[a^2b + 1]} = \frac{\frac{[1+c]^2}{S^2} - 1}{\frac{[1+c]^2}{S^2} + 1}$

$= \frac{[1+c]^2 - S^2}{[1+c]^2 + S^2} = \frac{1 + c^2 + 2c - S^2}{1 + c^2 + 2c + S^2}$

$= \frac{2c^2 + 2c}{2 + 2c} = \frac{2c(c+1)}{2(c+1)}$

$= \underline{\cos A}$

PRACTICE SET-4
HINTS & SOLUTIONS

1.

$= x \times \frac{9}{10} \times \frac{4}{5} \times \frac{3}{5} \times \frac{1}{5}$

$= 5000 + 1480 = 6480$ rs

$x = 125 \times 120 = 75000$ rs.

2.

P [Problem solved]

$= 1 - P$ [Not solved]

$= 1 - \frac{4}{7} \times \frac{4}{9} \times \frac{4}{5} = 1 - \frac{64}{315}$

$\frac{315-64}{315} = \frac{251}{315}$

3.

$d = 6618 - 4062 = 2556$

$d_2 = 6618 - 1719 = 4899$

So, x = HCF [4899, 2556]

HCF [4899, 2556]

$\Rightarrow$ 2556) 4899 (1
2566
2343) 2556 (1
2343
HCF = 213) 2343 (11
2343
×

$\therefore x$ = HCF [4899, 2556] = 213; then 213) 1719 (8
1704
Y = 15

So, $x - Y = 213 - 15 = 198$

4.

$\Rightarrow$ Completely div. by both 5 and 7

= LCM [5, 7] = 35

$\rightarrow$ First term = 315

Last term = 630, gap = 35

$\Rightarrow$ No's $= \frac{L-F}{d} + 1 = \frac{630-315}{35} + 1$

$= \frac{315}{35} + 1 = 10$

5.

stream $= x$

Boat $= x + 4$

As, $t_1 + t_2 = 10$ hrs $\Rightarrow \frac{45}{B+S} + \frac{35}{B-S} = 10$

$\Rightarrow \frac{45}{2x+4} + \frac{35}{4} = 10$

$\frac{45}{2x+4} = 10 - \frac{35}{4} = \frac{5}{4}$

$\Rightarrow 2x + 4 = 4 \times 9 = 36$

$\Rightarrow x = \frac{32}{2} = 16$

Speed of man in still water

$= x + 4 = 16 + 4 = 20$ kmh^{-1}

6.

$A:B:C = \left[\frac{2}{3} : \frac{3}{5} : \frac{5}{6}\right] \times 30 = 20:18:25$

A.T.Q ⇒

A	B	C
20×8×20×1.25×4	18×12	25×12

⇒ 65 : 54 : 75 = 65 + 54 + 75 = 194

So, 194 → 5820 ₹

$C = 75 \rightarrow \frac{5820 \times 75}{194} = 2250$ ₹

7.

As, a + b + c + d = 4(2c − 9) − (#)

a + b = 10 − (1), b + c = 14 − (2)

c + d = 18 − (3), e = a + c − 2 − (4)

Then (#) = (1) + (3) ⇒ 4(2c − 9)

= 10 + 18 = 28 ⇒ 2c = 7 + 9 = 16

⇒ c = 8

Put c = 8 in (3) ⇒ 8 + d = 18 ⇒ d = 10

c = 8 in (2) ⇒ b + 8 = 14 ⇒ b = 6

b = 6 in (1) ⇒ a + 6 = 10 ⇒ a = 4

As, e = a + c − 2 = 4 + 8 − 2 = 10

∴ Avg of d and e = $\frac{10+10}{2} = 10$

8.

M : W

60 : 40 = 3 : 2 → 5

A.T.Q ⇒ 80gm $\xrightarrow{-20}$ 60gm $\xrightarrow{+6}$ 66gm

TRICK = New = $\frac{M}{T} = \frac{3}{5} \times \frac{60}{66} = \frac{6}{11}$

M:W = 6:5

9. Let drain pipe will be emptied the cistern in x hours

Filled part of cistern in 5 hrs. by first pipe

$= \frac{1}{12} + \frac{1}{9} + \frac{1}{6} + \frac{1}{4} + \frac{1}{3} = \frac{3+4+6+9+12}{36} = \frac{34}{36}$

Then filled part of cistern in 5 hrs. by second pipe $= \frac{1}{2} \times \frac{34}{36} = \frac{17}{36}$

When all three pipes are opened together

$\frac{34}{36} + \frac{17}{36} - \frac{5}{x} = 1$, $\frac{51}{36} - 1 = \frac{5}{x}$,

$\frac{15}{36} = \frac{5}{x}$, x = 12 hours.

10.

$= \frac{A}{T} = \frac{18400}{46800} = \frac{46}{117}$

B : C = 5 : 4 → 9

As, $\frac{A+D}{B+C} = \frac{8 \times 9}{5 \times 9} = \frac{72}{45}$

⇒ B + C = 45 → 5 : 4 ⇒ B = 25

C = 20, D = 72 − 46 = 26

x = 46 − 25 = 21; y = 26 − 20 = 6

x − y = 21 − 6 = 15

A = 46 → 18400 ₹, 1 → 400 ₹

[x − y] = 15 × 400 = 6000 ₹

11.

Loan = 2500 − 520 = 1980 ₹

⇒ Debt = Debt = $1980 + \frac{1980 \times 25 \times 4}{100 \times 12}$

$= 4x + \frac{x \times 25 \times [3+2+1+0]}{100 \times 12}$

⇒ $2145 = \frac{33x}{8}$

⇒ x = 65 × 8 = 520 ₹

12.

$\Rightarrow 1812 = 3\times5\%$ of $x + 3\times8\%$ of $[9200-x]$

$\Rightarrow 1812 = 15\%$ of $x + 24\times92 - 24\%$ of x

$\Rightarrow 9\%$ of $x = 2208 - 1812 = 396$

$\Rightarrow 100\%$ of $x = \frac{396}{9}\times100 = 4400$ Rs

13. CP is same

SP − P = CP

SP + L = CP

⇒ As, CP = CP

$\Rightarrow 2.5N - 1250 = 2.25N + 150$

$\Rightarrow 0.25N = 1400 \Rightarrow N = 5600$ Rs

14. $\frac{MP}{CP}\times f_1\times f_2 = \frac{SP}{CP} \Rightarrow \frac{8}{5}\times\frac{4}{5}\times f$

$= \frac{7104}{750}\frac{888}{} \frac{222}{300} \Rightarrow f = \frac{222}{300}$) 78

$x\% = \frac{78}{300}\times100\% = 26\%$

$\Rightarrow 1.5x = \frac{3}{2}\times26 = 39\%$

$f_1\times f_2 = \frac{8}{5}\times\frac{61}{100} = \frac{488}{500}$) 12

$L\% = \frac{12}{500}\times100\% = 2.4\%$

15. 1, 4, 8, 9, 13, 15, 18, 21, 23, 35

Median $= \frac{13+15}{2} = 14$

Mean $= \frac{\text{Sum}}{10} = \frac{147}{10} = 14.7$

Mean − Median = 14.7 − 14 = 0.7

16.

CP	SP	→	CP	SP	New SP
5	6	×3	15	18	22
10	9	×2	20	18	22

P% on A $= \frac{22-15}{15}\times100\%$

$= \frac{7\times20}{3}\% = \frac{140\%}{3} = 46.69\% \sim 47\%$

17.

= 12

18.

$= \frac{[x-y][x^2+xy+y^2]}{x[x^2+y^2-xy]} \times \frac{[x+y][x^2+y^2-xy]}{y[x^2+y^2+xy]} \times \frac{4xy}{[x-y][x+y]}$

= 4

19.

$\frac{a^4+2a^2+1-a^2}{a^2+a+1} \Rightarrow \frac{a^4+a^2+1}{a^2+a+1}$

$\Rightarrow \frac{[a^2+a+1][a^2-a+1]}{[a^2+a+1]}$

$\Rightarrow (16)^2-(16)+1 = 241.$

20. $3^a = 3^{3b} = 3^{4c} \Rightarrow a = 3b = 4c$

$\Rightarrow a:b:c = 12k:4k:3k$

$abc = 144 \Rightarrow 12k \times 4k \times 3k = 144k^3 = 144 \Rightarrow k = 1$

So $12\left[\frac{1}{a}+\frac{1}{2b}+\frac{1}{5c}\right] = 12\left[\frac{1}{12}\ \frac{1}{8}\ \frac{1}{15}\right]$

$= 12\left[\frac{10+15+8}{120}\right] = \frac{33}{10}$

21. $p+q = 2\tan\theta,\ p-q = 2\sin\theta$

$p+q = [T+S][T-S] = T^2-S^2 = \frac{S^2}{C^2}-S^2$

$= \frac{S^2(1-C^2)}{C^2} = \frac{S^4}{C^2} = \sqrt{pq} = \frac{S^2}{C}$

$p^2-q^2 = 4\tan\theta\cdot\sin\theta = 4\times\frac{S^2}{C}$

$= 4\sqrt{pq}$.

22. $SC = 2C^2 - \frac{1}{4}C \Rightarrow S = 2C^2 - \frac{1}{4}$

$\Rightarrow S = 2(1-S^2) - \frac{1}{4} \Rightarrow S = 2 - 2S^2 - \frac{1}{4}$

$\Rightarrow S = \frac{8-8S^2-1}{4} \Rightarrow 4S = 7 - 8S^2$

$\Rightarrow 8S^2 + 4S - 7 = 0$

$S = \frac{-b \pm \sqrt{b^2-4ac}}{2a} = \frac{-4 \pm \sqrt{16+224}}{16}$

$= \frac{-4 \pm \sqrt{240}}{16} = \frac{-4 \pm 4\sqrt{15}}{16} = \frac{-1 \pm \sqrt{15}}{4}$

So $\sin\theta = \frac{\sqrt{15}-1}{4}$

23.

$= \frac{S^4+C^4}{[S^2+C^2]^2 - 2S^2C^2} = \frac{S^4+C^4}{S^4+C^4} = 1$

24. Circum $= 2\pi r = 154$

$\Rightarrow 2 \times \frac{22}{7} \times r = 154 \Rightarrow r = \frac{49}{2}$ cm

Cost of Painting $= \frac{2\pi r^2 \times 4}{100}$

$= \frac{2 \times \frac{22}{7} \times \frac{49}{2} \times \frac{49}{2} \times 4}{100} = \frac{44 \times 343}{100}$

$= 150.92$ Rs

25.

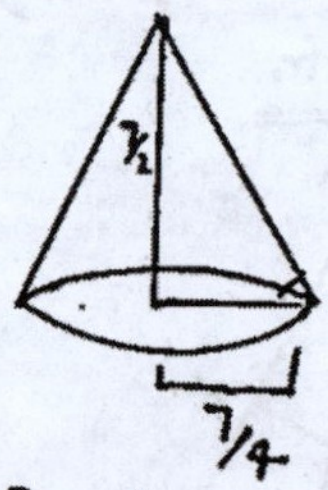

Edge of cube $= 2r = \frac{7}{2} \Rightarrow r = \frac{7}{4}$

Vol^n $= \frac{1}{3} \times \frac{22}{7} \times \frac{7}{4} \times \frac{7}{4} \times \frac{7}{2} = \frac{11 \times 49}{48}$

$= 11.23\ cm^3$

26. $r + h = 42$m

$TSA = 2\pi r(r+h) = 6336$

$= 2 \times \frac{22}{7} \times r \times 42 = 6336$

$\Rightarrow r = 24$cm, $h = 42 - r = 42 - 24 = 18$

$CSA = 2\pi rh = 2 \times \frac{22}{7} \times 24 \times 18$

$= \frac{44 \times 432}{7} = 2715.43\ cm^2$

27.

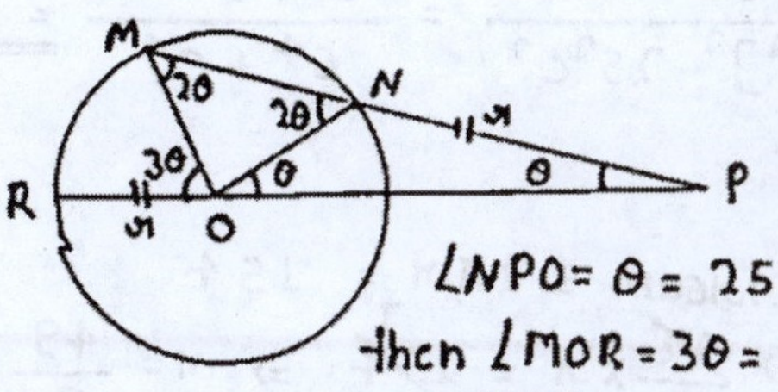

$\angle NPO = \theta = 25^\circ$

then $\angle MOR = 3\theta = 3 \times 25$

$= 75^\circ$

28.

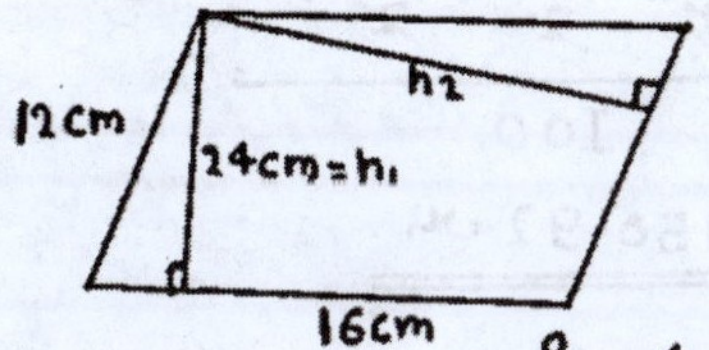

$\Rightarrow b_1 \times h_1 = b_2 \times h_2 = \overset{8}{\cancel{24}} \times \overset{4}{\cancel{16}} = \overset{3}{\cancel{12}} \times h_2$

$\Rightarrow h_2 = 32$ cm

29.

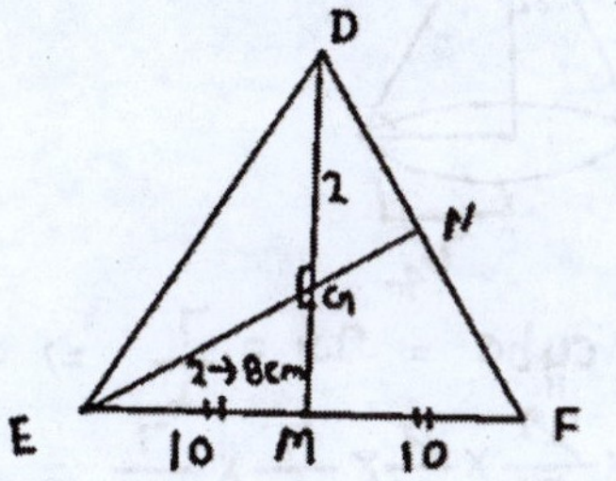

In rt Δ EGM : $GM = \sqrt{10^2 - 8^2} = 6$cm

$DG : GM = 2:1,\ 1 \to 6$cm

$DG = 2 \to 12$ Cm

$DM = DG + GM = 12 + 6 = 18$cm

30.

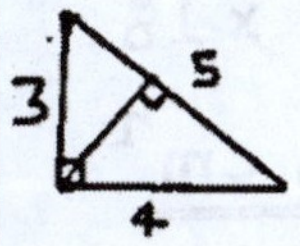

Smallest height

$= \frac{3 \times 4}{5} = \frac{12}{5}$

Largest height $= 4$cm

$\text{Diff} = 4 - \frac{12}{5} = \frac{8}{5}$

PRACTICE SET-5
HINTS & SOLUTIONS

1.

	RAMAN	RAGHAV
I	8	9
E		12000
S	4	3

$I = 8 + 9 = 17 \longrightarrow 51000 \Rightarrow 1 \rightarrow 3000$

Raman = 8 × 3K = 24K.

Raghav = 9 × 3K = 27K

Saving ⇒ Raghav = 27000 − 12000 = 15000,

$3 \rightarrow 15K \Rightarrow 4 \rightarrow \frac{15}{3} \times 4 = 20K$ ↓ Raman Saving

Raman expenditure = 24000 − 20000 = 4000 rs.

2.

⇒ a + b + c = 0.95 − (1)

a + c = 0.8 − (2)

b + c = 0.7 − (3)

[2] + [3] − [1]

⇒ a + c + b + c − [a + b + c]

= 0.8 + 0.7 − 0.95

⇒ c = 0.55 ⇒ Passing both.

3.

Winner got 59.375% of valid votes.

Loser will got ⇒ 100 − 59.375 = 40.625%

⇒ Diff b/w winner and loser = 59.375 − 40.625 = 18.750% = $\frac{3}{16}$

So $\frac{3}{6}$ of valid votes = 2484

$A.T.Q \Rightarrow 16000 \times f \times \frac{9}{10} \times \frac{3}{16} = 2484$

(cancelled: 16000 → 100, 9/10, 3/16, 2484 → 828 → 92)

$\Rightarrow f = \frac{92}{100} \Rightarrow y = 8\%$

4.

Loan = 39000 − 19000 = 20000.

Debt = Debt

$\Rightarrow 20000 + \frac{20000 \times R \times 5}{100 \times 12}$

$= 4200 \times 5 + \frac{4200 \times R \times [5+4+3+2+1+0]}{100 \times 12}$

$= \frac{100000R}{1200} - \frac{42000R}{1200}$

= 21000 − 20000

⇒ 58000R = 1200000 (cancelled to 29R = 600)

$R = \frac{600}{29}\% = 20\frac{20}{29}\%$

5.

A.T.Q $\Rightarrow \dfrac{S}{B+S} = \dfrac{1x}{5x} \Rightarrow B = 4x, S = x$

then $\dfrac{48}{4x \leftarrow B-S \rightarrow x} = 4$ hrs. $\Rightarrow \dfrac{48}{3x} = 4$

$= x + 4$

Speed of boat in still water

$= 4x = 4 \times 4 = 16 \text{ kmh}^{-1}$

= Speed of train A.

Therefore, $16 \times \dfrac{15}{18} = \dfrac{\text{Length}}{36}$

$\Rightarrow$ Length $= 16 \times 5 \times 2 = 160$ m

6.

A	B	C
$112K \times 12$	$80K \times 8 + 27K \times 2$	$27K \times 6 + 64K \times 2$
$\Rightarrow 48$	$\Rightarrow 49$	$\Rightarrow 35$

B's profit $= 49 \rightarrow 9800$ rs

$\Rightarrow 1 \rightarrow 200$ rs

Total profit $= [84 + 49 + 35] \times 200$

$= 168 \times 200 = 33,600$ rs.

7.

Members	x	$x+3$	$x+2$
Average	18 Kg	19 Kg	16 Kg

A.T.Q

$\Rightarrow$ old man = wives + 18

Wives $= 19(x+3) - 18x = x + 57$

old man $= x + 57 + 18 = x + 75$

old man $= 19(x+3) - 16(x+2)$

$= 19x + 57 - 16x - 32 = 3x + 25$

So, $3x + 25 = x + 75$

$= 2x = 50 \Rightarrow x = 25$

8.

$\dfrac{P}{T} = \dfrac{5}{8} \times f \; \dfrac{1}{2} \Rightarrow f = \dfrac{4}{5}$

Mix taken out $= \dfrac{1}{5} \rightarrow 16\text{ L} = 1 \rightarrow 80\text{ L}$

9.

A	B	C
2	1	$-2/3$
× 3	× 3	× 3
$\Rightarrow 6$	$\Rightarrow 3$	$\Rightarrow -2$

Work = eff × time

$= [6 + 3 - 2] \times 6 = 7 \times 6 = 42$.

[A+C] will do work in

$= \dfrac{42}{4} = 10.5$ hrs.

10.

3 → 4 (→60) : 5 (45) ← 5 → last

4 → 80 : 54 ← 6 → present

⇒ Total in present = (80 + 54)

= 134 → 1206 L rs

⇒ A [Last] + B [Present] = (60 + 54)

$= 114 \to \frac{12.06 \times 114}{13400} = \frac{1374.84}{134}$

= **10.26 L**

11.

⇒ 500000 × 118 = 590000

40000 × 11 = 440000

Volue = **150000**

12.

40% CT for 2yrs = 40% + 40 $+ \frac{40 \times 40}{100} = 96\%$

Comp. half yearly ⇒ r = 20%

$(1.2)^4 = 2.0736$

% change = 1 → 2.0736 ⇒ 107.36%

Difference = 107.36 − 96

= 11.36 —×4→ 4544

Sum invested = 100 ——→ **40000 rs**

13.

$\Rightarrow \frac{MP}{CP} \times \frac{9}{16} = \frac{9}{8}$

$\Rightarrow \frac{MP}{CP} = \frac{5 \times 100}{4 \times 100} = \frac{500}{400}$

So. 25% disc $= 500 \times \frac{3}{4} \times 25$

= 5 × 75 = 375 rs.

$\therefore$ Loss % $= \frac{400 - 375}{400} \times 100 = \frac{25}{4}$

= **6.25%**

14. $CP_A \Rightarrow 15\%\ L = \frac{3}{20}$

⇒ So, 17 → 212.5 rs ⇒ CP_A = 20

$\rightarrow \frac{212.5 \times 20}{17} = 250$ rs.

$CP_B \Rightarrow 35\%\ P = \frac{7}{20}$ ⇒ So, 27 → 1012.5 rs

$\Rightarrow CP_B = 20 \rightarrow \frac{1012.5 \times 20}{27} = 750$ rs.

As, $CP_A : CP_B$ = 250 : 750 = 1 : 3

⇒

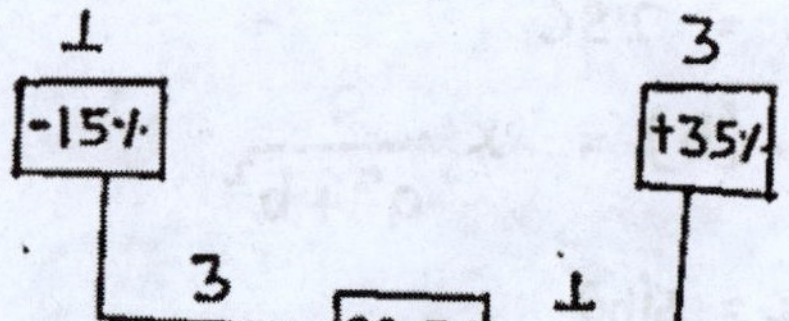

As, [1 + 3] = 35 − (−15) = 50

4 → 50 ⇒ 1 → 12.5%

Overall gain % 35 − 12.5 = **22.5%**

15.

Mode = 3 median − 2 mean

$= 3 \times 60 - 2 \times 35$

$= 180 - 70 = 110.$

16.

$\frac{\text{Coffee}}{\text{Mix}} = 1 \times f \times f = \frac{16}{16+9} = \frac{16}{25}$

$\Rightarrow f^2 = \frac{16}{25} \Rightarrow f = \frac{4}{5}$, cocoa $\frac{1}{5}$

Req. ratio $= \frac{1/5}{9/25} = \frac{5}{9}$

17.

$ax + by = 1.$

Put, $a = x = \sin\theta$, $b = y = \cos\theta$

$bx + ay = \frac{2ab}{a^2+b^2} \Rightarrow SC + SC = \frac{2SC}{S^2+C^2}$

$\Rightarrow 2SC = 2SC$

$\Rightarrow$ opt. (b) $= x = \frac{a}{a^2+b^2}$

LHS $= x = \sin\theta$

RHS $= \frac{a}{a^2+b^2} = \frac{\sin\theta}{S^2+C^2}$

$= \sin\theta.$

18.

$\Rightarrow \frac{2x}{x+2} + \frac{1}{2(x+a)} - \frac{(12-x)}{2x(x+2)}$

$= \frac{4x^2+x-(12-x)}{2x(x+2)} = \frac{4x^2+2x-12}{2x(x+12)}$

$= \frac{2x^2+4x-3x-6}{x(x+2)}$

$= \frac{2x[x+2]-3[x+2]}{x[x+2]} = \frac{2x-3}{x}$

$= 2 - \frac{3}{x} = a + \frac{b}{x}$

$a = 2,\ b = [-3]\ ab = 2 \times (-3) = -6.$

19.

$\Rightarrow 6^x = 3^y = 2^z = k \Rightarrow 6 = k^{1/x}$

$3 = k^{1/y},\ 2 = k^{1/z}$

$6 = 3 \times 2 \Rightarrow k^{1/x} = k^{1/y} \times k^{1/z}$

$\Rightarrow \frac{1}{x} = \frac{1}{y} + \frac{1}{z}$

A.T.Q $= \frac{1}{y} + \frac{1}{z} - \frac{1}{x} = 0$

20.

$\frac{3y}{1+\frac{1}{\frac{1+y}{1-y}}} = \frac{3y}{2-y} = 2 \Rightarrow 3y = 4 - 2y$

$\Rightarrow y = \frac{4}{5}$

21.

CSA of hemispheres $= 2\pi r^2$

Ar. of base $= \pi r^2$

$\Rightarrow$ A.T.Q = CSA $= 2 \times 2\pi r^2 \times 3 = 12\pi r^2$

Base $= 2 \times \pi r^2 \times 2 = 4\pi r^2$

Total $= 16\pi r^2 = 16 \times 3.14 \times (4)^2$

$= 256 \times 3.14 = \underline{803.84 \text{ m}}$

22.

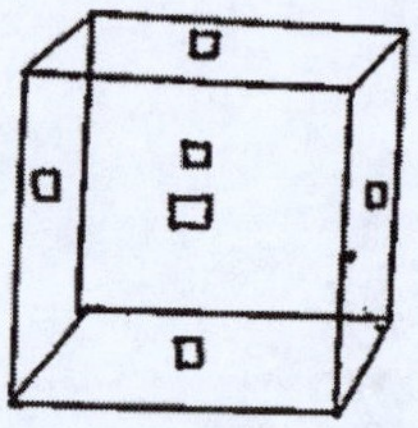

Ar. left to cover after 1 cube is removed $= (-x^2) + (5x^2) = 4x^2$

S.A of the rem solid

$= 6(5)^2 + 6 \times (4(1)^2) = 150 + 24 = \underline{174 \text{ cm}^2}$

23.

$\Rightarrow \dfrac{V_p}{V_p} = \dfrac{AB \times H}{1/3 \times AB \times H}$

$= \underline{3:1}$

24.

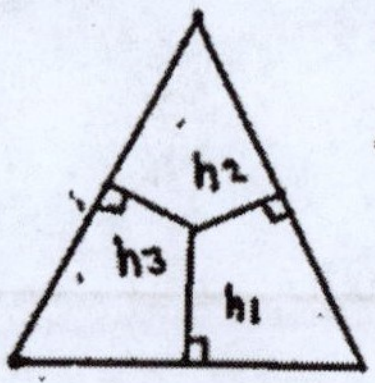

$h_{eq} = h_1 + h_2 + h_3$

$= \sqrt{3} + 2\sqrt{3} + 5\sqrt{3} = 8\sqrt{3}$

$\cdot 3 \rightarrow 8\sqrt{3}$

$P = 8\sqrt{3} \times 2\sqrt{3} = \underline{48 \text{ cm}}$

25.

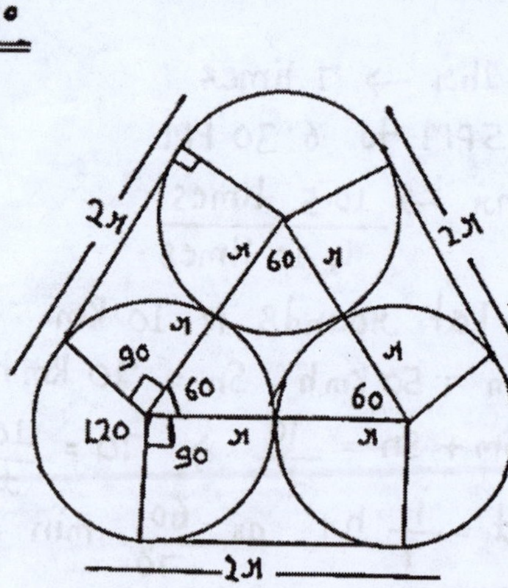

$\Rightarrow$ Lenght of string $= \underline{36 + 12\pi \text{ cm}}$

26.

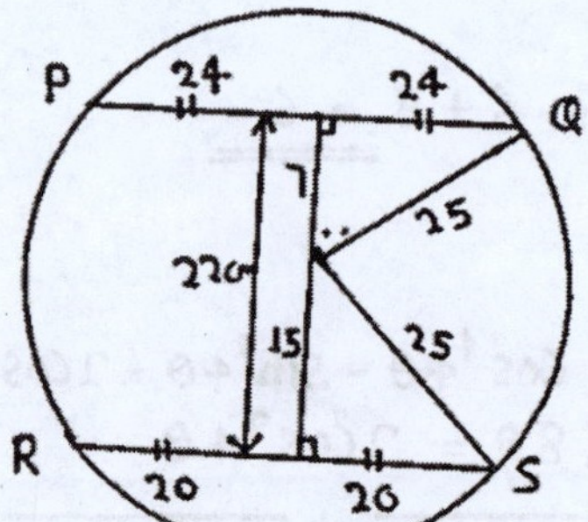

$\Rightarrow$ Taking triplets $\Rightarrow [3,4,5] \rightarrow [15,20,25]$

$[7,24,25]$ So, $r = \underline{25 \text{ cm}}$

27.

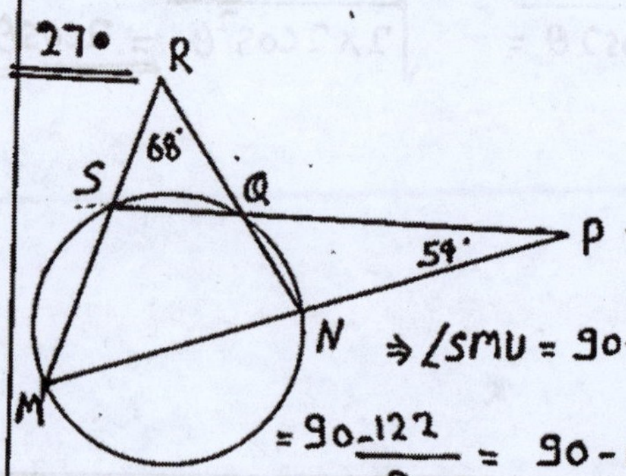

$\Rightarrow \angle SMN = 90 - \left[\dfrac{68+54}{2}\right]$

$= 90 - \dfrac{122}{2} = 90 - 61 = \underline{29.}$

28.

In 1hr → 7 times

So, 5PM to 6:30 PM

1.5 hr → 10.5 times
↳ 10 times.

OR ⇒ Let rounds is 10 km

Sm = 50 Kmh , Sn = 20 Km h

$\Rightarrow S_m + S_n = \frac{10}{t} \Rightarrow 70 = \frac{10}{t}$

$\Rightarrow t = \frac{1}{7}$ hr or $\frac{60}{70}$ min.

· 5PM - 6:30 PM ⇒ 90 min

$= \frac{90}{60} \times 7 = 10.5$ or 10 times.

29.

4 - 6 + 8 = 6

30.

$\cos 8\theta = \cos^2 4\theta - \sin^2 4\theta = 2\cos^2 4\theta - 1$

$1 + \cos 8\theta = 2\cos^2 4\theta$

$\sqrt{2(1+\cos 8\theta)} = \sqrt{2 \times 2\cos^2 4\theta} = 2\cos 4\theta$

$\sqrt{2(1+\cos 4\theta)} = \sqrt{2 \times 2\cos^2 2\theta} = 2\cos 2\theta$

$\sqrt{2(1+\cos 2\theta)} = \sqrt{2 \times 2\cos^2 \theta} = 2\cos\theta$

PRACTICE SET-6
HINTS & SOLUTIONS

1.

A.T.Q ⇒ $\frac{E_R}{S_R} = \frac{2}{1} \Rightarrow \frac{y}{5x-y} = \frac{2}{1}$

⇒ $y = 10x - 2y$ ⇒ $3y = 10x$

⇒ $\frac{x}{y} = \frac{3}{10}$

$S_N = 8x - 2y = 8\times3 - 2\times10 = 24-20 = 4$

$S_R = 5x - y = 5\times3 - 10 = 5$

⇒ $\cancel{25}^{5}$% of inc. of N = $\cancel{40}^{8}$% of inc of R ⇒ $\frac{N}{R}$ $\frac{8}{5}$

	NALLU	RAJESH
I	$8x$	$5x$
E	$2y$	y
S	$8x-2y$	$5x-y$

∴ Req. % = $\frac{4}{\cancel{5}} \times \cancel{100}^{20}$ % = 80 %

2.

⇒ $P(A\cup B) = P(A) + P(B) - P(A\cap B)$

$\frac{3}{8} + \frac{1}{2} - \frac{1}{4} = \frac{3+4-2}{8} = \frac{5}{8}$

$P(\bar{A}\cap\bar{B}) = d$

So, $1 = \frac{5}{8} + d$ ⇒ $d = \frac{3}{8}$

3.

⇒ Let, HCF = h

$x = ha$, $y = hb$

$h\times ha\times hb = 2520$

⇒ $h^3 \times a\times b = 8\times5\times3^2\times7$

$= 2^3\times5\times3^2\times7$

$h = 1$, $a>b$, $x>y$

$\to 2^3\times3^2\times5\times7 \to 1$

$\to 2^3\times3^2\times5 \to 7$

$\to 2^3\times3^2\times7 \to 5$

$\to 3^2\times5\times7 \to 2^3$

$\to 2^3\times5\times7 \to 3^2$

$\to 2^3\times3^2 \to 5\times7$

$\to 3^2\times7 \to 2^3\times5$

$\to 2^3\times7 \to 3^2\times5$

$h = 2$, $a>b$

$\to 5\times3^2 \to 7$

$\to 3^2\times7 \to 5$

$\to 5\times7 \to 3^2$

$\to 5\times3^2\times7 \to 1$

4 Pairs + 8 Pairs = 12 Pairs

4.

⇒ 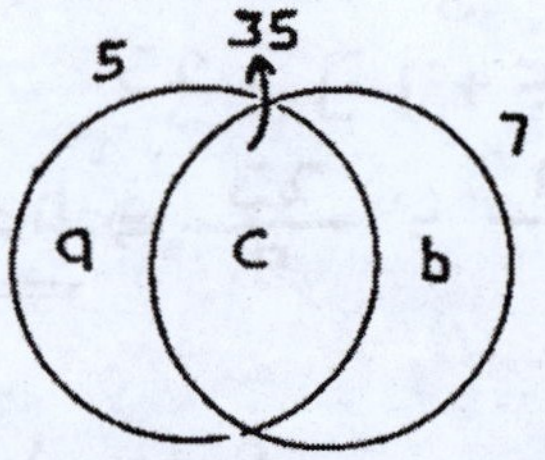

⇒ No. less than 1000 are div by 5 and 7 and not by 35

$= [a+c] + [b+c] - 2\times c$

$= N[5] + N[7] - 2\times N[35]$

$= \frac{1000}{5} + \frac{1000}{7} - \frac{2\times1000}{35} = 1000\left[\frac{12-2}{35}\right] = \frac{\cancel{10000}^{2000}}{\cancel{35}_{7}} \approx 285$

5. $\frac{d}{B+S} + \frac{d}{B-S} = 323$

$\Rightarrow d\left[\frac{2B}{B^2-S^2}\right] = 323 \quad -(1)$

$\frac{d}{2B+S} + \frac{d}{2B-S} = 160$

$\Rightarrow d\left[\frac{2B}{B^2-S^2}\right] \times \frac{1}{d}\left[\frac{4B^2-S^2}{4B}\right] = \frac{323}{160}$

$\Rightarrow 320B^2 - 80S^2 = 323B^2 - 323S^2$

$\Rightarrow 243S^2 = 3B^2 \Rightarrow \frac{B}{S} = \frac{9}{1}$

6. Let Total P = 35

$A \times 5m \rightarrow \frac{1}{7}$ of P = 5

$B \times 7m \rightarrow \frac{1}{5}$ of P = 7

C = 35 − [5 + 7] = 23

So, $\frac{4600 \times 9}{A \times 5} = \frac{23}{5} \Rightarrow A = 1800$

7. Total avg. = Present = 32.5
↓ +3
After 3 years = 35.5

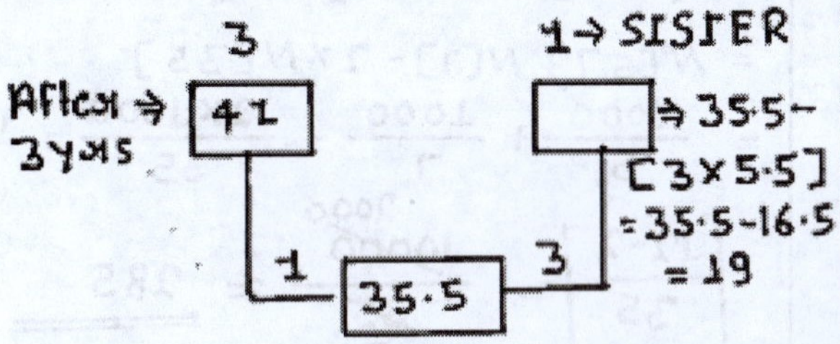

1 → 41 − 35.5 = 5.5

3 → 3 × 5.5 = 16.5

So mother = sister + 26

= 19 + 26 = 45 yrs old

Present age of mother = 42

8. ⇒ Let total votes = 500

P (500)	Q
200	300
−50	+50
+90	−90
240	260

20 → 400 votes
×25 ↓ ↓ ×25
500 → 10000 Votes.

9.

	A	B	C
Eff.	4.5 → 9	1 → 2	9 hrs
Time	2x	9x	

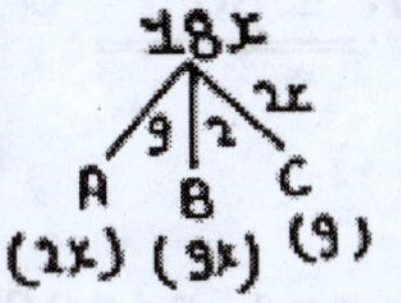

ATQ·[9 + 2 − 2x] x
7·8 = 18x
2·9 9

⇒ 55 = 22x

$\Rightarrow 9x = \frac{55}{22} \times 9$ 22.5 hrs

10.

	A	B	C
Sav ⇒	20% → 8 ×5	15% → 9 ×20	25% → 20 ×4
Inc ⇒	100% → 40	100% → 60	100% → 80

As, Ic − IA = 18000

40 → 18000

$\Rightarrow I_B = 60 \rightarrow \frac{1800 \times 60 \times 25}{4}$

= 27000 Rs

11. Principal $\xrightarrow{\times \frac{11}{10}}$ Amount

$22050 \xrightarrow{\times \frac{11}{10}} 22050 \times \frac{11}{10} = 24255$ Rs

→ Amount Paid in 1st year

$-[x] = A \xrightarrow{\times \frac{11}{10}} 13420$ Rs (2nd yr)

In 2nd yr ⇒ $11 \rightarrow 13420$

⇒ $10 \rightarrow \frac{13420}{11} \times 10 = 12200$ Rs ⇒ A

So, $x = 24255 - 12200 = 12055$ Rs

12. T + M = 22100 Rs

$T \left[1 + \frac{10}{100}\right]^{18} = M \left[1 + \frac{10}{100}\right]^{20}$

⇒ $\frac{T}{M} = \left[\frac{11}{10}\right]^2 = \frac{121}{100}$

T + M = 121 + 100 = 221

So, 221 → 22100 Rs

Monali = 121 → $\frac{22100}{221} \times 121$

= 12100 Rs

13. ⇒ CP SP

200 500

×1.75 ↓ ↓

350 —150— 500

⇒ $\frac{P}{SP} = \frac{60\%}{100\%} = \frac{3}{5}$

CP = SP − P = 5 − 3 = 2

decrement in profit

$= \frac{150}{500} \times 100\% = 30\%$

14. Let, CP = x

ATQ ⇒ $\left[x \times \frac{27}{20} \times \frac{9}{10} - 120\right] = \frac{6x}{5}$

⇒ $x \left[\frac{243}{200} - \frac{240}{200}\right] = 120$

⇒ $x \times \frac{3}{200} = 120$ ⇒ $x = 8000$ Rs

15. $48 = 2^4 \times 3$

No. of factors = 5 × 2 = 10

→ 1, 2, 3, 4, 6, 8, 12, 16, 24, 48

Median = $\frac{5^{th} + 6^{th}}{2} = \frac{6+8}{2} = 7$.

16. Single ⇒ 1-9 ⇒ 9 numbers

Double ⇒ 10-99 ⇒ 90-9 = 81 numbers

Three ⇒ 100 - 999 ⇒ 9×9×8

= 81 × 8 = 648 numbers

⇒ Total = 9 + 81 + 648 = 738 numbers.

17.

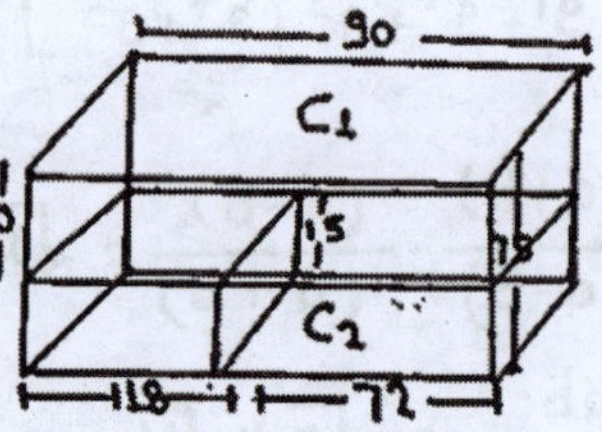

Vol. [Pit] = Vol [C1] + Vol [C2]

⇒ $18 \times 15 \times 6 = 60 \times 90 \times h + 18 \times 72 \times h$

⇒ $6 = 24h$

⇒ $h = \frac{1}{4}$ m = 25 cm

18. $TSA = 3\pi r^2 = 462$

$\Rightarrow 3 \times \frac{22}{7} \times r^2 = 462 \Rightarrow r = 7cm$

$\Rightarrow$ Vol^n of hemis = Vol^n of cone.

$\Rightarrow \frac{2}{3}\pi \times 7 \times 7 \times 7 = \frac{1}{3}\pi \times 7 \times 7 \times h$

$\Rightarrow h = 14\ cm$

19.

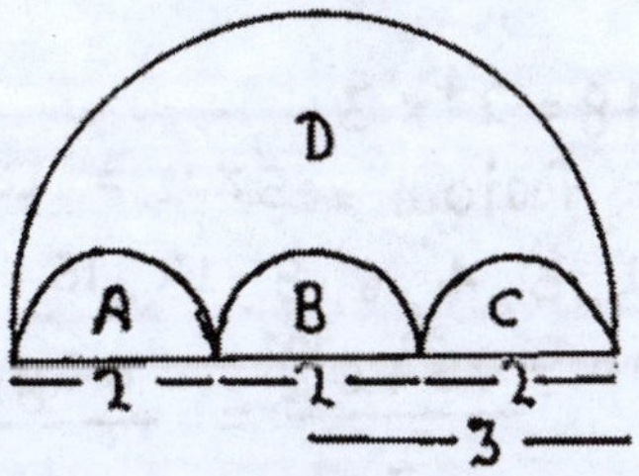

$\frac{BIG}{SMALL} = \frac{\frac{1}{2} \times \pi \times 3 \times 3}{\frac{3}{2} \times \pi \times 1 \times 1} = \frac{3}{1}$

$\Rightarrow A + B + C = 1,\ A + B + C + D = 3$

Shaded : unshaded = 1:2

20.

$= \left[\frac{9^2(9^1+9^2+9^3+9^4+9^5)}{9^1+9^2+9^3+9^4+9^5}\right]^{\frac{1}{2}} = [9^2]^{\frac{1}{2}} = 9$

21. $\frac{(a+b)}{(a-b)} - \frac{(a-b)}{(a+b)} = \sqrt{x} \times \sqrt{y}$

$\Rightarrow \frac{4ab}{a^2 - b^2} = \sqrt{x} \times \sqrt{y}$

$\frac{4 \times 3x\sqrt{y} \times 2y\sqrt{x}}{9x^2y - 4y^2x} = \sqrt{x} \times \sqrt{y}$

$\Rightarrow \frac{24xy}{xy(9x-4y)} = 1 \Rightarrow 9x - 4y = 24$

22.

$\Rightarrow \frac{8 + 2\sqrt{3}}{3\sqrt{3} + 5} \times \frac{3\sqrt{3} - 5}{3\sqrt{3} - 5}$

$\frac{24\sqrt{3} - 40 + 18 - 10\sqrt{3}}{27 - 25} \Rightarrow \frac{14\sqrt{3} - 22}{2}$

$= 7\sqrt{3} - 11,\ a = 7,\ b = 11$

$a + b = 7 + 11 = 18$

23. $\sqrt{3 + \sqrt{5}} = \sqrt{\frac{6 + 2\sqrt{5}}{2}} = \sqrt{\frac{(\sqrt{5}+1)^2}{2}} = \frac{\sqrt{5}+1}{\sqrt{2}}$

$\frac{22\sqrt{2}}{4\sqrt{2} - \frac{(\sqrt{5}+1)}{\sqrt{2}}} = \frac{44}{8 - \sqrt{5} - 1}$

$\frac{44}{7 - \sqrt{5}} \times \frac{7 + \sqrt{5}}{7 + \sqrt{5}} = \frac{44(7 + \sqrt{5})}{44}$

$= 7 + \sqrt{5},\ a = 7,\ b = 1$

$\frac{ab}{[a+b]} = \frac{7 \times 1}{7 + 1} = 7:8$

24.

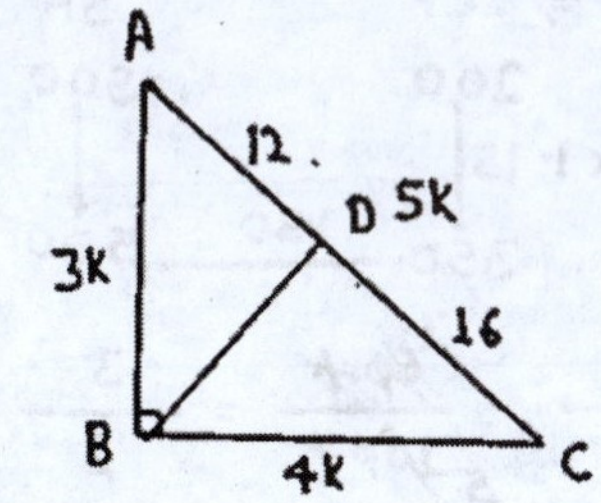

$\Rightarrow 5K \rightarrow 16 + 12 = 28$

$12K = \frac{28 \times 12}{5} = 67.2cm$

25.

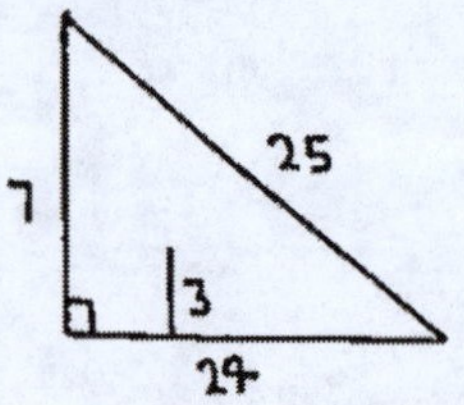

$\Rightarrow R = \frac{H}{2} = \frac{25}{2} = 12.5$ cm

$r = \frac{P+B-H}{2} = \frac{24+7-25}{2}$

$= \frac{6}{2} = 3$

$Ar = r^2 + 2rR = 9 + 2 \times 3 \times 12.5 = 84\,cm^2$

26.

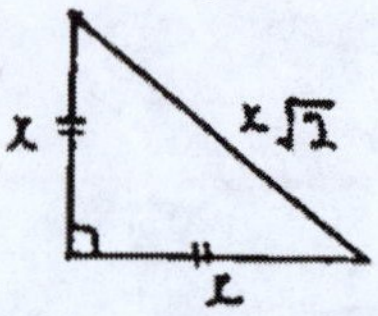

Perimeter $= 15(\sqrt{2}-1) = 2x + x\sqrt{2}$

$\Rightarrow 15(\sqrt{2}-1) = \sqrt{2}x(\sqrt{2}+1) \Rightarrow x = \frac{15}{\sqrt{2}}$

Area $= \frac{1}{2} \times x \times x = \frac{1}{2} \times \frac{15}{\sqrt{2}} \times \frac{15}{\sqrt{2}}$

$= \frac{225}{4}$ (56.25) $= 56.25\ cm^2$

27.

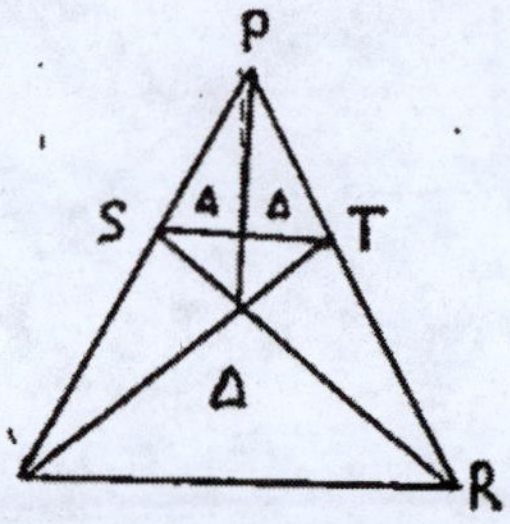

$\Rightarrow 3\Delta = \frac{\sqrt{3}}{4} \times 12 \times 12$

$\Rightarrow \Delta = 12\sqrt{3}\ cm^2$

28.

$$\frac{\left[\frac{1-C^2}{C}\right] \times \frac{1}{SC}}{\left[1+\frac{S}{C}+\frac{1}{C}\right] \times \frac{1}{C} \times \left[1+\frac{C}{S}-\frac{1}{S}\right]} = \frac{N}{D}$$

$D = \frac{[(C+S)+1][(C+S)-1]}{C^2 \times S}$

$N = \frac{S^2}{C^2 S}$

$\Rightarrow \frac{N}{D} = \frac{S^2}{[C+S]^2-1} = \frac{S^2}{C^2+S^2+2CS-1} = \frac{S}{2C}$

$= \frac{\tan\theta}{2}$

29.

$a^3+b^3 = (a+b)^3 - 3ab[a+b]$

$N = [(C^2)^3+(S^2)^3-1][\sec^2\theta + \operatorname{cosec}^2\theta]+2$

$= [1-3S^2C^2-1] \times \frac{1}{(SC)^2} + 2 = -3+2 = -1$

$D = [\sec\theta + \tan\theta][\sec\theta - \tan\theta]$

$[\sec\theta - \tan\theta]\cos\theta = [\sec^2\theta - \tan^2\theta]$

$\times \frac{1-S}{C} \times C = 1-S$

So, $\frac{N}{D} = \frac{-1}{1-S} = \frac{1}{S-1} = \frac{1}{K-1}$

$K = \sin\theta$

30.

$$\text{Num} = \frac{1+C+S \div C}{1+C-S \div C} = \frac{\text{Sec}\theta+1+\tan\theta}{\text{Sec}\theta+1-\tan\theta}$$

$$= \text{Sec}\,\theta + \tan\theta = \frac{1+S}{C}.$$

$$\text{Den} = \left[\frac{1-C^2}{C}\right] \times \frac{1}{SC} \times [1+S]$$

$$\text{So, } \frac{N}{D} = \frac{\frac{1+S}{C}}{\frac{S^2}{C} \times \frac{1}{SC} \times [1+S]} = \frac{C}{S} = \cot\theta.$$

PRACTICE SET-7
HINTS & SOLUTIONS

1. ⇒ Apples → 100% → 100

A → 25% 75

$B = 75 \times \frac{2}{5} = 30$ $75 - 30 = 45$

Oranges → 100% → 160

35% 80 15%

50%

⇒ Apples + Oranges = 100 + 160 = **260**

2. ⇒ Req. Prob $= 1 - \left[\frac{9}{10}\right]^{10}$

3. $x = \frac{LCM[34, 38, 85] - [34 - 25]}{21}$

$= \frac{2 \times 5 \times 17 \times 19 \times K - 9}{21} = \frac{80K - 9}{21} = 17K \cdot 9$

K = 1 → 8x , K = 2 → 25x , K = 3 → 51 − 9

= 42 → div. by 21 [Least]

Put K = 3 , $x = 2 \times 5 \times 17 \times 19 \times 3 - 9$

= D·S = 6· → opt (d) = **24**.

4. $xy = 10x + y$, $yx = 10y + x$

⇒ $\frac{[10x+y][x+y]}{[10y+x][x+y]} = \frac{319}{1012}$

$= \frac{11 \times 29}{11 \times 92}$

· HCF [1012, 319] = **11**

⇒ DS = 2 = **11**

5.

A B ⇒ B C

100 90 $\frac{9}{10} \times 100 = 90$ $90 \times \frac{9}{10} \times 81$

A − C = 100 − 81 = **19 m**

6.

A	B	C
x+8000	x+4500	x

As, 3x + 12500 = 75500

$x = \frac{75500 - 12500}{3} = \frac{63000}{3} = 21000$ RS

⇒ A = 29000 (58) , B = 25500 (51) , C = 21000 (42)

⇒ 58 + 51 + 42 = 151 → 45300

So, A got = 58 → $\frac{45300 \times 58}{151}$ = 17,400 RS

7. Weight [Sec A] − Weight [Sec·B]

= 42·5 − 40·5 = 2

Total weight diff = 2×40 = 80 kg

A	B
Sum = S+80	Sum = S

⇒ To equal it ⇒ A →(40) B

S+40 S+40

But Sec·A sent = 47·5 × 2 = 95 kg − 40

= 55 kg extra ← Sec·B will send to Sec·A

Avg. weight of sec·B sent to Sec·A = $\frac{55}{2}$ = 27·5 kg.

8. ⇒ M : W = 3 : 1 , 3 − 1 = 2 → 70 L → 4 → 140 L

Initial mix in vessel = 140 + 20

= **160 L**

9. Total Work = 36 Units

A = 1 unit per Day

B = 1 unit per Day

A took a day off after every 5 days of work

B took a day off after every 7 days of work

2 + 2 + 2 + 2 + 2 + 1 + 2 + 1 + 2 + 2 + 2 + 1 + 2 + 2 + 2 + 1 + 2 + 1 + 2 + 2

35 units in 20 Days

36 units in 21 Days

work will completed on 21 July 2021.

10.

1 → 3/8 and 5/8

3/8 → $\frac{1}{3}\uparrow$ and $\frac{2}{3}\downarrow$

5/8 → $\frac{1}{3}\uparrow$ and $\frac{2}{3}\downarrow$

⇒ A.T.Q = $260 = \frac{3}{8} \times \frac{1}{3} + \frac{5}{8} \times \frac{2}{3}$

⇒ $260 = \frac{13}{24}$ ⇒ 1 → 480

No. of boys = $\frac{5}{8} \times 480 = 300$

11. Present = 100%

→ 80% Valid, 20% Invalid

Loser = 18% × 80 = 14.4%

NOTA = 26% [100% + 50000]

= 26% + 13000

⇒ Valid votes = Loser + winner + NOTA

⇒ 80% = 14.4% + 14.4% + 12200 + 26% + 13000

⇒ 80% = 54.8% + 25200

⇒ 25.2% = 252000 ⇒ 1% = 1000

⇒ Present voters = 100% → 100000

Enrolled votes = 100000 + 50000

= 1,50,000

12. ⇒ CI − SI = 33.1% − 27% = 6.1%

⇒ 6.1% → 1952

⇒ 100% → 32000

13. $\frac{MP}{CP} \times f_1 \times f_2 = \frac{SP}{CP}$

⇒ $\frac{380}{300} \times \frac{88}{100} \times \frac{1080}{900} = \frac{SP}{CP}$ (19/15, 22/25, 2)

⇒ $\frac{SP}{CP} = \frac{19 \times 44}{75 \times 9} = \frac{816}{675}$ ↑161

So, P% = $\frac{161}{675} \times 100\% = \frac{644}{27}\%$

= 23.85%

14. Mango → x

Apples → y

A.T.Q ⇒ 3x + 4y = 160 × 20

⇒ 60x + 80y = 3200 — (1)

5x × 12 + 7y × 0.8 = 260

⇒ 6x + 5.6y = 260 × 10

= 60x + 56y = 2600 — (2)

(1) − (2) : 24y = 600

⇒ $y = \frac{600}{24} = 25$

⇒ 3x + 4 × 25 = 160

⇒ $x = \frac{60}{3} = 20$

So, x + 2y = 20 + 2 × 25 = 70 Rs.

15. $\Rightarrow x + y = 10$

$-3x + y = 2$

$\Rightarrow 4x = 8 \Rightarrow x = 2$

$\therefore 2 + y = 10 \Rightarrow y = 8$

$\Rightarrow$ Pt of intersection: $x + y = 10$

x - axis $= y = 0$

$\Rightarrow x = 10,\ y = 0$

Dist $\sqrt{[x_1 - x_2]^2 + [y_1 - y_2]^2} = \sqrt{[10-2]^2 + [0-8]^2}$

$\sqrt{8^2 + 8^2} = 8\sqrt{2}$

16.

$\Rightarrow 1000 \xrightarrow{\times 1.2} 1200 \xrightarrow{\times 0.8} 960 \xrightarrow{+300} 1260$

Minu → Kanu → Minu → Tanu

Now.

Profit % made by minu

$= \dfrac{\cancel{300}^{\,105}}{\cancel{960}_{\,\cancel{32}\ 16\ 4}} \times \cancel{100}^{\,25}\,\% = \dfrac{125}{4}\,\% = 31.25\%$

17.

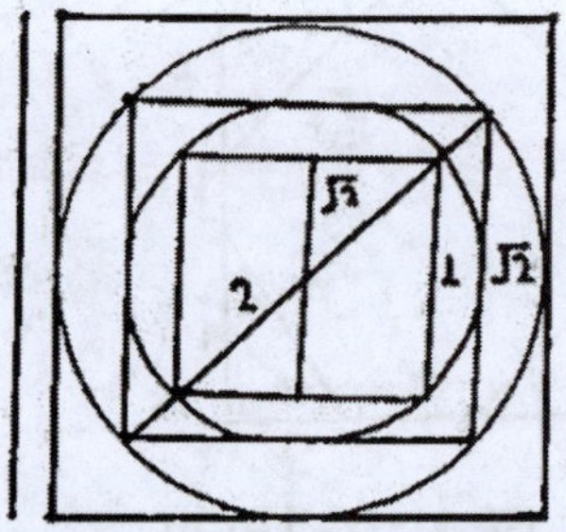

$\Rightarrow$ Largest smallest $= \dfrac{[2]^2}{[1]^2} = 4:1$

18.

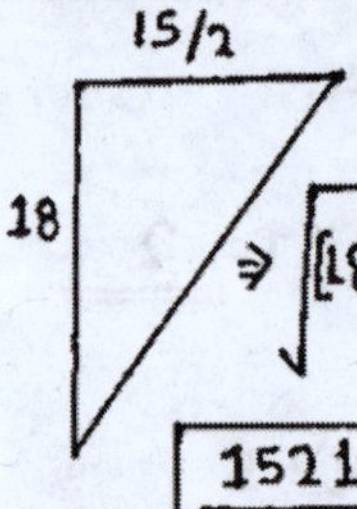

$\Rightarrow \sqrt{[18]^2 + \left[\dfrac{15}{2}\right]^2} = \sqrt{324 + \dfrac{225}{4}}$

$\sqrt{\dfrac{1521}{4}} \Rightarrow \dfrac{39}{2}$

$\Rightarrow$ TSA $= \pi r^2 + 2\pi rh + \pi rl$

$= \pi r\,[r + 2h + l]$

$= \pi \times \dfrac{15}{2}\left[\dfrac{15}{2} + 36 + \dfrac{39}{2}\right] = \pi \times \dfrac{15}{2}$

$\left[\dfrac{15 + 72 + 39}{2}\right] = \dfrac{15\pi}{2} \times \dfrac{\cancel{126}^{\,63}}{\cancel{2}}$

$= \dfrac{945\pi}{2} = 472.5\pi$

19. $m^2 - n^2 = 18\,[m - n]$

$\Rightarrow [m + n]\,[m - n] = 18\,[m - n]$

$\Rightarrow [m + n] = 18.$

$\Rightarrow m^2 + n^2 = 20\,[m + n]$

$\Rightarrow m^2 + n^2 = 20 \times 18 = 360$

$\sqrt{m^2 + n^2 + 1} = \sqrt{360 + 1} = 19$

20.

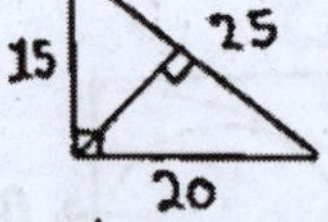

$\perp$ Lar $= \dfrac{\cancel{15}^{\,3} \times \cancel{20}^{\,4}}{\cancel{25}_{\,\cancel{5}}} = 12$

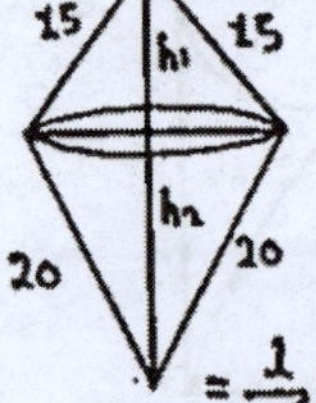

As, $h_1 + h_2 = 25$ cm

So, Vol$^n = \dfrac{1}{3}\pi r^2 h + \dfrac{1}{3}\pi r^2 m$

$= \dfrac{1}{3}\pi r^2\,[h_1 + h_2] =$

$= \dfrac{1}{\cancel{3}} \times 3.14 \times \cancel{144}^{\,48} \times 25$

$= 3.14 \times 1200$

$= 3768\ \text{cm}^2$

21. Put z = 0, then.

$$\frac{x^2}{x^2}+\frac{y^2}{y^2}+0 = 1+1 = \underline{2}$$

22. Put a = 1, b = 1, c = 5

$$\Rightarrow \left[\frac{1}{1+1+1}+\frac{1}{1+1+5/5}+\frac{1}{1+5/5+1/1}\right]$$

$$= \frac{1}{3}+\frac{1}{3}+\frac{1}{3} = \frac{3}{3} = \underline{1}$$

23.

$$\frac{-12}{[\sqrt{2}+\sqrt{5}-\sqrt{3}]}\times\frac{[\sqrt{2}+\sqrt{5}+\sqrt{3}]}{[\sqrt{2}+\sqrt{5}+\sqrt{3}]}$$

$$= \frac{-12\times[\sqrt{2}+\sqrt{5}+\sqrt{3}]}{[\sqrt{2}+\sqrt{5}]^2-[\sqrt{3}]^2} = \frac{-12\times[\sqrt{2}+\sqrt{5}+\sqrt{3}]}{7+2\sqrt{10}-3}$$

$$= \frac{-12\times[\sqrt{2}+\sqrt{5}+\sqrt{3}]}{4+2\sqrt{10}}\times\frac{2-\sqrt{10}}{2-\sqrt{10}}$$

$$= \frac{-6\times[\sqrt{2}+\sqrt{5}+\sqrt{3}][2-\sqrt{10}]}{-6}$$

$$= \underline{[\sqrt{2}+\sqrt{5}+\sqrt{3}][2-\sqrt{10}]}$$

24.

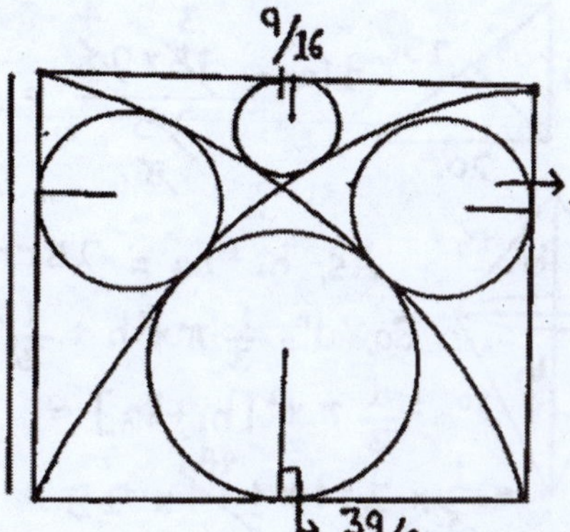

$$\text{Ar. of circle} = \frac{22}{7}\times\frac{8}{16}\times\frac{8}{16} = \frac{22}{28} = \underline{\frac{11}{14}\text{ cm}^2}$$

25.

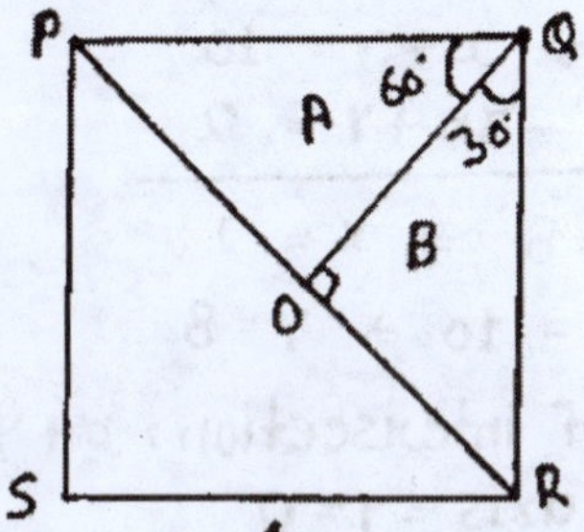

$$\text{ar. } \Delta PQR = \frac{1}{2}\times 8\times 8 = 32\text{ cm}^2 = A+B$$

$$\frac{A}{B} = \frac{\frac{1}{2}\times PQ\times QO\times\sin 60}{\frac{1}{2}\times QO\times QR\times\sin 30} = \frac{\sqrt{3}/2}{1/2}$$

$$= \frac{\sqrt{3}}{1} \Rightarrow [\sqrt{3}+1] \to 32\text{ cm}^2$$

$$\Rightarrow \sqrt{3} \to \frac{32\sqrt{3}}{\sqrt{3}+1}\times\frac{\sqrt{3}-1}{\sqrt{3}-1} = 16[3-\sqrt{3}]\text{ cm}^2$$

$$= \underline{\text{ar. } \Delta POQ}$$

26.

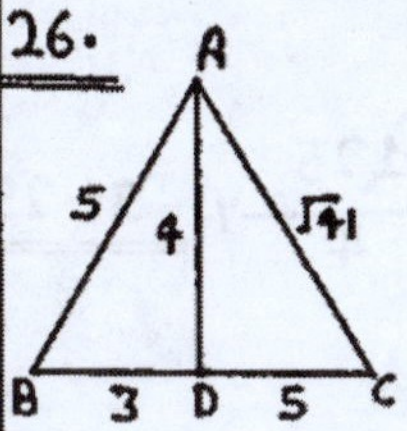

$$\Rightarrow \text{ar. } \Delta ABD = \frac{1}{2}\times 3\times 4 = 6\text{ cm}^2$$

27.

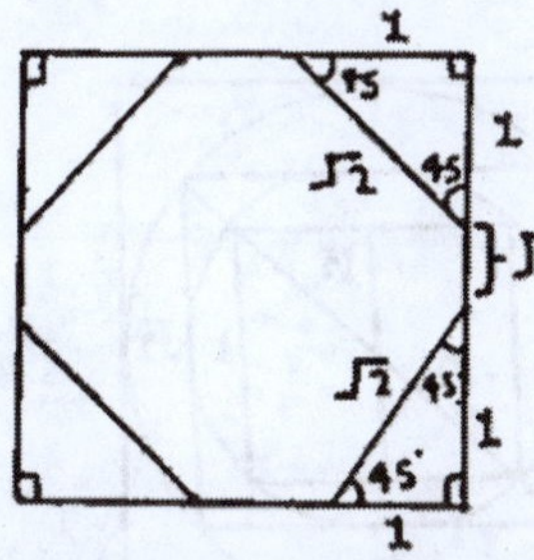

$$\text{As } [2+\sqrt{2}] \to 16\text{ cm}$$

$$\Rightarrow \text{Side} = \sqrt{2} \to \frac{16\times\sqrt{2}}{2+\sqrt{2}}\times\frac{2-\sqrt{2}}{2-\sqrt{2}}$$

$$= 8[2\sqrt{2}-2] = \underline{16\sqrt{2}-16\text{ cm}^2}$$

28.

$\Rightarrow c^2 + \cancel{3} = 3\cot^2\theta + \cancel{3} - 3c^2$

$\Rightarrow 4c^2 = \frac{3c^2}{s^2} \Rightarrow s = \frac{\sqrt{3}}{2} \rightarrow \theta = 60^\circ$

So, $2c + 3s = 2 \times \frac{1}{2} + 3 \times \frac{\sqrt{3}}{2} = \frac{2 + 3\sqrt{3}}{2}$

29. $\Rightarrow$ Num $= [1 + \tan^2\theta + 1 + \cot^2\theta] = \frac{1}{[sc]^2}$

Den $= \left[\frac{1}{1+c} + \frac{1}{1-c}\right] = \left[\frac{1 - \cancel{c} + 1 + \cancel{c}}{1 - c^2}\right]$

$= \frac{2}{s^2} \Rightarrow \frac{\text{Num}}{\text{Den}} = \frac{\frac{1}{\cancel{s^2} c^2}}{\frac{2}{\cancel{s^2}}} = \frac{\sec^2\theta}{2}$

30. $\Rightarrow \theta = 45^\circ \Rightarrow \sqrt{2} + 1 = k$

$\Rightarrow k - 1 = \sqrt{2}, \quad k + 1 = 2 + \sqrt{2}$

So $\frac{(k-1)^2 - 2}{[k+1]^2 - 2k} = \frac{(\sqrt{2})^2 - 2}{[2+\sqrt{2}]^2 - 2[\sqrt{2}+1]} = 0$

opt. (b) $= \sin\theta - \cos\theta$

$\Rightarrow \sin 45 - \cos 45 = 0$

PRACTICE SET-8
HINTS & SOLUTIONS

1. Passing Marks = 45% + 18

and 65% = PM + 6

⇒ 65% = 45% + 18 + 6 ⇒ 20% → 24

⇒ P.M = 100% → 24 × 5 = **120**

2. $Def = \frac{10}{100} = \frac{1}{10}$

$Non\text{-}def = \frac{90}{100} = \frac{9}{10}$

$Req\ prob = \frac{9}{10} \times \frac{9}{10} \times \frac{9}{10} \times \frac{9}{10} \times \frac{9}{10}$

$= \left[\frac{9}{10}\right]^5$

3. factors 1 –, – N → 4 factors

1. $(2)^3$ → 8 → 1, 2, 4, 8
2. $(3)^3$ → 27 → 1, 3, 9, 27
3. 2×3 → 6 → 1, 2, 3, 6
4. 2×5 → 10 → 1, 2, 5, 10
5. 2×7 → 14 → 1, 2, 7, 14
6. 2×11 → 22 → 1, 2, 11, 22
7. 2×13 → 26 → 1, 2, 13, 26
8. 2×17 → 34 → 1, 2, 17, 34
9. 2×19 → 38 → 1, 2, 19, 38
10. 2×23 → 46 → 1, 2, 23, 46
11. 3×5 → 15 → 1, 3, 5, 15
12. 3×7 → 21 → 1, 3, 7, 21
13. 3×11 → 33 → 1, 3, 11, 33
14. 3×13 → 69 → 1, 3, 13, 69
15. 5×7 → 35 → 1, 5, 7, 35

⇒ Number = **15**

4. Sum of no.'s =

206 + 260 + 602 + 620 = **1688**

5.

Arun	Bhaskar	Time
3000	2600	30
2500	3000	150
500	−400	−120
×5 ⇒ 2500	−2000	−600

A8.

2500	3000	150
2500	−2000	−600
x	5000	750

So, Bhaskar ⇒ $\frac{3}{5}$ × 5000 [1000] → 750 [150] × $\frac{3}{5}$

3000 m → 450 s

Arun ⇒ $\frac{30}{25}$ × 2500 → $\frac{4500}{15}$ [3060] × $\frac{30}{25}$ [5]

3000 m → 360 s

So, TB − TA = 450 − 360 = **90 s**

6. $\frac{A}{B} = \frac{1}{3} = \frac{2}{6}$, $\frac{C}{B} = \frac{1}{2} = \frac{3}{6}$

So. A : B : C = 2 : 6 : 3

A	B	C
2×12 − y ⇒ 24 − y	6×12 − y ⇒ 72 − y	3×12 − y ⇒ 36 − y

A.T.Q. ⇒ $\frac{35}{129} = \frac{36-y}{132-3y}$

⇒ 132 × 35 − 105y = 129 × 36 − 129y

⇒ 24y = 4644 − 4620 ⇒ y = 1

So. A : B = $\frac{24-1}{72-1}$ = **23 : 71**

7.

$\Rightarrow \frac{y}{x} = \frac{4\times2}{5\times2} = \frac{8}{10}, \frac{z}{y} = \frac{5}{8}$

$x : y : z = 10K : 8K : 5K$

A.T.Q $\Rightarrow \frac{\frac{1}{10K}+\frac{1}{8K}+\frac{1}{5K}}{3} = \frac{17}{240}$ 80

$\Rightarrow \frac{4+5+8}{40K} = \frac{17}{80}$ $\Rightarrow K = 2$

$x : y : z = 20 : 16 : 10$

then. Req. avg $= \frac{3\times20+5\times16}{2}$

$= \frac{60+80}{2} = 70.$

8.

$\Rightarrow 96 \to 76 \to 102$

$\Rightarrow$ Initial mix = 96L − 20L = 76L

$\to$ M:W = 65 : 35 = 13 : 7

= 20 → 76L

$W = 7 \to \frac{76}{20} \times 7 = \frac{133}{5}$

[+16L] water $= \frac{133}{5} + 16 = 42.6L$ (26.6)

M:W in new mix

= 102 → 42.6 + x : 42.6

$\Rightarrow 102 = 42.6 + x + 42.6$

$\Rightarrow x = 102 - 85.2 = 16.8L$

9.

	600
A → 100 d	6
B → 120 d	5
C → 200 d	3
A + B + C	14

A.T.Q $\Rightarrow 8x + 9[x-41] = 600$

$\Rightarrow 17x = 600 + 9\times41$

$= 600 + 369 = 969$

$\Rightarrow x = \frac{969}{17} = 57$

So. $\frac{C}{T.W} = \frac{2\times57\times3}{600} = \frac{57}{100}$

10. Let

10 Rs : 15 Rs : 2 Rs

$\Rightarrow$ x : y : z

A.T.Q $\Rightarrow xy : yz : zx \div \frac{1}{xyz}$

3 : 6 : 4

$\Rightarrow$

$\frac{1}{z}$	$\frac{1}{x}$	$\frac{1}{y}$
3	6	4

$\Rightarrow z : x : y$

$\frac{12}{3} : \frac{12}{6} : \frac{12}{4} = 4 : 2 : 3$

min $\Rightarrow K = 1$

$\Rightarrow 10\times2 + 5\times3 + 2\times4 = 43$ Rs.

11.

A : B

9 : 5 = 14 (4)

7 : 7 = 14

As. 4 → 800

14 → 2800 → 50%

Registered voters.

= 100% → 5600.

12. Let

Aman invest x

Suman invest y

Aman ⇒ 12m → 4%, 6m → 2%

⇒ x[1yr.] → $2+2+\frac{2\times2}{100}$

= 4.04%, y → 10%

So, $x \times 104.4 = y \times 110$

⇒ $\frac{x}{y} = \frac{11000}{10404}$ (cancelled to $\frac{2750}{2601}$)

⇒ 2750 → 22000 Rs.

⇒ 2601 → $\frac{22000 \times 2601 \times 4}{2750}$ (cancelled; 22000 → 2, 2750 → 4)

Initial Investment by Suman

→ 2601 × 8 = **20808 Rs.**

13. ⇒ 10 (written 100, with the 0 struck out)

10 → 6 (50%) and 4

4 → 2 (40%) and 2

2 → 1 (25%) and 1 (x%)

(each 0 is struck out: 100 → 10, 60 → 6, 40 → 4, 20 → 2, 10 → 1)

Overall P% = 42%

⇒ $\frac{6\times50\% + 2\times40\% + 1\times25\% + x\%}{10} = 42$

⇒ 300% + 80% + 25% + x% = 420%

⇒ x% = 420% − [405%]

= **15%**

14. ⇒ Table: −10%, Chair: +40%, Overall: 10%

Table : Chair = 20 : 30 (the differences)

⇒ $\frac{T}{C} = \frac{30}{20} = \frac{3}{2}$) 1 (both 0s struck out in 30/20)

1 → 800 Rs.

CP of table = 3 × 800 = **2400 RS**

15. ⇒ B + P = 30

As, AM ≥ GM ⇒ $\frac{B+P}{2} \geq \sqrt{BP}$

⇒ $\frac{30}{2} \geq \sqrt{BP}$ (cancelled to 15) ⇒ BP ≤ 225

⇒ BP_{max} = 225

Max ar of Δ

$\frac{1}{2} \times BP = \frac{1}{2} \times 225$ = **112.5**

16.

$\frac{SP}{CP} = \frac{105}{100} \times \frac{110}{100} \times \frac{95}{100} \times \frac{100}{95} = \frac{231}{200}$ (105/100 cancelled to 21/20; 110/100, 95 and 100/95 also cancelled)

P% = $\frac{31}{200} \times 100$ = **15.5%**

17.

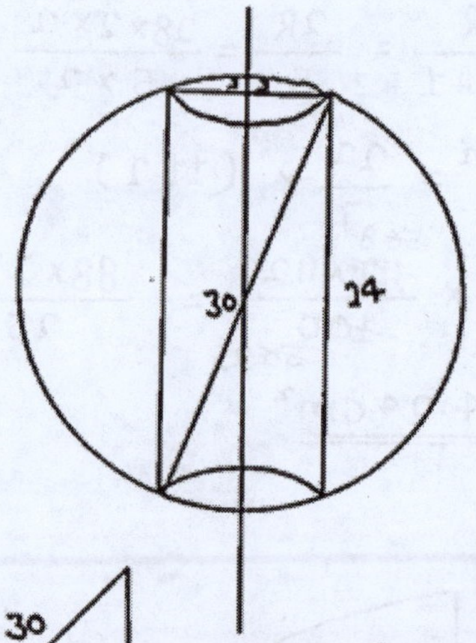

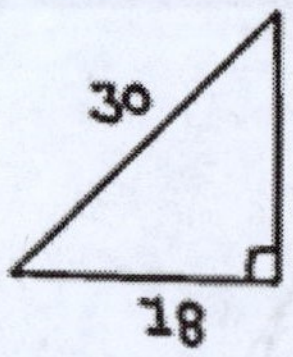

$\Rightarrow P^2 = H^2 - B^2 = \sqrt{900-324}$

$= \sqrt{576} = 24$ cm.

TSA of new shape

$= 4\pi (R_s)^2 - 2\pi r^2 + 2\pi r h$

$= \pi [4\times 225 - 2\times 81 + 2\times 9\times 24]$

$= \pi [900 - 162 + 432]$

$= 1170\pi \text{ cm}^2$

18. $l = 2\pi r$

$\Rightarrow \frac{120}{360} \times 2\pi \times 10.5 = 2\pi r$

$\Rightarrow r = 3.5 = \frac{7}{2}$ cm.

and.

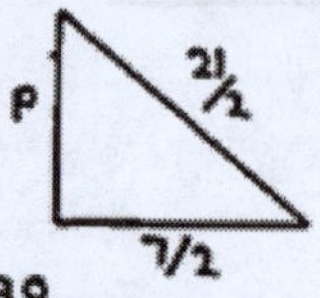

$\Rightarrow p^2 = \frac{441}{4} - \frac{49}{4}$

$= \frac{392}{4} = 98 \Rightarrow P = \sqrt{98} = 7\sqrt{2}$ cm

So, Vol^n. of cone $= \frac{1}{3}\pi r^2 h$

$= \frac{1}{3} \times \pi \times \frac{7}{2} \times \frac{7}{2} \times 7\sqrt{2}$

$= \frac{343\sqrt{2}\pi}{12}$ cm³

19.

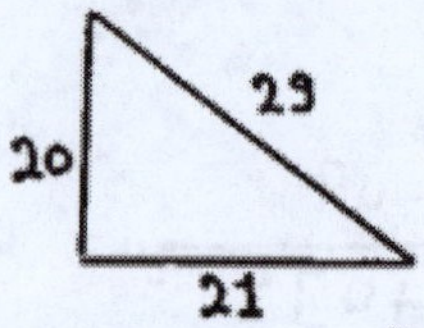

Vol^n. of prism = Ar. of base × h

$\Rightarrow 7560 = \frac{1}{2} \times 20 \times 21 \times HP$

$\Rightarrow Hp = 36$

LSA $= 70 \times 36$

$= 2520 \text{ cm}^2$

20.

$\frac{4}{3} \div \frac{20}{7} \times \frac{28}{5} \Rightarrow \frac{4}{3} \times \frac{1}{16} = \frac{1}{12}$

$\frac{32}{5} \div \frac{8}{7} \times \frac{168}{7} \Rightarrow \frac{32}{5} \times \frac{1}{24} = \frac{4}{15}$

$\left[\frac{7}{4} \times \frac{8}{7} \times \frac{9}{5}\right]$ of $\frac{6}{5} = \frac{18}{5} \times \frac{6}{5}$

So, total $= \frac{1}{12} \times \frac{15}{4} \times \frac{18}{5} \times \frac{6}{5}$

$= 1 + k = \frac{7}{20}$

21. $x(x-1)(x+1)(x+2)+1=0$

$\Rightarrow (x^2+x)[x^2+x-2]+1=0$

$\Leftarrow t(t-2)+1=0$

$\Rightarrow t^2-2t+1=0$

$\Rightarrow [t-1]^2=0$

$\Rightarrow t = 1 = x^2+x$

22.

$$= \frac{[s+t]^2 - u^2}{s^2 - [t+u]^2} = \frac{s+t-u}{s-t-u}$$

23. $\frac{3}{1^2 \times 2^2} + \frac{5}{2^2 \times 3^2} + \cdots + \frac{19}{9^2 \times 10^2}$

$$\Rightarrow \left[\frac{1}{1^2} - \frac{1}{2^2}\right] + \left[\frac{1}{2^2} - \frac{1}{3^2}\right] + \cdots + \left[\frac{1}{9^2} - \frac{1}{10^2}\right]$$

$$= \frac{1}{1^2} - \frac{1}{10^2} = \frac{1}{1} - \frac{1}{100} = \frac{99}{100} = 0.99$$

24.

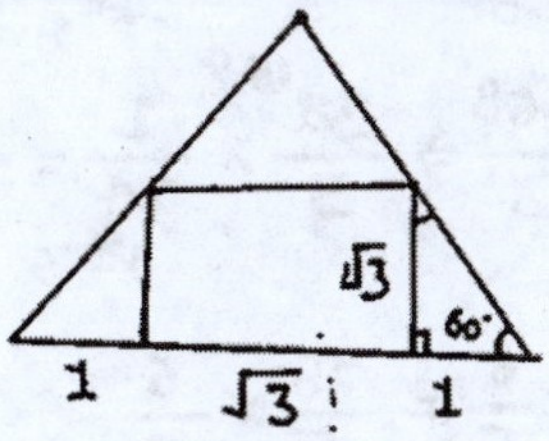

$\Rightarrow (2+\sqrt{3})$ unit $\rightarrow 12$

$$\sqrt{3} \rightarrow \frac{12\sqrt{3}}{2+\sqrt{3}} \times \frac{2-\sqrt{3}}{2-\sqrt{3}}$$

$$= 12\sqrt{3}[2-\sqrt{3}] \leftarrow a$$

$$a^2 = 144 \times 3[7-4\sqrt{3}]$$

$$= 3024 - 1728\sqrt{3}\ cm^2$$

25.

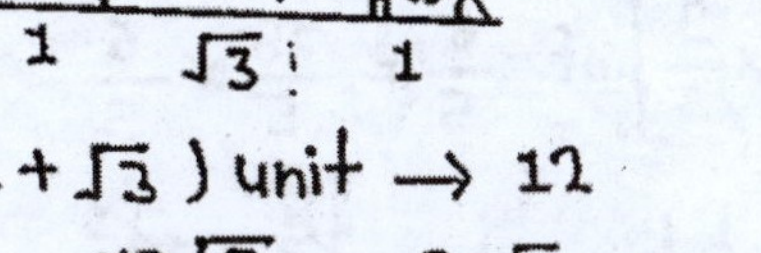

$$x = \frac{nR}{2n+1} = \frac{2R}{5} = \frac{28 \times 2 \times 2}{5 \times 2} = 11.2$$

$$Ar = \pi r^2 = \frac{22}{7} \times (11.2)^2$$

$$= \frac{22}{7} \times \frac{112 \times 112}{100} = \frac{88 \times 112}{25}$$

$$= 394.24\ cm^2$$

26.

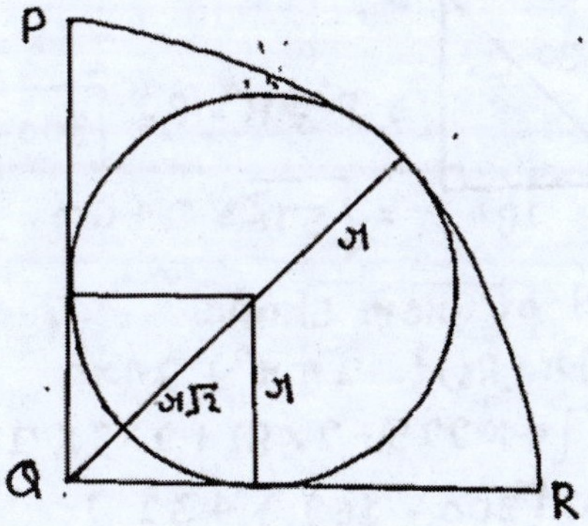

$[r + r\sqrt{2}] \rightarrow 7$

$$r = \frac{7}{\sqrt{2}+1} \times \frac{\sqrt{2}-1}{\sqrt{2}-1} = 7[\sqrt{2}-1]$$

$$A = \frac{22}{7} \times 49\,[3-2\sqrt{2}]$$

$$= 462 - 308\sqrt{2}\ cm^2$$

27.

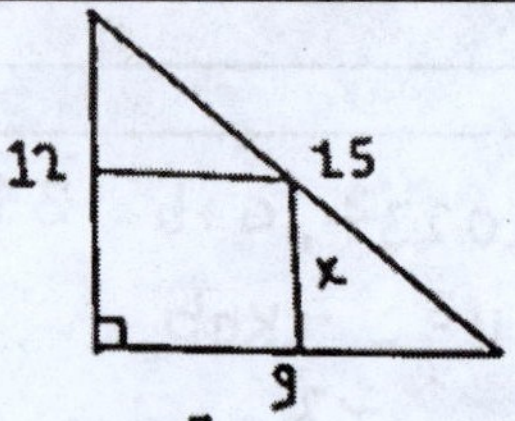

$x = \frac{PB}{P+B} = \frac{12 \times \cancel{9}^{3}}{\cancel{21}_{7}} = \frac{36}{7}$, $A = x^2 = \frac{1296}{49} m^2$

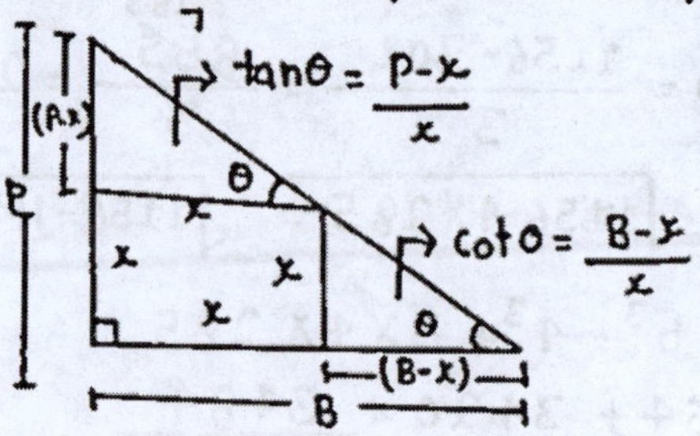

$\tan\theta \times \cot\theta = 1$

$\Rightarrow \frac{P-x}{x} \times \frac{B-x}{x} = 1$

$\Rightarrow PB - Px - xB + \cancel{x^2} = \cancel{x^2}$

$\Rightarrow x = \frac{PB}{P+B}$

28. Num $[S-C]\left[\frac{SC+1}{SC}\right] \times \frac{1}{S^2}$

$\text{Den} = \left[\frac{1}{C} - \frac{1}{S}\right]\left[\frac{1}{C^2} + \frac{1}{S^2} + \frac{1}{SC}\right]$

$\left[\frac{S-C}{SC}\right]\left[\frac{S^2+C^2+SC}{S^2C^2}\right] = \frac{[S-C]}{SC} \times \frac{[1+SC]}{S^2C^2}$

So, $\frac{N}{D} = \frac{\frac{\cancel{[S-C][1+SC]}}{\cancel{S^3C}}}{\frac{\cancel{[S-C]}}{\cancel{SC}} \times \frac{\cancel{[1+SC]}}{\cancel{S^2}C^2}} = \frac{1}{\frac{1}{C^2}} = C^2$

29.

$\left[\frac{1+S}{C}\right] \div \left[\frac{1+\text{Sec}\theta + T^2}{1+\text{Sec}\theta}\right] \Rightarrow \frac{1+S}{\cancel{C} \times \frac{1}{\cancel{C}}}$

$\Rightarrow 1 + \sin\theta$

30.

$x = \frac{1}{(SC)^2}$, $y = \frac{1}{\cancel{S}C} \times \cancel{S} = \frac{1}{C}$

$z = \frac{S^3}{C} + \frac{C^3}{S} + 2SC$

$= \frac{S^4 + C^4 + 2S^2C^2}{SC} = \frac{[S^2+C^2]^2}{SC} = \frac{1}{SC}$

So, $x \times \frac{1}{z} \times y = \frac{1}{(SC)^{\cancel{2}}} \times \cancel{SC} \times \frac{1}{C}$

$= \frac{1}{SC^2} = \text{Cosec}\theta \cdot \text{Sec}^2\theta$

PRACTICE SET-9
HINTS & SOLUTIONS

1. New = Reduced

$\Rightarrow$ 2 kg $\longrightarrow \frac{7.5}{100} \times 925$ Rs

So, 1 kg $\longrightarrow \frac{75}{1000} \times \frac{925}{2}$

$= \frac{555}{16} = 34.6875$ Rs/Kg

Reduced rate.

2. Hit $= \frac{5}{8}$, Miss $= \frac{3}{8}$

Req. Prob $= {}^{10}C_2 \times \left[\frac{5}{8}\right]^2 \times \left[\frac{3}{8}\right]^8$

$= \frac{10 \times 9}{2} \times \frac{25}{8^2} \times \frac{3^8}{8^8}$

$= 1125 \times \frac{3^8}{8^{10}}$

3. LCM [3, 7, 11] = 231

$\Rightarrow$ 231) 67299 (291
462
2109
2079
309
231
78

$\Rightarrow$ No = 67299 − 78 = 67221.

$x = 2$, $y = 1$

$[6x + 5y] = 6 \times 2 + 5 \times 1$

= 17.

4. $a^3 + b^3 = 10234$, $a + b = 34 \leftarrow K$

$a^3 + b^3 = K^3 - 3Kab$

$\Rightarrow 10234 = (34)^3 - 3 \times 34 \times ab$

$\Rightarrow 301 = 1156 - 3ab$

$\Rightarrow ab = \frac{1156 - 301}{3} = \frac{855}{3} = 285.$

$a - b = \sqrt{1156 - 4 \times 285} = \sqrt{1156 - 1140} = 4$

$a^3 - b^3 = 4^3 + 3 \times 4 \times 285$

$= 64 + 3420 = 3484$

5. As, time $\rightarrow$ K

$\Rightarrow \frac{S_1}{S_2} = \frac{D_1}{D_2} = \frac{120}{114} = \frac{20}{19}$

A.T.Q $\Rightarrow$ (20) P (19) Q

100 92.5

$\Rightarrow$ 19 $\rightarrow$ 92.5m $\Rightarrow$ 20

$\rightarrow \frac{92.5 \times 20}{19} = \frac{1850}{19} = 97.36$

So, S wins by 2.63m.

6.

A	B	C
5K × x + 10K (12 − x)	10K × y + 15K [12 − y]	20K × 12
10	15	24

$\frac{A}{C} = \frac{10^{5}}{24_{12}} = \frac{5Kx + 10K \times (12-x)}{20K \times 12}$

$\Rightarrow 100 = 5x + 120 - 10x \Rightarrow x = 4$

$\frac{B}{C} = \frac{15}{24} = \frac{10Ky + 15K[12-y]}{20K \times 12}$

$\Rightarrow 30 = 2y + 36 - 3y \Rightarrow y = 6$

$\Rightarrow [x + y] = 4 + 6 = 10.$

7. $A + B + C = 3 \times 40 = 120$ — (1)

$B + D + E = 3 \times 42 = 126$

$= F + D + E$ — (2)

So, (1) + (2) = $A + B + C + D + E + F$

$= 246$

Avg. $= \frac{246}{6} = 41$

8.

ANJU [Add]	SONAL [Replace]
A:W = 40:60 = 2:3 +1 3:3, Add = $\frac{1}{5}^{th}$	$\Rightarrow \frac{3}{5} \times f = \frac{1}{2} \Rightarrow f = \frac{5}{6}$ Replace = $\frac{1}{6}^{th}$

$\Rightarrow$ Let. 30 L

[Add] $\frac{1}{5}$ [Replace] $\frac{1}{6}$

$\Rightarrow 6 \longrightarrow \Rightarrow 5$

Req. percentage $= \frac{1}{5} \times 100\%$

$= 20\%$

9.

	144
P → 36 Q → 48 R → 144	4 3 1

$W = 144 + 12 \times 4 + 8 \times 3$

$= 144 + 48 + 24 = 216$

Time taken $= \frac{216}{8} = 27d.$

10.

100p → 1Rs	50p	25p
$\frac{1}{4} \times 4 = 1$	$\frac{1}{2} \times 4 = 2$	$\frac{1}{2} \times 4 = 2$
1 → 50	2 → 100	2 → 100 [ATQ]

Total Amount

$= 1 \times 50 + 50P \times 100 + 25P \times 100$

$= 50 + 50 + 25 = 125$ Rs.

11.

Rate ⇒ 12m → 20%, 6m → 10%

Loan ⇒ 76800 − 23840 = 52960 Rs

10 → 11 ×121 1210 → 1331

100 → 121 ×11 1100 → 1331

1000 → 1331 ×1 1000 → 1331

[3310] → [3993]

3993 − 3310 = 683

3310 → 52960 Rs

Int = 683 → $\frac{52960 \times 683}{3310}$ (52960 cancelled to 16 with 3310)

= 10928 Rs.

12.

Int = 18515 − 14000 = 4515 Rs

r% [overall] = $\frac{4514}{14000} \times 100\%$ (322.5)

= 32.25%

So, r% → 32.25% for 2 yrs.

⇒ 15% p.a.

Comp. 8m → 12m → 15%

⇒ 8m → 10% → t = 3

→ r% [overall] = 33.1%

So, CI = 33.1% of 14000

= $\frac{33.1}{100} \times 14000$ = 331 × 14

= 4634 Rs

13. Buy 4 get 1 Free

CP → 5, SP → 4

disc = $\frac{1}{5} \times 100\%$ = 20% disc

Eff disc = 20%, 5%

⇒ 20% + 5% − $\left[\frac{20 \times 5}{100}\right]$ = 25% − 1%

= 24%

14. 3r + 5m = 155 Rs — 1.

8m + 5P = 188 Rs — 2.

5r + 3P = 161 Rs — 3.

→ 1 + 2 + 3 ⇒ 8r + 13m + 8P = 504

So, $\frac{5 \times [155 - 5m]}{3} + 3P = 161$

⇒ 775 − 25m + 9P = 483

⇒ 25m − 9P = 775 − 483 = 292

⇒ $25m - 9\left[\frac{188 - 8m}{5}\right] = 292$

⇒ 125m − 9 [188 − 8m] = 1460

→ 125m − 1692 + 72m = 1460

⇒ 197m = 3152 ⇒ m = 16

then.

8r + 13m + 8P = 504

⇒ 8 [r + m + P] + 5m = 504

⇒ [r + m + P]

= $\frac{504 - 16 \times 5}{8} = \frac{424}{8}$ = 53.

15. casted votes → 100%

A → x, B → x − 1600, C → 12%

A + C = 5920 ⇒ x + 12% = 5920

⇒ x = 5920 − 12%

So, 100% = x + x + 1600 + 12%

88% = 2x + 1600

then, 88% = 2[5920 − 12%] + 1600

⇒ 112% = 11840 + 1600 = 13440

⇒ 1% = $\frac{13440}{112}$ = 120

⇒ 100% = 12000 → 80% of total vote

So total of registered voters

⇒ 80% of total votes = 12000

⇒ 100% ⇒ $12000 \times \frac{10}{8} \times 25$ (10/8 reduced to 5/2)

= 120 × 125 = 15000.

16. Price ∝ [Weight]^2

Price = K × [weight]^2

18 → 3, 4, 5, 6 ; 18 → 1, 2, 3, 12

$\Rightarrow 9+16+25+36 = 86$; $\Rightarrow 1+4+9+144 = 158$.

$w^2 = 158 - 86 = 72$

A.T.Q ⇒ $Kw^2 = 288000$

$\Rightarrow K = \frac{288000}{72} = 4000$

Price = $Kw^2 = 4000 \times (18)^2$

$= 4000 \times 324 = $ **1296000 Rs**

17. 464π New TSA − Old TSA

$\Rightarrow 464\pi = 4\pi(r+4)^2 - 4\pi r^2$

$\Rightarrow 116 = r^2 + 16 + 8r - r^2$

$\Rightarrow \frac{116-16}{8} = r \Rightarrow r = \frac{25}{2}$

$V = \frac{4}{3}\pi r^3 = \frac{4}{3}\pi \times \frac{25}{2} \times \frac{25}{2} \times \frac{25}{2}$

$= \frac{15625\pi}{6}$ cm^3

18. Vol^n of Prism = Ar of base × height of prism

$\Rightarrow \frac{17316}{10} = \frac{1}{2} \times [11+5] \times 9 \times h$

$\Rightarrow \frac{17316}{10} = \frac{1}{2} \times 26 \times 9 \times h$

$\Rightarrow h = $ **14.8 cm**

19.

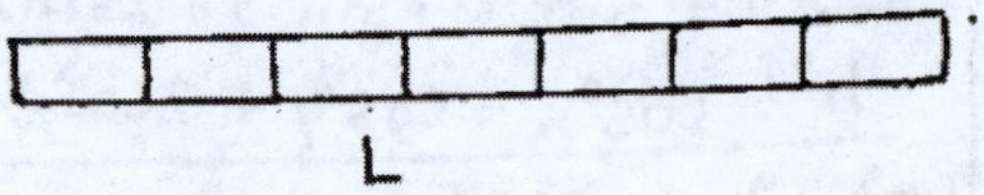

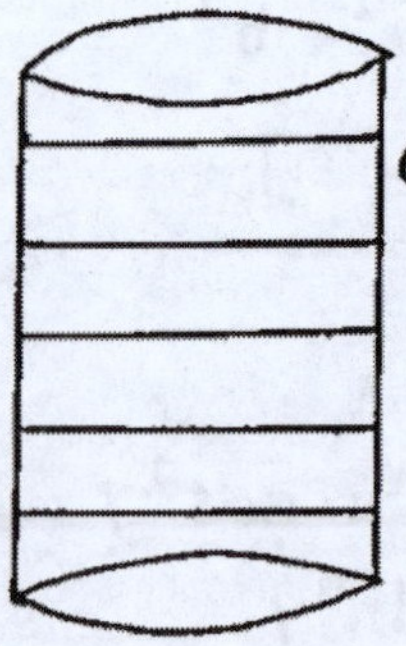

C ; $N = \frac{L}{C}$

20.

$\Rightarrow x\left[\frac{a+b}{ab}\right] = 12$; $x\left[\frac{a+b}{ab}\right] = 12$

$\frac{x}{6a} = \frac{2b}{a+b}$; $\frac{x}{6b} = \frac{2a}{a+b}$

So, $\frac{x+6a}{x-6a} = \frac{2b+a+b}{2b-a-b} = \frac{3b+a}{b-a}$

$\frac{x+6b}{x-6b} = \frac{2a+a+b}{2a-a-b} = \frac{3a+b}{a-b}$

$\frac{x+6a}{x-6a} + \frac{x+6b}{x-6b}$

$= \frac{3b+a}{b-a} - \frac{3a+b}{b-a} = \frac{2b-2a}{b-a}$

= **2**

21. $a^2 = \sin^2 x + \sin^2 y + 2\sin x \cdot \sin y$

$b^2 = \cos^2 x + \cos^2 y + 2\cos x \cdot \cos y$

$a^2 + b^2 = 1 + 1 + 2[\sin x \cdot \sin y + \cos x \cdot \cos y]$

$\Rightarrow 2 + 2[\text{Ans}] = a^2 + b^2$

$\Rightarrow \text{Ans} = \frac{1}{2}[a^2 + b^2 - 2]$

22. $\Rightarrow \cos^2 x = n^2 x \cos^2 y$

$\sin^2 x = m^2 x \sin^2 y$

$\sin^2 x + \cos^2 x = 1$

$\Rightarrow n^2 \cos^2 y + m^2 \sin^2 y = 1$

$\Rightarrow n^2[1 - \sin^2 y] + m^2 \sin^2 y = 1$

$\Rightarrow n^2 - n^2 \sin^2 y + m^2 \sin^2 y = 1$

$\Rightarrow [m^2 - n^2] \sin^2 y = 1 - n^2$

23.

$\frac{2a}{a} - \frac{5}{a} - \frac{4b}{b} + \frac{5}{b} + \frac{6c}{c} + \frac{5}{c} = 0$

$\Rightarrow 2 - 4 + 6 - 5\left[\frac{1}{a} - \frac{1}{b} - \frac{1}{c}\right] = 0$

$\left[\frac{1}{a} - \frac{1}{b} - \frac{1}{c}\right] = \frac{+4}{+5} = \frac{4}{5}$

24.

$b = c = 0$

$\Rightarrow \frac{a^2 - b^2}{a^2 - b^2} + \frac{b^2 - a^2}{(a+b)^2} + \frac{-(a-b)^2}{b^2 - a^2}$

$= 1 + (-1) + 1 = 1$

25. $[a + b + c]^2$

$= a^2 + b^2 + c^2 + 2[ab + bc + ca]$

$a = \sqrt{3},\ b = +\sqrt{2},\ c = -\sqrt{5}$

$\Rightarrow \text{Ans.} = \sqrt{3} + \sqrt{2} - \sqrt{5}$

26. $\frac{a+b}{\sqrt{ab}} = \frac{8}{3} \Rightarrow$ S.O.B.S

$\frac{(a+b)^2}{ab} = \frac{64}{9} \Rightarrow \frac{(a-b)^2 + 4ab}{ab}$

$\frac{64}{9} \Rightarrow \frac{100}{ab} + 4 = \frac{64}{9}$

$\Rightarrow \frac{100}{ab} = \frac{64 - 36}{9} = \frac{28}{9}$

$\Rightarrow \frac{\cancel{100}^{\cancel{50}^{25}}}{ab} = \frac{\cancel{28}^{\cancel{14}^{7}}}{9}$

$\Rightarrow ab = \frac{225}{7} = 32\frac{1}{7}$

27.

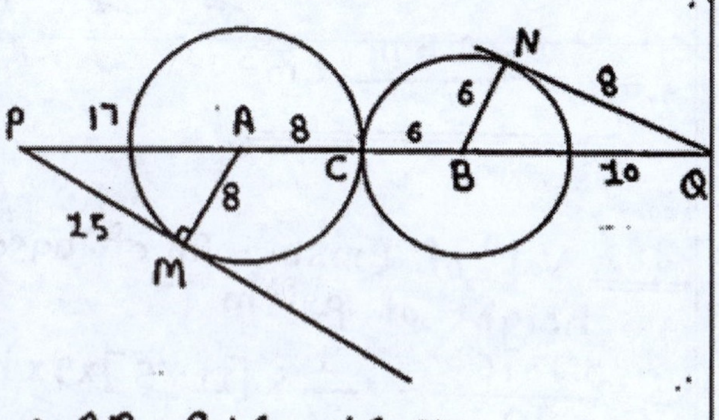

$\Rightarrow AB = 8 + 6 = 14$ cm

28.

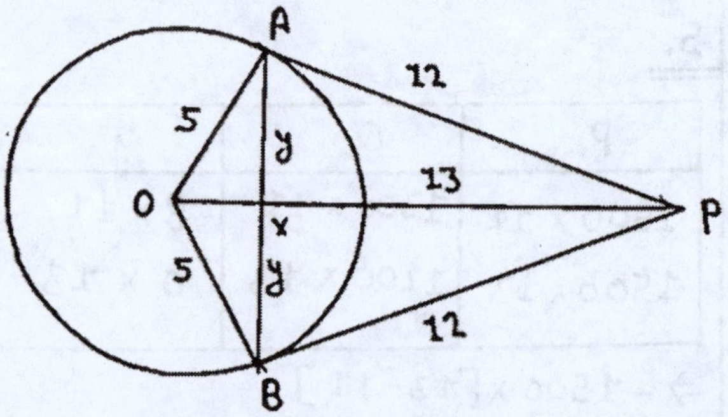

$$Y = \frac{5 \times 12}{13} = \frac{60}{13},\ 2y = \frac{120}{13}$$

$$(12)^2 = PX \times PO \Rightarrow PX = \frac{144}{13}$$

$$M = \frac{1}{2} \times AB \times PX = \frac{1}{2} \times \frac{120}{13} \times \frac{144}{13}$$

$$\sqrt{\frac{M}{15}} = \sqrt{\frac{60 \times 144}{13 \times 13 \times 15}}$$

$$= \frac{2 \times 12}{13} = \frac{24}{13}$$

29.

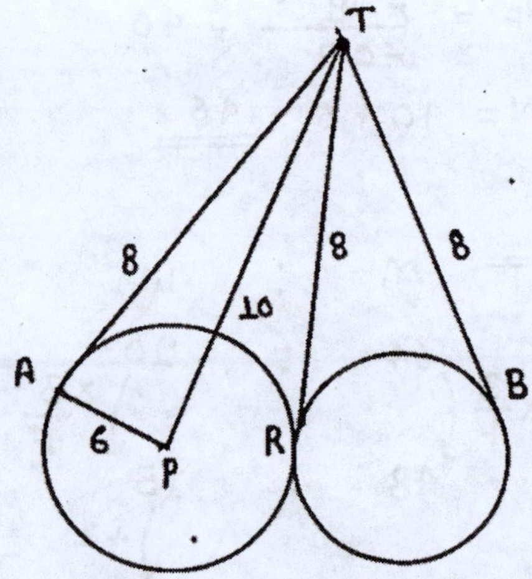

$\Rightarrow$ BT = 8cm

30.

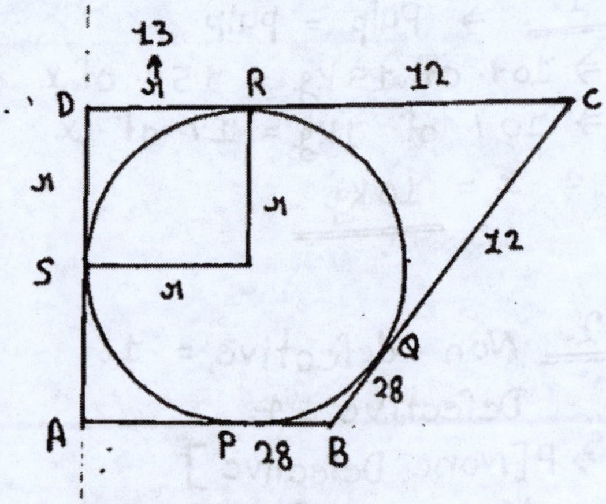

Radius = 13 cm.

PRACTICE SET-10
HINTS & SOLUTIONS

1. ⇒ Pulp = pulp

⇒ 10% of 15 kg = 15% of x

⇒ 10% of 1 Kg = 1% of x

⇒ x = 10 kg

2. Non-defective = 16

Defective = 4

⇒ P[None Defective]

$= \frac{^{16}C_2}{^{20}C_2} = \frac{16 \times 15}{20 \times 19} = \frac{12}{19}$

P[Atleast one is defective]

$1 - \frac{12}{19} = \frac{7}{19}$

3. LCM[7, 9, 13] = 819

So, 819) 83599 (12
 819
 1699
 1638
 61

No = 83599 − 61 = 83538

A = 3

B = 8

|A − B| = 5

4.

⇒ $(125)^2, (11)^4, (12)^2, (5)^3$

Largest = $(125)^2$

5.

P	Q	T
1500 × 11	1300 × 11	8 × 11
1500 × 13	1100 × 13	0 × 13

⇒ −1500 × [13 − 11]

= 13 × 0 − 8 × 11 ⇒ 1500 m → 44 s

6. ⇒ SP[without disc]

= 900 + 9% of 900 + 1900 + 6% of 1900 = 981 + 2014 = 2995 Rs

SP[with disc] = $\frac{2995 \times 88}{100}$

$\frac{599 \times 44}{10}$ = 2635.6 Rs

7. $N - 10 + 4 = N_F$ ⇒ $N - 6 = N_F$

A.T.Q ⇒ [10 × −6] + 4 × 8

= −60 + 32 = −28

$N_F = \frac{-28}{-0.7} = 40$

N = 40 + 6 = 46

8.

M : W

64 : 20

$\times\frac{3}{4}$ ↓ ↓ $\times\frac{3}{4}$

48 : 15

↓ + x

2 → 48 : 24 → 1

x = 24 − 15 = 9 Ltr.

9. $w = A \times 24 \times 10$

$= B \times 30 \times 10 = \frac{A}{B} = \frac{5}{4}$

Let work = 1200

Day 1 ⇒ 6 hrs, 4 hrs ⇒ 30 + 16 = 46
(5, 4)

Day 2 ⇒ 6 hrs, 4 hrs ⇒ 24 + 20 = 44
(4, 5)

2d → 46 + 44 = 90

As 2d ⟶ 90
×13 ↓ ↓ ×13
26d ⟶ 1170
+1d +46
27d ⟶ 1216

So work will get completed on 27 day.

10.

10 Rs	5 Rs	2 Rs
x	y	[25 − x − y]

⇒ Money = Money

⇒ $10x + 5y + 50 - 2x - 2y = 120$

⇒ $8x + 3y = 70$ Rs

Put x = 8 from opt ⇒ $64 + 3y = 70$

⇒ $y = \frac{6}{3} = 2$

10 Rs. coins = 8

11. Valid votes $= x \times \frac{83}{100} \times \frac{96}{100}$

Party A ⇒ $156611 = \frac{83}{100} \times V.V$

⇒ $156611 = \frac{83}{100} \times x \times \frac{83}{100} \times \frac{96}{100}$

⇒ $x = \frac{156611000000}{83 \times 83 \times 96} = 2,36,807$ [Approx]

12. 3 yr ⇒ 10% CI = 33.1%

3 yr ⇒ 11.03% SI = 33.1%

So, Same amount to be invested = 100 Rs

13. Disc on cash ⇒ 32%

Charge on Credit card = 1.2%

100 → 75% and 25%

75% 32% d

⇒ $75\% \times \frac{68}{100} = \frac{3 \times 17}{4}$

⇒ 51%

25% → 1.2% Charge

⇒ 25.3%

⇒ % of MP was his total final payment

= 51% + 25.3% = 76.3%

14. ⇒ 120 (8) → 45 (3) and 75 (5)

12% and 25%

So $\frac{12\% \times 3 + 25\% \times 5}{3+5} = \frac{36\% + 125\%}{8} = \frac{161\%}{8}$

and, A.T.Q ⇒ $\left[\frac{161}{8} - 15\right]\% = \frac{41}{8}\%$

⟶ 126.69 Rs

⇒ CP = 100% → $\frac{126.69 \times 8 \times 100}{41} = 2472$ Rs (301)

CP of each item $= \frac{2472}{120}$ (20.6)

= 20.6 Rs

15. $\Rightarrow$ mode − Median = 2

$\therefore$ Mode = 2 + Median

Mode = 3 Median − 2 mean

$\Rightarrow$ 2 + median = 3 median − 2 mean

$\Rightarrow$ 2 = 2 [median − Mean]

$\Rightarrow$ Median − Mean = 1

16. C → A : B = 2 : 3 = 20 : 30

A	B
C : S = T	C : S = T
3 : 2 = 5 (×2, ×2)	7 : 3 = 10
6 : 4 = 10 (×2, ×2)	×3 ×3
12 : 8 = 20	21 : 9 = 30

C → CA : Sugar : CB

12 : 17 : 21 $\Rightarrow$ 50] Total = 100

milk $\Rightarrow$ 50

Sugar % = $\frac{17}{100} \times 100\%$ = 17%

17. lb = 32, bh = 24, hl = 48

$l^2b^2h^2 = 32 \times 24 \times 48$

$\Rightarrow lbh = \sqrt{32 \times 24 \times 48} = \sqrt{16 \times 2 \times 8 \times 3 \times 16 \times 3}$

$= 16 \times 3 \times 4 = 192\ cm^3$

18.

	Small	Big
Vol^n	1	8
Area	1	4
Side	1	2

Req. ratio = $\frac{4}{1 \times 3}$ = 4 : 3

19. $l \rightarrow 1.3l$

$b \rightarrow 20 \times 0.8 = 16$

$A = l \times 20$, $A' = 1.3l \times 16$

$A' = A + 100$

A.T.Q = $1.3l \times 16 = 20l + 100$

$\Rightarrow 20.8l - 20l = 100$

$\Rightarrow 0.8l = 100 \Rightarrow l = \frac{1000}{8} = 125$

So. $A' = 1.3 \times 125 \times 16 = 2600\ cm^2$

20. $a^2 + b^2 = 5a - 3 + 5b - 3 = 5(a-b) - 6$

$a^2 - b^2 = 5a - 3 - 5b + 3 = 5(a-b)$

$\Rightarrow (a+b)(a-b) = 5(a-b) \Rightarrow a+b = 5$

So, put $a+b = 5$ in (a^2+b^2)

$= 5 \times 5 - 6 = 19$

Now $(a+b)^2 = a^2 + b^2 + 2ab$

$\Rightarrow 25 = 19 + 2ab$

$\Rightarrow ab = 6/2 = 3$

Eq^n $\Rightarrow x^2 - [\text{Sum}]x + [\text{Product}] = 0$

$\Rightarrow x^2 - \left[\frac{a}{b} + \frac{b}{a}\right]x + 1 = 0$

$\Rightarrow x^2 - \left[\frac{a^2+b^2}{ab}\right] + 1 = 0$

$\Rightarrow x^2 - \frac{19}{3}x + 1 = 0$

$\Rightarrow 3x^2 - 19x + 3 = 0$

21.

$\Rightarrow ab[a+b]+4[a+b]^2+4ab+16$

$[a+b]-4ab=0$

$\Rightarrow (a+b)[ab+4(a+b)+16]=0$

$\Rightarrow (a+b)(a+4)(b+4)=0$

$\Rightarrow (a+b)=0$

$$\left[\frac{1}{(a+b+4)^{117}}-\frac{1}{2^{234}}\right]=\frac{1}{2^{234}}-\frac{1}{2^{234}}=0$$

22. $\sqrt{(x-1)(x+3)}+\sqrt{x(x-1)}$

$\sqrt{5(x-1)} \Rightarrow \left[\sqrt{(x-1)}\right]\left[\sqrt{(x+3}+\sqrt{x}-\sqrt{5}\right]=0$

$\Rightarrow \sqrt{(x-1)}=0 \Rightarrow x=1$

$\Rightarrow \sqrt{(x+3)}=\sqrt{5}-\sqrt{x}$

$\Rightarrow x+3=5+x-2\sqrt{5x}$

$\Rightarrow 3-5=-2\sqrt{5x}$

$\Rightarrow -2=-2\sqrt{5x} \quad = \quad x=\frac{1}{5}$

$\Rightarrow x=1, \frac{1}{5}$

23.

$$=\frac{\frac{13}{8}}{\frac{8}{7}\div\frac{1}{7}}=\frac{13}{64}$$

24.

$$C\left[\frac{1+S-1+S}{1-S^2}\right]=2\Rightarrow C\times\frac{2S}{C2}=2$$

$\tan\theta=1 \Rightarrow \theta=45=\frac{\pi}{4}$

25.

$$\frac{p\times\frac{1}{c}-q\times\frac{1}{s}}{p\times\frac{1}{c}+q\times\frac{1}{s}}=\frac{ps-qc\div c}{ps+qc\div c}$$

$$=\frac{p\tan\theta-q}{p\tan\theta+q}=\frac{p\times\frac{p}{q}-q}{p\times\frac{p}{q}+q}$$

$$=\frac{p^2-q^2}{p^2+q^2}$$

26.

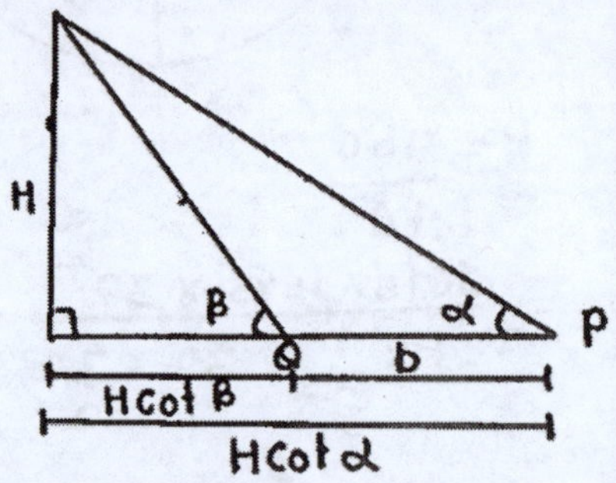

$b=H\cot\alpha-H\cot\beta$

$$\Rightarrow H=\frac{b}{\cot\alpha-\cot\beta}$$

27.

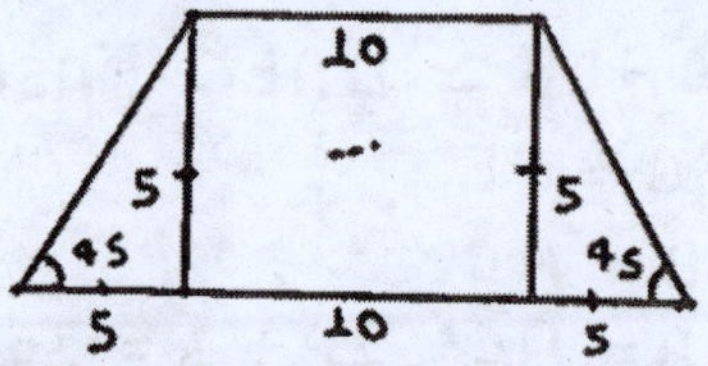

$ar=\frac{1}{2}\times[10+20]\times5$

$=\frac{1}{2}\times30\times5=75\,cm^2$ (30 cancelled to 15)

28.

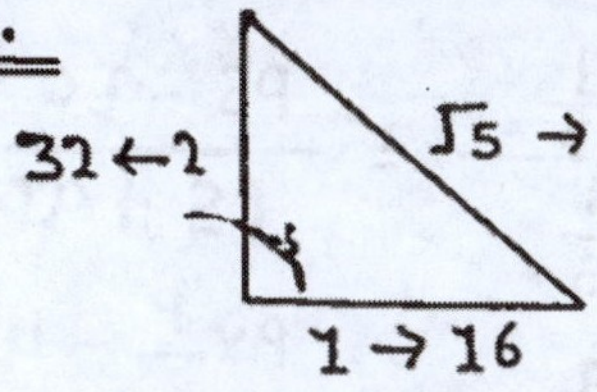

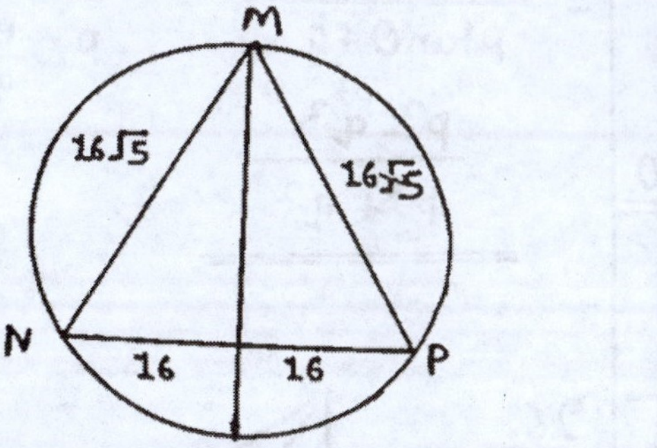

$$R = \frac{abc}{4\Delta}$$

$$= \frac{16\sqrt{5} \times 16\sqrt{5} \times 32}{4 \times \frac{1}{2} \times \frac{32}{2} \times \frac{32}{2}} = 4 \times 5 = 20\text{cm}$$

29.

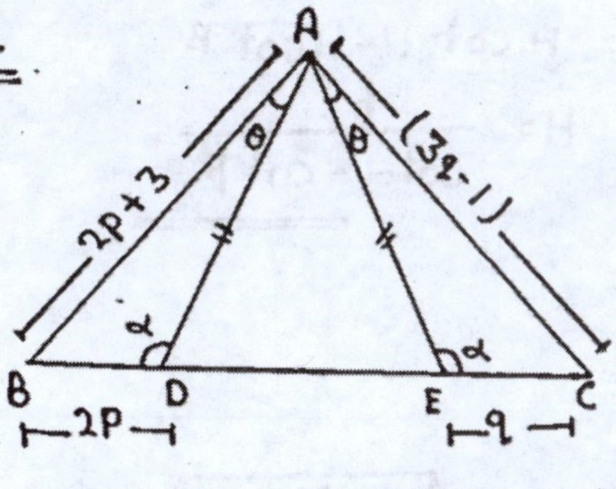

→ $\Delta ADB \simeq \Delta AEC$ [ASA]

· $BC = CE$

· $AB = AC$

→ $AB = AC = 2p + 3 = 3q - 1$

$= 2p - 3q = -4$

→ $BD = CE = 2p = q = \frac{p}{q} = \frac{K}{2K}$

→ $2 \times K - 3 \times 2K = -4 \Rightarrow -4K = -4$

$= K = 1.$

$p = 1,\ q = 2,\ [p+q] = 1 + 2 = 3$

30.

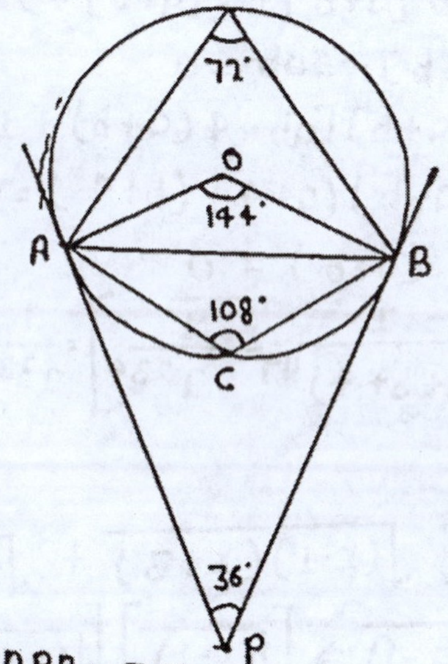

$\Rightarrow \angle APB = 36°$

PRACTICE SET-11
HINTS & SOLUTIONS

1.

100 → 30% , 70%

70% → 21% , 17.5%

⇒ Rem. Salary

$= 100\% - [30\% + 21\% + 17.5\%]$

$= 100\% - 68.5\% = 31.5\%$

A.T.Q ⇒ $31.5\% \rightarrow 42000 \times 3$

$= 126000$

$1\% \rightarrow \frac{1260000}{315} = 4000$

Monthly income → 100% ⇒ 400000 Rs.

2. P [Getting 5 exactly] $= \frac{1}{6}$

P [Not Getting 5 exactly] $= \frac{5}{6}$

Req. Prob $= {}^7C_2 \times \left[\frac{1}{6}\right]^2 \times \left[\frac{5}{6}\right]^5$

$\frac{7\times 6}{2} \times \frac{1}{6\times 6} \times \left[\frac{5}{6}\right]^5$

$= \frac{7}{12} \times \left[\frac{5}{6}\right]^5$

3.

Div. by 9:

$\rightarrow 4+5+1+1+x+y$

$\Rightarrow 11 + x + y = 18$ ($x+y = 7$)

Div by 11

$-[6+y]-[5+x]=0$

$\rightarrow 1+y-x=0$

$\rightarrow y-x=-1$

$[x+y=7]+[y-x=-1]$

$\Rightarrow 2y=6 \rightarrow y=3$

$x+3=7 \Rightarrow x=4$

So. $\sqrt{x^2+y^2} = \sqrt{(4)^2+(3)^2} = \sqrt{25}$

$= 5$

4.

$\Rightarrow [4]^{112} + [4]^{113} = 4^4 + 4^1$

$= 6 + 4 = 0$

5. $t = \frac{D}{S_1+S_2}$

I: $t_1 = \frac{400}{10+40} = \frac{400}{50} = 8s$

II: $t_2 = \frac{400}{20+20} = \frac{400}{40} = 10s$

III: $t_3 = \frac{400}{40+10} = \frac{400}{50} = 8s$

$T = t_1 + t_2 + t_3 = 8+10+8 = 26s.$

6.

A	B	C
→ 2×4m + 3×8m → 8+24 = 32 → 16 ⇒ 16.	→ 3×6m + 4×6m → 18+24 = 42 → 21 → 21.	→ 5×8m + 2.5×4m → 40+10 = 50 → 25 → 25.

A.T.Q ⇒ 16 + 21 + 25

= 62 → 86.800 Rs

$1 \rightarrow \frac{86800}{62} = 1400$

Diff b/w shares of A and C in profit = [25 − 16] = 9

→ 9 × 1400 = 12600 Rs.

7.

$$\frac{\text{Int. 2nd}}{\text{Int. 1st}} = \frac{11}{7}$$

$$\Rightarrow \frac{\left[\frac{11}{10}x - 4400\right]20\%}{x \times 10\%} = \frac{11}{7}$$

$$\Rightarrow x = \frac{14}{10}x - 400 \times 14$$

$$\Rightarrow \frac{4x}{10} = 400 \times 14 \Rightarrow x = 14000.$$

8.

A ⇒ M : W → 48L taken out

5 : 7   M : W

20 : 28

B → M : W , 1 → 28L

20 + P : 28 = 3 : 1   4 → 112L

A initial = 112 − 32 = 80L

9.

⇒

	48
A → 12	4
B → 16	3
A + B →	7

$t = \frac{48}{7}$

time × eff = work

$$\Rightarrow \left[\frac{48}{7} + \frac{3}{2}\right][4 + 3 - C] = 48$$

$$\Rightarrow \left[\frac{96 + 21}{14}\right][7 - C] = 48$$

$$\Rightarrow \left[\frac{117}{14}\right][7 - C] = 48$$

$$\Rightarrow [7 - C] = \frac{48 \times 14}{117}$$

$$\Rightarrow C = \frac{13 \times 9 \times 7 - 48 \times 14}{117} = \frac{7[117 - 96]}{117}$$

$$\frac{7 \times 21}{117} = \frac{49}{39}$$

empty the completely filled tank $= \frac{48}{\frac{49}{39}} = \frac{48 \times 39}{49} = \frac{1872}{49}$

$= 38\frac{10}{49}$ hrs.

10.

50p	25p	10p
5x	4x	3x

250x + 100x + 30x = 380x

380x → 17100 Rs ⇒ x → 45 Rs

No. of coins = 50p → 5 × 45 = 225

25p → 4 × 45 = 180

10p → 45 × 3 = 135.

11.

E = x + Ny ⇒

1. 3500 = x + 50y
2. 2000 = x + 20y

1500 = 30y

y = 50

⇒ y = 50, x = 2000 − 20 × 50 = 1000.

E = 1000 + 70 × 50 = 1000 + 3500 = 4500

12.

[CI] A	[SI] B
12 m → 20%	12m → 20%
6m → 10%	6m → 10%
⇒ 1.5Yr → 33.1%	1.5yr → 10×3 = 30%

A.T.Q ⇒ 33.1% of 400 + 30% of 500 = 12708 Rs

⇒ 132.4 + 150 = 12708 Rs

⇒ 282.4 = 12708 Rs

Scheme B ⇒ ~~6354~~ 18

$500 \Rightarrow \frac{12708 \times 500 \times 10 \times 250}{2824 \quad 706 \quad 353}$

= 90 × 250 = 22500 Rs

13.

$MP \times \left[\frac{100-x}{100}\right] = SP$

$x \times \left[\frac{100-[x-40]}{100}\right] = [x-32]$ Rs

⇒ $x \times [140-x] = 100x - 3200$

$140x - x^2 = 100x - 3200$

⇒ $x^2 - 40x - 3200 = 0$

⇒ $x^2 - 80x + 40x - 3200 = 0$

⇒ $x = 80 - 40$

$MP = 80 \times \frac{60}{100} = 80 - 32$

48 = 48 → LHS = RHS

⇒ MP = 80 Rs

14. KIRTI :- CP = [15500 × 0.88 + 3360]

≐ 13640 + 3360 = 17000 Rs

SP = [15500 × 1.2] = 18600 Rs

Profit % = $\frac{1600}{17000} \times 100\% = 9.4\%$

15. a < b < c

a + b + c = 3 × 53 = 159

c − a = 28 [Range]

b − a = 8

So, a + a + 8 + a + 28 = 159

⇒ 3a = 159 − 36 = 123

⇒ a = 41

Greatest = c = 41 + 28 = 69.

16. $\frac{\text{Fan}}{\text{washing}} = \frac{40^{2}}{100_{5}} = \frac{200}{500}$

Price of 5 Fans + 8 washing machine = 200 × 5 + 500 × 8 = 5000 Rs

A.T.Q → 5 Fans × 1.28 + 8 washing machine × 0.88

= 200 × 5 × 1.28 + 500 × 8 × 0.88

= 1280 + 3520 = 4800 Rs

Dec.↓% = $\frac{5000-4800}{5000} \times 100\%$

= $\frac{200\%}{50}$ = 4%

17. Val^n of Pit = Val^n dec.↓

= 17 × 6 × 3 = [119 × 8 − 17 × 6] h

$= h = \frac{\overset{3}{18} \times 100\,5}{120_{\,6}} = 15$ cm

18.

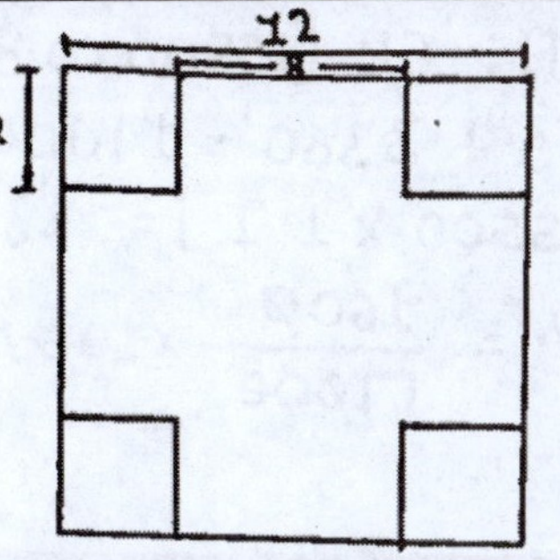

$Vol^n = l \times b \times h = 8 \times 8 \times 2 = \underline{128\ cm^3}$

19.

$l : b : h = 6 : 3 : 2$

$TSA = 2(lb + bh + hl)$

$\overset{900}{\cancel{1800}} = \cancel{2}[\overset{36}{18 + 6 + 12}]x^2$

$x = \frac{30}{6} = 5$

$Vol^n = 6x \times 3x \times 2x = 36x^3$

$= 36 \times 125 = \underline{4500\ cm^3}$

20.

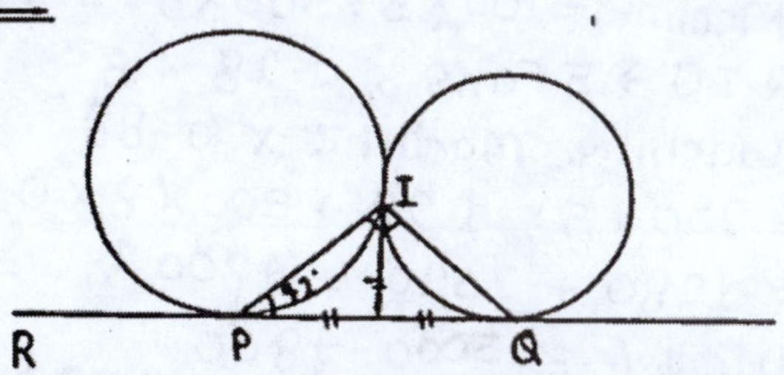

In $\Delta PQI \Rightarrow 90 + 42 + \angle PQI = 180°$

$= \angle PQI = 180 - 132 = \underline{48°}$

21.

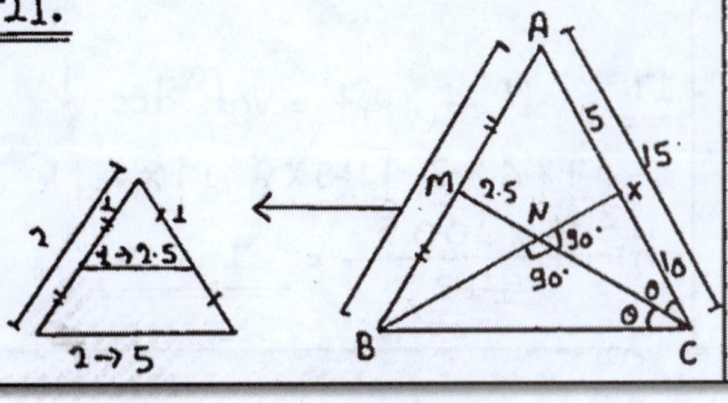

22.

Case-1 $[x, y, x]$:

$\Rightarrow x + x = 16 \Rightarrow x = 8$

$\Rightarrow \Delta = |8 - 8| < y < |8 + 8|$

$\Rightarrow 0 < y < 16 \Rightarrow 15\ \Delta'S$

Case-2 $[x, y, x]$:

$\rightarrow x + y = 16.$

$\Rightarrow \Delta = |x - x| < y < |2x|$

$\Rightarrow 0 < y < 2(16 - y) \Rightarrow 0 < 3y < 32$

$\Rightarrow 0 < y < 10.3 \Rightarrow 9\ \Delta'S$

Total $\Delta'S = 15 + 9 = \underline{24}$

23.

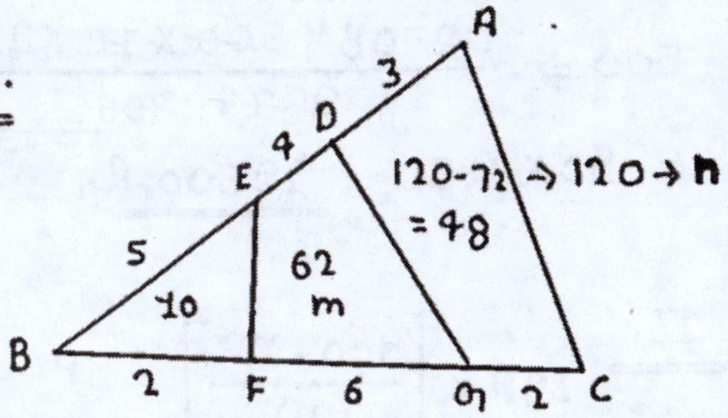

$\Rightarrow \frac{m}{n} = \frac{\overset{31}{\cancel{62}}}{\underset{60}{\cancel{120}}} = \underline{\frac{31}{60}}$

24.

$x^2 + 4 = -2x,\ x^3 - 2^3$

$= (x-2)(x^2 + 2x + 4) = (x-2)(0) = 0$

$\Rightarrow x^3 - 8 = 0 \Rightarrow x^3 = 8$

$\frac{x^4}{4} + \frac{8}{x} - 3 = \frac{x^3 \cdot x^2 + 32 - 12x}{4x}$

$\frac{8x^2 + 32 - 12x}{4x} = \frac{8(x^2 + 4) - 12x}{4x}$

$\frac{-16x - 12x}{4x} = \frac{\overset{7}{\cancel{-28}}\cancel{x}}{\cancel{4x}} = \underline{-7}$

25. $\frac{1-S^2}{S} \times \frac{1-C^2}{C} \times \frac{1}{SC}$

$\frac{C^2}{S} \times \frac{S^2}{C} \times \frac{1}{SC} = \underline{1.}$

26. $\frac{[S+C] \times \frac{1}{SC}}{\frac{1}{C} + \frac{1}{S}} = \frac{\frac{S+C}{SC}}{\frac{S+C}{SC}} = \underline{1.}$

27. $= \frac{1}{\sec\theta + \tan\theta} \times \frac{\cos\theta}{1-\sin\theta}$

$= \frac{C}{1+S} \times \frac{C}{1-S} = \frac{C^2}{1-S^2} = \underline{1.}$

28. $\Rightarrow \frac{1}{\frac{nx^n}{m} + x^n} + \frac{1}{\frac{nx^n}{m} - x^n}$

$\frac{m}{x^n[n+m]} + \frac{m}{x^n[n-m]}$

$= \frac{m[n-m+n+m]}{x^n[n^2-m^2]} = \underline{\frac{2mn}{x^2[n^2-m^2]}}$

29.

A	B
$A+10=[B-10]2$	$\Rightarrow A-10=B+10$
$\Rightarrow A+10=2B-20$	$\Rightarrow A-B=20$
$\Rightarrow A-2B=-30$	

So, $2A - 2B = 20 \times 2$

$A - 2B = -30$

$A = 70.$

30.

$\Rightarrow (3x)^2 + (4y)^2 - 24xy + (5y)^2 + (2z)^2 - 20yz = 0$

$\Rightarrow [3x-4y]^2 + [5y-2z]^2 = 0$

$3x - 4y = 0 \qquad 5y - 2z = 0$

$\frac{x}{y} = \frac{4}{3} \qquad \frac{y}{z} = \frac{2}{5}$

$\Rightarrow x : y : z$

$4 : 3 : 3$

$2 : 2 : 5$

$\Rightarrow 8 : 6 : 15$

PRACTICE SET-12
HINTS & SOLUTIONS

1. ⇒ 4 → 3, 12, 6 → 2

A.T.Q ⇒ $\frac{12-3t}{12-2t} = \frac{2}{3}$

⇒ $36 - 9t = 24 - 4t$ ⇒ $t = \frac{12}{5}$

2. $\frac{F}{T} = \frac{^5C_3}{^{15}C_3} = \frac{5\times4\times3}{15\times14\times13}$

$= \frac{2}{91}$

3. 10A5A = 6 + 2A

from options:

(a) 6 + 2×2 = 1 (×)

(b) 6 + 2×8 = 22̶4̶ (×)

(c) 6 + 2×4 = 14 = 5 (×)

(d) 6 + 2×6 = 6 + 12 = 18 = 9 (✓)

4. → For perfect sq →

DS = 1, 4, 7, 9 unit = 0, 1, 4, 5, 6, 9

a.) 6250.49 ⇒ DS = 2+6 = 8

b.) 1250.49 ⇒ DS = 2+1 = 3

c.) 1354.24 ⇒ DS = 1+9 = 1 (✓)

d.) 5768.28 ⇒ DS = 27 = 9. (×)

5.

$\frac{D_s}{D_m} = \frac{S_s}{S_m} = \frac{18}{24} = \frac{3 \text{ rounds}}{4 \text{ rounds}}$

time they will meet

$= T = \frac{D}{S} = \frac{200\times3}{18\times5/18} = 120s.$

6. A = 4K × 8m + 6K × 4m

= 32K + 24K = 56K

B = 5K × 9m + 3K × 3m

= 45K + 9K = 54K

$\frac{A}{B} = \frac{56K}{54K} = \frac{28}{27}$

Profit after A's Salary

= 6700 − 100 × 12m

= 6700 − 1200 = 5500

A + B = 28 + 27 = 55 → 5500 Rs

⇒ 1 → 100.

B's Profit = 27 × 100 = 2700 Rs

7. (3) [N] (1) [N+20]

⇒ Avg = $N + \frac{20}{4}$ = N + 5

8. ⇒

Initial ⇒ M : W

75% : 25% = 3:1

= 6 : 2 ⇒ T = 8 units

[−x] → M : W

75% : 25% → 1 unit

↓

3 : 1 ⇒ T

= 4 unit rem.

A.T.Q. as the unit removed from mix. is replaced by Milk then

⇒ M : W = 3 + 4 : 1 = 7 : 1

⇒ T = 8 units.

So, req. % = $\frac{3}{8} \times 100\%$

= 37.5 %

9.

	168
P1 → 21	8
P2 → 24	7
	15

Time taken to fill due to leak.

$= \left[\frac{168}{15}\right] + \frac{48}{60}$ hrs. (11.2, 0.8)

= 11.2 hrs + 0.8 hrs = 12 hrs

→ Let 'x' be the eff of leakage.

Work = eff × time

⇒ $168 = [15 - x] \times 12 \Rightarrow x = 1$

Time taken = $\frac{168}{2 \times 1}$ = 84 hrs.

10. As, CP ⟶ MP ⟶ SP

A.T.Q ⇒ $x - \frac{x}{4} + \left[x \times \frac{x}{4} \times \frac{1}{100}\right] = \frac{x}{4}$

$\frac{x}{2} = \frac{x^2}{400}$ ⇒ $x = 200$

ATQ = Markup = $\frac{x\%}{2} = \frac{200\%}{2} = 100\%$

Disc = $\frac{x}{6}\% = \frac{200\%}{6} = 33.3\%$

So, let → CP = 100 $\xrightarrow{+100\%}$ MP

= 200 $\xrightarrow{-33\%}$ SP = 133.33

= Profit = 33.33 %

11.

⇒ 100000 $\xrightarrow{+10\%}$ 110000 − 10000

= 100000

⇒ 100000 $\xrightarrow{+10\%}$ 110000 − 20000

= 90000

⇒ 90000 $\xrightarrow{10\%}$ 99000 − 30000

= 69000

⇒ 69000 $\xrightarrow{10\%}$ 75900 − 40000

= 53900

⇒ 35900 $\xrightarrow{10\%}$ 39490 Rs

⇒ To be paid in the end.

12. At, 12% SI for 3yrs

= 36% → 3456 Rs

P = 100% → $\frac{3456 \times 100}{36}$

= 9600 Rs

A.T.Q ⇒ P' = 9600 + 4400

= 14000 Rs

at 15% p.a CI for 2yrs

= 14000 × 32.25% = 4515 Rs ← Interest

13. CASE-1:

$\frac{MP}{CP} \times \frac{3}{4} = \frac{6}{5}$ ⇒ $\frac{MP}{CP} = \frac{8}{5}$

CASE-2:

$\frac{8}{5 \times 1.2 = 6} \times f = \frac{6}{5}$ ⇒ $f = \frac{9}{10}$

$d = \frac{1}{10} \times 100\% = 10\%$

∴ 10% disc should be applied on the MP such that P% remains same.

14.

	20K	Extra
MANU	12%	15%
TANU	15%	20%

7600 = [15 − 12]% of 20000 + [20 − 15] of extra

⇒ 7600 = 3% of 20000 + 5% extra.

⇒ 7600 = 600 + 5% of extra

⇒ 5% of extra = 7000

⇒ 100% of extra $\frac{7000}{5} \times 100$ (1400)

= **140000 Rs**

MANU'S earning

= 12% of 20000 + 15% of 140000

= 2400 + 21000 = **23,400 Rs**

15. Total votes

= 30% 130 + 45% (W) + 45% − 300 (L)

⇒ 20% = 170 ⇒ 1% = 8.5

• Loser = 45% − 300

= 45 × 8.5 − 300 = 382.5 − 300

= 82.5

• Valid votes = 70% − 130

= 70 × 8.5 − 130 = 595 − 130 = 465

• Req % = $\frac{82.5}{465} \times 100 = \frac{550}{31}$

= 18% [App.]

16.

RAW	LABOUR	COST
100 —+25%→	25	125 [old] ↓ ×1.25
↓ +15%		
115 —+30%→	34.5	149.5 [New] ↓ ×1.3

P × C = Exp ⇒ $\frac{149.5}{125} \times C = 1$

⇒ C $\frac{125}{149.5}$) 24.5

Reduction % = $\frac{24.5}{149.5} \times 100\%$

$\frac{25}{150} \times 100\% = 16.66\%$ or

17% [App.]

17. V Solid cube

= N × V small

⇒ 48 × 48 × 48 = N × 64

N = 48 × 12 × 3 = 48 × 36

= **1728.**

18. As, Sq. is 37.5% ar. of TSA $= \frac{Sq}{TSA} = \frac{3}{8}$; Rcm = 5.

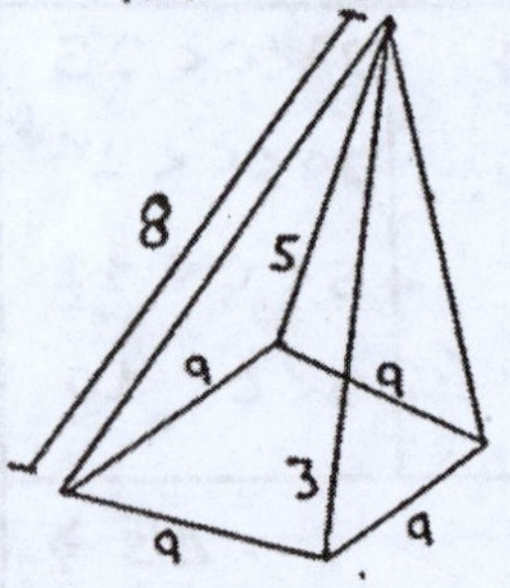

As, TSA = 1536

$8 \to 1536$

$Sq = 3 \to \frac{1536}{8} \times 3 = 576\ cm^2$

$a = \sqrt{576} = 24\ m$

Upper part = 5

$8 \to 1536\ m^2$

$5 \to \frac{1536}{8} \times 5 = 960\ m^2$

LSA $= \frac{1}{2} \times$ base perimeter $\times$ Slant h.

$= 960 = \frac{1}{2} \times 4 \times 24 \times SH.$

$\Rightarrow$ Slant height = 20 m.

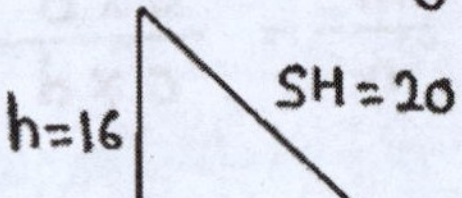

$\frac{a}{2} = 12$

$Vol^n = \frac{1}{3} \times B \times h$

$= \frac{1}{3} \times 576 \times 16$

$= 192 \times 16 = 3072\ m^3$

19. Vol^n of cylin = Vol^n of wire

$\Rightarrow \pi \times (1)^2 \times 45 = \pi (r)^2 \times 500$

$\Rightarrow r^2 = \frac{9}{100} \Rightarrow r = \frac{3}{10} = 0.3\ cm$

d = 6 mm.

20. $8p + 5pn + 3e = 111$

$9p + 6pn + 5c = 130$

$16p + 11pn + 3c = 221$

$\Rightarrow 33p + 22pn + 11e = 462$

$\div$ by $11 \Rightarrow 3p + 2pn + e = 42$

x by $13 \Rightarrow 39p + 26pn + 13c$

$= 42 \times 13 = 546$ Rs.

21. $x^3 + y^3 + z^3 - 3xyz = 3$

$P^3 + Q^3 + R^3 - 3PQR$

$= \frac{1}{2}[P+Q+R]\left[[P-Q]^2 + [Q-R]^2 + [R-P]^2\right]$

$= \frac{1}{2}\left[y+z-x+z+x-y+x+y-z\right]\left[(2y-2x)^2 + (2z-2y)^2 + (2x-2z)^2\right]$

$= 4 \times \left[\frac{1}{2}(x+y+z)\left[(y-x)^2 + (z-y)^2 + (x-z)^2\right]\right]$

$= 4 \times 3 = 12.$

22. $\frac{A}{L} = x,\ \frac{B}{m} = y,\ \frac{C}{N} = z$

$x + \frac{1}{y} = 1$ $\qquad y + \frac{1}{z} = 1$

$\Rightarrow x = \frac{y-1}{y}$ $\qquad \Rightarrow \frac{1}{z} = 1 - y$

$\frac{L}{A} + \frac{C}{N} = \frac{1}{x} + z = \frac{y}{y-1} + \frac{1}{1-y}$

$= \frac{y-1}{y-1} = 1$

23. $\left[\frac{56-5}{90}\right] = \frac{51}{90}, \left[\frac{723-7}{990}\right]$

$\frac{716}{990}, \left[\frac{39-3}{90}\right] = \frac{36}{90}, \left[\frac{7}{9}\right]$

$\frac{51}{90} - \frac{716}{990} + \frac{36}{90} \times \frac{7}{9}$

$= \frac{561-716+308}{990} = \frac{154}{990}$

$= 0.1\overline{54}$

24.

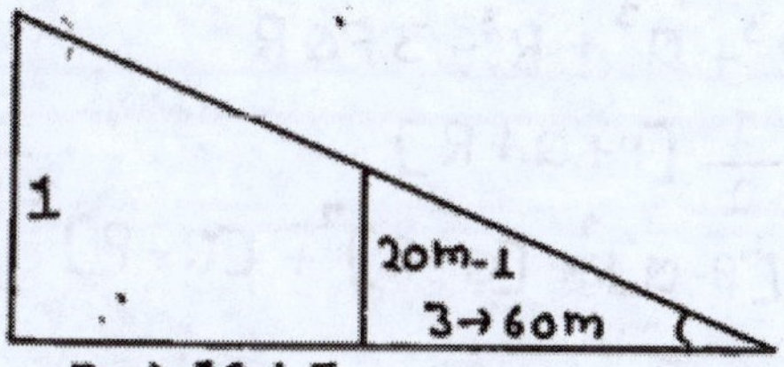

As. dist = 3 → 1215

= Mall height = $1 \rightarrow \frac{1215}{3} = 405m$

25. $\Rightarrow Sec\theta - Cosec\theta + cosec\theta + cot\theta - [sec\theta - tan\theta]$

$= cot\theta + tan\theta = \frac{1}{sin\theta \cdot cos\theta}$

$= Sec\theta \cdot Cosec\theta$

26. ÷ by $cos\theta$ ⇒

$\frac{tan\theta + 1 - Sec\theta}{tan\theta - 1 + Sec\theta} \times \sqrt{\frac{(1+sin\theta)^2}{(1)^2 - (sin\theta)^2}}$

$= \frac{1}{sec\theta + tan\theta} \times \frac{1+sin\theta}{cos\theta}$

$= \frac{1}{\left[\frac{1+s}{c}\right]} \times \frac{1+s}{c} = 1.$

27.

a	b	c	Δ's
1	24	23<c<25	1
2	12	10<c<14	3
3	8	5<c<11	5
4	6	2<c<10	7
		Δ's ⇒	16

28. BE, FC & DA are the angle bisector ΔEFD

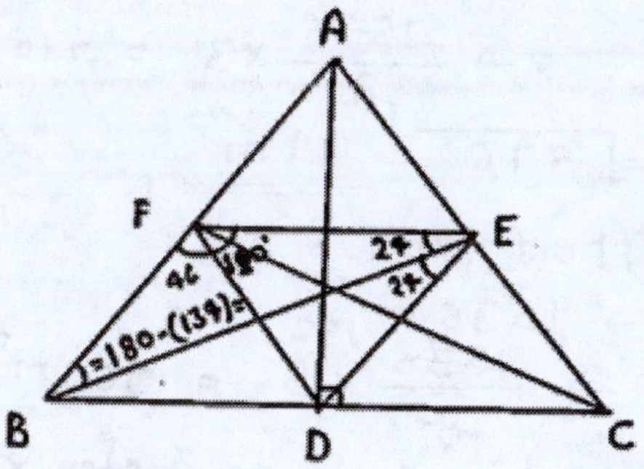

29. Concept :

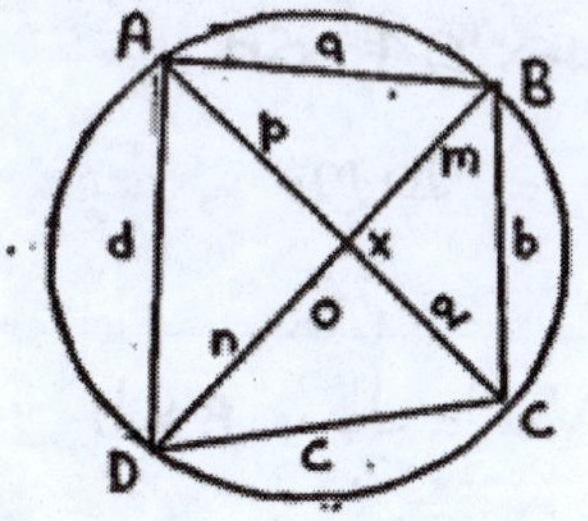

$\Rightarrow \frac{p}{q} = \frac{a \times d}{c \times b}$

$\frac{m}{n} = \frac{a \times b}{c \times d}$

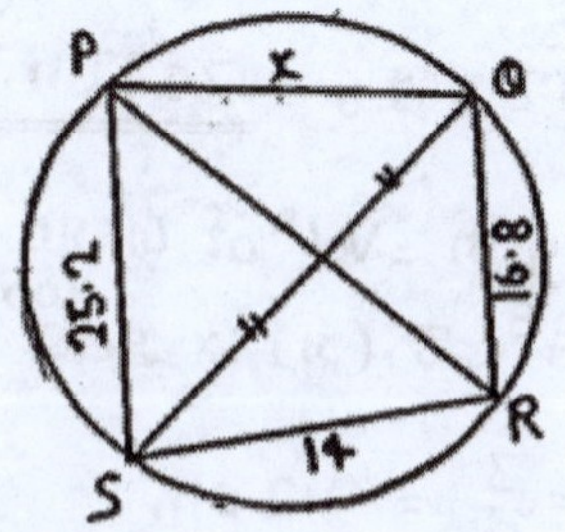

$\frac{1}{1} = \frac{x \times 16.8}{14 \times 25.2}$ (16.8 → 12, 25.2 → 21)

$\Rightarrow x = 21.$

30.

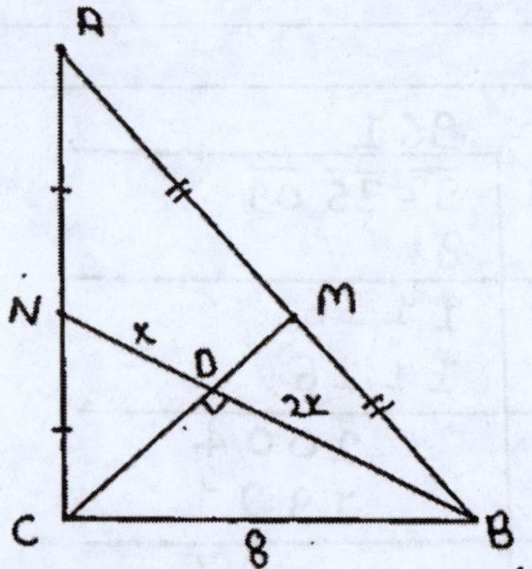

⇒ CM and BN are median O is centroid

Acc. to tool:

⇒ $BO \times BN = BC^2$

⇒ $2x \times 3x = 8^2$

⇒ $6x^2 = 64$ ⇒ $x = \frac{8}{\sqrt{6}}$

So, $BN = 3x = 3 \times \frac{8}{\sqrt{6}} = \frac{24\sqrt{6}}{6}$

$= 4\sqrt{6}$ cm

PRACTICE SET-13
HINTS & SOLUTIONS

1. $\Rightarrow A = B = x$

• $[8-7]\%$ of $x = 259$

$\Rightarrow 8\% \rightarrow 259 \times 8 = 2072$

$A = B = 259 \times 100 = 25900$ Rs.

$[8+7]\%$ of $x = 15 \times 259 = 3885$

C's donations $= [A+B] - 1185$

$= 3885 - 1185 = 2700 \leftarrow 9\%$ of C.

• As, C $\Rightarrow 9\% \rightarrow 2700$

$\Rightarrow 100\% \rightarrow 30000$ Rs.

$$\text{Req. \%} = \frac{2072 + 2700}{25900 + 25900 + 30000} \times 100\%$$

$$= \frac{4772}{818} = 5.8\%$$

2.

$$\text{Req. Prob.} = \frac{^5C_2}{^7C_2} = \frac{5 \times 4}{7 \times 6} = \frac{10}{21}$$

3. LCM $[11, 21] = 231$

$$\begin{array}{r|l} 231 & 57999 \;|\; 251 \\ & \underline{462} \\ & 1179 \\ & \underline{1155} \\ & 249 \\ & \underline{231} \\ & 18 \end{array}$$

Number $= 57999 - 18 = 57981$

$a = 8$, $b = 1$

$[a^2 + b^2 + ab] = (8)^2 + (1)^2 + 8 \times 1$

$= 64 + 1 + 8$

$= 73.$

4.

$$\begin{array}{r|l} & 961 \\ 9 & \overline{92}\;\overline{36}\;\overline{04} \\ +9 & 81 \\ \hline 186 & 1136 \\ +6 & 1116 \\ \hline 1921 & 2004 \\ & 1921 \\ \hline & 83 \end{array}$$

$\Rightarrow$ Least no. to be added $= 83.$

5. • Speed of train X

$$= \frac{240}{18} = \frac{40}{3} \text{ ms}^{-1}$$

• Speed of train Y $= 72 \times \frac{5}{18}$ ms^{-1}

$= 20$ ms^{-1}

$$\text{A.T.Q} \Rightarrow \frac{240 + L_Y}{21} = \left[\frac{40}{3} + 20\right]$$

$$\Rightarrow \frac{240 + L_Y}{21} = \frac{100}{3}$$

$\Rightarrow L_Y = 700 - 240 = 460$ m.

$$S_Z = 42 \times \frac{5}{18} = \frac{210}{18} \text{ ms}^{-1}$$

• Time taken by train Y take to cross 140m long train Z running in same direction

$$\frac{d}{s} = \frac{460 + 140}{20 - \frac{210}{18}} = \frac{600}{\frac{150}{18}}$$

$= 12 \times 6 = 72$ s.

6. Present = 85%

Invalid = 20% of 85 = 17%

valid = 100 − 15 − 17 = 68%

• 100% = 15% (Abs) + 20% of 85% (Inv) +

54% of 68% (winner) + L = 15% + 17% +

36.72% + L

⇒ L = 31.28%

7. m + a + b = 50 × 3 = 150

f + a + b = 52 × 3 = 156

⇒ F − M = 6 ⇒ M = 60 − 6 = 54.

8. After 'x' removed ⇒ M:W

= 15m : 17m

A.T.Q ⇒ 15m + (x − 14) = 17m + (x − 34)

⇒ 2m = 20 ⇒ m = 10

→ So, M:W = 150 : 170

→ Mix = 320L.

• x = 384 − 320 = 64L.

M:W = [15 + 17] = 32 → 384L

⇒ Milk = 15 → $\frac{15 \times 384}{32}$ = 180 L in orig.

• Total final mix

= 320 + [(x − 14) + (x − 34)]

= 320 + 2x − 48 = 320 + 128 − 48

= 400.

• Req. % = $\frac{180}{400} \times 100$

= 45%

9. Eff = B : C = 1 : 2 → 3

W = 9 × A = (3) × $\frac{8}{3}$, W = 8

$A = \frac{3 \times 8}{9 \times 3} = \frac{8}{9}$

Portion of work done

$= \frac{\left[\frac{8}{9} + 1\right] \times 4}{8} = \frac{17}{9 \times 2} = \frac{17}{18}$

10. M : F = 4x : 7x

A.T.Q ⇒ $\frac{4x - 50}{7x - 100} = \frac{7}{12}$

⇒ 48x − 600 = 49x − 700

⇒ x = 100

male officers before shifting

= 4 × 100 = 400

11.

	1st	2nd	3rd	4th	Diff b/w 4th and 3rd	
1800	1	1	1	1	0 × 1800	= 0
180		1	2	3	1 × 180	= 180
18			1	3	2 × 18	= 36
1.8				1	1 × 1.8	= 1.8
						= 217.8 Rs.

12. $x \times 15\% \times 4 + 1.35x \times 18\% \times 3 = 15948$

$\Rightarrow 0.6x + 0.729x = 15948$

$\Rightarrow 1.329x = 15948$ Rs

$\Rightarrow x = \frac{15948}{1329} \times 1000 = 12000$ Rs

$[3.12x] = 3.12 \times 12000$

$= 37440$ Rs

13. MP = 500

d = 195.8

SP = 500 − 195.8 = 304.2

So, $x = \sqrt{\frac{304.20/5}{50000/5}} = \sqrt{\frac{6084}{10000}}$

$= \frac{78}{100}$

S.P. on $x = 500 \times \frac{78}{100} = 390$ Rs

14. Price at which he got the chair

$= 8500 \times \frac{9}{10} \times \frac{92}{100} = 153 \times 46 = 7038$ Rs

with transportation = 7038 + 362

= 7400 Rs

Hence, CP → 7400

SP → 7800

$P\% = \frac{400}{7400} \times 100\% = \frac{200\%}{37}$

$= 5.40\%$

15. Coefficient of variation

$= \frac{\text{Standard Deviation}}{\text{Mean}} \times 100\%$

$\frac{5}{25} \times 100\% = 20\%$

16. Let article → 4

(2) (1) (1)

0% 20% 35%

→ overall disc ⇒

$\frac{2 \times 0\% + 1 \times 20\% + 1 \times 35\%}{4} = \frac{55}{4}\%$

⇒ 55 rs disc. on purchase of

$400\text{Rs} = \frac{55}{400} = \frac{11}{80} \rightarrow d.$

$\frac{MP}{CP} \times f = \frac{SP}{CP} \Rightarrow \frac{135}{100} \times \frac{69}{80} = \frac{SP}{CP}$

$\Rightarrow \frac{SP}{CP} = \frac{1868}{1600}$ } gain = 268

Gain % $= \frac{268}{1600} \times 100 = 16.44\%$

17.

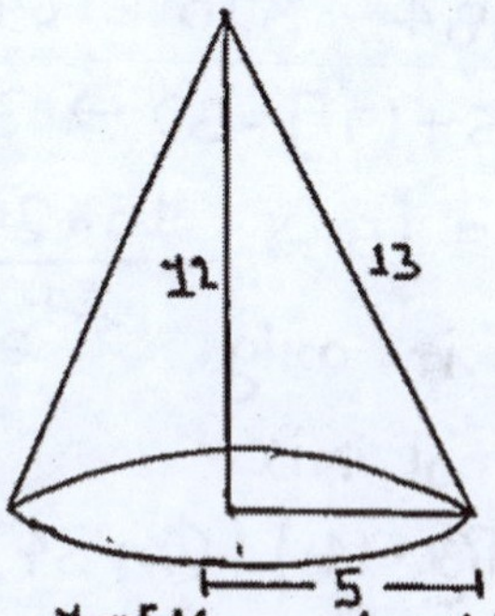

$h = 12k$, $r = 5k$, $l = 13k$

So $V = \frac{1}{3}\pi r^2 h$

$314 = \frac{1}{3} \times 3.14 \times 25k^2 \times 12k$

$\Rightarrow k = 1$

Slant height = 13 × 1 = 13cm

18.

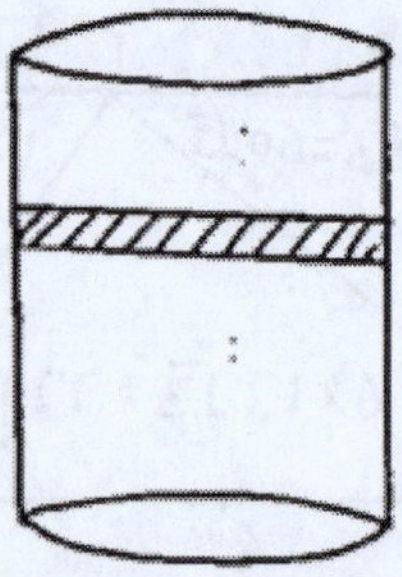

• Vol^n of cylin = Vol^n of sphere

$\Rightarrow \pi \times (12)^2 \times x = \frac{4}{3}\pi \times (9 \times 9 \times 9)$

$\Rightarrow x = \frac{9 \times 3}{4} = \frac{27}{4} = 6.75$ cm

19. Vol^n of hemis = Vol^n of cylin. × N

$\Rightarrow \frac{2}{3}\pi \times 18 \times 18 \times 18$

$= N \times \pi \times 3 \times 3 \times 6$

$N = 18 \times 4 = 72$

20. $A = (x+y)$ $B = (3x-3y)$

LHS $= [x+y+3x-3y]\,[(x^2+y^2+2xy) + 9(x^2+y^2-2xy) - 3(x^2-y^2)]$

$= [4x-2y]\,[7x^2+13y^2+(-16xy)]$

$A = 4$, $B = 7$ $C = (-16)$

$\Rightarrow A - B - C = 4 - 7 + 16 = 13$

21. $\Rightarrow [x+y+z]^2 = x^2+y^2+z^2+2[xy+yz+zx]$

$\Rightarrow 484 = x^2+y^2+z^2+2(35)$

$\Rightarrow x^2+y^2+z^2 = 484 - 70 = 414.$

$[x-y]^2+[y-z]^2+[z-x]^2$

$= [x^2+y^2-2xy+y^2+z^2-2zy+z^2+x^2-2zx]$

$= 2[x^2+y^2+z^2] - 2[xy+yz+zx]$

$= 2 \times 414 - 2 \times 35$

$= 818 - 70 = 758.$

22. Concept:

$\rightarrow a + b = k$

$a^2 + b^2 = k^2 - 2ab = m$

$a^4 + b^4 = m^2 - 2a^2b^2 = n$

$a^8 + b^8 = n^2 - 2a^4b^4$

• $x^2y^2 - 2xy = 12$

• $x + y = 1$

$x^2 + y^2 = 1 - 2xy = k$

$x^4 + y^4 = k^2 - 2x^2y^2$

$= 1 + 4x^2y^2 - 4xy - 2x^2y^2$

$= 1 + 2(x^2y^2 - 2xy)$

$= 1 + 2 \times 12 = 25.$

23.

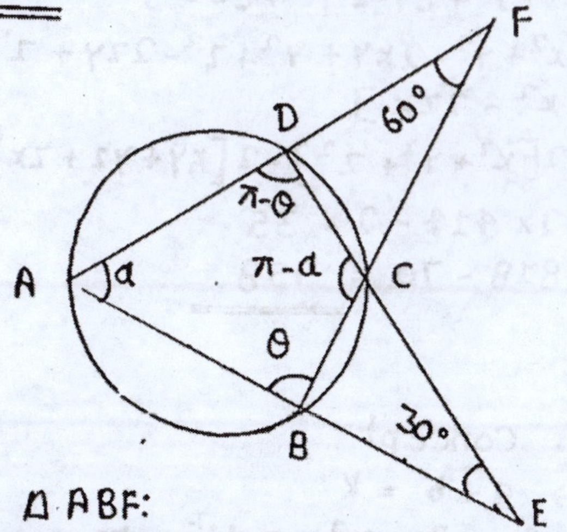

ΔABF:

$\Rightarrow \alpha + \theta + 60 = 180 \Rightarrow \alpha + \theta = 120$ – (1)

ΔADE:

$\Rightarrow \alpha + \pi - \theta + 30 = 180 \Rightarrow \alpha - \theta = -30$ – (2)

So, (1) + (2) ⇒

$\Rightarrow 2\alpha = 90 \Rightarrow \alpha = 45°$

and,

$\Rightarrow \theta = 120 - 45 = 75° = \angle ABC$.

24.

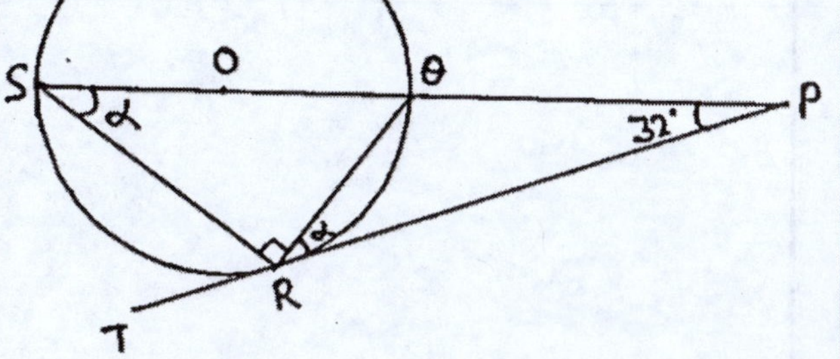

In ΔPSR

$\Rightarrow (90 + \alpha) + \alpha + 32 = 180$

$\Rightarrow 2\alpha = 180 - 122 = 58$

$\Rightarrow \alpha = 29° = \angle QRP$

25.

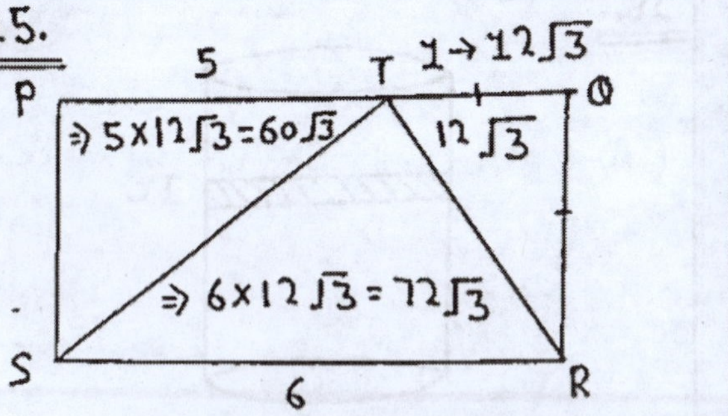

Ar. of $PQRS = 60\sqrt{3} + 72\sqrt{3} + 12\sqrt{3}$

$= 144\sqrt{3}\ cm^2$

26.

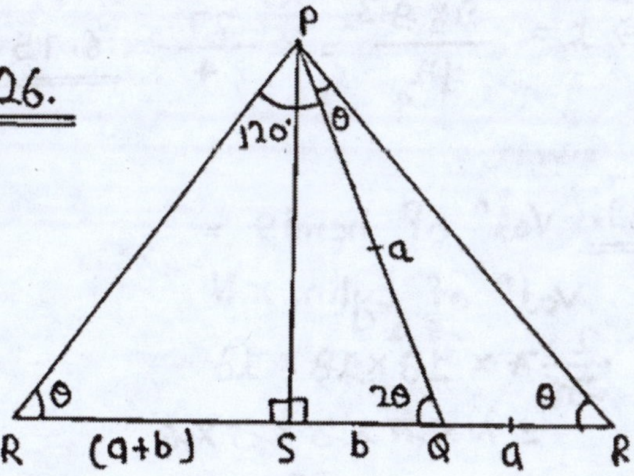

As. $\Delta PSR \cong \Delta PSR'$

$\Rightarrow 120 + \theta + 2\theta = 180°$

$\Rightarrow \theta = 20°$

$\cdot 2\theta = 2 \times 20 = 40°$

27.

$c + s = \sqrt{2}c \Rightarrow c^2 + s^2 + 2sc = 2c^2$

$c - s = x \Rightarrow c^2 + s^2 - 2sc = x^2$

$\Rightarrow 2(c^2 + s^2) = 2c^2 + x^2$

$\Rightarrow 2 - 2c^2 = x^2$

$\Rightarrow x = \sqrt{2}\sin\theta$.

28.

$\Rightarrow \cos 2A \cdot \cos 2B + \sin (A-B+A+B) \cdot \sin (A-B-A-B)$

$\Rightarrow \cos 2A \cdot \cos 2B + \sin 2A \cdot \sin(-2B)$

$= \cos 2A \cdot \cos 2B - \sin 2A \cdot \sin 2B$

$= \cos (2A+2B)$

29. $A = \dfrac{0.01 \times 0.01}{3 \times 2 \times 50 \times 10 \times 10^2 \times 10^2}$ (25)

$\dfrac{1}{25 \times 10^5 \times 3}$, $B = \dfrac{0.9 \times 0.1}{0.4\ 2} = \dfrac{9}{20}$

$A \times B = \dfrac{1}{3 \times 25 \times 10^5} \times \dfrac{9\ 3}{20} = \dfrac{3}{5} \times 10^{-7}$

30.

$\cdot p^2 = a^2 \cot^2\theta + b^2 \operatorname{cosec}^2\theta + 2ab \sec\theta \cdot \operatorname{cosec}\theta$

$q^2 = b^2 \cot^2\theta + a^2 \operatorname{cosec}^2\theta + 2ab \cot\theta \cdot \operatorname{cosec}\theta$

$p^2 - q^2 = \cot^2\theta [a^2 - b^2] + \operatorname{cosec}^2\theta [b^2 - a^2] = p^2 - q^2$

$\Rightarrow [a^2 - b^2][\cot^2\theta - \operatorname{cosec}^2\theta] = p^2 - q^2$

$\Rightarrow b^2 - a^2 = p^2 - q^2$

PRACTICE SET-14
HINTS & SOLUTIONS

1.

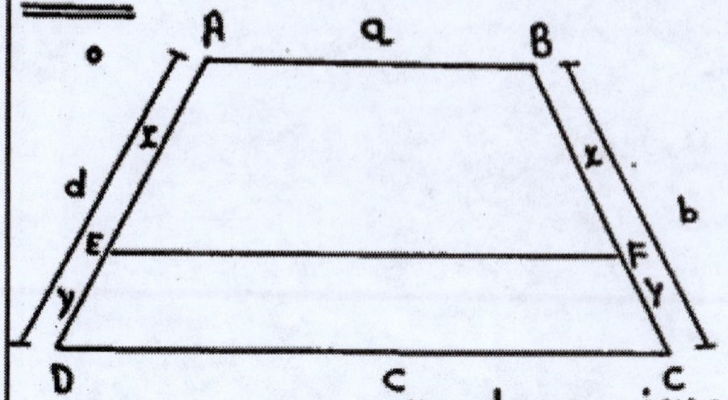

⇒ EF divides the trapezium in terms of equal perimeter

$$\frac{x}{y} = \frac{S-a}{S-c}, \quad S = \frac{a+b+c+d}{2}$$

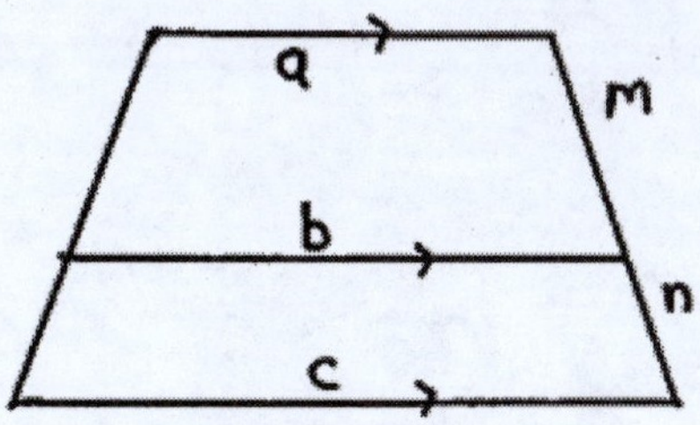

$$\Rightarrow b = \frac{an+cm}{m+n}$$

Ans=

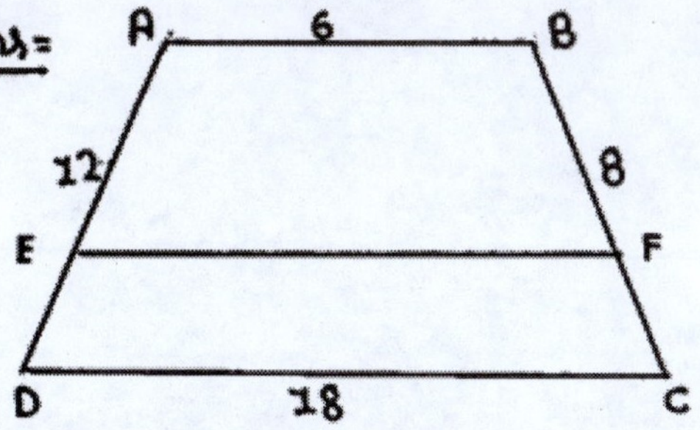

$$S = \frac{6+8+18+12}{2} = \frac{44}{2} = 22$$

$$\text{So, } \frac{AF}{FD} = \frac{BE}{EC} = \frac{22-6}{22-18} = \frac{16}{4} = 4:1$$

$$\text{and, } EF = \frac{4\times 18 + 1\times 6}{4+1}$$

$$= \frac{78}{5} \text{ cm.}$$

2.

$$\text{Prob.} = \frac{f}{T} = \frac{{}^4C_1 \times {}^6C_2}{{}^{10}C_3}$$

$$= \frac{\frac{4\times 3!}{(3)!} \times \frac{6\times 5\times 4!}{2\times 4!}}{\frac{10\times 9\times 8\times 7!}{3\times 2\times 7!}} = \frac{1}{2}$$

3. 52A6B7C

⇒ [5 + A + B + C] − 15 = 0/11

⇒ [A + B + C] = 10 → Sum = even

= odd + odd + even
  ↓ ↓ ↓
  5 3 2

B > A > C
↓ ↓ ↓
5 > 3 > 2

2A + 3B + C = 2 × 3 + 3 × 5 + 2
= 23.

4.
- Hundreds = 301, 302, ..., 399 → 99 times.
- Tens = 30, 31, ---, 39 → 10 times.
- Ones = 03, 13, 23, ..., 93 → 10 times.
- Total no. = 119

5. Speed of train X =

$= \frac{350+850}{\frac{4}{3}\times 60} = \frac{1200}{80} = 15\ ms^{-1}$

Speed of train Y $= 42 \times \frac{5}{18} = \frac{35}{3}\ ms^{-1}$

$S_x - S_y = \frac{D_x + D_y}{t}$

$\Rightarrow 15 - \frac{35}{3} = \frac{350+250}{t}$

$\Rightarrow \frac{10}{3} = \frac{600}{t}$

$\Rightarrow t = 60 \times 3 = $ **3 min**

6. $\Rightarrow P : Q : R = 2x : 5x : 7x$

$\frac{Q+R}{2} = \frac{5x+7x}{2} = 6x$

P	Q	R
2x × 6m + 6x × 6m ⇒ 42 → 4	5x × 12 ⇒ 60 → 5	7x × 12 ⇒ 84 → 7

→ 16

As, Q's share = 5 → 425 Rs

⇒ Total Profit

$= 16 \rightarrow \frac{425}{5} \times 16 = $ **1360 Rs.**

7. Males = 20, Females + Children = 24. Total = 44.

Male	Female	Children
20	x	[24 – x]
↓	↓	↓
54	49	30

So, $48.25 = \frac{54\times 20 + 49x + 720 - 30x}{44}$

$\Rightarrow 48.25 \times 44 = 1080 + 19x + 720$

$\Rightarrow 2123 - 1900 = 19x$

$\Rightarrow x = \frac{323}{19} = 17.$

Females – children =

= 17 – [24 – 17] = 17 – 7 = **10.**

8.

Orange	Apple
35%	65%
$33\frac{1}{3}\%$	$66\frac{2}{3}\%$

So, Apple juice % in mix

$= 65\frac{5}{6}\%$

9.

	48
A → 16	3
B → x	48/x
C → 12	4

• Work = Eff × time

$\Rightarrow 48 = \left[3 + \frac{48}{x} - 4\right] \times \frac{240}{7}$

$\Rightarrow \frac{7}{5} + 1 = \frac{48}{x} \Rightarrow \frac{12}{5} = \frac{48}{x}$

$\Rightarrow x = $ **20 mins.**

10. $\frac{Bc}{Ap} = \frac{4}{7}$, $\frac{Ap}{Mp} = \frac{7}{8}$

$\frac{Mp}{Nc} = \frac{4}{3} \times \frac{2}{2} = \frac{8}{6}$

$\frac{\text{cut}}{\text{Planted}} = \frac{Bc + Nc}{Ap + Mp} = \frac{4+6}{7+8}$

$= \frac{10}{15} = \underline{2:3}$

11. Rate $= \frac{\text{Int}}{\text{Prin}} \times 100\%$

$= \frac{630.50}{4000} \times 100 = \frac{6305}{400}$

$= 15.7625\%$

Rate for 3yrs $\longrightarrow$ 15.7625%

So, 1 yr. $\longrightarrow$ $\underline{5\%}$

12. P $\xrightarrow{20\%}$ SI $\longrightarrow$ SI, $\longrightarrow$ Diff

Diff = 420 → SI = 2100

20% → 420; 20% → 2100

100% → 420 × 5 = 2100; 100% → 2100 × 5 = 10,500

P = 10,500 Rs

10,500 Rs at 25% p.a. for 3yrs

$= 10500 \times 25\% \times 3$

$= \frac{3}{4} \times 10500 \times 25 = 75 \times 105$

= 7875 Rs.

13. $\Rightarrow \frac{13}{10} \times \frac{9}{10} \times \frac{1000}{870} = \frac{SP}{CP}$

$\frac{SP}{CP} = \frac{39}{29}$) 10

So, Profit % $= \frac{10}{29} \times 100\%$

$= \frac{1000\%}{29} = \underline{34.48\%}$

14. $\frac{MP}{CP} \times \frac{9}{10} = \frac{127.8}{100}$ (142)

$\Rightarrow \frac{MP}{CP} = \frac{142}{100}$ → Markup by $\underline{42\%}$

15. ⇒ standard deviation

$= \sqrt{\text{Variance}} = \sqrt{16} = 4$

As each value is doubled

⇒ new S.D = 2 × 4 = $\underline{8}$.

16. ⇒ Pen + Pencil + Eraser = 41

Pen > Pencil > Eraser

⇒ Pencil + Eraser = 41 − 12 = 29

13 — 16 (×) → As. div. by 4.

14 — 15 (✓) → Correct

15 — 14 (×) → As. E > Pencil

⇒ Pencil = $\underline{14 \text{ Rs.}}$

17.

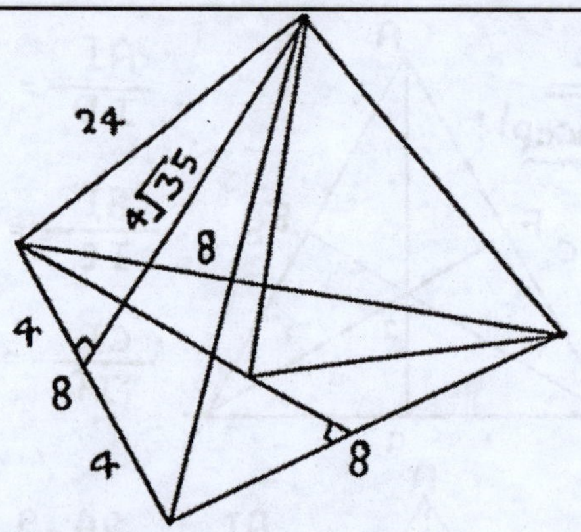

As. in slant Δ:

Slant height $= \sqrt{(24)^2 - (4)^2} = \sqrt{560}$

$= 4\sqrt{35}$ cm

then

TSA = ar. of Δ + $\frac{1}{2}$ × Base Perim × Slant h

$= \frac{\sqrt{3}}{4} \times 8 \times 8 + \frac{1}{2} \times 24 \times 4\sqrt{35}$

$= 16\sqrt{3} + 48\sqrt{3}\ cm^2$

18. CSA = $126\pi\ cm^2$

$\Rightarrow 2\pi r \times 14 = 126\pi$

$\Rightarrow r = \frac{9}{2}$ cm.

Vol^n of cylin. = $\pi r^2 h$

$= \pi \times \frac{81}{4} \times 14 = \frac{567\pi}{2}$

$= 283.5\ \pi\ cm^3$

19. ⇒ Ar. of trap = 1/2 [sum of ||lel sides] × h

$1380 = \frac{1}{2} \times [x + (x+12)] \times 60$

46

$= x = \frac{46-12}{2} = 17$ cm

• ||lel sides = 17, 29.

20. $\alpha = 3x$, $\beta = 4y$

$[\alpha^3 - \beta^3] = [\alpha + \beta][\alpha^2 + \alpha\beta + \beta^2]$

$= [3x - 4y][9x^2 + 12xy + 16y^2]$

→ A = 3, B = (−4), C = 9

D = 16, E = (−12)

A − B + C − D + E = 3 + 4 + 9 − 16 − 12 = −12.

21. → As. $\alpha^3 + \beta^3 + \gamma^3 = 3\alpha\beta\gamma$

$\Rightarrow \alpha + \beta + \gamma = 0$

$\Rightarrow 4x - 5 + x - 2 + 6x - 15 = 0$

$\Rightarrow x = \frac{22}{11} = 2$

$\left[x + \frac{3}{2}\right] = 2 + \frac{3}{2} = \frac{7}{2}$

22. $x + \frac{16}{x} = 8$

$\Rightarrow x^2 - 8x + 16 = 0$

$\Rightarrow (x-4)^2 = 0 \Rightarrow x = 4$

then, $\frac{x^2 + 32}{x^2} = 16 + \frac{32}{16}$

$= 18$

23.

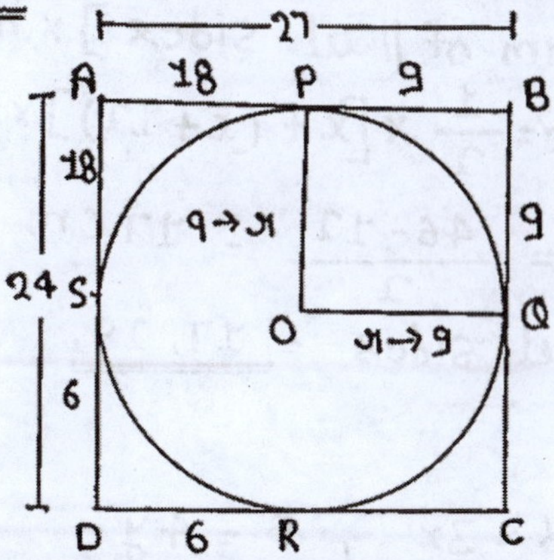

⇒ circum. of the circle

$= 2\pi r = 2\pi \times 9 = 18\pi$ cm.

24. → Total = 100%

Valid votes = 70% − 340

Valid votes = Valid votes

⇒ 70% − 340 = 38% + 38% − 784

⇒ 76% − 70% = 784 − 340

⇒ 6% 444

So, casted votes

$= 70\% \rightarrow \frac{70 \times 444}{6} = 5180$

25.

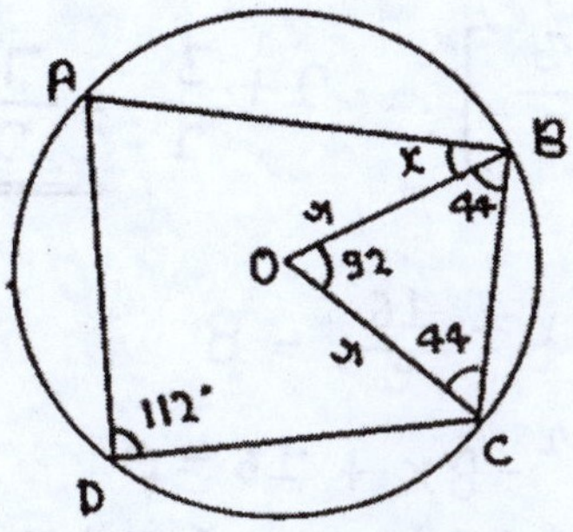

As, ∠B + ∠D = 180°

[x + 44] + 112 = 180°

⇒ x = 180 − 156 = 24°

26.

Concept!

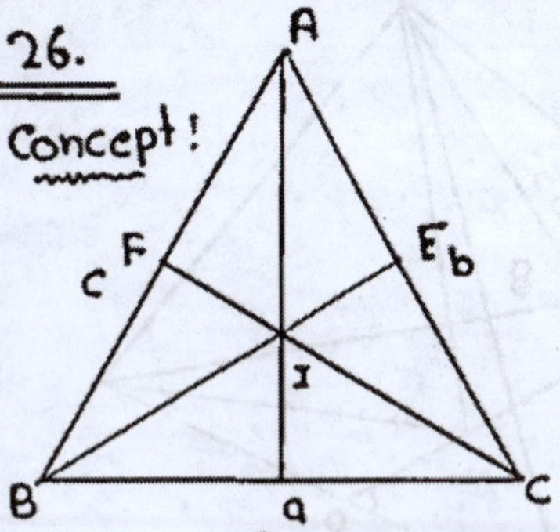

$\frac{AI}{ID} = \frac{b+c}{a}$

$\frac{BI}{IE} = \frac{a+c}{b}$

$\frac{CI}{IF} = \frac{b+a}{c}$

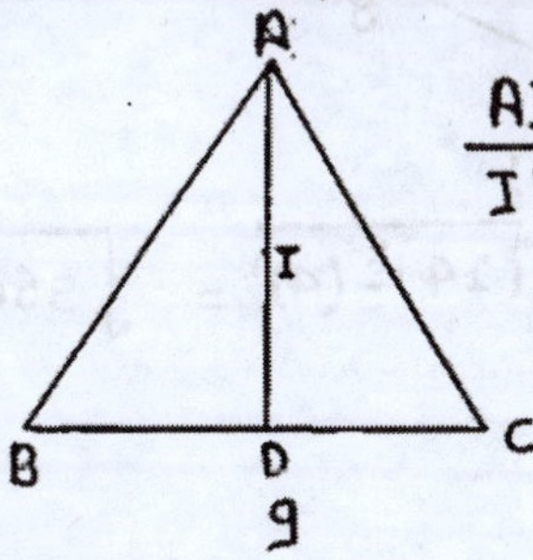

$\frac{AI}{ID} = \frac{24-9}{9} = \frac{15}{9}$

27.

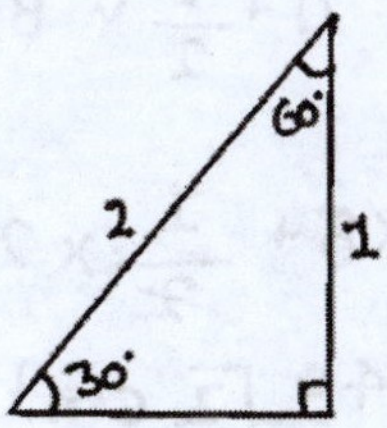

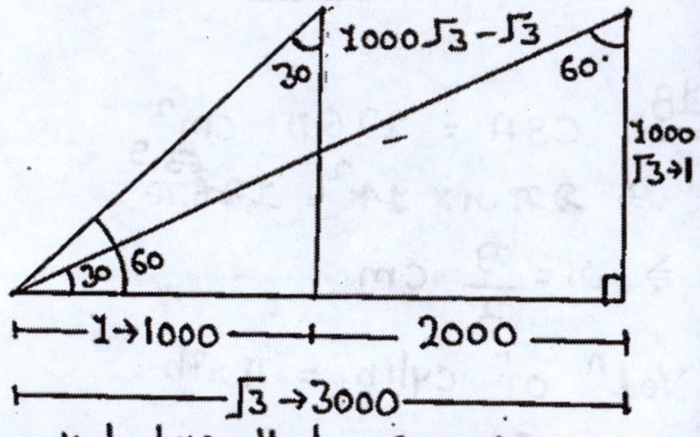

So, dist travelled = 2000 m

28.

Put x = y = 45°

⇒ [1+1] [1−1×1] + [1+1] [1−1×1]

= 2×0 + 2×0 = 0.

29.

$$\Rightarrow \sin x\sqrt{\frac{2}{1-C^2}} = \sin x \times \frac{\sqrt{2}}{\sin x}$$

$$= \sqrt{2}$$

30. $\dfrac{\frac{54}{10}}{\frac{108}{100}}$ $\dfrac{\frac{54}{100}}{\frac{108}{10}}$ $\dfrac{\frac{6}{100}}{\frac{6}{10}}$

$$= \frac{1}{20} + 5 + \frac{1}{10}$$

$$= \frac{100+1+2}{20} = \frac{103}{20}$$

PRACTICE SET-15
HINTS & SOLUTIONS

1. $x \neq 0 \rightarrow 1^{st}$ digit

$x + y = 2$	$x + y = 5$
$2 + 0 = 2$	$5 + 0 = 5$
$1 + 1 = 2$	$4 + 1 = 5$
	$3 + 2 = 5$
	$1 + 4 = 5$
	$2 + 3 = 5$

⇒ No. is div. by 3, So:

$x + y + 2 + 3 + 5$

⇒ $10 + x + y \approx 12, 15, 18$

As. $x + y \leq 5$ then $x + y = 2$

and $x + y = 5$

⇒ Hence no of possible pairs of values $= 2 + 5 = 7$

2. Req probability $= \dfrac{^6C_1 \times {^7C_1}}{^{13}C_2}$

for same colour $= \dfrac{^6C_2 + {^7C_2}}{^{13}C_2}$

$\dfrac{6 \times 7 \times 2}{13 \times 12} = \dfrac{7}{13}$

3. $56 = 8 \times 7$

As div. by 8:

⇒ $\dfrac{2y4}{8} \rightarrow y = 2, 6$

max $y = 6$.

As. div by 7: $\underbrace{00x}\ \underbrace{894}\ \underbrace{264}$

⇒ $894 - [264 + x] = 630 - x = 623$

Max. $x = 7$.

So, $x^2 + y = (7)^2 + (6) = 49 + 6 = 55$

4.

	M:W		M : W
A =	3 : 1	= 4 × 15 =	45 : 15
B =	5 : 1	= 6 × 10 =	50 : 10
B' =	49 : 11	= 60 × 1 =	49 : 11

⇒ So taking milk

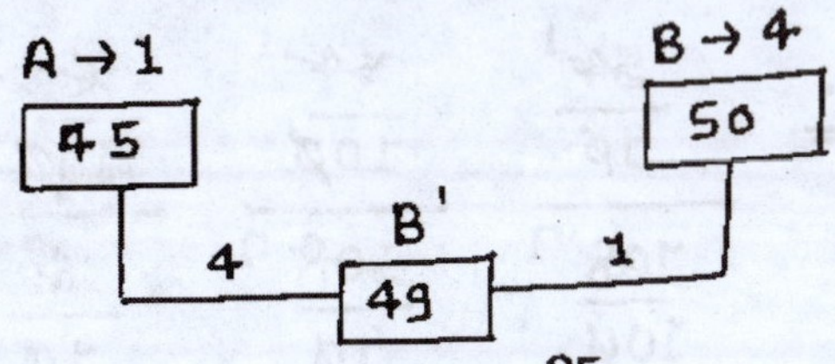

So. $[x + 5]\% = \dfrac{1}{4} \times 100\%$ (= 25)

⇒ $[x + 5]\% = 25\%$

⇒ $x = 20\%$

5. → Put $S = \dfrac{d}{t}$

Speed of B $= x$ kmh^{-1}

Speed of A $= [x + 20]$ kmh^{-1}

So. $t_B - t_A = 2$ hrs.

⇒ $\dfrac{240}{x} - \dfrac{300}{[x + 20]} = 2$

⇒ $x = 30$.

Speed of A $= [30 + 20] = 50$ kmh^{-1}

6. → A.T.Q

⇒ $100\% = \underbrace{35\%}_{P} + \underbrace{32.5\%}_{Q} + \underbrace{32.5\%}_{\text{Didn't vote}}$

So Didn't vote − P = 1000

⇒ $32.5\% - 30\% = 1000$

⇒ $2.5\% = 1000$

⇒ $100\% = 40000$

7.

N	Avg.
20	26
19	25

Avg. Diff

$\Rightarrow 20 \times 26 - 19 \times 25 = 520 - 475$

$= 45.$

A.T.Q $\Rightarrow [26-30] + [21-25]$

$\Rightarrow -4 - 5 = -9$

Age of other student

$= 45 - 9 = \underline{36}$

8. $A = \cancel{40}^{5} L \times \frac{7}{\cancel{8}} = 35L$ → $3 \times 7 = 21$, $2 \times 7 = 14$

$B = \cancel{30}^{6} L \times \frac{4}{\cancel{5}} = 24$ → $5 \times 4 = 20$, $1 \times 4 = 4$

$C = 2\cancel{0} L \times \frac{9}{1\cancel{0}} = 18$ → $7 \times 2 = 14$, $2 \times 2 = 4$

M	W
21 + 20 + 14 = 55 = 5	14 + 4 + 4 = 22 = 2

So, M : W $= \underline{5 : 2}$

9. $A = \cancel{45}^{1}\%$ of $W = \frac{\cancel{45}^{1}}{4} d$

$\Rightarrow 4\% \rightarrow 1d = 100\% \rightarrow \underline{25d.}$

$\Rightarrow B = \cancel{30}^{10}\%$ of $W = \cancel{3}^{1} d$

100% of $W = 10d.$

	50
A → 25d	2
B → 10d	5
C → xd	50/x
A + B + C ⇒	$[7 + \frac{50}{x}]$

As, Work = Eff × time

$\Rightarrow 50 = \left[7 + \frac{50}{x}\right] \times 6\frac{1}{4}$

$\Rightarrow \cancel{50}^{2} = \left[7 + \frac{50}{x}\right] \times \frac{\cancel{25}}{4}$

$\Rightarrow \frac{50}{x} = 8 - 7 \Rightarrow x = 50.$

then, eff of $C = \frac{50}{50} = 1.$

Which is 50% less eff than A (2)

10. 1st ratio $\frac{R-1}{B} = \frac{1}{3}$

$\Rightarrow 3R - 3 = B$

2nd ratio $\Rightarrow \frac{R}{B-2} = \frac{3}{4}$

$\Rightarrow 4R = 3B - 6 \Rightarrow 4R = 3[3R - 3] - 6$

$\Rightarrow 4R = 9R - 9 - 6 = R = 3$

Put, R = 3 then: $3(3) - 3 = B$

$\Rightarrow \underline{B = 6}$ ← blue marbles..

11. Amount = Principal + Int

$\Rightarrow 8820 = P + 820 \Rightarrow P = 8000$ Rs

Rate of int for 2 yrs.

$= \frac{82\cancel{0}}{800\cancel{0}} \times 100\% = 10.25\%$

for 2 yrs $= \left[5\% + 5\% + \frac{5 \times 5}{100}\%\right]$

Rate of int comp. yearly

$= \underline{5\%}$

12. → As, diff. b/w
T% SI for 3yr
and [T+5]% CI for 2 yrs.

$\Rightarrow \frac{60}{6000} \times 100\% = 1\%$

15% SI for 3 yrs. = 45%
and (15+5)% CI for 2 yr

$= 20 + 20 + \frac{20 \times 20}{100} = 44\%$

So, 45% − 44% = 1%

∴ T = 15%

13. → As, $5\% = \frac{1}{20}$

A.T.Q ⇒ $\frac{47.5 \times 20}{19} = 50$ Kg

So, 50 − 47.5 = 2.5 Kg
can be bought extra.

14. Let. Total goods = 12

4 → 0% d, 3 → 30% d, 5 → 35% d

$D = \frac{4 \times 0\% + 3 \times 30\% + 5 \times 35\%}{12}$

$= \frac{265}{12}\% \rightarrow$ Sold at $\frac{935}{1200}$

As $\frac{MP}{CP} \times f = \frac{SP}{CP}$

$\Rightarrow \frac{132}{100} \times \frac{935}{1200} = \frac{10285 \rightarrow SP}{10000 \rightarrow CP}$

Total gain % = $\frac{285}{10000} \times 100\%$

= 2.85 %

15. $\Rightarrow x\left[\frac{(a-b)^2 + ab}{(a-b)}\right] = y\left[\frac{(a+b)^2 - ab}{(a+b)}\right]$

$\Rightarrow \frac{x[a^2+b^2-ab]}{[a-b]} = \frac{y[a^2+b^2+ab]}{[a+b]}$

$\Rightarrow \frac{x}{y} = \frac{[a^3 - b^3]}{[a^3 + b^3]}$

$\Rightarrow x - y = a^3 - b^3 - a^3 - b^3 = (-2b^3)$

16.

A = 35, 41, 46, 48, 55 | 56 | 63, 76, 88, 90, 92

A' = 35, 46, 47, 48, 55 | 56 | 63, 76, 90, 92, 93

↳ Median

New median − old median
= 56 − 56 = 0

17.

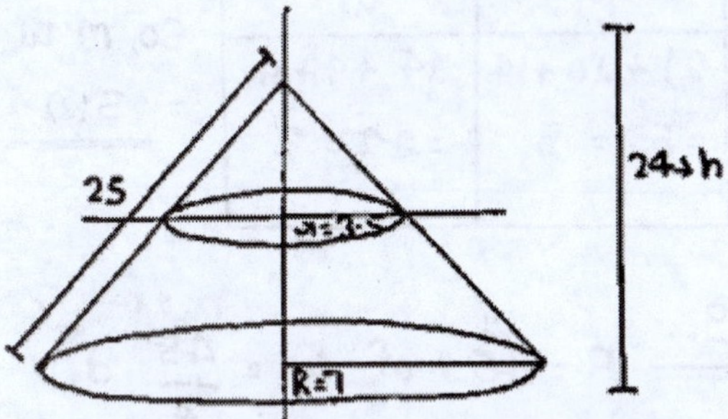

New fig generates 2 new Δ's and 2 new circles:

$\Rightarrow 2\pi r^2 + 2 \times \frac{1}{2} \times D \times h = 2 \times \frac{22}{7} \times \frac{7}{2} \times \frac{7}{2}$

$+ 2 \times \frac{1}{2} \times 14 \times 24 = 77 + 336$

= 413 cm² extra.

18.

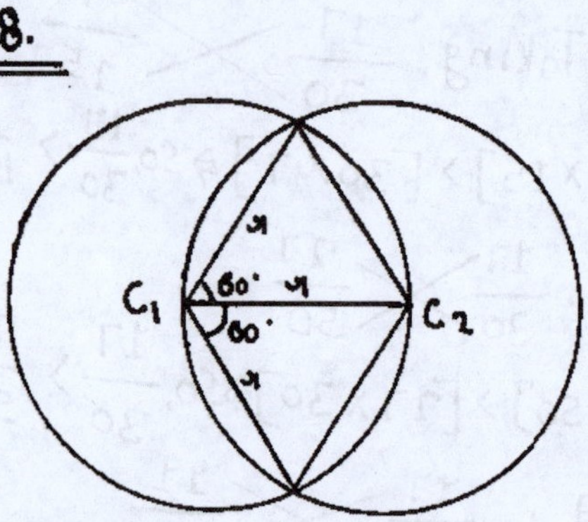

$$\frac{\text{Shaded}}{2} = \frac{120}{360}\pi r^2 - \frac{1}{2} \times r \times r \times \sin\theta$$

$$\text{Shaded} = \left[\frac{1}{3} \times \pi \times 30 \times 30 - \frac{1}{2} \times 30 \times 30 \times \frac{\sqrt{3}}{2}\right] \times 2 = 600\pi - 450\sqrt{3}\ cm^2$$

19.

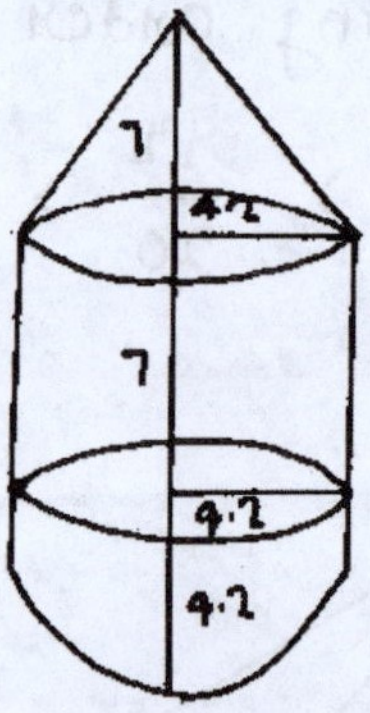

$$\text{Vol}^n \text{ of toy} = \frac{1}{3}\pi r^2 h + \pi r^2 h + \frac{2}{3}\pi r^3 = \pi r^2\left[\frac{7}{3} + 7 + \frac{2 \times 4.2}{3}\right]$$

$$= \frac{22}{7} \times 4.2 \times 4.2 \left[\frac{36.4}{3}\right]$$

$$= 4.4 \times 152.88$$

$$= 672.672\ cm^3$$

20.

A	B	C
$\Rightarrow 7k \times 12^{3}$ = 12	$\Rightarrow 8^{2}k \times 10$ = 20	$\Rightarrow 12^{3}k \times 6$ = 18

Total Profit = 14750 Rs

[21 + 20 + 18] = 59 → 14750 Rs

C's share = 18 → $\frac{14750}{59} \times 18$

= 18 × 250.

As, A got 20% of Profit then

C = $18 \times 250 \times \frac{4}{5}$ = 3600 Rs

21. $x^3 + y^3 + z^3 - 3xyz$

$= (x+y+z)[(x+y+z)^2 - 3(xy+yz+zx)]$

$\Rightarrow x^3 + y^3 + z^3 + 12 = 1[1 + 12]$

$\Rightarrow x^3 + y^3 + z^3 = 13 - 12 = 1$

22. $\Rightarrow (x^2)^3 + (y^2)^3$

$= (x^2 + y^2)[x^4 + y^4 - x^2y^2]$

$= (x^2 + y^2)[x^2y^2 - x^2y^2] = 0$

23.

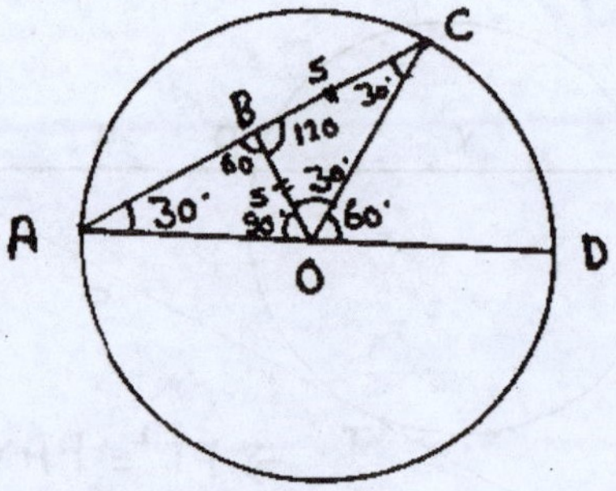

BC = 5cm

24.

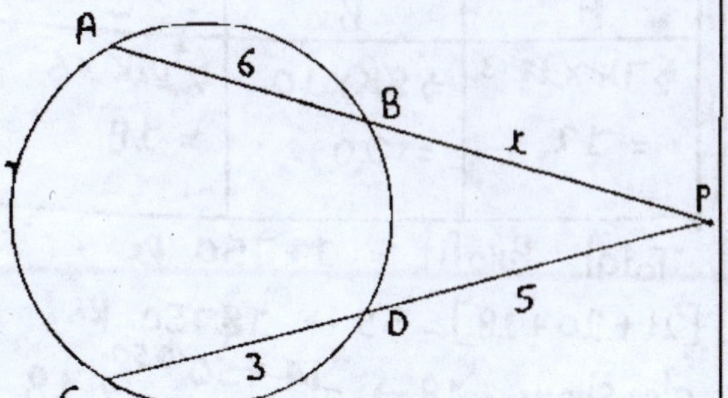

As, $PB \times PA = PD \times PC$

$\Rightarrow x(x+6) = 5 \times 8$

$\Rightarrow x^2 + 6x - 40 = 0$

$\Rightarrow x = $ 4 cm.

25. $\rightarrow$ As. $BC^2 = AB^2 + AC^2$

$\Rightarrow (65)^2 = (63)^2 + (15)^2$

$\Rightarrow \Delta BAC$ is rt $\angle A$

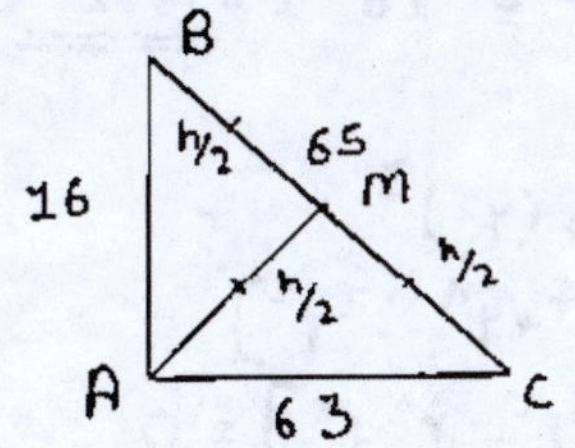

So. $AM = \frac{H}{2} = \frac{65}{2} = 32.5$ cm

26.

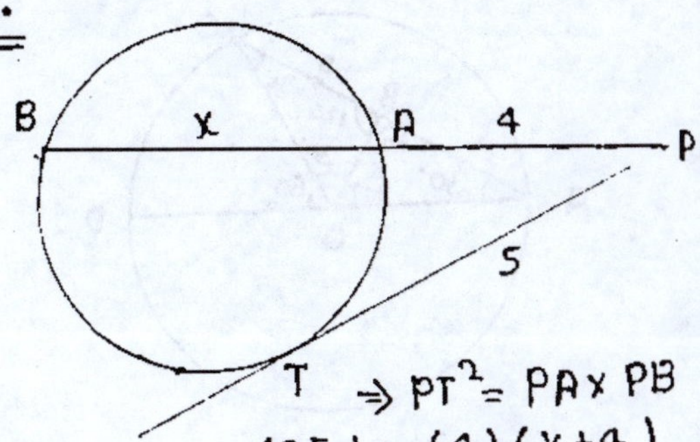

$\Rightarrow PT^2 = PA \times PB$

$(25) = (4)(x+4)$

$6.25 - 4 = x$

$\Rightarrow x = 2.25$ cm

27. Taking. $\frac{17}{30} \times \frac{7}{15}$

$\Rightarrow [17 \times 15] > [30 \times 7] \Rightarrow$ So, $\frac{17}{30} > \frac{7}{15}$

Taking, $\frac{17}{30} \times \frac{27}{50}$

$\Rightarrow [17 \times 50] > [27 \times 30] \Rightarrow$ So, $\frac{17}{30} > \frac{27}{50}$

Taking. $\frac{17}{30} \times \frac{11}{20}$

$\Rightarrow [17 \times 20] > [11 \times 30] \Rightarrow$ So, $\frac{17}{30} > \frac{11}{20}$

Taking. $\frac{27}{50} \times \frac{11}{20}$

$\Rightarrow [27 \times 20] > [11 \times 50] \Rightarrow$ So, $\frac{27}{50} > \frac{11}{20}$

descending order

$= \frac{17}{30} > \frac{11}{20} > \frac{27}{50} > \frac{7}{15}$

28.

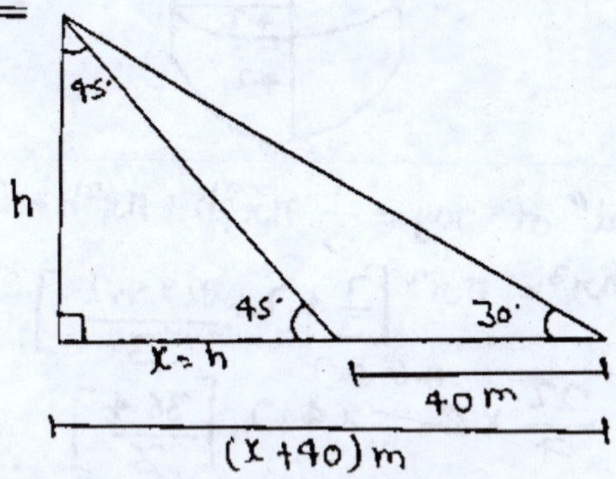

As $\tan 30°$ $\frac{1}{\sqrt{3}} = \frac{h}{h+40}$

$\Rightarrow \sqrt{3}h - h = 40$

$\Rightarrow h = \frac{40}{(\sqrt{3}-1)} \times \frac{(\sqrt{3}+1)}{(\sqrt{3}+1)}$

$= 20(\sqrt{3}+1)$ m

29.

$$\Rightarrow \frac{\frac{1}{c}\times[1-s]\times[s+c]\times\left[\frac{1+s}{c}\right]}{s\times\left[\frac{c+s}{c}\right]+c\left[\frac{s+c}{s}\right]}$$

$$\Rightarrow \frac{sc}{s^2+c^2} = \sin\theta.\cos\theta$$

30.

$$\frac{\sqrt{\frac{1}{s}-\frac{c}{s}}}{\sqrt{\frac{1}{s}+\frac{c}{s}}}\times\frac{1+c}{s}$$

$$= \sqrt{\frac{1-c}{1+c}\times\frac{1-c}{1-c}}\times\frac{1+c}{s} = \frac{1-c}{s}$$

$$\times\frac{1+c}{s} = \frac{s^2}{s^2} = 1$$

PRACTICE SET-16
HINTS & SOLUTIONS

1.

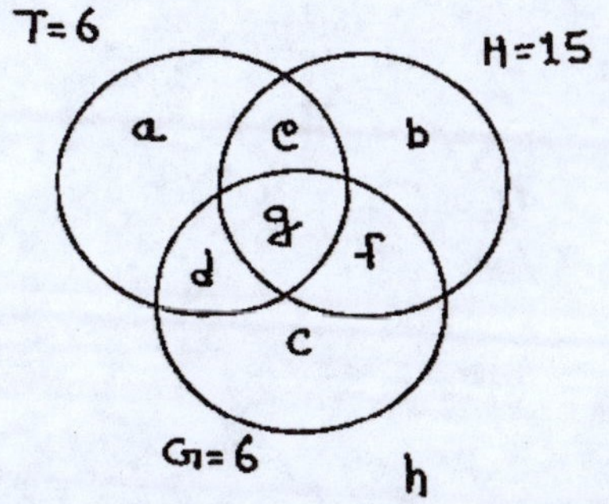

As, $g = 1$

$e + d + f = 2$

So, $a + b + c + 2(d + e + f) + 3g$

$= 6 + 15 + 6 = 27$

$\Rightarrow a + b + c + 2 \times 2 + 3 \times 1 = 27$

$\Rightarrow a + b + c = 27 - 7 = 20$

and persons in the group

$= a + b + c + d + e + f + g$

$= 20 + 2 + 1 = 23.$

2. or $\longrightarrow +$, and $\longrightarrow \times$

Req. prob. $\dfrac{{}^{10}C_2 + {}^{10}C_2}{{}^{20}C_2} = \dfrac{2 \times {}^{10}C_2}{{}^{20}C_2}$

$\dfrac{2 \times 10 \times 9}{20 \times 19} = \dfrac{9}{19}$

3. $\Rightarrow$ No = 9834x97y4.

As div. by. 88 = 11 × 8

As div. by 8:

$\dfrac{7y4}{8} = y = 0, 4, (8)$ max

$\Rightarrow y = 8$

As div. by 11: 98 34 x 9 784

$\cdot[23 + x] - 29 = 0$

$\Rightarrow x = 6$

So $[2x + 5y]$

$\Rightarrow 2 \times 6 + 5 \times 8$

$\Rightarrow 52.$

4.

	Numbers	Digits
1 to 9	9 × 1 =	9
10 to 99	90 × 2 =	180
100 to 428	329 × 3 =	987
		1176

No. of digits req.

5. $\rightarrow$ A.T.Q

• $S_F - S_S = \dfrac{250 + 200}{37.5}$

• $S_F + S_S = \dfrac{250 + 200}{7.5}$

As, $\dfrac{S_F + S_S}{S_F - S_S} = \dfrac{37.5}{7.5} = 5 : 1$

$\Rightarrow \dfrac{S_F}{S_S} = \dfrac{6}{4} = 3 : 2$

6.

	RICE	WHEAT
Quan	20 → N	8
Price	x	5x

As. 300 = 20x + 8 × 5x

⇒ 300 = 60x

⇒ x = 5

A.T.Q ⇒ 300 = N × 5 + 8 × 25 × 1.2

⇒ 300 = 5N + 240

$N = \frac{300-240}{5} = \frac{60}{5} = 12$

Price ⇒ R = 5 , W = 25

Rice ⇒ 20 → 12 (8)

$Red^n = \frac{8}{20} \times 100\% = 40\%$

7.

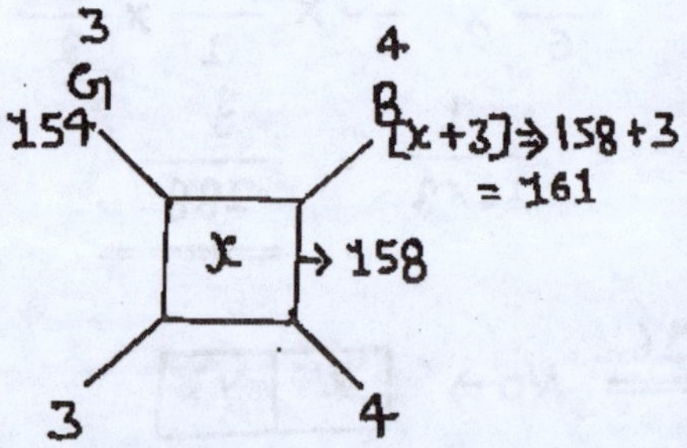

∴ Avg. height of boys = 161

8. A : B : C

16K : 36K : 48K

⇒ 4 : 9 : 12

↓ ++ , ↓ (−1/5) , ↓ (−1/5)

⇒ [4+1.8+2.4] : 7.2 : 9.6

⇒ 82 : 72 : 96

⇒ 41 : 36 : 48

As, A gets 5330 Rs ⇒ 41 → 5330

⇒ 1 → 130 Rs

So, [B+C]s profit ⇒ [36 + 48]

= 84 × 130 = 10920 Rs

9. Work = eff × time

w = 12 × m × 10 = 10 × w × 18

⇒ $\frac{m}{w} = \frac{3}{2}$

So, w = 12 × 3 × 10 = 360.

A.T.Q. [4m + 6w]

⇒ 360 = t × [4 × 3 + 6 × 2]

⇒ $t = \frac{360}{24} = 15d$

10. As. $Avg = \frac{Sum}{N}$

⇒ Avg. × N = Sum

⇒ 221 × 8 = 127 + 432 + p + 89 + q + 99 + 842 + 76

⇒ 1768 = [p+q] + 1665

⇒ [p+q] = 1768 − 1665 = 103

As. p = [x | y] q = [(x−1) | (y+1)]

⇒ p−q = 10x + y − 10[x−1] − y − 1 = 10x + y − 10x + 10 − y − 1 = 9.

So, p+q+p−q = 103 + 9 = 112

⇒ p = 56

→ Digit sum = 5 + 6 = 11

11. P = 22800 Rs

1st yr = $\left[\frac{9}{8} \times 22800\right] - 8650$

= 25650 − 8650 = 17000 Rs

$\times\frac{9}{8}$

$\to 2^{nd}$ yr = $\left[17000 \times \frac{9}{8}\right] - 9125$

= 19125 − 9125 = 10000 Rs

$\to$ End of 3rd yr = $10000 \times \frac{9}{8}$

= **11250 Rs.**

12. As, for 2 yrs :

$\frac{A}{P} = \frac{2304}{1600} = \frac{48^2}{40^2}$

R = 40 → 48 ⇒ R = 20 %

→ [R−8] = 12 %

So, 2yrs at 12 % SI of

1600 = 24 % × 1600 = 24 × 16

= **384 Rs** ← SI

13. Raghav = 10000 Rs

↓ +15 % 10000 − 9775 = 225 Rs.

Bharat = 11500 Rs

↓ −15 %

Raghav = 11500 × 0.85 = 9775

Total profit made by Raghav

= 1500 + 225 = 1725

∴ Profit % of Raghav

= $\frac{1725}{10000} \times 100\,\% = $ **17.25 % P**

14. ⇒ $\frac{SP}{CP} = \frac{320 \times \frac{19}{20}}{250 + \frac{2500}{150}}$

= $\frac{16 \times 19 \times 3}{800}$

$\frac{SP}{CP} = \frac{57 \times 2}{50 \times 2} = \frac{114}{100}$) 14

Hence Profit = **14 %**

15. Req. prob =

$\frac{1}{6} \times \frac{1}{6} \times \frac{1}{2} \times \frac{1}{2} \times \frac{1}{2}$

= $\frac{1}{36 \times 8} = \frac{1}{288}$

16. No ⇒ | x | y |

I = $x^2 + xy = 52 \Rightarrow x(x+y) = 52$

II = $y^2 + xy = 117 \Rightarrow y(y+x) = 117$

So I ÷ II :

⇒ $\frac{x(x+y)}{y(x+y)} = \frac{52}{117}$

⇒ $\frac{x}{y} = \frac{4}{9}$

So, number = **49**

17. $CSA + TSA = 2068 cm^2$

$\Rightarrow 2\pi rh + 2\pi r(r+h) = 2068$

$\Rightarrow 2\pi r(h+r+h) = 2068$

$\Rightarrow [2h+7] = \frac{2068 \times 7}{2 \times 22 \times 7} = 47$

$\Rightarrow h = 20 cm$

Vol^n of Cylin. $= \pi r^2 h = \frac{22}{7} \times 7 \times 7 \times 20 = 22 \times 140 = 3080 cm^3$

18. Radius = 14 cm

height = $[r+6] = 14+6 = 20 cm$

• Vol^n $= \pi r^2 h = \frac{22}{7} \times 14 \times 14 \times 20$

$= 44 \times 280 = 12320 cm^3$

19.

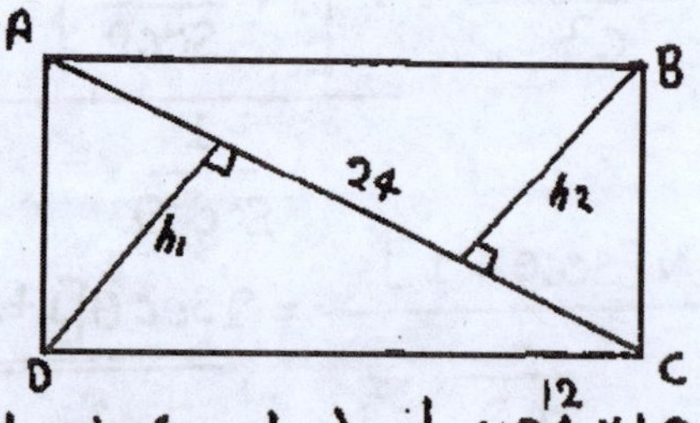

$Ar = \frac{1}{2} \times d \times (h_1 + h_2) = \frac{1}{2} \times 24 \times 10$

$= 120 cm^2$

20. $\Rightarrow ax + by = m = 8$

$ay - bx = n$

S.O.B.S and add $\Rightarrow [a^2+b^2][x^2+y^2]$

$= m^2 + n^2 \Rightarrow 25 \times 17 = 64 + n^2$

$\Rightarrow n^2 = 425 - 64 = 361$

$\Rightarrow n = \sqrt{361} = 19 = ay - bx$

21. $\Rightarrow [x+y+z]^2$

$= x^2 + y^2 + z^2 + 2[xy + yz + zx]$ ($zx = y^2$)

$\Rightarrow 169 = 91 + 2y[x+y+z]$

$\Rightarrow 169 = 91 + 2y \times 13$

$\Rightarrow y = \frac{169-91}{26} = \frac{78}{26} = 3$

• $xz = y^2 = (3)^2 = 9$

$[x+z] = 13 - 3 = 10.$

$[z-x] = \sqrt{(10)^2 - 4(9)} = \sqrt{100-36}$

$= 8.$

22. $x + \frac{1}{x} = 1 \rightarrow x^3 = (-1)$

$x^{14} - x^8 + 1 = (x^3)^4 x^2 - (x^3)^2 x^2 + 1$

$= (-1)^4 x^2 - (-1)^2 x^2 + 1$

$= x^2 - x^2 + 1 = 1$

23.

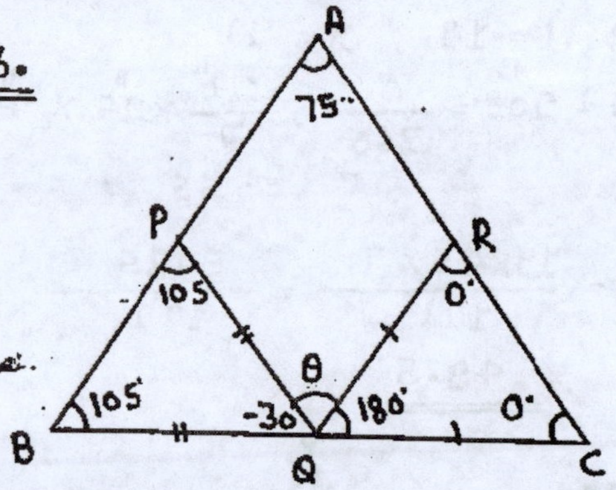

As $(-30) + \theta + 180 = 180$

$\Rightarrow \theta = 30°$

24.

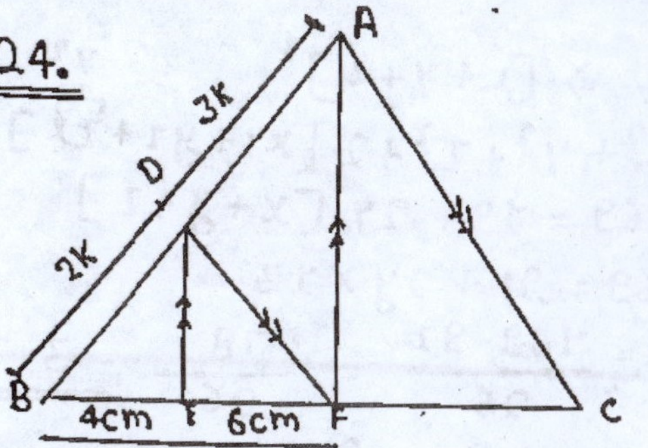

2 : 3

$2K = 10 \rightarrow K = 5 \quad 3K = 3 \times 5 = 5$

$\Rightarrow BC = 10 + 15 = 25\text{ cm}$

✱ In a sector : $l = \frac{\theta}{360} \times 2\pi r$

$A = \frac{\theta}{360} \times \pi \times r^2 \Rightarrow \boxed{A = \frac{l}{2} r}$

25. $A = 209 = \frac{lr}{2} \Rightarrow lr = 2 \times 209$

$\Rightarrow lr = 22 \times 19$

• $l + 2r = 63 = 19 + 44$

$\Rightarrow l = 19, \ r = 22$

$A = 209 = \frac{\theta}{360} \times \frac{22}{7} \times 22 \times 22$

$\theta = \frac{19 \times 45 \times 7}{121} = \frac{5985}{121}$

$= 49.5^\circ$

26.

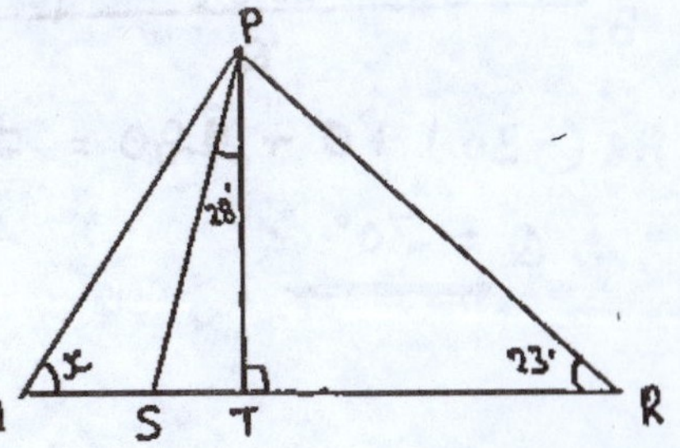

$= 28 = \left|\frac{x - 23}{2}\right| \Rightarrow 56 = x - 23$

$\Rightarrow x = 56 + 23 = 79$

27.

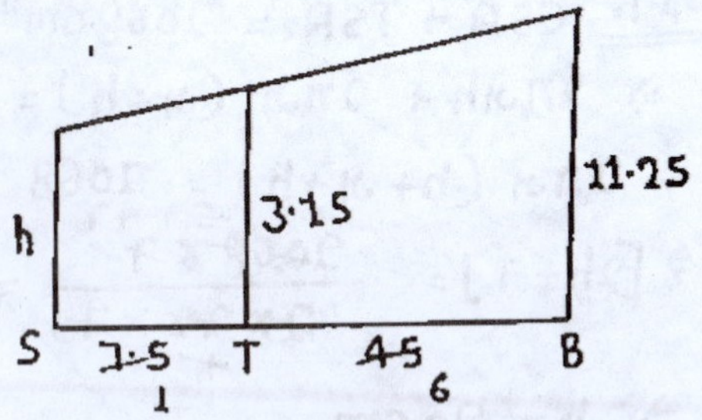

$3.15 = \frac{h \times 6 + 11.25 \times 1}{6 + 1}$

$\Rightarrow 3.15 \times 7 = 6h + 11.25$

$h = \frac{22.05 - 11.25}{6} = \frac{10.8}{6}$

$= 1.8\text{ m}$

28. $\frac{1 + c^2 + 2c + s^2}{\cot^2\theta \cdot \sin^2\theta} = \frac{2 + 2c}{\frac{c^2}{s^2} \times s^2}$

$= \frac{2[1 + c]}{c^2} = \frac{2\left[1 + \frac{1}{\sec\theta}\right]}{\frac{1}{\sec^2\theta}}$

$= \frac{2[\sec\theta + 1]}{\frac{1}{\sec\theta}} = 2\sec\theta[1 + \sec\theta]$

29. $A = 117c^2 + 117s^2 + 12s^2 = 120$

$\Rightarrow 12s^2 = 120 - 117 = 3$

$\Rightarrow s = \sqrt{\frac{3}{12}} = \frac{1}{2}$

$\Rightarrow B = 158c^2 + 158s^2 + 12c^2 = 161$

$\Rightarrow 12c^2 = 161 - 158 = 3$

$\Rightarrow c = \sqrt{\frac{3}{12}} = \frac{1}{2}$

$\text{cosec}^2 A \times \sec^2 B = 4 \times 4 = 16.$

30.

Numbers $= \frac{175}{100}, \frac{56}{10}, \frac{7}{1}$

$= \frac{7}{4}, \frac{28}{5}, \frac{7}{1}$

So, $\frac{HCF[7, 28, 7]}{LCM[4, 5, 1]} = \frac{7}{20} = 0.35$

PRACTICE SET-17
HINTS & SOLUTIONS

1. A.T.Q $\overset{3}{\cancel{180}}[1-x] = \overset{1}{\cancel{60}}[1+x]$

$\Rightarrow \frac{[1+x]}{[1-x]} = \frac{3}{1} \Rightarrow \frac{1}{x} = \frac{\cancel{4}\,2}{\cancel{2}}$

$\Rightarrow x = \frac{1}{2} = 50\%$

• $\frac{\alpha}{\beta} = \frac{50\% \text{ of } 80}{20\% \text{ of } 120} = \frac{\cancel{40}\,5}{\cancel{24}\,3} = \frac{5}{3}\Big)2$

then more % $= \frac{2}{3} \times 100\%$

$= 66\frac{2}{3}\%$

2. Red ball = a

Green ball = 5

$\Rightarrow P[\text{Ball being red}] = \frac{a}{a+5} = \frac{3}{8}$

$\Rightarrow 8a = 3a + 15 \Rightarrow a = 5.$

Req. probability.

$= \frac{3}{8} \times \frac{2}{7} + \frac{5}{8} \times \frac{4}{7} = \frac{\cancel{26}\,13}{\cancel{56}\,28}$

$= \frac{13}{28}$

3. → LCM [2, 5, 7] = 70.

• 48ab → b = 0

• Div. by 7 = $\frac{48a}{7} \Rightarrow a = 3$

So. [10a − b] = 10 × 3 − 0

= 30.

4. → Take option (c):

BA × B3 = 57A

⇒ 25 × 23 = 575.

5.

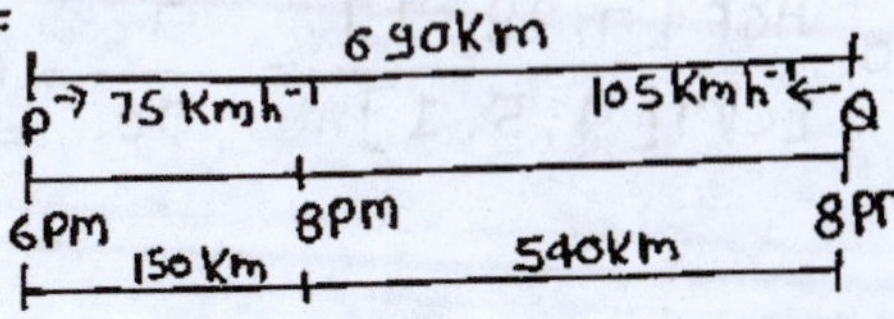

As $S_1 + S_2 = \frac{d}{t}$

$\Rightarrow [75 + 105] = \frac{540}{t}$

$\Rightarrow t = \frac{\cancel{540}\,3}{\cancel{180}}$ = 3hrs → Meet at

11 PM

6.

	A	B	C	t
Invest	6	7	9	2
Add	1	2	4	1
	13	16	22	

+4+5.5 $\quad \frac{-1}{4} = (-4) \quad \frac{-1}{4} = (-5.5)$

⇒ 22.5 : 12 : 16.5

⇒ $\cancel{225}^{15}$: $\cancel{120}^{8}$: $\cancel{165}^{11}$

⇒ 15 : 8 : 11

As total profit = [15+8+11]

= 34 → 3400 Rs (100)

So, A's share = 15 × 100

= 1500 Rs.

7. $N + 5 - 9 = N_F$

$\Rightarrow N - 4 = N_F$

$\Rightarrow$ Sum of $dev^n = (+5.5) + (7.3) + (14.5) + (6.7) + (-0.5) + (-9 \times 4.5) = 34 - 41 = (-7)$ kg

Avg. weight of all the boys in the group dec ↓ by 140 gm

$\Rightarrow (-140\,gm) = \dfrac{(-7000\,gm)}{N_F}$

$\Rightarrow N_F = 50$

So, Initial no of boys $= N - 4 = 50 \Rightarrow N = 54.$

8.

$\Rightarrow 2.5$		$\Rightarrow 1.5$
P_1		P_2
18		22
	19.5	
1.5		2.5

Ratio $= \dfrac{2.5}{1.5} = \dfrac{5}{3} = 5:3$

9. Let work $= 45 \rightarrow$ Eff $\Rightarrow A + B = 5$

and, $t_B - t_A = 7.5$

As. B takes more time $\Rightarrow$ eff $\Rightarrow$ $B = 2,\ A = 3$

$\Rightarrow \dfrac{45}{2} - \dfrac{45}{3} = 22.5 - 15 = 7.5$

B will do $\dfrac{2}{9}$th of work in

$\dfrac{45 \times \frac{2}{9}}{2} = 5d.$

10. $\Rightarrow \dfrac{\text{Red}}{\text{Blue}} = \text{Constant}.$

A.T.Q $\Rightarrow \dfrac{44}{36} = \dfrac{R}{54}$

$\Rightarrow R = 66$ balls.

11. 51750 Rs.

A → x, B → y

A.T.Q $\Rightarrow x \times \dfrac{107}{100} \times \dfrac{107}{100} \times \dfrac{107}{100} = y \times \left[\dfrac{107}{100}\right]^4 \Rightarrow \dfrac{x}{y} = \dfrac{107}{100}$

$\Rightarrow [x + y] = 207$

As $[A + B] = 207 \rightarrow 51750$ Rs

$\Rightarrow A = 107 \rightarrow \dfrac{51750}{207} \times 107$

$= 26750$ Rs.

12. Today → 3 yrs Later

$(16)^3 \longrightarrow (17)^3$

As, 3yrs. Later amount = 14739 Rs.

$(17)^3 \rightarrow 14739$ Rs

• Present value $= (16)^3$

$\rightarrow \dfrac{14739 \times 16 \times 16 \times 16}{17 \times 17 \times 17}$

$= 48 \times 256 = 12288$ Rs

13. → Total bottle = 90

40 → 12%   50 → 20%

⇒ Total gain $= \frac{148}{9}\%$

A.T.Q ⇒ $50 = \frac{148}{9}\% - 16\% = \frac{4}{9}\%$

⇒ $\frac{4}{9}\% \rightarrow 50$

90 copper bottles = 100%

⇒ $50 \times \frac{9}{4} \times 100$

1 copper bottles

$= \frac{50 \times 9 \times 25}{90} = 125$ Rs

14. ⇒ CP   SP

$100 \xrightarrow{+50\%} 150 \xrightarrow{24} 174$

New p% $= \frac{24}{150} \times 100 = 16\%$

15. ⇒ $\frac{V_L}{V_B} = \frac{\pi \times 28 \times 28 \times 16}{\pi \times 16 \times 16 \times 28}$

$= \frac{7}{4}$) 3

So,

$V_L > V_B$ by 175%

16.

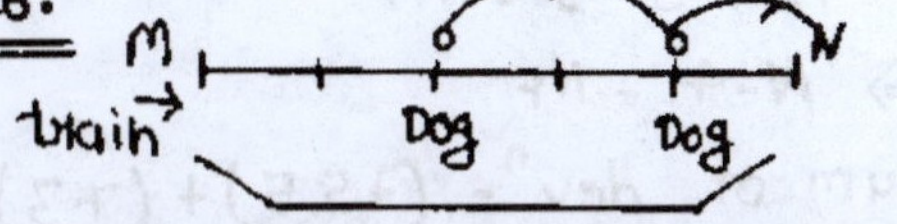

⇒ $\frac{S_D}{S_T} = \frac{D_D}{D_T} = \frac{1}{5}$

17.

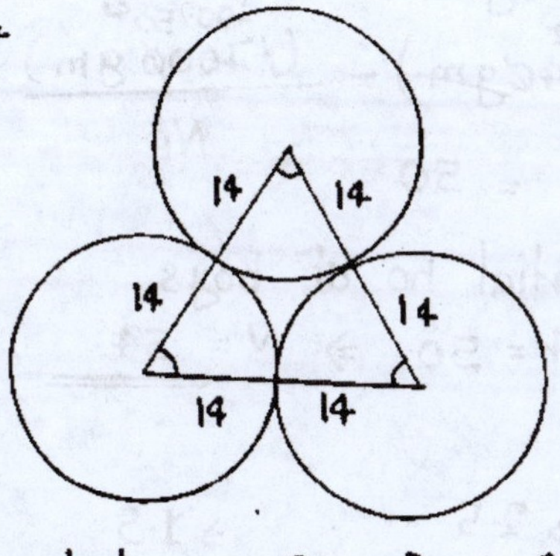

• Shaded ar = Ar of eq Δ $- \frac{1}{2}\pi r^2$

$= \frac{\sqrt{3}}{4} \times 28 \times 28 - \frac{1}{2} \times \frac{22}{7} \times 14 \times 14$

$= 28[7\sqrt{3} - 11] = 28[7 \times 1.73 - 11]$

$= 28[12.11 - 11]$

$= 28 \times 1.11$

$= 31.08\ cm^2$

18. ⇒ Vol^n of sphere = Vol^n of pyramid

⇒ $\frac{4}{3} \times \frac{22}{7} \times 21 \times 21 \times 21 = \frac{1}{3} \times a^2 \times 66$

⇒ $a^2 = 21 \times 21 \times 4$

$a = 21 \times 2 = 42cm$

19.

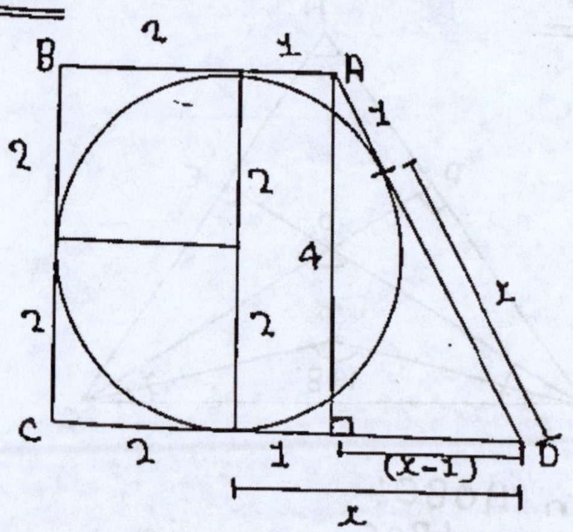

As,

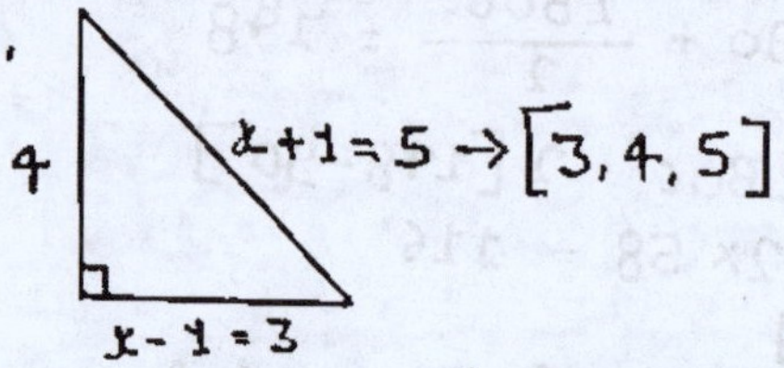

Ar. of trap. $= \frac{1}{2} \times [AB + CD]$

$\times BC = \frac{1}{2} \times [3+6] \times \cancel{4}^{2} = 9 \times 2$

$= 18 cm^2$

20.

$\Rightarrow [a+1]^2 + [b-1]^2 + [7c-4]^2 = 0$

$a = -1 \quad , \quad b = 1 \quad , \quad c = \frac{4}{7}$

$[2a - b + 7c] = 2(-1) - (1) + 7\left[\frac{4}{7}\right]$

$= -2 - 1 + 4 = 1.$

21. $\Longrightarrow x^3 + y^3 + z^3 - 3xyz$

$= \frac{1}{2}[x+y+z]$

$[(x-y)^2 + (y-z)^2 + (z-x)^2]$

$\frac{1}{2}[222 + 223 + 224]$

$[(-1)^2 + (-1)^2 + (2)^2] = \frac{1}{2} \times$

$669 \times \cancel{6}_{3} = 2007$

22. $x + y = x + \frac{1}{x}$

$= \frac{\sqrt{5} - \sqrt{3}}{\sqrt{5} + \sqrt{3}} + \frac{\sqrt{5} + \sqrt{3}}{\sqrt{5} - \sqrt{3}}$

$= \frac{[5 + 3 - 2\sqrt{15}] + [5 + 3 + 2\sqrt{15}]}{5 - 3}$

$= \frac{\cancel{16}^{8}}{\cancel{2}} = 8$

So, $x^3 + y^3 = x^3 + \frac{1}{x^3}$

$= (8)^3 - 3 \times 8 = 512 - 24$

$= 488.$

23. $\Rightarrow \frac{x^{2018} \cdot y^{2017}}{x^{2016} \cdot y^{2019}} = \frac{1/2}{8}$

$\Rightarrow \frac{x^2}{y^2} = \frac{1}{16} \Rightarrow \frac{x}{y} = \frac{1}{4} \Rightarrow y = 4x$

and.

$x^{2016} \cdot y^{2019} = 8 \; x^{2016} \cdot (4x)^{2019} = 8$

$\Rightarrow x^{2016} \cdot x^{2019} \cdot (2^2)^{2019} = 2^3$

$\Rightarrow x^{4035} \cdot 2^{4038} = 2^3$

$\Rightarrow x^{4035} = 2^{-4035}$

$\Rightarrow x = \frac{1}{2}$ and $y = \cancel{4}^{2} \times \frac{1}{\cancel{2}} = 2$

So, $x^2 + y^3 = \frac{1}{4} + 8 = \frac{33}{4}$

24.

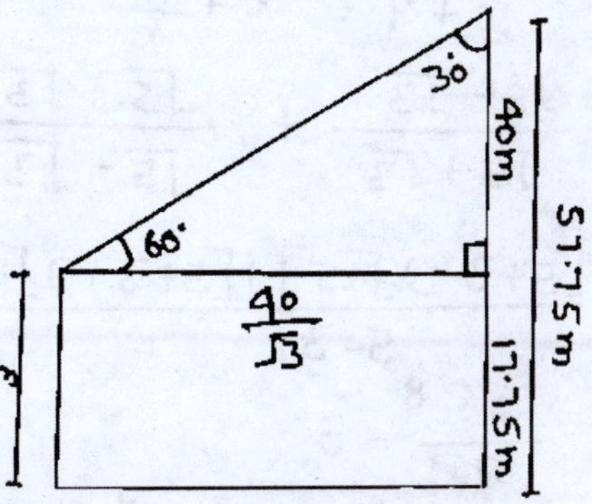

$\Rightarrow$ Dist. From pole to tower

$= \frac{40}{\sqrt{3}} \times \frac{\sqrt{3}}{\sqrt{3}} = \frac{40\sqrt{3}}{3}$ m

25. $\rightarrow a = 8\,\text{cosec}^2\theta$

$b = 25\sin^2\theta$

As, A.M $\geq$ G.M $= \frac{a+b}{2} \geq \sqrt{ab}$

$\Rightarrow \frac{8\,\text{cosec}^2\theta + 25\sin^2\theta}{2} \geq \sqrt{8 \times 25 \times \text{cosec}^2\theta \times \sin^2\theta}$

$\Rightarrow 8\,\text{cosec}^2\theta + 25\sin^2\theta \geq 2\sqrt{200} = 20\sqrt{2}$

26. $\Rightarrow$ Put, $\theta = 0$

$A = 2[0+1] - 3[0+1]$

$= 2 - 3 = (-1)$.

$\cos\alpha = \sqrt{\frac{3-1}{5-1}} = \sqrt{\frac{2}{4}} = \frac{1}{\sqrt{2}}$

So, $3\alpha = 3 \times 45 = 135$

27.

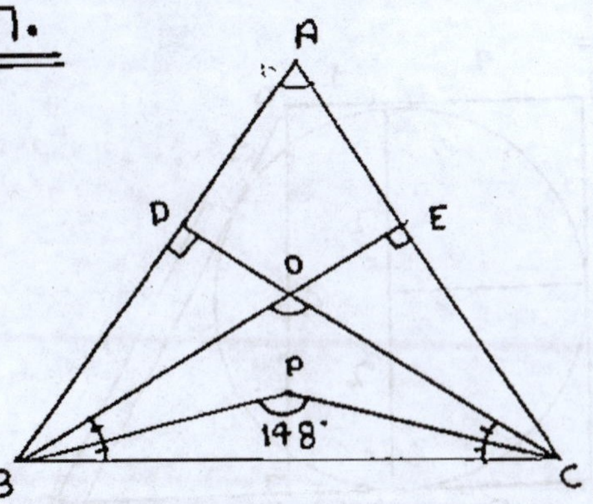

In ΔOBC:

$\Rightarrow 90 + \frac{\angle BOC}{2} = 148$

$\Rightarrow \angle BOC = 2[148 - 90]$

$= 2 \times 58 = 116°$

and

$\angle BAC + \angle BOC = 180°$

$\Rightarrow \angle BAC = 180 - 116 = 64°$

28. P $\rightarrow$ orthocenter

Q $\rightarrow$ incenter

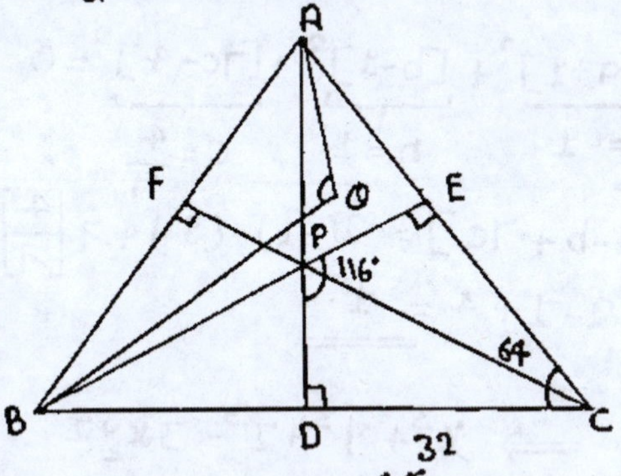

$\Rightarrow \angle AQB = 90 + \frac{64}{2}$

$= 90 + 32 = 122°$

29.

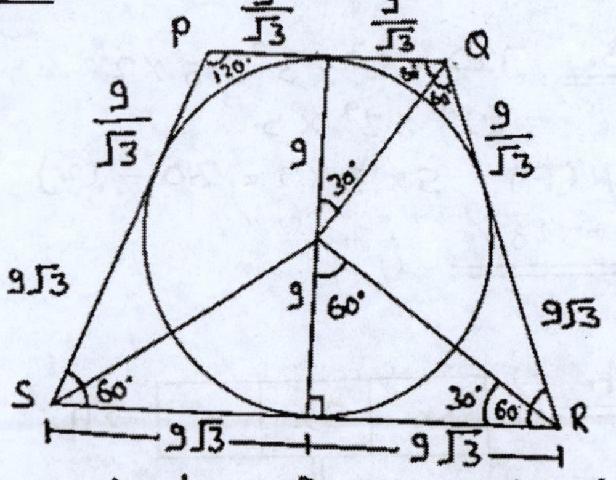

perimeter of quadrilateral

$= 4 \times 9\sqrt{3} + 4 \times \frac{9^3}{\sqrt{3}} \times \frac{\sqrt{3}}{\sqrt{3}}$

$= 36\sqrt{3} + 12\sqrt{3} = 48\sqrt{3}.$

30.

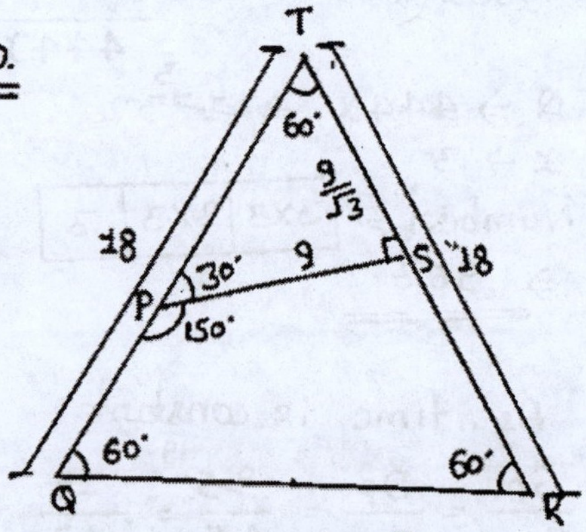

$Ar.(PQRS) = \frac{\sqrt{3}}{4} \times 18 \times 18$

$- \frac{1}{2} \times 9 \times \frac{9^3}{\sqrt{3}} \times \frac{\sqrt{3}}{\sqrt{3}}$

$= 81\sqrt{3} - \frac{27\sqrt{3}}{2}$

$= \frac{162\sqrt{3} - 27\sqrt{3}}{2} = \frac{135\sqrt{3}}{2}$

PRACTICE SET-18
HINTS & SOLUTIONS

1. Total = 100%

M → 60% ; F → 40%

M: mar. : not = 5 : 7 ; F: mar : not = 2 : 3

As, Males = mar + not

⇒ 5 + 7 = 12 → 60%, 1 → 5%

↳ mar = 5 × 5% = 25%

and females = mar. + not

= 2 + 3 + 5 → 40%

1 → 8%

↳ mar. = 2 × 8% = 16%

Total married popⁿ

= 25% + 16% = **41%**

2. Total = (x + 3) + 4 + 6

= (x + 13)

Pink = (x + 3)

Blue = 4

White = 6

$\Rightarrow$ A.T.Q. = $\frac{{}^{4}C_2}{{}^{x+13}C_2} = \frac{2}{51}$

$\frac{2}{51} = \frac{4 \times 3}{(x+13)(x+12)} \Rightarrow x^2 + 25x + 156 = 306$

$\Rightarrow x^2 + 25x - 150 = 0$

$\Rightarrow x^2 + 30x - 5x - 150 = 0$

$\Rightarrow (x + 30)(x - 5) = 0$

↳ (−30) ↳ (+5) → x = 5

• Total no of pink balls

= x + 3 = 5 + 3 = **8**

3. $720 = 2^3 \times 3^2 \times 5 \times 2$

$= 2^4 \times 3^2 \times 5$

N(F) = 5 × 3 × 2 = 30 − (2)

= **28**.

4.

No =			
3x	2x	x	→ A

↓

x	2x	3x	→ B

So,

A = 300x + 20x + x = 321x

B = 100x + 20x + 3x = 123x

444x

A.T.Q ⇒ 444x → 1332 (3)

⇒ x → 3

∴ Number = | 3×3 | 2×3 | 3 |

⇒ **963**.

5. As, time is constant.

$\Rightarrow \frac{S_P}{S_T} = \frac{D_P}{D_T} = \frac{95}{65} = \frac{19}{13}$

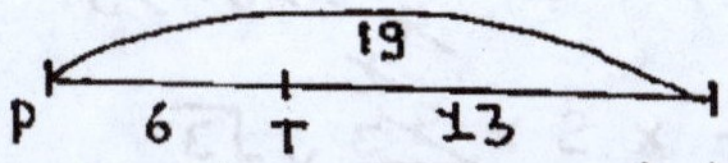

As dist. b/w police and thief

= 19 − 13 = 6 → 630m ⇒ 1 → 105m

dist ran by thief before he is nabbed by the policeman ⇒ 13 → 13 × 105

= **1365 m or 1.4 Km**

6.

	Superior	Another
Quan	8Kg	xKg
CP Per kg.	3y	2y

then,

$CP = 8 \times 3y + x + 2y = 24y + 2xy$

$SP = \frac{5}{4} \times CP = \frac{5}{4}(24y + 2xy)$

A.T.Q. ⇒ SP of blended wheat per kg = CP of Superior variety of wheat per kg.

$\Rightarrow \frac{5}{4} \times \frac{(24y + 2xy)}{(x+8)} = 3y$

$\Rightarrow 120y + 10xy = 12y(x+8)$

$\Rightarrow 120y + 10xy = 12xy + 96y$

$\Rightarrow \overset{12}{\cancel{24y}} = \cancel{2}xy \Rightarrow x = 12kg$

7. $\frac{\text{No. of boys}}{\text{No. of girls}} = \frac{\overset{7}{\cancel{140}}}{\cancel{100}_5} = \frac{7}{5}$

$\frac{\text{Avg. Score of boys}}{\text{Avg. Score of girls}} = \frac{10x}{13x}$

So, Boys → 7 10x; Girls → 5 13x; ALL 12 (63); 5 7

So, $\frac{70x + 65x}{12} = 63 \Rightarrow \frac{\overset{15\,5}{\cancel{135}}}{\cancel{12}_4} = \overset{7}{\cancel{63}}$

$x = \frac{28}{5}$

Avg. Score of girls

$13x = \frac{13 \times 28}{5} = 72.8$

8. = As, there's a gain of 30% ⇒ CP → SP = 10 → 13

⇒ ~~13~~ → ~~5.2~~ (04) Rs/Kg

⇒ 10 → 4 Rs/Kg

xKg 3.80 Rs/Kg; 60 kg 4.6; 4 Rs/kg; ~~0.2~~ 1; ~~0.6~~ 3

As, 1 → 60Kg

x = 3 → 60 × 3 = 180 kg

9. As $\frac{C}{A} = \frac{2 \times 3}{1 \times 3} = \frac{6}{3}$

$\frac{C}{B} = \frac{3 \times 2}{1 \times 2} = \frac{6}{2}$

So, A : B : C = 3 : 2 : 6

→ work = 3 × 10 = 30

Eff: [A, B] = 5; [B, C] = 8; [C, A] = 9 — 22 units + 5 = 27 + $\frac{3}{8}$ = 30.

So. Total days req to complete this work

$= 3d + 1d + \frac{3}{8}d = 4\frac{3}{8}d$

10.

$\Rightarrow \dfrac{39+x}{42+x} = \dfrac{9+x}{10+x} = \dfrac{39-9}{42-10} = \dfrac{30}{32} = \dfrac{15}{16}$

$\Rightarrow 150 + 15x = 144 + 16x$

$\Rightarrow x = 6$

11. As, $I_1 + I_2 = 3750$ Rs

$\Rightarrow \dfrac{6500 \times x \times 3}{100} + \dfrac{7500 \times (x-2) \times 3}{100} = 3750$

$\Rightarrow 13x + 15x - 30 = 250$

$\Rightarrow 28x = 280$

$\Rightarrow x = 10\%$

12. $\rightarrow$ A : B = 3 : 5

$A = 10\% + 10\% + \dfrac{10 \times 10}{100} = 121\%$

$\Rightarrow B = 120\%$

$\Rightarrow$ A.T.Q $= 127116 = 3 \times 121\% + 5 \times 120\% = 363\% + 600\%$
$= 963\%$

$\Rightarrow 127116 = 963\%$

So, investment is scheme B
$= 5 \times 100\% = 500\%$

$\Rightarrow 500\% = \dfrac{127116 \times 500}{963}$

$\Rightarrow = 132 \times 500$

$= 66000$ Rs.

13.

$\Rightarrow$ Total $= 100\%$ (20)

5	8	7
25%	40%	35%
−25%	+25%	x%

So, $\dfrac{5 \times (-25\%) + 8 \times (25\%) + 7x\%}{20} = 15\%$

$\Rightarrow (-125\%) + 200\% + 7x\% = 300\%$

$\Rightarrow x = \dfrac{225}{7}\%$ or $\dfrac{925}{700}$

money $= 300000 \times \dfrac{7}{20} \times \dfrac{925}{700}$

$= 138750$ Rs.

14. Net profit $= 15\dfrac{27}{51}\% = 15\dfrac{9}{17}\%$

$= \dfrac{15 \times 17 + 9}{17}\% = \dfrac{264}{17}\%$

So, 12% and x% (1 : 1), mean $\dfrac{264}{17}\%$

Therefore, $\dfrac{12\% + x\%}{1+1} = \dfrac{264}{17}\%$

$\Rightarrow 12\% + x\% = 2 \times \dfrac{264}{17}\%$

$\Rightarrow x\% = \dfrac{528}{17}\% - 12\% = \dfrac{528-204}{17} = \dfrac{324}{17}\%$

A.T.Q $\Rightarrow \left[\dfrac{324}{17} - 12\right]\% = 3600$ Rs

$\Rightarrow \left[\dfrac{324-204}{17}\right]\% = 3600$ Rs

$\Rightarrow \left[\dfrac{120}{17}\right]\% = 3600$ Rs $\Rightarrow 1\% = 510$ Rs.

Hence, cp of each article
$= 100\% \rightarrow 51000$ Rs

15.

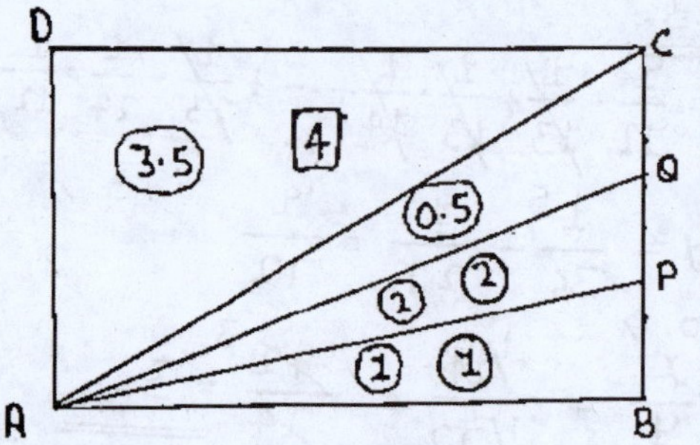

As total ar = 1 + 2 + 4 = 7

$\Rightarrow$ ar. (ACD) = ar (ABC) = 3.5

So, BP : PQ : QC = 1 : 2 : 0.5

= 2 : 4 : 1

16. $\Rightarrow$

1	1	P

$\Rightarrow 1 \times 1 \times P = P$

$1 \quad 1 \quad 2 = 2$

$1 \quad 1 \quad 3 = 3$

$1 \quad 1 \quad 5 = 5$

$1 \quad 1 \quad 7 = 7$

N = 4.

17.

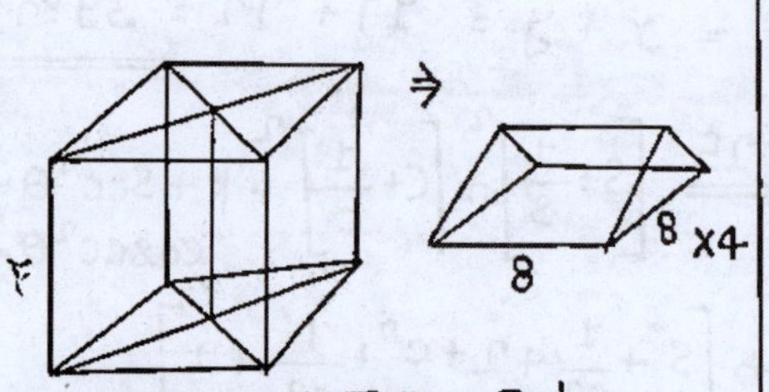

$\Rightarrow$ New TSA = old TSA + Extra

= old TSA + 4 rectangles

$= 6a^2 + 4 \times a \times a\sqrt{2} = 6a^2 + 4a^2\sqrt{2}$

$\therefore$ each part $= \dfrac{6a^2 + 4a^2\sqrt{2}}{4}$

$= \dfrac{6 \times 64 + 4 \times 64\sqrt{2}}{4} = 96 + 64\sqrt{2}\ cm^2$

18. $\Rightarrow$ TOP

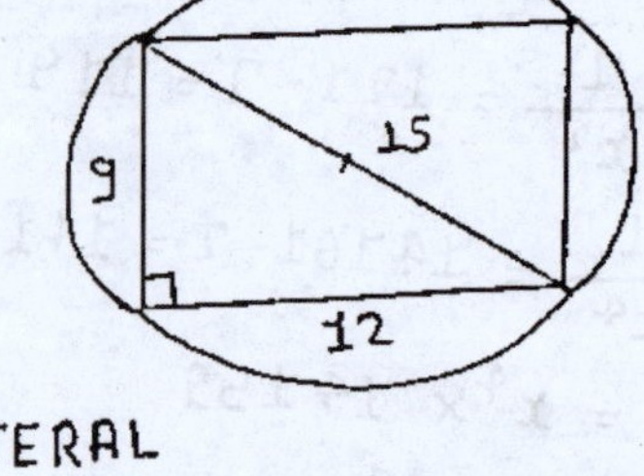

$\Rightarrow$ LATERAL

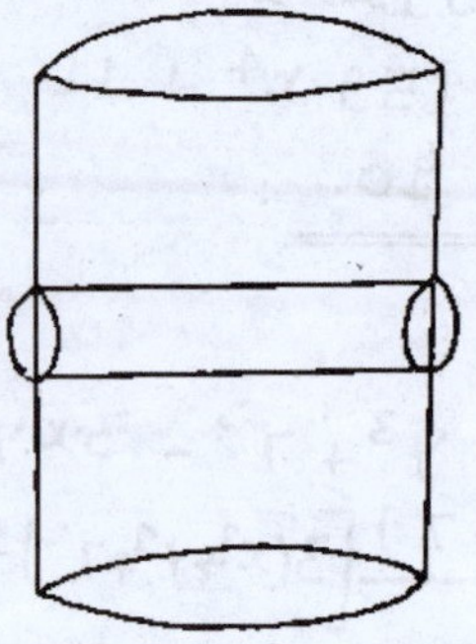

$\Rightarrow$ Radius of second cylinder

$= \dfrac{15}{2} = 7.5$ cm

19. As, n × S.A of cylin.

= SA of sheet

$\Rightarrow n[2\pi rh + \pi r^2] = 210 \times 220$

$\Rightarrow n\left[2 \times \dfrac{22}{7} \times 7 \times 14 + \dfrac{22}{7} \times 7 \times 7\right] = 210 \times 220$

$\Rightarrow n[5] = 300 \Rightarrow n = 60.$

$\cdot$ Cost of man. of Container

= 50 Rs

Total CP = 60 × 50

= 3000 Rs.

20. $\Rightarrow x + \frac{1}{x} = 11$

$\Rightarrow x^2 + \frac{1}{x^2} = 121 - 2 = 119$

$\Rightarrow x^4 + \frac{1}{x^4} = 14161 - 2 = 14159$

$\Rightarrow x^8 + 1 = x^4 \times 14159$

$\Rightarrow x^8 - 14159x^4 = -1$

and $x^8 - 14159x^4 + 11$

$= 11 - 1 = 10.$

21. $\Rightarrow x^3 + y^3 + z^3 - 3xyz$

$= \frac{(x+y+z)}{2}\left[3(x^2+y^2+z^2) - (x+y+z)^2\right]$

$\Rightarrow \overset{23}{\cancel{69}} - \cancel{3}xyz = \frac{\cancel{3}}{2}\left[3 \times 45 - 9\right]$

$\Rightarrow 46 - 2xyz = 135 - 9$

$\Rightarrow xyz = \frac{55-135}{2} = -\frac{80}{2} = (-40)$

22. $\Rightarrow (x^3 - y^3) = (4)^3 + 3 \times (4)\, xy$

$\Rightarrow \overset{79}{\cancel{316}} = 4^2.\cancel{4} + 3.\cancel{4}.xy$

$\Rightarrow 79 = 16 + 3xy$

$\Rightarrow xy = \frac{79-16}{3} = \frac{63}{3} = 21.$

As, $(x - y) = 4$ and $xy = 21$

$\Rightarrow$ ∴, So, $x = 7$, $y = 3$

So, $(x^4 + y^4) = (7)^4 + (3)^4$

$= 2401 + 81 = 2482.$

23.

$x = \frac{1}{12} - \cancel{\frac{1}{13}} + \cancel{\frac{1}{13}} - \cancel{\frac{1}{14}} + \cdots + \cancel{\frac{1}{23}} - \frac{1}{24} = \frac{1}{12} - \frac{1}{24} = \frac{1}{24}$

$y = \frac{1}{36} - \frac{1}{27} = \frac{1}{72}$

So, $\Rightarrow$

$\frac{x}{y} = \frac{1/24}{1/72} = \frac{\overset{3}{\cancel{72}}}{\cancel{24}} = 3$

24.

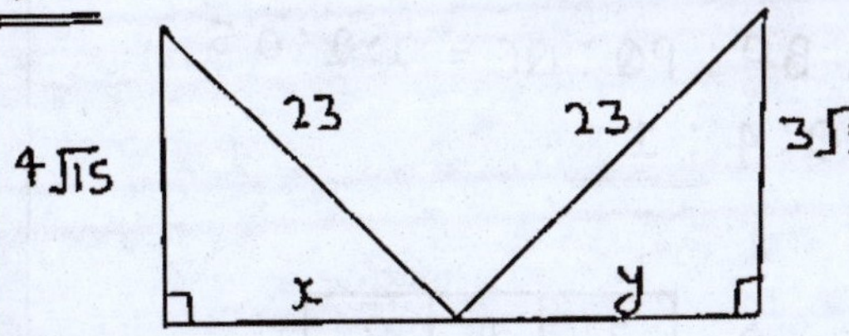

So, $x^2 = (23)^2 - (4\sqrt{15})^2$

$\Rightarrow x^2\ 529 - 16 \times 15$

$\Rightarrow x = \sqrt{529 - 240} = \sqrt{289} = 17$

$y^2 = (23)^2 - (3\sqrt{5})^2$

$\Rightarrow y = \sqrt{529 - 9 \times 5} = \sqrt{484} = 22$

Hence, width of the street

$= x + y = 17 + 22 = 39\text{m}$

25. $\left[S + \frac{1}{S}\right]^2 + \left[C + \frac{1}{C}\right]^2 = K + \text{Sec}^2\theta - 1 + \text{Cosec}^2\theta - 1$

$\Rightarrow \left[S^2 + \frac{1}{S^2} + 2 + C^2 + \frac{1}{C^2} + 2\right]$

$= K + \frac{1}{S^2} + \frac{1}{C^2} - 2$

$\Rightarrow \left[5 + \cancel{\frac{1}{S^2}} + \cancel{\frac{1}{C^2}}\right] = K + \cancel{\frac{1}{S^2}} + \cancel{\frac{1}{C^2}} - 2$

$\Rightarrow K = 5 + 2 = 7.$

26.

$$= \frac{\frac{1}{c}\left[\frac{1+s}{c}\right][1-s]}{\left[\frac{1-s^2}{s^2}\right]\cdot s^2} = \sec^2 A$$

27.

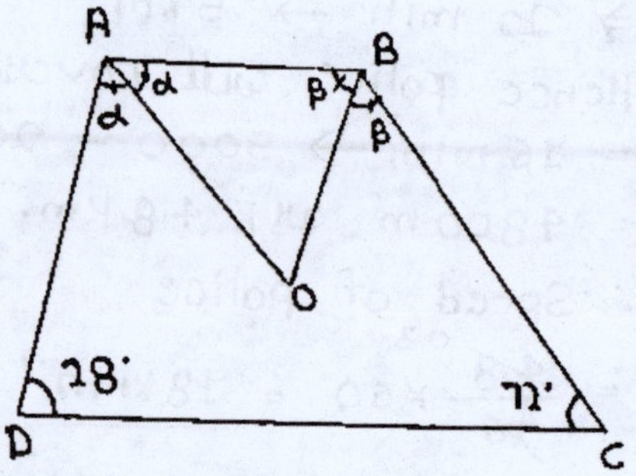

$\Rightarrow \angle AOB = \frac{28+72}{2} = \frac{100}{2} = 50°$

28.

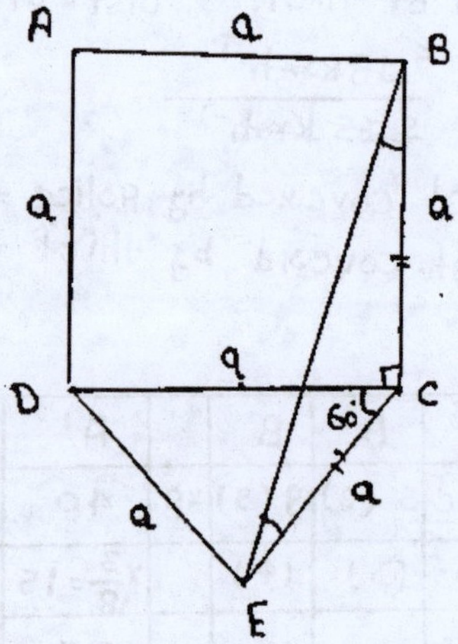

So,

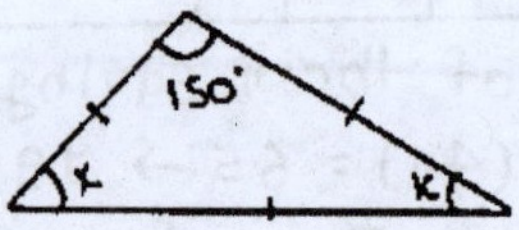

$\Rightarrow 180° = 150 + 2x$

$\Rightarrow x = \frac{30}{2} = 15 = \angle BEC$

29.

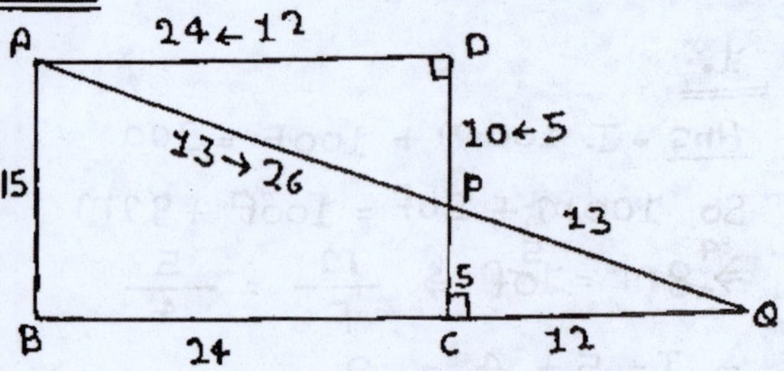

$= AQ = 26 + 13 = 39\text{ cm}$

30.

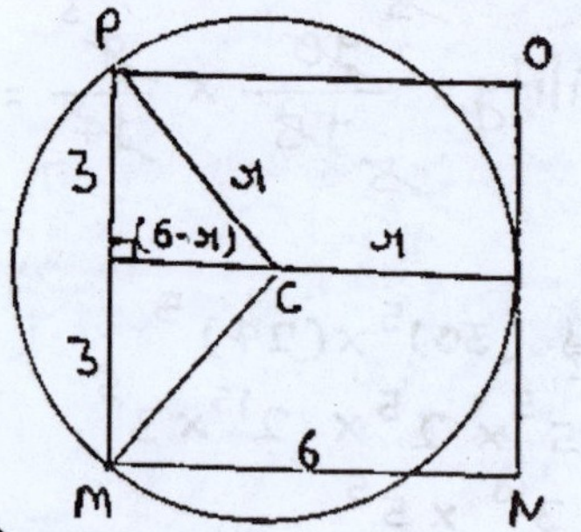

So ⇒

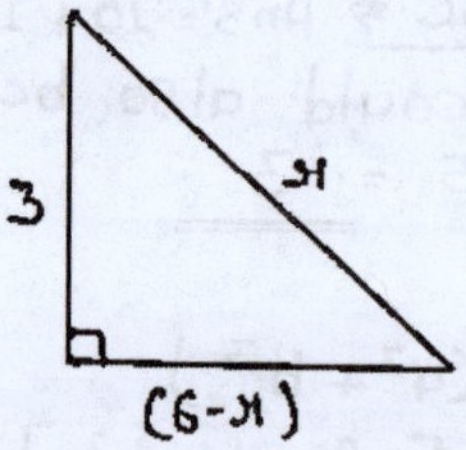

$\Rightarrow x^2 = (3)^2 + (6-x)^2$

$\Rightarrow x^2 = 9 + 36 + x^2 - 12x$

$\Rightarrow x = \frac{9+36}{12} = \frac{45}{12} = \frac{15}{4}$

$= 3.75$

PRACTICE SET-19
HINTS & SOLUTIONS

1.

Ans ⇒ T. 100m + 100F = 900

So, 100m + 90f = 100F + 92m

$\Rightarrow \overset{4}{\cancel{8}}m = \overset{5}{\cancel{10}}f \Rightarrow \frac{m}{F} = \frac{5}{4}$

⇒ T = 5 + 4 = 9

then, 9 → 900 ⇒ 1 → 100,

hence male employees

= 5 × 100 = 500.

2.

$\text{Probability} = \frac{\overset{5}{\cancel{10}}}{\underset{5}{\cancel{15}}} \times \frac{\overset{3}{\cancel{9}}}{\underset{7}{\cancel{14}}} = \frac{3}{7}$

3. Ans ⇒ $(30)^5 \times (24)^5$

$= 3^5 \times 5^5 \times 2^5 \times 2^{15} \times 3^5$

$= 2^{20} \times 3^{10} \times 5^5$

Acc. to SSC ⇒ Ans = 20 + 10 + 5 = 35.

but ans. could also be

→ 2, 3, 5 = 3

4. As, $(a^3 + b^3)$

$= (a+b)[a^2 - ab + b^2]$

$\Rightarrow a^3 + (2)^3 = (a+2)[a^2 - 2a + 4]$

$\Rightarrow a^3 = (-8)$ and, $a^2 - 2a = (-4)$

So, $a^5 - 2a^4 + 30$

$= a^3(a^2 - 2a) + 30$

$\Rightarrow (-8)(-4) + 30$

$= 32 + 30 = 62.$

5. ⇒ Speed of thief = 15 Kmh^{-1}

policeman arrives 4 min. later and 16 min. police chase

⇒ t = 4 + 16

So, thief covers = 60 mins. ⇒ 15 Km

⇒ 20 min → 5 Km

Hence, police will cover

= 16 min. → 5000 − 200

= 4800 m or, 4.8 Km.

∴ Speed of police

$= \frac{\overset{0.3}{\cancel{4.8}}}{\cancel{16}} \times 60 = 18\ kmh^{-1}$

Now, time = K

$\Rightarrow \frac{\text{Speed of police}}{\text{Speed of thief}} = \frac{\text{Dist. of Police}}{\text{Dist. of thief}}$

$= \frac{{}^{6}\cancel{18\ Kmh^{-1}}}{{}^{5}\cancel{15\ Kmh^{-1}}}$

= 6 → Dist. covered by police = 6 Km
5 → Dist. covered by thief = 5 km

6.

	A	B		A'	B'
Income	5 (8)	9 (9)	×8	40	72
Expen.	(3)	(4)		$\times\frac{3}{8} = 15$	$\times\frac{4}{9} = 32$
Savings				25	40

As, Sum of their savings

= (25) + (40) = 65 → 1950 Rs

⇒ 1 → 30 Rs

Hence, diff. between their income = (72) − (40)

= 32 × 30 = 960 Rs

7. → Avg. of expenses inc. ↑ per day $= \frac{540}{9} = 60$

- Let. Avg. of 54 students = A
- Hence, new avg. after admission of 9 new students $= (A-3)$

⇒

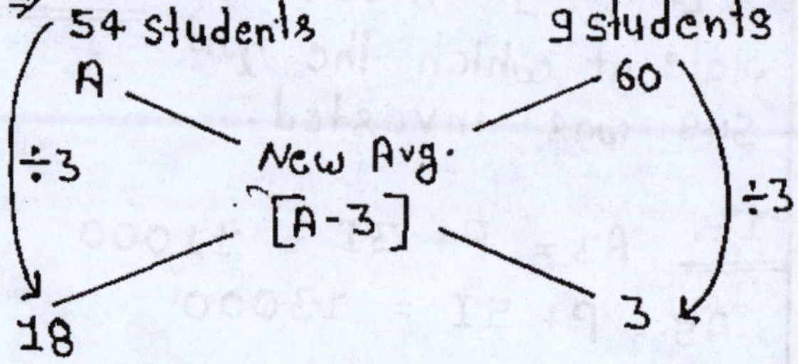

Hence $[A-3] = 78$

$\Rightarrow A = 81.$

So,

Original exp. of the mess $= 54 \times 81 = 4374$ Rs

8. I. Container = M = 240L

II. Now, Container = xL milk is taken out $= (240-x)$ L

III. Replaced by water = 240L

- In final mixture ⇒ M + W = 240L

and, M − W = 128L

⇒ M = 184L and, W = 56L

$$\text{A.T.Q} \Rightarrow \frac{(240-x)}{240} \times \frac{4}{5} = \frac{184}{240}$$

(4 cancelled; 184 → 46)

$\Rightarrow [240-x] = 230$

$\Rightarrow x = 240 - 230 = 10L$

9.

	13×4×15
1→52	15
2→60	13
1+2 =	28

As, Work = Eff. × time

$$\Rightarrow [13 \times 4 \times 15] = \left[\frac{15}{4} \times \frac{13}{20} \times 13 \times \frac{3}{4}\right]$$

(15 → 3, 20 → 4)

$$t + 28 \times \left[15\frac{3}{5}\right] \rightarrow \frac{78}{5}$$

$$\Rightarrow 780 = \left[\frac{78}{4}\right] t + 28 \times \frac{78}{5}$$

(780 → 10, 78 → 1)

$$\Rightarrow 10 = \frac{t}{4} + \frac{28}{5} \Rightarrow \frac{t}{4}$$

$$= 10 - \frac{28}{5} = \frac{50-28}{5} = \frac{22}{5}$$

$$\Rightarrow t = \frac{22 \times 4}{5} = \frac{88}{5}.$$

Hence, time the pipes remain clogged

$$= \frac{88}{5} = 17\frac{3}{5} \text{ min.}$$

10.

⇒ Invested = Aditya : Anshuman

= $\frac{7}{\cancel{52500}}$: $\frac{10}{\cancel{75000}}$

= (7:10) × 4 = 28:40

→ Total = 68.

A.T.Q ⇒

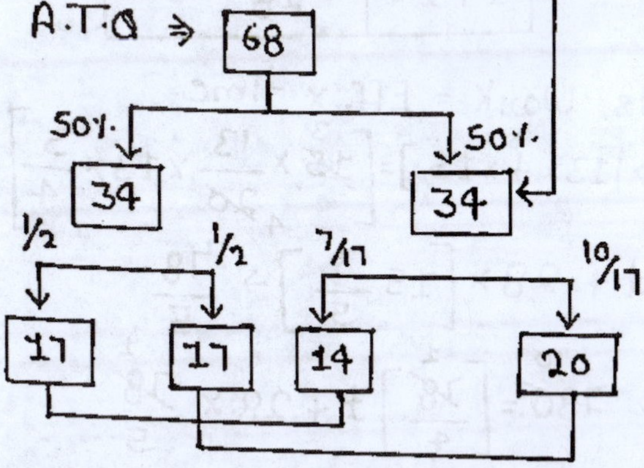

Hence, → A : B = (17+14) : (17+20)

= 31 : 37.

but, had they contribute entire profit in entire ratio

(A+B) = 68

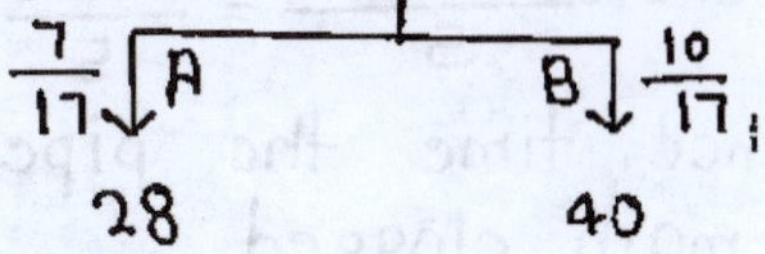

[Aditya got 2250 Rs less]

⇒ [31 − 28] = 3 → 2250 Rs

1 → 750 Rs

∴ Total profit amount

= 68 × 750 Rs. = **51000 Rs.**

11.

As, $SI = \frac{P.r.t}{100}$ ⇒ $r = \frac{SI \times 100}{P \times t}$

$\Rightarrow r = \frac{\overset{33}{\cancel{\overset{165}{\cancel{4125}}}} \times \cancel{100}}{\underset{2}{\cancel{\underset{10}{\cancel{25000}}}} \times 2} = \frac{33}{4} = 8.25\%$

Hence,

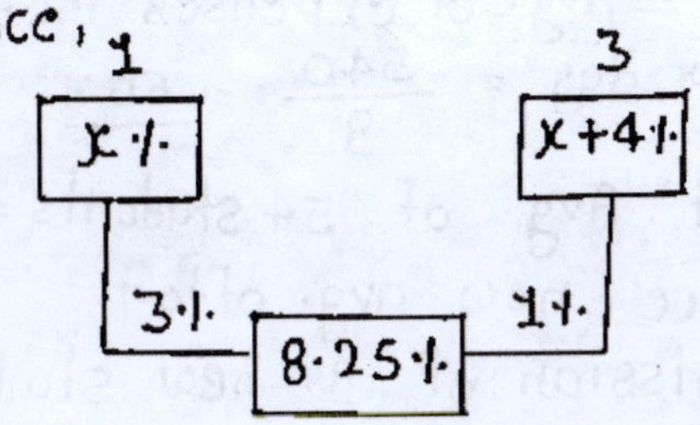

⇒ [x+4%] = 8.25% + 1% = **9.25%**

rate at which the 2nd sus was invested.

12. $A_3 = P + 3I = 11000$

$A_5 = P + 5I = 13000$

So, $A_5 - A_3 = 2I = 2000$

⇒ I = 1000 Rs.

Hence, P = 11000 − 3 × 1000

= 8000 Rs.

So, $R\% = \frac{\cancel{1000}}{\cancel{8000}} \times 100\%$

= **12.5%**

13.

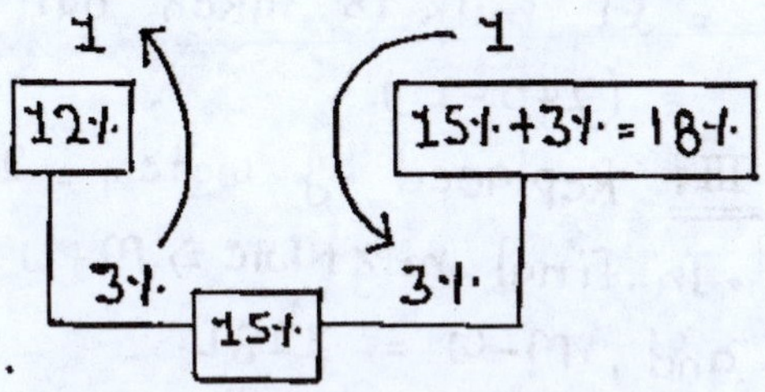

As, $SP_2 - SP_1 = 90$ Rs

⇒ 6% → 90 Rs

Hence, CP = 100% → $\frac{\overset{15}{\cancel{90}}}{\cancel{6}} \times 100$

= **1500 Rs.**

14. ⇒

Hence,

25% → 200 Rs.

Price at which bought

= 100% → 800 Rs

15.

$$\text{Mode} = L + \frac{[f_1 - f_0]}{[2f_1 - f_0 - f_2]} \times h$$

$$48.5 = 46.5 + \frac{[34-32]}{[68-32-25]} \times h$$

$$\Rightarrow 2 = \frac{2h}{11} \Rightarrow h = 11.$$

16. As, distance is constant

So, when S → $\frac{6}{7}$ ⇒ t → $\frac{7}{6}$

S → $\frac{7}{6}$ ⇒ t → $\frac{6}{7}$

and, 9:55 AM − 8:25 AM

= 90 min.

So,

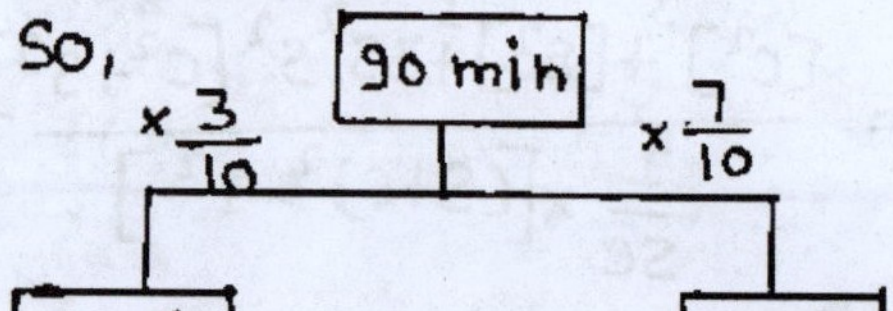

So, $27 \times \frac{7}{6} = \frac{189}{6}$ min. $63 \times \frac{6}{7} = 54$ min

New time $\frac{189}{6} + 54$

= 31 min. 30 s + 54 min.

= 85 min. 30 sec

∴ Time = 8:25 AM + 85 min. 30 sec = 9:50:30 AM

17.

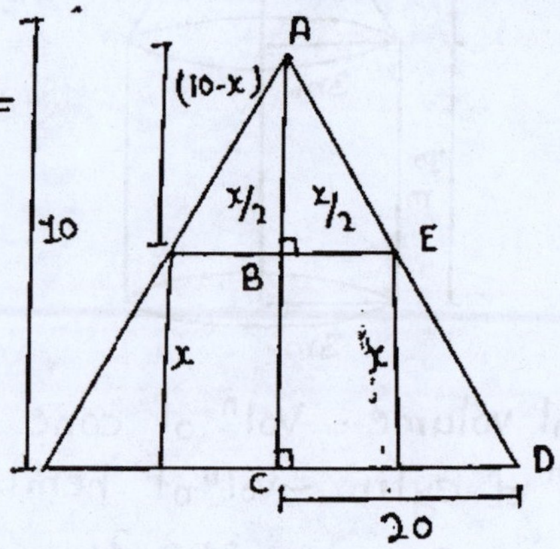

As. ΔABE ≃ ΔACD

$$\Rightarrow \frac{[10-x]}{x/2} = \frac{10}{20}$$

$$\Rightarrow 20 - 2x = \frac{x}{2} \Rightarrow \frac{5x}{2} = 20$$

$$\Rightarrow x = 8 \text{ cm}$$

18.

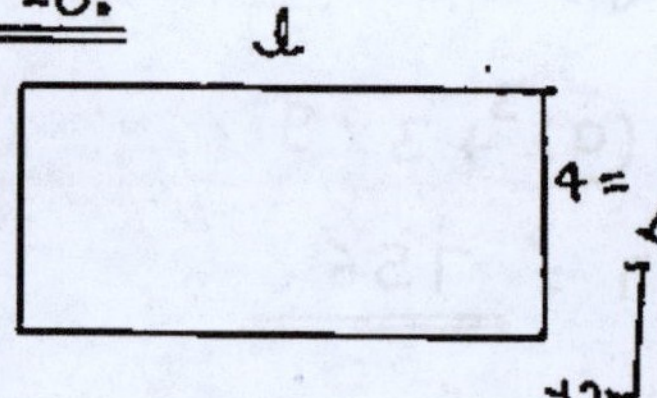

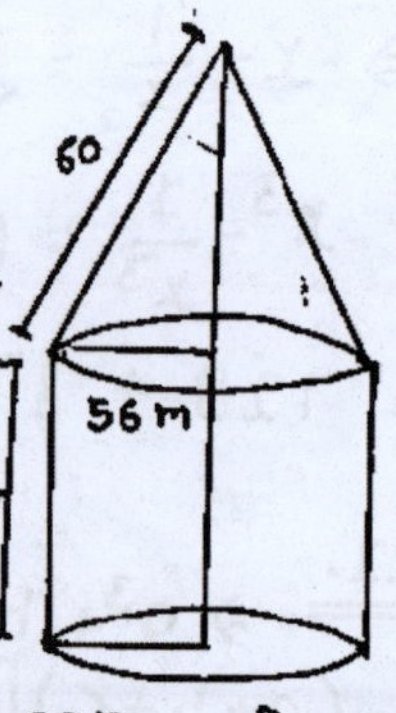

⇒ CSA of cylin + CSA of cone = Ar of canvas.

$2\pi rh + \pi rl = l \times 4$

$\Rightarrow \pi r[2h + l] = l \times 4$

$\Rightarrow \frac{22}{7} \times 56 \times [24 + 60] \; 4l$

$\Rightarrow l = 22 \times 14 \times 12 = 3696$ m

19.

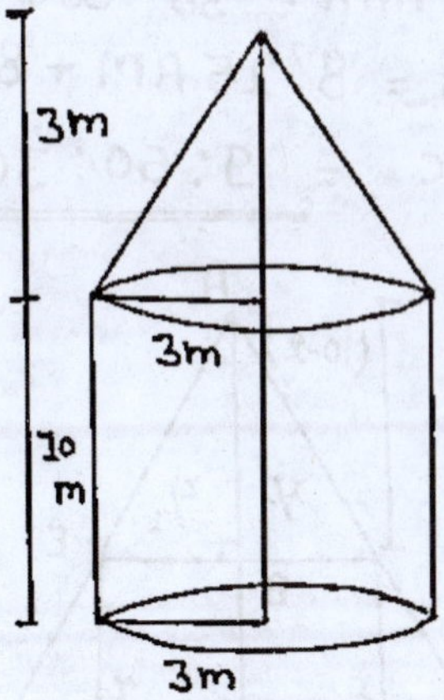

Total volume = Vol^n of cone + Vol^n of cylin. − Vol^n of hemis

$= \frac{1}{3}\pi r^2 h + \pi r^2 h - \frac{2}{3}\pi r^3$

$= \frac{1}{3}\pi (3)^2 \cdot 3 + \pi \cdot (3)^2 \cdot 10 - \frac{2}{3}\pi (3)^3$

$= \pi[9 + 90 - 18] = [81\pi]\ cm^3$

20. $\Rightarrow x^2 + \frac{1}{x^2} = 83 \rightarrow K$

$\Rightarrow x - \frac{1}{x} = \sqrt{83-2} = 9$

$\Rightarrow x^3 - \frac{1}{x^3} = (9)^3 + 3 \times 9$

$= 729 + 27 = 756$

21. $\Rightarrow a^3 + b^3 + c^3 - 3abc$

$= (a+b+c)[(a+b+c)^2 - 3(ab+bc+ca)]$

$= 5[25 - 3 \times 7]$

$= 5 \times 4 = 20.$

22. $\Rightarrow 468 = K^3 - 3Kxy$

$\Rightarrow 468 = (12)^3 - 3 \times 12\,xy$

$\Rightarrow 3 \times 12\,xy = 1728 - 468 = 1260$

$\Rightarrow xy = \frac{1260}{3 \times 12} = 35$

$\rightarrow 7 \times 5 \Rightarrow x + y = 12$

$= 7 + 5$

$\therefore x^4 + y^4 = (7)^4 + (5)^4$

$= 2401 + 625 = 3026.$

23.

$= 12^{\frac{1}{2}} \times 12^{\frac{1}{4}} \times 12^{\frac{1}{8}} \times 12^{\frac{1}{16}} \times 12^{\frac{1}{32}} \times 12^{\frac{1}{64}}$

$= 12^{\left[\frac{1}{2}+\frac{1}{4}+\dots+\frac{1}{64}\right]} = 12^{\frac{63}{64}}$

In GP $\Rightarrow a = \frac{1}{2},\ r = \frac{1}{2}$

$\Rightarrow S = \frac{a[1-r^n]}{1-r} = \frac{\frac{1}{2}\left[1-\left[\frac{1}{2}\right]^6\right]}{1-\frac{1}{2}}$

$= 1 - \frac{1}{64} = \frac{63}{64}$

24.

$= \frac{[c^2]^3 + [s^2]^3 + 3s^2 s^2 [c^2 + s^2]}{\frac{1}{sc} \times [(s+c)^2 - 1^2]}$

$= \frac{[c^2 + s^2]^3}{\frac{1}{sc} \times 2sc} = \frac{1}{2}$

25. Num $= \dfrac{\frac{1}{c^2}\left[\frac{1}{c^2}+\frac{1}{s^2}\right]}{\left[s^2-\frac{s^2}{c^2}\right]} = \dfrac{\frac{1}{c^2}\cdot\frac{1}{(sc)^2}}{s^2\left[\frac{c^2-1}{c^2}\right]}$

$= \dfrac{-1}{s^6c^2}$

Den $= \left[\frac{1}{s^2}+\frac{1}{c^2}\right]\left[\frac{1}{s^2}\right]^2 = \frac{1}{s^4}\cdot\frac{1}{(sc)^2}$

$= \dfrac{1}{s^6c^2}$

$\therefore \dfrac{N}{D} = \dfrac{\frac{-1}{s^6c^2}}{\frac{1}{s^6c^2}} = (-1)$

26.

$= \dfrac{8[T+(\tan^2\theta - \sec^2\theta)]}{[1-S]\frac{8}{c}\cdot\frac{(C+S)}{C}\cdot\left[\frac{1}{c}+\frac{S}{C}\right]}$

$= \dfrac{\left[\frac{S}{C}+1\right]}{\frac{(1-S)(1+S)(C+S)}{C^3}}$

$= \dfrac{\frac{S+C}{C}}{\frac{S+C}{C}} = 1$

27.

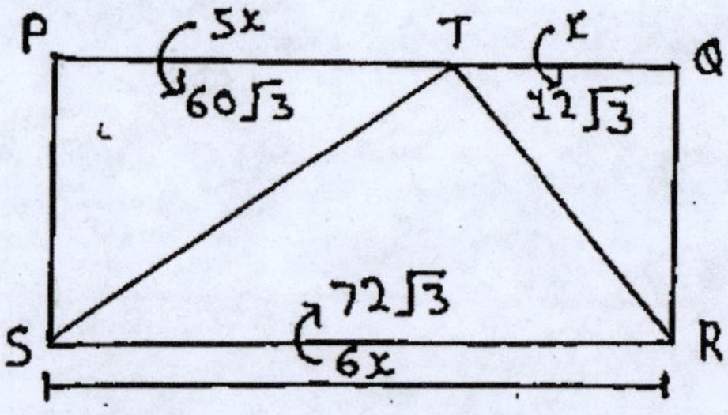

Ar. (PQRS) $= 12\sqrt{3}+60\sqrt{3}+72\sqrt{3}$

$= 144\sqrt{3}\ cm^2$

28.

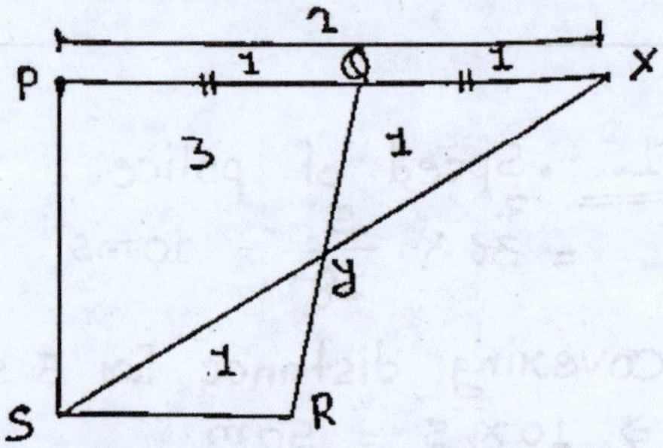

As, ar (PQRS) = [1+3]

$= 4 \rightarrow 300\ cm^2 \Rightarrow 1 \rightarrow 75\ cm^2$

ar $(\Delta SYR) = 1 \rightarrow 75\ cm^2$

29.

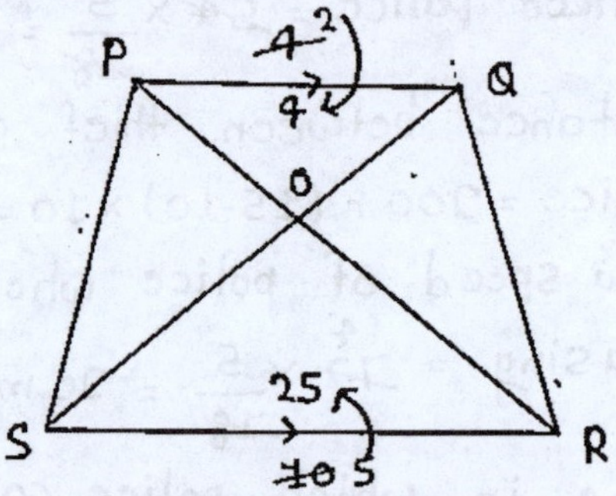

So, ar (ΔPOQ) : ar (ΔSOR)

$= 4 : 25$

30.

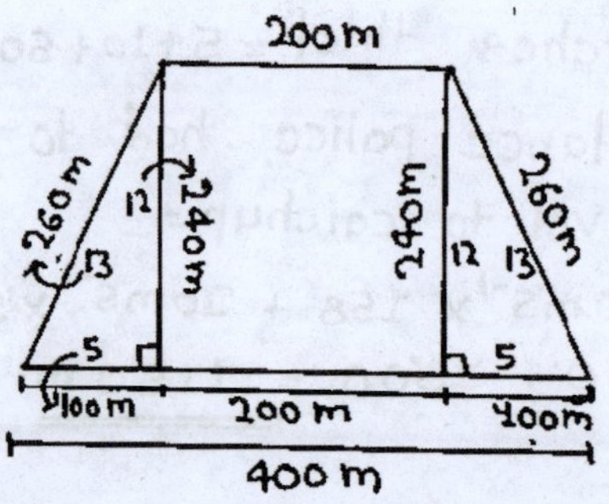

So,

ar. of field $= \frac{1}{2}(200+400)\,240$ → 120

$= 600 \times 120 = 72000\ m^2$

PRACTICE SET-20
HINTS & SOLUTIONS

1. • Speed of police

$= 36 \times \frac{5}{18} = 10\ ms^{-1}$

Covering distance for 5 sec.

$\Rightarrow 10 \times 5 = 50m.$

Distance between thief and police $= 250 - 50 = 200m.$

• Speed of thief after he noticed police $= 54 \times \frac{5}{18} = 15\ ms^{-1}$

Distance between thief and police $= 200 + (15-10) \times 10 = 25m.$

• New speed of police when chasing $= 72 \times \frac{5}{18} = 20\ ms^{-1}$

Time in which police catches thief $= \frac{250}{20-15} = \frac{250}{5} = 50s.$

• Total time in which police catches thief $= 5+10+50 = 65s$

Distance police had to travel to catchup =

$= 10ms^{-1} \times 15s + 20ms^{-1} \times 50s$

$= 150 + 1000 = 1150\ m.$

2.

Total $= 4 + 5 + 6 = 15$

Red $= 4$

Green $= 5$

White $= 6$

• P[Ball is either red or green]

$= \frac{4}{15} + \frac{5}{15} = \frac{9}{15} = \frac{3}{5}$

3. $\rightarrow 484 = 4 \times 121 = 2^2 \times 11^2$

Sum of divisors =

$2^0 \times 11^0 = 1$

$2^0 \times 11^2 = 121$

$2^2 \times 11^0 = 4$

$2^2 \times 11^2 = 484$

$\rightarrow a + b + c + d = 1 + 121 + 4 + 484$

$= 610.$

4. $\rightarrow$ Prime no. = 2, odd, odd

As even + odd + odd = even

$\Rightarrow 2 +$ odd + odd $= 50$

$\Rightarrow$ odd + odd $= 48$

$\Rightarrow 43 + 5 = 48$

Hence, max value of $x = 43.$

5. • Dist. b/w stations = 1176 Km

•[Time taken by express train] − [Time taken by passenger train] = 5 hrs.

•Avg Speed of express train − Avg. Speed of Passenger train = 70

⇒ So, $T_P - T_E = 5$ hrs.

$$\Rightarrow \frac{1176}{[S-70]} - \frac{1176}{S} = 5$$

$$\Rightarrow 1176\left[\frac{70^{14}}{S\cdot(S-70)}\right] = 5$$

$\Rightarrow S.(S-70) = 1176 \times 14$

$\Rightarrow S^2 - 70S - 1176 \times 14 = 0$
x → (−ve)

$\Rightarrow S^2 - 168S + 98S - 1176 \times 14 = 0$

$\Rightarrow (S-168)\cdot(S+98) = 0$

$\Rightarrow S = (168); (-98)$

→ Hence, Speed of express train = 168 kmh^{-1}

. Speed of passenger train = 168 − 70 = 98 Kmh^{-1}

Time taken by passenger train $= \frac{1176^{12}}{98} = $ 12 hrs.

6.

A	B	C
4	5	5
3	3	4
12	15	20

After receiving sums

= A:C = [7 : 9] × 2 = 14 : 19

Hence, acc to ques

⇒ C = 20 $\xrightarrow{-2}$ 18

A = 12 $\xrightarrow{+2}$ 14

∴ Initial share of C transfer to A $= \frac{2}{20}^{th}$ part $= \frac{1}{10}^{th}$ part.

7. 20 students ⟶ 26 yrs = 520] 45
19 students ⟶ 25 yrs = 475]

Hence, acc to ques

30 + x − 21 = 45

⇒ x = 45 + 21 − 30 = 36 yrs.

8. ⇒ LEGS:

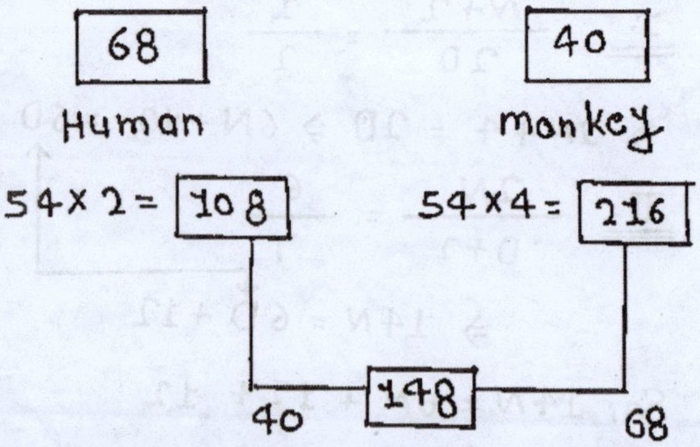

$\therefore \frac{\text{No. of humans}}{\text{No. of monkeys}} = \frac{68^{17}}{40_{10}} = \frac{17}{10}$] → 17+10 = 27

So Humans + monkeys = 27 → 54 ⇒ 1 → 2

∴ No of monkeys = 10 × 2 = 20.

9.

	900
A + B = 25d	36
B + C = 36d	25
C + A = 30d	30
2[A+B+C]	91

⇒ [A+B+C] = 45.5

As, Work = Eff × time

⇒ 900 = [A+B+C+D] × 18 (900 → 50)

⇒ 45.5 + D = 50

⇒ D = 4.5

• D alone complete work in

$= \frac{900}{4.5} = 200d.$

10. → Let, $f = \frac{N}{D}$

I. $\frac{N+2}{2D} = \frac{1}{2}$

⇒ 2N + 4 = 2D ⇒ 6N + 12 = 6D

II. $\frac{2N}{D+2} = \frac{6}{7}$

⇒ 14N = 6D + 12

So, 14N = 6N + 12 + 12

$\Rightarrow N = \frac{24}{8} = 3$

and [14 × 3] = 6D + 12

$\Rightarrow D = \frac{42-12}{6} = 5$

$\Rightarrow f = \frac{N}{D} = \frac{3}{5}$

11. Interest = 11046 − 8400
= 2646 Rs.

As $SI = \frac{P \cdot r \cdot t}{100}$

t → constant, r → constant

⇒ SI ∝ P

P I

8400 Rs ⟶ 2646 Rs

9600 Rs ⟶ $\frac{2646 \times 96}{84}$ (378 × 8 / 7)

= 378 × 8 = 3024 Rs.

12.

	ATUL	VISHU	TIME
I.	900	900−135 = 765	20s
II.	900	900−189 = 711	8s
		765−711 = 54	12s

As Vishu does = 54m → 12s

↳ 900m → $\frac{12}{54} \times 900$ (= $\frac{2}{18} \times 100$... 4·2/18·9)

= 200s = 3 min 20 sec.

13. MP = 3600 Rs, SP = 2160 Rs

$\Rightarrow \frac{MP}{CP} \times f_1 \times f_2 = \frac{SP}{CP}$

$\Rightarrow 3600 \times f_1 \times \frac{3}{4} = 2160$

⇒ $f_1 = 4/5$ → 20% discount.

⇒ x = 20%.

So if there's a profit of 20% on Selling ⇒ CP SP
10 → 12

SP = 12 → 2160 Rs

CP = 10 → $\frac{2160}{12} \times 10$ = 1800 Rs

14. Let, Articles = 3

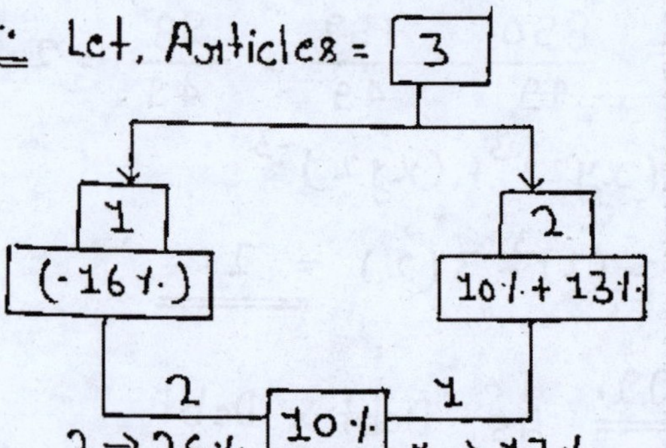

$2 \to 26\%$ $1 \to 13\%$

$1 \to 13\%$

• He must sell the rem Articles at $= 150 \times 1.23$

$= 184.5$ Rs.

15. • A = 38%

• $B = \frac{18}{45} \times 100\% = 40\%$

• $C = 100 - [38 + 40] = 22\%$

A.T.Q ⇒ $[40\% - 22\%] = 18\% \to 5760$

• Total no. of votes = 100%

$\to \frac{5760}{18} \times 100 = 32000.$

16. • A.T.Q

$\Rightarrow x \times \frac{4}{5} \times \frac{9}{10} \times \frac{4}{5} \times \frac{9}{10} = 292410$ Rs

$\Rightarrow x = 902.5 \times 625 =$

$= 564062.5$ Rs.

17.

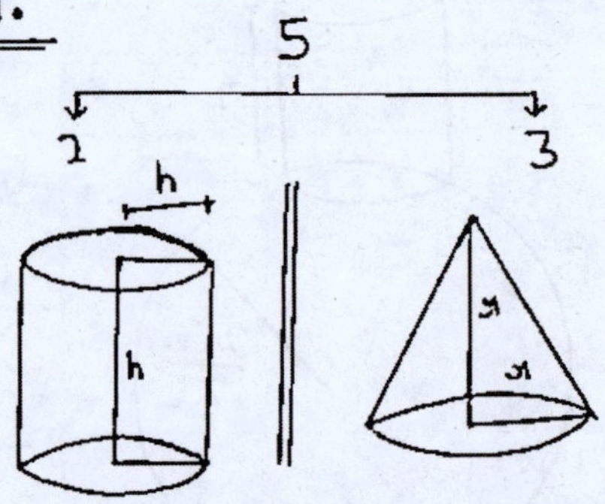

A.T.Q ⇒ $\frac{\text{Vol}^n[\text{Cone}]}{\text{Vol}^n[\text{Cylin.}]} = \frac{3}{2}$

$\Rightarrow \frac{\frac{1}{3}\pi r^3}{\pi h^3} = \frac{3}{2} \Rightarrow \frac{r^3}{h^3} = \frac{9}{2}$

$\Rightarrow r : h = (9)^{1/3} : (2)^{1/3}$

18.

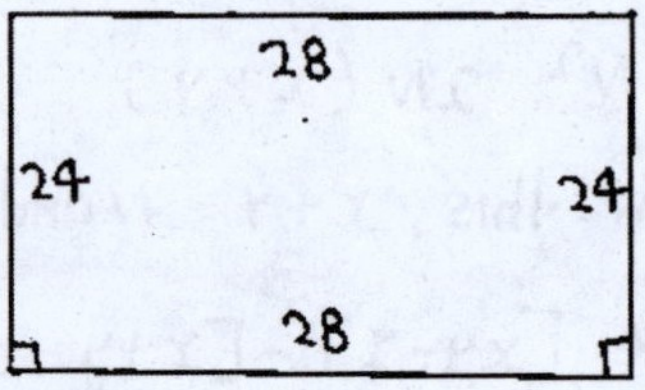

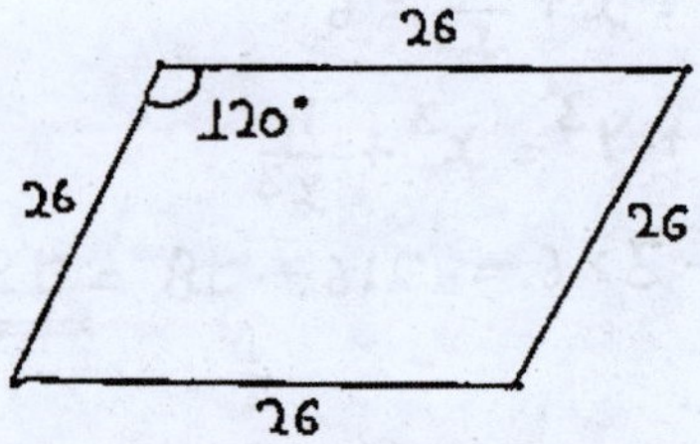

• Ar. of Rhombus = $a^2 \cdot \sin\theta$

$= 26 \times 26 \times \sin 120$

$= 26 \times 26 \times \frac{\sqrt{3}}{2} = 338\sqrt{3}\ m^2$

19.

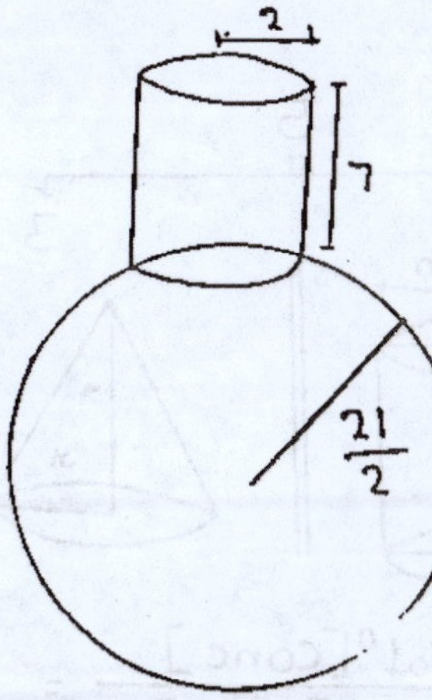

$Vol^n = \frac{4}{3}\pi r^3 + \pi r^2 h$

$= \frac{22}{7}\left[\frac{4}{3}\times\frac{21}{2}\times\frac{21}{2}\times\frac{21}{2}+2\times2\times7\right] = 11\times\frac{441}{2}\times 22/2$ ... $= 11\times441 + 4\times22$

$= 4851 + 88 = \underline{4939 cm^3}$

20. $N^2 \quad 2N(x+y)$

$\rightarrow$ In this, $x+y = N$ and, $x = \frac{1}{y}$

Trick: $[xy-1]^2 - [x+y-6]^2 = 0$

$\Rightarrow x+y = x+\frac{1}{x} = 6$

So, $x^3+y^3 = x^3+\frac{1}{x^3}$

$= (6)^3 - 3\times6 = 216-18 = \underline{198.}$

21.

$x+\frac{1}{y} = a,\; y+\frac{1}{z} = b$

$z+\frac{1}{x} = c,\; (xyz)+(xyz)^{-1}$

$= abc - (a+b+c)$

So, $(xyz)+(xyz)^{-1}$

$= 10\times5\times\frac{17}{49} - \left[10+5+\frac{17}{49}\right]$

$= \frac{850}{49} - \frac{752}{49} = \frac{98}{49} = 2$

$(xyz)^3 + (xyz)^{-3}$

$= (2)^3 - 3(2) = \underline{2.}$

22. As, Debt = Debt

$\Rightarrow 10 + \frac{10\times R\times 11}{100\times 12} = 11 + \frac{1\times R\times[10+9+8+7+6+5+4+3+2+1+0]}{12\times 100}$

$\left(\frac{10\times11}{2} = 55\right)$

$\Rightarrow 10 + \frac{110R}{1200} = 11 + \frac{55R}{1200}$

$\Rightarrow \frac{55R}{1200} = 1 \Rightarrow R\% = \frac{240}{11}$

$= 21\frac{9}{11}\%$

23.

$\Rightarrow \dfrac{\frac{1}{SC}}{\frac{1}{S^2}+\frac{1}{C^2}} \Rightarrow \dfrac{\frac{1}{SC}}{\frac{1}{(SC)^2}}$

$\Rightarrow \underline{\sin\theta\cdot\cos\theta}$

24. $5\cot\theta + \sqrt{3}\,\text{cosec}\,\theta$

$= 2\sqrt{3}\,\text{cosec} + 3\cot\theta$

$\Rightarrow 2\cot\theta = \sqrt{3}\cdot\text{cosec}\,\theta$

$\Rightarrow 2\times\frac{C}{S} = \sqrt{3}\times\frac{1}{S} = C = \frac{\sqrt{3}}{2}$

As $\cos\theta = \frac{\sqrt{3}}{2} \Rightarrow \theta = 30°$

Hence, $\dfrac{\frac{7}{2}\cot^2 30 - \frac{3}{4}\text{cosec}^2 30}{4\sin^2 30 + \frac{3}{2}\tan^2 30}$

$= \dfrac{\frac{7}{2}\times 3 - \frac{3}{4}\times 4}{4\times\frac{1}{4} + \frac{3}{2}\times\frac{1}{3}} = \dfrac{\frac{15}{2}}{\frac{3}{2}} = 5$

25. Put, $\cos^2 63 = \sin^2 27$

$\tan^2 32 = \cot^2 58$

$\cos 55 = \sin 35$

$\sin 55 = \cos 35$

$\Rightarrow \dfrac{3(c^2+s^2)-5}{4-(\cot^2 58 - \text{cosec}^2 58)} + s^2 + c^2$

$= \dfrac{3-5}{4-1} + 1 = \dfrac{-2}{3} + 1 = \dfrac{1}{3}$

26. As, for water

$\frac{32}{40}\times f = \frac{7}{10} \Rightarrow f = \frac{7}{8}$

So, $\frac{1}{8}$ $\longrightarrow$ 5L, $8 \longrightarrow$ 40L

Hence, 5L of mixture shall be replaced with pure wine if there was initially 32L of water in the mixture.

27.

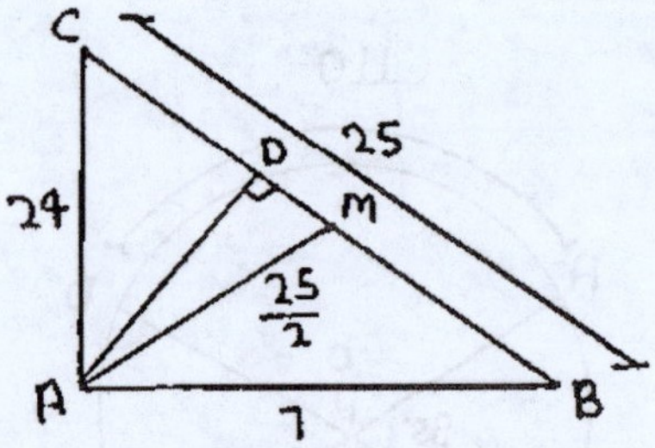

$\dfrac{AD}{AM} = \dfrac{\frac{24\times 7}{25}}{\frac{25}{2}} = \dfrac{24\times 14}{625}$

$= \dfrac{336}{625}$

28.

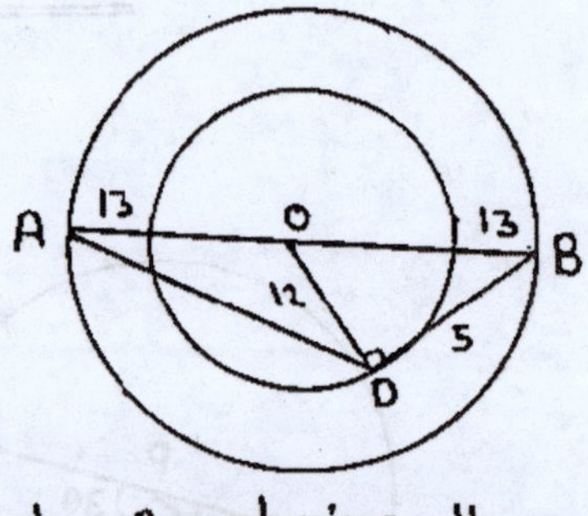

Acc. to Appolonius th.

$\Rightarrow 5^2 + AD^2 = 2(12^2 + 13^2)$

$\Rightarrow AD^2 = 2.(313) - 25$

$= 626 - 25 = 601$

$\Rightarrow AD = \sqrt{601} = 24.5$ [Approx]

29.

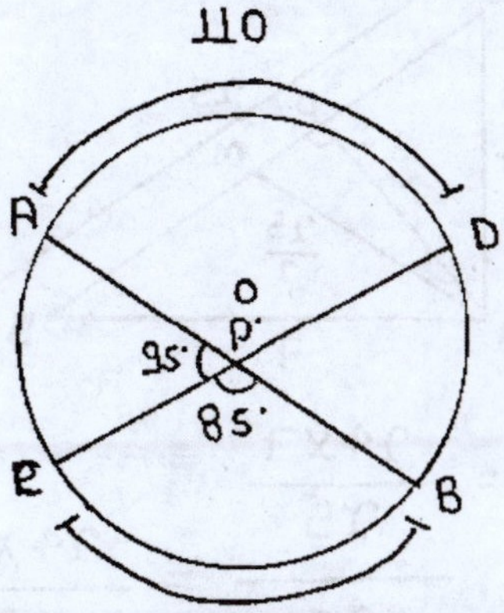

As, $\angle APC + \angle BPC = 180°$

$\Rightarrow 95 + \angle BPC = 180°$

$\Rightarrow \angle BPC = 85°$

So,

$\Rightarrow \dfrac{\angle BOC + \angle AOD}{2} = 85$

$\Rightarrow \angle BOC = 170° - 110° = \underline{60°}$

30.

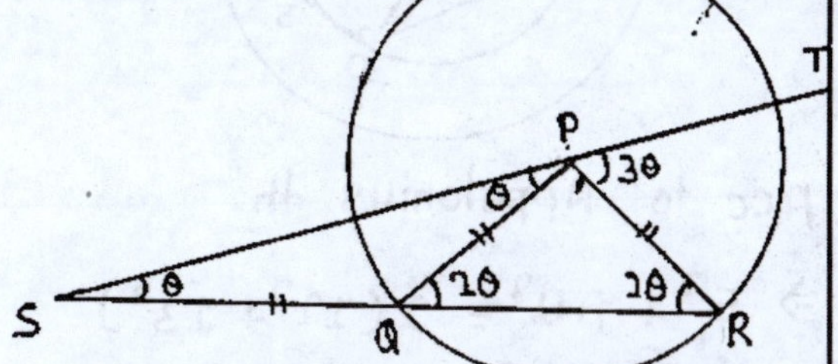

$\Rightarrow \angle RSP : \angle TPR$

$= \theta : 3\theta = \underline{1:3}$

PRACTICE SET-21
HINTS & SOLUTIONS

1. • $1\frac{3}{5}\% = 16\%$

$2004 \rightarrow [+1.6\%]$
$2005 \rightarrow [-1.6\%]$ } 2yr
$2006 \rightarrow [+1.6\%]$

2007

• 2yrs $= [1.6\%] - [1.6\%] - \frac{1.6 \times 1.6}{100}$
$= -0.0256\%$

• Price of 2007
$= [+1.6\%] - 0.0256 - \frac{1.6 \times 0.0256}{100}$
$= 1.57\% \uparrow$

2. • Ace = 4
Queen = 4
Jack = 4.

• Req. Prob $= \frac{{}^4C_1 \times {}^4C_1 \times {}^4C_1}{{}^{52}C_3}$

$= \frac{4 \times 4 \times 4 \times 3 \times 2 \times 49!}{52 \times 51 \times 50 \times 49!}$

$= \frac{16}{5525}$

3. $\rightarrow 216 = (6)^3 = 2^3 \times 3^3$ (x)

As, only odd divisors
$= (2)^0 \times [3^0 + 3^1 + 3^2 + 3^3]$
$= 1 \times [1 + 3 + 9 + 27] = 40$

4. cylinder : $(h - r) = 23$cm

$\rightarrow$ TSA $= 1628\,cm^2$

$\Rightarrow 2\pi r(r + h) = 1628$

$\Rightarrow r(r + h) = \frac{1628 \times 7}{2 \times 22} = 37 \times 7$

So, $r = 7$cm and, $(r + h) = 37$cm

$\Rightarrow h = 37 - 7 = 30$ cm

• Recasted into cone :

$\pi r^2 h = \frac{1}{3}\pi R^2 H$

$\Rightarrow 7 \times 7 \times 30 = \frac{1}{3} \times \frac{21}{2} \times \frac{21}{2} \times H$

$\Rightarrow$ Height $= 40$ cm

5. Let, Total time = 5 hrs
and speed = 60 Kmh
So, Distance = $5 \times 60 = 300$ Km

↓ 60% | ↓ 40%

D = 180 Km | 120 Km

t = 2hrs. | 3hrs.

So, Speed in rem

$= \frac{120}{3} = 40\ Kmh^{-1}$

6.

	A	B	C
Profit Shares →	4500 ↓ 9	5500 ↓ 11	5000 ↓ 10

As, Total capital = 33000 Rs

⇒ [9 + 11 + 10] → 33000 Rs

[30] → 33000 Rs ⇒ 1 → 1100 Rs

• C's capital = 10 × 1100 Rs

= 11000 Rs.

7.

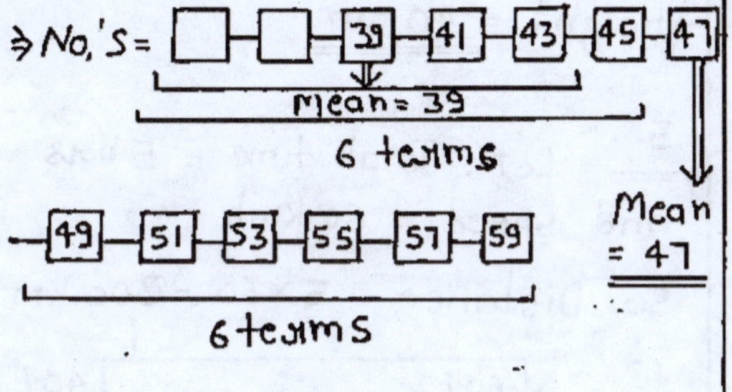

8.

	SILVER	COPPER	
A1	5×55 = 275	3×55 = 165	→ 8×11×5
A2	6×40 = 240	5×40 = 200	→ 11×8×5
New	3×88 = 264	2×88 = 176	→ 5×8×11

So, taking silver:

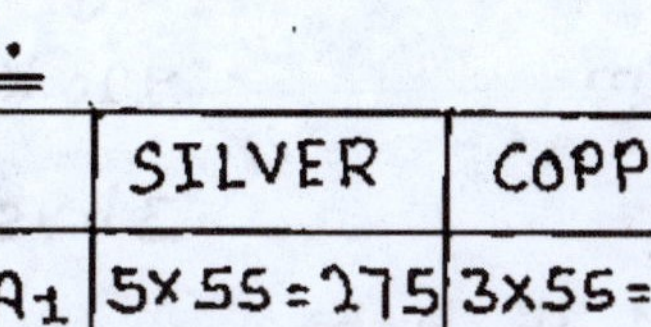

Hence,

Ratio = 24 : 11

9.

	120			
MAYANK → 20d	6	×1.5 →	SHUBHAM	9
ASHISH → 40d	3	×0.4 →	ANSH	1.2
AVINASH → 60d	2	×0.9 →	VAIBHAV	1.8

So, they will do work in

$= \frac{120}{9 + 1.2 + 1.8} = \frac{120}{12} = 10d.$

10. ⇒ A : B : C

= 24000 : 32000 : 18000

= 12 : 16 : 9 → 37

• A get 15% and B get 12% of profit

= 100 − (15 + 12) = 73%.

So, C gets 65700 Rs

⇒ 9 × 73% = 6.57

↳ 6.57 → 65700 Rs.

⇒ 1 → $\frac{6570000}{657}$ = 10000 Rs

∴ Total Profit

= 37 × 10000 = 370000 Rs.

11. → As, $SI = \frac{P.r.t}{100}$

in this, SI is constant.

P is constant.

$SI_1 = SI_2 \Rightarrow \frac{P \times 6 \times (t+2)}{100}$

$= \frac{P \times 10 \times t}{100}$

$\Rightarrow 6t + 12 = 10t \Rightarrow 4t = 12$

$\Rightarrow t = 3$ yrs.

As, rate = 10% SI

for t = 3yrs.

$\Rightarrow P \to A = 100 \to 130$

and, $130 \to 1105$ Rs

$\Rightarrow 100 \to \frac{1105^{85}}{130} \times 100$

= 850 Rs → SUM

12. As, rate ⇒ 12m → 12%

6m → 6%

So, 24000 × 6% = 1440

1440 × 6% = 86.4

86.4 × 6% = 5.1

5.1 × 6% = 0.3

So, in 2yrs =

1	1	1	1	= 4 × 1440 = 5760
	1	2	3	= 6 × 86.4 = 518.4
		1	3	= 4 × 5.1 = 20.4
			1	= 1 × 0.3 = 0.3

CI = 6300 Rs

13. ⇒ MP = 750 Rs, SP = 634.80 Rs.

$\frac{MP}{CP} \times r \times r = \frac{SP}{CP}$

$\Rightarrow 750 \times r^2 = 634.8$

$\Rightarrow r^2 = \frac{6348}{7500} = \frac{529}{625}$

(1587 → 529; 7500 → 25 × 75 × 25)

$\Rightarrow r = \frac{23}{25}$.

Hence $x\% = \frac{25-23}{25} \times 100\%$ (4)

= 8% → disc

and CP = 80% × MP

$\Rightarrow CP = 750 \times \frac{4}{5} = 600$ Rs (150)

. Single disc. of 2x% on MP (16%)

$= 750 \times \frac{84}{100} = 75 \times 8.4 = 630$ Rs

Hence Gain % $= \frac{630-600}{600} \times 100\%$

$= \frac{30}{600} \times 100\% = 5\%$

14. SP is same ⇒ 15000 Rs

overall Loss $= \frac{x^2}{100}\% = \frac{25 \times 25}{100}$

= 6.25%

15. ⇒ Mode = Appears the Most. = 8.

16. As, H − L = 162 runs.

- Innings = 35 | 33
- Runs = 42 | 38

$\cdot H+L = 35\times42 - 33\times38 = 1470 - 1254 = 216$

$H - L = 162$

$2H = 378$

$\Rightarrow H = 189.$

17. $\Rightarrow$

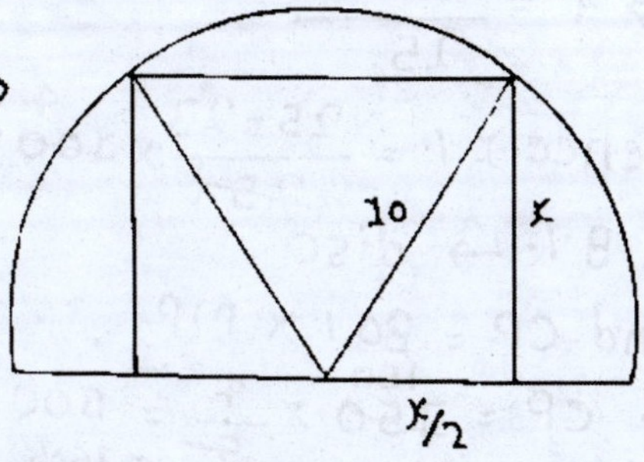

Pythagoras $\Rightarrow (10)^2 = x^2 + \frac{x^2}{4}$

$\Rightarrow 100 = \frac{5x^2}{4}$

$\Rightarrow x^2 = 80\ cm^2$

18. $\frac{CSA}{TSA} = \frac{2\pi rh}{2\pi r(r+h)} = \frac{5}{9}$

$\Rightarrow \frac{h}{(r+h)} = \frac{5}{9}$, r = 4

So, h : r = 5 : 4

19.

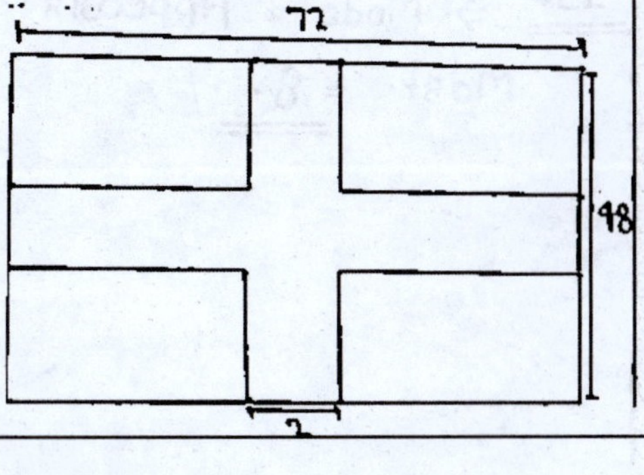

- Ar of path

$= 72\times2 + 48\times2 - 2\times2 = 236\ m^2$

- CoST = 236 × 150

= 35400 Rs

20. $\Rightarrow$ As. $x + \frac{1}{x} = (-1)$

$\Rightarrow x^3 = 1$, $x^{15} = 1$

$\Rightarrow x^{15} + \frac{1}{x^{15}} = 1 + 1 = 2$

21. $\Rightarrow x^3 + y^3 + z^3 - 3xyz$

$= (x+y+z)\left[(x+y+z)^2 - 3(xy+yz+zx)\right]$

$\Rightarrow x^3 + y^3 + z^3 + 36 = 2\left[4 - 3(-11)\right]$

$\Rightarrow x^3 + y^3 + z$

$= 2\times37 - 36 = 74 - 36 = 38.$

22. $\frac{y-x}{xy} = \frac{11}{24} \Rightarrow \frac{(-11)}{xy} = \frac{11}{24}$

$\Rightarrow xy = (-24)$; $x^2y^2 = 576.$

$\cdot (x-y) = k = 11$

$\Rightarrow x^2 + y^2 = k^2 + 2xy$

$= (11)^2 + 2(-24) = 121 - 48 = 73$

$\cdot (x-y)^3 = x^3 - y^3 - 3xy\ (x-y)$

$\Rightarrow x^3 - y^3 = (11)^3 + 3(-24)(11)$

$= 1331 - 792 = 539$

$\cdot x^3 - y^3 + x^2y^2$

$= 539 + 576 = 1115.$

23. Let, $x = \sqrt{30 + x}$

$\Rightarrow x^2 = 30 + x$

$\Rightarrow x^2 - x - 30 = 0 \Rightarrow x = 6$

$(-6) \quad (5)$

24. $\tan(t) + \cot(t) = 1$

$\Rightarrow \frac{S}{C} + \frac{C}{S} = 1 \Rightarrow \frac{1}{SC} = 1$

$\Rightarrow SC = 1$

As, $(S+C)^2 = S^2 + C^2 + 2SC$

$= 1 + 2(1) = 3$

$\Rightarrow (S+C) = \sqrt{3}$

So, $\frac{1}{\sin(t) + \cos(t)} = \frac{1}{\sqrt{3}}$

25.

$$\Rightarrow \frac{[1-S]\left[\frac{1}{C} + \frac{S}{C}\right] \frac{S}{C}}{\left[\frac{1}{C} + \frac{S}{C} + 1\right]\left[\frac{C}{S} - \frac{1}{S} + 1\right]} = 1$$

$$\Rightarrow \frac{[1-S] \cdot \frac{[1+S]}{C} \cdot \frac{S}{C}}{\frac{1+S+C}{C} \cdot \frac{C-1+S}{S}} = 1$$

$$\Rightarrow \frac{S \cdot (1-S^2)}{C^2} = \frac{(S+C)^2 - 1^2}{SC}$$

$\Rightarrow S^2C = 1 + 2SC - 1$

$\Rightarrow SC = 2SC \Rightarrow \frac{\sin\theta}{2} = 1$

26. $(S^2 + C^2)^2 = S^4 + C^4 + 2S^2C^2$

$\Rightarrow 1 - 2S^2C^2 = S^4 + C^4$

So,

$$\frac{[1 - 2\sin^2\theta \cos^2\theta][\cot + 1]\cos\theta}{[\sin^4\theta + \cos^4\theta][1 + \tan\theta]\,\text{cosec}\,\theta} - 1$$

$$\Rightarrow \frac{(\cot\theta + 1) \cdot \cos\theta}{(1 + \tan\theta)\,\text{cosec}\,\theta} - 1$$

$$\Rightarrow \frac{\left[\frac{S+C}{S}\right] C}{\left[\frac{C+S}{C}\right] \cdot \frac{1}{S}} - 1$$

$\Rightarrow \cos^2\theta - 1 = (-\sin^2\theta)$

27.

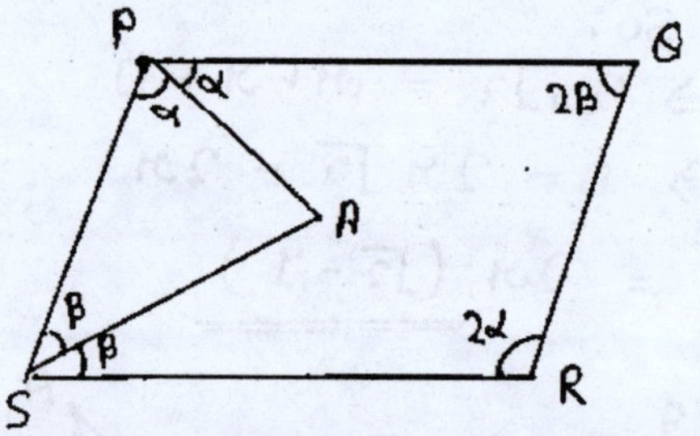

As, $2\alpha + 2\beta = 180°$

$\Rightarrow \alpha + \beta = 90°$

So, $\angle PAS = 180 - (\alpha + \beta)$

$= 180 - 90 = 90°$

28.

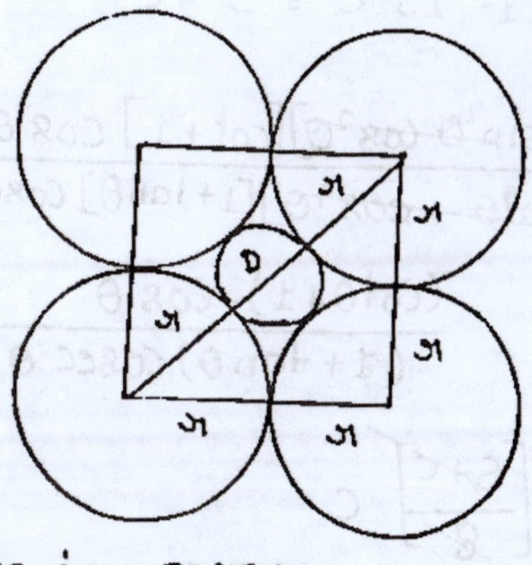

Hence in square:

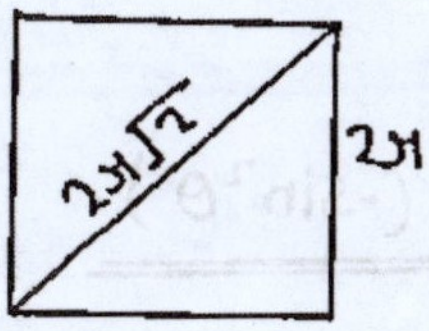

$\rightarrow$ Diag. $= 2r\sqrt{2}$

So,

$\Rightarrow 2r\sqrt{2} = r + r + D$

$\Rightarrow D = 2r\sqrt{2} - 2r$

$= 2r(\sqrt{2} - 1)$

29.

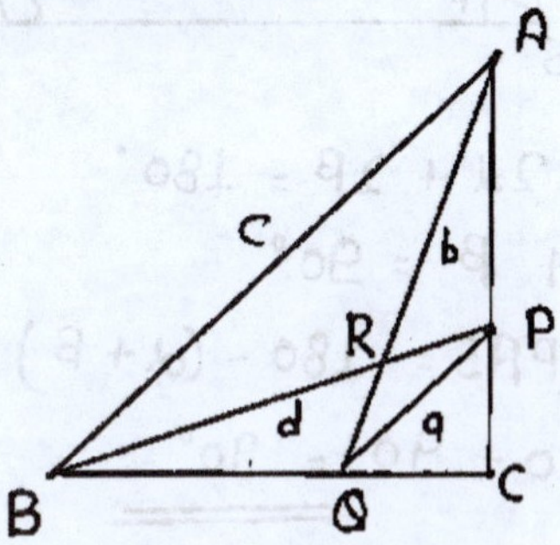

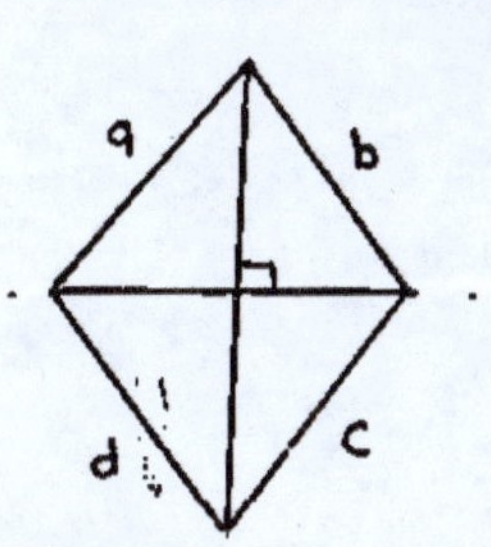

$\Rightarrow a^2 + c^2 = b^2 + d^2$

30.

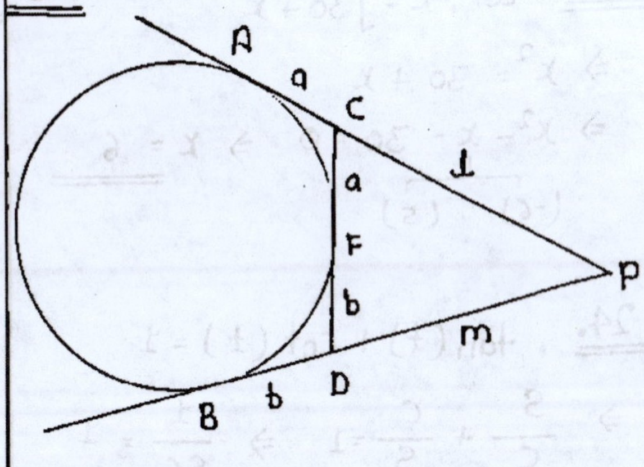

$P = l + a + b + m = AP + PB$

$= 2.(AP)$

$\Rightarrow AP = \frac{P}{2} \Rightarrow 16 = \frac{P}{2}$

$\Rightarrow P = 32cm$

PRACTICE SET-22
HINTS & SOLUTIONS

1. • Invalid votes = $\frac{1}{4}$ = 25%

• Let, Total votes = 100%

Inv. → 25% ; Valid → $W + L = 75$

and, $W - L = 15$ [GIVEN]

So, $W = 45\%$ and $L = 30\%$

• If all Invalid votes would've been in favour of B = 30% + 25% = 55%

Hence, B would've won by 10%.

2. Red = 26, Black = 26

• Req. probability = $\frac{^{26}C_1 \times ^{26}C_1}{^{52}C_2}$

$= \frac{26 \times 26 \times 2}{52 \times 51} = \frac{26}{51}$

3. • $14400 = [2^2 \times 3]^2 \times 2^2 \times 5^2$

$= 2^6 \times 3^2 \times 5^2$

• As, $18 = 2 \times 3^2$ and, Div $= 2^5 \times 5^2$

$\Rightarrow F(18) = 6 \times 3 = 18$

• As, $36 = 2^2 \times 3^2$ and, Div $= 2^4 \times 5^2$

$\Rightarrow F(36) = 5 \times 3 = 15$

Div. by 18 but not by 36

$= 18 - 15 = 3$.

4. As, $\underbrace{1-2}_{(-1)} + \underbrace{3-4}_{(-1)} + \underbrace{5-6}_{(-1)}$ -- upto 100 terms

$= (-1) \times 50 = [-50]$

5. A.T.Q $\Rightarrow t_2 - t_1$

$= 5\text{hrs} \Rightarrow \frac{300}{S} - \frac{300}{S+10} = 5$

$\Rightarrow 300\left[\frac{10}{S(S+10)}\right] = 5$ (300 cancelled to 60, 5 cancelled)

$\Rightarrow S.(S+10) = 60 \times 10 = 600$

$\Rightarrow S.(S+10) = 600 = 20 \times 30$

Hence, speed of outward journey = $20\ kmh^{-1}$

6.

	A	B	C	
Investment	3	6	5	
×2	6	12	10	
		$\times\frac{3}{4}$		
PROFITS	6	9	10	⇒ 25

As, total Profit = 50K

Half distributed = 25K

• 25 → 25K

1 → 1K

• C gets ⇒ 10 × 1K = 10000 Rs

7. • Avg of 5 numbers = 32

A.T.Q

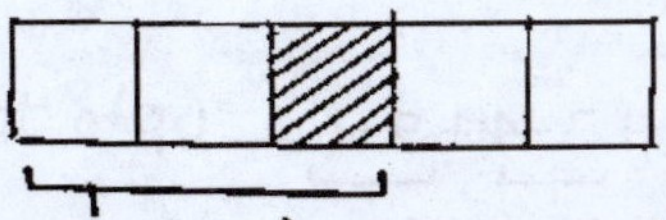

3→28 3→34

$\Rightarrow 3\times(32-28)$ | $\Rightarrow 3\times(34-32)$

$\Rightarrow (-12)$ | $\Rightarrow 6$

$\Rightarrow (-12)+6 = (-6)$.

• 3rd no = 32 − 6 = 26

• As, Avg. of first 3 no = 28 → sum = 28 × 3 = 84.

So, Sum of first 2 no = 84 − 26 = 58

Hence, avg. of first 2 no.

$= \frac{58}{2} = 29$

8.

	M	W		M	W
(I)	4	1	5×6	24	6
(II)	1	1	2×15	15	15
	2	1	3×10	20	10

• Taking water:

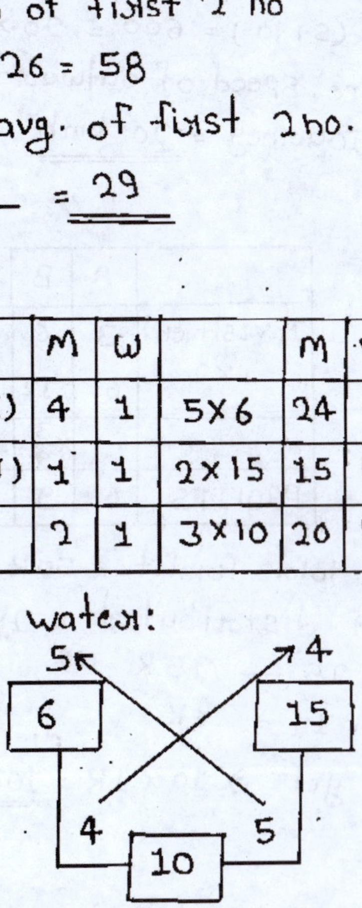

• He should take

⇒ I : II = 5 : 4 → 9 = 9L

9.

	60
N → 20d	3
O → 15d	4
P → 12d	5

A.T.Q ⇒ $60 = (t-4)\cdot 3 + (t-2)4 + t5$

$\Rightarrow 60 = 3t - 12 + 4t - 8 + 5t$

$\Rightarrow 80 = 12t$

$\Rightarrow t = \frac{80}{12} = \frac{20}{3}\,d$

10.

	Cu	Zn	Ni	
Old	4	3	2	=9
		+7		
New	2	5	1	
	4	10	2	

Old mix = 9 → 54 Kg

⇒ 1 → 6 Kg

Zinc to be added

= 7 × 6 Kg = 42 Kg

11. As, SI for 3 yrs → 6750 Rs

⇒ Hence, Int = 12% → 2250 Rs

1 yr → 2250 Rs

$P = 100\% \rightarrow \frac{2250}{12} \times 100$

$= 750 \times 25 = 18750$ Rs

So, CI on 18750 Rs on 10% → 6 monthly and t → 4

1.1875	1	1	1	1	= 4 × 1875 = 7500
2.187.5		1	2	3	= 6 × 187.5 = 1125
3.18.75			1	3	= 4 × 18.75 = 75
4.1.875				1	= 1 × 1.875 = 1.875

CI = 8701.875 Rs.

12. A.T.Q ⇒

$$\frac{\frac{1500 \times R \times 4}{100}}{\frac{[1500 - x] \times 2R \times 4}{100}} = \frac{3}{4}$$

⇒ $4500 - 3x = 3000$

⇒ $x = 500$ Rs.

13.

$$\frac{SP}{CP} = \frac{20}{18} \times \frac{1000}{900} = \frac{100}{81}$$

Actual P% $= \frac{1900}{81}\%$

$= 23.45\%$

14. $CP_1 + CP_2 = 11520$ Rs

A.T.Q ⇒ $SP_1 = SP_2$

⇒ $\frac{85}{100} \times CP_1 = \frac{119}{100} \times CP_2$

⇒ $\frac{CP_1}{CP_2} = \frac{119}{85}$ ⇒ 119 + 85 = 204

∴ 204 → 11520 Rs

⇒ $CP_1 = 119 \rightarrow \frac{119 \times 11520}{204}$

= 6720 Rs

15. product of modes

= 13 × 15 = 195.

16. $\left[\left[\frac{x}{2}+2\right]\frac{1}{2}+2\right]\frac{1}{2}+2 = 10$

⇒ $\left[\left[\frac{x}{2}+2\right]\frac{1}{2}+2\right] = 8 \times 2 = 16$

⇒ $\left[\frac{x}{2}+2\right] = 14 \times 2 = 28$

⇒ $x = 26 \times 2 = 52$

17.

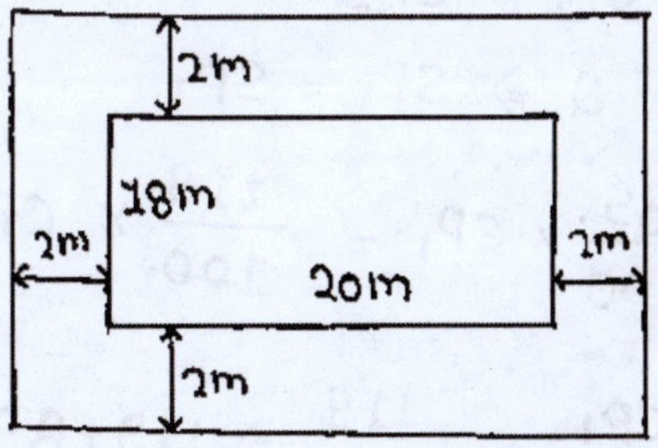

• Ar. of Jogging track

$= 22 \times 24 - 20 \times 18 = \underline{168\ m^2}$

18.

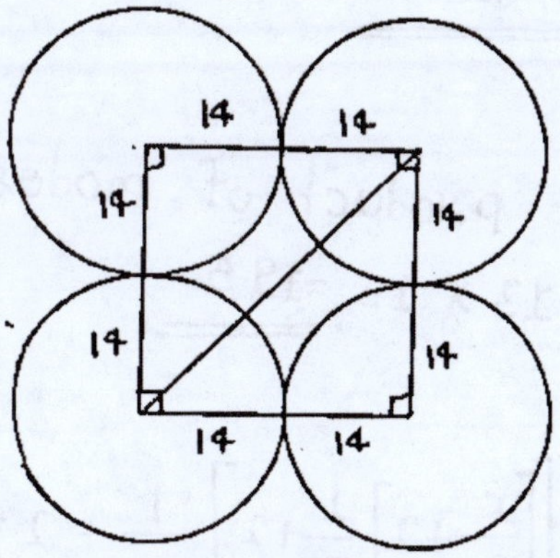

$\text{Area} = (28)^2 - 4\left[\frac{90}{360} \times \pi \times (14)^2\right]$

$= 784 - 4 \times \frac{1}{4} \times \frac{22}{7} \times 14 \times 14$

$= 784 - 44 \times 14 = 784 - 616$

$= \underline{168\ cm^2}$

19. As, $l = 3cm$, $b = 4cm$

$h = 5cm$

So,

CASE(I): $r = \frac{l}{2} = \frac{3}{2}cm$, $h = 5cm$

• $V_1 = \frac{22}{7} \times \frac{3}{2} \times \frac{3}{2} \times 5 = \frac{495}{14} cm^3 = 35.35\ cm^3$

CASE(II): $r = \frac{b}{2} = \frac{4}{2} = 2cm$

$h = l = 3cm.$

• $V_2 = \frac{22}{7} \times 2 \times 2 \times 3 = \frac{264}{7}$

$= 37.71\ cm^2$

As, $V_2 > V_1$ So, $\frac{264}{7} cm^3$ is the vol^n of the largest cylin. that can be cut out of the cuboid.

20. $x + \frac{1}{x} = 5$

$x - \frac{1}{x} = \sqrt{25-4} = \sqrt{21}$

$x^2 + \frac{1}{x^2} = 25 - 2 = 23$

$x^4 + \frac{1}{x^4} = 529 - 2 = 527$

• $\left[x^8 - \frac{1}{x^8}\right] = \left[x^4 - \frac{1}{x^4}\right]\left[x^4 + \frac{1}{x^4}\right]$

$= \left[x^2 + \frac{1}{x^2}\right] \cdot \left[x + \frac{1}{x}\right] \cdot \left[x - \frac{1}{x}\right] \cdot \left[x^4 + \frac{1}{x^4}\right]$

$= 23 \times 5 \times \sqrt{21} \times 527$

$= \underline{60605\sqrt{21}}$

21. • In $ax^2 + bx + c = 0$
real and equal root
$\Rightarrow b^2 - 4ac = 0$
• $b^2 - 4ac = 0 \Rightarrow 4k^2 - 4 \times 3 \times 3 = 0$
$\Rightarrow 4k^2 = 4 \times 3 \times 3 = k = 3$

22. As. $x^4 = 16x + 12$
• $x^4 + 4x^2 + 4$
$= 16x + 12 + 4x^2 + 4$
$= 4x^2 + 16x + 16 \Rightarrow (x^2+2)^2 = (2x+4)^2$
T.R.O.B.S $\Rightarrow x^2 + 2 = 2x + 4$
$\Rightarrow x^2 - 2x = 4 - 2 = 2.$

23.
$x \Rightarrow 7 \times 6 \Rightarrow x = 6$
× ✓

24. Num $= \overbrace{(c^2+s^2)}^{1}(c^2-s^2) + 2s^2 + 3$
$= c^2 - s^2 + 2s^2 + 3$
$= c^2 + s^2 + 3 = 1 + 3 = 4$
• Den $= [(\text{cosec}\,\theta + 1)^2 - \cot^2\theta] - 2$
$= \text{cosec}^2\theta + 1 + 2\,\text{cosec}\,\theta - \cot^2\theta - 1 - 1$
$= [\text{cosec}^2\theta - 1]\cot^2\theta + 2\,\text{cosec}\,\theta$
$= 2\,\text{cosec}\,\theta.$
• $\frac{N}{D} = \frac{4^2}{2\,\text{cosec}\,\theta}$
$= 2\sin\theta$

25. Den $= 1 + \tan^2\theta + 1 + \cot^2\theta$
$= \frac{1}{c^2} + \frac{1}{s^2} = \frac{1}{(sc)^2}$
Num $= (\tan^2\theta)^3 - (\sec^2\theta)^3 - 3$
$\sec^2 \cdot \tan^2\theta(\sec^2\theta - \tan^2\theta)$
$= [\tan^2\theta - \sec^2\theta]^3$
$= [-1]^3 = [-1]$
• $\frac{N}{D} = \frac{-1}{1/(sc)^2} = -\cos^2\theta . \sin^2\theta$

26. Den $= [1 + \tan^2\theta + \text{cosec}^2\theta]$
$= [\sec^2\theta + \text{cosec}^2\theta] = \frac{1}{(sc)^2}$
Num $= \frac{\frac{s^3}{c^3}}{\frac{1}{c^2}} + \frac{\frac{c^3}{s^3}}{\frac{1}{s^2}} + 2sc$
$= \frac{s^3}{c} + \frac{c^3}{s} + 2sc = \frac{s^4 + c^4 + 2s^2c^2}{sc}$
$= \frac{(s^2+c^2)^2}{sc} = \frac{1}{sc}$
• $\frac{N}{D} = \frac{1/sc}{1/s^2c^2} = \sin\theta . \cos\theta$

27. H: Orthocentre

G: Centroid

O: Circumcenter

$\Rightarrow H \xrightarrow{\quad 2 \quad} G \xrightarrow{\quad 1 \quad} O$

$\Rightarrow (6,-1) \xrightarrow{\quad 2 \quad} (4,1) \xrightarrow{\quad 1 \quad} (x,y)$

• $4 = \frac{1 \times 6 + 2x}{3} \Rightarrow x = \frac{12-6}{2} = 3$

and $(1) = \frac{1 \times (-1) + 2y}{3} \Rightarrow y = \frac{4}{2} = 2$

Hence, O = (3, 2)

28. $D = \sqrt{(x_1-x_2)^2+(y_1-y_2)^2}$

• $AB = \sqrt{(3-1)^2+(2-4)^2} = \sqrt{4+4} = 2\sqrt{2}$

• $BC = \sqrt{(1-5)^2+(4-4)^2} = \sqrt{16} = 4$

• $CA = \sqrt{(5-3)^2+(4-2)^2} = \sqrt{4+4} = 2\sqrt{2}$

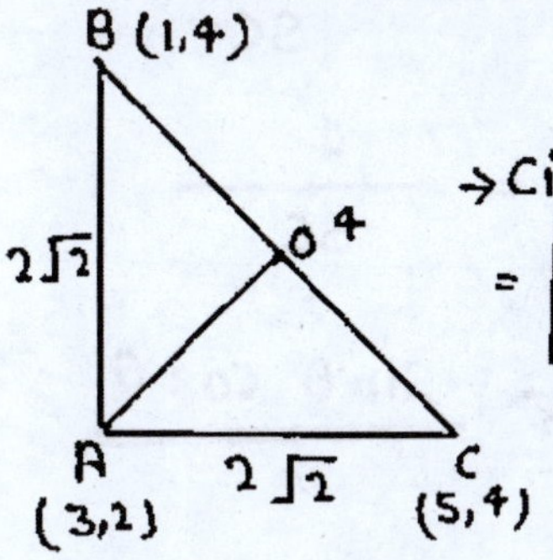

→ Circumcenter = O

$= \left[\frac{5+1}{2}, \frac{4+4}{2}\right]$

= [3, 4]

29.

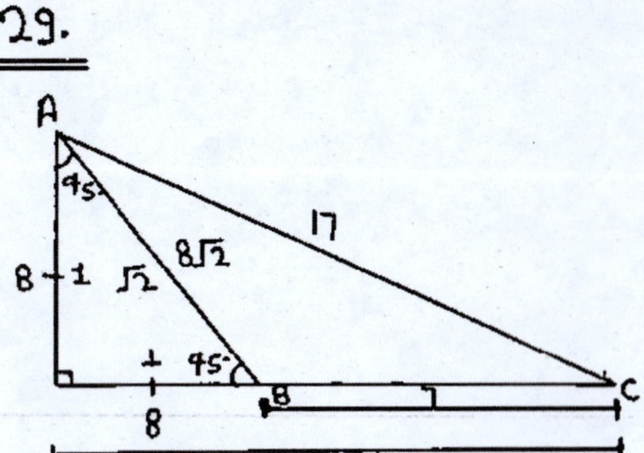

BC = 7cm.

30.

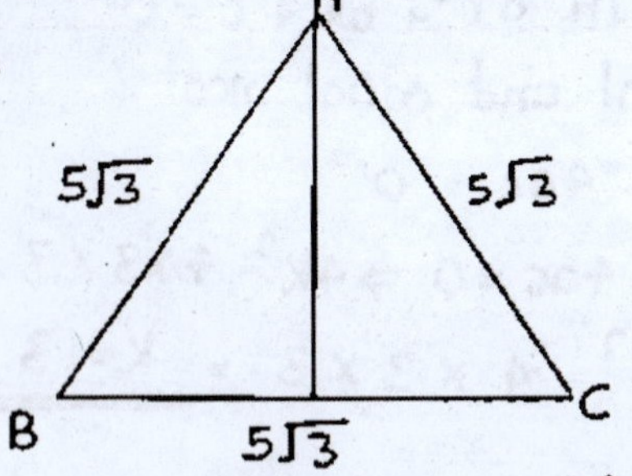

As. Orthocentre, centroid incenter and circumcenter coincide = equi. Δ

• $h = \frac{\sqrt{3}}{2}a = \frac{\sqrt{3}}{2} \times 5\sqrt{3}$

$= \frac{15}{2} = 7.5$ cm

PRACTICE SET-23
HINTS & SOLUTIONS

1. • Total votes = 100%

⇒ Invalid votes = 10%

• Votes polled in favour of R and S $= \frac{50\%}{2} = 25\%$

• Due to fault in the machine R gets $= 25\% + \frac{25\%}{2} + \frac{10\%}{2}$

$= 42.5\%$

2.

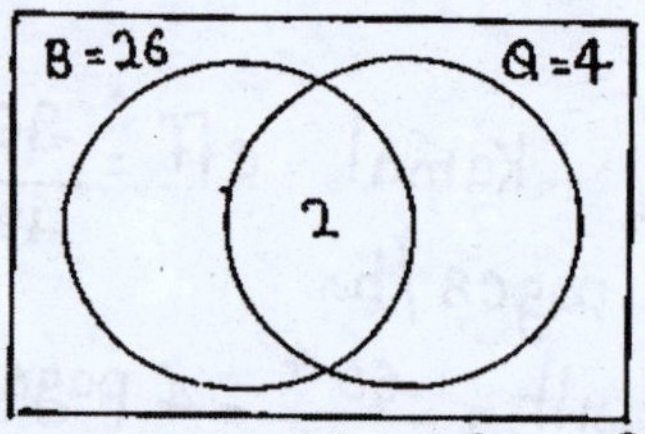

Req. probability $= \frac{{}^{26}C_2 + {}^{4}C_2 - {}^{2}C_2}{{}^{52}C_2}$

$= \frac{\frac{26\times 25}{2} + \frac{4\times 3}{2} - 1}{\frac{52\times 51}{2}}$

$= \frac{\frac{650+12-2}{2}}{\frac{52\times 51}{2}} = \frac{660}{52\times 51}$ (220, 55; 13, 17)

$= \frac{55}{221}$

3. As, $x > y > z$.

A.T.Q ⇒ $\frac{z}{x} = \frac{9}{16} = y + \frac{1}{16}$

$\Rightarrow y = \frac{9}{16} - \frac{1}{16} = \frac{8}{16} = \frac{1\times 6}{2\times 6} = \frac{6}{12}$

and, $x = \frac{16z}{9}$

As, $x + y + z = \frac{27}{12}$

$\Rightarrow x + z = \frac{27}{12} - \frac{6}{12} = \frac{21}{12} = \frac{7}{4}$

So, $\frac{16z}{9} + z = \frac{7}{4} \Rightarrow \frac{25z}{9} = \frac{7}{4}$

$\Rightarrow z = \frac{63}{100}$, then $y + z = \frac{1}{2} + \frac{63}{100}$

$= 0.5 + 0.63 = 1.13$

4. • $S_n = \frac{n}{2}[2a + (n-1)d] = \frac{n}{2}[a + l]$

Sum = [1 + 6 + 11 + ... 100 terms] + [5 + 10 + 15 + ... 100 terms]

$= \frac{100}{2}[2\times 1 + [100 - 1]\times 5] + \frac{100}{2}[2\times 5 + (100-1)\times 5]$

$= 50[2 + 99\times 5] + 50[10 + 99\times 5]$

$= 100 + 50\times 99\times 5 + 500 + 50\times 99\times 5$

$= 2\times 50\times 99\times 5 + 600$

$= 49500 + 600 = 50100$ Rs

5. • 2 hrs. more − [1 hr less] = 3 hrs

• Taking Arjun's perspective

SPEED	1	2
TIME	2	1

$\Rightarrow 2-1 = 1 \rightarrow 3$ hrs

$2 \rightarrow 6$ hrs

• Arjun's original speed

$= \frac{60}{6} = 10\ kmh^{-1}$

6.

$\Rightarrow$

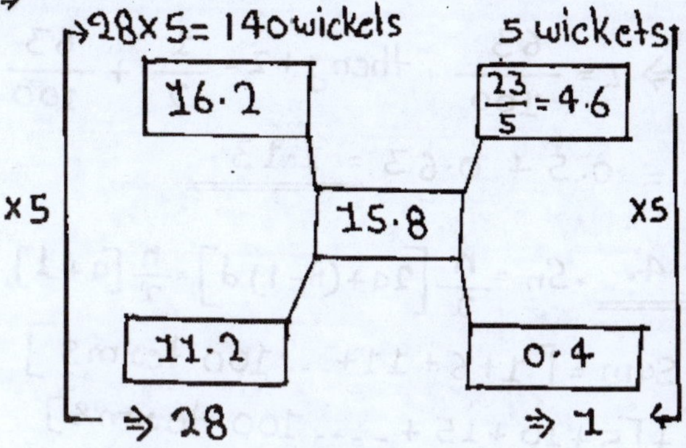

∴ Total no of wickets

$= 140 + 5 = 145$

7. Let, n = 4

4 → 3, 1

3 → +4, 1 → −8

$\Rightarrow$ Sum $= 3 \times 4 + 1 \times (-8) = 12 - 8 = 4$

Hence, Avg. inc ↑ $= \frac{4}{4} = +1$

$\Rightarrow$ Avg of numbers so obtained $= 42 + 1 = 43.$

8. → As 8L is taken out of

$64L = \frac{8}{64} = \frac{1}{8}$

Rem milk $= 1 \times \frac{7}{8} \times \frac{7}{8} \times \frac{7}{8}$

$= \frac{343 \rightarrow M}{512 \rightarrow T}$

So, water $= 512 - 343 = 169$

Hence, Milk : Water

$= 343 : 169$

9. . Kamal = eff $= \frac{96}{12} = 8$ pages/hr

Sharth $= \frac{60}{15} = 4$ pages/hr

A.T.Q $\Rightarrow \frac{120}{K} + \frac{180}{K+S}$

$= \frac{120}{8} + \frac{120}{8+4} = \frac{120}{8} + \frac{180}{12}$ = 15 + 15

$= 30$ hrs

10.

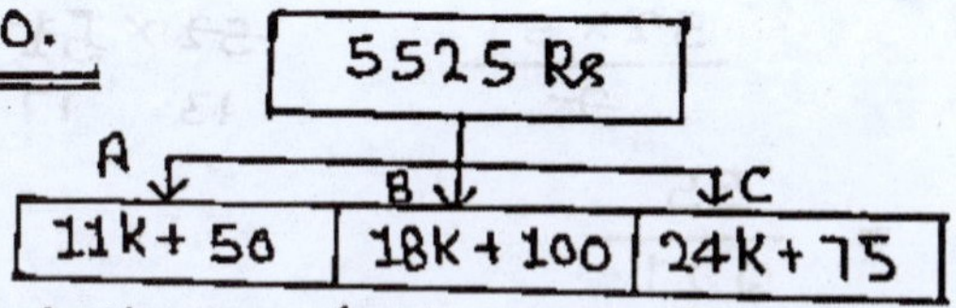

So, $(11K+50) + (18K+100) + (24K+75) = 5525$ Rs.

$\Rightarrow 53K + 225 = 5525$ Rs

$\Rightarrow 53K = 5525 - 225 = 5300$ Rs

$\Rightarrow K = 100$ Rs

C initially receive

$= 24 \times 100 + 75 = 2475$ Rs

11. As, SI for 3 yrs → 6750 Rs

$\Rightarrow$ 1 yr → $\frac{6750}{3}$ = 2250 Rs

CI for 3 yrs:

2250	1	1	1	= 3 × 2250
2250 × 6%		1	2	= 3 × 2250 × 6%
2250 × 6% × 6%			1	= 1 × 2250 × 6% × 6%

$= 6750 + 6750 \times \frac{6}{100} + 2250 \times \frac{6}{100} \times \frac{6}{100}$

$= 6750 + 405 + 8.1$

$= 7163.1$ Rs.

12. A.T.Q $[12000 \times 1.2 + x] \times 1.2 = 20400$ Rs

$\Rightarrow [12000 \times 1.2 + x] = \frac{204000}{12} = 17000$

$\Rightarrow x = 17000 - (12000) \times 1.2$

$= 17000 - 14400 = 2600$ Rs

13. $\Rightarrow \frac{MP}{CP} \times f_1 \times f_2 = \frac{SP}{CP}$

$\Rightarrow \frac{5}{3} \times \frac{3}{4} \times \frac{9}{10} = \frac{9 \to SP}{8 \to CP}$) +1

So, Profit % $= \frac{1}{8} \times 100\%$

$= 12.5\%$ P

14.

CP	SP	CP	SP
5	7	7 × 5 × 4 = 100	→ 140
4	5	5 × 28 = 112	→ 140
25	28	28 × 5 = 125	→ 140
		337	420

• Profit $= \frac{420 - 337}{337} \times 100\% = \frac{8300}{337}$

$= 24.63\%$

15. • MODE $L + \frac{f_1 - f_0}{2f_1 - f_0 - f_2} \times h$

$= 25 + \left[\frac{11 - 9}{2 \times 11 - 9 - 10}\right] \times 5$

$= 25 + \frac{2}{3} \times 5 = 25 + \frac{10}{3}$

$= 25 + 3.33 = 28.33$

16. No $= x, x+1, x+2, \ldots, x+31$

$S = \frac{32}{2}[x + (x+31)] = 16[2x + 31]$

= Sq.

Now, $x = 1 \to 16 \times 33$, $x = 2 \to 16 \times 35$

$x = 3 \to 16 \times 37, \ldots, x = 9$

$\to 16 \times 49$ (✓)

So, $x = 9$ [Smallest] and,

$(x + 31) = 9 + 31 = 40$ [largest]

Smallest + Largest

$= 9 + 40 = 49$.

17. In Δ Park :

$S = \frac{100+156+224}{2} = \frac{480}{2} = 240$

$\Delta = \sqrt{240 \times 140 \times 84 \times 16} = \square =$

$21K \times 20K$

$\Rightarrow 240 \times 140 \times 84 \times 16$

$= 21 \times 21 \times 20 \times 20 \times K^4$

$\Rightarrow \frac{12 \times 20 \times 7 \times 20 \times 12 \times 7 \times 16}{21 \times 21 \times 20 \times 20} = K^4$

$\Rightarrow K^2 = \frac{\cancel{12}^{4} \times \cancel{20} \times 7 \times 4}{\cancel{21}_{3} \times \cancel{20}} \Rightarrow K = 4$

• Rectangle : $l = 20K = 20 \times 4 = 80$

$b = 21K = 21 \times 4 = 84$

↳ cost of Putting fence

$= \cancel{2}(80+84) \times \frac{51}{\cancel{2}} = 164 \times 51$

$= 8364$ Rs.

18.

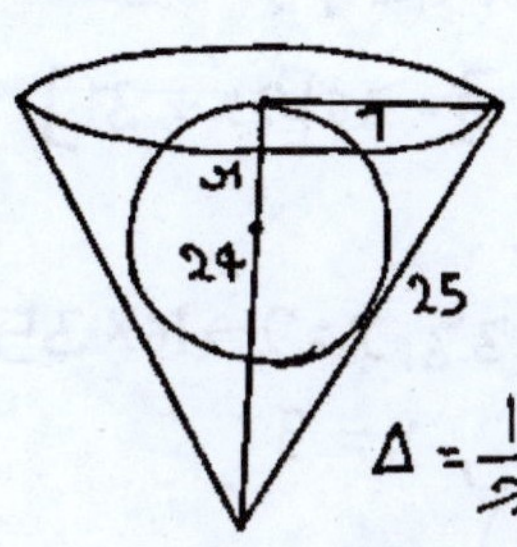

$\Delta = \frac{1}{\cancel{2}} \times \cancel{14}^{7} \times 24 = 168$

$S = \frac{25+25+14}{2} = 32$

$r = \frac{\Delta}{S} = \frac{\cancel{168}^{21}}{\cancel{32}_{4}} = \frac{21}{4}$ cm

$\frac{\text{Vol}^n \text{ of Sphere}}{\text{Vol}^n \text{ of cone}} = \frac{\frac{\cancel{4}}{\cancel{3}}\cancel{\pi} \times \frac{\cancel{21}^{3}}{4} \times \frac{\cancel{21}^{3}}{4} \times \frac{21}{4}}{\frac{1}{\cancel{3}}\cancel{\pi} \times \cancel{7} \times \cancel{7} \times 24}$

$= \frac{63}{128}$.

19.

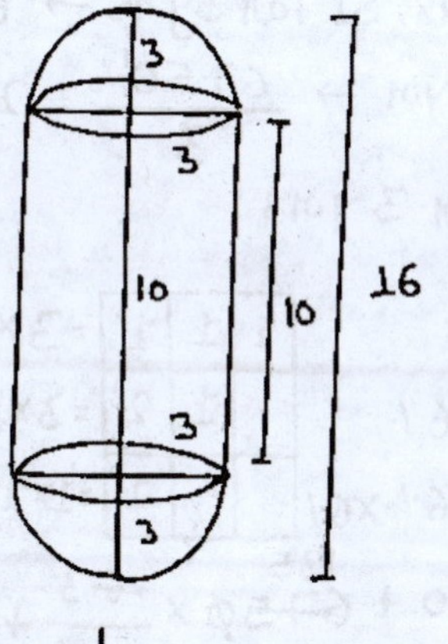

Vol^n of capsule

$= 2 \times$ Vol^n of hemis. + Vol^n of cylin

$= 2 \times \frac{2}{\cancel{3}} \times \frac{22}{7} \times \cancel{3} \times 3 \times 3 +$

$\frac{22}{7} \times 3 \times 3 \times 10 = \frac{22}{7} \times 9$

$[4+10] = 22 \times 9 \times 2$

$= 198 \times 2 = 396 \text{ mm}^3$

20.

$\Rightarrow x^2 + \frac{1}{x^2} = 1^2 + 2 = 3$

$x^4 + \frac{1}{x^4} = 3^2 - 2 = 7$

$x^8 + \frac{1}{x^8} = 7^2 - 2 = 47.$

21. $\Rightarrow \alpha+\beta = \ , \alpha-\beta = 2\sqrt{5}$

$\alpha = 4+\sqrt{5}$ | $\beta = 4-\sqrt{5}$

$\alpha^2 = 21+8\sqrt{5}$ | $\beta^2 = 21-8\sqrt{5}$

$\alpha^4 = 441+64\times 5 + 336\sqrt{5}$ | $\beta^4 = 441+64\times 5 - 336\sqrt{5}$

$\cdot \alpha^4+\beta^4 = 2(441+320)$

$= 2\times 761 = 1522$

$\rightarrow Eq.^n = x^2-(\alpha^4+\beta^4)x+(\alpha^4.\beta^4) = 0$

$\Rightarrow x^2-1522x+14641 = 0$

22. $\cdot\ (a+b+c)^2$

$= a^2+b^2+c^2+2(ab+bc+ca)$

$= 6.25+2\times 0.52 = 7.29$

$(a+b+c) = \underline{-2.7}$

23.

$$= \frac{\left[1+\frac{1}{SC}\right]^2\times\left[\frac{1}{C}-\frac{S}{C}\right]^2\times(1+S)}{\left[S+\frac{1}{C}\right]^2+\left[C+\frac{1}{S}\right]^2}$$

$$= \frac{\frac{[SC+1]^2}{[SC]^2}\times\frac{[1-S]^2}{C^2}\times[1+S]}{\frac{[SC+1]^2}{C^2}+\frac{[SC+1]^2}{S^2}}$$

$$= \frac{\frac{[1-S]C^2}{S^2C^4 2}}{\frac{1}{S^2C^2}} = \underline{1-\sin\theta}$$

24.

$$= \frac{S^2+C^2+C-S^2}{S[1+C]}\times\frac{\frac{1}{SC}}{\frac{1}{SC}}$$

$$= \frac{C[C+1]}{S[C+1]} = \underline{\cot\theta}$$

25. $\Rightarrow S^6+C^6 = [S^2+C^2]^3 - 3S^2C^2[S^2+C^2]$

$\Rightarrow S^6+C^6 = 1-3S^2C^2$

$\Rightarrow [1-3S^2C^2-1].[\sec^2\theta+\operatorname{cosec}^2\theta] + 3 = -3S^2C^2\times\frac{1}{S^2C^2}+3$

$= -3+3 = \underline{0}$

26. $\Rightarrow x = \sqrt{35+2x}$

$\Rightarrow x^2-2x-35 = 0$

$\Rightarrow x = \underline{7}$

27.

A	B	C
[-5,-2]	[1, 3]	[2,-2]
-2+2	-2+2	-2+2
[-7, 0]	[-1, 5]	[0, 0]

$ar.(\Delta ABC) = \frac{1}{2}\times 7\times 5$

$= \underline{17.5}$

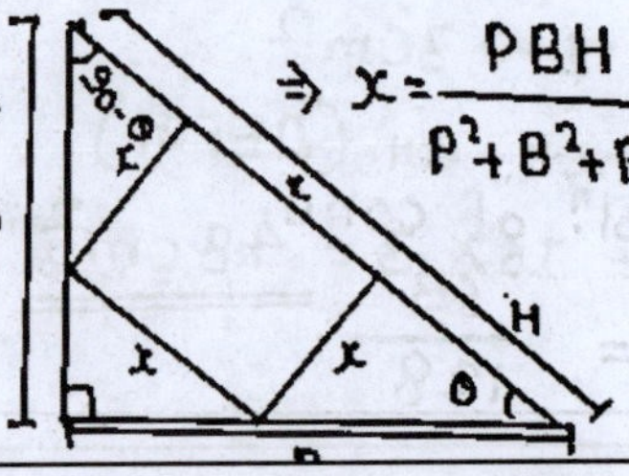

$\Rightarrow x = \frac{PBH}{P^2+B^2+PB}$

28.

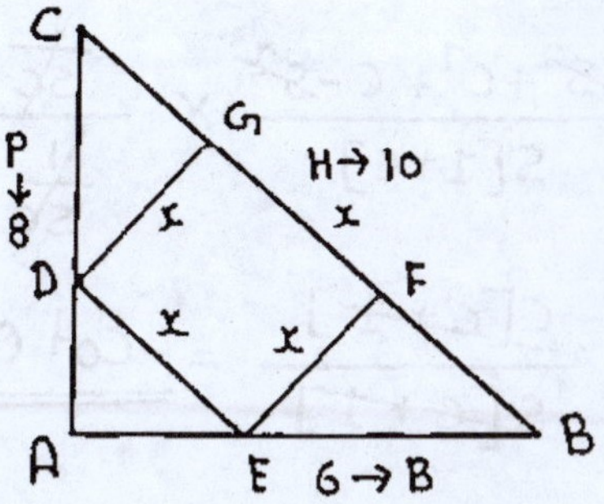

$$\text{Side of square} = \frac{PBH}{P^2 + B^2 + H^2}$$

$$= \frac{8 \times 6 \times 10}{64 + 36 + 48} = \frac{\cancel{480}^{120}}{\cancel{148}_{37}} = \frac{120}{37}$$

29.

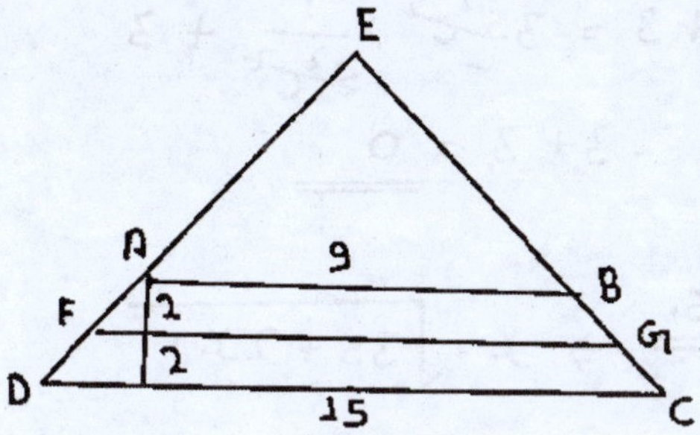

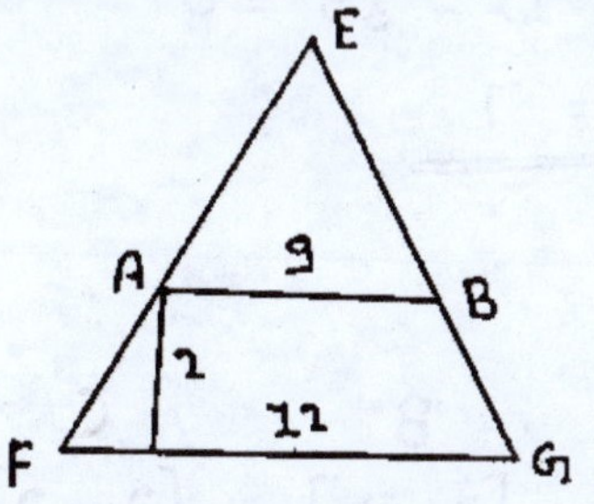

- $FG = \frac{9+15}{2} = \frac{24}{2} = 12\text{ cm}$

ar $(ABGF) = \frac{1}{2} \times (9+12) \times 2 = 21\text{cm}^2$

- Sides $= 9 : 12 = 3 : 4$

$\rightarrow$ Ar $= 9 : 16$, $(16-9) = 7 \rightarrow 21\text{cm}^2$

$\Rightarrow 1 \rightarrow 3\text{cm}^2$

Hence, ar (ΔEFG)

$= 16 \times 3 = \underline{48\text{ cm}^2}$

30.

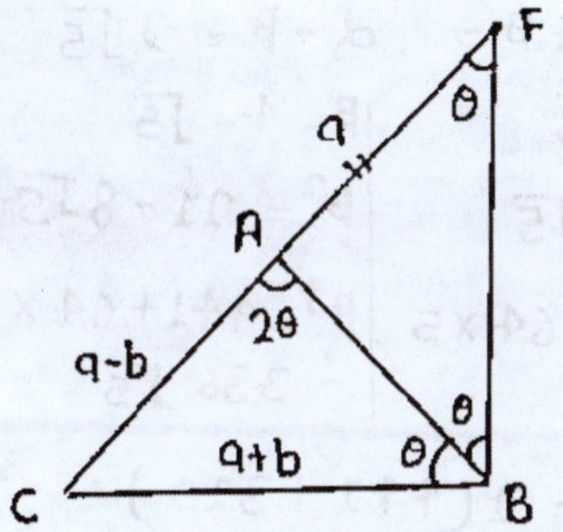

As, $\Delta ABC \sim \Delta BCF$

$$\Rightarrow \frac{a+b}{2a-b} = \frac{a-b}{a+b}$$

$\Rightarrow a^2 + \cancel{b^2} + 2ab = 2a^2 - ab - 2ab + \cancel{b^2}$

$\Rightarrow a^{\cancel{2}} = 5\cancel{a}b \Rightarrow a = 5b$

$(a-b) : a : (a+b)$

$= 4b : 5b : 6b = 4 : 5 : 6$

Largest side $= \underline{6}$.

PRACTICE SET-24
HINTS & SOLUTIONS

1. ⇒ Total = Not casted + Winner + Loser

→ 100% = 5% + 75% + 75% − 5500

→ 155% − 100% = 5500

→ 55% = 5500

• Total no of Votes

⇒ $100\% = \frac{5500}{55} \times 100$

= 10000.

2. ⇒ 1, 2, 3, 4, 5, 6

• Let, Prob of odd = x

even = $2x$ ⇒ $x+2x+x+2x+x+2x = 1$

⇒ $x = \frac{1}{9}$ → odd, $2x = \frac{2}{9}$ → even

Prime = 2, 3, 5

⇒ Req probab = $2x + x + x$

$= 4x = 4 \times \frac{1}{9} = \frac{4}{9}$

3. $d\overline{)D}(q$ • By remainder theorem:

15

⇒ $D = dq + 15$

• A.T.Q ⇒ 10 time ⇒ $10D = 10dq + 150$

: Div by d = $\frac{10dq}{d} + \frac{150}{d}$

⇒ $\frac{150}{d}$ → Rem = 6 ⇒ 150 − 6 = 144

So, d is either 144 or factor of 144 which are greater than 15.

∴ Least possible value of d = 16

4. • $a^2 - b^2 = (a+b)(a-b)$

$(a-b) = 1$

⇒ 98 + 97 + 96 + 95 + ... + 12 + 11 = ?

• $98 = 11 + (n-1)1$

⇒ $(n-1) = 98 - 11 = 87$

⇒ $n = 88$

• $S_n = \frac{n}{2}[a + l] = \frac{88}{2}[11 + 98]$

$= 44 \times 109 = 4796$.

5. • (I) ⇒ t = 1.5 hrs

$S = 8 \text{ kmh}^{-1}$

⇒ Dist = $S \times t = 8 \times 1.5 = 12$ Km

• (II) ⇒ t = 1.5 − 0.5 = 1 hr.

D = 12 − 1 = 11 km

⇒ Speed = $\frac{11}{1} = 11 \text{ Kmh}^{-1}$

• Speed increase %

$= 8 \xrightarrow{3} 11$ ⇒ $\frac{3}{8} \times 100\%$

= 37.5 %

6.

• $\frac{A}{B} = \frac{\cancel{2400}^{\cancel{12}\ 6}}{\cancel{2800}_{\cancel{14}\ 7}} = 6:7$

. A.T.Q

A	B	C
$^3\cancel{6}\times\cancel{6}$ ⇒ 30 ×2	$7\times\cancel{12}^2$ 70 ×2	$\cancel{6\times1.2\times2}$ 12 ×2
⇒ 60	140	24

As Profit Share of A and C

$= 60 + 24 = 84 \rightarrow 4200$ Rs.

So, Total Profit $= [60 + 140 + 24]$

$= 224 \rightarrow \frac{\cancel{4200}^{50}}{\cancel{84}} \times 224$

$= 50 \times 224 = \underline{11200 \text{ Rs}}$

7. → As, Avg $= \frac{\text{Sum}}{N}$

⇒ $S = A \times N$

A.T.Q $= [10x + y] - [10y + x] = 6 \times 9$

⇒ $\cancel{9}(x-y) = 6 \times \cancel{9}$

⇒ $[x - y] = \underline{6}$

8.

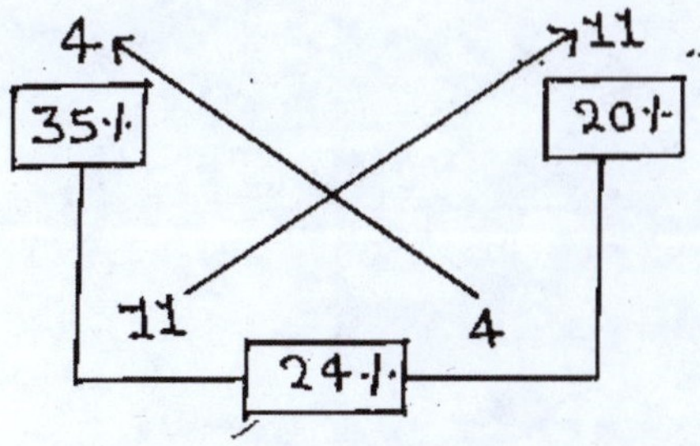

Hence,

Ratio = (I) : (II) $= \underline{4:11}$

9.

	72
A → 18d	4
B → 72 d	1

→ As $\frac{C}{B} = \frac{4}{3}$

So, $A:B:C = (4\times3):(1\times3):(4)$

$= 12:3:4 \rightarrow 19$

∴ Work $= 72 \times 3 = 216$

A.T.Q ⇒ $w' = 216 + [12\times8] + [4\times17]$

$= 216 + 96 + 68 = 380$

⇒ $T' = \frac{\cancel{380}^{20}}{\cancel{19}} = 20$d.

• Hence, A worked for

$= 20 - 8 = \underline{12\text{d}}$

10. present: $\frac{B}{C} = \frac{11x}{8x}$

• 5yrs. ago:

⇒ $[11x - 5] = 2[A - 5]$

⇒ $11x - 5 = 2A - 10$

⇒ $2A = 11x + 5$

• As presently = Avg. of A and C

$= 35 ⇒ [(A+C) = 35\times2 = 70]\times2$

⇒ $2A + 2C = 140$

⇒ $11x + 5 + 16x = 140$

⇒ $27x = 135$ ⇒ $x = \underline{5}$

• Present:

$A = \frac{11\times5+5}{2} = \frac{60}{2} = 30$

$B = 11\times5 = 55$, $C = 8x = 8\times5 = 40$

⇒ Avg. $[A+B+C] = \frac{30+55+40}{3}$

$= \frac{125}{3} = \underline{41.67}$

11. → As, SI for 3 yrs → 6000 Rs

1 yr → 2000 Rs

and, CI → 2 yrs → 4160 Rs

= 2000 + 2000 + 160

⇒

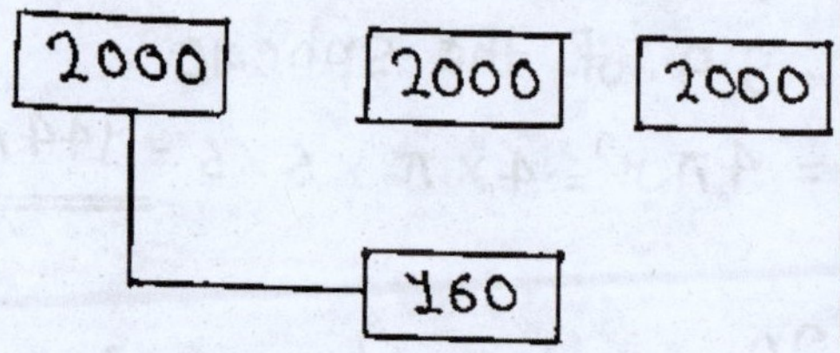

So, 160 = R% of 2000

$\Rightarrow R\% \; \frac{160}{2000} = \frac{2}{25}$

$\Rightarrow R = \frac{2}{25} \times 100\% = 8\%$

12. ⇒ A : B = 500 : 400

A.T.Q

	A	:	B
P =	500		400
r =	20%		20%
t =	2		2
I =	200		160

As, A − B = 200 − 160 = 40 → 480 Rs

1 → 120 Rs

So, Amount invested by A and B

= (500 + 400) × 120

= 900 × 120 = 10800 Rs.

13. → As, No of cycles sold

⇒ 700% ↑ = 1 $\xrightarrow{+700\%}$ 8

and Profit = 140% = $\frac{SP}{CP} = \frac{240}{100}$

→ (−50%) = $\frac{120}{100}$

So, CP   SP

100 × 8   120 × 8

= 800   = 960

New Profit% = $\frac{960 - 800}{800} \times 100\%$

$= \frac{160}{800} \times 100\% = 20\%$

14. ⇒ SAREE   PERFUME

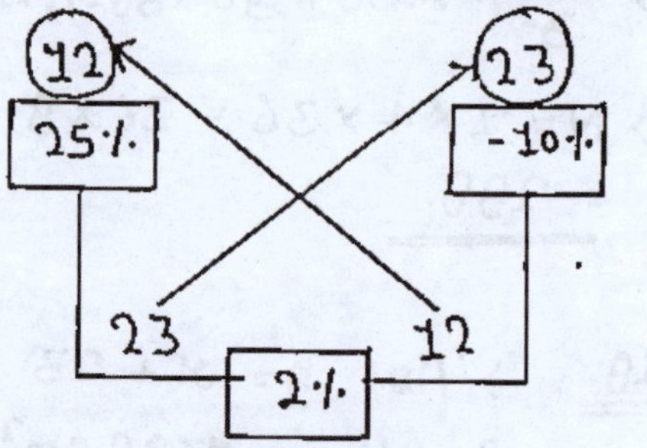

As, Saree + perfume

= 12 + 23 = 35 → 4000 Rs

So, CP of Saree

$= 12 \rightarrow \frac{4000}{35} \times 12 = \frac{9600}{7}$

= 1371.42 Rs

15. → As distance → constant

⇒ $S \propto \frac{1}{t}$

⇒ $\frac{\text{Speed of vikas}}{\text{Speed of Rohit}} = \frac{15}{8}$) 7.

As. LCM [15, 8] = 120 min = 2 hrs

⇒ 2 hrs → 7 time

So 4 hrs → 14 times

16. Selected unselected
$= 2x : x \Rightarrow T = 3x$

A.T.Q $\Rightarrow \frac{S}{U} = \frac{2x-25}{x-25} = \frac{9}{4}$

$\Rightarrow 8x - 100 = 9x - 225$

$\Rightarrow x = 225 - 100 = 125$

∴ Total $= 3 \times 125 = 375$.

17. $\Rightarrow$ Vol^n. of hemis
$= N \times$ Vol^n of cylin

$\Rightarrow \frac{2}{3}\pi \times 36 \times 36 \times 36 = N \times \pi \times 3 \times 3 \times 12$

$\Rightarrow N = 2 \times 4 \times 36 = 36 \times 8$
$= 288$.

18. $\rightarrow$ As, $h = r + 23$

TSA of cylin $= 1628\ cm^2$

$\Rightarrow 2 \times \frac{22}{7} \times r\,(r+h) = 1628$

$\Rightarrow r\cdot(r+h) = 7 \times 37$

So, $r = 7cm$, $h = 30 cm$

As, Vol^n of cylin = Vol^n of cone

$\Rightarrow \pi \times 7 \times 7 \times 30 = \frac{1}{3}\pi \times \frac{21}{2} \times \frac{21}{2} \times x$

$\Rightarrow x = 40\ cm$.

19. $\Rightarrow$ Vol^n of hollow cylin
= Vol^n of sphere

$\Rightarrow \pi[(4.3)^2 - (1.1)^2] \times \frac{50}{3} = \frac{4}{3}\pi r^3$

$\Rightarrow [5.4] \times [3.2] \times 25 = 2 r^3$

$\Rightarrow \frac{27 \times 7 \times 8 \times 2 \times 25}{100} = r^3$

$\Rightarrow r^3 = 27 \times 8$

$\Rightarrow r = 3 \times 2 \times 6 cm$

∴ S.A. of the sphere

$= 4\pi r^2 = 4 \times \pi \times 6 \times 6 = 144\pi cm^2$

20. $\Rightarrow x^3 + \frac{1}{x^3} = (3)^3 - 3(3)$

$= 27 - 9 = 18$ and $x^2 + \frac{1}{x^2}$

$= (3)^2 - 2 = 7$

$x^4 + \frac{1}{x^4} = (7)^2 - 2 = 47$.

$x^7 + \frac{1}{x^7} = \left[x^4 + \frac{1}{x^4}\right]\left[x^3 + \frac{1}{x^3}\right] - \left[x + \frac{1}{x}\right]$

$= 47 \times 18 - 3 = 846 - 3 = 843$.

21. $\frac{1}{y} = \frac{1}{2-\sqrt{3}} \times \frac{2+\sqrt{3}}{2+\sqrt{3}} = 2+\sqrt{3}$

$= x$, and, $x + y = x + \frac{1}{x}$

$= 2+\sqrt{3} + 2-\sqrt{3} = 4$, $x^2 + \frac{1}{x^2} = 14$

$\frac{x}{yz} + \frac{y}{xz} + \frac{z}{xy} + 2\left[\frac{1}{x} + \frac{1}{y} + \frac{1}{z}\right]$

$\left[x^2 + \frac{1}{x^2} + 1\right] + 2\cdot\left[x + \frac{1}{x} + 1\right]$

$= [14 + 1] + 2[4 + 1] = 25$

22. • G.P. = $a^3, 3a^2, 9a$

$\Rightarrow 1^{st}$ term = a^3, $r = \frac{3}{a}$ and

$S_n = \frac{a(r^n - 1)}{(r-1)}$

As, $S_3 = 1 \Rightarrow \frac{a^3\left[\left(\frac{3}{a}\right)^3 - 1\right]}{\frac{3}{a} - 1} = 1$

$\Rightarrow a^3 \times \frac{27}{a^3} - a^3 = \frac{3}{a} - 1$

$\Rightarrow a^3 + \frac{3}{a} = 27 + 1 = 28.$

23. $\Rightarrow a^2 + [b\sqrt{3}]^2 + 2ab\sqrt{3}$

$= 52 + 30\sqrt{3}$

• $a^2 + 3b^2 = 52$

$\Rightarrow (5)^2 + 3(3)^2 = 25 + 27 = 52$

$\Rightarrow 2ab\sqrt{3} = 30\sqrt{3}$ (15)

$\Rightarrow ab = 15 = 5 \times 3$ ($5 \to a$, $3 \to b$)

So, $a + b = 5 + 3 = 8.$

24. $\tan(A+B) = \frac{\tan A + \tan B}{1 - \tan A \cdot \tan B} = \tan C.$

$\Rightarrow \tan A + \tan B$

$= \tan C - \tan A \cdot \tan B \cdot \tan C$

$\Rightarrow \tan A \cdot \tan B \cdot \tan C$

$= \tan C - \tan A - \tan B.$

25. $= \frac{C}{1 + \frac{S}{C}} - \frac{S}{1 + \frac{C}{S}}$

$= \frac{C^2}{C+S} - \frac{S^2}{C+S} = \frac{C^2 - S^2}{C+S}$

$= \cos A - \sin A.$

26. $= \left[S^2 + \frac{1}{S^2} + 2\right] + \left[C^2 + \frac{1}{C^2} + 2\right]$

$= 1 + 4 + \frac{1}{S^2} + \frac{1}{C^2}$

$= 5 + \operatorname{cosec}^2\theta + \sec^2\theta$

$= 5 + 1 + \cot^2\theta + 1 + \tan^2\theta$

$= 7 + \tan^2\theta + \cot^2\theta$

27.

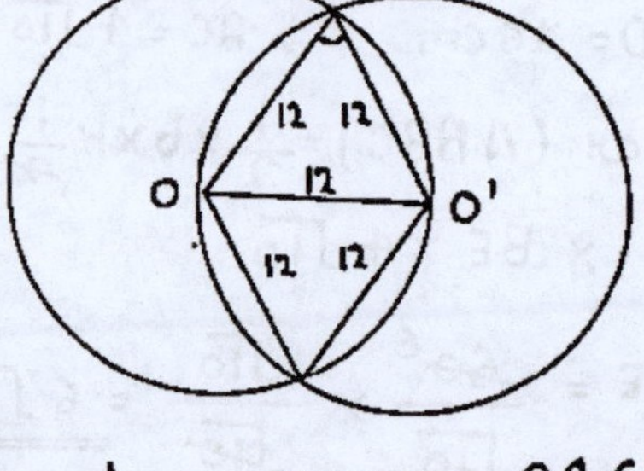

Diameter $= 2 \times 12 = 24$ cm

28.

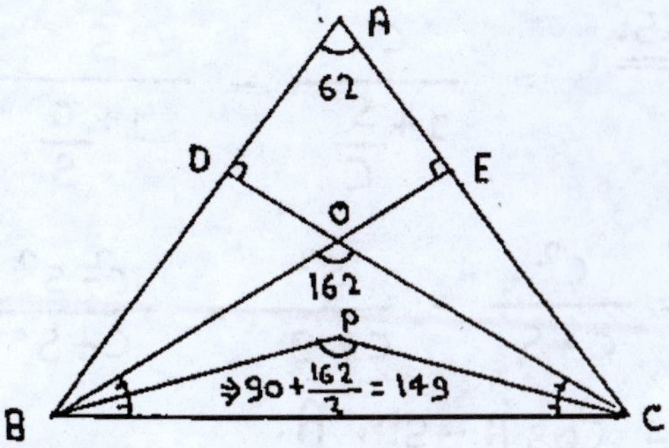

29.

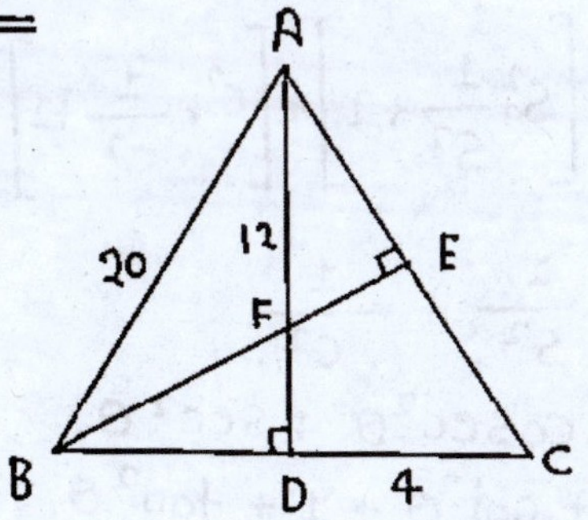

•In ΔABD:

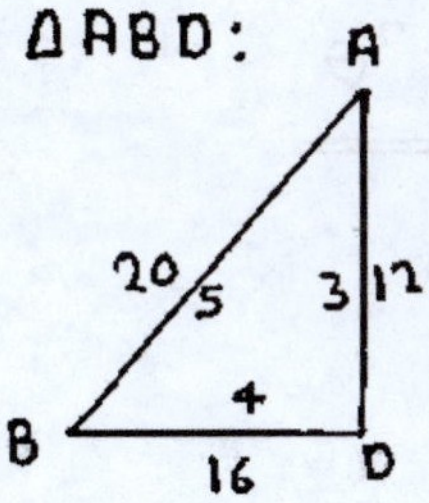

•In ΔADC:

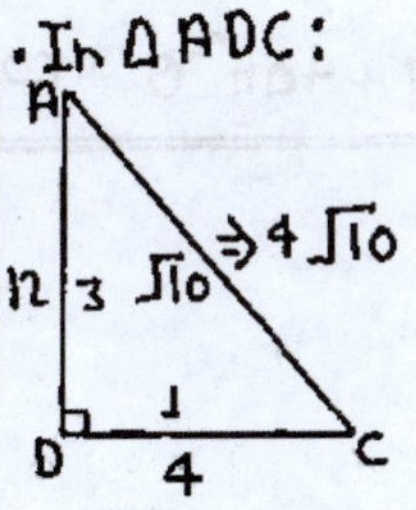

$\Rightarrow BD = 16\text{ cm}$

$\Rightarrow AC = 4\sqrt{10}\text{ cm}$

• As, ar. (ΔABC) $= \frac{1}{2} \times b \times h \; \frac{1}{2} \times 12 \times 20$ (cancelled to 3)

$= \frac{1}{2} \times BE \times 4\sqrt{10}$

$\Rightarrow BE = \frac{60^{6}}{\sqrt{10}} \times \frac{\sqrt{10}}{\sqrt{10}} = 6\sqrt{10}\text{ cm}$

30.

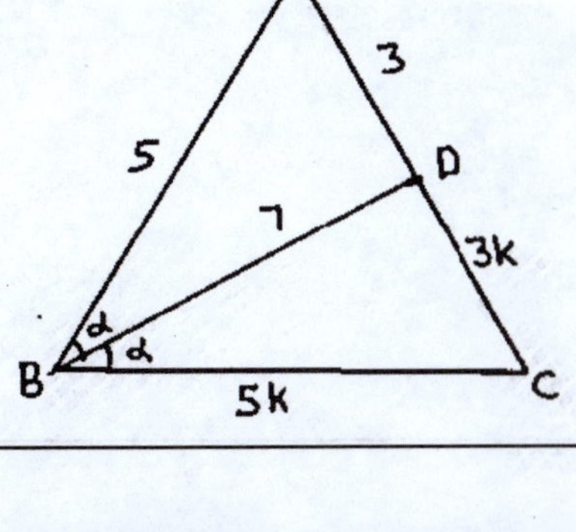

•Concept:

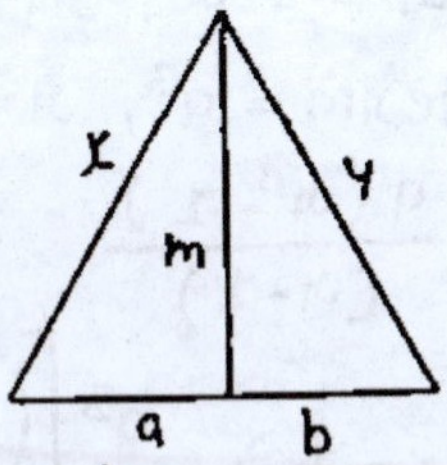

$\Rightarrow m^2 = xy - ab$

So,

$\Rightarrow 5(5K) - 3(3K) = (7)^2$

$\Rightarrow 25K - 9K = 49 \Rightarrow K = \frac{49}{16}$

$DC = 3K = \frac{3 \times 49}{16} = \frac{147}{16}$

PRACTICE SET-25
HINTS & SOLUTIONS

1. ⇒ Total votes = 100%

= (Not casted) + (Blank) + Ram + shyam

= 12% + 84 + 54% + (54% − 1456)

⇒ 120% − 100% = 1456 − 84 = 1372

⇒ 20% = 1372

So. Total votes = 100%

= 1372 × 5 = 6860.

2. ⇒ As, Pink + Red + Orange = 35.

$P[Pink] = \frac{3}{7} \Rightarrow \frac{Pink}{35_5} = \frac{3}{7}$

⇒ Pink = 3×5 = 15

Red + Orange = 35 − 15 = 20

= 3x + 2x

⇒ 5x = 20 ⇒ x = 4

So, Pink = 15, Red = 3x = 3×4 = 12

Orange = 2x = 2×4 = 8

Hence, Req. Probability

$= \frac{{}^{8}C_1 \times {}^{15}C_1}{{}^{35}C_2} = \frac{8 \times 15 \times 2}{35 \times 34}$ (15 cancelled to 3; 35 to 7; 34 to 17)

$= \frac{24}{119}$

3. A.T.Q ⇒ x) 200 (
192
R = 8

x is either 192 or factor of 192, but greater than 8.

As. 192 = 64 × 3 = $2^6 \times 3$

→ No. of factors = 7×2 = 14

→ Greater than 8 ⇒ [1, 2, 3, 4, 6, 8] = 6

Hence, x = 14 − 6 = 8

4. $1^2 + 2^2 + 3^2 + \ldots + n^2$

$= \frac{n(n+1)(2n+1)}{6}$ and

$1 + 2 + 3 + \ldots + n = \frac{n(n+1)}{2}$

So, $\sum_{1}^{20} n(n+1) = \sum_{1}^{20} n^2 + \sum_{1}^{20} n$

$= \frac{n(n+1)(2n+1)}{6} + \frac{n(n+1)}{2}$

$= \frac{n(n+1)}{2}\left[\frac{2n+1}{3} + 1\right]$

$= \frac{20 \times 21}{2} \times \left[\frac{41}{3} + 1\right] = 210 \times \frac{44}{3}$ (20 cancelled to 10; 210 to 70)

= 3080.

5.

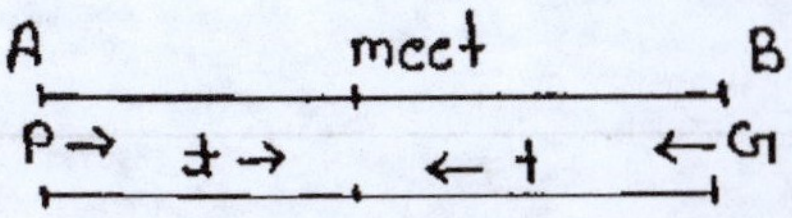

As.

⇒ $t_P \times t_G = 12 \times 3 = 36 \Rightarrow t = \sqrt{36}$

⇒ $t = 6$ hrs.

So, Total time :→

Param = 6 + 12 = 18 hrs.

G → 6 + 3 = 9 hrs.

As. dist = (Constant)

T→	18 = 2	9 = 1
S→	1	2

⇒ Speed of Param
= 1 → 60 Kmh^{-1}

→ Gayatri's speed
= 2 → 2 × 60 = 120 Kmh^{-1}

6.

	A	B	C	
Old	3 6	6 12 $-25\% \times \frac{3}{4}$ ↓	8 16	17 34
New	8	9	17	34

As, diff. b/w New and old A
= (8 − 6) = 2 → 100 Rs

So, Actual share of C
= 16 → 16 × 50
= 800 Rs.

7. Avg. of 16 no = 48

⇒ first 6 → 45

⇒ 6 × (−3) = (−18)

7th, 8th, 9th → [x + 3], [x + 7], x → d

last 7 → 53 ⇒ (+5) × 7 = 35

As, sum of deviation = 0

⇒ (−18) + d + 35 = 0

⇒ d = (−17)

$7^{th} + 8^{th} + 9^{th} = [48 \times 3] - 17$

⇒ 3x + 10 = 144 − 17

⇒ $x = \frac{117}{3} = 39$

avg. of 7th no. and 9th no

$= \frac{x + 3 + x}{2} = x + 1.5$

= 39 + 1.5 = 40.5

8.

⇒

	Giloy	Water
Initial	2	9 ↓+1
Later	1×2 = 2	5×2 = 10

Initial Juice = 19L − 2.5L
= 16.5L = 33/2 L

$[2 + 9] = 11 \rightarrow \frac{33}{2}$ (3) ⇒ $1 \rightarrow \frac{3}{2}$ L = 1.5L
→ water added.

9.

⇒

	100	→ T.W.
A = 20 hrs	5	
B = 25 hrs	4	

A.T.Q ⇒ $W = E \times t$

⇒ $\frac{5}{100} \times \frac{7}{20} = [A+B+C] \times \frac{3}{15}$ (100 and 15 struck out)

⇒ $C = \frac{7}{3} - [5+4] = \frac{7}{3} - 9 = \left[\frac{-20}{3}\right]$

• So, C will empty one-third of tank in $= \frac{100\ 5}{3 \times \frac{20}{3}}$ = $\underline{\underline{5\text{ hrs}}}$

10.

⇒ Pencil

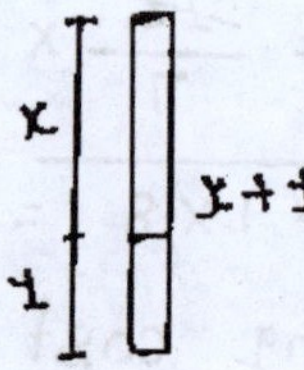

A.T.Q ⇒ $\frac{x}{1} = \frac{x+1}{x}$

⇒ $x^2 - x - 1 = 0$

⇒ $x = \frac{-b \pm \sqrt{b^2 - 4ac}}{2a}$

$= \frac{-(-1) \pm \sqrt{1-4(1)(-1)}}{2 \times (1)} = \frac{1+\sqrt{5}}{2}$

• Ratio of other part to orig. length $= \frac{1}{x+1}$

$= \frac{1}{\left[\frac{1+\sqrt{3}}{2}\right]+1} = \underline{\underline{\frac{2}{3+\sqrt{5}}}}$

11. • SI for 1yr

$= \frac{8100}{2} = 4050$ Rs

So, CI on Same sum for 2yr at 10% p.a:

1st yr — 4050   2nd yr — 4050

10% → 405

⇒ CI = 4050 + 4050 + 405 = $\underline{\text{8505 Rs}}$

12. As, SI [2yrs.] = 1200 Rs

⇒ SI [1yr] $= \frac{1200}{2} = 600$

→ 10% of 6000 Rs.

So, rate = 10%.

⇒ 12m → 10%.

6m → 5%.

So, CI : t = 2, r = 5%

P = 6000 Rs

⇒ 10.25% × 6000 = 10.25 × 60

$\underline{\underline{= 615\text{ Rs.}}}$

13. CP   SP

100 —20% P→ 120

↓ −10%

90 —40% P→ 126

As, SP [New] − SP [old]

= 126 − 120 = 6 → 18 Rs

1 → 3 Rs

So, original CP

= 100 × 3 = $\underline{\text{300 Rs}}$

14.

$\Rightarrow \frac{MP}{CP} \times r = \frac{SP}{CP}$

$\Rightarrow \frac{6}{5} \times r = \frac{9}{10} \Rightarrow r = \frac{3}{4}$

So, disc $= \frac{1}{4} \times 100\%$

$= 25\%$

15.

	T	B	G
ST	16	8	8
SC	12	6	6
OBC	24	12	12
Gen.	28	14	14

• Req. Probability

$= \frac{8}{80} + \frac{12}{80} = \frac{20}{80} = \frac{1}{4}$

16. • Machine reads 1kg when 900 gm is there and markup of 10%.

$\Rightarrow \frac{11}{10} \times \frac{1000}{900} = \frac{SP}{CP} \Rightarrow \frac{SP}{CP} = \frac{11}{9}$

• After raid, 10% disc. on CP

$= 9 \times 0.9 = 8.1 \Rightarrow 8.1 \rightarrow 20$ Rs./Kg

So, Amount paid before the raid

$= 11 \rightarrow \frac{20 \times 11}{8.1} = \frac{2200}{81} = 27.16$ Rs

17.

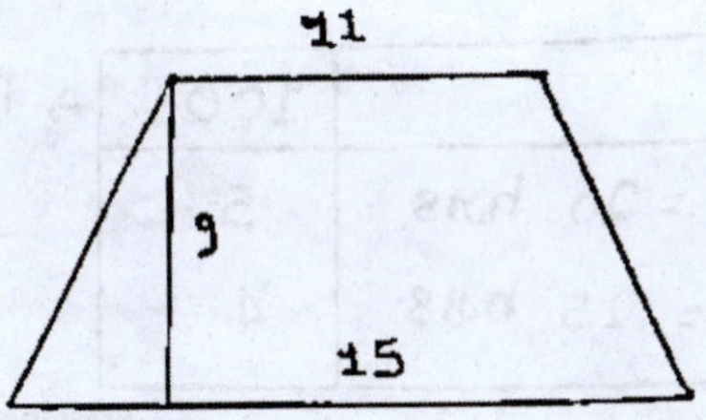

$\Rightarrow$ Vol^n of Prism = Ar of base × H

$\Rightarrow 1614.6 = \frac{1}{2} \times (11+15) \times 9 \times H$

$\Rightarrow H = \frac{16146 \times 2}{10 \times 9 \times 26} = 13.8$ cm

18. Ar. of Rectangle = Ar. of circle

$\Rightarrow 176 \times 56 = \frac{22}{7} \times r^2$

$\Rightarrow r = \sqrt{7 \times 8 \times 7 \times 8} = 56$ m

Hence fencing cost

$= 2\pi r \times 35$ Rs

$= 2 \times \frac{22}{7} \times 56 \times 35$

$= 220 \times 56 = 12320$ Rs.

19. Vol^n of cone 1 + Vol^n of cone 2 = Vol^n of sphere

$\Rightarrow \frac{1}{3}\pi r^2 h_1 + \frac{1}{3}\pi r^2 h = \frac{4}{3}\pi R^3$

$\Rightarrow \frac{9}{2}\times\frac{9}{2}[10+8] = 4R^3$

$\Rightarrow R = \sqrt[3]{\frac{9}{2}\times\frac{9}{2}\times\frac{18}{4}}$

$\Rightarrow R = \frac{9}{2}$ cm.

So, cost of polishing the S.A. of Sphere $= 4\pi r^2 \times \frac{3.5}{10}$ Rs./cm^2

$= 4\times\frac{22}{7}\times\frac{9}{2}\times\frac{9}{2}\times\frac{3.5}{10}$

$= \frac{198\times 9}{20} = 89.1$ Rs.

20. $x^2+\frac{1}{x^2} = (\sqrt{6})^2 - 2 = 4$

$\Rightarrow x^6+\frac{1}{x^6} = (4)^3 - 3(4)$

$= 64 - 12 = 52$

21. $\Rightarrow$ Let, $\frac{1}{x} = a, \frac{1}{y} = b, \frac{1}{z} = c$

So. $5[a^2+b^2+c^2] = 4[ab+bc+ca]$

$\Rightarrow 4a^2+a^2+4b^2+b^2+4c^2+c^2 - 4ab - 4bc - 4ca = 0$

$\Rightarrow [2a-b]^2+[2b-c]^2+[2c-a]^2 = 0$

$\Rightarrow 2a-b+2b-c+2c-a = 0$

$\Rightarrow a+b+c = \frac{1}{x}+\frac{1}{y}+\frac{1}{z} = 0$

22. $\Rightarrow 999 = 3^3 + 3\times 3ab$

$\Rightarrow 999 = 9[3+ab]$

$\Rightarrow ab = 108 \rightarrow 12\times 9$

So, $a^2 - b^2 = (12)^2 - (9)^2$

$= 144 - 81 = 63.$

23.

$\Rightarrow \frac{1}{[\sqrt{2}-\sqrt{5}]-\sqrt{3}} + \frac{1}{[\sqrt{2}-\sqrt{5}]-\sqrt{3}}$

$= \frac{\sqrt{2}-\sqrt{5}-\sqrt{3}+\sqrt{2}-\sqrt{5}+\sqrt{3}}{7-2\sqrt{10}-3}$

$\frac{2[\sqrt{2}-\sqrt{5}]}{4-2\sqrt{10}} = \frac{\sqrt{2}-\sqrt{5}}{2-\sqrt{10}}$

$= \frac{\sqrt{2}-\sqrt{5}}{\sqrt{2}[\sqrt{2}-\sqrt{5}]} = \frac{1}{\sqrt{2}}$

24. $\Rightarrow x.\sin\theta.S^2 + y.\cos\theta.C^2 = SC$

$\Rightarrow x S.S^2 + x S.C^2 = SC$

$\Rightarrow x S(1) = SC \Rightarrow x = \cos\theta$

So. $x.S = y.C \Rightarrow CS = y.C$

$\Rightarrow y = \sin\theta$

$x^2+y^2 = C^2+S^2 = 1$

25.

$$= \frac{2\sin\left[\frac{4\theta+2\theta}{2}\right]\cdot\cos\left[\frac{4\theta-2\theta}{2}\right]}{2\cos\left[\frac{4\theta+2\theta}{2}\right]\cdot\cos\left[\frac{4\theta-2\theta}{2}\right]}$$

$= \tan 3\theta.$

26.

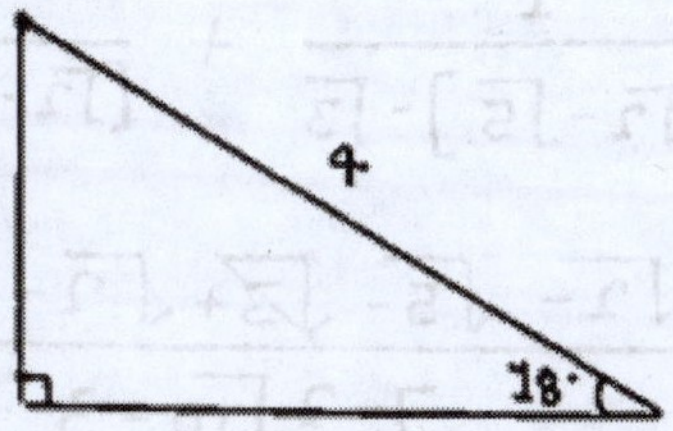

$= B = \sqrt{4^2-(\sqrt{5}-1)^2} = \sqrt{16-5-1+2\sqrt{5}}$

$= \sqrt{10+2\sqrt{5}}$

So, $\cos 18° = \frac{\sqrt{10+2\sqrt{5}}}{4}$

27.

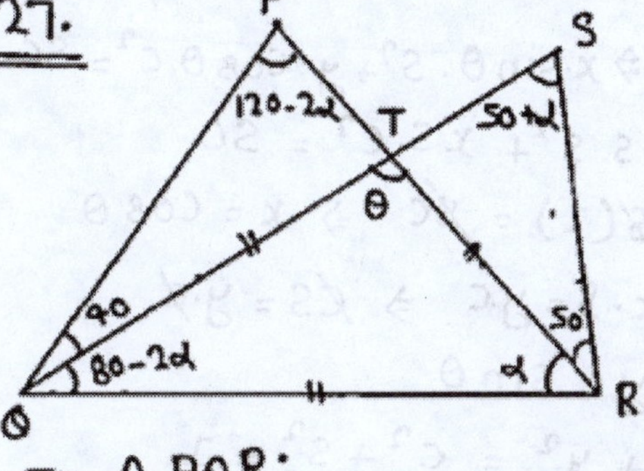

In ΔPQR:

$\Rightarrow 120-2\alpha+40+80-2\alpha+\alpha = 180$

$\Rightarrow 3\alpha = 60° \Rightarrow \alpha = 20°$

In ΔQTR:

$\Rightarrow 80-2\alpha+\theta+\alpha = 180$

$\Rightarrow 80-40+\theta+20 = 180$

$\Rightarrow \theta = 180-60 = 120°$

28. $\Rightarrow x^m = \frac{nx^n}{m}$

$\Rightarrow \frac{1}{\frac{nx^n}{m}+x^n} + \frac{1}{\frac{nx^n}{m}-x^n}$

$= \frac{m}{x^n(n+m)} + \frac{m}{x^n(n-m)}$

$= \frac{m[n-m+n+m]}{x^n[n^2-m^2]} = \frac{2mn}{x^n[n^2-m^2]}$

29.

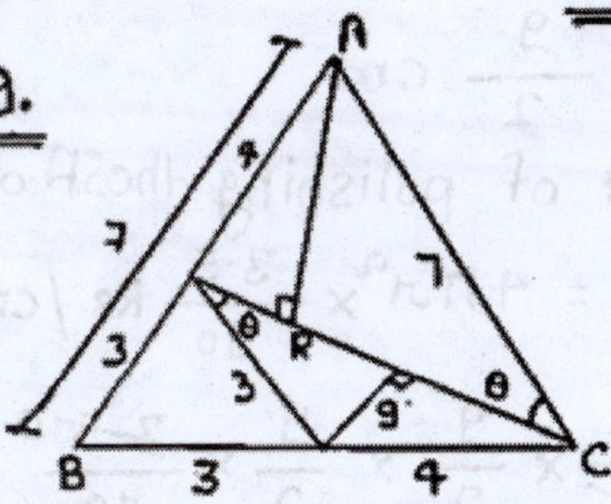

As, $\Delta PSQ \sim \Delta CRA$:

$\Rightarrow \frac{PS}{CR} = \frac{SQ}{RA} = \frac{QP}{AC}$

$\Rightarrow \frac{9}{RA} = \frac{3}{7} \Rightarrow AR = 21$ cm

30

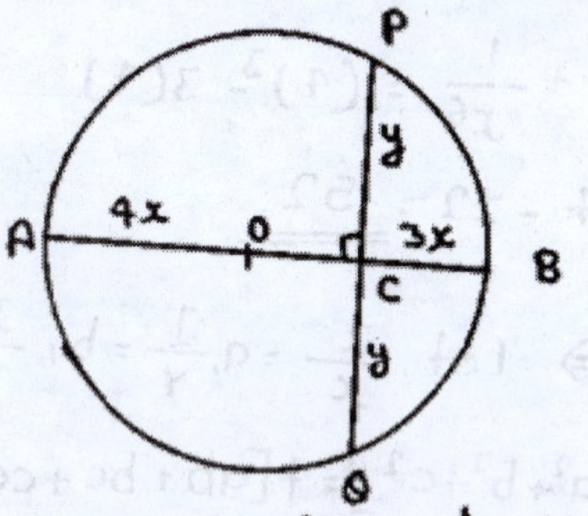

As, $4x+3x$ = diameter

$\Rightarrow 7x = 14$cm $\Rightarrow x = 2$cm

So, $AC = 4\times2 = 8$cm

$CB = 3\times2 = 6$ cm

then $y\times y = 8\times6 \Rightarrow y = 4\sqrt{3}$cm.

$\Rightarrow PQ = 2y = 8\sqrt{3}$cm.

Reasoning 25 Practice Sets

1 PRACTICE TEST

1. Given below is a statement followed by two conclusions I and II. Study the statement carefully and decide which Conclusion/s is/are definitely true.

Statement :- $M > N \geq O \leq P \leq W; X \geq O > Y$

Conclusion I :- $M > X$

Conclusion II :- $Y < W$

(a) Only Conclusion I is true.
(b) Only Conclusion II is true.
(c) Neither Conclusion I nor II is true.
(d) Both Conclusions I and II are true.

2. Among seven people A, B, C, D, E, F and G, scored different marks (out of 100) in an exam. A scored the highest. G's marks were a multiple of 9, but more than 85. Nobody scored more than 92. The sum of the marks of G and F was 150. D scored more than only E. C scored more than F and less than B. E scored 33 marks. Which of the following can be a possible score for D?

(a) 30 (b) 63 (c) 48 (d) 62

3. If L means +, M means -, N means × and P means ÷ then the value of 28N5L50P5M4?

(a) 170 (b) 146 (c) 150 (d) 148

4. Pointing to a picture, Naina says, "He is the son of my maternal Grandmother's only son." Whom is she pointing to?

(a) Friend (b) Brother
(c) Uncle (d) Cousin Brother

5. Statement:
I. Some tissues are weak.
II. Some weak are bone.
Conclusion:
1. Some weak are tissues.
2. Some bones are tissues.
(a) Both conclusion 1 and 2 follow
(b) Only conclusion 2 follows
(c) Only conclusion 1 follows
(d) Neither 1 nor 2 follows

6. Select that is not belongs to group.

(a) Hydrogen (b) Aluminium
(c) Gold (d) Silver

7. Find the next term in the below series.
25, 31, 38, 46 ___.

(a) 60 (b) 54 (c) 55 (d) 58

8. Four numbers have been given, out of which three are alike in some manner and one is different. Select the number that is different from the rest.

(a) 196 (b) 224 (c) 528 (d) 360

9. Four words have been given, out of which three are alike in some manner and one is different. Select the odd one.

(a) Stag (b) Larva (c) Nymph (d) Foal

10. In a certain code language, 'LAMP' is coded as 'IWJL', What is the code for 'LOGS' in that code language?

(a) IKDO (b) IKEO (c) IKDP (d) IJDO

11. In a certain code language, 'PEDAGOGY' is written as 'QGGECLEX' and 'CLASSICS' is written as 'DNDWOFAR'. How will 'TOGETHER' be written in the same code language?

(a) UJRPIECQ (b) RUJIPEQC
(c) RUIJPECQ (d) UQJIPECQ

12. 38 is related to 80 following a certain logic. Following the same logic, 42 is related to 88. To which of the following is 29 related, following the same logic?

(a) 62 (b) 78 (d) 54 (c) 66

13. EHJL is related to FJMP in a certain way based on the English alphabetical order. In the same way, BEGI is related to CGJM. To which of the following is DGIK related, following the same logic?

(a) EIJO (b) EJIO (c) EILO (d) ELIO

14. Select the option that is related to the third word in the same way as the second word is related to the first word.

Sacred: Profane: : Barren:

(a) Sterile (b) Desert (c) Fertile (d) Empty

15. Select the option figure that can replace the question mark (?) in the figure given below to complete the pattern.

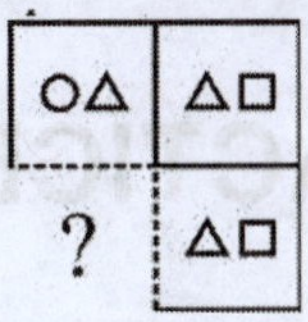

(a)  (b) 

(c)  (d) 

16. Select the correct mirror image of the given figure when the mirror is placed at AB as shown below.

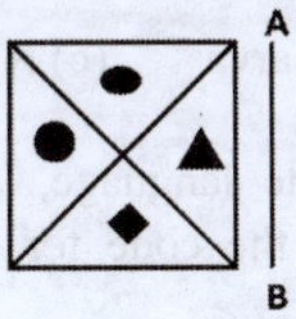

(a)  (b) 

(c)  (d) 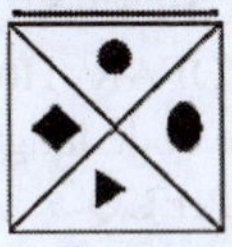

17. Study the given pattern carefully and select the number which can come in place of the question mark?

14	21	165
13	19	?
10	17	99

(a) 140 (b) 156 (c) 120 (d) 175

18. Study the given pattern carefully and select the number which can come in place of the question mark (?).

8	6	76
12	10	?
7	13	113

(a) 128 (b) 120 (c) 117 (d) 110

19. A, B, C, D, P, Q, and R are sitting around a circular table, facing the centre (not necessarily in the same order). R sits fourth to the left of B. D sits second to the right of B. A is an immediate neighbour of B and D. Q sits third to the left of A. P is an immediate neighbour of Q and R.

Who is sitting third to the right of R?

(a) D (b) A (c) C (d) Q

20. E, F, G, H, I, J and K are sitting around a circular table with their backs facing the centre (not necessarily in the same order). J is sitting to the immediate left of G. K is sitting to immediate right of E. His sitting to the immediate right of K. I is sitting to the immediate right of H and immediate left of F. F is sitting to the immediate left of J. Who is an immediate neighbour of both E and J?

(a) K (b) H (c) F (d) G

21. How many straight lines would be required to make the following figure?

(a) 12 (b) 13 (c) 17 (d) 11

22. In the following question, select the word which cannot be formed using the letters of the given word.

TRUECALLER

(a) TRUE (b) LURE (c) REAL (d) RAIL

23. Select the correct combination of mathematical symbols which when placed sequentially in place of * signs will make the given equation balanced.

74 * 34 * 78 * 23 * 23 * 30

(a) –,÷,+,×,= (b) ÷,–,+,×,=

(c) +,÷,×,–,= (d) +,–,+,–,=

24. A + B means 'A is the husband of B';

A-B means 'A is the wife of B';

A ×B means 'A is the mother of B';

A ÷ B means 'A is the son of B'.

If, $W \times R \times J - S \div V + L$, then which of the following statements is NOT correct?

(a) V is the father-in-law of Jb

(b) L is the wife of V

(c) L is the mother-in-law of S

(d) W is the maternal grandmother of J

25. Three different positions of the same dice are shown below. Select the option which will be in front of the face with '6'?

(a) 1 (b) 3 (c) 5 (d) 4

26. Two statements are given, followed by three conclusions numbered I, II and III. Assuming the statements to be true, even if they seem to be at variance with commonly known facts, decide which of the conclusions logically follow(s) from the statements.

Statements:
No grass is a flower.
All flowers are trees.
Conclusions:
I. Some trees are flowers.
II. Some trees are grasses.
III. No tree is grass.
(a) Only conclusion III follows.
(b) Either conclusion II or III and I follow.
(c) Either conclusion II or III follows.
(d) Only conclusion I follows.

27. Which of the following letter-clusters can replace the question mark (?) in the given series to make it logically complete?
PQR, RTV, TWZ, VZD,?
(a) YCZ (b) OPS (c) WXT (d) XCH

28. What should come in place of the question mark (?) in the given series?
40, ?, 18, 10, 4, 0
(a) 28 (b) 25 (c) 22 (d) 30

29. Statements:
"Monkey is the funniest of all animals, as they mimic human behaviour", Z says to A.
Conclusions:
I. Z is amazed at monkey's behaviour
II. A likes monkeys
(a) Neither conclusion I nor II follows
(b) Both the conclusions follows
(c) Only conclusion I follows
(d) Only conclusion II alone follows

30. Statement: In a recent study, it has been observed that people exercising 5 days a week are less affected by lifestyle diseases.
Conclusion:
I. Physical fitness is important for a healthy life.
II. Exercising 6 days in a week will create health problems.
(a) Only conclusion II follows
(b) Both conclusion I and II follows
(c) Only conclusion I follow.
(d) neither I nor II follows.

2 PRACTICE TEST

1. Among seven people F, G, H, K, L, M and N, each has a different age. Only two people are older than M. Only two people are younger than K. The age of K is a multiple of 10. The youngest is 12 years old. F is the eldest. N is older than L, but younger than H. L is not the youngest. The sum of the ages of the youngest and second oldest person is 42 years. What can be the possible age of L?
(a) 21 years (b) 10 years
(c) 15 years (d) 12 years

2. In this question, two statements are followed by four conclusions given as options. Decide which conclusion is definitely true, based on the given statements.
Statements: $A \geq B > C < D ; E < B > F \geq G$
(a) G < A (b) C > E (c) D > E (d) E < G

3. If P means '÷' R means '×' Q means '+' And S means '-' then 36 P 6 Q 7 R 8 S 11=?
(a) 45 (b) 51 (c) 52 (d) 62

4. Gaurav said to Neeraj, "The boy who is playing cricket is the elder of the two brothers of my father's daughter." How is the boy who is playing cricket related to Gaurav?
(a) Brother-in-law (b) Cousin Brother
(c) Son (d) Brother

5. Statement:
Some penguins are peacocks.
All peacocks are snakes.
Conclusion:
1. Some penguins are snakes.
2. No peacock is penguin.
(a) Only conclusion 2 follows
(b) Only conclusion 1 follows
(c) Either 1 or 2 follows
(d) Neither 1 and Nor 2 follows

6. Which of the following does NOT belong to this group?
A. Jam B. Juice C. Squash D. Lemon
(a) B (b) D (c) A (d) C

7. Select the missing number from the given series.
3, 2, 8, 7, 13, 12, ?..........
(a) 26 (b) 27 (c) 18 (d) 17

8. Four numbers have been given out of which three are alike in some manner and one is different. Select the number that is different from the rest.
(a) 2306 (b) 1331 (c) 1728 (d) 2197

9. Four words have been given, out of which three are alike in some manner and one is different. Select the odd word.
(a) Destitution (b) Plenty
(c) Penury (d) Indigence

10. In a certain code language, 'DEFAULT' is coded as 'DTLUAFE' and 'BROUGHT' is coded as 'BTHGUOR'. What is the code for 'FANTASY' in the given language?
(a) YFANTAS (b) YSATNAF
(c) FYSATNA (d) SATANF

11. In a certain code language, 'BLOOD' is written as 'CNRSI' and 'VEINS' is written as 'WGLRX'. How will 'HEART' be written in that language?
(a) IGVDY (b) IGDVY
(c) IGDYV (d) IGYDV

12. 15 is related to 230 following a certain logic. Following the same logic, 4 is related to 65. To which of the following is 12 related following the same logic?
(**NOTE:** Operations should be performed on the whole numbers, without breaking down the numbers into their constituent digits. E.g. 13-Operations on 13 such as adding/subtracting/multiplying to 13 can be performed. Breaking down 13 into 1 and 3 and then performing mathematical operations on 1 and 3 is not allowed.)
(a) 187 (b) 186 (c) 185 (d) 180

13. In the following question select the related letters from the given alternatives.
KBZ: HYW :: VIF:?
(a) NOD (b) SFC (c) SHM (d) HVA

14. The words given on the left side of (::) are related to each other by some logic/rule/relation. Select the missing word/word pair to the right of (::) from the given alternatives on the basis of similar logic/rule/relation.

Stable: Horse :: Hanger:?

(a) Grains (b) Animals
(c) Fish (d) Aeroplane

15. Select the figure from the options that can replace the question mark (?) and complete the given pattern.

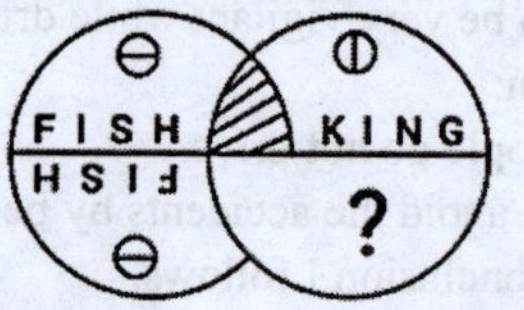

(a) 

(b) 

(c) 

(d) 

16. Select the correct mirror image of the given figure when the mirror is placed at OG as shown below.

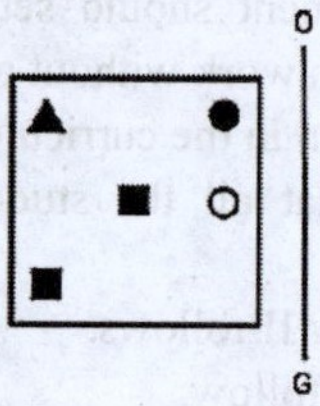

(a) 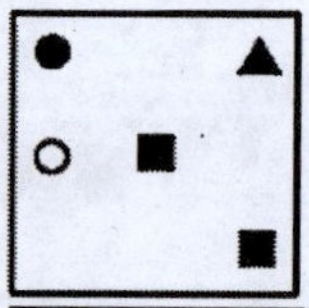

(b) 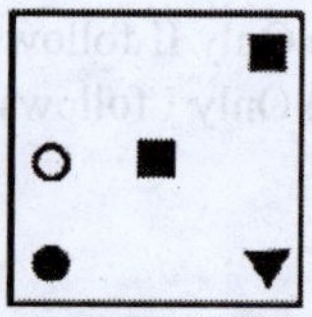

(c) 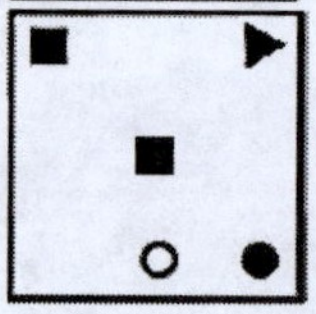

(d) 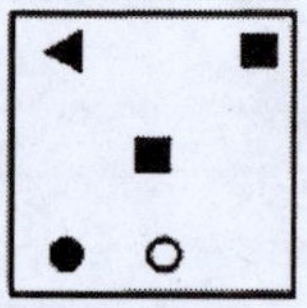

17. Study the following pattern carefully and select the number that can come in place of the question mark (?) from the given alternatives.

13	16	52
15	24	90
23	36	?

(a) 207 (b) 108 (c) 117 (d) 81

18. Select the number that can replace the question mark (?) in the given table.

5	16	77
8	19	149
13	12	?

(a) 153 (b) 157 (c) 155 (d) 151

19. Six boys Sumit, Gopal, Honey, Ishaan, Jatin and Lalit are sitting around a circular table facing towards centre. Ishaan is the third to the left of Sumit, Jatin and Honey are the immediate neighbours of Ishaan. Lalit is to the immediate right of Jatin. Who is sitting to the immediate left of Ishaan?

(a) Honey (b) Lalit (c) Jatin (d) Gopal

20. Eight athletes Sunil, Abhishek, Mohit, Cheenu, Rahul, Tanu, Koyal, and Ankit are sitting around a circular table facing opposite to the centre (not necessarily in the same order). Koyal is third to the left of Rahul. Tanu is third to the right of Cheenu. Mohit is second to the right of Sunil. Abhishek is second to the left of Cheenu. Tanu is second to the left of Sunil. Who is sitting second to the left of Koyal?

(a) Mohit (b) Rahul (c) Tanu (d) Sunil

21. How many triangles are there in the given figure?

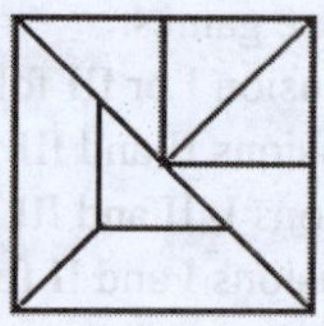

(a) 9 (b) 8 (c) 7 (d) 10

22. Select the option that indicates the correct arrangement of the given words in the order in which they appear in an English dictionary.

1. Expert
2. Exotic
3. Explicit
4. Expense
5. Expanse

(a) 3, 4, 5, 1, 2 (b) 4, 2, 5, 1, 3
(c) 2, 5, 4, 1, 3 (d) 3, 5, 2, 1, 4

23. Which two signs and two numbers should be interchanged to make the following equation correct?

$10 + 8 - 200 \times 15 \div 5 = 407$

(a) + and –, 15 and 10
(b) + and ÷, 200 and 10
(c) × and –, 5, and 15
(d) × and ÷, 8 and 5

24. A + B means 'A is the mother of B';
A – B means 'A is the sister of B';
A × B means ' A is the son of B';
A ÷B means 'A is the father of B'.
If, K + U – T×R÷M, then how is K related to M?

(a) Sister (b) Maternal grandmother
(c) Wife (d) Mother

25. Three different position of the same dice are shown. Select the letter that will be on the face opposite to the face having the letter 'A'.

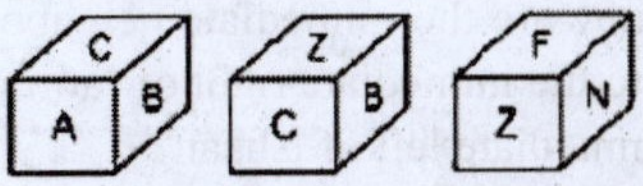

(a) B (b) F (c) N (d) Z

26. Read the given statements and conclusions carefully. Assuming that the information given in the statements is true, even if it appears to be at variance with commonly known facts, decide which of the given conclusions logically follow(s) from the statements.

Statements:
1. All toys are pens.
2. All games are pens.

Conclusions:
I. No toy is a game.
II. No pen is a game.
III. Some toys are games.

(a) Either conclusion I or III follow.
(b) Only conclusions II and III follow.
(c) All conclusions I, II and III follow.
(d) Only conclusions I and II follow.

27. What should come in place of the question mark (?) in the given series based on the English alphabetical order?

YAU, DFZ, IKE, NPJ,?

(a) RUS (b) SOU
(c) SRU (d) SUO

28. What should come in place of the question mark (?) in the given series?

129, 128, 124, 115, 99, ?

(a) 71 (b) 73 (c) 74 (d) 72

29. Statement:
One has to be very vigilant while driving.

Conclusion:
I. Lazy people do not drive.
II. We can avoid the accidents by being vigilant.

(a) Only conclusion I follows.
(b) Only conclusion II follows.
(c) Neither I nor II follows.
(d) Both the conclusion follow.

30. Statement:
The government had proposed to reduce 50% of the current NCERT curriculum.

Conclusion:
I. The government should set up a committee of experts who can work without affecting the quality.
II. The reduction in the curriculum should be done in such a way that all the students can qualify the examination.

(a) Neither I nor II follows.
(b) Both I or II follow.
(c) Only II follows
(d) Only I follows.

3

PRACTICE TEST

1. Seven friends of different stature, Haroon, Eman, Jason, Kirti, Lisa, Mohan and Neeti are standing in descending order of their stature. The tallest person is standing at the front of the row and the shortest person is standing at the end of the row. Haroon is standing immediately behind Lisa, who is standing immediately behind Kirti. Only two persons stand between Mohan and Neeti. Eman stands second from the front. Mohan is not the tallest. Who is standing at the front of the row?
(a) Kirti (b) Neeti (c) Mohan (d) Jason

2. In this question, two statements are followed by four conclusions given as options. Decide which conclusion is definitely true, based on the given statements.
Statements: $P \leq Q = R > S; Q \leq T \leq U = V$
(a) S > P (b) S ≥ U (c) V < S (d) V ≥ P

3. If P means ÷, Q means ×, R means + And S means - then the value of 14Q16P4R7S10?
(a) 52 (b) 48 (c) 53 (d) 50

4. Kavita and Nikita are friends and they have gone to the market together. Kavita meets her classmate and introduces her classmate to Nikita as the daughter of the sister of her brother's father. How is Kavita related to her classmate?
(a) Niece (b) Friend
(c) Nephew (d) Cousin Brother/Sister

5. Statement:
1) Some bags are chocolate.
2) Some cakes are chocolate.
Conclusion:
I. All cakes are likely to be bags.
II. Some bags are cakes.
(a) Only conclusion II is appropriate
(b) Both conclusion I and II is appropriate
(c) Neither conclusion I nor II is appropriate
(d) Only conclusion I is appropriate

6. Which of the following does NOT belong to this group?
(A) Clip (B) Pin (C) Band (D) Towel
(a) A (b) D (c) C (d) B

7. Complete the following number series by choosing appropriate option
1, 8, 27, 64, ____, ____, 343, ____, 729
(a) 125, 262, 515 (b) 145, 261, 512
(c) 125, 216, 512 (d) 125, 213, 510

8. Given below are four number pairs, out of which three are of the same type and one is different. select the numbers pair which is different.
(a) 7-19 (b) 11-30 (c) 14-39 (d) 17-48

9. Four words have been given, out of which three are alike in some manner and one is different. Select the odd one.
(a) Pascal (b) Celsius
(c) Fahrenheit (d) Kelvin

10. In a certain code language 'NATURE' is written as 'MASUQE'. How will 'POTATO' be written in that language?
(a) OSPAOS (b) OOSASO
(c) OPSAOS (d) OSSASO

11. In a certain code language, 'ENTER' is written as 'FOTGT' and 'DICEY' is written as 'EJCGA'. How will 'CHILD' be coded in that language?
(a) DIINF (b) EHIMF
(c) DHKME (d) EJJNE

12. Select the option which is related to the fourth term in the same way as the first term is related to the second term and fifth term is related to the sixth term.
529:21::?: 19:: 841:27
(a) 441 (b) 484 (c) 361 (d) 402

13. NGPZ is related to JCLV in a certain way based on the English alphabetical order. In the same way, XDLM is related to TZHI. To which of the following is RUKV related, following the same logic?
(a) NGQR (b) NGRQ (c) NQGR (d) NQRG

14. Select the option that is related to the third letter-cluster in the same way as the second letter-cluster is related to the first letter-cluster.
Reaper: Farmer ::Anvil: ?
(a) Carpenter (b) Watchmaker
(c) Labour (d) Blacksmith

15. Select the option figure that will replace the question mark (?) in the figure given below to complete the pattern.

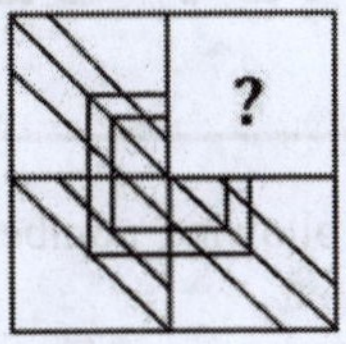

(a) 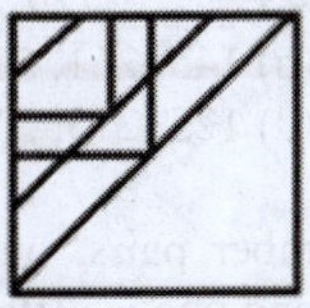 (b) 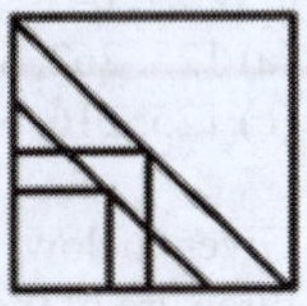

(c)  (d) 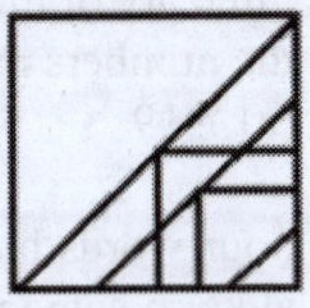

16. If a mirror is placed on line MN in the question figure, then which of the given answer figures is the correct mirror image of the question figure?

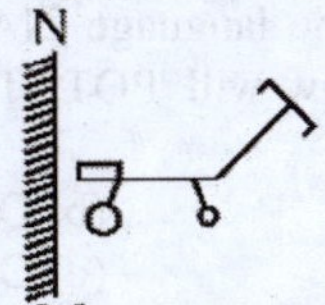

(a) 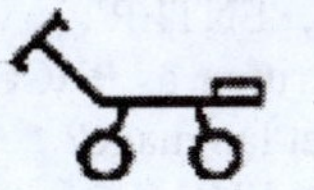 (b) 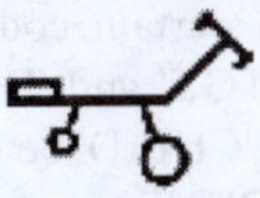

(c) 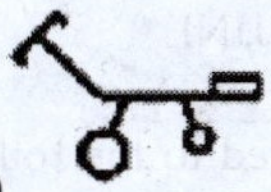 (d) 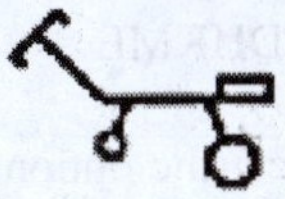

17. Study the following matrix carefully and select the number that can come in place of the question mark (?) from the given.

7	9	5
3	8	?
28	81	50

(a) 9 (b) 8 (c) 5 (d) 7

18. Study the given pattern carefully and select the number that can come in place of the question mark (?)

60	152	161
14	18	17
15	19	?

(a) 23 (b) 19 (c) 13 (d) 7

19. Five friends Pooja, Bhawna, Charu, Geeta, and Hema are sitting around a circular table facing towards the centre. Charu is not the immediate neighbour of Bhawna. Bhawna is second, to the left of Hema. Geeta is the immediate neighbour Bhawna and Hema. Who is sitting to the immediate right of Hema?

(a) Geeta (b) Pooja (c) Bhawna (d) Charu.

20. L, M, N, O, P and Q are sitting around a circular table facing the centre (not necessarily in the same order). M is sitting to the immediate right of Q. L is sitting to the immediate left of O. Q is sitting to the immediate right of O. P is sitting to the immediate left of L. Who is sitting to the immediate right of M?

(a) N (b) P (c) L (d) O

21. How many squares are there in the given figure?

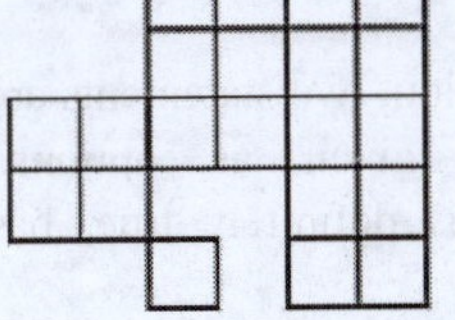

(a) 29 (b) 33 (c) 32 (d) 34

22. Select the option that represents the correct order of the given words they would appear in an English dictionary.

1. Mathematic 2. Malfunction
3. Masterpiece 4. Manipulation
5. Manageable

(a) 2,5,3,4,1 (b) 2,4,5,3,1
(c) 5,2,4,3,1 (d) 2,5,4,3,1

23. Select the correct combination of mathematical symbols which can sequentially replace the * symbols and balance the given equation.

256*4*9*3*14=51

(a) × + −÷ (b) ×÷ + −
(c) + × − + (d) ÷ − × +

24. A + B means ' A' is the Mother of B;
A - B means A' is the husband of B;
A×B means A' is the son of B;
A ÷B means ' A' is the brother of B;
If, Q ÷U × K×H - D + J then how is K related from J?

(a) Brother (b) Father
(c) Sister (d) Uncle

25. What was the day of the week on 10 June 2011?

(a) Saturday (b) Friday
(c) Sunday (d) Monday

26. What should come in place of? in the given series based on the English alphabetical order?
FNV LUE? XIW DPF
(a) RBN (b) HRY
(c) GQZ (d) UWZ

27. What should come in place of the question mark (?) in the given series?
512, 1000, 1728, 2744, 4096, 5832, ?
(a) 9261 (b) 4000
(c) 8000 (d) 6000

28. Statement
The tourism spots should be given additional security
Conclusions
I. Terrorists always choose the place to destruct the larger scale.
II. Terrorist act cannot be stopped.
(a) Neither I nor II follows
(b) Both I and II follow
(c) Only conclusion II follows
(d) Only conclusion I follows

29. Statement:
The students who passed the exam said, "the exam paper was really difficult and lengthy."
Conclusion:
I. Students are expecting low marks in results.
II. The question paper had many questions out of the course.
(a) Only conclusion II follows.
(b) Only conclusion I follows.
(c) None of the conclusion follows.
(d) Both the conclusions follow.

30. Read the given statements and conclusions carefully. Assuming that the information given in the statements is true, even if it appears to be at variance with commonly known facts, decide which of the given conclusions logically follows from the statements.
Statements:
All camels are bats.
No bat is a parrot.
Some camels are lions.
Conclusions:
I. Some bats are lions.
II. No parrot is a camel.
III. No parrot is a lion.
(a) Both conclusions I and III follow
(b) Only conclusion II follows
(c) Only conclusion I follows
(d) Both conclusions I and II follow

4

PRACTICE TEST

1. Capacities of six tanks A, B, C, D, E and F are compared. No two tanks have same capacity. Capacity of D is more than F and C. Capacity of A is less than only B. Which of the following sequence about their capacities can be correct?
I. A > D > E II. C > F > E
(a) Neither I nor II (b) Only I
(c) Only II (d) Both I and II

2. In this question, two statements are followed by four conclusions given as options. Decide which conclusion is definitely true, based on the given statements.
Statements: $P \geq Q \geq R \geq S < T; J \leq S \leq K \leq R$
(a) K≤ T (b) P ≥ J (c) S ≥ K (d) J ≥ T

3. If 'A' expresses addition, 'B' subtraction, 'C' multiplication and 'D' division, then which of the following statements is true?
(a) 8 C 8 A 8 D 8 B 8 = 57
(b) 36 C 4 D 8 B 7 A 4 = 10
(c) 32 D 8 C 9 = 160 B 12 C 12
(d) 16 C 12 A 49 D 7 B9 200

4. Puni is the daughter of Avani and Amit is the son of Avani's brother. How is Amit's father related to Puni?
(a) Father (b) Cousin
(c) Brother (d) Maternal uncle

5. Statement:
Some square triangle while some are rectangle. Each circle is a triangle and each hexagon is a rectangle. Which of the following option is correct according to the given statements.
(a) At least one circle is square.
(b) All rectangles are hexagon.
(c) At least one hexagon is square.
(d) At least one rectangle

6. Three of four options below are related in a certain way. Select the option that is different from others.
(a) Hoe (b) Sword (c) Write (d) Gun

7. Select the missing number from the given series.
12, 23, 45, 78, ...?
(a) 128 (b) 125 (c) 122 (d) 130

8. Four numbers have been given, out of which three are alike in some manner and one is different. Select the number that is different.
(a) 2197 (b) 4913 (c) 2379 (d) 1331

9. Four words have been given, out of which three are alike in some manner, while one is different. Select the odd word.
(a) Iron (b) Silver (c) Brass (d) Copper

10. In a certain code language. 'NEWLY' is written as 'MFZKZ' and 'PAINT' is written as 'OBLMU'. How will 'TWICE' be written in that language.
(a) SXLBG (b) RXLBF
(c) SYLBG (d) SXLBF

11. In a certain code language 'COURT' is written as 'TROOC' and 'SPORT' is written as 'TRIPS'. How will 'BLIND' be written in that code language.
(a) DNELB (b) DNALB
(c) BNELD (d) DNILB

12. 14 is related to 54 following a certain logic. Following the same logic, 9 is related to 24. To which of the following is 21 related following the same logic?
(**NOTE:** Operations should be performed on the whole numbers, without breaking down the numbers into their constituent digits. E.g. 13-Operations on 13 such as adding/subtracting /multiplying to 13 can be performed. Breaking down 13 into 1 and 3 and then performing mathematical operations on 1 and 3 is not allowed.)
(a) 96 (b) 90 (c) 89 (d) 99

13. IJLO is related to GHJM in a certain way based on the English alphabetical order. In the same way, HIKN is related to FGIL. To which of the following is EFHK related, following the same logic?
(a) CDFI (b) CEFI (c) CDEF (d) CEDI

14. Select the option that is related to the third word in the same way as the second word is related to the first word.
Conceit: Modesty:: Despair: ?
(a) Hope (b) Gloom (c) Anguish (d) Pain

15. Select the option figure that will replace the question mark (?) in the figure given below to complete the pattern.

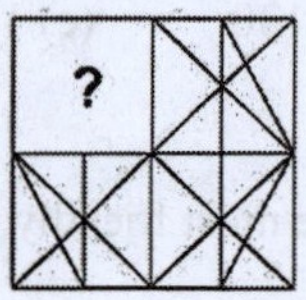

(a)  (b) 

(c) 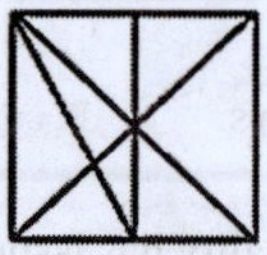 (d) 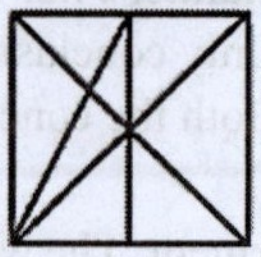

16. Select the correct mirror image of the given figure when the mirror is placed to the right side of the figure.

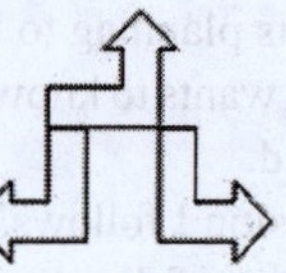

(a) 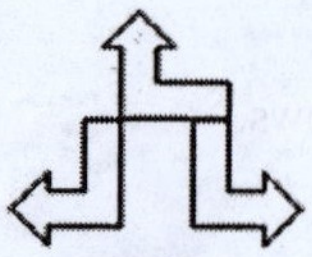 (b) 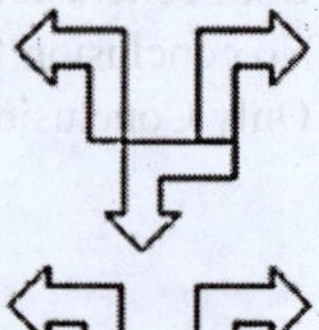

(c) 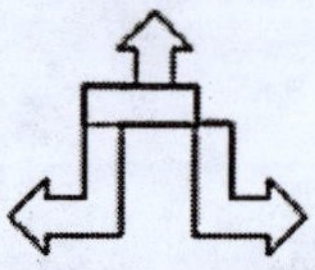 (d) 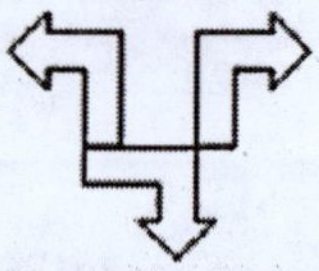

17. Study the following patterns carefully and select the number which can come in place of the question mark (?) from the given alternatives.

15	81	12
18	99	15
17	120	?

(a) 13 (b) 9 (c) 16 (d) 11

18. Study the following pattern carefully and select the number that can come in place of the question mark (?) from the given alternatives.

24	36	32
6	3	?
12	2	24
12	54	24

(a) 18 (b) 15 (c) 10 (d) 29

19. L, M, N, O, P, Q and R are siting around a circular table, facing the centre. L sits second to the right of M. N sits third to the right of L. O sits second to the left of N. P is not an immediate neighbour of N. Q sits to the immediate right of O.
How many people are sitting between L and R when counted from the left of L?

(a) Two (b) One (c) Three (d) Four

20. E, F, G, H, P, Q, and R, are sitting around a circular table facing the centre (not necessarily in the same order). Only three people sit between P and G when counted from the right of P. Only F sits between R and P when counted from the left of P. Only two people sit between R and E when counted from the left of R. H is NOT an immediate neighbor of G. How many people sit between F and Q when counted from the left of F?

(a) Four (b) Three (c) Two (d) One

21. How many squares are there in the given figures.

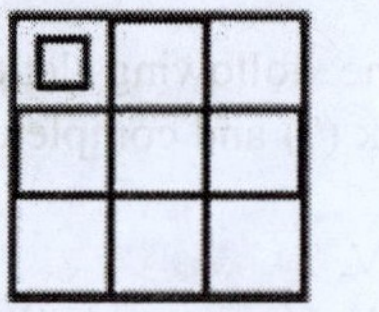

(a) 10 (b) 16 (c) 15 (d) 12

22. Arrange the following words in a logical and meaningful order.

1. Cloud 2. Rainbow
3. Devastation 4. Rain
5. Low Pressure 6. Flood

(a) 5, 1, 4, 2, 6, 3 (b) 5, 1, 2, 4, 6, 3
(c) 1, 5, 4, 2, 6, 3 (d) 5, 4, 1, 2, 3, 6

23. By interchanging which two signs and two numbers (not digits) the equation will be correct?

$8 - 4 \times 9 + 6 \div 3 = 29$

(a) + and ×, 4 and 6 (b) - and ×, 6 and 9
(c) -and ×, 9 and 3 (d) × and÷, 8 and 4

24. 'A+ B' means 'A is the brother of B'.
'A - B' means 'A is the wife of B'.
'A × B' means 'A is the daughter of B'.
'A ÷B' means 'A is the father of B'.
If $P + S \times Q \times R - T \div V \div U$ then how is T related to P?

(a) Paternal grandmother
(b) Maternal grandmother
(c) Paternal grandfather
(d) Maternal grandfather

25. What was the day of the week on 31 January 2009?
(a) Sunday (b) Friday
(c) Saturday (d) Monday

26. Two statements are given followed by three conclusions numbered I, II and III. Assuming the statements to be true, even if they seem to be at variance with commonly known facts, decide which of the conclusions logically follow(s) from the statements.
Statements:
All drums are sticks.
Some drums are boxes.
Conclusions.:
I. Some boxes are sticks.
II. Some sticks are drums.
III. All sticks are drums.
(a) Only conclusions I and III follow.
(b) Only Conclusions I and II follow.
(c) Only conclusions II and III follow.
(d) All the conclusions, I, II and III follow.

27. Which of the following letters will replace the question mark (?) and complete the following letters series?
F, P, I, S, L, V, ?
(a) O (b) N (c) L (d) M

28. What should come in place of the question mark (?) in the given series?
2, 5, 13,28, 52, 87, ?
(a) 98 (b) 130 (c) 135 (d) 107

29. Statement:
Penguins are the most friendly among all creatures.
Conclusion:
I. No other creature is friendly
II. Penguin is much liked by humans.
(a) Only conclusion I follows.
(b) Neither I nor II follows.
(c) Only conclusion II follows.
(d) Both the conclusion follows.

30. Statement: The water municipality has issued a notice to the vendors in the newspaper, sealed tenders will be invited from local contractors for the construction of the bridge in ward No. 3
Conclusion:
I. Municipality is planning to build a bridge.
II. Municipality wants to know how many contractors will be interested.
(a) Only conclusion I follows.
(b) Both conclusion follows.
(c) No conclusion follows.
(d) Only Conclusion II follows.

5 PRACTICE TEST

1. Number of trucks parked in five parking areas S1, S2, S3, S4 and S5 are compared. Number of trucks parked in S3 are more than only S2. Number of trucks parked in S5 are less than only S1. If the number of trucks parked in parking area S3 are 1200, then how many trucks can be parked in parking area S1?
(a) 1346 (b) 1184 (c) 1154 (d) 1197

2. In this question, two statements are followed by four conclusions given as options. Decide which conclusion is definitely true, based on the given statements.
Statements: - $P \leq Q < R < S; T > S > V \geq W$
(a) P < T (b) Q < W (c) P < V (d) R > W

3. If 'J' means '×', 'K' means '÷', 'Q' means '+' and 'T' means '-' then what is the value of 26 J 74 K 4 T 5 Q 2?
(a) 220 (b) 478 (c) 376 (d) 488

4. Saraswati and Gauri are sisters. How is Gauri's brother related to father of Saraswati's father?
(a) Son (b) Grandson
(c) Granddaughter (d) Uncle

5. Statement:
I. Some trinkets are silver.
II. Some silver is metals.
Conclusion:
1. Some silvers are trinkets.
2. Some metals are trinkets.
(a) Neither conclusion 1 nor 2 follows
(b) Only conclusion 2 follows
(c) Only conclusion 1 follows
(d) Both conclusion 1 and 2 follow

6. Name of four birds are given below three of which related in some way and one is different select the different.
(a) Vulture (b) Penguin
(c) Emu (d) Ostrich

7. Select the missing number from the given series.
27, 29, 33, ? , 57
(a) 35 (b) 40 (c) 30 (d) 41

8. Four numbers have been given, out of which three are alike in some manner and one is different. Select the one that is different.
(a) 393 (b) 384 (c) 441 (d) 600

9. Four words have been given, out of which three are alike in some manner and one is different. Select the word that is different.
(a) Zeal (b) Vision
(c) Fury (d) Devotion

10. In a certain code language 'CHEAT' is written as 'AFGCR' and 'BROKE' is written as 'ZPQIG'. How will 'TREAT' be written in that code language?
(a) OPGCR (c) REPHDR
(b) OPHDR (d) RPGCR

11. In a certain code language, 'LESSON' is written as 'IDPPNK' and 'CLASS' is written as 'ZIZPP'. How will 'CHAPTER' be written in that code language?
(a) MDZZOQE (b) ZEZMQDO
(c) DOZEZMQ (d) MZQEDZO

12. 102 is related to 34 following a certain logic. Following the same logic, 171 is related to 57. To which of the following is 237 related following the same logic?
(**NOTE:** Operations should be performed on the whole numbers, without breaking down the numbers into its constituent digits. E.g. 13-Operations on 13 such as adding /deleting /multiplying etc., to 13 can be performed. Breaking down 13 into 1 and 3 and then performing mathematical operations on 1 and 3 is not allowed.)
(a) 73 (b) 77 (c) 79 (d) 71

13. DGFB is related to EFGA in a certain way based on the English alphabetical order. In the same way, EGHC is related to FFIB. To which of the following is FDHB related, following the same logic?
(a) GCAS (b) GCIA (c) GCAO (d) GCER

14. Select the option which is related to the third word in the same way as the second word is related to the first word.

(The word should be considered as meaningful English words, and not be related to each other on the basis of number of letters/number of consonants/vowels in them)

Extrovert: Introvert:: Religious:?

(a) Optimistic (b) Atheist
(c) Pessimistic (d) Narcissistic

15. Select the figure from the options that can replace the question marks (?) and complete the given pattern

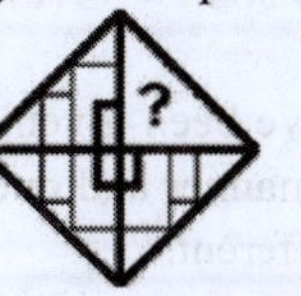

(a) 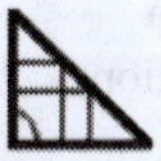 (b) 

(c)  (d) 

16. Select the correct mirror image of the given question figure when the mirror is placed at AB as shown.

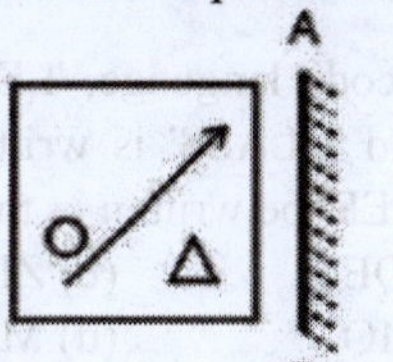

(a)  (b) 

(c) 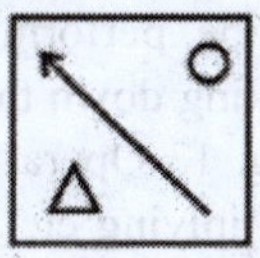 (d) 

17. Study the given matrix carefully and select the number from among the given options that can replace the question mark (?) in it.

12	7	70
15	6	78
11	9	?

(a) 75 (b) 85 (c) 81 (d) 76

18. Study the given pattern carefully and select the number from among the given options that can replace the question mark (?) in it.

18	24	19
7	8	9
8	11	14
17	?	14

(a) 15 (b) 21 (c) 38 (d) 30

19. A, B, C, D, E, F, and G are sitting around a circular table, facing away from the centre (not necessarily in the same order). Only 3 people sit between B and D when counted from the left of D. B sits second to the left of E. G sits to the immediate right of C. A is not an immediate neighbour of D.

Who is sitting to the immediate right of E?

(a) F (b) D (c) A (d) B

20. A, B, C, D, E and Fare sitting around a circular table facing the centre (not necessarily in the same order). B is sitting to the immediate right of F and immediate left of C. C is sitting to the immediate left of E. A is sitting to the immediate right of E and to the immediate left of D. Who is sitting to the immediate left of F?

(a) C (b) A (c) D (d) B

21. Find the number of triangles in the given figure.

(a) 17 (b) 19 (c) 21 (d) 23

22. Each letters of the word CAREFUL are arranged in English alphabetical order. How many letters are there in the English alphabetical series between the second letters from the left and the fourth letter from the right in the new letter group thus formed?

(a) Six (b) Two (c) Three (d) Four

23. If P means '÷', Q means '+', R means '×' and S means '-', What is the reason for the equation given below?

100 S 12 P 72 R 6 Q 5 =?

(a) 140 (b) 134 (c) 105 (d) 104

24. A + B' A is the mother of B'.

A - B' A is the father of B'.

A × B'A is the sister of B'

A ÷B'A is the daughter of B'.

If P + R×T – Q ÷ S + U, then how is S related to T?

(a) Mother (b) Sister
(c) Daughter (d) Wife

25. If 27 September 2001 was a Thursday, then what was the day of the week on 22 October 2009?
(a) Sunday (b) Friday
(c) Wednesday (d) Thursday

26. Read the given statements and conclusions carefully. Assuming that the information given in the statements is true, even if it appears to be at variance with commonly known facts, decide which of the given conclusions logically follow(s) from the statements.
Statements:
1. Some bottles are glasses.
2. Some glasses are bowls.
Conclusions:
I. Some bowls are bottles.
II. Some glasses are bottles.
III. No bowl is a bottle.
(a) All conclusions I, II and III follow.
(b) Either conclusion II or III follows.
(c) Only conclusion II and either conclusion I or III follows.
(d) Only conclusion II and III follows.

27. Which of the following terms will replace the question mark (?) in the given series?
MBZT, KYBW, IVDZ, ?, EPHF
(a) FRGB (b) FSGC (c) GRFB (d) GSFC

28. What should come in place of? in the given series?
6, 30, 174, ?, 6222, 37326
(a) 1098 (b) 1038 (c) 1008 (d) 1058

29. Statement:
Speaking at the environment conference, the keynote speaker appreciated the contribution made by the youth for the enforcement of new ideas about eco-friendly waste management techniques.
Conclusion:
I. The keynote speaker was highlighting the achievements of youth to save the environment.
II. All the conclusion of this conference will be implemented.
(a) Only conclusion II follows.
(b) Only conclusion I follows
(c) No conclusion follows.
(d) Both conclusion follows.

30. Statement: A teacher said to a guardian, "This child needs to be consulted for his bad behaviour"
Conclusion:
I. Counselling is one of the ways to behavioural problems.
II. Counselling is the only way to correct behaviour problems.
(a) Both conclusions I and II follow.
(b) Only conclusion I follows.
(c) Neither I and nor II follows.
(d) Only conclusion II follows.

6 PRACTICE TEST

1. Statement: An amendment to the Industrial Employment Act, 1946 to prevent sexual harassment at workplace by Indian women's organisation was happily welcomed.
Conclusions:
I. In developing countries like India, sexual harassment of women is more than other developed countries at workplace.
II. Many companies in India will stop hiring women to avoid such problems.
(a) Neither conclusion I nor conclusion II follows.
(b) Only conclusion II follows.
(c) Either conclusion I or II follows.
(d) Only conclusion I follows.

2. Statement: Consumer goods packaged in plastic are mass produced and have become a threat to the environment.
Conclusion:
I. Mass production of consumer goods has generated a lot of plastic waste affecting the environment.
II. We need to start using eco-friendly materials for packaging the goods.
(a) Only conclusion I follows.
(b) Only conclusion II follows.
(c) None of the conclusions follows.
(d) Both conclusions I and II follow.

3. Among seven people F, G, H, K, L, M and N, each has a different age. Only H is older than K. The second oldest is 38 years old. Only three people are younger than L. M is older than only N. M's age is half of K's age. F is 36 years old. L's age is a multiple of 10. What can be the sum of the ages of K and L?
(a) 56 years (b) 66 years
(c) 68 years (d) 60 years

4. Given below is a statement followed by two conclusions I and II. Study the statement carefully and decide which Conclusion/s is/are definitely true.
Statement :- M > N > O > P = W; X > O > Y
Conclusion I :- M > X
Conclusion II : - W < Y
(a) Neither Conclusion I nor II is true.
(b) Both Conclusions I and II are true.
(c) Only Conclusion I is true.
(d) Only Conclusion II is true.

5. If 'A' letter, 'addition' 'B' letter, 'subtraction' 'C' letter, 'Division' and 'D' 'multiplication' then the value of is equal letter,
(7 D 3) B 6 A 5 (20 C 20)?
(a) 0 (b) 10 (c) 22 (d) 20

6. Pointing towards a picture, John Says that she is the sister of my son's mother. How is the person in the photo related to John?
(a) Son-in-law (b) Sister-in-law
(c) Father-in-law (d) Mother

7. Statement:
1. Some monkey are not baboons.
2. Some baboons are not humans.
Conclusion:
1. Some monkey may be humans
2. Some baboons may be monkey.
(a) Neither 1 and nor 2 follows
(b) Only conclusion 1 follows
(c) Only conclusion 2 follows
(d) Both conclusions I and II follow.

8. Three of four options below are related in a certain way. Select the option that is different from others.
(a) Kohima (b) Gangtok
(c) Odisha (d) Patna

9. Select the number that will come next in the following series 45, 54, 65, 78,
(a) 93 (b) 88 (c) 90 (d) 94

10. In the given number pairs, the second number is obtained by performing some mathematical operations on the first number. Some operations are followed in all the number pairs except one number pair. Find the odd number pair.
(a) 20:11 (b) 6: 4 (c) 12:7 (d) 15:9

11. Four words have been given out of which three are alike in some manner and one is different. Select the odd one.
(a) Oyster (b) Cod (c) Salmon (d) Shark

12. In a certain code language 'GATE' is written as 'AGET'. How will 'BOOK' be written in that language?
(a) OOBK (b) OKBO (c) OBKO (d) OBOK

13. In a certain code language, 'STADIUM' is written as 'TSADIMU'. How will 'CRICKET' be written in that language.
(a) RCICKET (b) RCIKCTE
(c) RCICKTE (d) RCIKCET

14. 142 is related to 92 following a certain logic. Following the same logic, 255 is related to 205. To which of the following is 457 related following the same logic?
(**NOTE:** Operations should be performed on the whole numbers, without breaking down the numbers into its constituent digits. E.g. 13 Operations on 13 such as adding /subtracting /multiplying etc. to 13 can be performed. Breaking down 13 into 1 and 3 and then performing mathematical operations on 1 and 3 is not allowed.)
(a) 407 (b) 417 (c) 427 (d) 437

15. TILE is related to VLNH in a certain way based on the English alphabetical order. In the same way, RAMP is related to TDOS. To which of the following is SORT related, following the same logic?
(a) URTV (b) URTW (c) VRTV (d) VRTW

16. Select the option which is related to the third word in the same way as the second word is related to the first word.
(The words should be considered as meaningful English words, and should not be related to each other on the basis of number of letters/number of consonants/vowels in the word.)
Needle: Sew :: Auger:?
(a) Drill (b) Digging
(c) Carving (d) Grinding

17. Identify the pattern to be completed (rotation is not allowed) in the above figure.

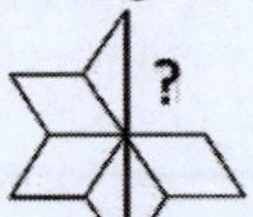

(a) 
(b) 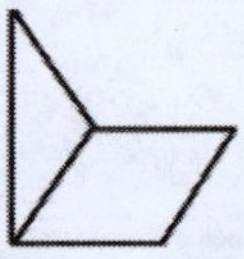
(c) 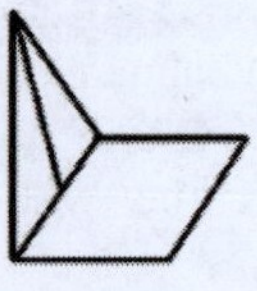
(d) 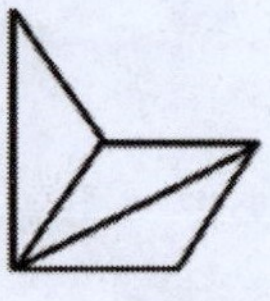

18. Select the correct mirror image of the given figure when the mirror MN is placed to the right side of the question figure.

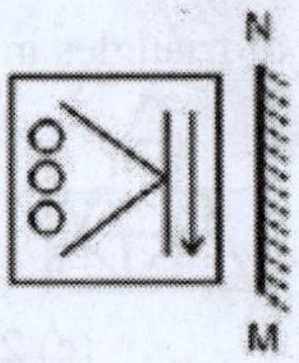

(a) 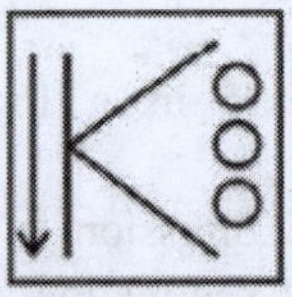
(b) 
(c) 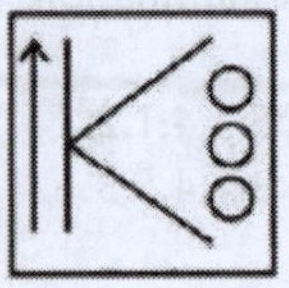
(d) 

19. Study the given pattern carefully and select the number that can replace the question

5	7	12
3	6	9
12	?	99

(a) 09 (b) 32 (c) 36 (d) 78

20. Study the given pattern carefully and select the number that can replace the question mark (?) in it.

12	24	26
30	31	42
48	38	?

(a) 46 (b) 58 (c) 56 (d) 48

21. Q, R, S, T, U, V, W and X are sitting around a square table facing the centre. Some of them are sitting at the corners of the table, while some are sitting at the exact centre of the sides of the table. X is sitting second to the left of W. W is sitting at one of the corners. The immediate neighbour of T and U is V. R is sitting third to the left of T. U is not sitting at any of the corners. U is the neighbour of neither X nor S. How many persons are sitting betwen S and V when counted from the left of S?
(a) Two (b) One (c) Three (d) Four

22. A, B, C, D, E, F, and G are sitting around a circular table, facing the centre (not necessarily in the same order). Only 2 people sit between C and F when counted from the right of C. A and D are immediate neighbours of G. E sits to the immediate left of B. Only 1 person sits between E and D when counted from the right of D.

Who is sitting to the immediate right of G?
(a) C (b) A (c) D (d) B

23. Find the number of triangles in the given figures.

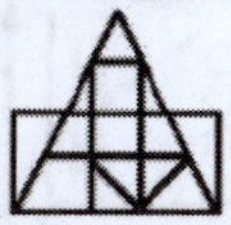

(a) 14 (b) 16 (c) 20 (d) 18

24. Arrange the following words in a logical and meaningful order.
1. Class 2. Admission
3. Result 4. Examination
5. Marking
(a) 2,1,5,3,4 (b) 5,3,4,1,2
(c) 3,4,2,1,5 (d) 2,1,4,5,3

25. If 7 @3 = 343 and 9 @ 3 = 729, then 6 @3 =?
(a) 144 (b) 216 (c) 108 (d) 36

26. A+B means 'A is the father of B';
A × B means 'A is the brother of B';
A ÷B means 'A is the sister of B'.
Which of the following expression means 'H is the paternal grandson of P'?
(a) P+K+D ÷H×M (b) D+H+K × M÷P
(c) P+K+D×H÷M (d) H+K+D×P÷M

27. Six number 5, 10, 15, 20, 25 and 30 are written on different faces of a dice. Two positions of this dice are shown. Select the number that will be on the face opposite to the face having the number 15.

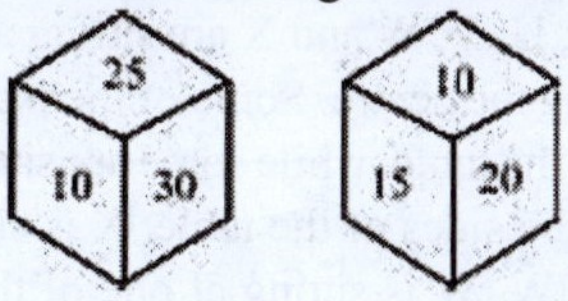

(a) 10 (b) 5
(c) 30 (d) 20

28. Two statements are given followed by four conclusions I, II, III and IV. You have to consider these statements to be true, even if they seem at variance from commonly known facts. Decide which of the given conclusions logically follow/s from the given statement.
Statements:
1. All papers are stationery.
2. Some papers are books.
Conclusions:
I. Some stationery are papers.
II. No stationery is paper.
III. No book is stationery.
IV. Some books are papers.
(a) Only conclusions II and III follow.
(b) Only conclusions I, II and IV follow.
(c) Only conclusions I and II follow.
(d) Only conclusions I and IV follow.

29. What should come in place of the question mark (?) in the given series based on the English alphabetical order?
HXK, GWL, FVM, EUN, ?
(a) DTO (b) ORP
(c) FTO (d) DRO

30. What should come in place of the two question marks (?) in the given series in the same order?
42, 43, 47, 56,?, 97, ?
(a) 71, 132 (b) 72, 133
(c) 70, 131 (d) 74, 135

7 PRACTICE TEST

1. Statement:
Industrial movement (revolution) which began in Europe has given a new era.
Conclusion:
I. The gap between a rich and poor barn a new movement.
II. Movement gives a new model in the society.
(a) Either conclusion I or II follows.
(b) Neither conclusion I nor II follows.
(c) Only Conclusion II follows.
(d) Only conclusion I follows.

2. Statement:
In the book fair, an author's books are displayed to the public.
The prices of books are too much for a common man.
Conclusion:
I. Common man only buys books from exhibition.
II. Expensive painting are also usually displayed in the art gallery.
(a) Only conclusion I follows.
(b) Only conclusion II follows.
(c) Both conclusion I and II follows.
(d) Neither conclusion I nor II follows.

3. Which numbers should come in place of the two question marks '?' in the same sequence to make the series logically complete?
2, 3, 5, 8, 13,?, 34,?
(a) 22, 56 (b) 20, 54
(c) 21,55 (d) 29,53

4. What should come in place of the question mark (?) in the given series based on the English alphabetical order?
MAT, MET, MIT, MOT, ?
(a) MXT (b) MUT (c) MVT (d) MNT

5. K, L, M, W, X, Y and Z scored different marks in an exam. K scored more than only three people. Y scored less than only L and M. W scored more than Z but less than X. L did not score the highest marks. How many people scored less than X?
(a) One (b) Two (c) None (d) Four

6. In this question, a statement is followed by two conclusions, numbered I and II. Decide which of the two conclusions is/are true based on the given statement.
Statement:- $M < N \leq O = S > T \geq W \geq Z$
Conclusion I :- $M \leq T$
Conclusion II :- $N < Z$
(a) Only Conclusion II is true
(b) Neither Conclusion I nor Conclusion II is true
(c) Both Conclusion I and Conclusion II are true
(d) Only Conclusion I is true

7. If E means '+', F means '×' G means '÷'And H means'-' then the value of 81 H 1 G 17 F 102 G 6 F 34 H 6?
(a) 40 (b) 26 (c) 41 (d) 29

8. Vandana is the daughter of Vishal and Vanita. Amit is the son of Vanita's brother. How is Vandana related to Amit?
(a) Niece (b) Father
(c) Cousin Sister (d) Brother

9. Statement:
I. All boys are singers
II. Some singers are trained
Conclusion
1. All singers are boys.
2. Some boys are trained.
(a) Only conclusion 2 follows
(b) 1 and 2 both are follow
(c) Neither 1 nor 2 follows
(d) Only conclusion 1 follows

10. Which of the following does NOT belong to this group.
A. Mauve B. Purple C. Green D. Pillar
(a) C (b) B (c) D (d) A

11. What is the next number of following series-
0, 2, 9, 28, 65,………
(a) 81 (b) 126 (c) 256 (d) 125

12. Four numbers have been given out of which three are alike in same manner, while one is different Choose the odd one.
(a) 91 (b) 195 (c) 169 (d) 171

13. Four words have been given, out of which three are alike in some manner and one is different. Select the word that is different.

(a) Fluster (b) Confound
(c) Agitate (d) Calm

14. In a certain code language 'PEOPLE' written as 'NOEMEL' and 'TABLES' is written as 'RBAISE'. How will 'MATURE' be written in that language?

(a) AMRDRE (b) KTARER
(c) LATMRE (d) JATRER

15. In a certain code language 'HAUNT' is written as 'KVXIW' and 'BURNT' is written as 'EPUIW'. How will 'THROW' be written in that language?

(a) WCUJZ (b) ZDUDZ
(c) ZDURW (d) WBUAZ

16. Select the option which is related to the fourth term in the same way as the first term is related to the second term and fifth term is related to the sixth term.

8 : 1 :: ? : 2 :: 200 : 5

(a) 48 (b) 78 (c) 64 (d) 32

17. PARK is related to QCUM in a certain way based on the English alphabetical order. In the same way, STOP is related to TVRR. To which of the following is RAMP related, following the same logic?

(a) SCPR (b) SCQR (c) TCQR (d) TCPR

18. Select the option that is related to the third term in the same way as the second term is related to the first term.

Hold : Tongs :: Dig : ?

(a) Pen (b) Gutter (c) Spoon (d) Hoe

19. Select the option figure that will come in place of question mark (?) to complete the pattern in the figure given below. (Rotation is not allowed).

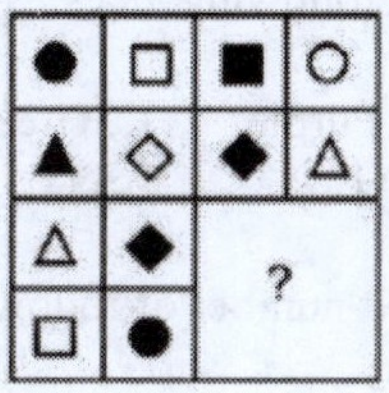

(a) 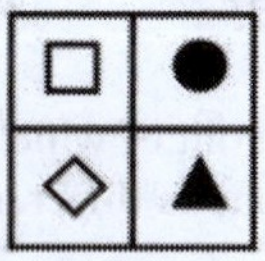

(b) 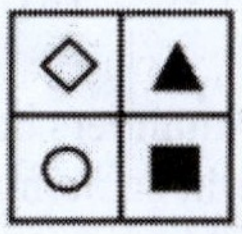

(c) 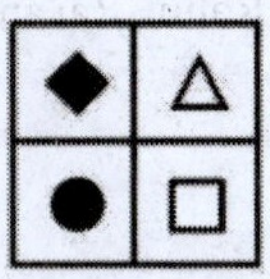

(d) 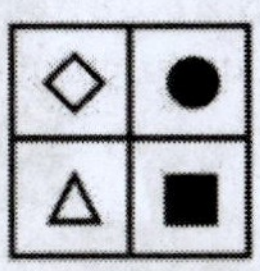

20. Select the correct mirror image of the given figure when the mirror is placed at MN, as shown.

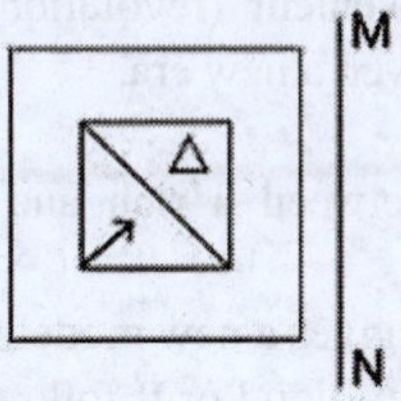

(a) 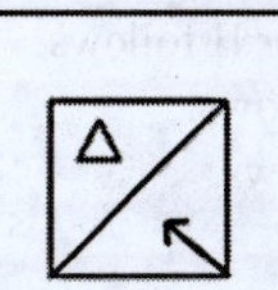

(b) 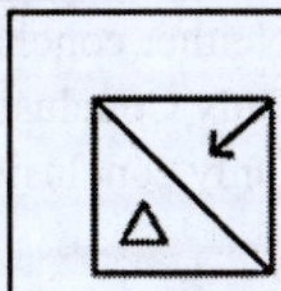

(c) 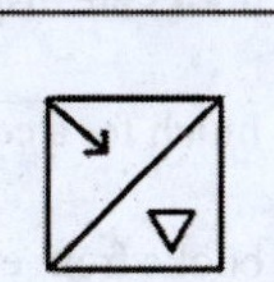

(d) 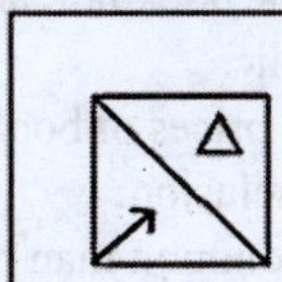

21. Study the given pattern carefully and select the number that can replace the question mark (?) in it.

12	15	11
14	5	17
16	?	19

(a) 5 (b) 3 (c) 7 (d) 9

22. Study the given pattern carefully and select the number that can replace the question mark (?) in it:

3	13	5
11	27	4
21	75	?

(a) 22 (b) 23 (c) 18 (d) 20

23. Manu, Ram, Gaurav, Shivam, Umesh and Veer are sitting around a circular table facing the centre. Manu is sitting second to the left of Ram, Gaurav is sitting third to the right of Ram. Shivam is sitting third to the left of Manu. Umesh is sitting second to the left of Shivam. Who is sitting second to the left of Manu?

(a) Veer
(b) Umesh
(c) Ram
(d) Garav

24. Six boys Ram, Sumit, Sunil, Rahul, Raj and Aman are sitting around a circular table facing the centre (not necessarily in the same order). Sunil is not an immediate neighbour of Aman. Aman is second to the right of Ram. Rahul is second to the right of Sumit. Raj is to the immediate left of Ram. Who is second to the right of Rahul?

(a) Raj (b) Sunil (c) Aman (d) Sumit

25. How many triangles are there in the given figure?

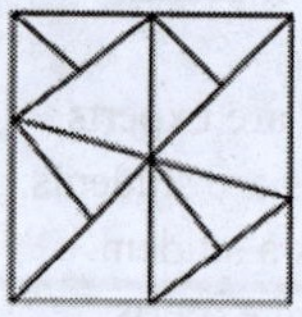

(a) 16 (b) 15 (c) 18 (d) 14

26. Arrange the following words in a logical and meaningful order.

1. Casting 2. Acting
3. Film Shooting 4. Final Film
5. Editing

(a) 3, 2, 1, 4, 5 (b) 4, 3, 5, 1, 2
(c) 1, 2, 3, 5, 4 (d) 3, 1, 2, 5, 4

27. Which two signs and two numbers should be interchanged to make the given equation correct?

$54 - 45 \div 9 + 7 \times 11 = 14$

(a) 7 and 54, + and - (b) 9 and 11, - and ÷
(c) 54 and 45, + and × (d) 45 and 11, ÷ and ×

28. 'A+B' means 'A, is the sister of B'
'A-B' means 'A, is the daughter of B'
'A×B' means 'A, is the brother of B'
'A÷B' means 'A, is the husband of B'
If $V + U \times Q - T \div R + P \times S$, then how P related to V?

(a) Maternal uncle (b) Paternal aunt
(c) Paternal uncle (d) Maternal aunt

29. A dice has its faces marked by numbers 4, 5, 6, 7, 8 and 9. Two positions of the same dice are shown. Which of the given statements follows?

(I) The sum of face 9 and the face opposite to it is a multiple of 3.
(II) Face 8 has a prime number as its opposite face.

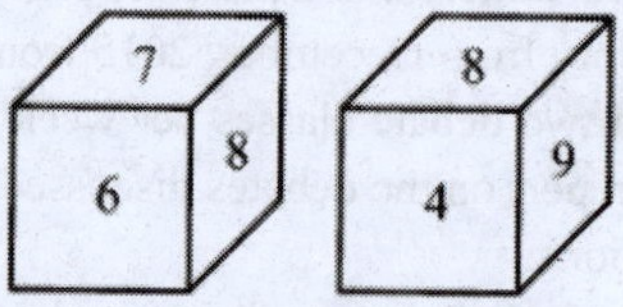

(a) Neither statement I nor II follows.
(b) Both statements I and II follow.
(c) Only statement II follows.
(d) Only statement I follows.

30. Read the given statements and conclusions carefully. Assuming that the information given in the statements is true, even if it appears to be at variance with commonly known facts, decide which of the given conclusions logically follow(s) from the statements.

Statements:
1. All crops are seeds.
2. No seed is a plant.
3. No plant is a flower.

Conclusions:
I. Some seeds are crops.
II. No crop is a flower.
III. No crop is a plant.
IV. No flower is a seed.

(a) Only conclusions I, III and IV follow.
(b) Only conclusions I, II and III follow.
(c) Only conclusions I and III follow.
(d) Only conclusions I and II follow.

8 PRACTICE TEST

1. Statements:
To cultivate interest in debate the school has made it compulsory from December, 2015 from each student to attend two debate classes per week and submit & weekly report on the debates discussed
Conclusions:
I. Interest in debating can be created by force
II. Some students eventually will develop interest in debating
(a) Only conclusion I follows
(b) Only conclusion II follows
(c) Both conclusion I and II follow
(d) Neither conclusion I nor II follows

2. Statement: Sukhwinder has emphasized the need to change the current training program in other ways which is able to bring out the actual qualification of the candidate.
Conclusion:
I. It is not important bring out the actual qualifications of the candidate.
II. The current training program is not able to let out the actual qualifications of the candidates.
(a) Only conclusion I follows.
(b) Only conclusion II follows.
(c) Either conclusion I or II follows.
(d) Neither conclusion I nor II follows.

3. What should come in place of the question mark (?) in the given series?
82, 83, 80 81, 78, ?
(a) 79 (b) 76 (c) 81 (d) 77

4. Which letter-cluster will replace the question mark (?) to complete the given series?
FDQE, KJXM, PPEU, ?, ZBSK
(a) VULC (b) VUKB (c) UVLC (d) VULB

5. Three statements are given, followed by four conclusions numbered I, II, III, IV. Assuming that the information given in the statements is true, even if it appears to be at variance with commonly known facts, decide which of the given conclusions logically follow(s) from the statements.
Statements:
1. All students are experts.
2. Some experts are tutors.
3. All tutors are Indians.
Conclusions:
I. Some Indians are experts.
II. Some Indians are students.
III. No Indian is a student.
IV. All tutors are experts.
(a) Only conclusions I, II and IV follow
(b) All the conclusions follow
(c) Only conclusion (iv) & (ii) or (iii) follows
(d) Only conclusion (i) & (ii) or (iii) follows

6. D, E, K, W, X, Y and Z scored different marks in an exam. K scored more than only two people. E scored less than only one person. W scored more than D but less than both E and Z. D did not score the lowest marks and Z did not score the highest marks. X scored less than Y. How many people scored more than Y?
(a) Two (b) More than three
(c) Three (d) None

7. A statement is followed by two conclusions, numbered I and II. Find out which of the following conclusion(s) is/are true based on the given statements.
Statement: $P \leq L \geq M \geq N = U < V < G$
Conclusion I :- $P > V$
Conclusion II :- $G \leq L$
(a) Both conclusions I and II are true
(b) Only conclusion II is true
(c) Only conclusion I is true
(d) Neither conclusion I nor II is true

8. If 'P' means 'Division 'T' means 'addition 'M' means subtraction' and 'D' means 'multiplication' then the value of
12 M 12 D 28 P 7 T 15?
(a) -21 (b) 15 (c) 30 (d) -15

9. Jayant introduced a man to his friend as the son of his wife's father. How is the man related to Jayant?
(a) Sister-in-law (b) Brother-in-law
(c) Father-in-law (d) Daughter-in-law

10. Statement:
1. Some albums are photos.
2. All photos are frames.
Conclusion:
I. Some albums are frames.
II. No photo is album.
(a) Either conclusion I or II follows.
(b) Only conclusion II follows
(c) Only conclusion I follows
(d) Both conclusion I and II follow

11. Three of four options below are related in a certain way. Select the option that is different from others.
(a) Kidney (b) Liver (c) Lungs (d) Nose

12. Select the missing number from the given series.
9, 11, 15, 17, 21, 23, ?
(a) 30 (b) 28 (c) 27 (d) 29

13. Three of the following four numbers are alike in a certain way and one is different. Select that, different number?
(a) 73 (b) 87 (c) 59 (d) 71

14. Three of the following four words are alike in a certain way and one is different. Pick the odd word out.
(a) Hindrance (b) Benevolence
(c) Indulgence (d) Courtesy

15. If BANKER is coded as CAMKFR, then how would INDIAN be coded?
(a) JNEIBN (b) JNCIBN
(c) HMCIZN (d) JMCIZL

16. In a certain language, CHHAPAK is coded as DJKEUGR. How will MALANGA be coded in the language?
(a) NCEOSMC (b) NCOCSMS
(c) NCOESMH (d) NCOCMSC

17. 5 is related to 67 following a certain logic. Following the same logic, 7 is related to 93. To which of the following is 11 related following the same logic?
(**NOTE:** Operations should be performed on the whole numbers, without breaking down the numbers into their constituent digits. E.g. 13-Operations on 13 such as adding/ subtracting /multiplying to 13 can be performed. Breaking down 13 into 1 and 3 and then performing mathematical operations on 1 and 3 is not allowed)
(a) 145 (b) 144 (c) 146 (d) 148

18. Select the pair follows the same pattern as that by the two set of pairs given below. Both pairs follow the same pattern.
FJM: UQN
DPQ: WKJ
(a) OVC: LEX (b) IEB: ACK
(c) LHE: VUT (d) MNO: ONM

19. Select the option that is related to the fourth term in the same way as the first term is related to the second term.
Kiln: Bricks :: ?: Bread
(a) Bakery (b) Distillery
(c) Shop (d) Dairy

20. Select the option figure that will come, in place of question mark (?) to complete the pattern in the figure given below. (Rotation is not allowed).

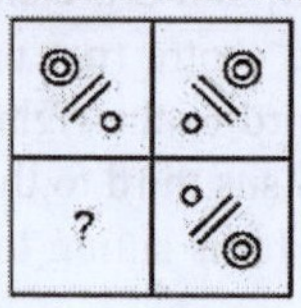

(a)  (b) 

(c)  (d) 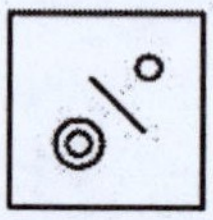

21. Select the correct mirror image of the given figure when the mirror is placed to the right side of the figure.

(a)  (b) 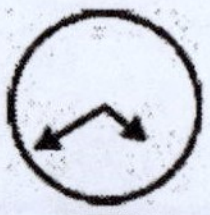

(c)  (d) 

22. Study the given pattern carefully and select the number that can replace the question mark (?) in it.

13	50	8
12	39	5
15	51	?

(a) 7 (b) 10 (c) 12 (d) 9

23. Study the given pattern carefully and select the number that can replace the question mark (?) in it.

4	3	18
5	6	27
7	3	?

(a) 19 (b) 27 (c) 25 (d) 18

24. A, B, C, D, P, Q and R are sitting around a circular table, facing the centre (not necessarily in the same order). Only D sits between B and C, when counted from the left of B. P sits fourth to the right of D.R is an immediate neighbour of both P and C.Q is not an immediate neighbour of P.

How many persons sit between D and A when counted from the left of A?

(a) One (b) Three (c) Two (d) Four

25. L, A, N, T, E, R, and S are sitting around a circular table, facing the centre (not necessarily in the same order). L sits third to the right of E.E sits second to the right of T. S sits third to the left T. N sits third to the left of A. Who is sitting to the immediate left of A?

(a) L (b) T (c) N (d) E

26. How many triangles are there in the following figure?

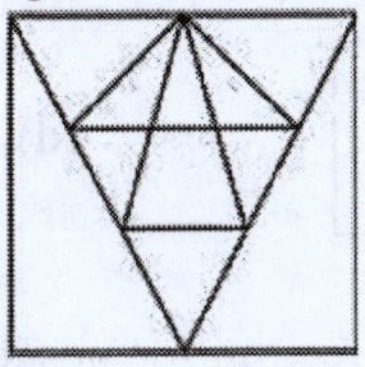

(a) 20 (b) 18 (c) 21 (d) 19

27. Arrange the following words in a logical and meaningful order :

1. Hunger 2. Pass Here
3. Feeding 4. Child
5. Sleep 6. Mother

(a) 4, 1, 3, 6, 5, 2 (b) 4, 5, 2, 6, 3, 1
(c) 4, 1, 2, 6, 3, 5 (d) 4, 1, 2, 3, 5, 6

28. If A indicates >; B indicates <; C indicates =; D indicates +; E indicates -; F indicates ×; G indicates ÷; then which of the following options is true?

(a) (5D6)A(4D3)A(3D3)
(b) (5D6)A(6D12)A(13D6)
(c) (27G3)C(75G5)C(6F2)
(d) (35E15)C(5F5)A(20G4)

29. A + B means 'A' is the daughter of B'
A - B means 'A' is the wife of B'
A ×B means A' is the husband of B'
A ÷ B is the father of B'
If K – S ÷ J × B + C – Q, then how is 'Q' related to 'J'

(a) Father-in-law (b) Maternal grandfather
(c) Father (d) Son

30. Six letters D, H, K, L, R and Y are written on different faces of a dice. Two positions of this dice are shown in the figure, Which is the letter on the face opposite to the face containing H?

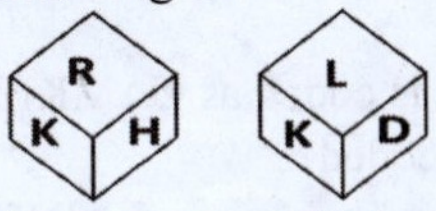

(a) Y (b) D (c) K (d) L

9 PRACTICE TEST

1. Statement:
Money plays an important role in politics.
Conclusion:
I. Poor people can never become politician.
II. All the rich people participate in politics.
(a) Only conclusion I follows.
(b) Only conclusion II follows.
(c) Either conclusion I or II follows.
(d) Neither conclusion I nor II follows.

2. Statement:
Project are allocated only to competent candidates experienced in similar work.
Conclusion:
I. Project are allocated only to gates in experienced people.
II. It is difficult to find competent and experienced candidates.
(a) Only conclusion I follows.
(b) Only conclusion II follows.
(c) Both conclusion I and II follows.
(d) Both conclusion I and II no follows.

3. What should come in place of the question mark (?) in the given series?
28, 29, 27, 30, 26,?
(a) 25 (b) 31 (c) 32 (d) 24

4. Which of the following letters will replace the question mark (?) and complete the following letters series?
E, J, N, Q, S, ?
(a) U (b) V (c) S (d) T

5. Three statements are given, followed by four conclusions numbered I, II, III and IV. Assuming the statements to be true, even if they seem to be at variance with commonly known facts, decide which of the conclusions logically follow(s) from the statements.
Statements:
Some advocates are doctors.
Some doctors are players.
All players are engineers.
Conclusions:
I. Some players are doctors.
II. Some engineers are advocates.
III. All advocates are engineers.
IV. Some engineers are doctors.
(a) Both conclusions I and II follow
(b) Both conclusions I and IV follow
(c) Both conclusions I and III follow
(d) Both conclusions III and IV follow

6. K, L, M, W, X, Y and Z scored different marks in an exam. K scored more than both L and W but less than Y. X scored less than only Y. Neither L nor M scored the lowest marks. Z scored more than L but less than M. K scored more than M. Who scored the third-lowest marks?
(a) K (b) Z (c) L (d) W

7. A statement is followed by two conclusions, numbered I and II. Find out which of the following conclusion(s) is/are true based on the given statements.
Statement:-$T \geq M < W = P \geq Q > R \leq S$
Conclusion I:- $P \leq M$
Conclusion II :- $Q > T$
(a) Neither conclusion I nor II is true
(b) Only conclusion I is true
(c) Only conclusion II is true
(d) Both conclusions I and II are true

8. If '+' means '-', '-' means '+','×' means '÷' and '÷' means '×' then which of the following equation is true?
(a) $45 - 9 + 3 \div 20 \times 4 = 62$
(b) $45 + 9 \div 3 - 20 \times 4 = 22$
(c) $45 + 9 - 3 \div 20 \times 4 = 58$
(d) $45 \times 9 - 3 \div 20 + 4 = 61$

9. Supriya is sister of Akhil. How is mother of Akhil's father related to Supriya?
(a) Grandmother
(b) Sister
(c) Aunt
(d) Mother

10. Direction: - Consider the given statements to be true even if they seem to be at variance with the commonly known facts and decide which of the given conclusion(s) logically follow(s) from the statements.

Statements.

All petal are flowers.

All petal are yellow.

All yellow are flower.

Conclusions:

1. All flowers are yellow.

2. All yellow are petals.

(a) None conclusion follows
(b) Only conclusion 2 follows
(c) Only conclusion 1 follows
(d) Both conclusion follow

11. Which is not related from this group?

A. Mobile B. Laptop
C. Palmtop D. Blender

(a) B (b) D (c) A (d) C

12. Fill the right number in blank space.

……., 9, 25, 49, 121, 169

(a) 1 (b) 3 (c) 2 (d) 4

13. Four numbers have been given out of which three are alike in some manner, while one is different. Choose the odd one.

(a) 109 (b) 61 (c) 73 (d) 91

14. Three of the following word pairs are alike in some manner and hence form a group. Which word pair does not belong to that group? (The word must be considered as meaningful English words and must not be grouped based on the number of letters number of consonants vowels in three word).

(a) To travel: To travel (b) To carry: To lift
(c) Observation: Seeing (d) Near: far

15. If STRICTURE is coded as TSUTCIRER, then how would INCULCATE be coded?

(a) NIUCCLAT (b) NIACLUCET
(c) NIALCCUET (d) CNICLUETA

16. If in a code language, 'SOLO' is written as 'TMOK', then how will 'ROSE' be written in the same code language?

(a) SMTF (b) SKTF
(c) SKTA (d) SMVA

17. Select the option that is related to the third term in the same way as the second term is related to the first term and the sixth term is related to the fifth term.

21: 152: : 19: ? : : 11: 82

(a) 182 (b) 128 (c) 183 (d) 138

18. MILK is related to OLPL in a certain way based on the English alphabetical order. In the same way, TILE is related to VLPF. To which of the following is STAR related, following the same logic?

(a) VWES (b) UWES (c) VWFS (d) UWFS

19. Select the option that is related to the third word in the same way as the second word is related to the first words.

Jackal: Howl:: Rain:?

(a) Hustle (b) Thunder (c) Patter (d) Drops

20. Select the option figure that will come, in place of question mark (?) to complete the pattern in the figure given below. (Rotation is not allowed).

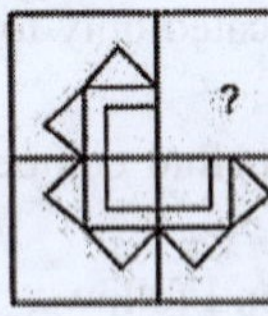

(a)  (b) 

(c)  (d) 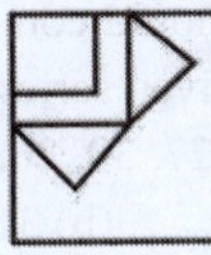

21. Select the correct mirror image of the given figure when the mirror is placed to the right side of the figure.

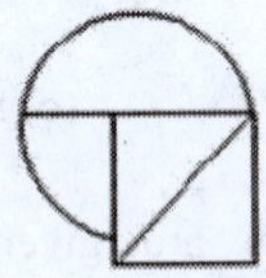

(a) 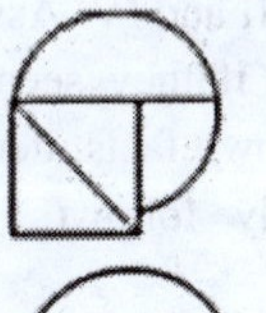 (b) 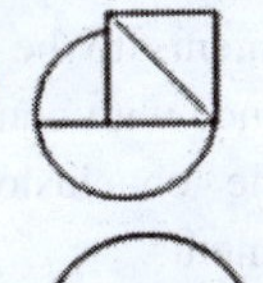

(c) 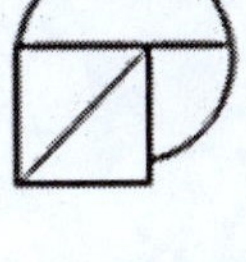 (d) 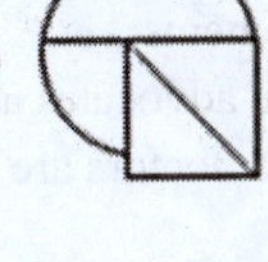

22. Study the given pattern carefully and select the number that can replace the question mark (?) in it.

3	11	2
5	11	7
13	?	18

(a) 29 (b) 27 (c) 33 (d) 31

23. Study the given matrix carefully and select the number from among the given options that can replace the question mark (?) in it.

9	7	9
5	4	7
43	26	?

(a) 48 (b) 61 (c) 35 (d) 29

24. A, B, C, D, E, F, G, and H are sitting on a square table. facing the centre. Four of them are sitting at each corner of the table, while the other four are sitting exactly in the middle of each side. E, who is sitting in the middle of one of the sides. Sits is sitting fourth to the left of G. Only one person is sitting between G and F. B is an immediate neighbor of E. Only three persons are sitting between B and A. A is not the neighbour of D. H is sitting to the immediate left of C. C is sitting third to the right of E. Who is sitting third to the right of D?

(a) G (b) B (c) H (d) C

25. Seven boys Ram, Sumit, Sunil, Rahul, Raj, Aman and Amit are sitting around a circular table facing the centre (but not necessarily in the same order). Raj is second to the right of Aman. Sunil is third to the left of Aman. Ram is not an immediate neighbour of Aman. Amit is second to the right of Ram. Rahul is not an immediate neighbour of Amit. Who is third to the left of sumit?

(a) Sunil (b) Raj (c) Rahul (d) Ram

26. How many squares are there in the following figure?

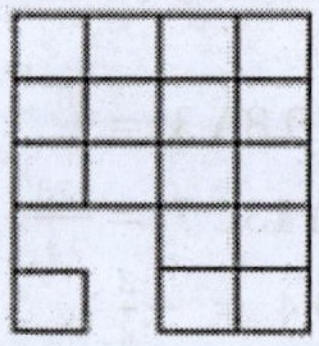

(a) 25 (b) 26 (c) 27 (d) 28

27. Arrange the following words in a logical and meaningful order.

1. Learn 2. College
3. Degree 4. Admission
5. Assessment 6. Class

(a) 2, 1, 4, 5, 6, 3 (b) 5, 4, 2, 1, 6, 3
(c) 4, 2, 6, 1, 5, 3 (d) 4, 2, 1, 6, 3, 5

28. Which two numbers should be interchanged to make the given equation correct?

$35 + (25 \times 3 - 45) \div 2 + (15 \times 4) = 125$

(**NOTE:** Numbers must be interchanged and not the constituent digits e.g. if 2 and 3 are to be interchanged in the equation $43 \times 3 + 4 \div 2$ then interchanged equation is $43 \times 2 + 4 \div 3$)

(a) 15 and 25 (b) 35 and 45
(c) 25 and 35 (d) 2 and 15

29. A + B means 'A is the mother of B';
A-B means 'A is the husband of B';
A ×B means 'A is the son of B';
A ÷B means 'A is the daughter of B'.
If, $W \times Z + Y \div X$, then how is X related to Z?

(a) Son (b) Husband
(c) Daughter (d) Wife

30. Two orientations of a dice are shown. This dice can be obtained by folding which of the option figures along the lines?

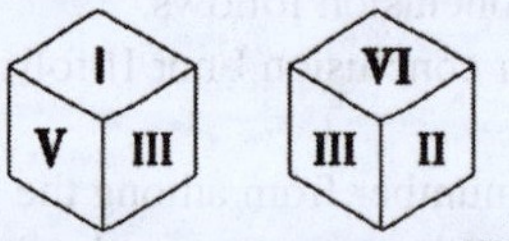

(a)
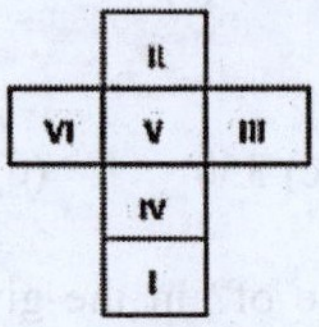

(b)
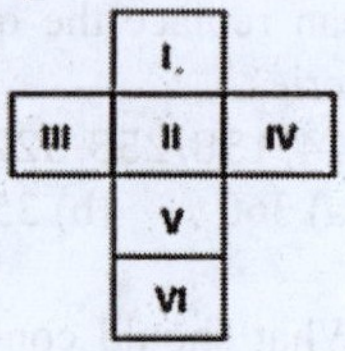

(c)
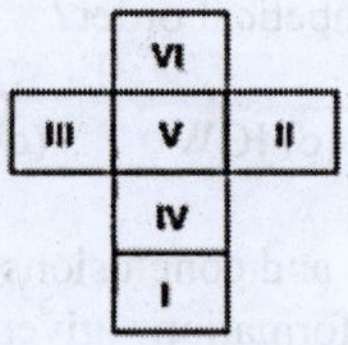

(d)
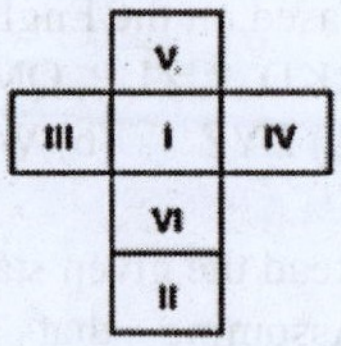

10 PRACTICE TEST

1. Statement:
1. Good distributed a similar amount of time to manland but no wealth.
2. But God compensates by giving institute knowledge.
Conclusion:
I. God did not do justice to manland by not giving equal distribution of wealth.
II. Must use institute knowledge to manage money wisely.
(a) Only conclusion I follows.
(b) Only conclusion II follows.
(c) Both conclusion follows.
(d) Neither conclusion I nor II follows.

2. Statement:
A prominent diplomat urged women not to wait for others to get, their right, yet empower their minds.
Conclusion:
I. Women have to put, their own message because their empowerment cannot be entirely by the state.
II. Women should wait for laws for power.
(a) Only conclusion I follows.
(b) Only conclusion II follows.
(c) Both conclusion follows.
(d) Neither conclusion I nor II follows.

3. Select the number from among the given options that can replace the question mark (?) in the following series.
14, 158, 258, 322, ?, 374
(a) 360 (b) 353 (c) 358 (d) 355

4. What should come in place of? in the given series based on the English alphabetical order?
RKD, ?, ZUP, QMI, HEB
(a) ZYZ (b) WCI (c) ICW (d) ABC

5. Read the given statements and conclusions carefully. Assuming that the information given in the statements is true, even if it appears to be at variance with commonly known facts, decide which of the given conclusion logically follow(s) from the statements.
Statements:
1. Some buns are tarts.
2. All tarts are pastries.
3. All pastries are breads.
Conclusions:
I. Some breads are buns.
II. Some pastries are buns.
III. Some tarts are buns.
IV. Some buns are breads.
(a) Only conclusions II and III follow.
(b) All the conclusions follow.
(c) Only conclusions I and IV follow.
(d) Only conclusions I and II follow.

6. Speed of five cars C1, C2, C3, C4 and C5 are compared. Speed of C1 is more than only one car. Speed of C5 is more than four cars. Speed of C4 is more than C1 but less than C3 and C5. Speed of how many cars is less than the speed of C3?
(a) 0 (b) 1 (c) 3 (d) 2

7. A statement is followed by two conclusions, numbered I and II. Find out which of the following conclusion(s) is/are true based on the given statements.
Statement :- $Z < Y = J \geq G \geq P \geq C \geq R$
Conclusion I:-$Z \geq R$
Conclusion II :-$J = C$
(a) Neither conclusion I nor II is true
(b) Both conclusions I and II are true
(c) Only conclusion I is true
(d) Only conclusion II is true

8. If A indicates ÷, B indicates ×, C indicates +, and D indicates - then which of the following statement is true?
(a) 11B 34A 17D 8A 3 $= \frac{38}{3}$
(b) 6B 18D 26A 13C 7 $= \frac{173}{13}$
(c) 32C 8A 16D 4 $= -\frac{3}{4}$
(d) 9C9 A9D9B 9 $= -71$

9. John introduces a lady to his friend saying that she is the second daughter of his wife's father. How is the lady related to John?
(a) Cousin (b) Sister
(c) Friend (d) Sister-in-law

10. Read the given statement(s) and conclusions carefully and select which of the conclusions logically follow(s) from the statement (s).

Statements:

I. All mugs are brown

II. Some brown are earth

Conclusions:

1. Some earth are brown

2. No mugs is earth

(a) Conclusion alone follows

(b) Both 1 and 2 follow

(c) Conclusion 2 alone follows

(d) Neither 1 nor 2 follows

11. Which of the following does NOT belong to this group ?

A. Aluminium B. Iron

C. Bakelite D. Brass

(a) C (b) D (c) B (d) A

12. Watch this series: G2, J8, ?, P32, S50 so what would be appropriate to fill in the blanks?

(a) M12 (b) H12 (c) N10 (d) Q10

13. The second number in the given number pairs id obtained by performing certain mathematical operation(s) on the first number. The same operation(s) are followed in all the number pairs except one. Find that odd number pair.

(a) 43:84 (b) 21:40 (c) 15:210 (d) 19:36

14. Four words have been given, out of which three are alike in some manner, while one is different. Select the odd word.

(a) Probity (b) Virtue

(c) Righteousness (d) Conduct

15. If WIDOWER is coded as VKAOXCU, then how would FORTIFY be coded?

(a) EQOTJDB (b) GMUSHDV

(c) EOQSJCD (d) EPPTHDC

16. In a certain code language, 'ACNE' is written as 'XZVM' and 'BODY' is written as 'LYBW'. How will 'EVIL' be written in that language?

(a) OVER (b) VEOR

(c) EVOR (d) ROEV

17. 17 is related to 237 following a certain logic. Following the same logic, 9 is related to 125. To which of the following is 12 related following the same logic?

(**NOTE:** Operations should be performed on the whole numbers, without breaking down the numbers into their constituent digits. E.g. 13 Operations on 13 such as adding/subtracting /multiplying to 13 can be performed. Breaking down 13 into 1 and 3 and then performing mathematical operations on 1 and 3 is not allowed.)

(a) 166 (b) 132 (c) 167 (d) 179

18. ADVN is related to GJPH in a certain way based on the English alphabetical order. In the same way, WHUB is related to CNOV. To which of the following is RFMJ related, following the same logic?

(a) WMFE (b) XLGD (c) WLFD (d) XMGE

19. Select the option that is related to the third term in the same way as the second term is related to the first term.

Camel : Howdah : Horse :?

(a) Saddle (c) Hoof

(b) Chariot (d) Seat

20. Which answer figure will complete the pattern given in the question figure?

(a) 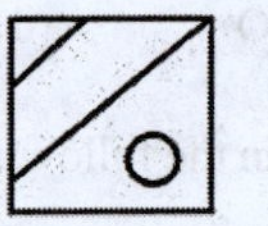 (b) 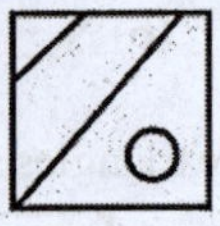

(c) 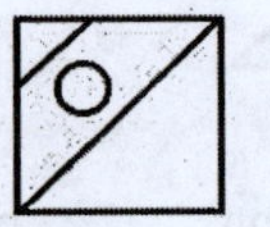 (d) 

21. Select the mirror image of the figure marked 'X', when the mirror is placed on the right side of the figure.

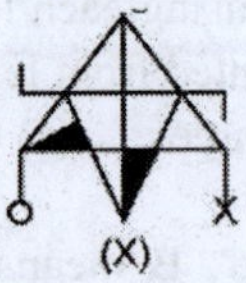

(X)

(a)  (b) 

(c)  (d) 

22. Study the given pattern carefully and select the number that can replace the question mark (?) in it.

8	6	76
12	10	?
7	13	113

(a) 117 (b) 120 (c) 128 (d) 110

23. Study the given matrix carefully and select the number from among the given options that can replace the question mark (?) in it.

7	13	174
9	25	104
11	30	?

(a) 431 (b) 335 (c) 100 (d) 129

24. Seven boys J, K, L, M, N, P and Q are sitting around a circular table facing the centre (but not necessarily in the same order). P is second to the right of Q. M is an immediate neighbour of both J and Q. L is not an immediate neighbour of Q. N is second to the right of P. Who is to the immediate left of L?

(a) P (b) N (c) J (d) M

25. Five persons- L, M, N, O and Pare sitting around a circular table facing outside. P is sitting immediate right of L. M is sitting second to the right of P. N is sitting immediately adjacent to P and M. Who is sitting immediate left of L?

(a) M (b) N (c) O (d) P

26. How many triangles are there in the following figure?

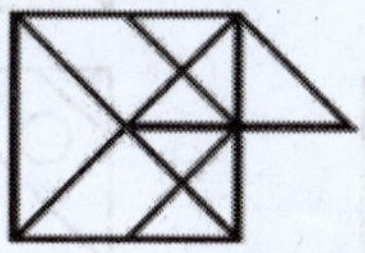

(a) 21 (b) 22 (c) 20 (d) 18

27. How many meaningful English words can be formed with the second, fourth, fifth and sixth letters of the word 'HOCKEY' using each letter only once in each word? (To be counted from left to right)

(a) Two (b) Three (c) One (d) Zero

28. If 'A' means 'Add', B means 'Multiply', 'C' means 'Substract' and 'D' means 'Division', then what will be the value of the following expression?

441 D 7 A 21 B 6 C (189 D 7) A (46 C 12)

(a) 196 (b) 158 (c) 185 (d) 169

29. A + B means 'B is the daughter of A';
A-B means 'B is the sister of A';
A ×B means 'B is the husband of A';
A ÷ B means 'A is the father of B'.
If, P ÷ R × T + Q – S × U + Z, then how is R related to Z?

(a) Paternal grandfather (b) Maternal grandfather
(c) Paternal grandmother (d) Maternal grandmother

30. A word is represented by only one set of numbers as given in any one of the alternatives. The sets of numbers given in the alternatives are represented by two classes of alphabets as shown in the given two matrices. The columns and rows of Matrix-I are numbered from 0 to 4 and that of Matrix-II are numbered from 5 to 9. A letter from these matrices can be represented first by its row and next by its column, for example 'E' can be represented by 32, 67 etc. and 'A' can be represented by 12, 68, etc. Similarly, you have to identify the set for the word "LOCKS".

Matrix – I

	0	1	2	3	4
0	Y	L	U	A	D
1	K	S	A	O	E
2	J	M	N	L	T
3	V	C	E	F	U
4	D	K	J	U	A

Matrix – II

	5	6	7	8	9
5	Q	H	O	Y	S
6	F	P	E	A	C
7	N	H	I	J	R
8	K	N	G	Q	O
9	V	R	T	H	I

(a) 23, 89, 31, 10, 12 (b) 01, 12, 67, 86, 11
(c) 23, 13, 31, 40, 59 (d) 01, 57, 31, 85, 11

11 PRACTICE TEST

1. Statement:
1. A economist said with uncertainty that they welcomed the budget.
2. He wanted to know if the presumption is based on faith.
Conclusion:
I. Giving his views the economist had crossed his two fingers.
II. He is not sure about the accuracy of the estimates.
(a) Only conclusion I follows.
(b) Only conclusion II follows.
(c) Both conclusion follows.
(d) Neither conclusion I nor II follows.

2. Statement:
Time and flow awaits for none:
Conclusions:
1. Time is not under anyone's control.
2. One has to keep moving in life forgetting the bad experiences of past.
(a) Both conclusions 1 and 2 follow
(b) Conclusion 2 follow
(c) Neither conclusion 1 nor 2 follow
(d) Conclusion 1 follow

3. In the following question, select the missing number in the given series?
46, 51, 76, 201, 826, ?
(a) 3631 (b) 4853 (c) 3951 (d) 3757

4. Select the letter-cluster from among the given options that can replace the question mark (?) in the following series.
BEC, CID, FOG, KUL,?
(a) BAY (b) QOR (c) RAS (d) RAR

5. Three statements are gien followed by four conclusions numbered I, II, III, IV. Assuming the statements to be true, even if they seem to be at variance with commonly known facts, decide which of the conclusion logically follow (s) the statements.
Statement:
No plum is apricot.
All lemons apricots.
All grapes are lemon
Conclusion:
I. No apricot is a grapes.
II. No grape is a plum.
III. No lemon is plum.
IV. Some plums are lemons.
(a) Neither conclusion (I) nor (II) follows.
(b) Only conclusion (III) follows.
(c) Only conclusion (II) and (III) follows.
(d) Both conclusions (I) and (III) follow.

6. Seven students of a coaching centre, Param, Qazi, Ravi, Suresh, Tanvir, Uday and Varsha, have obtained different percentages. Param scored the second-highest percentage in the centre. The percentage scored by Varsha was more than only one person. Suresh's percentage was more than Tanvir's but less than Param's. Three people got more percentage than Tanvir and three got lesser than Tanvir. Neither Ravi nor Qazi received the lowest percentage. Whose percentage was the lowest?
(a) Tanvir (b) Param (c) Uday (d) Qazi

7. A statement is followed by two conclusions, numbered I and II. Find out which of the following conclusion(s) is/are true based on the given statements.
Statement: $G < H > K \leq S \geq L = M < Q$
Conclusion $I: G > L$
Conclusion II : H = Q
(a) Only conclusion I is true
(b) Only conclusion II is true
(c) Neither conclusion I nor II is true
(d) Both conclusions I and II are true

8. Interchanging which two sign will make the following equation correct
$5 \times 15 \div 7 - 20 + 4 = 77$
(a) - and + (b) × and ÷ (c) + and ÷ (d) + and ×

9. Kerthana introduced a person as the son of only daughter of her uncle's father. How is person related to Kerthana?
(a) Brother (b) Brother-in-law
(c) Aunt (d) Son

10. Statement:
Some cheetahs are cats
All cats are rats.
Conclusion
1. All rats are cats.
2. Some cheetahs are rats.
(a) Only conclusion II follows
(b) Both conclusion I and II follow
(c) Only conclusion I follows
(d) Neither conclusion I and nor II follows

11. Three of four options below are related in a certain way. Select the option that is different from others.
(a) Ravi (b) Sutlej (c) Chenab (d) Yamuna

12. Select the missing number from the given sequence.
1, 2, 6, ______, 120, 720
(a) 12 (b) 50 (c) 24 (d) 9

13. Four number-pairs have been given, out of which three are alike in some manner and one is different. Select the number-pair that is different from the rest.
(a) 7:37 (b) 18:49 (c) 13:29 (d) 24:51

14. Three of the following four words are alike in a certain way and one is different. Pick the odd word out.
(a) Frustration (b) Diabetes
(c) Anaemia (d) Hypertension

15. In a certain code language, 'PENCIL' is written as 'CEILNP' and 'FROST' is written as 'FORST'. How will 'DUSTBIN' be written in that language?
(a) BDINSTU (b) BDNISTU
(c) DIBNSTU (d) BDINSUT

16. In a certain code language, if 'IRONING' is written as 'OWSQKOG', then how will 'SHERIFF' be written in the same code language?
(a) HSREFIF (b) YMKWLK
(c) YMIUKGF (d) YNKXOLL

17. Select the option that in which the numbers share the same relationship as they shared by the given pair of numbers.
12:20
(a) 42:57 (b) 30:42 (c) 24:36 (d) 18:28

18. BHJL and CJMP are related to each other in a certain way based on the English alphabetical order. In the same way, CIKM and DKNQ are related to each other. Which of the following is related to DJLN, following the same logic?
(a) EOLR (b) ELOR (c) OERL (d) OELR

19. Select the word-pair that best represents a similar relationship to the one expressed in the pair of words given below.
(The words must be considered as meaningful English words and must not be related to each other based on the number of letters/number of consonants/vowels in the word)
Lend: Borrow
(a) Neat: Tidy (b) Silent: Quiet
(c) Cruel: Kind (d) Cold: Frigid

20. Select the option figure, which when placed in the blank space of the figure marked 'X', would complete the pattern.

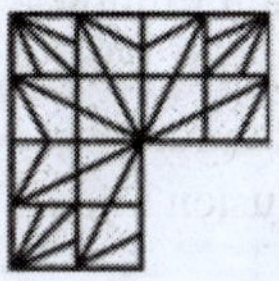

(a) 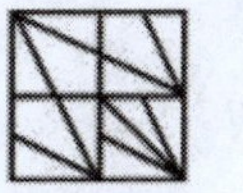 (b) 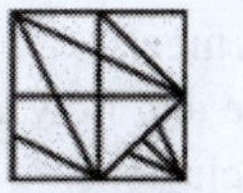

(c) 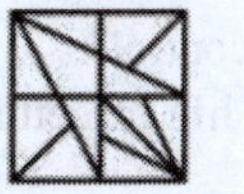 (d) 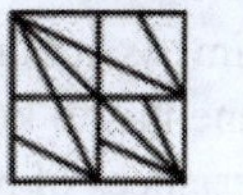

21. If a mirror is placed on the line AB, then which of the answer figures is the right image of the given figure?

(a)  (b) 

(c)  (d) 

22. Study the given matrix carefully and select the number from among the given options that can replace the question mark (?) in it

7	9	5
3	8	?
28	81	50

(a) 9 (b) 5 (c) 7 (d) 8

23. Study the given pattern carefully and select the number that can replace the question mark (?) on it.

13	108	26
55	?	157
11	9	14

(a) 72 (b) 52 (c) 32 (d) 39

24. Six persons are sitting around a circular table facing towards the centre. Kaya is immediate neighbour of Jaya and Tara. Sonal is immediate neighobur of Priya and Swati. Sonal is sitting immediate right of Priya, Tara and Swati are not sitting immediately next to each other. Who is sitting to the immediate left of Priya?

(a) Tara (b) Kaya (c) Faya (d) Swati

25. Six girls D, K, M, P, R and S are sitting around a circular table, facing. S is sitting third to the left of R. P is sitting to the immediate right of R and to the immediate left of D. M is sitting to the immediate left of R. K is sitting to the immediate right of S and to the immediate left of M. If D and K exchange their places, who will be sitting to the immediate right of D?

(a) R (b) M (c) P (d) S

26. How many quadrilaterals are there in the given figure?

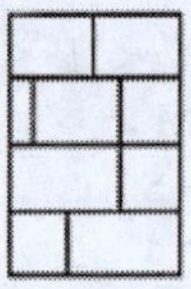

(a) 22 (b) 25 (c) 24 (d) 23

27. Arrange the following words in a logical and meaningful order.

1. Colonel
2. Field Marshal
3. Brigadier
4. Lieutenant
5. General

(a) 1, 2, 3, 5, 4 (b) 2, 5, 1, 4, 3
(c) 2, 5, 3, 1,4 (d) 3, 5, 2, 4, 1

28. Which two numbers should be interchanged to make the given equation correct?

$29 + 46 - (48 \div 4) + (7 \times 3) - 26 = 61$

(**NOTE:** Numbers must be interchanged and not the constituent digits e.g. if 2 and 3 are to be interchanged in the equation $43 \times 3 + 4 \div 2$ then interchanged equation is $43 \times 2 + 4 \div 3$)

(a) 46 and 26 (b) 46 and 48
(c) 26 and 29 (d) 4 and 3

29. In a family of eight persons with two couples, P is the son of Q and brother of R, S is the daughter of M, who is married to R, T is the aunt of S and mother of V. R's nephew W is the son of P and has a sister V. How is V related to M?

(a) Niece (b) Daughter
(c) Cousin sister (d) Nephew

30. What would be the word on the opposite side of 'Green' if the given sheet is folded to form a cube?

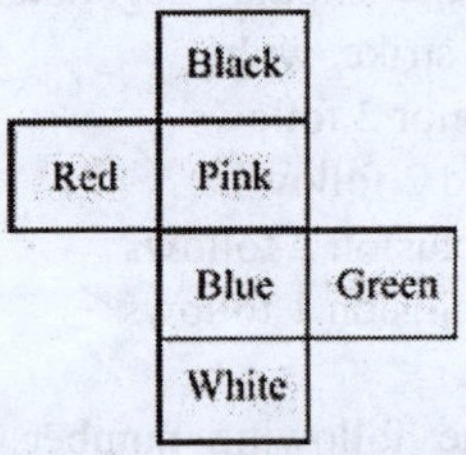

(a) Pink (b) Red (c) White (d) Black

12

PRACTICE TEST

1. Statements: Though there is advanced medical facilities available nowadays, still child mortality in India is high.
Conclusions:
1. Medical scientists should be asked to give up their job and work as doctors to save lives.
2. The Government has to make efforts to decrease child mortality.
(a) Both 1 and 2 follow
(b) Neither 1 nor 2 follows
(c) Only conclusion 1 follows
(d) Only conclusion 2 follows

2. Statements: There is an increase in the price of essential commodities due to a strike by the transporters.
Conclusions:
1. Government should buy their own vehicles to transport the essential goods.
2. Government should negotiate transporters to withdraw the strike. with
(a) Neither 1 nor 2 follows
(b) Both 1 and 2 follows
(c) Only conclusion 2 follows
(d) Only conclusion 1 follows

3. Which of the following number will replace the question mark (?) in the given series?
42, 43, 41, 44, 2, 45
(a) 40 (b) 36 (c) 45 (d) 42

4. Select the letter that will replace the question mark (?) in the given series.
E, G, L, V, ?
(a) M (b) G (c) S (d) P

5. Read the given statements and conclusions carefully. Assuming that the information given in the statements is true, even if it appears to the at variance with commonly known facts, decide which of the given conclusions logically follow(s) from the statements.
Statements:
Some balls are spoons.
All stones are balls.
No ball is a pebble.
Conclusions:
I. Some balls are stones.
II. No spoon is a stone
III. No stone is a pebble.
(a) Both conclusions II and III follow
(b) Only conclusion III follows
(c) Both conclusions I and III follow
(d) Both conclusions I and II follow

6. Number of wickets taken by six bowlers Anil Kamal, Laxman, Mohan, Bittu and Rahul are compared. Number of wickets taken by Kamal are more than only the number of wickets taken by Anil. Number of wickets taken by Bittu are less than only two bowlers Number of wickets taken by Mohan are not more than Bittu. Who among the following has taken more wickets than Bittu?
(a) Rahul (b) Kamal (c) Anil (d) Mohan

7. A statement is followed by four conclusions. Which of the conclusions is / are true based on the given statement?
Statement :- $I < M < F \leq D \leq S = J$
Conclusion I :-S < M
Conclusion II :- F = S
Conclusion III :- I > J
Conclusion IV :- M < D
(a) Only conclusion IV is true.
(b) Conclusions I and III are true.
(c) Only conclusion II is true.
(d) Conclusions IV and II are true.

8. If signs - and ×, and numbers 5 and 14 are interchanged, then the value of $5 + 4 \div 2 - 8 \times 14$ is.
(a) 15 (b) 20 (c) 25 (d) 30

9. Hemant said to Naitik, "That boy who is playing football is the younger of the two brothers of the daughter of my father's wife. "How is the boy who is playing football related to Hemant?
(a) Son (b) Brother (c) Cousin (d) Nephew

10. Statement:
Some scooters are vehicles.
All vehicles are fast.

Conclusion
1. Some scooters are fast.
2. All fast are vehicles.
(a) Only conclusion 2 follows
(b) No Conclusion follows
(c) Both conclusion follow
(d) Only conclusion 1 follows

11. 6 6 8 5 5 3 7 3 7 2 5 8 8 7 8 1 5 5 3 Using the above series determine which number does not belong to the group.
83, 35, 27, 81
(a) 27 (b) 81 (c) 83 (d) 35

12. Select the missing number from the given series-
3E, 9G, 27I,__________,
(a) 81K (b) 80L (c) 80K (d) 81L

13. Three of the following four triplets are alike in a certain way because they are formed by performing similar mathematical operations on each other and thus they form a group. Which the triplets given in the options does not belong to that group?
(a) 11:21:121 (b) 2:3:4
(c) 9:17:81 (d) 7:15:49

14. Four letter-clusters have been given, out of which three are alike in some manner and one is different. Select the letter-cluster that is different.
(a) QPJ (b) YXS (c) SRM (d) RQL

15. In a certain code language, LAYOUT is written as NWEQQZ. How will CHANGE be written in that language?
(a) EDGPCK (b) EGLCQK
(c) ELGQCK (d) EDGLKK

16. In a certain code language 'PDFJARS' is written as 'OCELZQR' and 'MHCXBTU' is written as 'LGBZAST'. How will 'ZVDGENQ' be written in that language?
(a) YUCIDMP (b) XUCDEMQ
(c) XVDEDNO (d) XUYCIMP

17. Select the set in which the numbers are related in the same way as are the numbers of the following sets.
(**NOTE:** Operations should be performed on the whole numbers, without breaking down the numbers into its constituent digits. E.g. 13-Operations on 13 such as adding /subtracting /multiplying etc. to 13 can be performed. Breaking down 13 into 1 and 3 and then performing mathematical operations on 1 and 3 is not allowed)
(32, 35, 201)
(26, 29, 165)
(a) (34, 37, 203) (c) (23, 26, 147)
(b) (39, 42, 256) (d) (28, 31, 197)

18. Select the option that is related to the third term in the same way as the second term is related to the first term.
CARNATIC: SBDMZDJU :: FREEDOMS:?
(a) FSGVWTNP (b) FSGVXPNP
(c) FSGUNPEV (d) GSFVWPEP

19. From the given alternatives select the word which is similar to the given word and hence belongs to the same group.
Cat, Dog, Goat
(a) Lion (b) Panther (c) Cow (d) Tiger

20. Select the correct option to complete the following pattern.

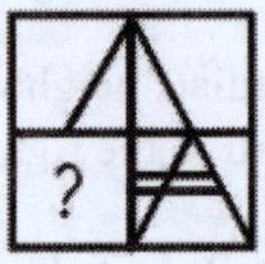

(a)  (b) 
(c)  (d) 

21. If a mirror is placed on the line AB, then which of the answer figures is the right image of the given figure?

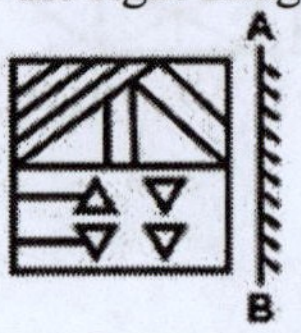

(a)  (b) 
(c)  (d) 

22. Study the given pattern carefully and select the number that can replace the question mark (?) on it.

9	14	7
130	135	168
13	9	?

(a) 15 (b) 19 (c) 21 (d) 11

23. Find the missing number from the below options.

3	5	7	71
9	2	1	29
6	4	11	?

(a) 134 (b) 143 (c) 123 (d) 132

24. Bindu, Krunal, Manoj, Neelima, Omkar, Piyush. Renu and Sundar are sitting around a circular table facing towards the centre, but not necessarily in the same order. Sundar sits second to the right of Piyush. Only two persons sit between sundar and Krunal. Omkar sits opposite to Bindu, who is not an immdiate neighbour of Krunal and Piyush. Neelima is the immediate neighbour of Krunal and Bindu. Manoj sits third to the right of Bindu. Which of the following statement is/are true?

(a) Neelima sits opposite to the person who is sitting to the immediate left of Renu.

(b) Omkar is immediate neighbour of Renu and Piyush.

(c) Manoj is immediate neighbour of Neelima.

(d) Sundar sits third to the right of Krunal.

25. Eight friends P, Q, R, S, T, U, V and W are sitting in the same order clockwise around a circular table at equal distance between them, with all Facing towards centre of the table. If S is sitting in west, then who is sitting in south west direction?

(a) T (b) P (c) V (d) R

26. How many triangles are present in the given figure?

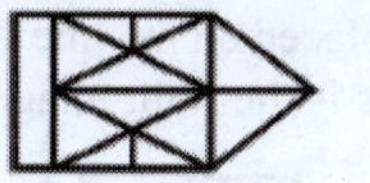

(a) 17 (b) 27 (c) 28 (d) 26

27. Which of the given options would be a logical sequence of the following measurement units?

1. Furlong
2. Mile
3. Inch
4. Yard
5. Foot

(a) 2, 1, 4, 5, 3 (b) 1, 4, 2, 5, 3
(c) 1, 5, 3, 2, 4 (d) 2, 1, 4, 3, 5

28. Which two numbers should be interchanged to make the given equation correct?

$(99 - 42 + 11) + (36 \div 6) \times 7 - 50 = 73$

(**NOTE:** Numbers must be interchanged and not the constituent digits e.g. if 2 and 3 are to be interchanged in the equation $43 \times 3 + 4 \div 2$, then interchanged equation is $43 \times 2 + 4 \div 3$)

(a) 7 and 11 (b) 50 and 99
(c) 50 and 11 (d) 42 and 36

29. G is the grandfather of S. B has only two sons E and F. A and B are the only sons of G. Who is the father of S?

(a) B (b) F (c) E (d) A

30. Four different positions of the same dice are shown, the six faces of which are numbered from 1 to 6. Select the number that will be on the face opposite to the one having the number '5'.

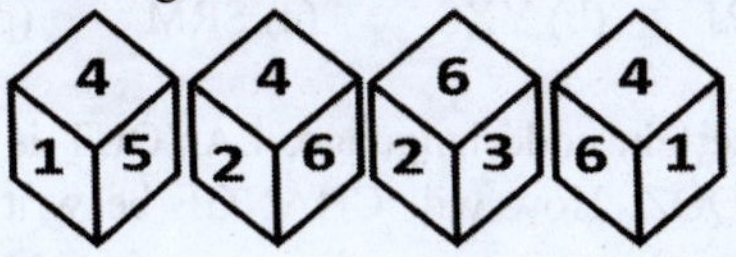

(a) 6 (c) 1 (b) 2 (d) 3

13 PRACTICE TEST

1. Statement: Public sector smoking has increased in the current year.
Conclusions:
1. Government should ban public sector smoking.
2. Government should create awareness about ill effects of public sector smoking.
(a) Only conclusion 1 follows
(b) Only conclusion 2 follows
(c) Neither 1 nor 2 follows
(d) Both 1 and 2 follow

2. Statement:
All drugs have side effects. Hence taking drugs always be risky.
Conclusion:
I. No medicine effects without risk of side effects.
II. Medicine affects the disease more badly.
(a) Only conclusion I follows.
(b) Only conclusion II follows.
(c) Neither conclusion I nor II follows.
(d) Both conclusion I and II follows.

3. Select the number from the given alternatives that can come in place of the question mark (?) in the following series?
113, 114, 110, 119, 103, 128, ?
(a) 98 (b) 89
(c) 92 (d) 97

4. Select the letter-cluster from among the given options that can replace the question mark (?) in the following series.
LAS, NFW, MKD, OPH, LUS, ?
(a) NZW (b) MYX
(c) NZH (d) MXW

5. Two statements are given, followed by three conclusions numbered I, II and III. Assuming the statements to be true, even if they seem to be at variance with commonly known facts, decide which of the conclusions logically follow(s) from the statements.
Statement:
All birds are sparrows.
All sparrows are Reptiles.
Conclusions:
I. Some Reptiles are Birds.
II. All Reptiles are Sparrows.
III. All Birds are Reptiles.
(a) Both conclusions II and III follow.
(b) Both conclusions I and II follow.
(c) Neither conclusion I, nor II, and III follow.
(d) Both conclusions I and III follow.

6. Umesh is older than Satish. Suresh is younger than Neeraj but older than Umesh. Tarun is older than Ritesh but younger than Satish. Manish is the youngest. Who is the eldest among them?
(a) Satish (b) Neeraj
(c) Ritesh (d) Suresh

7. Read the given statement and conclusions carefully. Decide which of the given conclusions is/are definitely true from the statement.
Statement :- $F > B < E \leq C = D \geq A > G$
Conclusion I:-G <F
Conclusion II :- C > G
(a) Only Conclusion II is true
(b) Both Conclusion I and Conclusion II are true
(c) Only Conclusion I is true
(d) Neither Conclusion I nor Conclusion II is true

8. Interchanging which two signs will make the following equation correct?
$3.5 + 4 \times 7 - 8 \div 1 = 6$
(a) × and - (b) + and ÷
(c) - and + (d) ÷ and -

9. Divya says, "That lady is the grandmother of the son of only brother of my husband's sister." How is that lady related to Divya.
(a) Mother
(b) Mother-in-law
(c) Maternal Aunt
(d) Maternal Grandmother

10. Statement:
Some key-boards are pianos
All pianos are casio
Conclusion:
1. All casio are pianos.
2. Some key-boards are casio.
(a) Only conclusion 2 follow
(b) Either conclusion 1 or 2 follows
(c) Only conclusion 1 follows
(d) Both conclusion 1 and 2 follows

11. Select that number which is different from given other numbers.
157, 571, 599, 387
(a) 571 (b) 157
(c) 599 (d) 387

12. What is the next tern in the below series 3T, 3A, 6S, 6B, 12R, 12C,?
(a) 24Q (b) 24U
(c) 24T (d) 24S

13. Three of the following four triplets are alike in a certain way because they are formed by performing similar mathematical operations on each other and thus they form a group. Which the triplets given in the options does not belong to that group?
(a) 35:36:6 (b) 24:25:5
(c) 8:15:3 (d) 3:10:2

14. Four letter-clusters have been given, out of which three are alike in some manner and one is different. Select the one that is different.
(a) ZCGLS (b) NQUZF
(c) LOSXD (d) FIMRX

15. In a certain code language 'FIXED' is written as 'XIFED' and 'MOUSE' is written 'USOME'. How will 'GAMBIT' be written in that language?
(a) TGMIBA (b) TMGIBA
(c) TIMGAB (d) TMIGBA

16. In a certain code language, 'PENCIL' is written as 'MKFRJV' and 'ERASER' is written as 'SGVEWK'. How will 'MASTER' be written in that language?
(a) REWWGT (b) SGWWFS
(c) RFWVES (d) SFWYFT

17. Select the set in which the numbers are related in the same way as are the numbers of the following sets.
(5, 7, 74)
(6, 4, 52)
(NOTE: Operations should be performed on the whole numbers, without breaking down the numbers into its constituent digits. E.g. 13 Operations on 13 such as adding /subtracting /multiplying etc., to 13 can be performed. Breaking down 13 into 1 and 3 and then performing mathematical operations on 1 and 3 is not allowed.)
(a) (6, 2, 52) (b) (11, 5, 146)
(c) (9, 5, 206) (d) (9, 5,405)

18. OB 8 is related to UE 3 in a certain way. In the same way, TO 11 is related to ZR 6. To which of the following is IB 8 related, following the same logic?
(a) OE 3 (b) OF 3
(c) PE 3 (d) PF 3

19. Select the word-pair in which the two words are related in the same way as the two words in the following word-pair.
Phone: Telecommunication
(a) Newspaper: Magazine
(b) Bus: Transportation
(c) Refrigerator: Snow
(d) Geyser: Water

20. Select the answer figure that when placed in the blank space of the question figure will complete the pattern.
Question figure:

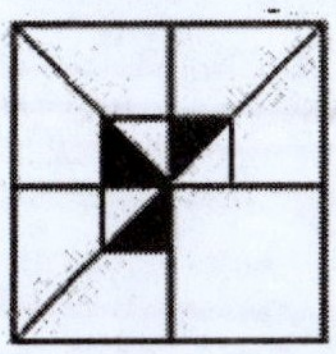

(a)  (b) 
(c)  (d) 

21. Select the correct mirror image of the given figure in the mirror when the mirror is placed on PQ as shown below

(a)  (b) 
(c) 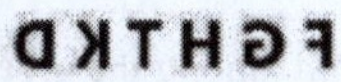 (d) 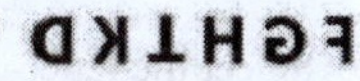

22. Study the given pattern carefully and select the number that can replace the question mark (?) in it.

26		25		?	
4	6	7	1	5	3

(a) 19 (c) 22
(b) 17 (d) 24

23. Study the given pattern carefully and select the number that can replace the question mark (?) in it.

11	17	8
5	3	15
3	7	?
361	729	1225

(a) 22
(b) 25
(c) 12
(d) 21

24. Six employees (A, B, C, D, E, F) are sitting at a round table with eight chairs. Two of them are not sitting exactly opposite each other. One has no body sitting adjacent to him. E is sitting on the third right to F. B is sitting opposite A. D is sitting opposite to E who is second right to A. C is sitting between A and E. What is the position of F with respect to C?
(a) First right
(b) Second left
(c) Second right
(d) First left

25. Seven friends Subhi, Prince, Ketan, Vishal, Mahima, Krish and Naitik are sitting around a circular table with their backs towards the centre Subhi is sitting to the immediate right of Prince. Naitik and Krish are not sitting to the immediately left or right of Vishal. Vishal is sitting third to the left of Prince. Mahima is sitting to the immediate right of Vishal. Who is sitting third to the right of Prince.
(a) Naitik
(b) Ketan
(c) Mahima
(d) krish

26. How many triangles are there in the following figure?

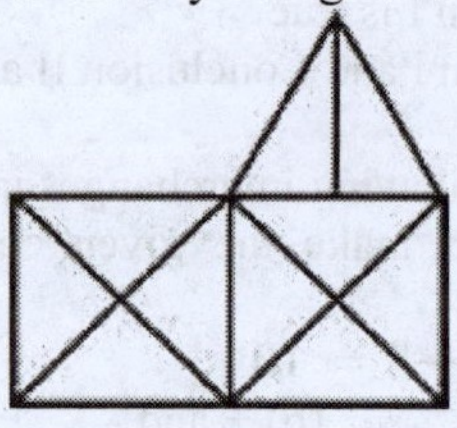

(a) 23 (b) 20
(c) 21 (d) 19

27. Arrange the following words in a logical and meaningful order.
1. Brass
2. Gold
3. Silver
4. Platinum
5. Iron
(a) 2, 1, 5, 3, 4 (b) 5, 4, 3, 2, 1
(c) 3, 1, 5, 2, 4 (d) 5, 1, 3, 2, 4

28. Which two numbers should be interchanged to make the given equation correct?
3 and 5
(a) $1 + 9 \div 3 + 5 = 9$
(b) $3 + 5 - 4 \times 2 = -1$
(c) $6 + 5 \times 2 - 3 = 7$
(d) $3 + 4 - 1 \times 5 = 2$

29. If 'A # B' means 'A is the sister of B' and 'A @ B' means 'A is the mother of B', then which of the following expressions means 'C is the mother of F'?
(a) H@C#M #F (b) C@H#M@F
(c) F@H#M #C (d) C@H#M#F

30. Sanjay walks 10 km towards east. He turns right and walks 5 km. He turns right and walks 10 km. How far (in km) is he from his starting point?

(a) 10 (b) 5
(c) 15 (d) 20

14 PRACTICE TEST

1. Statement: These days without a mobile phone life has become very difficult.
Conclusion:
I. The total number of mobile subscribers is increasing.
II. Mobile has become an integral part of life.
(a) Only conclusion I follows.
(b) Neither I nor II follows.
(c) Both conclusion I and II follows.
(d) Only conclusion II follows.

2. Argument:
Organic fertilizers should be used instead of chemical fertilizers for more yield.
Assumption:
1. Chemical fertilizer is harmful for both human and land.
2. Organic fertilizer provides more yield as compared to chemical fertilizers.
(a) Both assumptions I and II follows
(b) Only assumption II follows
(c) Neither I nor II follows
(d) Only assumption I follows

3. Which number form the given alternatives can come in place of the question mark (?) in the following series?
35, 54, 77, 106, 137, ?
(a) 174 (b) 179
(c) 170 (d) 151

4. Two statements are given, followed by three conclusions numbered I, II and III. Assuming the statements to be true even if they seem to be at variance with commonly known facts, decide which of the conclusions logically follow(s) from the statements.
Statements:
All bottles are utensils.
All kitchens are utensils.
Conclusion:
I. No bottle is a kitchen
II. Some bottles are kitchens.
III. No utensil is a bottle.
(a) Either conclusion I or II follows
(b) Only conclusion I and II follow
(c) All the conclusions follows
(d) Only conclusions II and III follows

5. Select the letter from among the given options that can replace the question mark (?) in the following series.
P, N, J, H, ?
(a) D (b) B
(c) E (d) C

6. Seven colleagues P, A, R, S, T, U and V's contribution to a farewell party is given. No two colleagues contributed the same amount. V contributed more than P who contributed more than A. R and T contributed the maximum and minimum amount but not necessarily in the same order. U's contribution was less than only R. Contribution of S was more than only one person. Whose contribution was the third highest ?
(a) R (b) S
(c) V (d) T

7. Read the given statement and conclusions carefully. Decide which of the given conclusions is/are definitely true from the statement.
Statement :- $M < K \leq N > P = J > 0 \geq L$
Conclusion 1 $N > L$
Conclusion II :- $0 = M$
(a) Only Conclusion II is true
(b) Neither Conclusion I nor Conclusion II is true
(c) Only Conclusion I is true
(d) Both Conclusion I and Conclusion II are true

8. Which one of the following interchanges in signs and numbers would make the given equation correct-

$$3 + 2 \times 6 - 4 \div 5 = 10$$

(a) + and × (b) + and -
(c) × and ÷ (d) ÷ and +

9. Hiten introduced Mita as mother-in-law of the only sister of the only son of his son's maternal grandfather. How is Mita related to Hiten?
(a) Mother (b) Mother-in-law
(c) Wife (d) Maternal Aunt

10. Statement:
All jaguars are cheetahs, Some cheetahs are leopards.
Conclusion:
1. Some leopards are cheetahs.
2. Some cheetahs are jaguars.

(a) Either conclusion 1 or 2 follows
(b) Only conclusion 2 follows
(c) Only conclusion 1 follows
(d) Both conclusionland 2 follow

11. Select the odd term from given options.
(a) 4283:8432 (c) 1975:1579
(b) 7319:1793 (d) 3152:5321

12. Find the next term of this series- $3L12, 9N14, 27P16, \ldots \ldots \ldots$
(a) 81R18 (b) 81S18
(c) 80S18 (d) 80R18

13. Four number triads have been given, out of which three are alike in some manner and one is different. Select the number triad that is different from the rest.
(a) (326, 654, 981) (b) (291, 438,657)
(c) (192, 384, 576) (d) (273, 546, 819)

14. Four letter-clusters have been given, out of which three are alike in some manner and one is different. Select the letter-cluster that is different.
(a) TXCZ (b) DHSP
(c) FJQN (d) NRJG

15. In a certain code language, 'BUILDER' is written as 'VZNFXJL'. How will 'PARKING' be written in that language?
(a) JLFNEHA (b) EIFLBIM
(c) JFLENHA (d) IELFMIB

16. In a certain code language 'TEDIOUS' is written as 'HAMKWPY'. How will 'PROFUSE' be written in that language?
(a) IBSLVOY (b) AJLSOVY
(c) IBLSNXY (d) BISLOYV

17. Select the option in which the two number are related to each other in the same way as the two number of the following number - pair are related to each other.
25:343
(a) 24:216 (b) 29: 121
(c) 30:729 (d) 34:510

18. 'JK2' is related to 'MN 12' in a certain way based on the English alphabetical and numerical order. In the same way, 'IJ 25' is related to 'LM 150'. To Which of the following is 'RS 24' related, following the same logic?
(a) UV 169 (b) TV 169
(c) TV 194 (d) UV 144

19. Select the word-pair that has the same relation between the two words, which is between the two words of the following word pair.
Venomous frog: Amphibian
(a) Snail: amphibian
(b) Crab amphibian
(c) Squirrel reptile
(d) Turtle reptile

20. Study the given pattern carefully and select the figure that will complete the pattern given in the question figure.

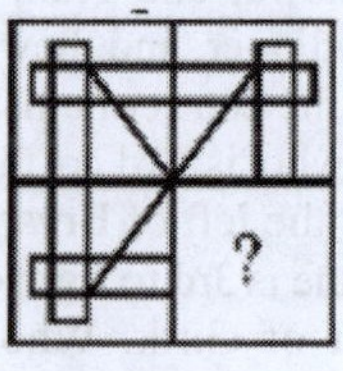

(a) 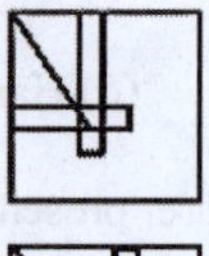
(b) 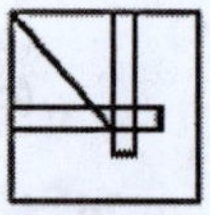
(c) 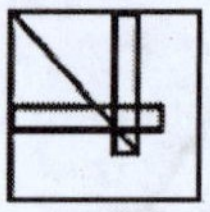
(d) 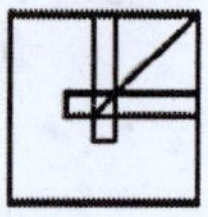

21. Select the correct mirror image of the given combination when the mirror is placed at 'PQ' as shown.

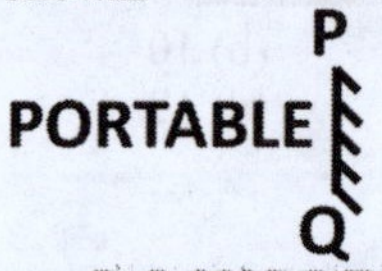

(a) 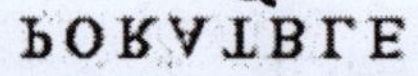
(b) 
(c) 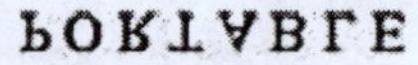
(d) 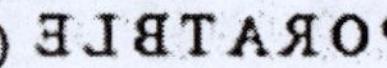

22. In the following question, select the number which can be placed at the sign of question mark (?) from the given alternatives.

11	11	11
27	9	?
4	6	9

(a) 9 (c) 5
(b) 6 (d) 3

23. Study the given pattern carefully and select the number that can replace the question mark (?) in it.

15 18	?	
8 9	12	
161	243	432

(a) 24 (b) 26
(c) 22 (d) 20

24. Raghav, Manpreet, Sunaina, Prakrit, Vedika and Arva are sitting around a circular table facing towards its centre. Raghav is second to the left of Prakrit. Manpreet is sitting to the immediate right of Sunaina. Arva is second to the right of Vedika. There are equal number of persons between Raghav and Manpreet from both the ends Who is sitting third to the left of sunaina?

(a) Arva (b) Vedika
(c) Raghav (d) Prakrit

25. Nine friends, Ananya, Bryson, Katline, Druva, Eva, Fanish, Girik, Hariraj and Kunj are, have gone for a candle light dinner, and they are sitting around a circle facing the centre. Fanish is 4th to the right of Ananya, who is 3rd to the right of Bryson. Kunj is 4th to the left of Bryson and 3rd to right of Druva. Katline is 3rd to right of Hariraj. Eva is 2nd to the left of Girik. Who is sitting between Girik and Eva?

(a) Fanish (b) katlina
(c) Kunj (d) Hariraj

26. How many triangles are present in the given figure?

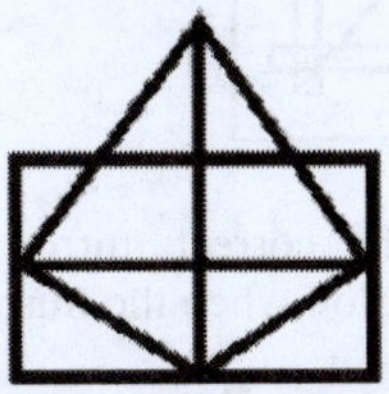

(a) 15 (b) 10
(c) 17 (d) 12

27. Select the correct option that indicates the arrangement of the given words in a logical and meaningful order.

1. Tonsil
2. Naval
3. Eardrum
4. Calf muscle
5. Thalamus

(a) 3-2-1-5-4 (b) 1-2-5-3-4
(c) 5-3-1-2-4 (d) 3-5-1-4-2

28. If the numbers ` 18' and 30 deg are interchanged, then which of the following equations can be correctly balanced?

(a) $35 \div 5 \times 5 + 30 - 18 = 23$
(b) $14 \times 5 - 18 \div 6 + 30 = 73$
(c) $64 + 18 \times 5 \div 3 - 30 = 98$
(d) $12 - 30 \times 18 \div 3 + 16 = 174$

29. Read the given information carefully and answer the question that follows.

'K $ D' means 'K is the father of D'.
K < D' , means 'K is the wife of D'.
K > D' means 'K is the daughter of D'.
'K @ D' means 'K is the son of D'.
How is S related to N in the expression 'H > R $ S @ T > N'?

(a) Son-in-law (b) Grandson
(c) Son (d) Nephew

30. Rohan is facing towards west and turns 45° clockwise, again turns 180° clockwise and then turns 225° anticlockwise. In which direction is he facing now?

(a) East (c) South
(b) West (d) North

15 PRACTICE TEST

1. Statement: The campaign of 'Swachh Bharat', keep your city clean, started by the apartment association didn't bring much attertion from its residents.
   Assumptions:
   1. Residents do not wish to keep their apartment clean.
   2. The association has failed in the campaign.
   (a) Only assumption 1 is implicit
   (b) Neither 1 nor 2 is implicit
   (c) Both 1 and 2 are implicit
   (d) Only assumption 2 is implicit

2. Argument
   Warning: Consumption of alcohol is injurious to health.
   Assumptions
   1. This warning is not required.
   2. Non-alcoholic people are healthy.
   (a) Neither 1 nor 2 is implicit
   (b) Only assumption 1 is implicit
   (c) Only assumption 2 is implicit
   (d) Both 1 and 2 are implicit

3. Which of the number will replace the question mark in the given series?
   946, 721, 552, ?, 350, 301
   (a) 439 (b) 442
   (c) 431 (d) 445

4. Which letter-cluster will replace the question mark (?) to complete the given series?
   JPWL, MGAF, PXEZ, ?, VFMN
   (a) RPIT (b) SOIT
   (c) SPIT (d) ROIT

5. Three statements are given followed by three conclusion numbered I, II and III. Assuming the statements to be true, even if they seem to be at variance with commonly known facts, decide which of the conclusion logically follows(s) from the statements.
   Statement:
   All mens are boys.
   Some teachers are boys.
   All students are teachers.
   Conclusion:
   I. Some boys are mens.
   II. Some teacher are students.
   III. All mens are students.
   (a) Both conclusions (I) and (II) follow.
   (b) Neither conclusion (I) nor (II) follows.
   (c) Only conclusion (I) follows.
   (d) Only conclusion (I) and (II) follows.

6. Prateek, Kiran, Rohit, Suraj and Tony are five friends who scored different marks in a test. Only two people scored between Prateek and Suraj.
   Kiran scored the highest marks. Tony scored more than Rohit. Who scored the fourth highest marks?
   (a) Kiran (b) Rohit
   (c) Suraj (d) Prateek

7. In the following question, the statement is followed by two conclusions. Which of the two conclusions is/are true?
   Statement :- $M < K > I < J > H = G \leq F$
   Conclusion I :- H = F
   Conclusion II : - J > G
   (a) Only conclusion I is true
   (b) Both conclusions I and II are true
   (c) Only conclusion II is true
   (d) Neither conclusion I nor II is true

8. If '÷' denotes "multiplication", "–" denotes "addition", "+" denotes "division" and "×" denotes "Subtraction", then which of the following is the value of the expression?
   $19 \div 9 \times 51 - 171 - 19$
   (a) 143 (b) 129
   (c) 179 (d) 151

9. Pointing to a man in the picture, Gunjan said, "His mother's only daughter is my mother." How is Gunjan related to the man?
   (a) Nephew (b) Sister
   (c) Wife (d) Niece

10. Statement:
    Some jaguars are cheetahs. All jaguars are leopard. Some leopards are panthers.
    Conclusion
    1. Some leopards are jaguars.
    2. Some panthers are cheetahs.

(a) Both conclusion 1 and 2 follow
(b) Only conclusion 1 follows
(c) Only conclusion 2 follows
(d) Either conclusion 1 or 2 follows

11. Select the odd term from given options.
(a) 16-64 (b) 49-169
(c) 25-81 (d) 36-100

12. Select the missing number from the given series.
6, 25, 62, 123, 214, ...?
(a) 341 (b) 317
(c) 334 (d) 292

13. Four pairs of numbers have been given, out of which three are alike in some manner, while one is different. Choose out the odd one.
(a) 25:16:9 (b) 16:64:12
(c) 81:9:19 (d) 64:100:18

14. Four letter-clusters have been given, out of which three are alike in some manner and one is different. Select the odd letter-cluster.
(a) ADL (b) NRW
(c) LPU (d) PTY

15. In a certain code language, 'FOREST' is written as 'GUSITU', and 'MANGROVE' is written as 'NEOHSUWI'. How 'REINCARNATE' language? will be written in that
(a) SIOODESOEÚI
(b) SFOFDESOBUI
(c) QIOQDESOEUF
(d) SIOODESOEFF

16. In a certain code language, REASON is written as TZGUJT. How will PUNISH be written in that language?
(a) RPKUMN (b) RPNTKN
(c) RPTKNN (d) RPUKMN

17. Select the option which is related to the fourth term in the same way as the first term is related to the second term and fifth term is related to the sixth term.
6: 109: : ?: 257: : 10: 501
(a) 8 (b) 12
(c) 11 (d) 9

18. Select the word - pair in which the relationship between the two given words is the same as that between the two words of the given - pair.
GIK: TRP
NPR: MKI
(a) NPQ: CEG (c) VTR: PNL
(b) DFH: WUS (d) EGI: UWY

19. Select the option in which the words share the same relationship as that shared by the given pair of words.
Cow: Byre
(a) Owl: Barn (b) Rat: Rodent
(c) Stag: Doe (d) Nun: Monk

20. Which answer figure will complete the pattern in the question figure?

(a) 

(b) 

(c) 

(d) 

21. Select the correct mirror image of the given letter cluster when a vertical mirror is placed on the right of the cluster.
F G E R M
(a) 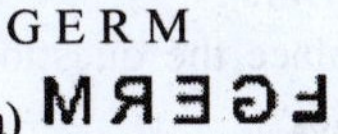
(b) 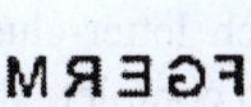
(c) 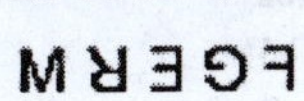
(d) 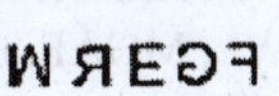

22. Eight research scholars, Jaya, Kamal, Lohit, Nikhil, Umesh, Pallavi and Vibhav, are sitting around a circular table at equal distances between them, facing the centre, and not necessarily in the same order. Umesh is sitting third to the left of Manoj. Manoj is second to the left of Jaya. There are only three people between Jaya and Kamal. Pallavi is to the immediate right of Jaya. There are only three people between Pallavi and Lohit. Nikhil is sitting opposite to Umesh. Who is sitting second to the left of the one who is sitting second to the left of Vibhav?
(a) Kamal (b) Manoj
(c) Lohit (d) Nikhil

23. Six anchors, Purnima, Sunita, Roopa, Shreya, Tiana and Varshini, are sitting around a circular table in a live programme.

1. All of them are facing towards the centre of the table.
2. Tiana is sitting between Roopa and Purnima.
3. Purnima is second to the left of Varshini.
4. Roopa is fourth to the right of Purnima.
5. Sunita is third to the left of Purnima.

Who sits second to the right of Tiana.

(a) Shreya (b) Varshini
(c) Roopa (d) Sunita

24. How many triangles are there in the following figure?

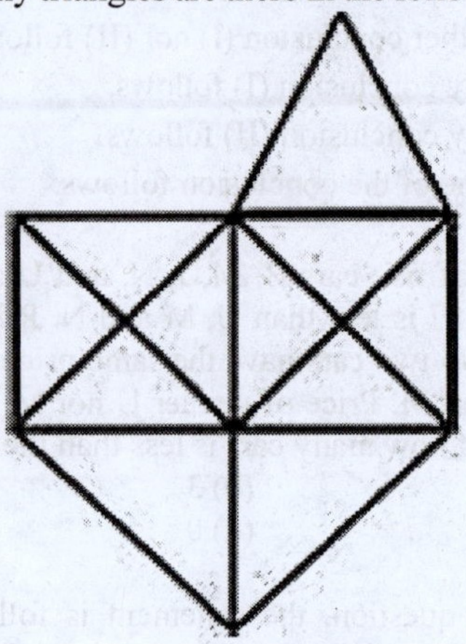

(a) 26 (b) 25
(c) 24 (d) 22

25. Select the correct option that arranges the following words in a logical and meaningful sequence.

1. Prize
2. Competition
3. Marking by Judges
4. Winner
5. Participants

(a) 5, 2, 3, 4, 1 (b) 5, 2, 4, 3, 1
(c) 1, 2, 3, 5, 4 (d) 5, 3, 2, 1, 4

26. By interchanging the given two numbers which of the following equation will be not correct?

3 and 8

(a) $8 \times 2 - 3 \div 1 = -2$
(b) $3 - 8 + 6 = 12$
(c) $8 + 4 \times 3 - 6 = 29$
(d) $9 + 8 - 3 \times 1 = 4$

27. L is sister of G. G is the son of M. M is married to D. D is sister of E. E is the son of C. C is married to S. S is sister of P. How is L related to E?

(a) Daughter
(b) Wife's sister
(c) Brother's daughter
(d) Sister's daughter

28. In a batch of 68 students, 23 students do not participate in any of the two games i.e. cricket and squash. 17 students participate in cricket only. 24 students participate in cricket and squash. How many students participate in squash only?

(a) 4 (b) 20
(c) 28 (d) 21

29. Select the number that will replace the question mark.

4	16	63
7	35	?
8	48	287

(a) 210 (b) 140
(c) 174 (d) 198

30. In the following question, select the number which can be placed at the sign of question mark (?) from the given alternatives.

37	142	87
5	27	18
27	88	?

(a) 39 (b) 71
(c) 51 (d) 45

16 PRACTICE TEST

1. Statement:
Y told Z, "Mobile phones are addictive."
Assumption:
I. Mobile phones have many attractive games and features.
II. People spend more time with mobile phones.
(a) Only assumption I is implicit
(b) Only assumption II is implicit
(c) Both assumptions I and II are implicit
(d) Neither assumption I nor II is implicit

2. Statement:
We are living in a time when the environment is in danger. So it is important to preserve it.
Assumption:
I. We need to protect environment to prevent health problems, maintain ecosystem and preserve the earth for our children.
II. Pollution not only increases spending on health care but also decreases working capacity.
(a) Only assumption I implicit
(b) Both assumption I and II are not implicit
(c) Both assumption I and II are implicit
(d) Only assumption II implicit

3. Which number form the given alternatives can come in place of the question mark (?) in the following series?
61, 99, 152, 222, 312, ?
(a) 452 (b) 412
(c) 426 (d) 398

4. Select the letter-cluster from among the given options that can replace the question mark (?) in the following series.
LGG, PJL, KMO, OPT, LSG, ?
(a) PVL (b) OVK
(c) PUK (d) NUL

5. Three statements are followed by three conclusions numbered I, II and III. You have to consider these statements to be true, even if they seem to be at variance with commonly known facts. Decide which of the given conclusions logically follow/s from the given statements.
Statement:
Most suits are trousers.
Some shirts are ties.
All suit case are watches.
Conclusion:
(I) All trouser are suit.
(II) Some shirts are suitcase.
(III) Some shirts are not watches.
(a) Neither conclusion (I) nor (II) follows.
(b) Only conclusion (I) follows.
(c) Only conclusion (II) follows.
(d) None of the conclusion follows.

6. Prices of five cars B, M, J, N, and U are compared. Price of J is less than U, M and N. Price of B is the least. No two cars have the same price. Price of U is less than M. Price of neither U nor M is the highest. Price of how many cars is less than the price of U?
(a) 1 (b) 3
(c) 2 (d) 0

7. In this question, the statement is followed by two conclusions. Which of the two conclusion(s) is/are true?
Statement: $A = B \geq C \leq D > G < E < F$
Conclusion I:- B > F
Conclusion II:- C < A
(a) Only conclusion I is true.
(b) Only conclusion II is true.
(c) Neither conclusion I nor II is true
(d) Both conclusions I and II are true

8. If > represents'+','<' represents '-' + represents, '÷',- represents '=', ×represents > and = represents '<' then which statement is true ?
(a) 9 + 9 > 9 = 9
(b) $9 < 7 \div 7 = 6$
(c) 7#7 > 7 + 7 =7#7>1
(d) 7 > 7 < 7 + 7 = 14

9. Raman said to Anant, "A day before yesterday I taught the only brother of my grandmother's daughter." Whom did Raman teach?
(a) Father in law (b) Brother
(c) Son (d) Father

10. Statement:
1. All players are cooks.
2. Some singers are players and some cooks are dancer.

Conclusion:
(A) All singers are cooks.
(B) Some dancers are cooks.
(C) There are no cooks who is not player.
(D) There are some singers who are cooks.
(a) Only A (b) A and B
(c) A, B and D (d) Band D

11. From the following four word pairs three are similar in a certain way however one is different from other three. Choose the one which is different from other three.
(a) Wide : Detailed (b) Light : Heavy
(c) Teeny : Small (d) Big : Vast

12. Select the absent number in the place of question mark in following series-
3, 8, 13, 18, ?
(a) 23 (b) 22
(c) 24 (d) 21

13. Four number-pairs have been given, out of which three are alike in some manner and one is different. Select the number-pair that is different from the rest.
(a) 16 :40 (b) 28 :70
(c) 320 :480 (d) 120 :300

14. In the following question, select the odd letter cluster from the given alternatives.
(a) LMNO (b) IJKL
(c) ABCD (d) BDEF

15. In a certain code language, THICK is written as FELHW. How will RAISE be written in that language?
(a) XFHBJ (b) DBLOV
(c) DLBOV (d) XHFUV

16. In a certain code language, if GLAZED is written as EDAZGL, then how will DAYOUT be written in the same code language?
(a) UTYODA (b) UTDAYO
(c) TUOYAD (d) YADTUO

17. Select the number-pair in which the two numbers share the same relationship as that shared by the given pair of numbers.
14 : 421
(a) 13 : 310 (b) 11 : 265
(c) 18 : 611 (d) 16 : 421

18. AF 19 is related to CH 16 in a certain way. In the same way, GL23 is related to IN20. To which of the following is MR 36 related, following the same logic?
(a) NR 34 (b) NT 33
(c) OR 34 (d) OT 33

19. This question consists of a pair of words which have a certain relationship to each other. Select the pair which has the same relationship. (The words must be considered as meaningful English words and must not be related to each other based on the number of letters/number of consonants/vowels in the word.)
Altimeter : Altitudes
(a) Fathometer : Presure
(b) Hygrometer : Humidity
(c) Protractor : Light
(d) Taseometer : Wind

20. The following figures show the order of folding a piece of paper and the method of cutting the folded paper. How will this paper appear when open?

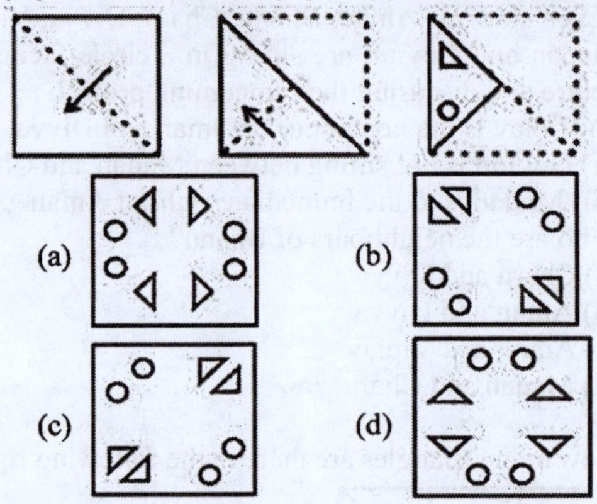

21. Select the correct mirror image of the given figure when the mirror is placed at MN.

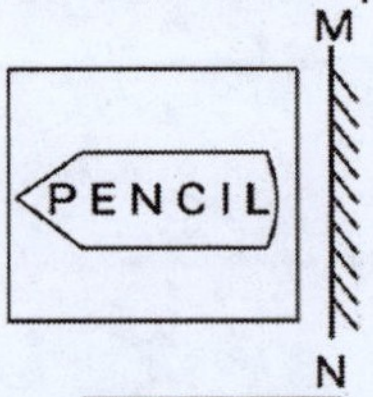

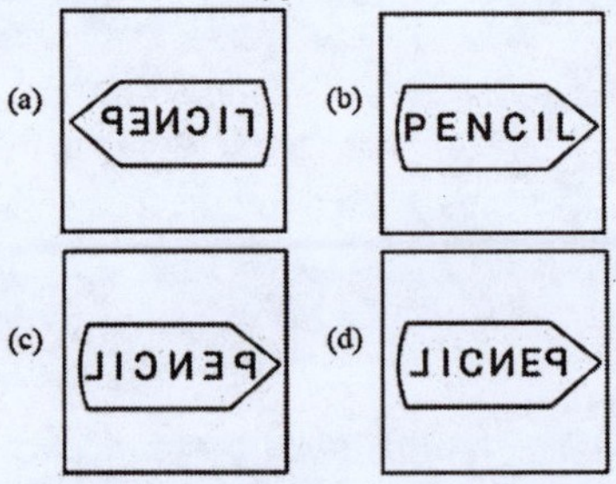

22. Study the given pattern carefully and select the number that can replace the question mark (?) in it.

3	13	4
6	67	31
5	?	20

(a) 40 (b) 45
(c) 50 (d) 55

23. Study the given pattern carefully and select the number that can replace the question mark (?) in it.

8	14	224
11	15	330
9	12	?

(a) 298 (b) 230
(c) 216 (d) 244

24. Seven girls P, Q, R, S, T, U and V are sitting around a circular table facing the centre. Q is third to the right of R. V is third to the right of P. T is to the immediate right of Q. S is to the immediate left of R. U is sitting between R and P. Who is sitting between S and T?
(a) P (b) Q
(c) R (d) V

25. Seven students Aman, Bhanu, Charu, Divya, Viplav, Madan and Govind are sitting in a circle facing the centre and discusing their uncoming project.
(i) Viplav is the neighbour of Aman and Divya
(ii) Govind is not sitting between Madan and Charu.
(iii) Madan is to the immediate right of Aman.
Who are the neighbours of Bhanu?
(a) Charu and Divya
(b) Aman and Divya
(c) Aman and Viplav
(d) Madan and Charu

26. How many triangles are there in the following figure?

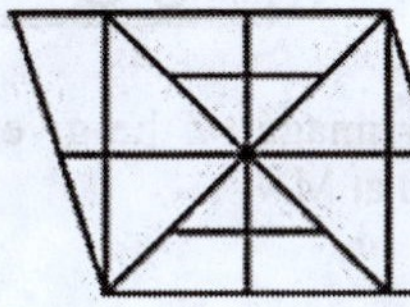

(a) 32 (b) 30
(c) 22 (d) 16

27. Arrange the following words in a logical and meaningful order.
1. Throat 2. Bladder 3. Pupil
4. Liver 5. Pinna
(a) 3, 5, 1, 2, 4 (b) 5, 3, 1, 2, 4
(c) 5, 3, 1, 4,2 (d) 3, 5, 1, 4, 2

28. On interchanging the given two numbers, what will be the respective values of equation (I) and (II)?
7 and 8
I. $5 \times 7 + 6 \div 2 - 8$
II. $8 + 3 \times 7 - 5 \div 1$
(a) 36 and 26 (b) 20 and 18
(c) 20 and 19 (d) 36 and 16

29. P is the sister of Q and mother of R, S is the daughter-in-law of W and wife of Q, W's grandson M is the nephew of P and brother of V. W has only two children. How is Q related to V?
(a) Father (b) Son
(c) Brother (d) Uncle

30. 'P$Q' means 'P' is to the north of Q'.
'P&Q' means 'P is to the east of Q'.
'P*Q' means 'Q is to the west of P'.
'P%Q' means 'Q is to the south of P'
'P@QR' means 'P stands exactly in the middle of horizontal line QR'.
'P!QR' means 'P stands exactly in the middle of vertical line QR'.
Note: P6m$Q' means 'P is 6 m to the north of Q' and so on.
Find the shortest distance between G and C in the following expression.
C12mSS5m*G3m&J6m%K!JT
(a) 12 m (b) 10 m
(c) 15 m (d) 13 m

17 PRACTICE TEST

1. Statement:
   Ramu makes train reservation in April to travel in may.
   Assumption:
   I. Train reservation can be done a month in advance.
   II. There are many trains from Mumbai to Hydrabad.
   (a) Only assumption I implicit
   (b) Only assumption II implicit
   (c) Neither I nor II implicit
   (d) Both I and II implicit

2. Statement:
   "Triple your money", A tagline on a hoarding:
   Assumption:
   I. The assurance is not trust worthy.
   II. People want to make money fast.
   (a) Only assumption I is implicit
   (b) Only assumption II is implicit
   (c) Neither I nor II is implicit
   (d) Both I and II are implicit

3. Which number form the given alternatives can come in place of the question mark (?) in the following series?
   1, 1, 2, 2, 6, 10, 42, ?, 1806
   (a) 1203 (b) 1389
   (c) 1010 (d) 1302

4. Select the term that will follow in the following series.
   BY, CX EV, HS,…………..
   (a) PK (b) JQ
   (c) MN (d) LO

5. Three statements are gien followed by four conclusions numbered I, II, III, IV. Assuming the statements to be true, even if they seem to be at variance with commonly known facts, decide which of the conclusion logically follow (s) the statements.
   Statement:
   Some parrots are pigs.
   Some pigs are pillars.
   All pillars are pets.
   Conclusion:
   (I) Some pillars are pigs.
   (II) Some pets are parrots.
   (III) All parrots are pets.
   (IV) Some pets are pigs.
   (a) Only conclusion II follows.
   (b) Both conclusions I and II follow.
   (c) Neither conclusion I nor II follows.
   (d) Only conclusion I and IV follow.

6. Five boys Aman, Baman, Chaman, Daman and Farhan have different ages. Farhan is elder than only Aman and Baman. Daman is younger than only Chaman. Aman is not the youngest. How many boys are elder than Aman?
   (a) 1 (b) 2
   (c) 3 (d) 4

7. In this question, the statement is followed by two conclusions. Which of the two conclusion(s) is/are true ?
   Statement therefore :- $Z > F \geq A = B = G > S < E$
   Conclusion I :-Z < A
   Conclusion II :-G < F
   (a) Only conclusion I is true.
   (b) Only conclusion II is true.
   (c) Both conclusions I and II are true.
   (d) Neither conclusion I nor II is true.

8. If'<' means '+' and (×) means ÷ then the value of ([(25 < 15)] ×4) < 1?
   (a) 13 (b) 20
   (c) 11 (d) 5

9. Vipin Lokesh, "This boy who is playing cricket is the younger of the two brothers of the daughter of my father's wife." How is the boy who is playing cricket related to Vipin?
   (a) Son (b) Brother
   (c) Father (d) Brother-in-law

10. Statements:
    Some doors are shelves
    All the shelves are windows
    Conclusions:
    1. Some doors are windows
    2. No shelf is door
    (a) Only conclusion (1) follows
    (b) Only conclusion (2) follows
    (c) Either (1) or (2) follows
    (d) Neither (1) nor (2) follows

11. Rearrange the cluttered letters to form a meaningful word and find the odd one out.
    (a) OLENV (b) EISTSH
    (c) AGZEANIM (d) TCAYRIDION

12. Select the missing number from the given series:
    3, 12, ..., 21612
    (a) 147 (c) 200
    (b) 149 (d) 150

13. Three of the following four number pairs are alike in it certain way and one is different. Pick the odd one out.
(a) 32 : 28 (b) 56 : 49
(c) 104 : 91 (d) 64 : 54

14. Three of the following four options are alike in some manner and thus form a group. Which is the option which does not belong to the group?
(a) UVSX (b) OPMR
(c) ABZD (d) GHEJ

15. In a certain code language, HIGHER is written as JIIHSF. How will CODING be written in that language?
(a) PDJEHO (b) OHJEPD
(c) FOHEND (d) PDEJOK

16. In a certain code language, 'BAGS' is coded as '43921' and 'KHEM' is coded as '1310715'. How will 'JINK' be coded in that language?
(a) 109811 (b) 10111613
(c) 11121413 (d) 11101512

17. Select the set in which the numbers are related in the same way as are the numbers of the following sets.
(Note: Operations should be performed on the whole numbers, without breaking down the numbers into its constituent digits. E.g. 13-Operations on 13 such as adding/subtracting/multiplying etc. to 13 can be performed. Breaking down 13 into 1 and 3 and then performing mathematical operations on 1 and 3 is not allowed.)
(48, 23, 47)
(22, 27, 38)
(a) (16, 31, 39) (b) (18, 22, 28)
(c) (14, 30, 41) (d) (26, 14, 32)

18. Select the option that is related to the fifth letter cluster in the same way as the second letter cluster is related to the first letter cluster and the fourth letter cluster is related to the third letter cluster.
LINK: JGKN :: THAT: RFTA :: GROW?
(a) EQXO (b) EPWO
(c) EQVP (d) FQVO

19. The word given on the left side of (::) are related to each other by some logic/rule/relation. Select the missing word/word pair to the right of (::) from the given alternatives on the basis of the similar logic/rule/relation.
Site: Engineer :: ?
(a) Attendant: Restaurant
(b) Grocery: Shop
(c) Scientist: laboratory
(d) House: Servant

20. A paper is folded and cut as shown in the figure below. What will the paper look like after opening it?

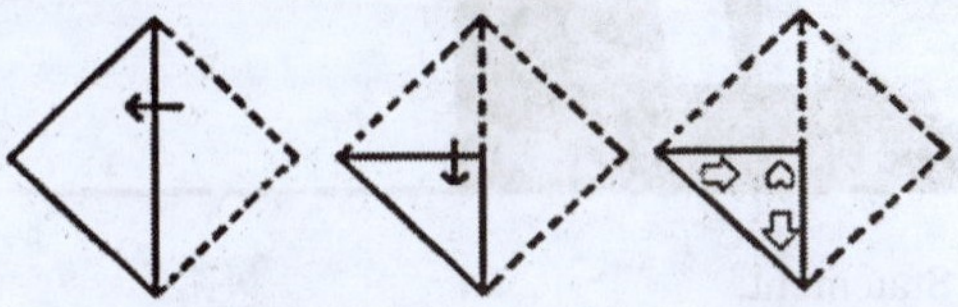

(a) 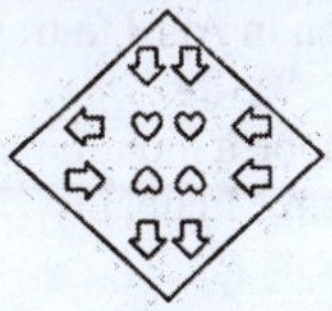 (b) 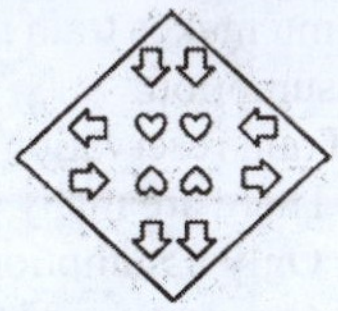

(c) 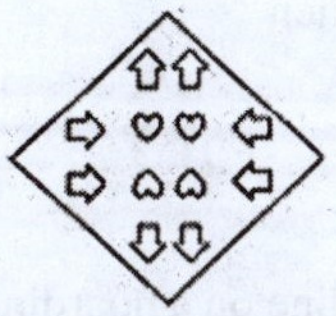 (d) 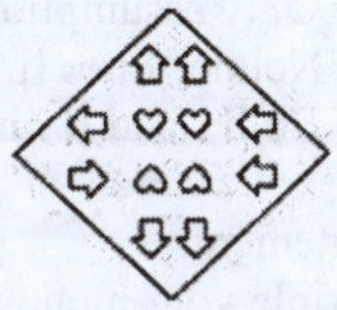

21. If a mirror is placed on the line MN then which of the answer figures is the correct mirror image of the question figure?

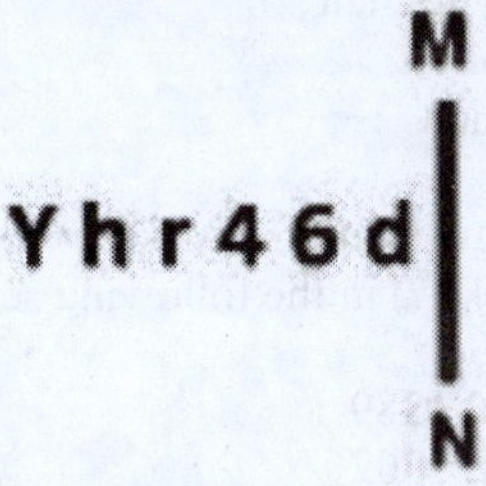

(a)  (b) 

(c)  (d) 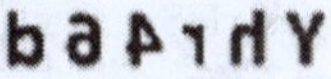

22. Study the given pattern carefully and select the number that can replace the question mark (?) in it.

25	64	81
23	41	38
18	33	?

(a) 17 (b) 27
(c) 19 (d) 29

23. In the following question, select the number which can be placed at the sign of question mark (?) from the given alternatives.

9	11	7	24
17	6	4	25
12	12	9	?

(a) 23 (b) 24
(c) 27 (d) 31

24. Priya, Dinesh, Mahi, Chetan, Jai, Bravo, Amit and Alok are seated in a circle facing the center. Bravo is third to the right of Mahi and second to the left of Alok. Jai is to the right of Priya, who is second to the right of Amit. Chetan is not the immediate neighbour of Mahi or Alok. Who sits exactly to the right of Alok?
(a) Bravo (b) Priya
(c) Mahi (d) Chetan

25. Eight friends P, Q, R, S, T, U, V and W are sitting around a circular table at equal distances from each other. S sits between V and Q. Also Q sits between P and S. V is sitting in north-east and P is sitting in south direction. W and S, T and V, Q and R are sitting at exact opposite ends. Who is sitting between R and V?
(a) S (b) P
(c) W (d) U

26. How many triangles are there figure given below?

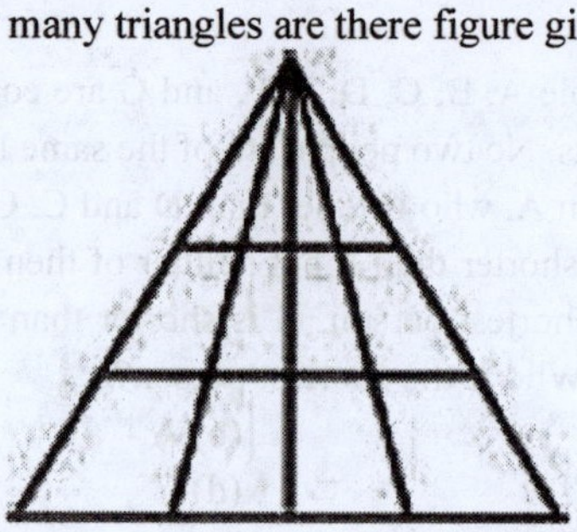

(a) 30 (b) 32
(c) 24 (d) 36

27. Select the option that arranges the following words in a logical and meaningful order.
1. Lal Bahadur Shastri
2. Atal Bihari Vajpayee
3. Jawaharlal Nehru
4. Manmohan Singh
5. Indira Gandhi
(a) 4, 2, 3, 1, 5 (c) 4, 2, 1, 5, 3
(b) 3, 5, 1, 4, 2 (d) 3, 1, 5, 2, 4

28. Which two numbers should be interchanged to make the given equation correct?
$(165 \div 3) + (135 \div 5) - 45 + 33 = 66$
(Note: Interchange should be done of entire number and not individual digits of a given number)
(a) 45 and 33 (b) 33 and 5
(c) 165 and 135 (d) 45 and 3

29. K is the daughter of S. S is married to G, A is the only grandson of M. G is the son of M, A has a daughter H, who is the only granddaughter of S. How is K related to A?
(a) Mother's mother (b) Mother's sister
(c) Daughter (d) Sister

30. T remembers his birthday is before 9th July. T's wife remembers his birthday is after 7th July. On which date of July is his birthday?
(a) 7 (b) 9
(c) 6 (d) 8

18 PRACTICE TEST

1. Statement:
Stories are the best way to make children remember concepts in the early years of their life.
Assumption:
I. Children like stories
II. Stories improve children's imagination and visualisation skills.
(a) Both I and II are implicit
(b) Only II is implicit
(c) Neither I nor II is implicit
(d) Only I is implicit

2. Statement:
"Tree can communicate and share nutrients with other trees in a forest" says a scientist.
Assumption:
I. Plants share extra nutrients with other plants
II. Underneath the earth everything is connected.
(a) Only II is implicit
(b) Both I and II are implicit
(c) Neither I nor II is implicit
(d) Only I is implicit

3. Select the number from among the given options that can replace the question mark (?) in the following series.
240, 120, ?, 180, 360, 900
(a) 120 (b) 148
(c) 150 (d) 130

4. Select the letter-cluster from among the given options that can replace the question mark (?) in the following series.
GKH, DNL, WQO, TTS, GWH, ?
(a) KYP (b) DZL
(c) KZO (d) FYP

5. In this question, three statements are given, followed by three conclusions numbered I, II and III. Assuming the statements to be true, even if they seem to be at variance with commonly known facts, decide which of the conclusion(s) logically follows/follow from the statements.
Statements:
No rose is an orchid.
All roses are lilies.
All lilies are lotuses.
Conclusions:
I. Some lilies are orchids.
II. Some lotuses are orchids.
III. All lilies are orchids.
(a) Both conclusions I and II follow
(b) Both conclusions II and III follow.
(c) Neither conclusions I. II nor III follows.
(d) Both conclusions I and III follow.

6. Seven people A, B, C, D, E, F, and G are comparing their heights. No two people are of the same height. F is taller than A, who is taller than D and C. Only two people are shorter than E but neither of them is C. D is not the shortest person. G is shorter than just one person, F. Who is the shortest person?
(a) E (b) A
(c) B (d) C

7. In the given question, the statement is followed by two conclusions. Which of the two conclusions is/are true?
Statement: $Z = E \leq R > G < Y > Q = F$
Conclusion I :-R < F
Conclusion II:- $R \leq Z$
(a) Both conclusions I and II are true
(b) Only conclusion II is true
(c) Only conclusion I is true
(d) Neither conclusion I nor II is true

8. Interchanging which two sign will make the following equation correct
$63 \div 7 + 5 \times 3 - 46 = 2$
(a) ÷ And − (c) ÷ And ×
(b) ×And + (d) × And −

9. Pointing towards a picture, Kirti said to Mohan, 'The girl in the Picture is the eldest daughter of brother in law of my friend's father. What is the relationship between that girl and friend?
(a) Sister-in-law
(b) Cousin Brother/Sister
(c) Niece
(d) Daughter

10. Statement:
1. All tables are bulbs.
2. Some utensils are bulbs
Conclusion:
I. All tables are utensil.
II. Some tables are utensil.
III. No table is utensil.
(a) Either conclusion II or III is appropriate
(b) Only conclusion II is appropriate
(c) Only conclusion III is appropriate
(d) Only conclusion I is appropriate

11. Four word are given below three of which related in some way and one is different select the different word.
(a) MNO (b) GIK
(c) ACE (d) UWY

12. Find the missing term (?) in the series –
3, 7, 13, 21, 31, ?
(a) 41 (b) 42
(c) 43 (d) 44

13. Four number-pairs have been given, out of which three are alike in some manner and one is different. Select the number-pair that is different.
(a) 22 : 490 (b) 25 : 631
(c) 21 : 447 (d) 30 : 908

14. Three of the following four are alike in a certain way and thus form a group. Which is the one that does NOT belong to that group?
(Note: The odd one out is not based on the number of consonants/vowels or their position in the letter cluster.)
(a) JMN (b) UXY
(c) DGH (d) ORT

15. In a certain code language 'CARD' is coded as '7359', 'SERV' is coded as '1256' and 'PACK' is coded as '8497'. What is the code for 'D' in the given code language?
(a) 3 (b) 7
(c) 9 (d) 5

16. In a certain code language, 'CLIMATE' is coded as '763', 'GLOBAL'is coded as '649'. What is the code for 'CREEP' in the given code language?
(a) 47 (b) 74
(c) 547 (d) 475

17. Select the option in which the two numbers are related in the same way as are the two number of the following number-pair.
14:450
(a) 31 : 61 (b) 30 : 02
(c) 22 : 40 (d) 18 : 722

18. Select the option that is related to the fifth letter cluster in the same way as the second letter cluster is related to the first letter cluster and the fourth letter cluster is related to the third letter cluster.
CURTAIN : RUCTNIA :: SUPPOSE : PUSPESO :: TONIGHT:?
(a) NOTITHG (b) NTOITGH
(c) NOTIHTG (d) NOTITGH

19. Select the word-pair that best represents a similar relationship to the one expressed in the pair of words given below.
(The words must be considered as meaningful English words and must not be related to each other based on the number of letters/number of consonants/vowels in the word.)
Tranquil: Violent
(a) Timid : Bold
(b) Vigilant : Alert
(c) Zeal : Eagemess
(d) Wicked : Vicious

20. The sequence of folding a piece of paper and the manner in which the folded paper has been cut is shown in the three figures below. How would the paper look when unfolded?

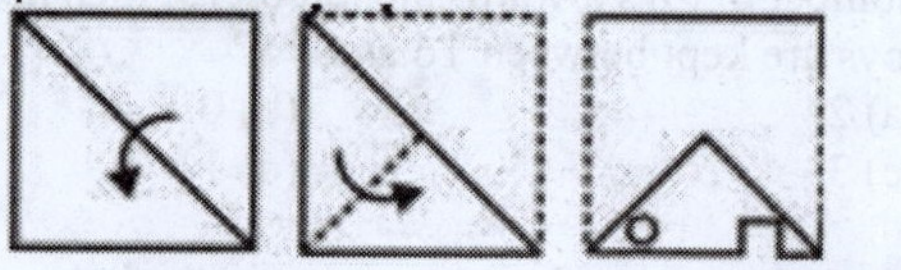

(a) 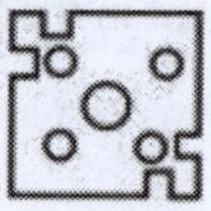 (b) 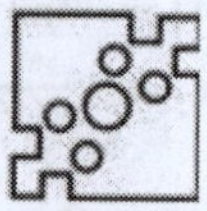
(c) 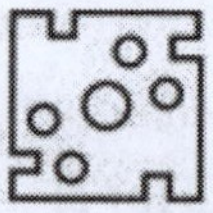 (d) 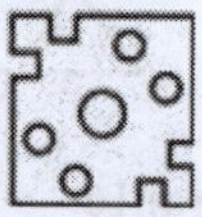

21. Select the correct mirror image of the given figure when the mirror is placed at MN as shown below.

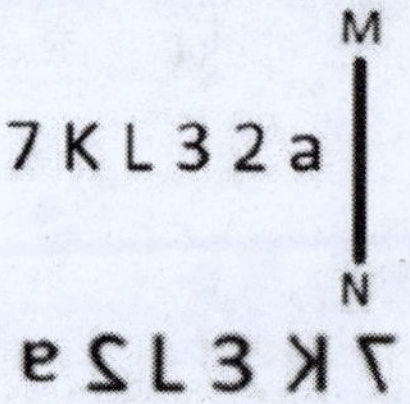

(a) 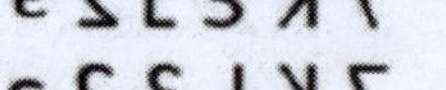 (b) 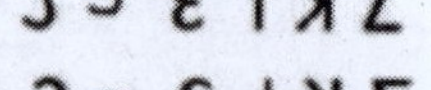
(c) (d) 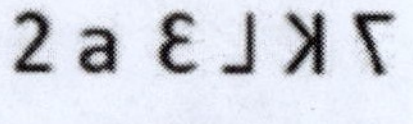

22. In the following question, select the number which can be placed at the sign of question mark (?) from given alternatives.

5	9	6	39
3	11	7	26
8	5	4	?

(a) 48 (b) 44
(c) 36 (d) 34

23. In the following question, select the number which can be placed at the sign of question mark (?) from the given alternatives.

9	11	5	94
7	9	13	?
6	5	14	16

(a) 50 (b) 60
(c) 48 (d) 44

24. Six friends A, B, C, D, E and F are sitting around a round table facing the centre. A sits second to the right of B, E sits second to the left of C. B doesn't sit adjacent to E. D does not sit opposite to E or C. Who sits to the immediate left of E?
(a) A (b) D
(c) B (d) C

25. Six toys T1, T2, T3, T4, T5 and T6 are kept around a circular path (not necessarily in the same order). T4 is second to the left of T6. T5 is to the immediate left of T2. T1 is second to the right of T3. T3 is to the immediate right of T4. If we start counting the number of toys towards the left of T5, then how many toys are kept between T6 and T5?
(a) 2 (b) 0
(c) 3 (d) 1

26. How many triangles are present in the below figure?

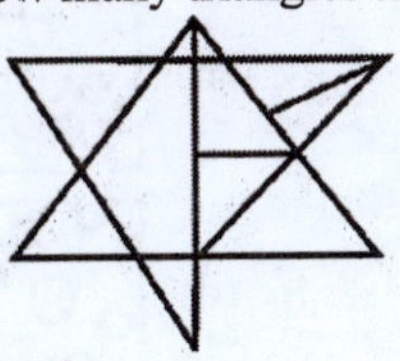

(a) 16 (b) 11
(c) 18 (d) 17

27. Select the correct sequence of the following words (based on inside to outside of the reproductive system of a flower).
1. Ovary 2. Stigma
3. Ovule 4. Petal
(a) 3,2,1,4 (b) 3,1,2,4
(c) 4,3,2,1 (d) 2,1,3,4

28. Which two numbers (Not Digits) need to be interchanged to make the following equation correct?
$15 + 90 \div 9 \times 5 - 11 - 28$
(a) 11 and 9 (b) 15 and 9
(c) 15 and 5 (d) 9 and 5

29. Pointing to a person in a photograph, Rahul said, He is the father of my father's daughter's daughter. How is the person in the picture related to Rahul?
(a) Nephew (b) Brother-in-low
(c) Son (d) Brother

30. In the given diagram circle represents teachers, the triangle represent 'dancers' and the square represents 'writer'. Observe the given diagram carefully and then answer the following question.

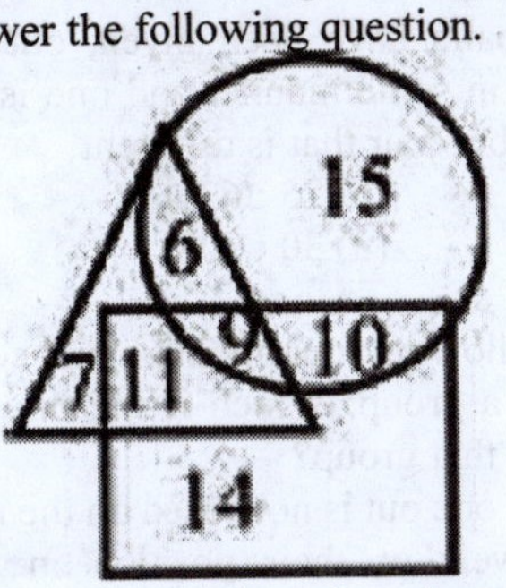

What is the number of teachers, who are writers, but not a dancer?
(a) 10 (b) 11
(c) 9 (d) 15

19 PRACTICE TEST

1. Statement
The government has decided to increase public transport charges.
Assumption:
I. People are able to pay the increased charge.
II. Many people use public transport as an alternative.
(a) Only assumption II is implicit
(b) Neither I nor II is implicit
(c) Both I and II are implicit
(d) Only assumption I is implicit

2. Statement:
I like an Indian pilot. I have decided to become a pilot.
Assumption:
I. I am not a pilot.
II. I am a pilot.
(a) Both assumption I and II are implicit
(b) Only assumption I is implicit
(c) Either assumption I or II is implicit
(d) Only assumption II is implicit

3. Which number will replace the question mark (?) in the following series?
11, 13, 16, 26, 41, 67, 102, ?
(a) 251 (b) 215
(c) 152 (d) 125

4. Select the letter cluster from among the given options that can replace the question mark (?) in the following series :-
FCC, UFH, OIS, LLX, FOC, ?
(a) URH (b) VSG
(c) WTH (d) TRF

5. Two statements are given followed by two conclusions numbered I and II assuming the statements to be true. Even if they seem to be at variance with commonly known facts decide which of the conclusions logically follow(s) from the statements.
Statements:
Some teachers are philosophers.
Some philosophers are writers.
Conclusions:
I. Some writers are teachers.
II. No writer is a teacher.
(a) Only conclusion II follows.
(b) Only conclusion I follows.
(c) Either conclusion I or II follows.
(d) Neither conclusion I nor II follows.

6. Average of five batsmen Rohit, Rahul, Virat, Surya and Hardik is compared. Average of Surya is more than only one batsman. Average of Virat is more than Rohit and average of Rohit is more than Hardik. If Average of Rohit 120, then what can be the average of Surya?
(a) 130 (b) 125
(c) 118 (d) 128

7. Read the given statement and conclusions carefully. Decide which of the given conclusions is/are definitely true from the statement.
Statement : $Q > S < R > T = U \leq V$
Conclusion I : $T = V$
Conclusion II : $R > U$
(a) Both conclusions I and II are true
(b) Only conclusion I is true
(c) Neither conclusion I nor II is true
(d) Only conclusion II is true

8. Interchanging which two signs will make the following equation correct?
$16 + 4 \div 2 - 21 \times 7 = 21$
(a) + and × (b) + and ×
(c) − and ÷ (d) × and ÷

9. Pointing towards a picture, Neel says that he is the son of only daughter of my sister's father. Whom is he pointing to?
(a) Niece (b) Nephew
(c) Friend (d) Cousin

10. Statement:
I. No metal is red.
II. Some red is danger.
Conclusion:
1. Some dangers are metals.
2. Some red are metals.
(a) Neither conclusion 1 nor 2 follows
(b) Only conclusion 2 follows
(c) Only conclusion 1 follows
(d) Both conclusion 1 and 2 follow

11. Rearrange the cluttered letters to form a meaningful word and find the odd one out.
(a) EVCOL (b) LCIYHL
(c) HLTCO (d) MIUNC

12. Select the missing number from the given series.
15, 20, 18, 23, ?, 26, 24
(a) 21 (b) 28
(c) 24 (d) 30

13. Four number-pairs have been given, out of which three are alike in some manner and one is different. Select the one that is different.
(a) 26 - 168 (b) 16 - 64
(c) 34 - 289 (d) 18 - 81

14. Based on the position in the English alphabetical order, three of the following letter cluster are alike in some manner and one is different. Select the odd letter - cluster.
(a) WYX (b) DGE
(c) FHG (d) SUT

15. In a certain code language, 'FRIAR' is coded as '20' and 'FREEDOM' is coded as '28'. What is the code for 'FARROW' in the given language?
(a) 24 (b) 18
(c) 17 (d) 22

16. In a certain code language, 'TOWARD' is coded as '962147', 'WANTED' is coded as '213957'.
What is the code for 'WARRANT' in that code language?
(a) 2144139 (b) 2144129
(c) 2145129 (d) 2133129

17. Select the option in which the number-pair shares the same relationship as that shared by the numbers of the following number-pair.
84:21
(a) 60 : 12 (b) 54 : 27
(c) 65 : 65 (d) 72 : 12

18. Select the option that is related to the six letter group in the same way as the first letter cluster is related to the second letter cluster and the third letter cluster is related to the fourth letter cluster.
JOS: GMR :: YHL : VFK:: ? : PMD
(a) SOF (b) SOE
(c) TSE (d) TPE

19. Select the option in which the words share the same relationship as that shared by the given pair of words.
Virus : Ebola
(a) Bacteria : Plague
(b) Mosquito : Jaundice
(c) Season : Common cold
(d) Fungi : Diarrhoea

20. A paper is folded and cut as shown. How will it appear when unfolded?

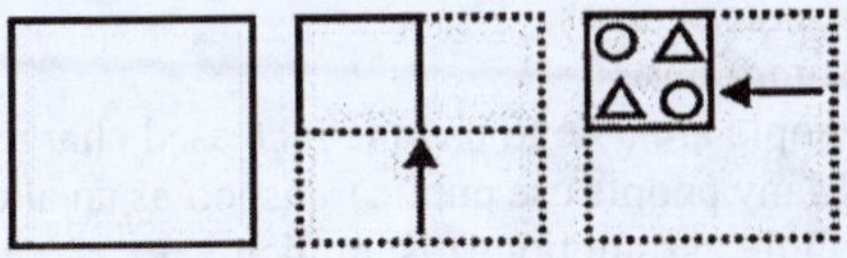

(a) 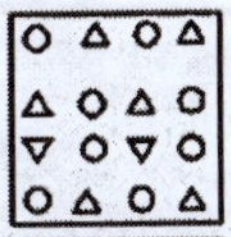 (b) 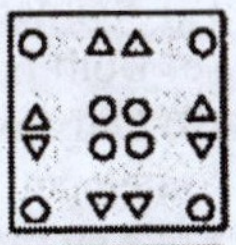
(c) 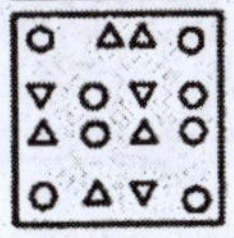 (d) 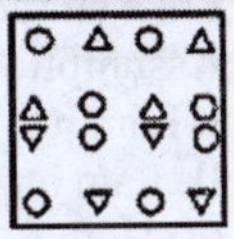

21. Select the correct mirror image of the given combination when the mirror is placed on MN as shown below.

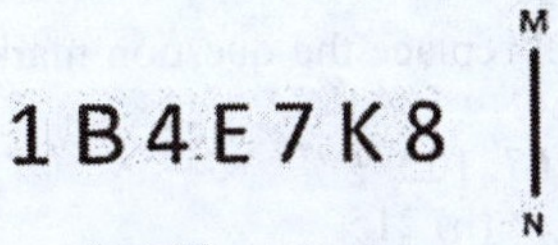

(a) 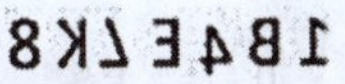 (b) 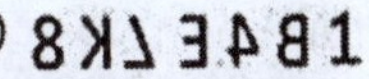
(c) 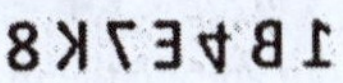 (d) 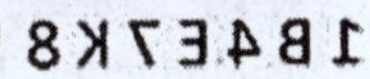

22. In the following question, select the number which can be placed at the sign of question mark (?) from the given alternatives.

49	86	104
65	70	88
27	66	78
87	90	?

(a) 74 (b) 192
(c) 114 (d) 84

23. Select the missing number from the given options.

4	3	1
5	4	2
89	43	?

(a) 27 (b) 36
(c) 5 (d) 8

24. Eight friends P, Q, R, S, T, U, V and W are sitting around a circular table at equal distances from each other. U is sitting extremely opposite to P. S is between V and Q. R is between U and W. P is sitting to the immediate right of Q. Who is sitting between P and W?

(a) U (b) T
(c) V (d) Q

25. Six sellers G, H, J, K, C and M are sitting around a circular table facing towards the centre (not necessarily in the same order). M is second to the left of C. H is to the immediate right of G. K is second to the right of J. C is to the immediate left of K. Which of the following pair of sellers represents the immediate neighbours of J and G respectively?
(a) CK, HM (b) CM, HM
(c) KH, MC (d) CM, KH

26. How many triangles are there in the following figure?

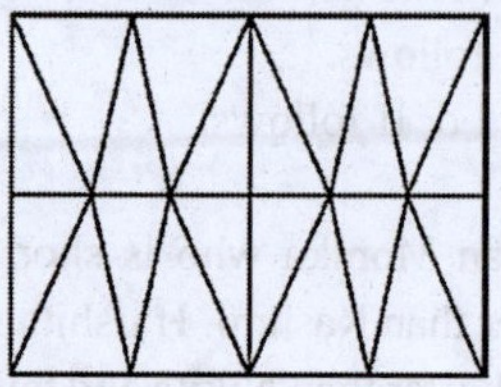

(a) 20 (b) 24
(c) 26 (d) 21

27. Arrange the following activities is a logical and meaningful order.
1. Marriage hall to make certain
2. Fix a wedding day
3. Invite guests
4. Marriage ceremony to be held
5. To print the invitation card
(a) 2, 1, 3, 4, 5 (b) 2, 1, 5, 3, 4
(c) 2, 1, 3, 5, 4 (d) 1, 2, 3, 5, 4

28. Which two numbers should be interchanged to make the given equation correct?
$36 \times 81 \div 9 (88 \div 4) + 14 + (22 + 7) = 169$
(a) 36 and 14 (b) 81 and 36
(c) 9 and 36 (d) 14 and 22

29. Pointing towards a person seen in the picture, a boy named Sunny said," He is the brother of my sister's mother's husband. "How is Sunny related to the person in the picture?
(a) Grandfather (b) Brother
(c) Nephow (d) Son

30. In the given diagram, the shapes indicate the categories of persons. The numbers given in the different segments represent the number of persons in that category.
How many tennis players are either swimmers or rich persons but NOT both?

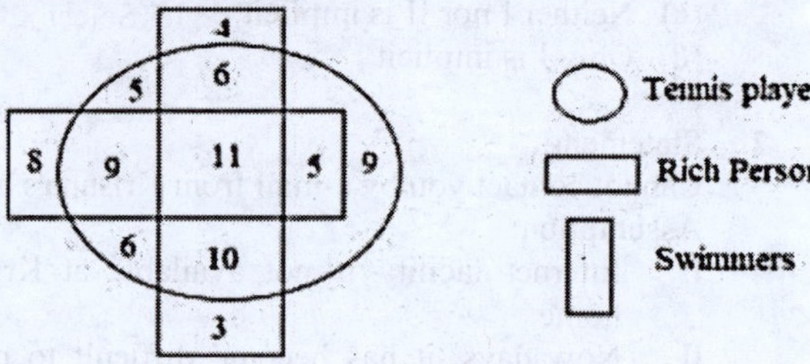

(a) 26 (b) 41
(c) 24 (d) 30

20 PRACTICE TEST

1. Statement:
The managing director of XYZ, an advertising bank in the newspaper, said, "We do not send messages to customers nor make calls to make any corrections, updates to bank account correction.
Assumption:
I. Fake calls are coming to people for theft of bank account details.
II. Bank officials call customers to change ATM PINS.
(a) Either I or II is implicit
(b) Only II is implicit
(c) Neither I nor II is implicit
(d) Only I is implicit

2. Statement:
Cannot contact you by e-mail from Krishna's home.
Assumption:
I. Internet facility is not available at Krishna's home.
II. Nowadays, it has become difficult to contact people on e-mail.
(a) Either assumption I or II is implicit
(b) Only assumption II is implicit
(c) Neither assumption I nor II is implicit
(d) Only assumption I is implicit

3. Select the number from among the given options that can replace the question mark (?) in the following series.
3, 20, 38, 52, 75, 82, 114, ?
(a) 104 (b) 101
(c) 118 (d) 110

4. Which letter-cluster will replace the question mark (?) in the following letter-cluster series?
VSP, NKH, FCZ?
(a) WUS (b) XVS
(c) XUR (d) WTQ

5. Read the given statements and conclusions carefully. Assuming that the information given in the statements is true, even if it appears to be at variance with commonly known facts, decide which of the given conclusions logically follow(s) from the statements.
Statements:
1. Some animals are elephants.
2. Some elephants are tigers.
Conclusions:
I. Some animals are tigers.
II. No tiger is an animal.
(a) Neither conclusion I nor II follows.
(b) Only conclusion II follows.
(c) Only conclusion I follows.
(d) Either conclusion I or II follows.

6. Rashmi is shorter than Monika who is shorter than Prerna. Sana is shorter than Rashmi. Harshita is taller than Prerna. Uma is shorter than Nikita and taller than Harshita. Who among them is the shortest?
(a) Uma (b) Sana
(c) Rashmi (d) Prerna

7. Select the correct conclusion(s) / option that could be drawn from the given statements(s).
Statement :- $S = M > Z > X, A > B = M$
(a) $B < Z$ (b) $X < A$
(c) $Z > A$ (d) $S > A$

8. If '+' means '÷' and '−' means '×', '÷' means '+' and '×' means '−' then $36 \times 12 + 4 \div 6 + 2 - 3 = ?$
(a) 1 (b) 39
(c) 40 (d) 42

9. Pointing towards a woman Raghav said, "His son is my daughter's uncle." How is the woman related to Raghav?
(a) Mother (b) Daughter
(c) Sister (d) Grandmother

10. Statement followed by some conclusions are given below.
Statements:
1. Some electricians are plumbers
2. Not all electrician are mechanics
Conclusion:
I. Some mechanics are electricians or plumbers
II. Not all electricians are mechanics Find which of the given conclusions logically follows from the given statements.

(a) Only conclusion I follows
(b) Only conclusion II follows
(c) Both I and II follows
(d) Neither I nor II follows

11. From the following four word pairs three are similar in a certain way however one is different from other three. Choose the one which is different from other three.
(a) Mason : Wall (b) Cobbler : Shoes
(c) Farmer : Crop (d) Cook : Chef

12. Select the number that does NOT belong in the following group:
71, 73, 77, 79
(a) 79 (b) 71
(c) 73 (d) 77

13. Four number-pairs have been given, out of which three are alike in some manner and one is different. Select the number-pair that is different from the rest.
(a) 28-60 (b) 42-12
(c) 39-72 (d) 57-38

14. Three of the following four options are alike in some manner and thus form a group. Which does not belong to the group?
(a) NOR (b) LNP
(c) DEH (d) LMP

15. If WATER is coded as 30 and ORANGE is coded as 36, what will EIGHT be coded as?
(a) 42 (b) 36
(c) 25 (d) 30

16. In a certain code language 'MOST' is coded as '134' and 'FUR' is coded as '90'. How will 'SUCCESS' be coded in that language
(a) 89 (b) 178
(c) 215 (d) 175

17. Select the option which is related to the third term in the same way as the second term is related to the first term and the sixth term is related to the fifth term.
16 : 144 :: 22 : ? :: 14 :112
(a) 244
(b) 266
(c) 264
(d) 246

18. YV15 is related to TQ13 in a certain way. In the same way, VS19 is related to QN17. To which of the following is XU13 related, following the same logic?
(a) RP13 (b) ST13
(c) RP11 (d) SP11

19. Select the word pair that best represents a similar relationship to the one expressed in the pair of words given below.
(The words must be considered as meaningful English words and must not be related to each other based on the number of letters/ number of consonants/ vowels in the word.)
(Horse: Mare)
(a) Drone : Duck (b) Peacock : Vixen
(c) Fox : Goose (d) Buck : Doe

20. The sequence of folding a piece of paper and the manner in which the folded paper has been cut is shown in the following figures. How would this paper look when unfolded?

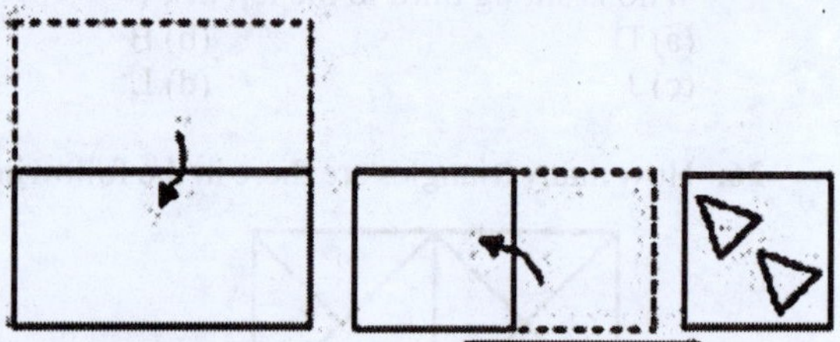

(a) 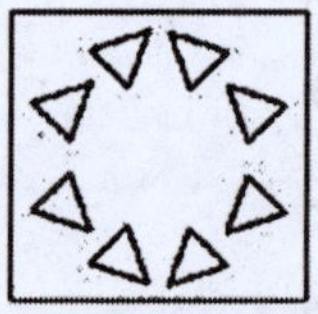 (b) 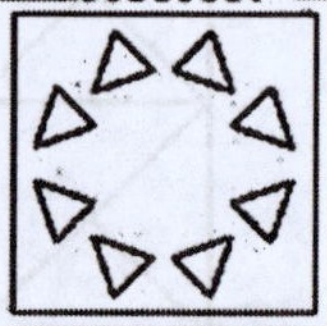

(c) 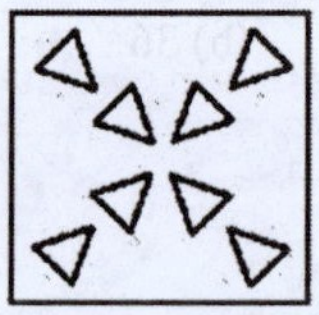 (d) 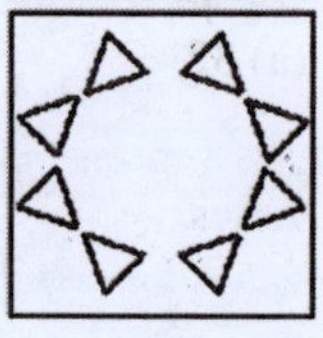

21. Select the correct mirror image of the given figure when the mirror is in AB line to the right side of the figure.
6 4 2 h n 3 K

(a) 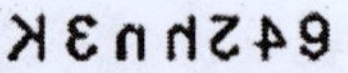 (b) 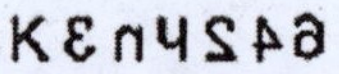

(c) 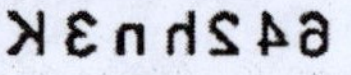 (d) 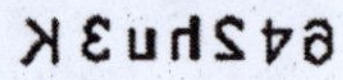

22. Find the missing number from the below options?

19	78	20
25	144	47
16	?	13

(a) 58 (b) 29
(c) 96 (d) 76

23. Find the missing number from the below options.

4	3	19
6	4	40
9	9	?

(a) 72 (b) 90
(c) 80 (d) 100

24. Six tailors G_1, G_2, G_3, G_4, G_5 and G_6 are sitting around a circular table facing towards the center. (Not necessarily in the same order). G_6 is second to the left of G_3, G_2 is second to the right of G_1. G_5 is immediately to the left of G_6. Which tailor sits second to the right of G_3?

(a) G_1 (b) G_6
(c) G_5 (d) G_4

25. Six friends B, D, F, H, J and L are sitting around a circular table facing towards the centre (not necessarily in the same order). B is to the immediate right of L. D is second to the left of J. F is second to the left of H. L is second to the right of H.
Who is sitting third to the left of F?

(a) D (b) B
(c) J (d) L

26. How many triangles are there in the following figure?

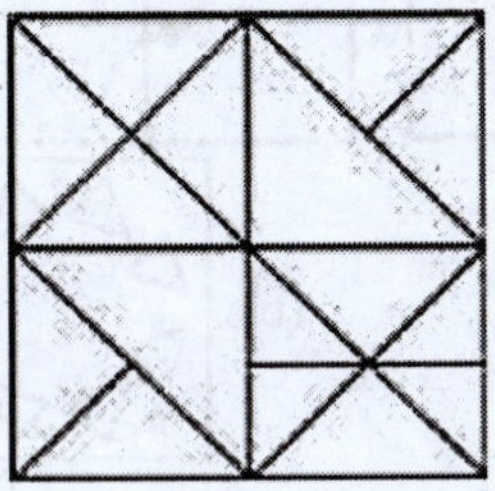

(a) 32 (b) 36
(c) 34 (d) 24

27. Arrange the following activities is a logical and meaningful order.
1. Writing a form of medicine
2. Feeling stomach ache
3. See a doctor
4. Doctor is decision
5. Take medicine as per the prescribed time
6. Relief in pain

(a) 3, 2, 4, 1, 5, 6 (b) 2, 3, 4, 5, 1, 6
(c) 2, 3, 4, 1, 5, 6 (d) 2, 3, 1, 4, 5, 6

28. Which two numbers, from amongst the given options, should be interchanged to make the given equation correct?

$(40 \times 6) \div 8 + 14 - (7 \times 16) + (13 \times 12) = 26$

(a) 40 and 16 (b) 8 and 12
(c) 6 and 12 (d) 14 and 16

29. Bharti is chhavi's sister. Avni is Bharti's mother, Chhavi is dharuv's wife. Dhruv's is Isha's father. Who is Isha's grandmother?

(a) Dharuv's (b) Avni
(c) Chhavi (d) Bharti's

30. Identify the Venn diagram that best represents the relationship between the given classes.
Table, Chair, Refrigerator

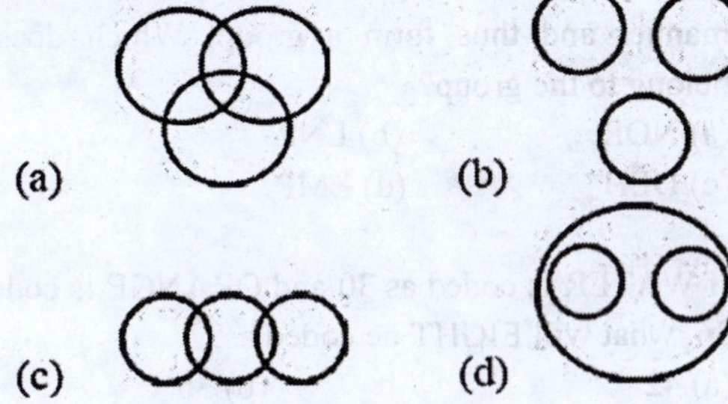

21 PRACTICE TEST

1. Statement: An interviewer, after reading the resume, directly starts asking advance level questions to the candidate.
Assumption:
I. The candidate is well-versed with the basics of the subject.
II. The interviewer expects the candidate to have advanced knowledge of the subject.
(a) Only I is implicit
(b) Neither I nor II is implicit
(c) Both I and II are implicit
(d) Only V is implicit

2. Statement: The shopkeeper tells an old customer, "Dear Sir, these new music players (audio systems) do not support playing tape recordings that you have."
Assumptions:
I. The customer wanted to buy a tape recorder.
II. The customer would have asked whether old-style tapes are supported in the new system.
(a) Only II is implicit
(b) Only I is implicit
(c) Neither I nor II is implicit
(d) Both I and II are implicit

3. Which of the following numbers will replace the question mark (?) in the given series?
1, 24, 58, 125, 247, 446,?
(a) 774 (b) 747
(c) 744 (d) 777

4. Which letter will replace the question mark (?) in the following series?
A, B, E, J, Q,?
(a) Y (b) Z
(c) X (d) A

5. Read the given statements and conclusions carefully. Assuming that the information given in the statements is true, even if it appears to be at variance with commonly known facts, decide which of the given conclusions logically follow(s) from the statements.
Statements:
Some pencils are pens.
All pens are papers.
All pencils are colours.
Conclusions:
I. All colours are pens.
II. Some colours are pencils.
III. Some papers are pens.
(a) Only conclusion II follows.
(b) All conclusions I, II and III follow.
(c) Only conclusions II and III follow.
(d) Only conclusions I and II follow.

6. Maximum marks of five exams E1, E2, E3, E4 and E5 are compared. Maximum marks of each exam are different. Maximum marks of E5 are more than E3 and maximum marks of E3 are more than E1. Maximum marks of E1 are more than E4 and E2. Maximum marks of E2 are not the least among them. If the maximum marks of E2 are 180, then what can be the maximum marks of E4?
(a) 185 (b) 188
(c) 178 (d) 190

7. Read the given statement and conclusions carefully. Decide which of the given conclusions is/are definitely true from the statement.
Statement : $-P = Q \geq R \leq S > T < U$
Conclusion I:-$Q > U$
Conclusion II :- $R \leq P$
(a) Only conclusion II is true
(b) Neither conclusion I nor II is true
(c) Both conclusions I and II are true
(d) Only conclusion I is true

8. If a means '÷', β means 'x', γ means '-', ω means '+' then the value of 8 α 6 γ 4 β 7 ω 3?
(a) 14 (b) -71/3
(c) 12 (d) -23/2

9. Ananya introduced Awadh as the only son of her father Ram's only son. How is Ram related to Awadh?
(a) Maternal Grandfather
(b) Grandfather
(c) Grandson
(d) Uncle

10. Statement:
1. Some beds are rivers.
2. All rivers are mats.
Conclusion:
1. All mats are rivers.
2. Some beds are mats.

(a) Neither conclusion 1 nor 2 follows
(b) Either conclusion 1 or 2 follows
(c) Only conclusion 1 follows
(d) Only conclusion 2 follows

11. Rearrange the clucttered letters to form a meaningful word and find the odd one out.
(a) OLEMN (b) PEALP
(c) OGREAN (d) OTTOPA

12. Select the missing term from the given series - 22P, 2Z, 24Q, 4Y, 26R,........?
(a) 6S (b) 24S
(c) 6X (d) 24X

13. Four number-pairs have been given, out of which three are alike in some manner and one is different. Select the number-pair that is different from the rest.
(a) 33: 109 (b) 30: 94
(c) 27: 85 (d) 44: 136

14. Four letter - cluster have been given, out of which three are alike in some manner and one is different. Select the letter - cluster that is different.
(a) HJKP (b) BFJN
(c) JNRV (d) DHLP

15. In a certain code language, 'BASKET' is coded as '211911520' and 'BOX' is coded as '21524'. How will 'COVER' be coded in that language?
(a) 31522519 (b) 31522518
(c) 21522519 (d) 31822518

16. In a certain code language, 'DRAMA' is coded as '32' and 'PLAY' is coded as '50'. How will 'THEATRE' be coded in that language?
(a) 77 (b) 82
(c) 70 (d) 72

17. Select the option in which the numbers share the same relationship as that shared by the given pair of numbers.
72 : 108
(a) 84: 126 (b) 92: 153
(c) 36: 57 (d) 90: 136

18. AD 17 is related to CF 13 in a certain way. In the same way, EH 29 is related to GJ 25. To which of the following is IL 38 related, following the same logic?
(a) TY 35 (b) TZ 35
(c) KN 34 (d) XZ 34

19. Select the word in which the two given words are related to each other in the same way as the two words of the given pair are related to each other.
(The words should be considered as meaningful English words and they should not be related to each other on the basis of the number of letters/number of consonants/vowels in the word.)
Salt: Sodium
(a) Car : Petrol
(c) Plant : Tree
(b) Paper : Wood
(d) Water : Hydrogen

20. Select the option in which the given figure is embedded. (Rotation is NOT allowed).

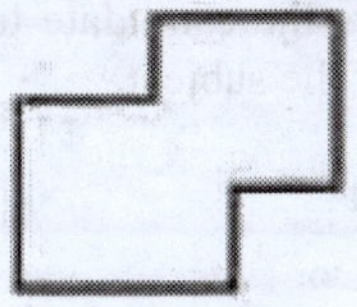

(a) 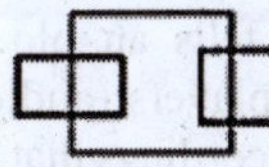 (b) 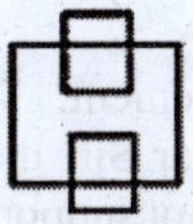

(c) 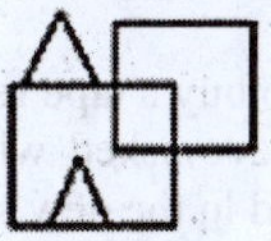 (d) 

21. If a mirror is placed on the line AB, then which of the answer figures is the right image of the given figure?

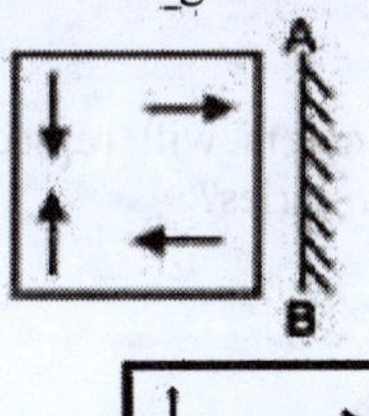

(a) 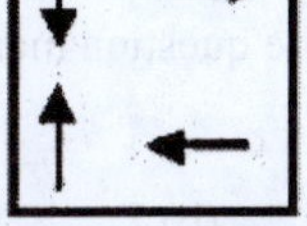 (b) 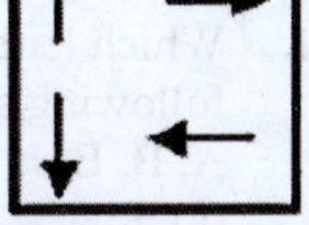

(c) 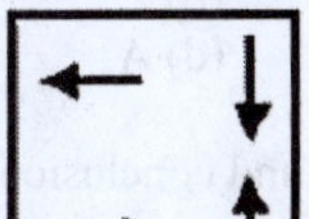 (d) 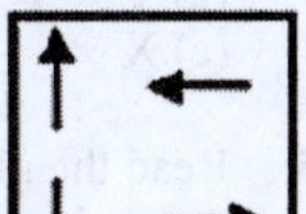

22. Find the missing number from the below options:

17	22	37
23	28	43
16	?	36

(a) 21 (b) 12
(c) 34 (d) 32

23. Study the given pattern carefully and select the number that can replace the question mark (?) in it.

23	5	110
56	9	121
49	3	?

(a) 113 (b) 95
(c) 111 (d) 77

24. Five boys, G, K, P, R and T are sitting around a circular table facing towards the centre (Not necessarily in the same order). R is third to the left of K. P and Gare the immediate neighbours of K. T is to the immediate left of P. Who is sitting second to the right of P?

(a) G (b) K
(c) T (d) R

25. A, B, C, D, E, F, G and H are sitting around a circular table facing towards centre. H is on the immediate left of A but is not neighbour of Dor E. Fis on immediate right of B. C is between E and F, G is neighbour of E. Who is between A and B?

(a) H (b) G
(c) D (d) F

26. How many triangles are there in the following figure?

(a) 19 (b) 17
(c) 18 (d) 20

27. Select the correct option that indicates the arrangement of the given words in a logical and meaningful order.

1. Recording 2. Rehearsal
3. Viewers 4. Script
5. Video Editing

(a) 4, 1, 2, 3, 5 (b) 4, 2, 1, 5, 3
(c) 2, 4, 1, 5, 3 (d) 4, 5, 2, 1, 3

28. Which two numbers should be interchanged to make the given equation correct.

$55 + 32 - 4(1 \times 12) + (16 \div 4) = 31$

(a) 16 and 32 (b) 55 and 32
(c) 12 and 32 (d) 12 and 16

29. Wasuki is Anuj brother's wife. Anuj is unmarried, Dakhin is father of Sunder, Sunder is only one brother of Anuj, Wasuki is daughter-in-law of Kamla. What is relation of Kamla to Anuj?

(a) Auntie (b) Mother
(c) Mother-in-law (d) Wife

30. The Venn diagram given in the question represents the relationship between the items given in which of the following options?

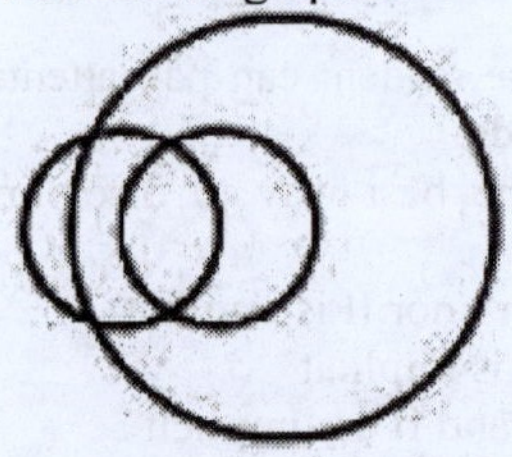

(a) Fathers, Man, Teachers
(b) Cows, Buffaloes, Cattle
(c) Solids, Liquids, Gases
(d) Yellow, Red, Colours

22 PRACTICE TEST

1. Statement: The doctor warned the patient that if he wants to live a healthy life and be free from lung disease he will have to quit smoking.
Assumption:
I. If the patient cooperates, then the doctor will be able to treat his illness.
II. The patient can follow the advice of doctors and quit smoking.
(a) Both I and II are implicit
(b) Neither I nor II is implicit
(c) Only I is implicit
(d) Only II is implicit

2. Statement:
A teacher says to a student, "If you do not listen to me, I will punish you."
Assumption:
I. After warning the student can pay attention to the teacher's words.
II. Punishment is the best way to discipline the student.
(a) Neither assumption I nor II is implicit
(b) Only assumption I is implicit
(c) Both assumption I and II are implicit
(d) Only assumption II is implicit

3. What should come in place of the question mark (?) in the given series?
18, 74, 298, 1194, 4778, ?
(a) 19116 (b) 19114
(c) 19110 (d) 19112

4. Select the letter-cluster that can replace the question mark (?) in the following series.
HE, ?, NK, TQ, BY
(a) JH (b) IK
(c) JG (d) IG

5. In the following question some statements followed by some conclusions based on those statements are given. Taking the given statements to be true even if they seem to be at variance with commonly known facts. Read all the conclusions and then decide which of the given conclusion logically follow(s) the given statements.
Statements:
I. Some red are wood.
II. No wood is bench.
Conclusions:
I. No bench is red.
II. No bench is wood
III. Some red are bench.
(a) Conclusion II and either I or III follow.
(b) None of the conclusions follow.
(c) Only conclusion I follows.
(d) Only conclusion III follows.

6. Price of five cars A, L, J, M and T are compared. Price of A is the least. No two cars have the same price. Price of J is less than T, L and M. Price of neither T nor L is the highest. Price of T is less than L. Price of how many cars is more than the price of T?
(a) 1 (b) 3
(c) 2 (d) 0

7. Select the correct conclusion(s) / option that could be drawn from the given statements(s).
Statement :- $K \geq U = N > Q < R = T \leq P$
(a) T < R (b) K = N
(c) K > Q (d) Q > U

8. Interchanging which two sign will make the following equation correct $\left((65-4-10)+25\right) \div 9 = 6$?
(a) multiplication and addition
(b) subtraction and division
(c) addition and subtraction
(d) division and multiplication

9. Nina is Latika's second daughter and Vanita is the daughter of Latika's first husband. Vanita and Nina are......?
(a) Sisters (c) Niece
(b) Step Sisters (d) Cousin Sisters

10. Statements
Some benches are auto
All the boxes are auto
All the pens are benches
Conclusions
(1) Some benches are boxes
(2) No pen is auto
(3) Some boxes are benches
(a) None of three
(b) Only (1) and (2)
(c) Only (1) and (3)
(d) Only (2) and (3)

11. Select the odd from following:
Si, P, Ge, and As
(a) As (b) Ge
(c) Si (d) P

12. Find the missing number.

122	127	105	48
37	48	66	16
85	79	?	32

(a) 65 (b) 38
(c) 39 (d) 37

13. Four pairs of numbers have been given, out of which three are alike in some manner, while one is different. Choose out the odd one.
(a) 18-81 (b) 34-289
(c) 26-168 (d) 16-64

14. Four letter-clusters have been given, out of which three are alike in some manner and one is different. Select the letter-cluster that is different.
(Note: The odd one out is not based on the number of consonants/vowels or their position in the letter cluster.)
(a) QRJI (c) DEWV
(b) JKQP (d) OPMK

15. In a certain code language 'MERITORIOUS' is coded as '10' and 'OBJECTIONABLE' is code as '12'. How will 'PREPATORY' coded in that language?
(a) 9 (b) 8
(c) 7 (d) 6

16. In a certain code language, 'CHILD' is written as '6169248' and 'GUEST' is written as '142153840'. How will 'BOOK' be written in that language?
(a) 2303011 (b) 41522
(c) 4151522 (d) 23011

17. Select the number-pair in which the two numbers are related in the same way as are the two numbers of the following number-pair.
44: 408
(a) 82: 740 (b) 53: 489
(c) 61: 549 (d) 77: 715

18. Select the option that is related to the third term in the same way as the second term is related to the first term.
PRT: R38: : IMK: ?
(a) M20 (c) K24
(b) K20 (d) M24

19. Select the word-pair that best represents a similar relationship to the one expressed in the pair of words given below. (The words must be considered as meaningful English words and must not be related to each other based on the number of letters/number of consonants/vowels in the word.)
Mycology: Fungi
(a) Entomology : Birds
(b) Seismology : Earthquakes
(c) Ornithology : Eggs
(d) Paedology : Planets

20. Select the option in which the given figure is embedded (rotation is NOT allowed).

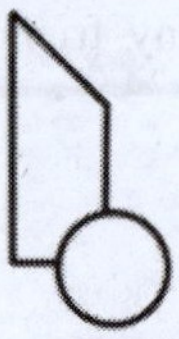

(a) 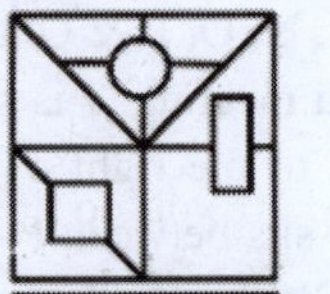
(b) 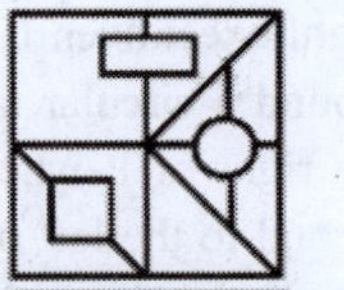
(c) 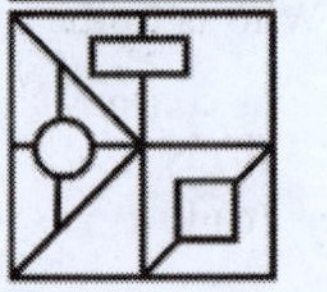
(d) 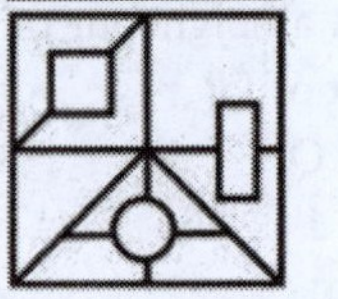

21. If a mirror is placed on the line AB, then which of the answer figures is the right image of the given figure?

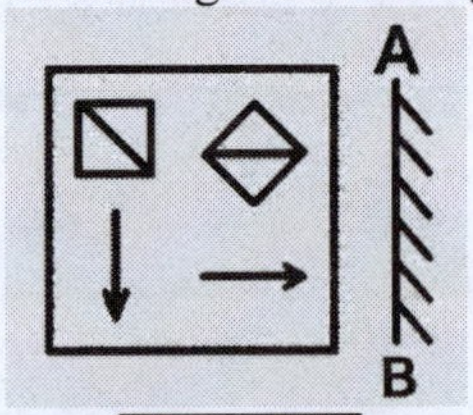

(a) 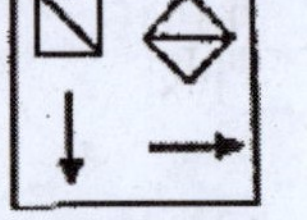
(b) 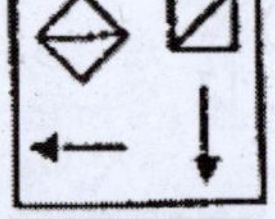
(c) 
(d) 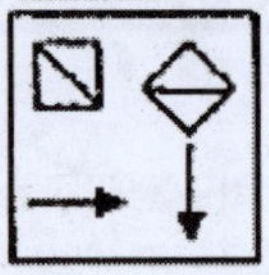

22. Study the given pattern carefully and select the number that can replace the question mark (?) in it.

3	18	27
14	13	?
34	62	98

(a) 15 (b) 23
(c) 25 (d) 22

23. Find the missing number from the below options.

16	30	18
4	34	?
10	32	40

(a) 58 (b) 62
(c) 22 (d) 38

24. Six friends C, E, G, I, K and M are sitting around a circular table facing the centre and they are all at equal distance from each other (Not necessarily in the same order). E is second to the right of C. K is to the immediate right of G. G and I are facing each other. Moving from left side of I, how many friends are sitting between I and M?

(a) 3 (c) 0
(b) 1 (d) 2

25. Eight executives J, K, L, M, N, O, P & Q are sitting around a circular table for a meeting. J is second to the right of P who is third to the right of K. M is second to the left of O who sits between P & J, L is not a neighbour of K or N. Who is to the immediate left of L?

(a) Q (b) N
(c) J (d) K

26. How many triangles are there in the following figure?

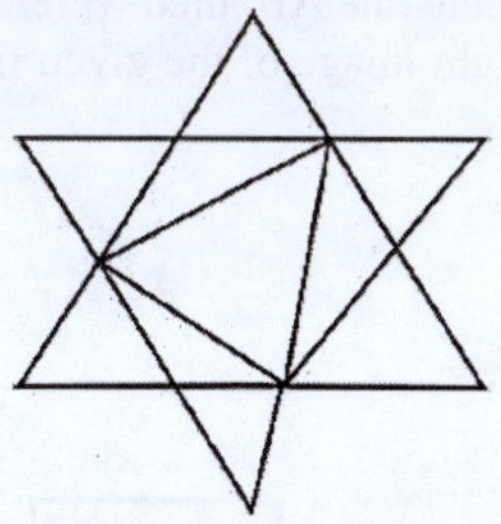

(a) 12 (b) 11
(c) 17 (d) 8

27. Choose the correct option to arrange the following words in a logical and meaningful order on the basis of area (Km^2)

1. Atlantic Ocean
2. Pacific Ocean
3. Southern Ocean
4. Arctic Ocean
5. Indian Ocean

(a) 4, 3, 1, 2, 5
(b) 4, 1, 3, 2, 5
(c) 4, 3, 5, 2, 1
(d) 4, 3, 5, 1, 2

28. What will come in the place of the question mark (?) in the following equation, if '+' and '×' are interchanged and '-' and '÷' are interchanged?

$123 - 41 \times 14 + 2 \div = ?$

(a) 24 (b) 20
(c) 22 (d) 23

29. Niraj is the father of Rinku. Jiya and Tiya are the daughters of Ruby, who is the only sister of Rinku. Vishnu is the son of Rinku and Gita. How is Niraj related to Tiya?

(a) Maternal grandfather
(b) Paternal uncle
(c) Paternal grandfather
(d) Maternal uncle

30. Select the class-set best represented by following venn diagram.

(a) Doctor, Mother, Women
(b) Girls, Children, Human
(c) Carpenter, Doctor, Men
(d) Father, Sons, Enginee

23 PRACTICE TEST

1. Statement: In icy weather "drive slow" sign board was installed on each highway.
   Assumption:
   I. Very fatal accident occurs during the days of snow fall.
   II. In icy days the roads are slippery and it is dangerous to drive.
   (a) Either I or II is implicit
   (b) Only assumption II is implicit
   (c) Only assumption I is implicit
   (d) Both I and II are implicit

2. Statement:
   The president of a company inform in a board meeting "As our business is growing we need to appoint more employees."
   Assumption:
   I. The current employee is not competent.
   II. Appropriate, eligible individuals will be available to take over as employees.
   III. More employees will expand the business.
   (a) Only I is implicit
   (b) Only III is implicit
   (c) Only II is implicit
   (d) Only I and II are implicit

3. Which of the following numbers will replace the question mark (?) in the given series?
   4, 7, 17, 38, 72, 123, 193, 286, 408, ?
   (a) 561 (b) 512
   (c) 516 (d) 521

4. Select the term that can replace the question mark (?) in the following series.
   MN, NOP, PQRS, STUVW, ?
   (a) WXYZAB (b) WXYZ
   (c) WXYZA (d) XYZABC

5. Two statements are given, followed by three conclusions numbered I, II and III. Assuming that the information given in the statements is true, even if it appears to be at variance with commonly known facts, decide which of the given conclusions logically follow(s) from the statements.
   Statements:
   1. Some vowels are digits.
   2. Some digits are consonants.
   Conclusions:
   I. No consonant is a vowel.
   II. No digit is a vowel.
   III. Some consonants are vowels.
   (a) Only conclusions I and II follow
   (b) Only conclusions II and III follow
   (c) All the conclusions follow
   (d) Either conclusion I or III follows

6. Select the dice which cannot be formed on folding the given sheet.

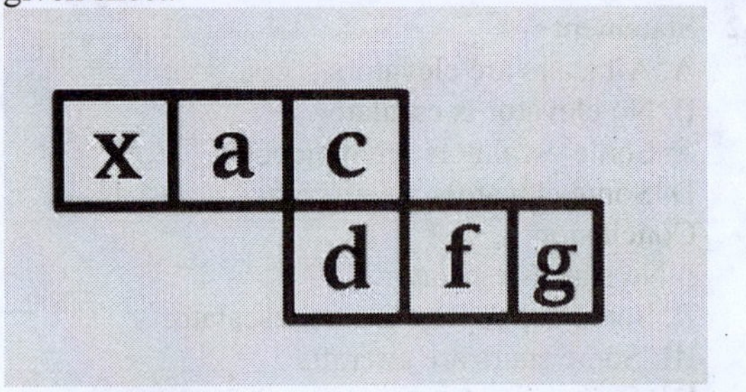

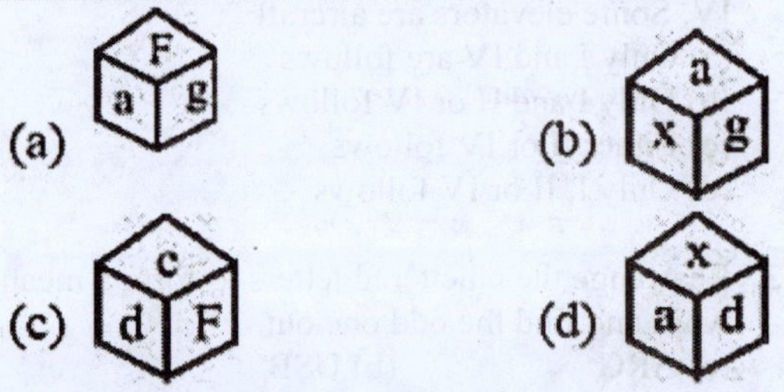

7. Rani is the sister of Piyush and the daughter of Kamal. Kamal is the son of Gaurav and the brother of Aryan. Aryan is the father of Rajneesh. How is Aryan related to Piyush?
   (a) Brother
   (b) Father
   (c) Paternal Grandfather
   (d) Paternal Uncle

8. Speed of five cars named as Vivek, Laxman, Kamal, Mohan and Ramesh are compared. Speed of Vivek is more than only one car. Speed of Ramesh is more than four cars. Speed of Mohan is more than Vivek but less than Kamal and Ramesh. Speed of how many cars is less than the speed of Mohan?
   (a) 1 (b) 3
   (c) 2 (d) 4

9. Select the correct conclusion(s) / option that could be drawn from the given statements(s).
Statement :- $T < P < Q, N < M < S < T$
(a) N < Q (b) Q < S
(c) P < M (d) P < N

10. If + means ×,-means ÷,× means – and ÷means then the value of 18+ 32 - 4×8÷3?
(a) 140 (b) 150
(c) 139 (d) 143

11. Kirtana says, Joti's father Revant is the only son of my father-in law Mohan. Brinda is the sister of Jyoti. How is Brinda related to Mohan?
(a) Granddaughter
(b) Daughter-in-law
(c) Niece
(d) Daughter

12. Statement :
A. All stairs are elevators.
B. No elevator is escalator.
C. Some escalators are helicopter.
D. Some elevators are aircrafts.
Conclusion:
I. No stair is escalator.
II. Some helicopters are not escalator.
III. Some stairs are aircrafts
IV. Some elevators are aircraft.
(a) Only I and IV are follows
(b) Only I and II or IV follows
(c) Either II or IV follows
(d) Only I, II or IV follows

13. Rearrange the clucttered letters to form a meaningful word and find the odd one out.
(a) ARC (b) USB
(c) LACES (d) LECCY

14. Find the number in the place of question mark.

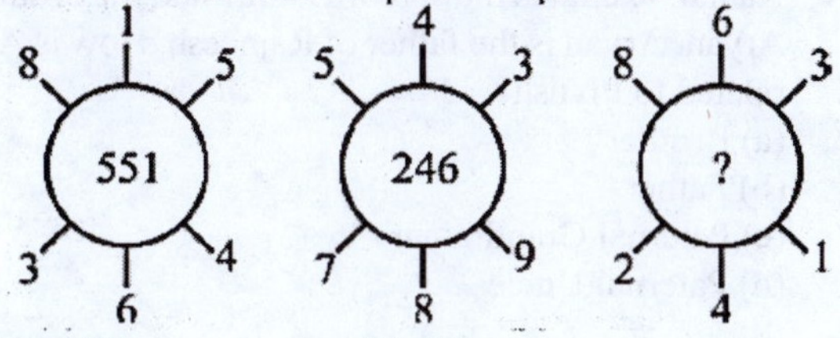

(a) 262 (c) 631
(b) 622 (d) 824

15. Four groups of numbers have been given, out of which three are alike in some manner and one is different. Select the group that is different.
(a) 289:829:928 (b) 426:642:246
(c) 632:325:236 (d) 561:615:165

16. Four letter clusters have been given out of which three are alike in some manner one is different. Select the letter-cluster that is different.
(a) WTR (b) WUT
(c) MJH (d) SPN

17. In a certain code language, 'MOST' is written as '134' and 'FUR' is written as '90'. How will 'SUCCESS' be written in that language?
(a) 89 (b) 178
(c) 215 (d) 175

18. In a certain code language, 'CROW' is coded as '64' and 'EAGLE' is coded as '125'. How will 'PARROT' be coded in that language?
(a) 216 (b) 249
(c) 88 (d) 232

19. Select the option in which the numbers share the same relationship as that shared by the given pair of numbers.
72 : 14
(a) 36: 19 (c) 45: 20
(b) 81: 80 (d) 92: 17

20. SX 27 is related to ZE 9 in a certain way. In the same way, KP 72 is related to RW 24. To which of the following is FK 3 related, following the same logic?
(a) MP 9 (b) NS 1
(c) MR 1 (d) NT 9

21. Select the option in which the words share the same relationship as that shared by the given pair of words.
Hive: Bee
(a) Burrow : Hare
(b) Eyrie : Bear
(c) Sty : Dog
(d) Stable : Cow

22. Select the option in which the given figure is embedded (rotation is NOT allowed).

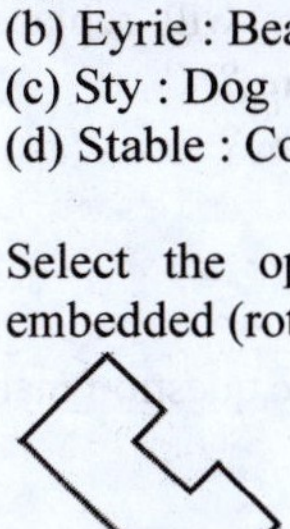

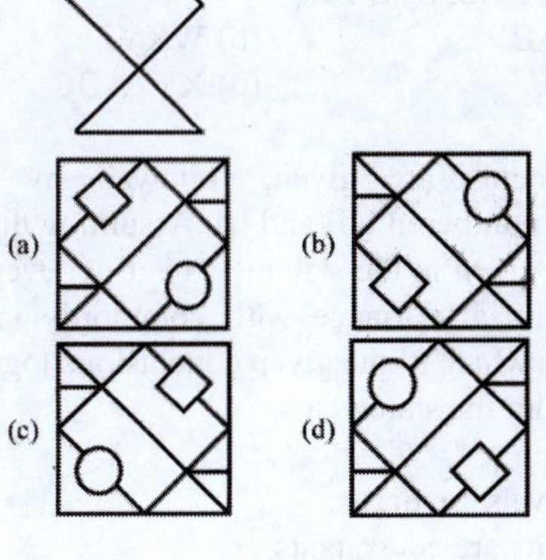

23. Select the correct mirror image of the given figure when the mirror is placed to the right side of the figure

(a)  (b) 

(c)  (d) 

24. Study the given pattern carefully and select the number that can replace the question mark (?) in it.

4	18	23
19	330	?
3	6	1

(a) 529 (b) 350
(c) 550 (d) 530

25. Study the given pattern carefully and select the number that can replace the question mark (?) in it.

3	2	38	5
5	3	?	4
7	1	54	2

(a) 50 (b) 40
(c) 52 (d) 48

26. M, O, N, S, T, E, and R are sitting around a circular table, facing the centre (not necessarily in the same order). O sits to the immediate right of M. M sits second to the right of S. E sits third to the left of S. T sits second to the right of R.

Who are the immediate neighbour's of N?

(a) E and R (b) S and T
(c) E and O (d) R and M

27. Q, R, S, T, U, and V are sitting around a circular table, facing the centre (not necessarily in the same order). S sits second to the left of R. Q sits third to the right of S. T is not an immediate neighbour of S. U sits to the immediate left of S. How many people are sitting between U and R when counted from the right of R?

(a) One (b) Two
(c) Three (d) Zero

28. How many triangles are there in the following figure?

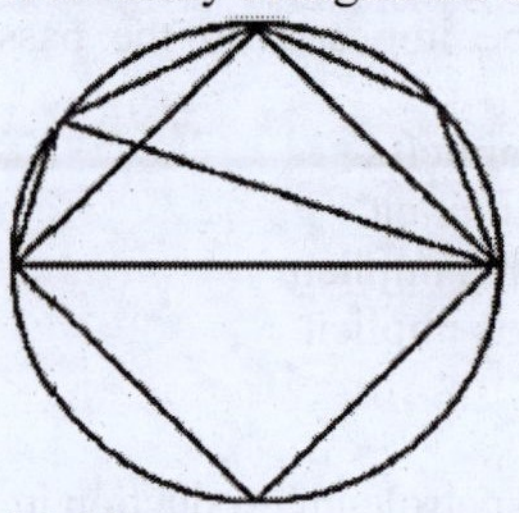

(a) 10 (b) 11
(c) 12 (d) 8

29. Select the correct option that indicates the arrangement of the following words in a logical and meaningful order.

1. Rectangle
2. Hexagon
3. Nonagon
4. Triangle
5. Pentagon

(a) 4, 1, 5, 2, 3 (b) 5, 2, 3, 1,4
(c) 4, 2, 5, 1, 3 (d) 3, 2, 1, 4, 5

30. What will come in the place of the question mark (?) in the following equation, if '+' and '-' are interchanged and × and '÷' are interchanged?

$800 \times 16 - 8 \div 12 + 18 = ?$

(a) 128 (b) 127
(c) 126 (d) 129

24 PRACTICE TEST

1. Statement:
The train has a comment written "Travelling without a ticket an offense. Travelling without ticket will carry a penalty of Rs. 5000 and a month Jail."
Assumptions:
I. A ticket is mandatory to travel in a train
II. No penalty will be imposed on the passenger carrying the ticket.
(a) Both I and II are implicit
(b) Neither I nor II is implicit
(c) Only assumption II is implicit
(d) Only assumption I is implicit

2. Statement:
Despite the increase in petroleum production in India, we still import petrol.
Prediction:
I. Per capita consumption of petrol in India has increased.
II. Many Indian petroleum refining companies in India are not able to meet the demand of petrol.
(a) Either I or II is implicit
(b) Only I is implicit
(c) Neither I nor to is implicit
(d) Only II is implicit

3. Select the number from among the given options that can replace the question mark (?) in the following series.
729, 512, 343,?, 125
(a) 576 (b) 16
(c) 64 (d) 216

4. Complete the following series by replacing the question mark (?) in the given series. AA, BD, GK, ?
(a) OU (b) PV
(c) PU (d) OV

5. Three Statements are given followed by three conclusions numbered I, II and III. Assuming the statements to be true, even if they seem to be at variance with commonly known facts, decide which of the conclusions logically follow(s) from the given statements.
Statements:
All moons are suns.
No moon is a star.
Some stars are planets.
Conclusions:
I. Some suns are planets.
II. No sun is a star.
III. No planet is a moon.
(a) Both conclusions I and II follow.
(b) None of the conclusions follow.
(c) Both conclusions I and III follow.
(d) Only conclusion II follows.

6. Five girls Anjali, Beena, Chintu, Diksha and Shruti are of different ages. Anjali is younger than only Diksha and Shruti. Shruti is younger to Diksha. Chintu is youngest. Who is the fourth oldest?
(a) Beena (b) Chintu
(c) Diksha (d) Shruti

7. A statement is given followed by four conclusions. Find out which conclusion is INCORRECT based on the given statement.
Statement: $G \geq B > D > P < H = C$
Conclusion (1) $P < C$
Conclusion (2) $G > P$
Conclusion (3) $D < C$
Conclusion (4) $B > P$
(a) 4 (b) 2
(c) 1 (d) 3

8. Correct the mathematical symbols from the given alternatives change the sign by choosing the combination and get a balanced equation –25* 5*35*20*2 ?
(a) =×÷ + (b) +=×÷
(c) ÷ +=× (d) × ÷ +=

9. Rani said to Margaret, "That girl I met yesterday at the beach was the youngest daughter of brother-in law of my friend's mother." How is the girl related to Rani's friend.
(a) Daughter (b) Niece
(c) Friend (d) Cousin

10. Statement : All bags are beds.
Some beds are maps.
All maps are round.
Conclusion : I. Some bags are round.
II. No map is round.
(a) Only conclusion I is true
(b) Only conclusion II is true
(c) Either conclusion I or II true
(d) Neither conclusion I nor II are true

11. Select the odd term from given options.
(a) AWAY: WAYA
(b) MEET: EETM
(c) LIKE: KILE
(d) HAVE: AVEH

12. Find the next number according to given series below.
26, 29, 33, 38,_______.
(a) 54 (b) 50
(c) 44 (d) 42

13. Four pairs of numbers have been given, out of which three are alike in some manner, while one is different. Choose out the odd one.
(a) 23: 552 (b) 18: 306
(c) 13: 182 (d) 25: 650

14. Four letter-clusters have been given, out of which three are alike in some manner and one is different. Select the odd letter-cluster.
(a) FBL (b) DDP
(c) GCV (d) BJT

15. In a certain code language, 'ALPINE' is coded as '171' and 'SPRING' is coded as '83'. How will 'CAPITAL' be coded in that language?
(a) 124 (b) 93
(c) 62 (d) 186

16. In a certain code language, 'TOMATO' is coded as 40-30-26-2-40-30 and 'GINGER' is coded as 14-18-28-14-10-36. How will 'GARLIC' be coded in that language?
(a) 14-2-36-24-18-6
(b) 7-2-18-24-18-3
(c) 7-1-36-12-9-6
(d) 14-1-18-24-18-3

17. Select the set in which the number are related in the same way as are the number of the following sets.
(NOTE: Operations should be performed on the whole numbers, without breaking down the numbers into its constituent digits. E.g. 13-Operations on 13 such as adding/subtracting/multiplying etc. to 13 can be performed. Breaking down 13 into 1 and 3 and then performing mathematical operations on 1 and 3 is not allowed.)
(12, 8, 28)
(34, 9, 52)
(a) 15, 25, 60
(b) (54, 13, 70)
(c) (49, 12, 71)
(d) (62, 11, 84)

18. CE 13 is related to GI 19 in a certain way. In the same way, KM 19 is related to OQ 25. To which of the following is SU 17 related, following the same logic?
(a) LI 23 (b) WY 23
(c) MP 21 (d) YZ 23

19. Select the option in which the words share same relationship as that shared by the given pair of words.
Trump: Bridge
(a) Header : Cycling
(b) Pinching : Swimming
(c) Dribble : Football
(d) Crank : Polo

20. Select the option in which the given figure is embedded (rotation is NOT allowed).

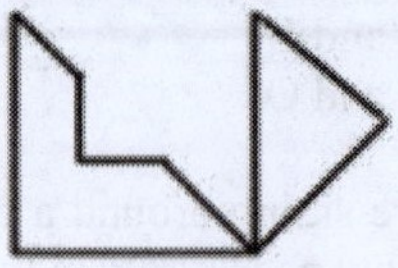

(a) 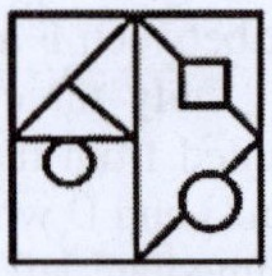 (b) 

(c) 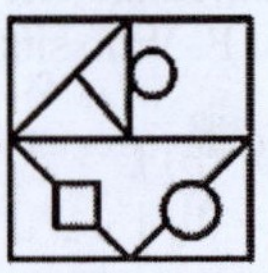 (d) 

21. Select the correct mirror image of the given figure when the mirror is placed to the right side of the figure.

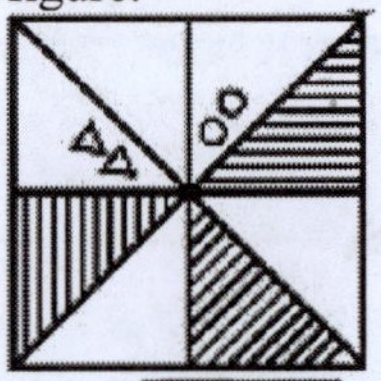

(a) 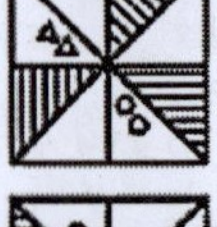 (b) 

(c) 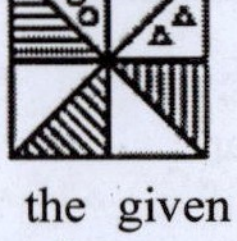 (d) 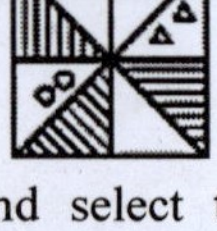

22. Study the given pattern carefully and select the number that can replace the question mark (?) in it.

3	18	7
28	71	35
48	65	?
60	108	98

(a) 23 (b) 21
(c) 72 (d) 14

23. Study the given pattern carefully and select the number that can replace the question mark (?) in it.

28	30	36
36	32	18
252	240	?

(a) 268 (b) 162
(c) 164 (d) 166

24. Seven people S, O, L, D, I, E, and R - are sitting around a circular table, facing the centre (not necessarily in the same order). O sits fourth to the left of E and R sits third to the right of O. L sits to the immediate left of R and to the immediate right of D. S sits second to the right of R.
Who are the immediate neighbours of I?
(a) O and L (b) S and E
(c) O and D (d) S and O

25. L, M, N, D, E, F and G are sitting around a circular table facing the center (but not necessarily in the same order). Only three people sit between F and N when counted from the left of F. Only three people sit between L and E when counted from the left of L. Only three people sit between G and D when counted from the left of G. D sits immediate left of N. M is not an immediate neighbor of E. Who sits third to the right of M?
(a) D (b) E
(c) G (d) F

26. How many triangles are there in the following figure?

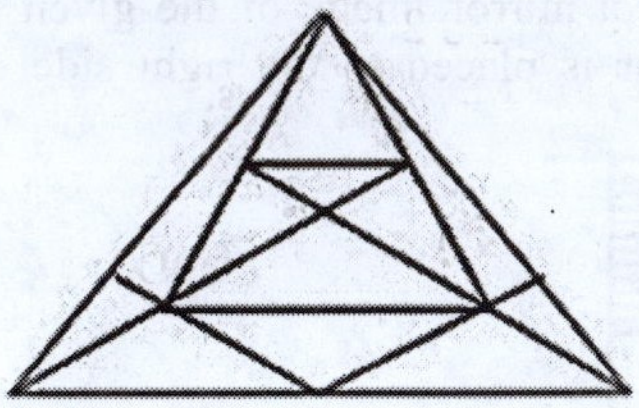

(a) 22 (b) 21
(c) 27 (d) 20

27. Select the correct option that indicates the arrangement of the following words in a logical and meaningful order.
1. Toddler
2. Adult
3. Adolescent
4. Foetus
5. Baby
(a) 1, 5, 4, 3, 2
(c) 4, 1, 5, 3, 2
(b) 4, 5, 1, 3, 2
(d) 1, 5, 3, 2, 4

28. If '+' and '-' are interchanged and '×' and '÷' are interchanged, then what will come in place of question mark (?) in the following equation?
$163 \div 3 + 147 \times 7 - 1 = ?$
(a) 469 (b) 479
(c) 459 (d) 489

29. Mahesh is the father of Riva and paternal grandfather of Vansh. Aakash is the brother of Riva and father of Vansh and Ritu. Ritu is the only daughter of Aakash and Maya.
How is Maya related to Mahesh?
(a) Daughter-in-law
(b) Aunt
(c) Sister
(d) Daughter

30. A cube of side 125 cm is painted red on all the faces and then cut into smaller cubes of sides 25 cm each. Find the number of smaller cubes having at least two faces painted.
(a) 48 (b) 36
(c) 44 (d) 52

25 PRACTICE TEST

1. Argument:
On a notice in the clinic it is written that 'sales person who came for the purpose of sale is not allowed to meet the doctor.
Prediction:
I. Not all sales officer will come to the clinic to meet a doctor regarding sales.
II. The receptionist can restrict the sales officers from visiting the doctor.
(a) Only assumption II follows
(b) Neither I nor II follows
(c) Only I follows
(d) Both I and II follows

2. Argument: The BEST bus travels company has decided to increase its fare by 10%.
Inference:
1. Passengers may opt for other buses costing less than the BEST bus travels company.
2. The demand for the buses by passengers may remain unchanged even after the fare hike.
(a) Both 1 and 2 are implicit
(b) Only assumption 2 is implicit
(c) Only assumption 1 is implicit
(d) Neither 1 nor 2 is implicit

3. Select the number from among the given options that can replace the question mark (?) in the following series.
13, 34, 63, 108, 177, 278, ?
(a) 419 (b) 423
(c) 491 (d) 432

4. Four letter- clusters have been given, out of which three are alike in some manner and one is different. Select the odd letter-cluster.
CEW, DFU, HJR, KMO
(a) HJR (b) CEW
(c) KMO (d) DFU

5. In the following question below are given some statements followed by some conclusions. Taking the given statements to be true even if they seem to be at variance from commonly known facts, read all the conclusions and then decide which of the given conclusion logically follows the given statements.
Statements:
I. No white is coal.
II. No coal is black.
Conclusions:
I. No white is black.
II. Some white are black.
(a) Only conclusion (I) follows.
(b) Only conclusion (II) follows.
(c) Both conclusion follows.
(d) Neither conclusion (I) nor conclusion (II) follows.

6. Seven boys I, II, III, IV, V, VI and VII each have different ages. V is older than only II. I, is smaller than only VI. III is older than four other boys. VII is shorter than IV. Who is the fourth eldest among the boys?
(a) IV (b) I
(c) III (d) II

7. Read the given statement and conclusions carefully. Decide which of the given conclusions is/are definitely true from the statement.
Statements :-
$B < D, C = E, F > D, E < G, K = G, C < F$
Conclusion 1. $G > C$
Conclusion 2. $G < C$
(a) Only conclusion 1 follows.
(b) Both conclusions 1 and 2 follow.
(c) Neither conclusion 1 nor 2 follows.
(d) Only conclusion 2 follows.

8. Solve the following using the law of BODMAS
$25 - 2 + [3\{(10 - 4)^2 - 19 \times 2\}] = ?$
(a) 17 (b) 12
(c) 95 (d) 125

9. How is Poonam related to Virat, if he calls her the only daughter-in-law of only daughter of his mother?
(a) Wife (b) Daughter
(c) Maternal Aunt (d) Aunt

10. Statement:
Some doctors are kings.
All kings are beautiful
Conclusion:
I. All doctors are beautiful
II. All kings are doctors.
(a) Only conclusion I follows
(b) Only conclusion II follows
(c) Either conclusion I or II follows
(d) Neither conclusion I nor II follows

11. If cage is called rocket, rocket is called Net, Net is called Planet, Planet is called Airoplane, Airoplane is called Cycles, Cycles is called Car then what is called 'earth'?

(a) Cycles (b) Aeroplane
(c) Planet (d) Rocket

12. What will come in the place of question mark.

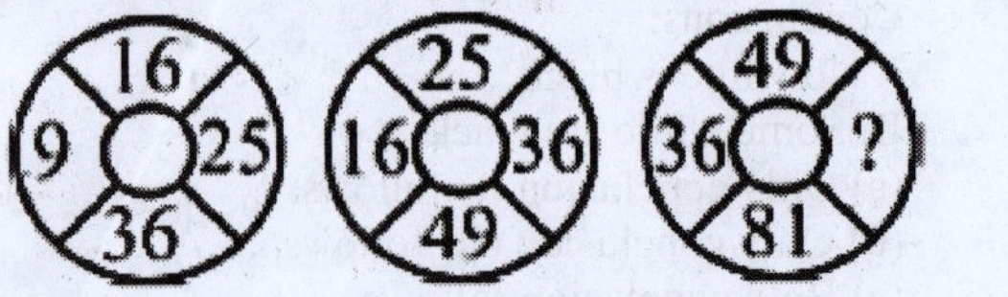

(a) 64 (b) 144
(c) 169 (d) 25

13. Three of the following four number-pairs are alike in a certain way and one is different. Pick the odd pair out.

(a) 4: 27 (b) 16: 125
(c) 49: 218 (d) 9: 64

14. Four letter cluster have been given. out of which three are alike in some manner and one is different. select the letter different. cluster that is

(a) UWZBI (b) NPSWB
(c) TVYCH (d) ACFJO

15. If BANK is coded as 32 and BRAKE is coded as 42, then how would CLEVER by coded?

(a) 66 (b) 68
(c) 75 (d) 71

16. If in a coding system, HECTARE is coded as 8532195 and MONARCH is coded as 4651938, then how will OPINION be coded in the same coding system?

(a) 6795965 (c) 7795975
(b) 4735345 (d) 6785865

17. Select the set in which the numbers are related in the same way as are the numbers of the following sets. (NOTE: Operations should be performed on the whole numbers, without breaking down the numbers into its constituent digits. E. g. 13 Operations on 13 such as adding/ subtracting/multiplying etc. Can be performed. Breaking down 13 into 1 and 3 and then performing mathematical operations on 1 and 3 is NOT allowed.)

(12, 216, 6)
(17, 408, 8)

(a) (8, 86, 12) (b) (14, 210, 5)
(c) (11, 220, 5) (d) (19, 190, 5)

18. DK 18 is related to EM 22 in a certain way similarly ME 25 is related to NG 29. Following the same logic UL 14 is related to which of the following?

(a) WN 18 (b) VM 19
(c) XO 17 (d) VN 18

19. Select the option in which the words share the same relationship as that shared by the given pair of words.
Garage: Mechanic :: ?

(a) Labour: Factory
(b) Hospital: Doctor
(c) Temple: Teacher
(d) Teacher: School

20. Select the option in which the given figure is embedded (rotation is NOT allowed).

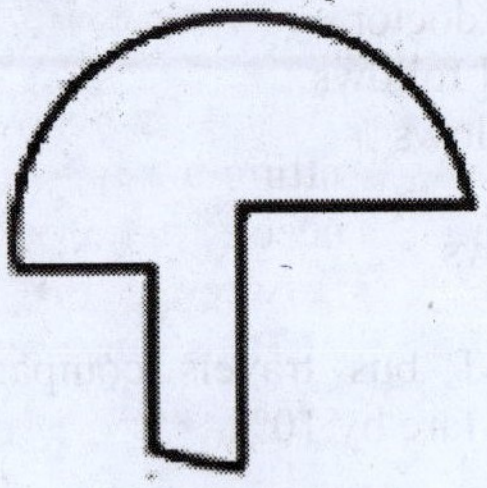

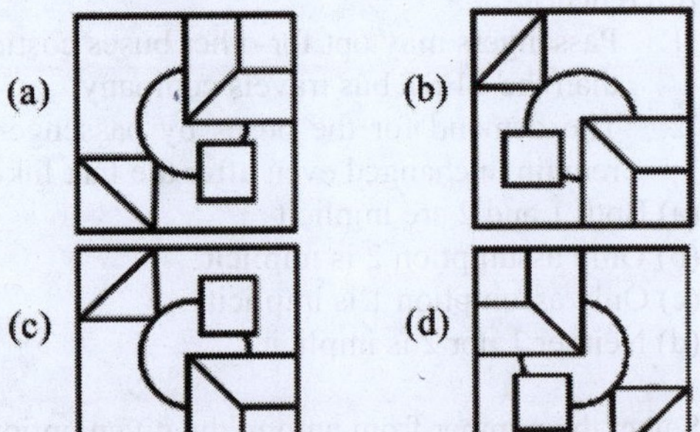

21. Choose the option that most closely resembles the mirror image of the given question when mirror is placed at right side.

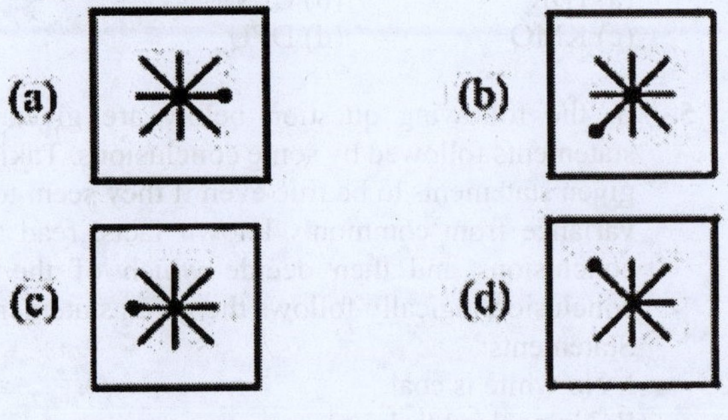

22. Study the given pattern carefully and select the number that can replace the question mark (?) in it.

12	4	11	33
13	2	6	39
14	7	5	10
18	?	2	9

(a) 4 (b) 3
(c) 5 (d) 8

23. Study the given pattern carefully and the select the number that can replace question mark (?) in it.

9	28	85
17	52	?
7	22	67

(a) 154 (b) 165
(c) 157 (d) 150

24. A, B, C, D, P, Q, and R are sitting around a circular table, facing the centre (not necessarily in the same order). Only three people sit between D and R when counted from the right of R.B is an immediate neighbour of both R and Q.P sits second to the left of D.C is not an immediate neighbour of D.
Who is sitting third to the right of R?
(a) P (b) A
(c) C (d) Q

25. Six friends are sitting in a circular position facing the centre. Sumit is sitting second to the right of Amit. Karan is immediate next to Param. Tony is sitting third to the right of Amit. Dharam is immediately adjacent to Amit and Sumit. Karan is sitting second to the right of Sumit. Who is sitting immediate left of Amit?
(a) karan (b) Daram
(c) Param (d) Tony

26. How many triangles are there in the following figure?

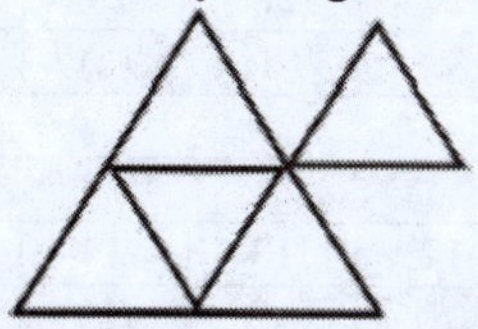

(a) 8 (b) 6
(c) 7 (d) 5

27. Select the correct option that indicates the arrangement of the given words in the order in which they appear in an English dictionary.
1. Pediculate
2. Pandemonium
3. Pancytopenia
4. Panelist
5. Panegyric
(a) 1, 3, 2, 5, 4 (b) 3, 2, 5, 4, 1
(c) 3, 2, 4, 5, 1 (d) 2, 3, 5, 4, 1

28. What will come in the place of the question mark (?) in the following equation if '+' and '-' are interchanged and '×' and ÷ are interchanged?
$24 \div 10 + 68 \times 2 - 16 = ?$
(a) 222 (b) 242
(c) 252 (d) 232

29. Himanshu is the daughter of Anjan. Mrunalini, Archana's sister, has a son Rahul and a daughter Sunayan. Kalpika is the mother of Kripal and sister of Sunayan's mother. Rahul is the cousin of Kripal. Kripal is the brother of Himanshu. How is Archana related to Anjan?
(a) Niece (c) Sister
(b) Cousin (d) Sister-in-law

30. Select the dices that can be formed by folding the given sheet along the lines.

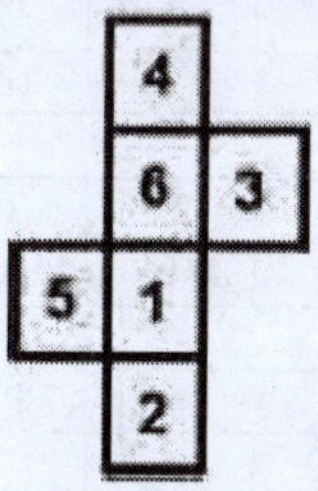

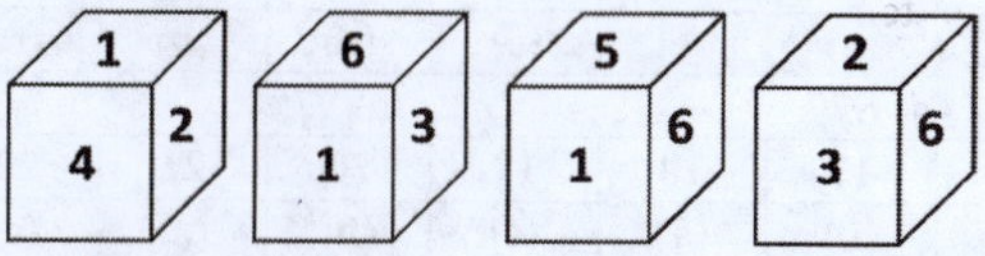

A B C D

(a) Only A and B
(b) Only B and C
(c) Only B and D
(d) Only B, C and D

REASONING PRACTICE SETS ANSWER KEY

PRACTICE SET-1

1	2	3	4	5	6	7	8	9	10	11	12	13	14	15
(b)	(c)	(b)	(d)	(c)	(a)	(c)	(a)	(a)	(a)	(d)	(a)	(c)	(c)	(c)
16	17	18	19	20	21	22	23	24	25	26	27	28	29	30
(c)	(a)	(b)	(c)	(d)	(b)	(d)	(d)	(c)	(a)	(b)	(d)	(a)	(c)	(c)

PRACTICE SET-2

1	2	3	4	5	6	7	8	9	10	11	12	13	14	15
(a)	(a)	(b)	(d)	(b)	(b)	(c)	(a)	(b)	(c)	(b)	(c)	(b)	(d)	(d)
16	17	18	19	20	21	22	23	24	25	26	27	28	29	30
(a)	(a)	(a)	(a)	(a)	(a)	(c)	(a)	(d)	(d)	(a)	(d)	(c)	(b)	(d)

PRACTICE SET-3

1	2	3	4	5	6	7	8	9	10	11	12	13	14	15
(b)	(d)	(c)	(d)	(d)	(b)	(c)	(a)	(a)	(b)	(a)	(a)	(c)	(d)	(c)
16	17	18	19	20	21	22	23	24	25	26	27	28	29	30
(d)	(a)	(a)	(d)	(a)	(c)	(d)	(d)	(a)	(b)	(a)	(c)	(d)	(c)	(d)

PRACTICE SET-4

1	2	3	4	5	6	7	8	9	10	11	12	13	14	15
(d)	(b)	(a)	(d)	(d)	(c)	(c)	(c)	(c)	(d)	(a)	(a)	(a)	(a)	(d)
16	17	18	19	20	21	22	23	24	25	26	27	28	29	30
(a)	(a)	(a)	(a)	(c)	(c)	(a)	(b)	(d)	(c)	(b)	(a)	(c)	(b)	(a)

PRACTICE SET-5

1	2	3	4	5	6	7	8	9	10	11	12	13	14	15
(a)	(a)	(b)	(b)	(c)	(a)	(d)	(b)	(b)	(d)	(b)	(c)	(b)	(b)	(d)
16	17	18	19	20	21	22	23	24	25	26	27	28	29	30
(a)	(c)	(b)	(a)	(c)	(b)	(b)	(d)	(d)	(d)	(c)	(d)	(b)	(b)	(b)

PRACTICE SET-6

1	2	3	4	5	6	7	8	9	10	11	12	13	14	15
(a)	(a)	(c)	(a)	(d)	(b)	(d)	(c)	(a)	(d)	(a)	(c)	(c)	(a)	(b)
16	17	18	19	20	21	22	23	24	25	26	27	28	29	30
(a)	(b)	(a)	(c)	(b)	(a)	(c)	(d)	(d)	(b)	(a)	(c)	(d)	(a)	(b)

PRACTICE SET-7

1	2	3	4	5	6	7	8	9	10	11	12	13	14	15
(c)	(d)	(c)	(b)	(b)	(b)	(c)	(c)	(c)	(c)	(b)	(d)	(d)	(b)	(a)
16	17	18	19	20	21	22	23	24	25	26	27	28	29	30
(d)	(a)	(d)	(b)	(a)	(c)	(c)	(a)	(a)	(c)	(c)	(c)	(a)	(b)	(c)

PRACTICE SET-8

1	2	3	4	5	6	7	8	9	10	11	12	13	14	15
(b)	(b)	(a)	(c)	(c)	(d)	(d)	(a)	(b)	(c)	(d)	(c)	(b)	(a)	(b)
16	17	18	19	20	21	22	23	24	25	26	27	28	29	30
(c)	(a)	(a)	(a)	(a)	(b)	(a)	(b)	(c)	(a)	(a)	(c)	(a)	(a)	(b)

PRACTICE SET-9

1	2	3	4	5	6	7	8	9	10	11	12	13	14	15
(d)	(a)	(b)	(d)	(b)	(b)	(a)	(d)	(a)	(a)	(b)	(d)	(d)	(d)	(b)
16	17	18	19	20	21	22	23	24	25	26	27	28	29	30
(d)	(d)	(b)	(c)	(b)	(a)	(a)	(b)	(c)	(d)	(c)	(c)	(b)	(b)	(d)

PRACTICE SET-10

1	2	3	4	5	6	7	8	9	10	11	12	13	14	15
(d)	(a)	(c)	(c)	(b)	(c)	(a)	(d)	(d)	(a)	(a)	(a)	(c)	(d)	(a)
16	17	18	19	20	21	22	23	24	25	26	27	28	29	30
(c)	(c)	(b)	(a)	(b)	(d)	(b)	(a)	(a)	(c)	(c)	(c)	(a)	(d)	(d)

PRACTICE SET-11

1	2	3	4	5	6	7	8	9	10	11	12	13	14	15
(b)	(a)	(c)	(c)	(c)	(c)	(c)	(c)	(a)	(a)	(d)	(c)	(b)	(a)	(a)
16	17	18	19	20	21	22	23	24	25	26	27	28	29	30
(c)	(b)	(b)	(c)	(a)	(c)	(a)	(d)	(a)	(b)	(d)	(c)	(d)	(a)	(b)

PRACTICE SET-12

1	2	3	4	5	6	7	8	9	10	11	12	13	14	15
(d)	(c)	(a)	(a)	(c)	(a)	(a)	(c)	(b)	(d)	(a)	(a)	(d)	(a)	(a)
16	17	18	19	20	21	22	23	24	25	26	27	28	29	30
(a)	(c)	(a)	(c)	(d)	(b)	(c)	(a)	(a)	(d)	(b)	(a)	(d)	(d)	(a)

PRACTICE SET-13

1	2	3	4	5	6	7	8	9	10	11	12	13	14	15
(d)	(a)	(c)	(a)	(d)	(b)	(a)	(d)	(b)	(a)	(d)	(a)	(a)	(a)	(d)
16	17	18	19	20	21	22	23	24	25	26	27	28	29	30
(b)	(b)	(a)	(b)	(c)	(c)	(b)	(c)	(b)	(b)	(c)	(d)	(c)	(d)	(b)

PRACTICE SET-14

1	2	3	4	5	6	7	8	9	10	11	12	13	14	15
(d)	(b)	(a)	(a)	(a)	(c)	(c)	(d)	(a)	(d)	(c)	(a)	(a)	(d)	(c)
16	17	18	19	20	21	22	23	24	25	26	27	28	29	30
(a)	(a)	(d)	(d)	(b)	(b)	(d)	(a)	(a)	(a)	(a)	(c)	(a)	(b)	(b)

PRACTICE SET-15

1	2	3	4	5	6	7	8	9	10	11	12	13	14	15
(d)	(a)	(c)	(b)	(d)	(b)	(c)	(b)	(d)	(b)	(b)	(a)	(c)	(a)	(a)
16	17	18	19	20	21	22	23	24	25	26	27	28	29	30
(c)	(a)	(b)	(a)	(d)	(b)	(b)	(a)	(c)	(a)	(b)	(d)	(a)	(c)	(c)

PRACTICE SET-16

1	2	3	4	5	6	7	8	9	10	11	12	13	14	15
(b)	(a)	(c)	(a)	(d)	(c)	(c)	(d)	(d)	(d)	(b)	(a)	(c)	(d)	(b)
16	17	18	19	20	21	22	23	24	25	26	27	28	29	30
(a)	(b)	(d)	(b)	(b)	(c)	(b)	(c)	(d)	(d)	(b)	(d)	(a)	(a)	(d)

PRACTICE SET-17

1	2	3	4	5	6	7	8	9	10	11	12	13	14	15
(a)	(b)	(c)	(d)	(d)	(c)	(d)	(c)	(b)	(a)	(b)	(a)	(d)	(c)	(a)
16	17	18	19	20	21	22	23	24	25	26	27	28	29	30
(b)	(a)	(b)	(d)	(c)	(d)	(d)	(c)	(b)	(d)	(a)	(d)	(c)	(d)	(d)

PRACTICE SET-18

1	2	3	4	5	6	7	8	9	10	11	12	13	14	15
(a)	(d)	(a)	(b)	(c)	(c)	(d)	(b)	(b)	(a)	(a)	(c)	(d)	(d)	(a)
16	17	18	19	20	21	22	23	24	25	26	27	28	29	30
(c)	(d)	(a)	(a)	(d)	(c)	(c)	(a)	(a)	(d)	(c)	(b)	(b)	(b)	(a)

PRACTICE SET-19

1	2	3	4	5	6	7	8	9	10	11	12	13	14	15
(d)	(b)	(c)	(a)	(c)	(c)	(d)	(d)	(b)	(a)	(c)	(a)	(a)	(b)	(a)
16	17	18	19	20	21	22	23	24	25	26	27	28	29	30
(a)	(c)	(b)	(a)	(b)	(d)	(c)	(c)	(b)	(d)	(c)	(b)	(a)	(c)	(d)

PRACTICE SET-20

1	2	3	4	5	6	7	8	9	10	11	12	13	14	15
(d)	(d)	(d)	(c)	(d)	(b)	(b)	(d)	(a)	(a)	(d)	(d)	(d)	(b)	(d)
16	17	18	19	20	21	22	23	24	25	26	27	28	29	30
(b)	(c)	(d)	(d)	(b)	(c)	(a)	(b)	(d)	(c)	(c)	(c)	(b)	(b)	(b)

PRACTICE SET-21

1	2	3	4	5	6	7	8	9	10	11	12	13	14	15
(c)	(d)	(c)	(b)	(c)	(c)	(a)	(b)	(b)	(d)	(d)	(c)	(a)	(a)	(b)
16	17	18	19	20	21	22	23	24	25	26	27	28	29	30
(c)	(a)	(c)	(d)	(c)	(c)	(a)	(d)	(a)	(c)	(d)	(b)	(a)	(b)	(a)

PRACTICE SET-22

1	2	3	4	5	6	7	8	9	10	11	12	13	14	15
(a)	(b)	(b)	(c)	(a)	(c)	(c)	(c)	(b)	(a)	(d)	(c)	(c)	(d)	(b)
16	17	18	19	20	21	22	23	24	25	26	27	28	29	30
(c)	(b)	(c)	(b)	(c)	(b)	(d)	(b)	(a)	(c)	(c)	(d)	(a)	(a)	(c)

PRACTICE SET-23

1	2	3	4	5	6	7	8	9	10	11	12	13	14	15
(d)	(c)	(a)	(a)	(d)	(a)	(d)	(c)	(a)	(c)	(a)	(a)	(c)	(b)	(c)
16	17	18	19	20	21	22	23	24	25	26	27	28	29	30
(b)	(b)	(a)	(c)	(c)	(a)	(c)	(b)	(d)	(a)	(a)	(b)	(a)	(a)	(a)

PRACTICE SET-24

1	2	3	4	5	6	7	8	9	10	11	12	13	14	15
(a)	(a)	(d)	(b)	(b)	(a)	(d)	(c)	(d)	(d)	(c)	(c)	(b)	(c)	(d)
16	17	18	19	20	21	22	23	24	25	26	27	28	29	30
(a)	(d)	(b)	(c)	(b)	(c)	(b)	(b)	(d)	(d)	(c)	(b)	(a)	(a)	(c)

PRACTICE SET-25

1	2	3	4	5	6	7	8	9	10	11	12	13	14	15

(d)	(a)	(a)	(d)	(d)	(a)	(a)	(a)	(a)	(d)	(b)	(a)	(c)	(a)	(d)
16	17	18	19	20	21	22	23	24	25	26	27	28	29	30
(a)	(b)	(d)	(b)	(b)	(d)	(a)	(c)	(b)	(c)	(b)	(b)	(a)	(d)	(b)

PRACTICE SET-1
HINTS & SOLUTIONS

1.

(I) $M > N \geq O \leq X$

Hense, $M > X$ is False

(II) $Y < O \leq P \leq W$

Hense, $Y < W$ is True

Only Conclusion (b) is True.

2.

$A > G > B > C > F > D > E$

According to the question A Scored 29 marks and G Scored 90 marks and the marks of F and E are 60 and 33 respectively. It is given that C scored more then F but less the B. So the score of D must be greater then E but less than F. The only option which satisfy thés is 'c' i.e. 48.

3. 28N5L50P5M4 = ?

On changing the symbols

$= 28 \times 5 + 50 \div 5 - 4$

$= 28 \times 5 + 10 - 4$

$= 140 + 6 = 146$

4.

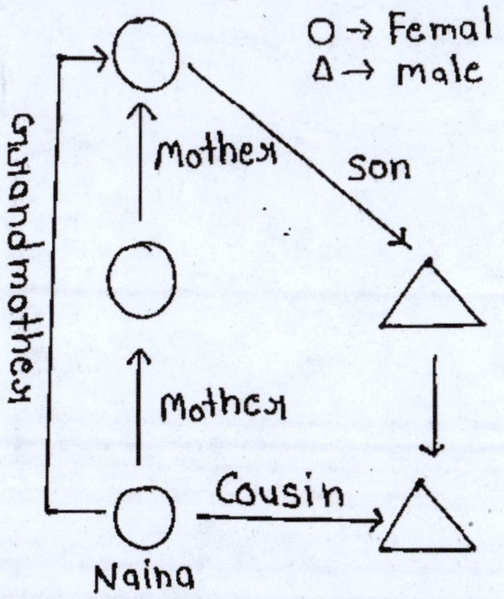

So it is clear that she is poiniting towards her cousin.

5.

On making the venn- diagram

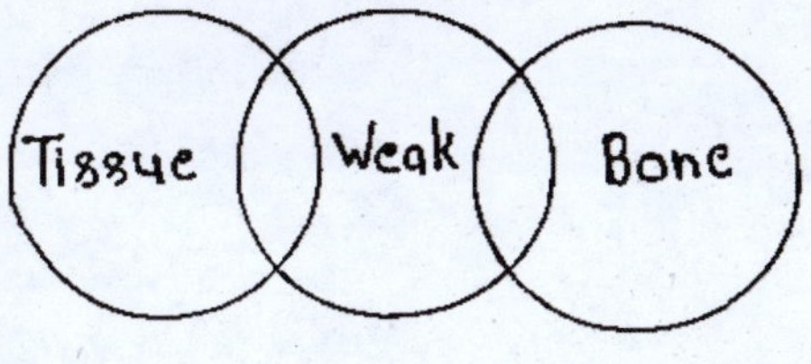

Therefore it is clear from the venn- diagram that only conclusion I follows the statement.

6.

Hydrogen is a gas whereas Aluminium, gold and silver are metals.

7. The series is as follows

25, 31, 38, 46, [55]

+6, +7, +8, +9

Hence the next number in the series is 55.

8. From the given options

(a) $(14)^2 \longrightarrow 196$

(b) $(15)^2 - 1 \longrightarrow 225 - 1 = 224$

(c) $(23)^2 - 1 \longrightarrow 529 - 1 = 528$

(d) $(19)^2 - 1 \longrightarrow 361 - 1 = 360$

Hence option (a) is odd.

9. Except stag others are the off springs of animals or insects. While stag is a male deer. Hence stag is the odd one.

10. Just as

L → −3 → I, A → −4 → W, M → −3 → J, P → −4 → L

L A M P → I W J L

Same as,

L → −3 → I, O → −4 → K, G → −3 → D, S → −4 → O

L O G S → [I K D O]

Hence, option (a) is correct.

11. Just as,

P E D A G O G Y

+1, +2, +3, +4, −4, −3, −2, −1

Q G G E C L E X

and,

C L A S S I C S

+1, +2, +3, +4, −4, −3, −2, −1

D N D W O F A R

Similarly,

T O G E T H E R

+1, +2, +3, +4, −4, −3, −2, −1

U Q J I P E C Q

12. Just as.

$38 \longrightarrow 80$ ($\times 2 + 4$)

And

$42 \longrightarrow 88$ ($\times 2 + 4$)

Same as,

$29 \longrightarrow$ [62] ($\times 2 + 4$)

13.

Just as,	and,	Similarly
E $\xrightarrow{+1}$ F	B $\xrightarrow{+1}$ C	D $\xrightarrow{+1}$ E
H $\xrightarrow{+2}$ J	E $\xrightarrow{+2}$ G	G $\xrightarrow{+2}$ I
J $\xrightarrow{+3}$ M	G $\xrightarrow{+3}$ J	I $\xrightarrow{+3}$ L
L $\xrightarrow{+4}$ P	I $\xrightarrow{+4}$ M	K $\xrightarrow{+4}$ O

14.

Just as Profane is the antonyms of sacred. Similarly Fertile is the antonyms of Barren. Hence option (c) is correct.

15.

Option figure (c) will replace the question mark to complete the given pattern.

16.

Option (c) is the correct mirror image of the given figure.

17. As,

$(14+1) \times \left[\frac{21+1}{2}\right]$

15×11

$= 165$

and

$(10+1) \times \left[\frac{17+1}{2}\right]$

11×9

$= 99$

Similarly

$(13+1) \times \left[\frac{19+1}{2}\right]$

14×10

$= 140$

Hence, $\boxed{? = 140}$.

18. As,

$8 \times 5 + 6 \times 6$

$40 + 36 = 76$

and $12 \times 5 + 10 \times 6$,

$60 + 60 = \boxed{120}$

Similarly

$7 \times 5 + 13 \times 6$

$35 + 78 = 113$

Hence $\boxed{? = 120}$

19 According to the question sitting arrangement is as follows-

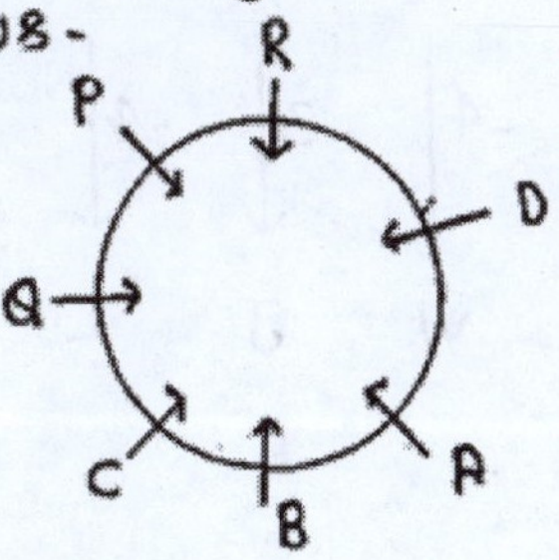

From the above it is clear that 'C' sits third to the right to R.

20. According to the question the sitting arrangement is as follows-

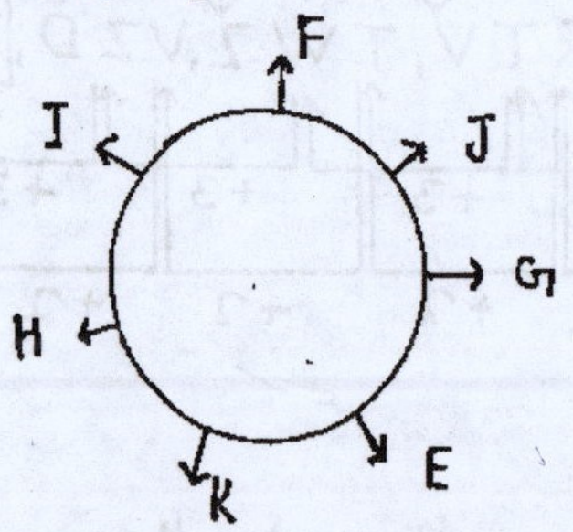

Hence from the above it is clear that 'G' is an immediate neighbour of both E and J

21.

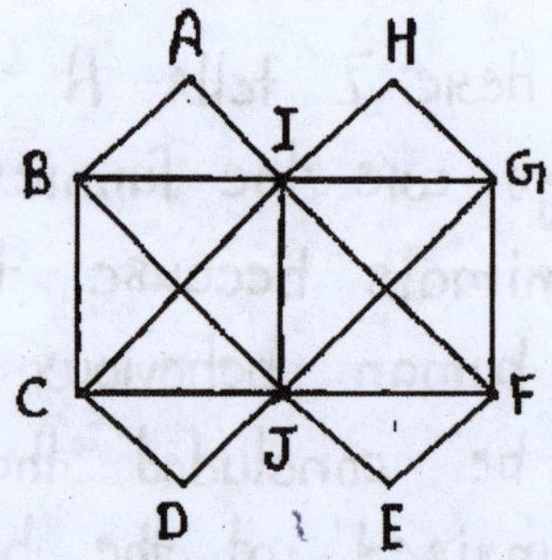

Straight lines would be required to make the following Figure- AB, BC, CD, HG, GF FE, IJ, AF, BE, CH, DG BG, CF

Hence, total number of required straight lines = 13

22. The word RAIL is will not be formed using of the letter given TRUECALLER word because the letter I is used is RAIL and the letter I is not present in TRUCALLER.

23.

74 * 34 * 78 * 23 * 23 * 30

On substituting * signs as per option (d)-

74 + 34 − 78 + 23 − 23 = 30

108 − 78 + 0 = 30

30 = 30

24.

The blood relation diagram is as follows -

Δ = Male

O = Female

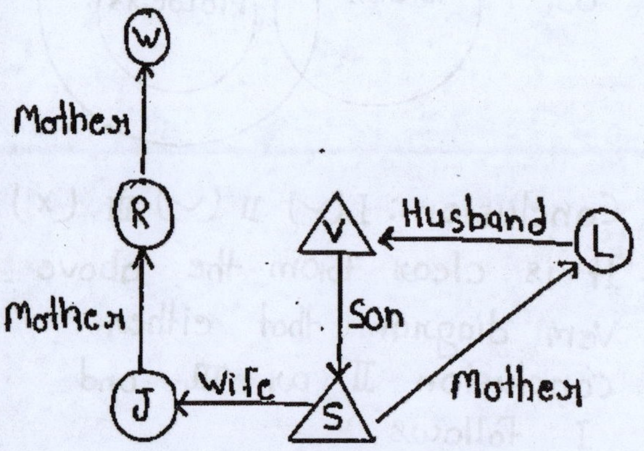

Hence it is clear from above diagram that option (c) is not correct.

25.

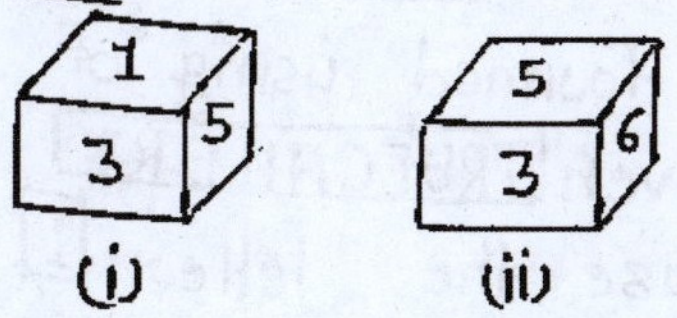

In dice (I) and (II)
By two surface common rule the number 6 will be Opposite of number '1'

26.

On making the Venn diagram as per statement.

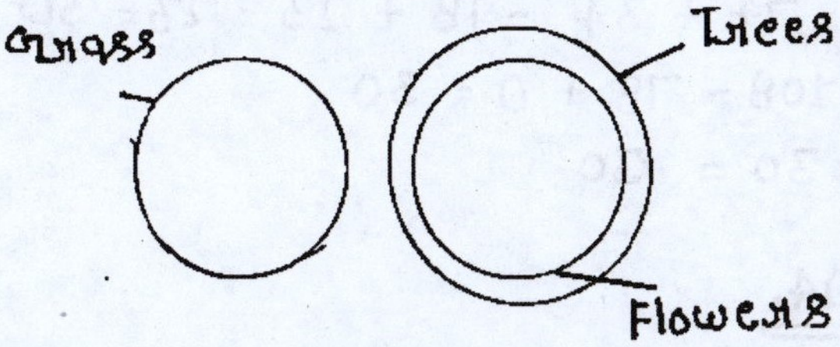

Conclusion: I (✓) II (×) III. (✓)

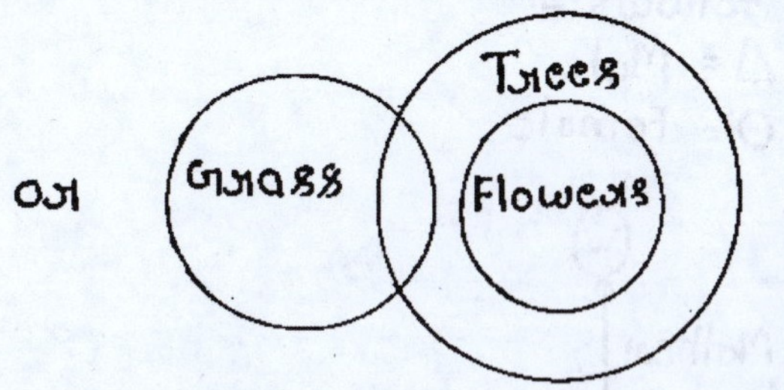

Conclusion: I (✓) II (✓) III (×)
It is clear from the above Venn diagram that either Conclusion II or III and I follows.

27. The given series is as follows-

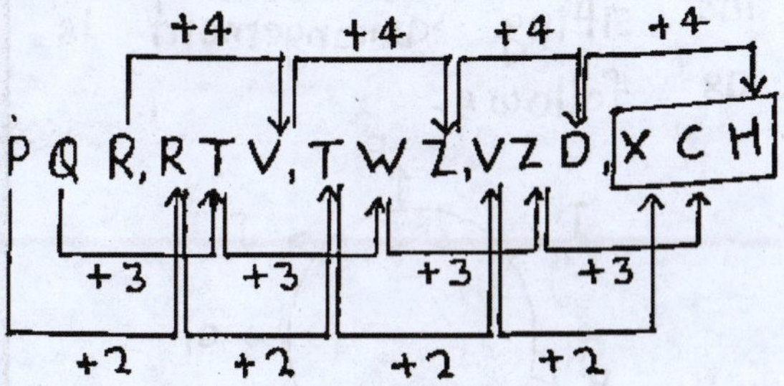

28. According to the question

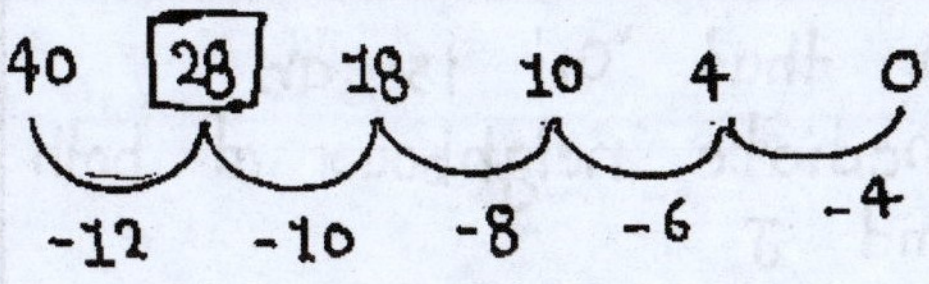

Hence, ? = 28

29. Here Z tells A that monkeys are the funniest of all animals because they mimic human behaviour. here it can be concluded that Z is surprised at the behaviour of the monkeys but It is not necessary that A likes the monkeys. Hence only conclusion I follows from the given statement while II does not follow the statement.

30. It was observed in the study that by exercising 5 days in a week people are less affected by diseases in their lifestyles because by Exercising they remain physically and mentally healthy. Therefore exercise is very important in terms of health. Hence only conclusion I follows.

PRACTICE SET-2
HINTS & SOLUTIONS

1. $F > H > M > N > K > L > G$

According to the question the age of G = 12 years and the age of F = 30 years. And the age of K is a multiple of 10. So the age of L must be greater than 12 years but less than the age of K which is multiple of 10. According to the option the age of L is 15 year.

2.

(i) $G \leq F < B \leq A$

Hence, $G < A$ is True.

(ii) $C < B > E$

Hence, $C > E$ is False.

(iii) $D > C < B > E$

Hence $D > E$ is False.

(iv) $E < B > F \geq G$

Hence, $E < G$ is False.

Only Option (a) is True

3. given

$P = \div$, $R = \times$, $Q = +$, and $S = -$

$\because$ 36 P 6 Q 7 R 8 S 11

$= 36 \div 6 + 7 \times 8 - 11$

$= \frac{36}{6} + 56 - 11 = 6 + 56 - 11$

$= 51$

4.

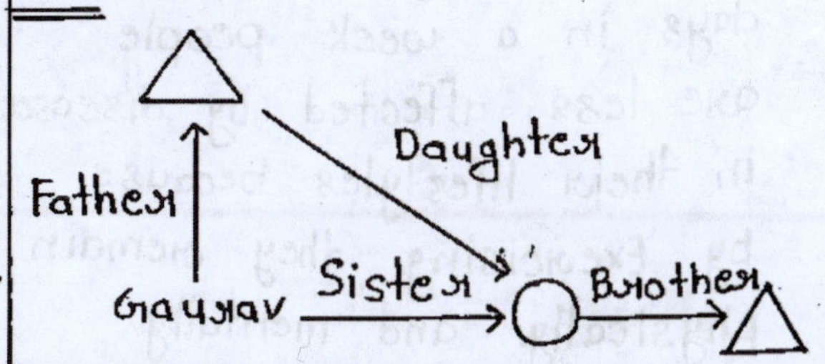

Hence the boy who is playing cricket is Gaurav's brother.

5.

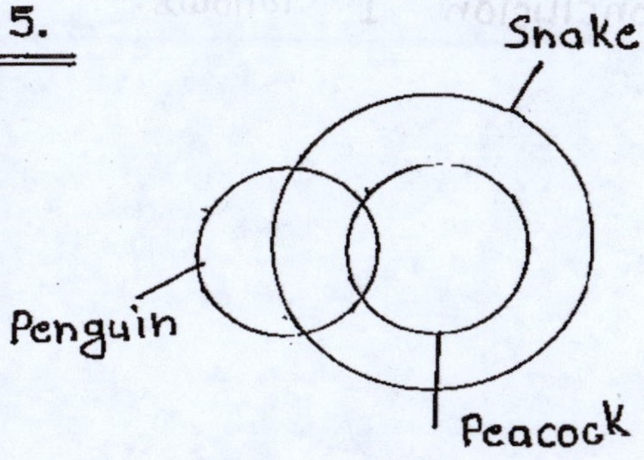

Hence, Only conclusion I follows

6. Lemon is not related to this group, because this is not a fruit product. All others are products derived from Fruits so lemon does not belong to this group.

7. The series is as follows

3   2   8   7   13   12   **18**

−1   +16   −1   +6   −1   +6

Hence **? = 18**

8. From the given options

(a) 2306 → It is not a perfect cube

(b) 1331 → $(11)^3$

(c) 1728 → $(12)^3$

(d) 2197 → $(13)^3$

Hence, option (a) is odd number.

9. Destitution, Penury and Indigence are synonyms whereas Plenty is antonyms of these words.

10. Just as

1 2 3 4 5 6 7 → 1 7 6 5 4 3 2
D E F A U L T   D T L U A F E

1 2 3 4 5 6 7 → 1 7 6 5 4 3 2
B R O U G H T   B T H G U O R

Same as,

1 2 3 4 5 6 7 → 1 7 6 5 4 3 2
F A N T A S Y   F Y S A T N A

Hence. **FANTASY = FYSATNA**

11. Just as

B —+1→ C
L —+2→ N
O —+3→ R
O —+4→ S
D —+5→ I

And

V —+1→ W
E —+2→ G
I —+3→ L
N —+4→ R
S —+5→ X

Same as.

H —+1→ I
E —+2→ G
A —+3→ D
R —+4→ V
T —+5→ Y

Hence option (b) is correct

12. Just as,

$(15 \times 15) + 5 = 230$

And $(4 \times 15) + 5 = 65$

Similarly

$(12 \times 15) + 5 = 185$

13. Just as

K —−3→ H
B —−3→ Y
Z —−3→ W

Same as

V —−3→ S
I —−3→ F
F —−3→ C

14. Just as House is Kept in stable similarly Aeroplane is Kept is Hangar.

15. From the given question figure it is clear that option figure (d) will replace the question mark and complete the given pattern

16. Figure given in option (a) will be the correct mirror image of question figure.

17. As,

$$\frac{13 \times 16}{4} = 52$$

and.

$$\frac{15 \times 24}{4} = 90$$

Similarly.

$$\frac{23 \times 36}{4} = 207$$

Hence, $\boxed{? = 207}$

18. Such as,

From Ist row –

5 × 16 = 80 – 3 = 77

From IInd row –

8 × 19 = 152 – 3 = 149

Same, as from IIIrd row

13 × 12 = 156 – 3 = 153

Hence , option (a) is correct.

19. Sitting arrangement of six friends is as follows

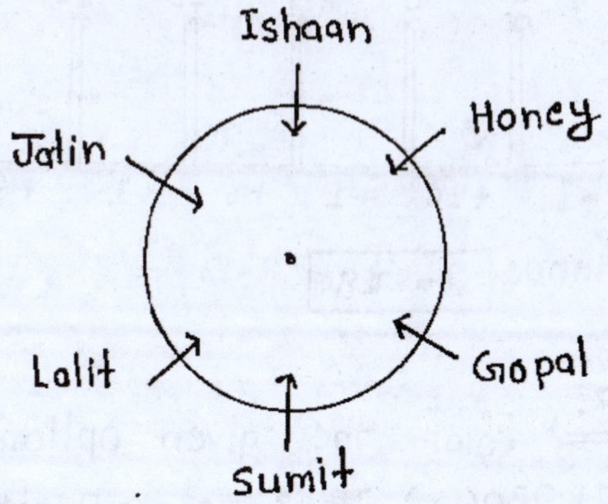

Hence, it is clear from above diagram that Honey is sitting to immediate left of Ishaan.

20. Sitting arrangement of eight athletes is as follows.

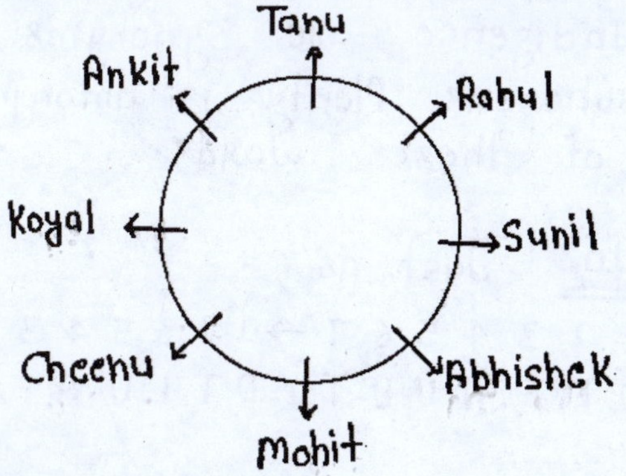

It is clear from above diagram that Mohit is sitting second to the left of Koyal.

21. From Figure.

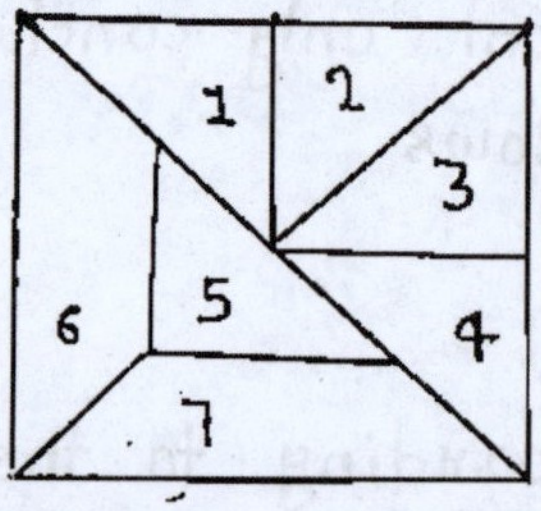

Number of triangles formed by 1 digit = (1,2,3,4,5) = 5

Number of triangles formed by 2 digit = (1,2), (3,4) = 2

Number of triangles formed by 3 digit = (5,6,7) = 1

Number of triangles formed by 4 digit = (1,2,3,4) = 1

Total number of triangles = 5 + 2 + 1 + 1 = 9

22. According to English dictionary the correct order of given words is as follows

(2) Exotic → (5) Expanse → (4) Expense → (1) Expert → (3) Explicit

Hence, option (c) is correct.

23. $10 + 8 - 200 \times 15 \div 5 = 407$

From option (a) -

On interchanging + & - and 15 & 10 -

$15 - 8 + 200 \times 10 \div 5 = 407$

$15 - 8 + 200 \times 2 = 407$

$15 - 8 + 400 = 407$

$415 - 8 = 407$

$407 = 407$

L.H.S = R.H.S

24. The blood relation diagram is given below :-

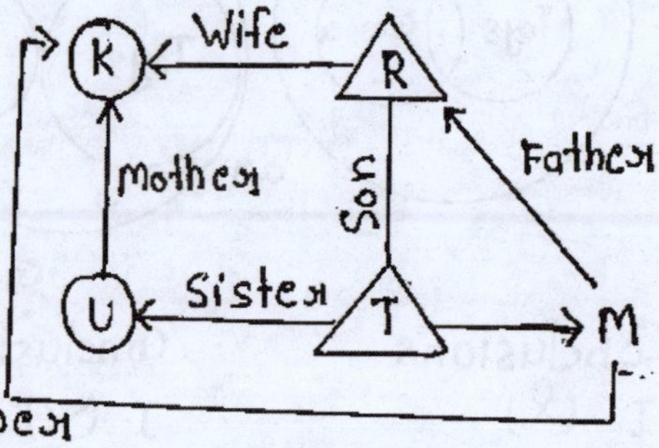

Hence it is clear from figure that K is mother of M.

25.

From Figure I and II.

According to the question

B	C	A
↓	↓	↓
B	C	Z

Opposite face of A will be Z because if two faces are common then third faces would be opposite to each other.

26. On making the Venn diagram as per statement

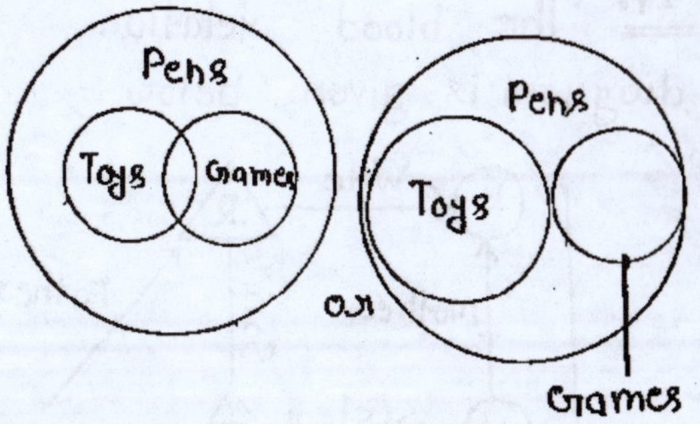

Conclusions
I. (X)
II. (X)
III. (✓)

Conclusions
I. (✓)
II. (X)
III. (X)

Hence either conclusion I or III follows.

27.

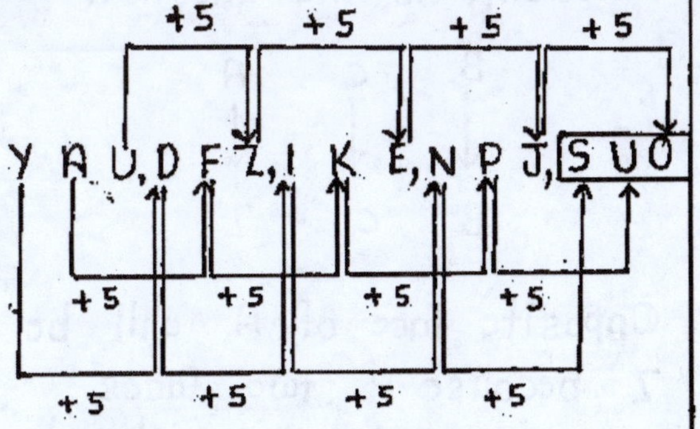

28. According to the question

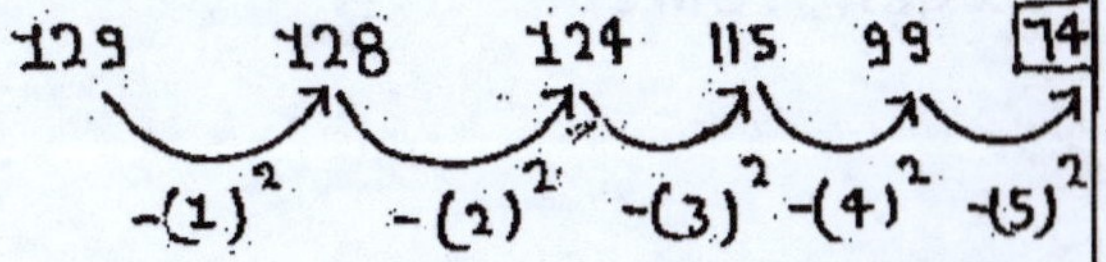

Hence ? = 74

29. According to the given statement only conclusion II follows.

30. According to the statement only conclusion I follows.

PRACTICE SET-3
HINTS & SOLUTIONS

1.
Niti > Iman > Jason > Mohan > Kriti > Lisa > Harun
Niti is standing Ahead.

2.
(I) $P \leq Q = R > S$
Hence, $S > P$ is False
(II) $S < R = Q \leq T \leq U$
Hence, $S \geq U$ is False
(III) $V = U \geq T \geq Q = R \geq S$
Hence, $V \leq S$ is False.
(IV) $V = U \geq T \geq Q \geq P$
Hence $V \geq P$ is True.
Only Option (d) is True.

3. 14 Q 16 P 4 R 7 S 10 = ?
On changing the symbols.
$= 14 \times 16 \div 4 + 7 - 10$
$= 14 \times 4 + 7 - 10$
$= 56 + 7 - 10$
$= 63 - 10$
$= 53$

4.
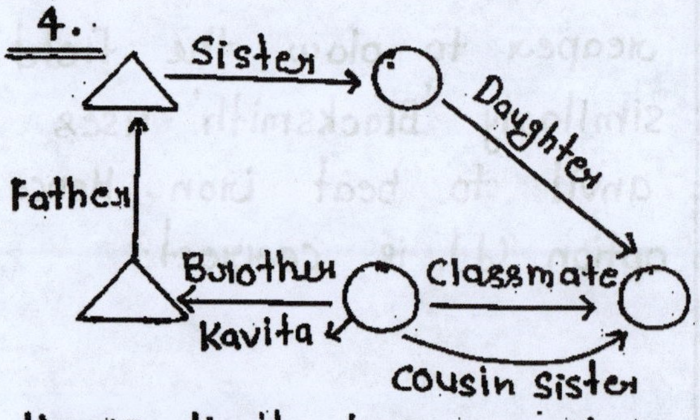

Hence Kavita has a cousin's sister relationship with her classmate.

5.
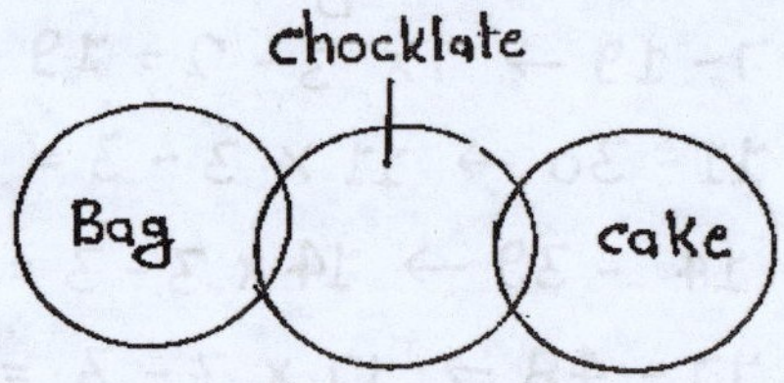

or.

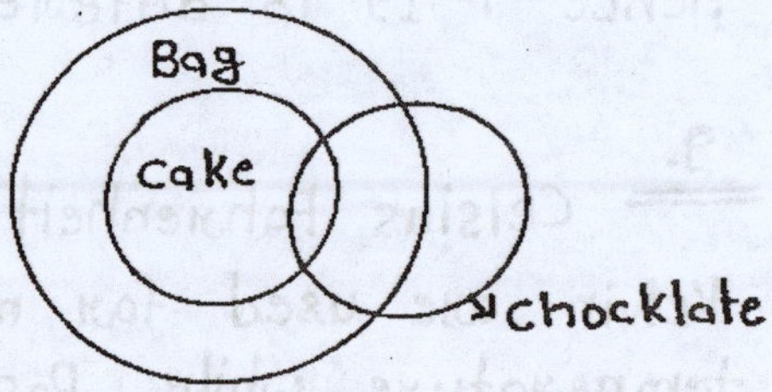

Therefore statement I is appropriate.

6.
All items are hair products except towel. so towel does not belong to this group.

7.
1, 8, 27, 64 ...,...343 729
$= 1^3, 2^3, 3^3, 4^3, 5^3, 6^3, 7^3, 8^3, 9^3$
Hence missing number
= 125, 216, 512.

8. From the given options,

(a) 7 - 19 → 7 × 3 - 2 = 19

(b) 11 - 30 → 11 × 3 - 3 = 30

(c) 14 - 39 → 14 × 3 - 3 = 39

(d) 17 - 48 → 17 × 3 - 3 = 48

Hence 7 - 19 is different.

9. Celsius Fahrenheit and Kelvin are used for measuring temperature, while Pascal is used for measuring Pressure.

10. Just as

N —(-1)→ M
A —(+0)→ A
T —(-1)→ S
U —(+0)→ U
R —(-1)→ Q
E —(+0)→ E

Same as

P —(-1)→ O
O —(+0)→ O
T —(-1)→ S
A —(+0)→ A
T —(-1)→ S
O —(+0)→ O

11. Just as,

E N T E R: +1, +1, +2, +2 → F O T G T

And,

D I C E Y: +1, +1, +2, +2 → E J C G A

Same as,

C H I L D: +1, +1, +2, +2 → D I I N F

So, CHILD = DIINF

12. Just as,

529 : 21 → $\sqrt{529} - 2 = 21$

And 841 : 27 → $\sqrt{841} - 2 = 27$

Similarly from option (a)

? : 19 → 441 : 19 → $\sqrt{441} - 2 = 19$

Hence ? = 441

13. Just as,

N G P Z → (-4 each) → J C L V

And,

X D L M → (-4 each) → T Z H I

Such as,

R U K V → (-4 each) → N Q G R

Hence, option (c) is correct.

14. Just as, 'Farmer' uses reaper to plow the field similarly 'Blacksmith' uses anvil to beat iron. Hence option (d) is correct.

15. According to the question the figure of option (c) will complete the pattern of the given figure.
Hence, option (c) is correct

16.

When the mirror is placed on the MN line in the qustion figure the correct mirror image of the question figure will be option figure (d)

17. As,

$7 \times 3 = 21 + 7 = 28$

and $9 \times 8 = 72 + 9 = 81$

Similarly,

$X \times 5 + 5 = 50$

$X \times 5 = 45$

$\boxed{9} \times 5 = 45$

Hence, ? = $\boxed{9}$

18. As,

$15 \times (14 - 10) = 60$

and $19 \times (18 - 10) = 152$

Similarly

$? \times (17 - 10) = 161$

$? = 161/7 = 23$

Hence $\boxed{? = 23}$

19. sitting arrangement of five friends is as follows:-

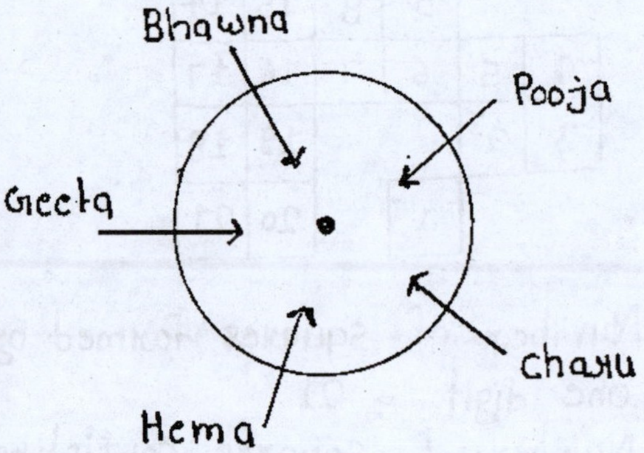

Hence It is clear from above, that charu is sitting to the immediate right of Hema.

20.

· According to the question

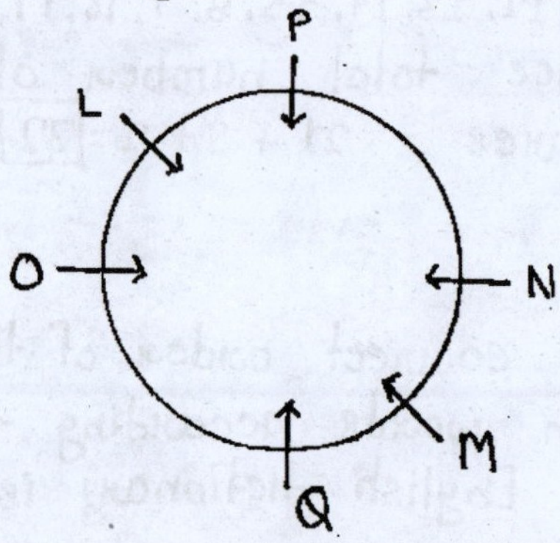

It is clear that N is sitting to the immediate right of M.

21.

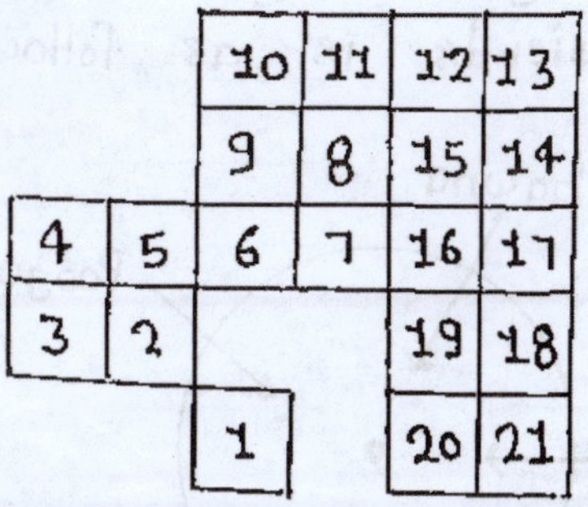

Number of squares formed by one digit = 21

Number of squares consisting of four digit = (2, 3, 4, 5), (6, 7, 8, 9), (8, 9, 10, 11), (8, 11, 12, 15), (7, 8, 15, 16), (12, 13, 14, 15) (14, 15, 16, 17) (16, 17, 18, 19) (18, 19, 20, 21) = 9

Number of squares consisting of nine digits = (6, 7, 16, 15, 8, 9, 10, 11, 12) (11, 12, 13, 14, 15, 8, 7, 16, 17) = 2

Hence total number of squares = 21 + 9 + 2 = **32**

22.

The correct order of the given words according to the English dictionary is as follows –

2. Malfunction 5. Manageable 4. Manipulation 3. Masterpiece 1. Mathematics.

Hence option (d) is correct.

23. 256 * 4 * 9 * 3 * 14 = 51

On substituting * signs as per option (d) –

$256 \div 4 - 9 \times 3 + 14 = 51$

$64 - 27 + 14 = 51$

$78 - 27 = 51$

$51 = 51$

24.

$Q \div U \times K \times H - D + J$

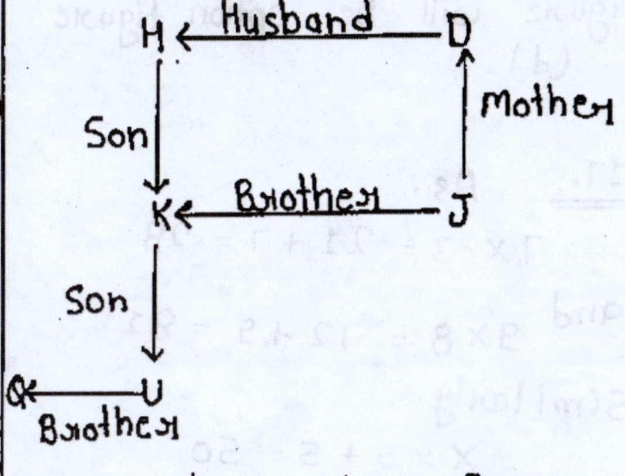

Hence, it is clear from above diagram that K is brother of J.

25. Code for week.

No. of odd day	Day
0	Sunday
1	Monday
2	Tuesday
3	Wednesday
4	Thursday
5	Friday
6	Saturday

According to the question.

10 June 2011 → 2010 year and (1 Jan, 2011 to 10 June 2011)

2010 year → 2000 year and 10 year

2000 year → 0 odd days

10 year → 2 Leap year → 4 odd day; 8 Normal year → 8 odd day

(1 Jan, 2011 to 10 June 2011) ⇓ 5 month + 10 day

odd day → 3 + 0 + 3 + 2 + 3 + 10

$\Rightarrow \frac{21}{7} = 0$ odd day

Hence,
Total odd days = 0 + 4 + 8 + 0
= 12 days = 5 odd days So, 5 is the code for Friday.
Hence, option (b) is correct.

26. According to the question,

F $\xrightarrow{+6}$ L $\xrightarrow{+6}$ R
N $\xrightarrow{+7}$ U $\xrightarrow{+7}$ B
V $\xrightarrow{+9}$ E $\xrightarrow{+9}$ N

$\xrightarrow{+6}$ X $\xrightarrow{+6}$ D
$\xrightarrow{+7}$ I $\xrightarrow{+7}$ P
$\xrightarrow{+9}$ W $\xrightarrow{+9}$ F

Hence, ? = RBN

27. Given Series is as follows-

512	1000	1728	2744	4096	5832	8000
$(8)^3$	$(10)^3$	$(12)^3$	$(14)^3$	$(16)^3$	$(18)^3$	$(20)^3$

28. According to the statement Only conclusion I follows. Because terrorists always choose a place to do mass destruction. So the places like tourist destinations should be provided additional security.

29. The statement only tells us that the (now-identified) students who passed said the paper was difficult and lengthy.

1. From this we cannot infer that students are expecting low marks (Conclusion I). The statement doesn't mention expectations; moreover, those students have already passed.
2. Many questions were out of the course(Conclusion II) is unrelated; difficulty/length does not imply out-of-syllabus content.

Hence, neither I nor II is logically follows.

30.

On making Venn diagram according to the statement,

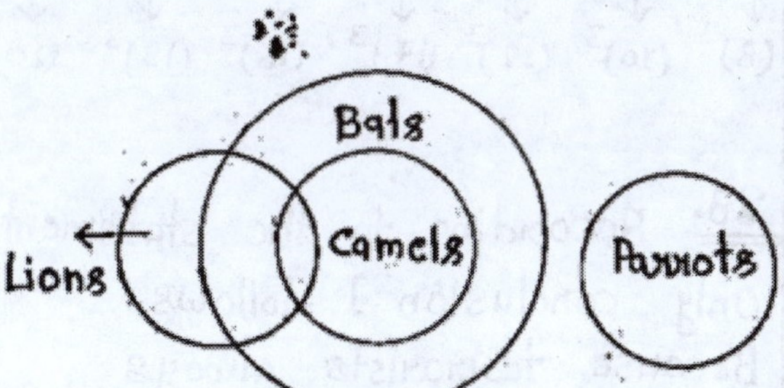

OR

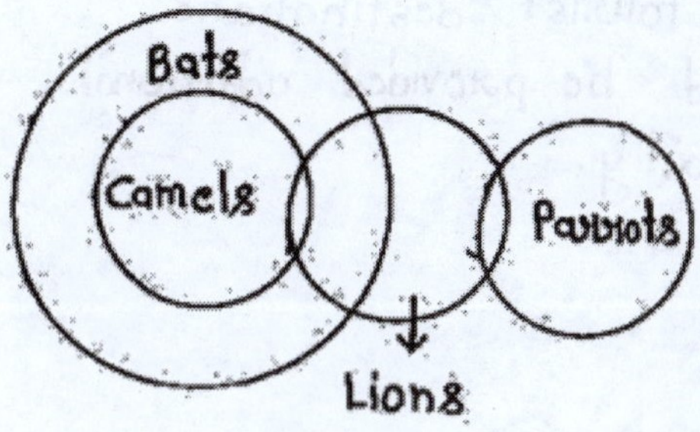

Conclusions : I – True
II – True
III – False

Hence, both conclusions (I) and (II) follow the given Statemet.

PRACTICE SET-4
HINTS & SOLUTIONS

1. According to question there are 4 Possibilities,

(1) B > A > E > D > F/C > F/C ....

(2) B > A > D > E > F/C > F/C ....

(3) B > A > D > F/C > E > F/C ....

(4) B > A > D > F/C > F/C > E ....

I. A > D > E [can be possible from (1)]

II. C > F > E [Can be possible from (1)]

Therefore, Both I and II can be correct.

2. (I) $K \leq R \geq S < T$

Hence, $K \leq T$ is False.

(II) $P \geq Q \geq R \geq S \geq J$

Hence, $P \geq J$ is True.

(III) $K \leq R \geq S$

Hence, $S \geq K$ is False.

(IV) $J \leq S < T$

Hence, $J \geq T$ is False.

Only Opt (b) is True.

3.

A = +, B = −, C = ×, D = ÷

as per the question

8 C 8 A 8 D 8 B 8 = 57

$8 \times 8 + 8 \div 8 - 8$

$64 + 1 - 8 = 57$

57 = 57 (LHS = RHS)

4. As Per question -

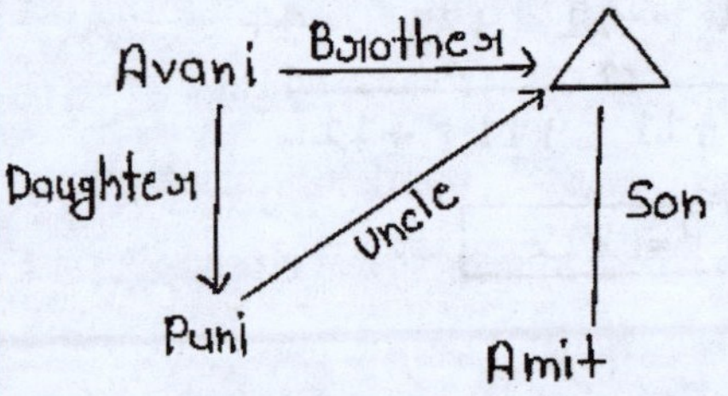

Hence Amit's father is Maternal Uncle of Puni.

5.

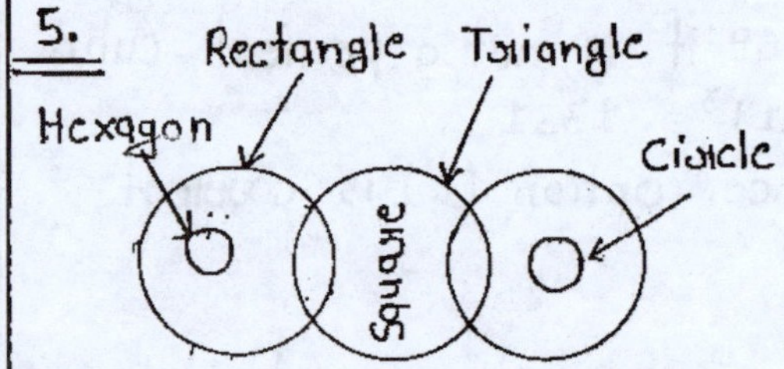

In the given option only option (d) " at least one rectangle is square" is correct.

6. Hoe, sword and gun are tools whereas 'write' is a activity. Hence write is different from all others.

7. The series is as follows

12 23 45 78 [122]

+11 +22 +33 +44

+11 +11 +11

Hence [? = 122]

8. Just as,

$(13)^3 = 2197$

$(17)^3 = 4913$

2369 it is not a perfect cube

$(11)^3 = 1331$

Hence, Option (c) is correct.

9. Iron Silver and copper are metals while Brass in an alloy.

10. Just as,

N E W L Y

−1 +1 +3 −1 +1

M F Z K Z

and, P A I N T

−1 +1 +3 −1 +1

O B L M U

Same as,

T W I C E

−1 +1 +3 −1 +1

[S X L B F]

11.

Just as,

C O U R T → T R O O C

And,

S P O R T → T R I P S

Same as,

B L I N D → [D N E L B]

In the above code language the middle vowel has been replaced by its preceding vowel. Hence option (a) is correct.

12. Just as,

$14 \rightarrow 14 \times 6 - 30 = 54$

And

$9 \rightarrow 9 \times 6 - 30 = 24$

Similarly.

$21 \rightarrow 21 \times 6 - 30 = \boxed{96}$

13. Just as,

I J L O → (−2 each) → G H J M

and,

H I K N → (−2 each) → F G I L

Similarly,

E F H K → (−2 each) → C D F I

Hence, 'Option (a)' is correct.

14. Just as, Antonyms of Conceit is 'Modesty'. Similarly, Antonyms of Despair is 'Hope'. Hence, option (a) is correct.

15.

Figure of option (d) will replace the question mark and complete the given pattern.

16.

If the mirror is placed on the right side of the figure. The correct image will be option (a).

17. As,

$(15+12)\times(15-12)$

$27\times 3 = 81$

and $(18+15)\times(18-15)$

$33\times 3 = 99$

Similarly,

$(17+13)\times(17-13)$

$= 30\times 4$

$= 120$

Hence, **? = 13**

18.

As

$24\times 6 = 144,\ 12\times 12 = 144$

and

$36\times 3 = 108,\ 2\times 54 = 108$

Similarly

$32\times X = 576,\ 24\times 24 = 576$

X = 18

Hence, **? = 18**

19. According to the question, Sitting arrangement around circular table is as follows :-

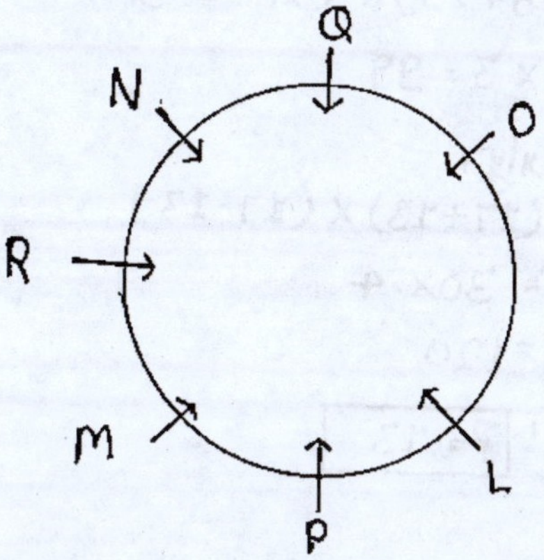

It is clear from sitting arrangement that 'Two' people sits between L and R on Counting from left of L.

20. According to the question sitting arrangment is as follows

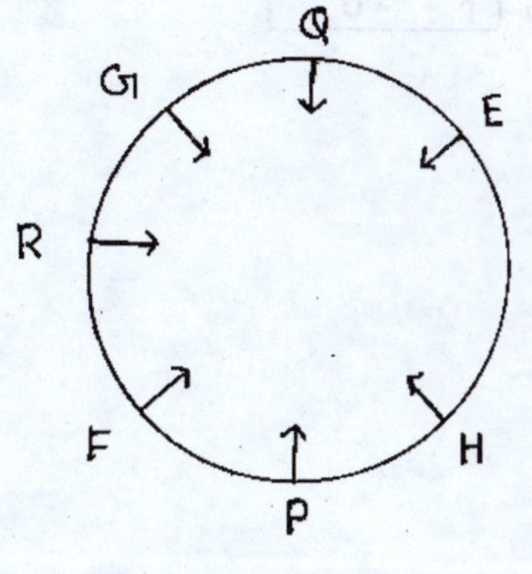

Hence. On counting from left of F 'Two' People sits between F and Q.

21.

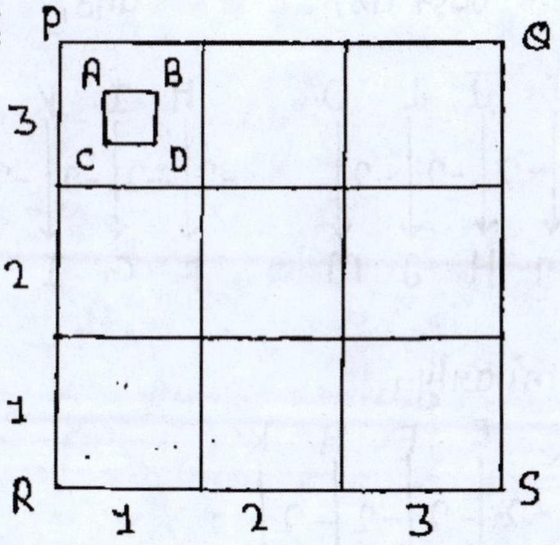

Total number of squares in the given figure

= PQRS + ABCD

$= (1^2 + 2^2 + 3^2) + 1$

= 14 + 1 = 15

22. The logical and meaningful order of the given words-

(5) Low Pressure, (1) Cloud, (4) Rain, (2) Rainbow, (6) Flood, (3) Devastation

Hence, correct order - 5, 1, 4, 2, 6, 3.

23. Given,

$8 - 4 \times 9 + 6 \div 3 = 29$

On interchanging the two signs and two number according to option (b):

$8 \times 4 - 6 + 9 \div 3 = 29$

$32 - 6 + 3 = 29$

$35 - 6 = 29$

$29 = 29$

Hence, option (b) is correct.

24. The blood relation diagram is given below :-

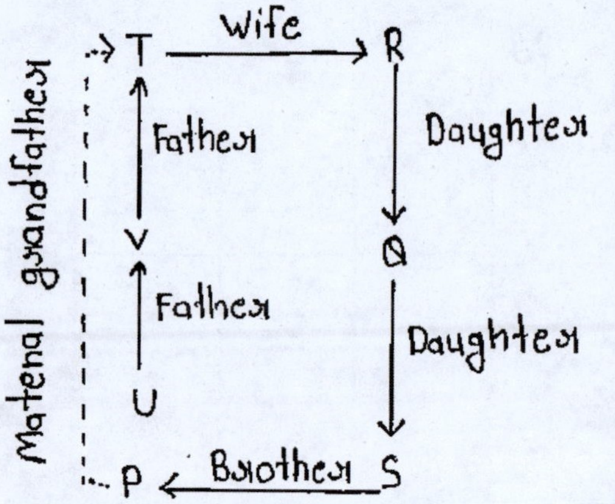

Hence, it is clear from the diagram that T is maternal grandfather of P.

25.

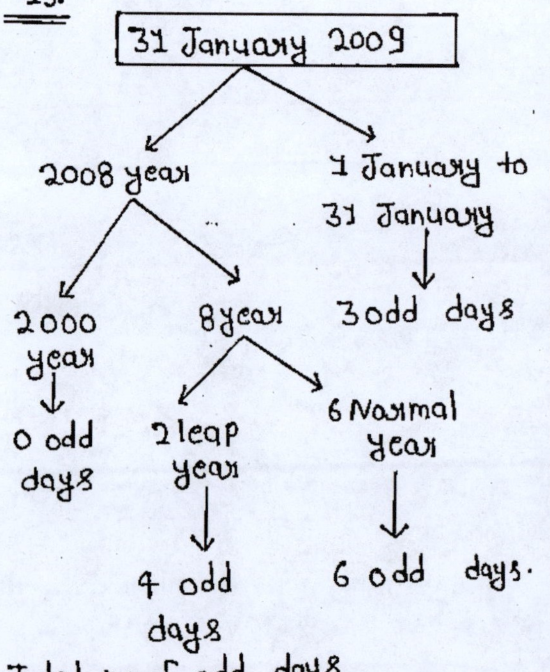

Total no. of odd days

$\Rightarrow \frac{0+4+6+3}{7} = \frac{13}{7} = 6$ odd days

Hence, 6 is code of saturday.

26. On making the Venn diagram as per statement.

(I) ✓

(II) ✓

(III) X

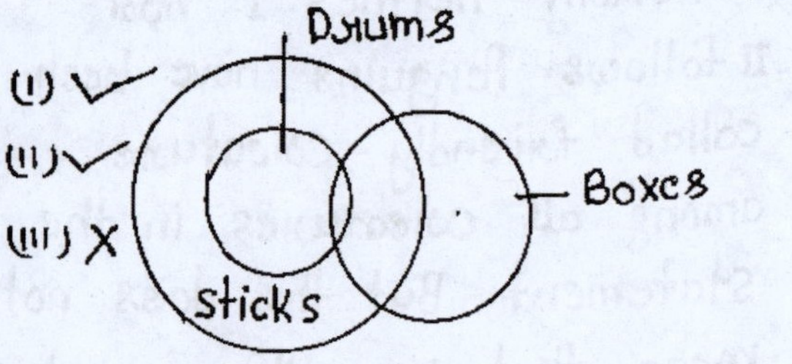

It is clear from the above Venn diagram that only conclusions I and II follows.

27. The given series is as follows,

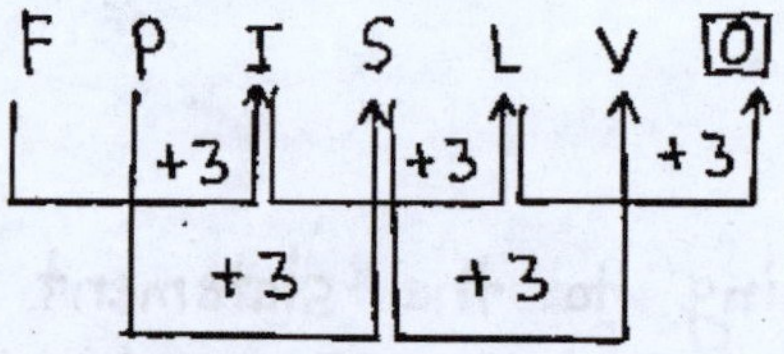

∴ Hence ? = O

28. The given series is as follows –

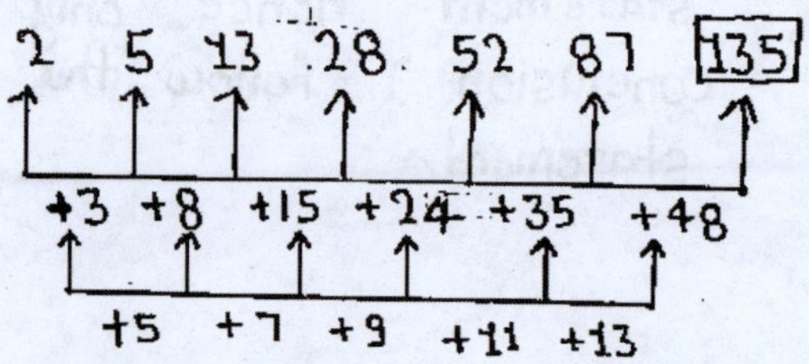

Hence ? = 135

29. According to the given statement neither I nor II follows. Penguins have been collad friendly creature among all creatures in the statement. But this does not mean that no other creature is friendly that is other creatures can be frindly and the statement also does not mention about the animal which is preferred by Humans.

30.

According to the statement from conclusion I municipality is planning to build a bridge. This Follows the statement but conclusion II does not match the information given in the statement. Hence only conclusion I Follow the statement.

PRACTICE SET-5
HINTS & SOLUTIONS

1. S1 > S5 > S4 > S3 > S2
The numder of trucks park in area S3=1200 The number of trucks park in area S1 will be more than 1200 from the given options only option a satisfies. So The number of trucks park in area S1 = 1346 So. option (a) is the correct answer.

2. $P \leq Q < R < S < T$
Hence , $P < T$ is True
Only Opt (a) is True.

3. 26 J 74 K 4 T 5 Q 2
On changing the symbols
$= 26 \times 74 \div 4 - 5 + 2$
$= 26 \times \frac{74}{4} - 5 + 2$
$= 481 - 5 + 2$
$= 483 - 5$
$= 478$

4.

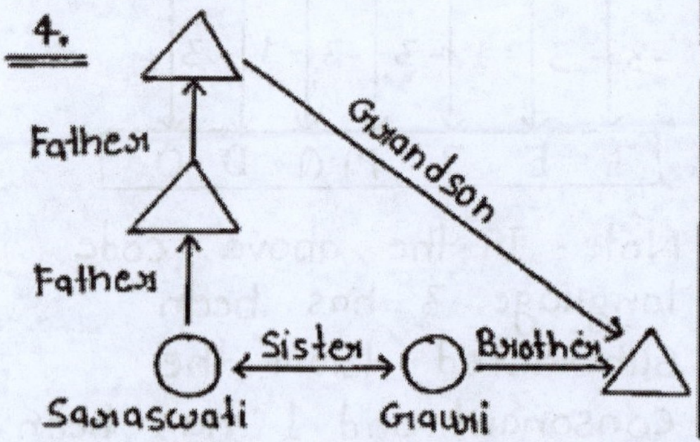

Hence the brother of Gauri is the grandson of Saraswati's grandfather.

5.

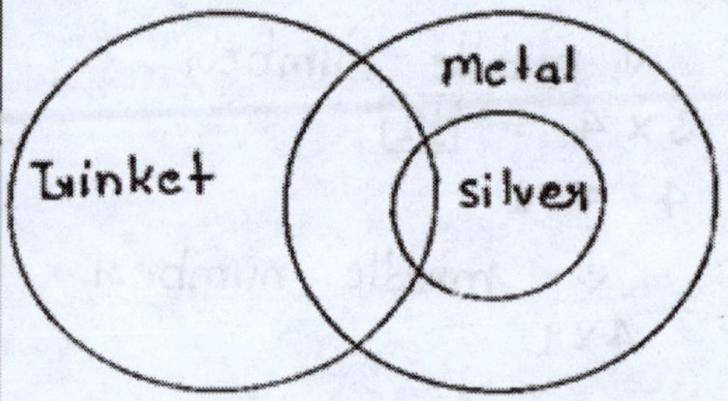

Threfore it is clear from the digram that only conclusion I follows.

6.
Penguin ⟶ In Antarctica
Emu ⟶ Switzerland / Australia
Ostrich ⟶ Kalahare Desert
These three birds (Emu, Penguin, Ostrich) are unable to fly whereas vulture can fly. So vulture does not belong to the group.

7. The series is as follows

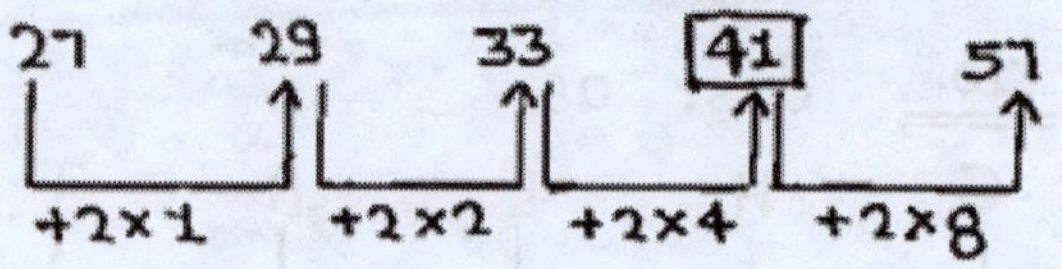

8. The logic is → 1st number × 3rd number = 2nd number.

(a) 3 9 3
↓ middle number
3 × 3 = 9

(b) 3 8 4
↓ middle number
3 × 4 = 12

(c) 4 4 1
↓ middle number
4 × 1

(d) 6 0 0
↓ middle number
6 × 0 = 0

Hence, option (b) is different from others.

9.
In the given options, Devotion, Zeal and Fury are strong emotions. Whereas, Vision is not an emotion. Hence, Option (b) is the odd one.

10. Just as,

C H E A T
−2 −2 +2 +2 −2
A F G C R

And.

B R O K E
−2 −2 +2 −2 +2
Z P Q I G

Same as,

T R E A T
−2 −2 +2 +2 −2
R P G C R

Note : Vowel +2, Consonant −2

11. Just as,

L E S S O N
−3 −1 −3 −3 −1 −3
I D P P N K

and,

C L A S S
−3 −3 −1 −3 −3
Z I Z P P

Same as,

C H A P T E R
−3 −3 −1 −3 −3 −1 −3
Z E Z M Q D O

Note - In the above code language, 3 has been subtracted from the consonant and 1 has been subtracted from vowel.

12. Just as,

$34 \times 3 \rightarrow 102$

and $57 \times 3 = 171$

Similarly, from option (c)

$79 \times 3 = 237$

Hence 'Option (c)' is correct.

13. Just as,

D	G	F	B
+1	−1	+1	−1
E	F	G	A

And

E	G	H	C
+1	−1	+1	−1
F	F	I	B

Same As,

F	D	H	B
+1	−1	+1	−1
G	C	I	A

14. Just as the antonym of word Extrovert is Introvert In the same way the antonym of word Religious is Atheist.

15.

By placing the figure of option (d) in place of the question mark in the question figure, the question figure, will be complete.

16. The correct mirror image of the given question figure will be option figure (a).

17. Such as,

Row I $\rightarrow (12 \times 7) - (7 \times 2) = 70$

Row II $\rightarrow (15 \times 6) - (6 \times 2) = 78$

Same as,

Row III $\rightarrow (11 \times 9) - (9 \times 2) = ?$

$? \rightarrow 99 - 18$

$? = 81$

Hence $? = 81$

18. Such as.

From I^{st} column,

$18 + 7 \rightarrow 25 - 8 = 17$

From IIIrd column,

$19 + 9 \rightarrow 28 - 14 = 14$

Same as,

From IInd column

$24 + 8 \rightarrow 32 - 11 = \boxed{21 = ?}$

Hence, option (b) is correct.

19. According to the question sitting arrangement is as follows -

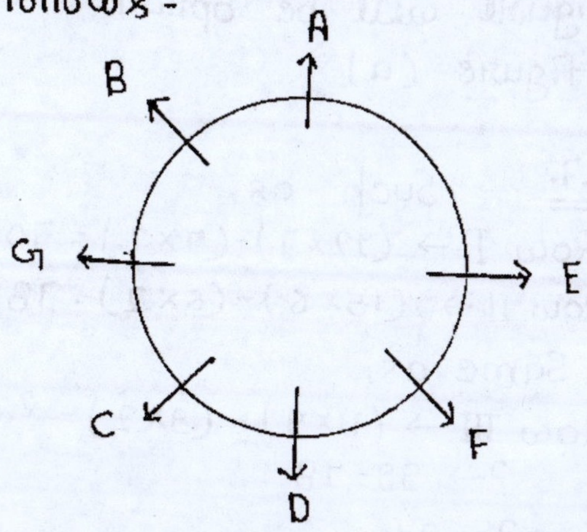

Hence from the above it is clear that 'F' is sitting to the immediate right of E.

20. According to the question sitting arrangement is as Follows -

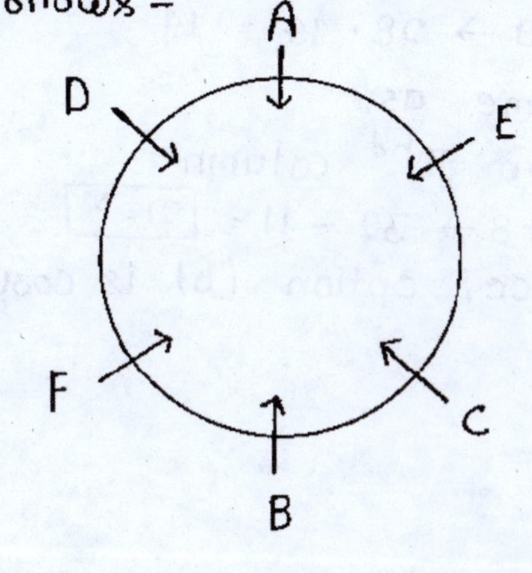

It is clear from the above that D is sitting to the immediate left of F.

21.

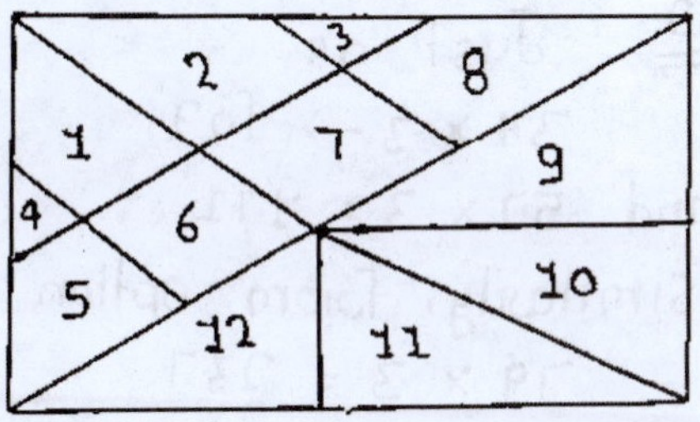

Number of triangles made of one digit = (4, 3, 9, 10, 11, 12) = 6

Number of triangles made of two digits = (2, 3), (1, 4) (4, 5) (3, 8) (12, 11) (10, 9) = 6

Number of triangles made of four digits = (4, 1, 2, 3) (4, 1, 5, 6) (2, 3, 7, 8) (9, 10, 11, 12) = 4

Number of triangles made of six digits = (2, 3, 7, 8, 9, 10) (1, 4, 5, 6, 12, 11) = 2

Number of triangles made eight digits = (1, 2, 3, 4, 5, 6, 7, 8) = 1

Total number of triangles = 6 + 6 + 4 + 2 + 1 = 19

Hence, option (b) is correct.

22. According to the question

On arranging the letters In alphabetical order

CAREFUL

ACEELRU

Number of letters between letters 'C' and 'F' in alphabetical Series = D, E = 2

23. Given -

P = ÷ Q = +

R = × S = −

On putting the signs in the equation '100 S 12 P 12 R 6 Q 5 = ?

$100 - 12 \div 12 \times 6 + 5 = ?$

$100 - \frac{12}{12} \times 6 + 5 = ?$

$100 - 1 + 5 = ?$

$105 - 1 = ?$

$104 = ?$

Hence $\boxed{? = 104}$

24. The blood relation diagram is given below -

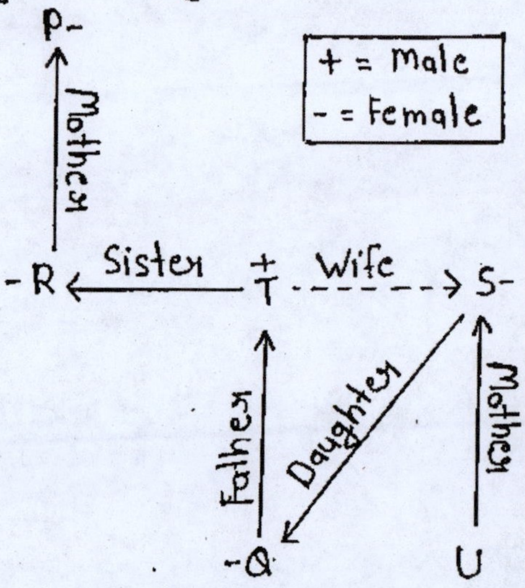

Hence, it is clear from above diagram that S is wife of T.

25. From 27 September 2001 to 27 September 2009 = 10 odd day

then, $\frac{10}{7} = 3$ (reminder)

Thursday + 3 = Sunday

Now, 27 September to 22 October = 25 odd days.

$\Rightarrow \frac{25}{7} = 4$ reminder

Sunday + 4 = Thursday

Hence, 22 October 2009 is Thursday'

26. On drawing the Venn diagram as per statement

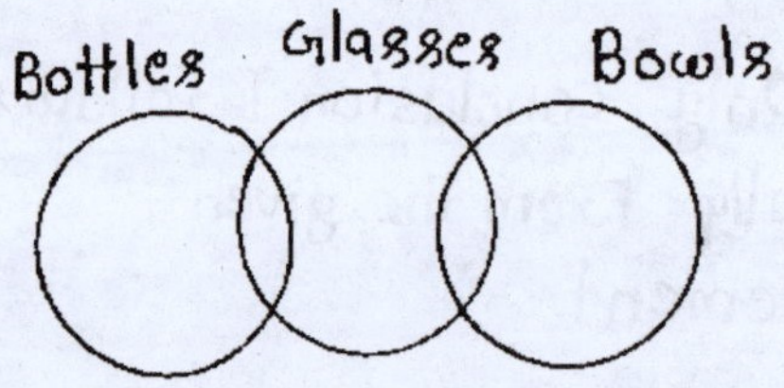

or.

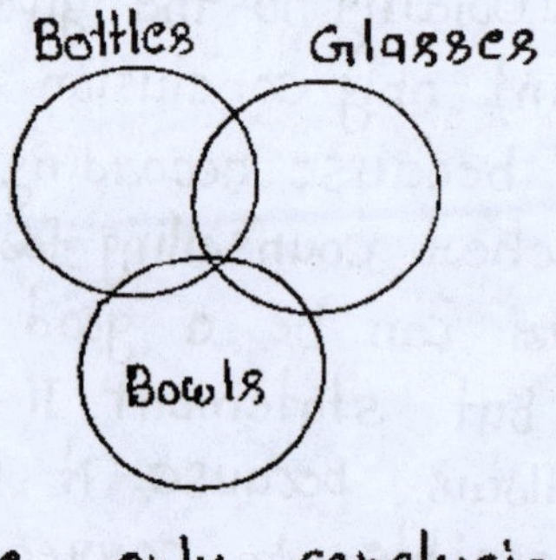

Hence, only conclusion II and either conclusion I or II follows.

27. The given series is as follows –

M $\xrightarrow{-2}$ K $\xrightarrow{-2}$ I $\xrightarrow{-2}$ **G** $\xrightarrow{-2}$ E

B $\xrightarrow{-3}$ Y $\xrightarrow{-3}$ V $\xrightarrow{-3}$ **S** $\xrightarrow{-3}$ P

Z $\xrightarrow{+2}$ B $\xrightarrow{+2}$ D $\xrightarrow{+2}$ **F** $\xrightarrow{+2}$ H

T $\xrightarrow{+3}$ W $\xrightarrow{+3}$ Z $\xrightarrow{+3}$ **C** $\xrightarrow{+3}$ F

Hence, option (d) is correct.

28. Given, Series is as follows –

6 30 174 1038 6222 37326

Differences: +24, +144, +864, +5184, +31104

Each difference: ×6, ×6, ×6, ×6

29. Only conclusion I follows logically from the given statement.

30. According to the given statement only conclusion I is correct because according to the teacher counselling for bad behaviour can be a good option but statement II does not follows because it is not possible to correct the behaviour only through consultation.

PRACTICE SET-6
HINTS & SOLUTIONS

1. Statement only says an amendment to prevent harassment was welcomed; it doesn't compare developing vs. developed countries, nor imply companies will stop hiring women. Hence, neither conclusion I and nor conclusion II follows.

2. According to the statement consumer goods packaged in plastic are produced on a large scale, is a threat to the environment, hence the only conclusion I follows while conclusion II is a suggestion rather than a conclusion. Hence conclusion II does not follows.

3. $H > K > F > L > G > M > N$

According to the question, the age of K = 38 years and M's age = 19 years and the age of L is multiple of 10 and the age of F = 36 years, and according to this arrangement the age of L can be 30 years. So the sum of the age of K and L = 38 + 30 = 68 years.

4. (I) $M > N > O < X$

Hence, $M > X$ is False.

(II) $W = P < O > Y$

Hence, $W < Y$ is False.

Neither conclusion I nor II is True, hence Opt (a) is correct.

5. $A \to +$, $B \to -$, $C \to \div$, $D \to \times$

(7D3) B6 A5 (20C20) = $(7 \times 3) - 6 + 5\ (20 \div 20)$

$= 21 - 6 + 5 \times 1$

$= 21 - 6 + 5$

$= 26 - 6 = 20$

6.

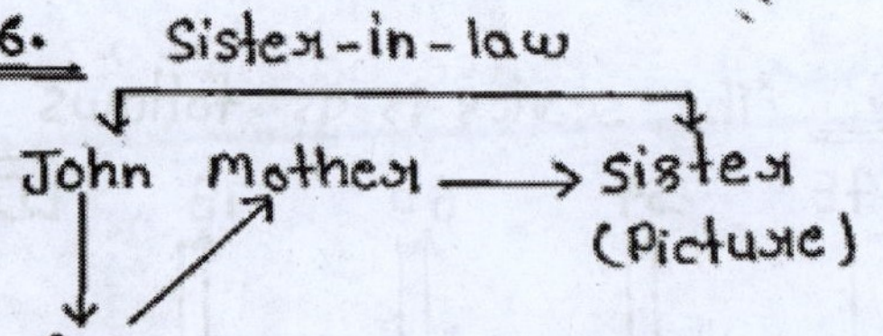

Hence the lady in the picture is John's sister-in-law

7.

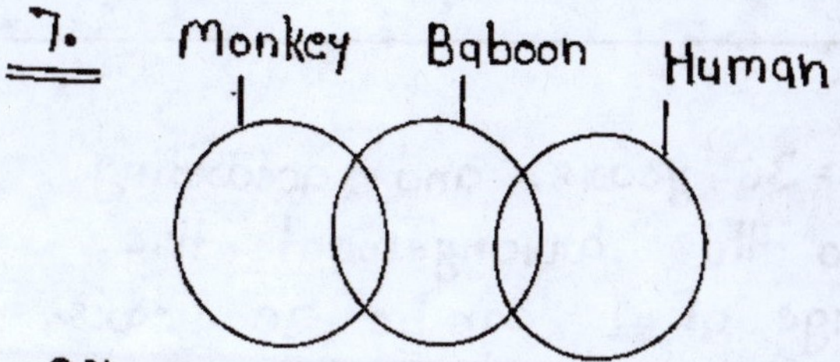

or

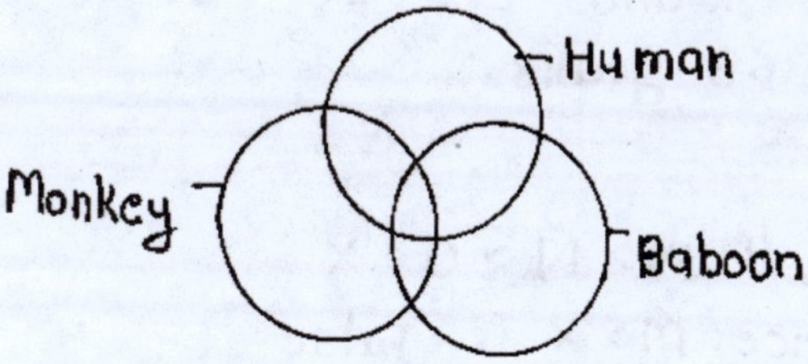

Therefore as per the statement, conclusion 1 and 2 both follows.

8. In the above, Kohima is the capital of Nagaland, Gangtok is the capital of Sikkim and Patna is the capital of Bihar, while Odisha itself is a state. Hence odisha is different from all others.

9. The series is as follows

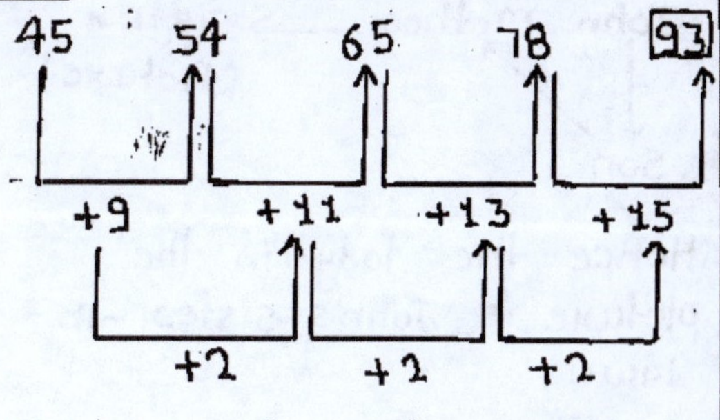

Hence next number = 93

10. From the given options,

(a) 20 : 11 → 11 × 2 − 2 = 20

(b) 6 : 4 → 4 × 2 − 2 = 6

(c) 12 : 7 → 7 × 2 − 2 = 12

(d) 15 : 9 → 9 × 2 − 2 = 16 ≠ 15

Hence, option (d) is odd.

11. Cod, Salmon and Shark are the examples of sea fish while oyster is a shellfish. Hence, Oyster is odd one.

12. Just as, Same as

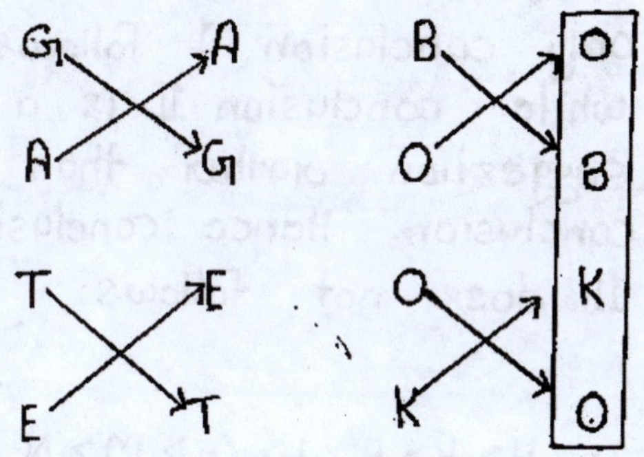

13. Just as,

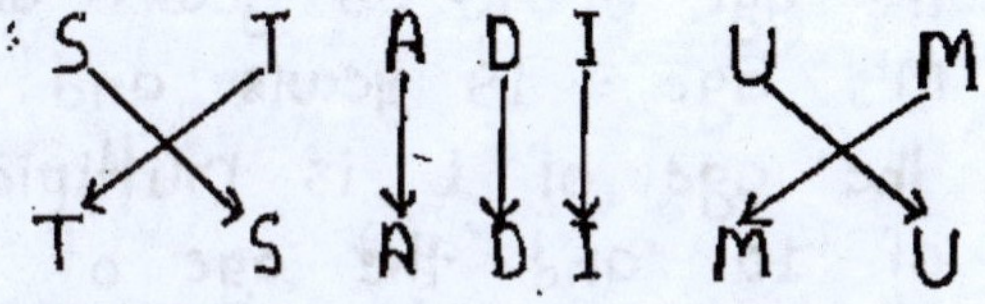

Same as,

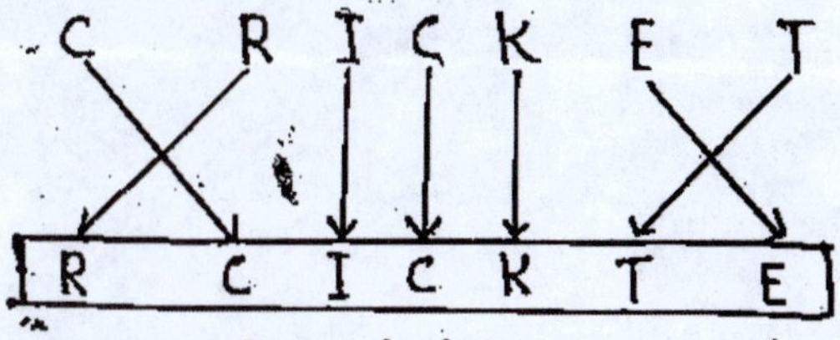

Hence option (c) is correct.

14. Just as,

142 - 50 = 92

and

255 - 50 = 205

Same as,

457 - 50 = **407**

15. Just as,

T —+2→ V
I —+3→ L
L —+2→ N
E —+3→ H

and

R —+2→ T
A —+3→ D
M —+2→ O
P —+3→ S

Same as,

S —+2→ U
O —+3→ R
R —+2→ T
T —+3→ W

16. Just as 'Needle' is used for 'Sewing', similarly an 'Auger' is used for 'Drilling'.

17. In the above figure, option figure (b) will be completed the question mark (?).

18. When the given question figure is placed to the right side of the mirror MN then, the correct mirror image will be the figure of option (c)

19. Such as,

$5 \times 3 = 15 - 3$
$= 12$

And

$12 \times 9 = 108 - 9$
$= 99$

Same as,

$7 \times 6 = 42 - 6$
$= 36$

20. Such as,

$24 + \frac{12}{2} - 4 = 24 + 6 - 4 = 26$

$31 + \frac{30}{2} - 4 = 31 + 15 - 4 = 42$

Same as,

$38 + \frac{48}{2} - 4 = 38 + 24 - 4 = 58$

Hence, it is clear that 58 will be replace the question mark (?).

21. According to the question the seating arrangement is as follows.

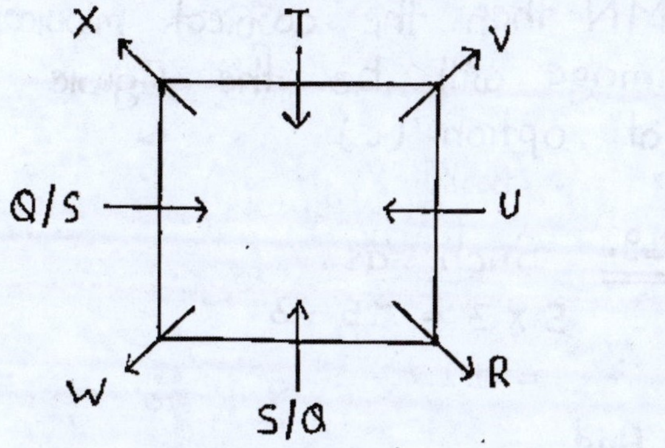

22. Sequence of sitting aronud the table is as follows.

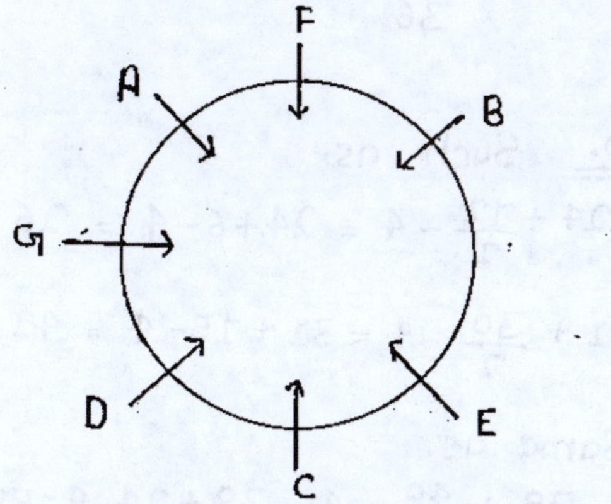

It is clear from above diagram that D is sitting to the immediate right of G.

23.

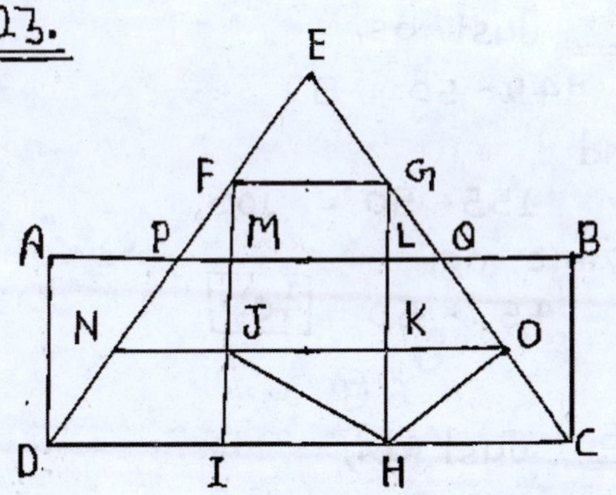

ΔEFG, ΔEDC, ΔENO, ΔEPQ ΔFJN, ΔFMP, ΔFID, ΔGLQ ΔGOK, ΔGCH, ΔKOH, ΔHOC ΔCQB, ΔAPD, ΔJOH, ΔJKH ΔIJH and ΔHOG

Hence, total 18 triangles are present in the given figure.

24. The logical and meaningful order of given world

(2) Admission → (1) class → (4) Examination → (5) marking → (3) Result

Hence, the meaningful order of given words–

2, 1, 4, 5, 3

25. 7 @ 343

Just as, $(7)^3 = 343$

and

9 @ 3 = 729

$(9)^3 = 729$

Similarly

6 @ 3 = ?

$(6)^3 = 216$

So, 6 @ 3 = 216

26. From option (a),

(P + K + D ÷ H × M) :-

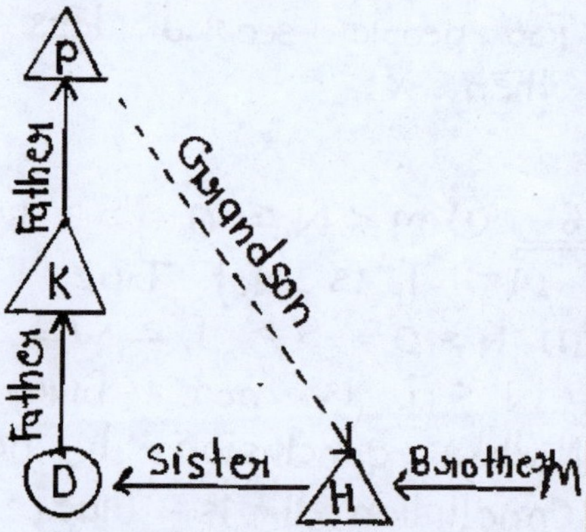

Hence, it is clear from above diagram that H is grandson of P.

27. On moving the clock wise direction with the common face.

10	25	30
↕	↕	↕
10	20	15

Hence, It is clear that opposite face of '30' will be '15'

28. On making the Venn diagram as per statment

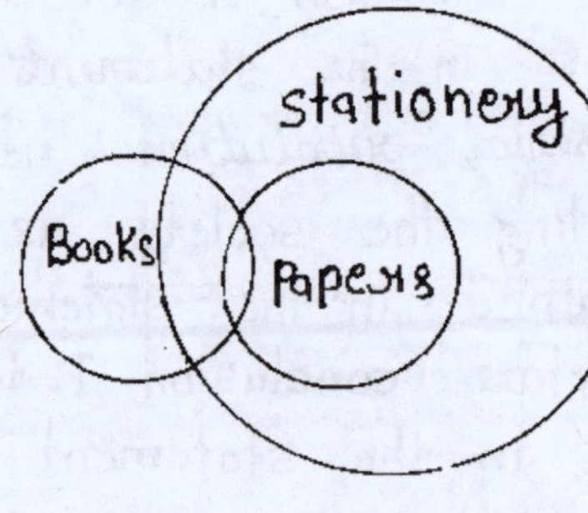

It is clear from the above Venn diagram that only Conclusions I and IV follow

29. The given letter cluster series is as follows-

H $\xrightarrow{-1}$ G $\xrightarrow{-1}$ F $\xrightarrow{-1}$ E $\xrightarrow{-1}$ **D**

X $\xrightarrow{-1}$ W $\xrightarrow{-1}$ V $\xrightarrow{-1}$ U $\xrightarrow{-1}$ **T**

K $\xrightarrow{+1}$ L $\xrightarrow{+1}$ M $\xrightarrow{+1}$ N $\xrightarrow{+1}$ **O**

Hence, **? = DTO**

30. The given number series is as follows -

42 → 43 → 47 → 56 → **72** → 97 → **133**

+1, $+(2)^2$, $+(3)^2$, $+(4)^2$, $+(5)^2$, $+(6)^2$

Hence, option (b) will be the required answer.

PRACTICE SET-7
HINTS & SOLUTIONS

1. from the given statement only conclusion II follows because in the statement the industrial revalution new modeling the society as explained in the statement. therefore conclusion I follows while in the statement but the rich and poor an not talk therefore I do not follow the given statement.

2. According to the statement the common man cannot buy books because the prices are high hence conclusion I will not be true. There is no discussion of art gallery in the statement hence there will be no conclusion II.

3. The given series is as follows-

$2 + 3 = 5$

$3 + 5 = 8$

$5 + 8 = 13$

$8 + 13 = \boxed{21}$

$13 + 21 = 34$

$21 + 34 = \boxed{55}$

4. The given series is as follows -

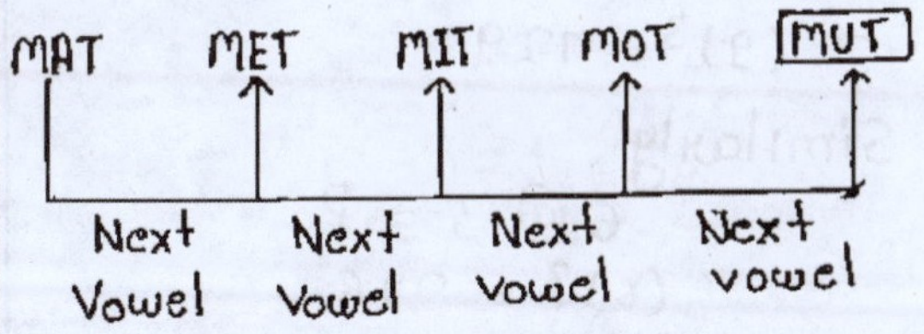

So, option (b) is correct.

5. The correct order is

$M > L > Y > K > X > W > Z$

Two people scored less then X.

6. (I) $M < N \leq O = S > T$

$M \leq T$ is Not True.

(II) $N \leq O = S > T \geq W \geq Z$

$N < Z$ is not True.

Neither conclusion I nor Conclusion II is True.

7. Given E ⟶ +   F ⟶ ×
G ⟶ ÷   H ⟶ −

81 HIG 1 17F 102G 6F 34 H 6
(original term)

$= 81 - 1 \div 17 \times 102 \div 6 \times 34 - 6$

(The position after the symbol changed)

$= 81 - \frac{1}{17} \times 102 \div 6 \times 34 - 6$

$= 81 - \frac{6}{6} \times 34 - 6$

$= 81 - 34 - 6 = 41$

8.

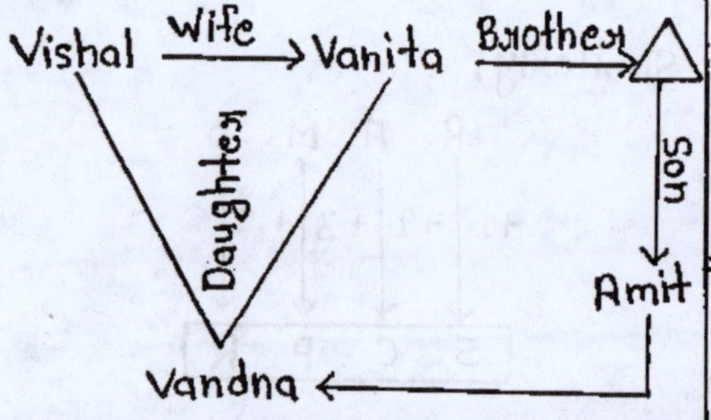

Vandana is Amit Cousin sister.

9.

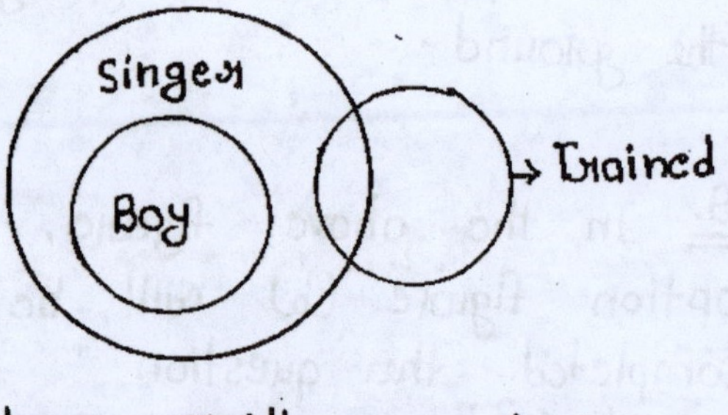

Hence Neither conclusion 1 nor 2 follows.

10. In the following, Mauve, purple and green are indicated to the colours. whereas 'Pillar' belong to the under 'Architecture' And It do not indicate to the colour. So 'Pillar' does not belong to this group.

11. The series is as follows

$1^3 + 1 = 2$

$2^3 + 1 = 9$

$3^3 + 1 = 28$

$4^3 + 1 = 65$

$5^3 + 1 = \boxed{126}$

12. From the given option,

(a) $9 \times 1 = 9 \rightarrow 9 + 0 = 9$

(b) $1 \times 9 \times 5 = 45 \rightarrow 4 + 5 = 9$

(c) $1 \times 6 \times 9 = 54 \rightarrow 5 + 4 = 9$

(d) $1 \times 7 \times 1 = 7 \rightarrow 7 + 0 = \boxed{7}$

Hence, option (d) is different from all three.

13. Fluster, Confound and Agitate are synonyms of each other but calm is antonyms in the meaning of all three. So, option (d) is different.

14. Just as,

P $\xrightarrow{-2}$ N
E ⤫ O
O ⤫ E
P $\xrightarrow{-3}$ M
L ⤫ E
E ⤫ L

And,

T $\xrightarrow{-2}$ R
A ⤫ B
B ⤫ A
L $\xrightarrow{-3}$ I
E ⤫ S
S ⤫ E

Same as,

M $\xrightarrow{-2}$ K
A ⤫ T
T ⤫ A
U $\xrightarrow{-3}$ R
R ⤫ E
E ⤫ R

Hence, MATURE will be written as 'KTARER'.

15. Just as,

H $\xrightarrow{+3}$ K
A $\xrightarrow{-5}$ V
U $\xrightarrow{+3}$ X
N $\xrightarrow{-5}$ I
T $\xrightarrow{+3}$ W

And,

B $\xrightarrow{+3}$ E
U $\xrightarrow{-5}$ P
R $\xrightarrow{+3}$ U
N $\xrightarrow{-5}$ I
T $\xrightarrow{+3}$ W

Same as,

T $\xrightarrow{+3}$ W
H $\xrightarrow{-5}$ C
R $\xrightarrow{+3}$ U
O $\xrightarrow{-5}$ J
W $\xrightarrow{+3}$ Z

Hence, 'THROW' will be written as 'WCUJZ'.

16. Just as,

$8 : 1 \rightarrow (1)^2 \times 8 = 8$

and, $200 : 5 \rightarrow (5)^2 \times 8 = 200$

Similarly, from option (d)

$? : 2$

$(2)^2 \times 8 = 32$

? = 32

17. Just as,

P A R K
+1 +2 +3 +2
Q C U M

And

S T O P
+1 +2 +3 +2
T V R R

Similarly,

R A M P
+1 +2 +3 +2
S C P R

18. Just as 'Tongs' are used to Hold an object. Same as, Hoe is used to Dig the ground.

19. In the above figure, option figure (b) will be completed the question mark (?).

20. The correct mirror image of given question figure is figure of option (a).

21. Such as,

Row I → (12×4)−(11×3) = 15

Row II → (14×4)−(17×3) = 5

Same as,

Row III → (16×4)−19×3 = ?

? = 64 − 57

Hence, ? = 7

22. In first row

(3+5)×2 − 3

= 16 − 3

= 13

In second row

(11+4)×2 − 3

30 − 3

= 27

In third row

(21+?)×2 − 3 = 75

2? = 36

? = 18

Hence, **? = 18**

23. According to the question

• The sitting arrangement is as follows.

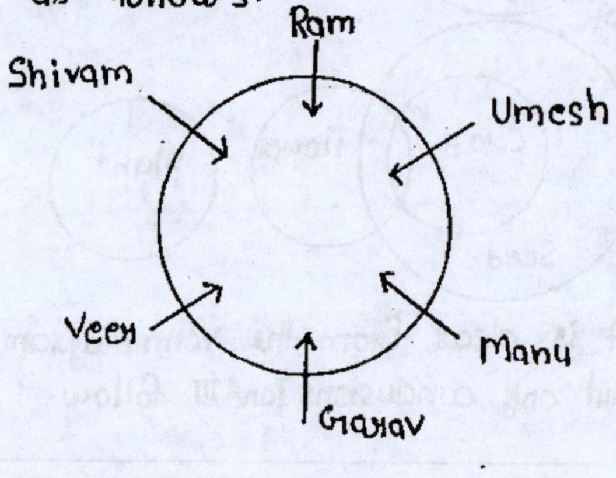

• It is clear from the above that Veer is sitting second to the left of manu.

24. According to the question

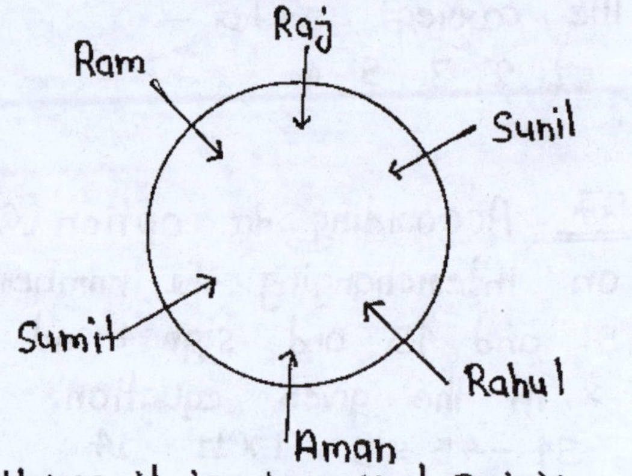

Hence, it is clear that Raj is second to the right of Rahul

25.

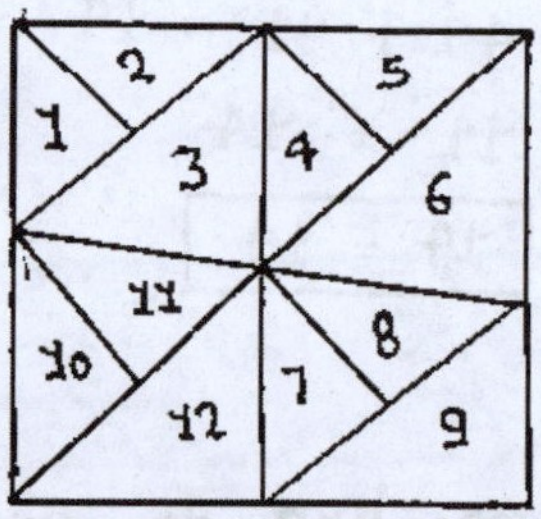

Number of triangles formed by 1 digit = 12

Number of triangles formed by 2 digit = 4

Number of triangles formed by 5 digit = 1

Number of triangles formed by 7 digit = 1

Hence the total number of triangles = 18

26. The logical and meaningful order of the given world
(1) Costing → (2) Acting → (3) Film Shooting → (5) Editing → (4) Final Film
The correct order –
1, 2, 3, 5, 4

27 According to option (c) on interchanging the numbers 54 and 45 and sign + and × in the given equation.

$54 - 45 \div 9 + 7 \times 11 = 14$
$45 - 54 \div 9 \times 7 + 11 = 14$
$45 - 6 \times 7 + 11 = 14$
$45 - 42 + 11 = 14$
$3 + 11 = 14$
$\boxed{14 = 14}$

28. According to given relation diagram will be follows –

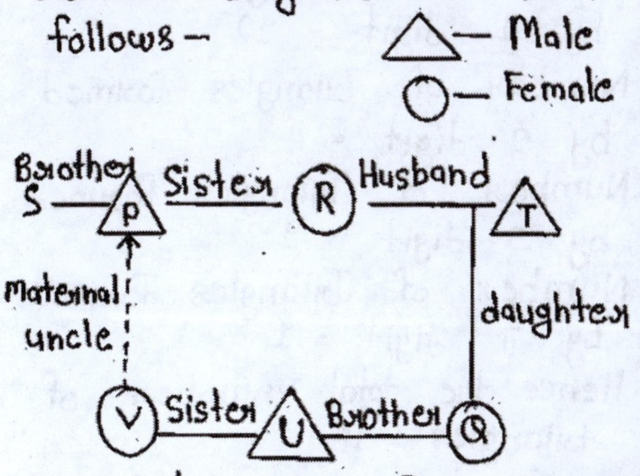

Hence, it is clear from diagram that P is maternal uncle of V.

29. On rotating both the dice anticlockwise from the common face

8 ↓ 8 ↓ 5
7 ↓ 4
6 ↓ 9 (opposite faces)

(I) Face 9 and its opposite face is 6.
Sum = 9 + 6 = 15 (Multiple of 3)
(II) It is clear from the above that the opposite face of 8 is 5 which is a prime number.
Hence, both statement (I) and (II) follow.

30. On making the Venn diagram as per statement,

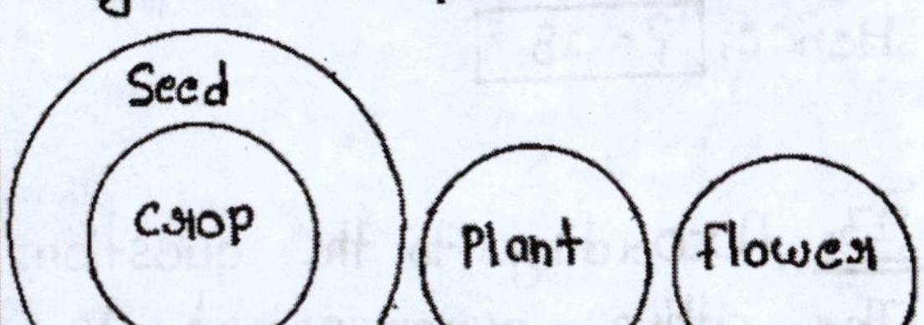

or

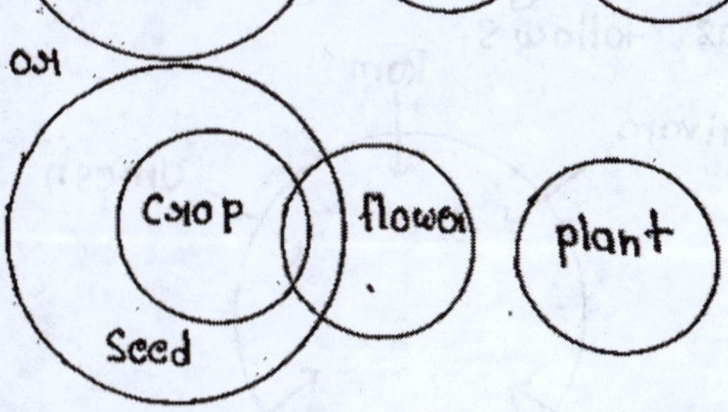

It is clear from the Venn diagram that only conclusions I and III follow.

PRACTICE SET-8
HINTS & SOLUTIONS

1. Only conclusion II follows from the given statement. Because attending a debate class to develop an interest in debating statement may result in some students eventually developing an interest. Conclusion II follows the given statement while an interest in debating is based on strength can be created is not given in the statement. Hence conclusion I does not follow.

2. Only conclusion II follows from the given statement. Because the statement emphasizes the need to change the current training the current training program may not be able to bring out the actual talent of the Candidates. Thus only Conclusion II follows.

3. Given series is as follows-

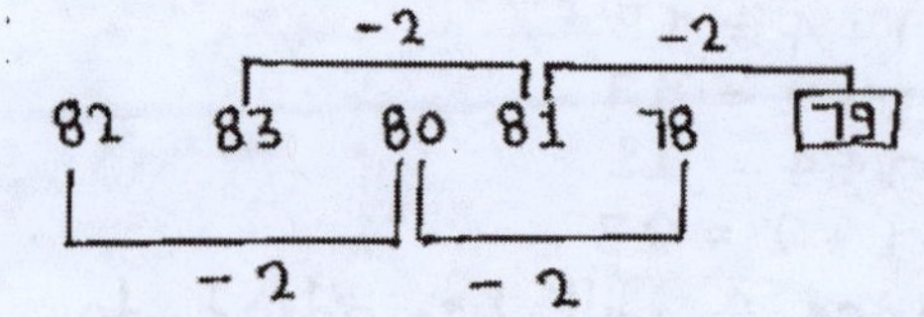

4. The given series is as follows,

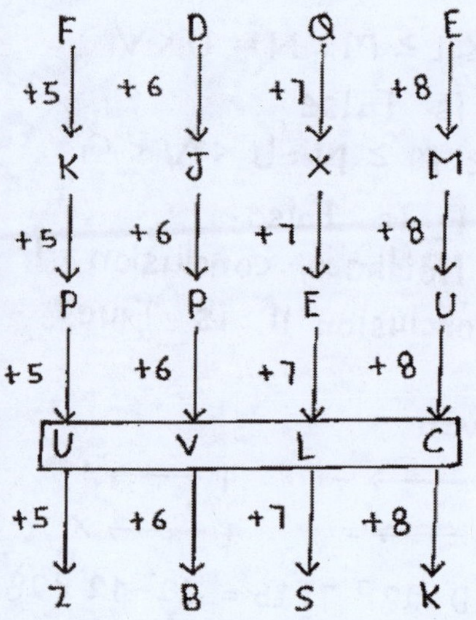

Hence, in the place of question mark will be UVLC

5. On making the Venn diagram as per statement,

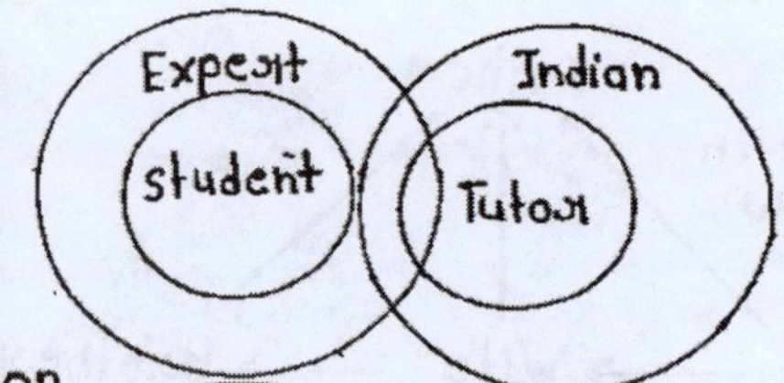

OR

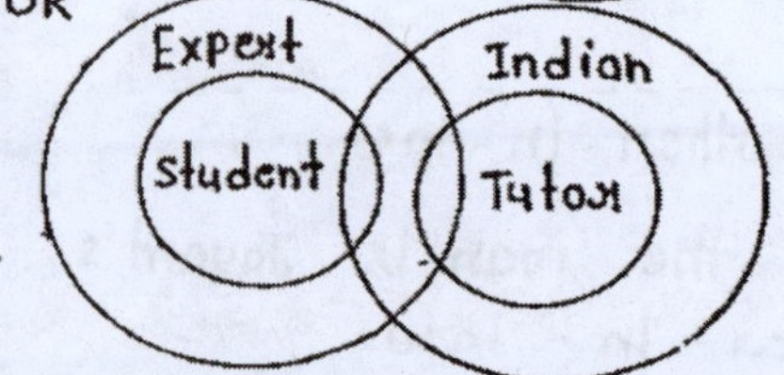

It is clear from the Venn diagram that only conclusions I and II or III follow

6. $Y > E > Z > W > K > D > X$

None of the people scored more than Y.

7. (i) $P \leq L \geq M \geq N = U < V$

$P > V$ is False.

(ii) $L \geq M \geq N = U < V < G$.

$G \leq L$ is False.

Hence, Neither conclusion I nor conclusion II is True.

8. given

P ⟶ ÷ T ⟶ +

M ⟶ − D ⟶ ×

$12M\ 12D\ 28P\ 7T15 = 12 - 12 \times 28 \div 7 + 15$.

$= 12 - 12 \times 4 + 15$

$= 27 - 48$

$= -21$

9.

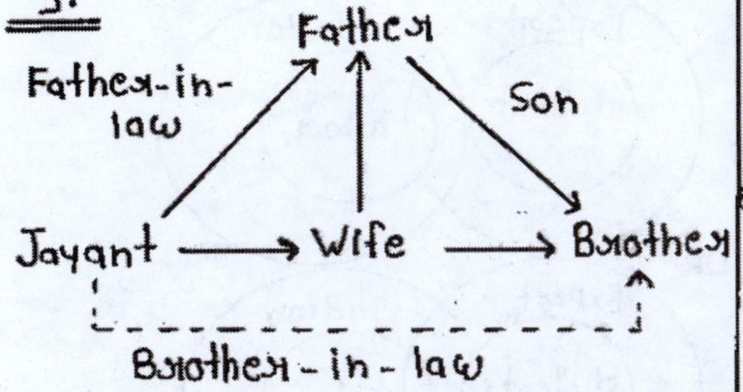

Hence, the man is Jayant's Brother-in-law.

10. On drawing diagram as per the statement given in the question.

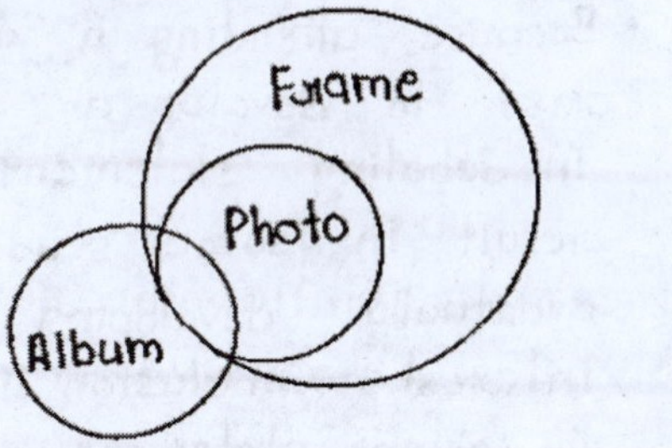

Conclusion:

(1) Some albums are frames (✓)

(2) No photo is album (x)

Therefore it is clear form the diagram that only Conclusion I follows.

11. Kidney, Liver and lungs are the interior part of our body but nose is the exterior part of our body. So nose is different from all others.

12. 9, 11, 15, 17, 21, 23 ---

From the given series.

$9 + 2 = 11$

$11 + 4 = 15$

$15 + 2 = 17$

$17 + 4 = 21$

$21 + 2 = 23$

Hence 4 will be added to the next number is the sequence.

Hence Number $= 23 + 4 = 27$

13. 73, 59 and 71 are prime numbers whereas 87 is a composite number.

14. Benevolence, Indulgence and Courtesy give positive meaning while Hindrance gives a negative meaning.

15. Just as,

B A N K E R
(+1, −1, +1)
C A M K F R

Same as,

I N D I A N
(+1, −1, +1)
J N C I B N

16. Such as,

C —(+1)→ D
H —(+2)→ J
H —(+3)→ K
A —(+4)→ E
P —(+5)→ U
A —(+6)→ G
K —(+7)→ R

Same as,

M —(+1)→ N
A —(+2)→ C
L —(+3)→ O
A —(+4)→ E
N —(+5)→ S
G —(+6)→ M
A —(+7)→ H

NCOESMH

17. Just as,

$(5, 67) \rightarrow 5 \times 13 + 2 = 65 + 2 = 67$

and

$(7, 93) \rightarrow 7 \times 13 + 2 = 91 + 2 = 93$

Same as,

$(11, ?) \rightarrow 11 \times 13 + 2 = 143 + 2 = \boxed{145}$

Hence option (a) is correct.

18.

Just as,

FJM : UQN

Opposite letter

And

DPQ : WKJ

Opposite letter

Same as, from option (a)

OVC : **LEX**

Opposite letter

19. Just as 'Bricks are made in 'Kiln', in the same way 'Bread is made in 'Bakery'.

20. In the above figure, Option figure (a) will be completed the question mark (?)

21. If the mirror is placed to the right of the figure, then the correct mirror image will be option figure (b).

22.

I	II	III
13	50	8
12	39	5
15	51	?

I + III II

In row(1) → 13+8 → 21×2+8 = 50

In row (2) → 12+5 → 17×2+5 = 39

In row(3) → 15+? → (15+?)×2+?=51

30 + 2? + ? = 51

3? = 21

? = 7

Hence, ? = 7

23. Such as, and

$= \frac{7+5}{4} = \frac{12}{4} = 3, = \frac{6+3}{3} = \frac{9}{3} = 3$

Same as,

$\frac{?+27}{18} = 3$

? = 54 - 27

? = 27

24. According to question,

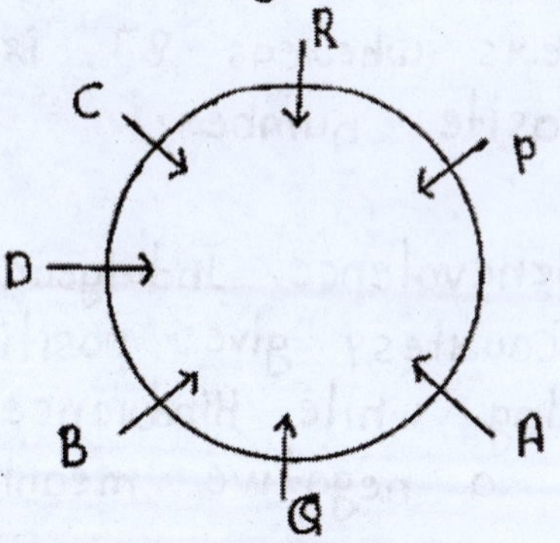

Hence, it is clear from the above diagram that two persons sit between D and A when counted from the left of A.

25. According to the question sitting arrangement is as follows-

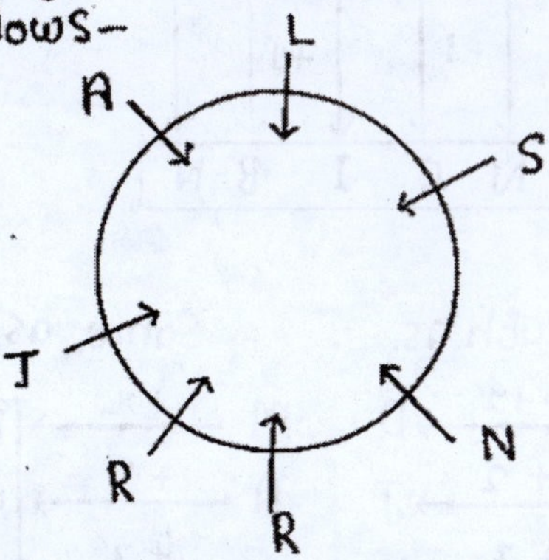

from the above it is clear the 'L' is sitting to the immediate left of A.

26. According to the question.

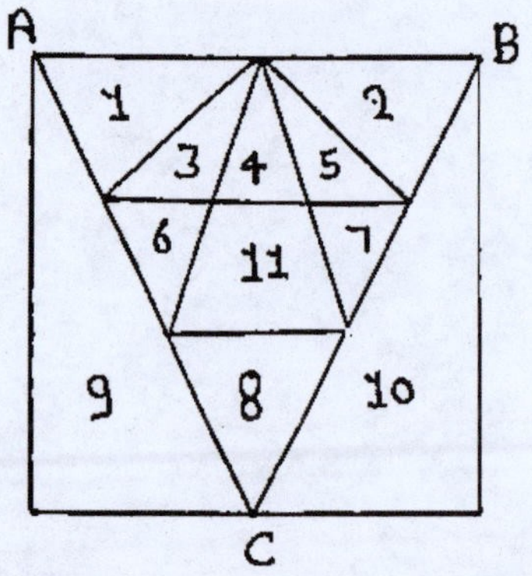

Triangles are → 1, 2, 3, 4, 5, 6, 7, 8, 9, 10, (4, 11), (3, 6), (5, 7), (3, 4) (4, 5), (3, 4, 5), (1, 3, 6), (2, 5, 7), (6, 7, 8, 11), ABC

Hence the number of triangles = 20.

27. The logical and meaningful order of the given words is as follows.

Child 4, Hunger 1, Cry 2, mother 6, feeding 3, sleep 5

Hence, correct order will be 4, 1, 2, 6, 3, 5.

28. From option (a),

(5D6) A (4D3) A (3D3)

According to the question,

(5+6) > (4+3) > (3+3)

11 > 7 > 6 (True)

From option (b),

(5D6) A (6D12) A (13D6)

According to the question

(5+6) > (6+12) > (13+6) ⇒

11 > 18 > 19 (False)

From option (c)

(27G3) C (75G5) C (6F2)

According to the question,

(27÷3) = (72÷5) = (6×2) →

9 = 15 = 12 (False)

From option (d)

(35E15) C (5F5) A (20G4)

According to the question

(35−15) = (5×5) > (20÷4)

→ 20 = 25 > 5 (False)

Hence option (a) is correct.

29. The blood relation diagram is given below–

K − S ÷ J × B + C − Q

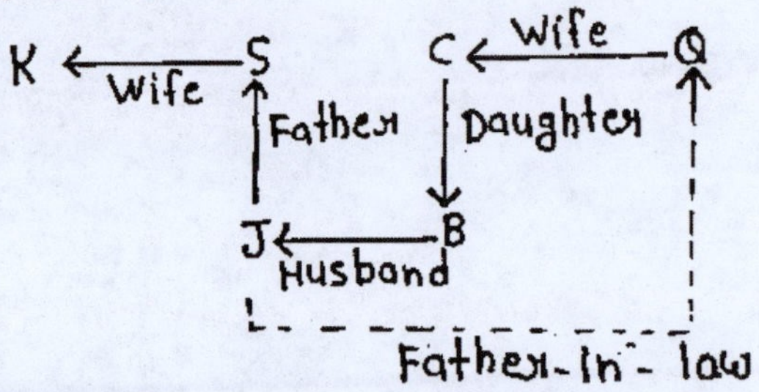

Hence, it is clear from above diagram that 'Q' is father-in-law of J.

30. According to the question

K R H

R ↓ L, H ↓ D — opposite faces

K ↓ Y — opposite faces

It is clear from above that oppsite faces of H will be D.

PRACTICE SET-9
HINTS & SOLUTIONS

1. Neither conclusion I nor conclusion II follows from the given statement. Because statement plays an important role in money politics but it does not mean that poor person can not be a politicion and only rich man can be a politician.

2. In the given statement the projects are allotted to the experienced and competent candidate hence conclusion I follows the given statement whereas it is difficult to find micro and experienced candidates in the statement It is not given in the statement so conclusion II does not follow.

3. Number series is as follows.

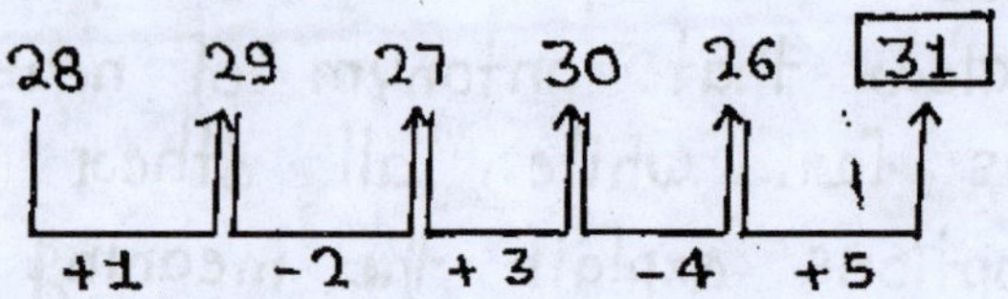

? = 31

4. The given series is as follows,

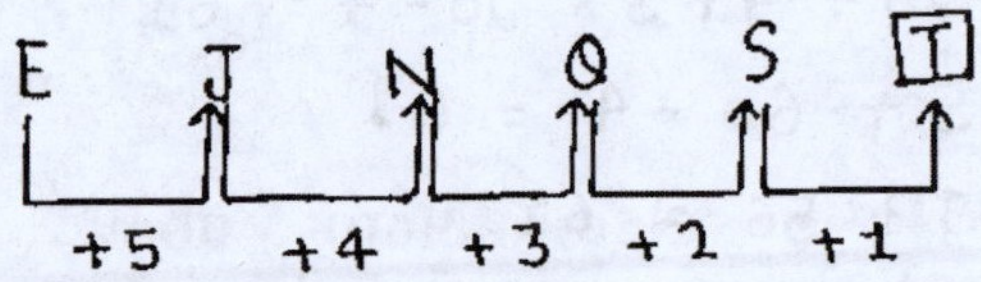

Hence, ? = T

5. According to the question-

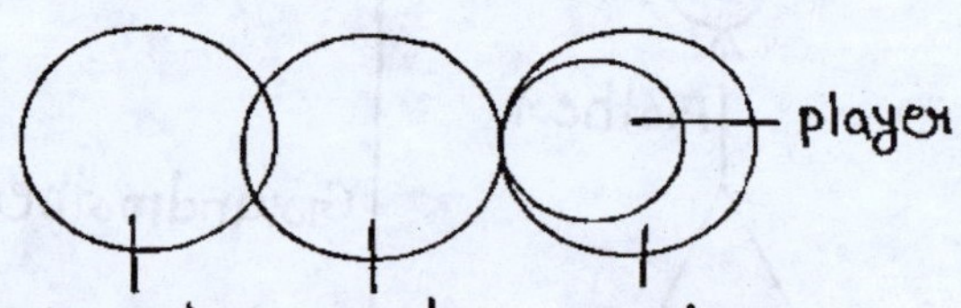

Conclusion : (I) (✓) (II) (X)
(III) (X) (IV) (✓)

Hence, both conclusion I and IV follow.

6. $Y > X > K > M > Z > L > W$

Z scored third lowest marks.

7. (i) $M < W = P$

$P \leq M$ is False.

(ii) $T \geq M < W = P \geq Q$

$Q > T$ is False.

Hence, Nether conclusion I nor II Follows.

8. From option (d)

$45 \times 9 - 3 \div 20 + 4 = 61$

On changing the symbols

$= 45 \div 9 + 3 \times 20 - 4 = 61$

$= 5 + 60 - 4 = 61$

$= 5 + 56 = 61$

$61 = 61$ (LHS = RHS)

9. As per question –

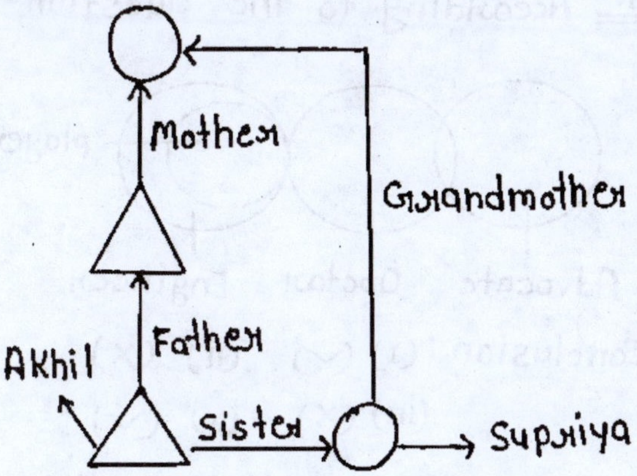

Hence mother of Akhil's father is grandmother of Supriya.

10.

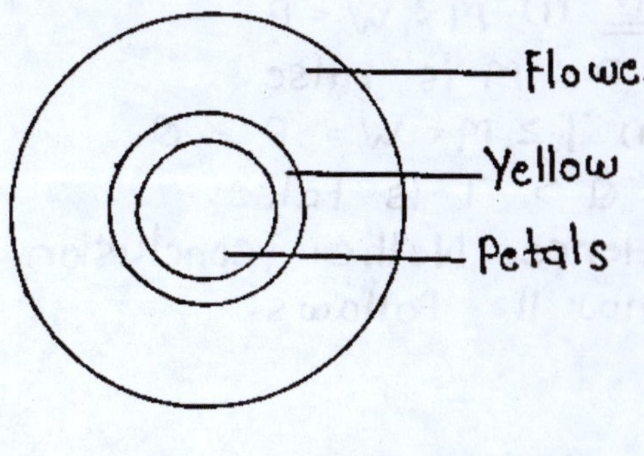

Hence, None conclusion is follows.

11. In the given words blender is different because all other are means of communicaton, whereas blender is a 3-D animation software.

12. The given series is made up of square of prime numbers

$2^2, 3^2, 5^2, 7^2, 11^2, 13^2$

Hence $2^2 = 4$ will be on the blank space.

13. From the given options :-

(a) $109 - 1 = 108$
(b) $61 - 1 = 60$
(c) $73 - 1 = 72$

These number are divisible by 12. So these three are the same.

(d) $91 - 1 = 90$ Which is not divisible by 12.

Hence, option (d) is incompatible with the other three.

14. From option (d) It is clear that antonym of near is far, while, all other options explain the meaning of synonyms,

Hence, option (d) is different from all others.

15. Just as,

S T R I C T U R E

T S U T C I R E R

Same as,

I N C U L C A T E

N I A C L U C E T

∴ Option (b) would be correct.

16. Just as,

S O L O

+1 −2 +3 −4

T M O K

Same as,

R O S E

+1 −2 +3 −4

S M V A

17. Just as,

21 : 152 → 21×7+5 = 152

and, 11 : 82 → 11×7+5 = 82

Similarly,

19 : ? → 19×7 + 5 = 138

18. Just as,

M I L K

+2 +3 +4 +1

O L P L

And,

T I L E

+2 +3 +4 +1

V L P F

Similarly,

S T A R

+2 +3 +4 +1

U W E S

19. Just as, the sound of Jackal is 'Howl'. Same as, the sound of Rain is 'Patter'.

20. In the above figure, option figure (b) will be completed the question mark (?)

21. If a mirror is placed on the right side of the given figure then it will appears as option figure (a).

22. Such as,

(Logic - I^{st} number × 5 − 3rd number × 2 = IInd number)

Row I − 3 × 5 − 2 × 2 = 15 − 4 = 11

Row II − 5 × 5 − 7 × 2 = 25 − 14 = 11

Same as,

Row III − 13 × 5 − 18 × 2 = 65 − 36 = 29

Hence the correct answer is "29".

23.

Such as,	And,	Same as,
9	7	9
5	4	7
43	26	?
↓	↓	↓
9×5−2 = 43	7×4−2 = 26	9×7−2 = ? 61 = ?

Hence, ? = 61

24. According to the question -

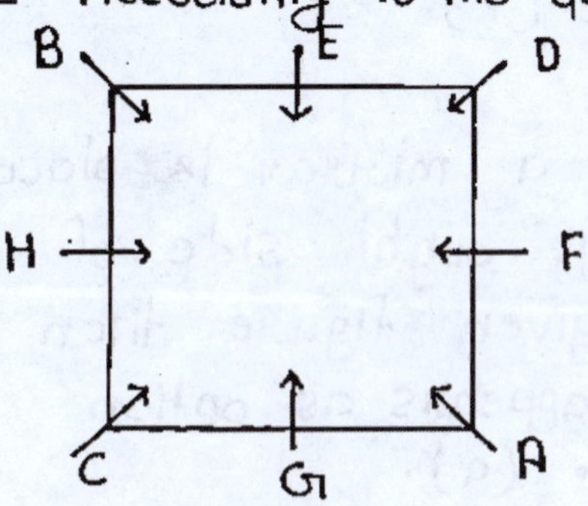

Hence, H is sitting third to the right of D.

25. According to the questions.

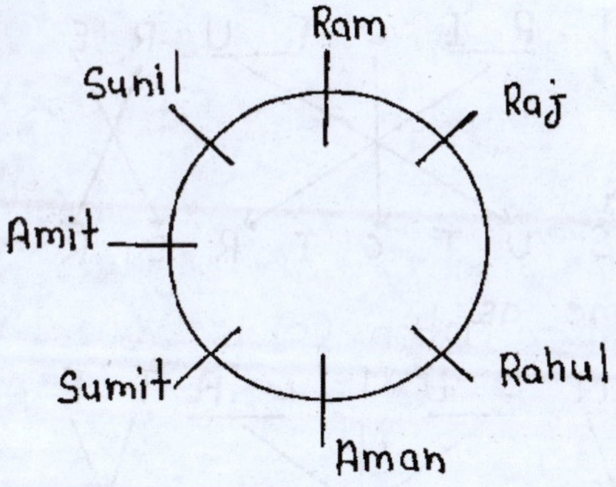

Hence, Ram is third to the left of sumit.

26.

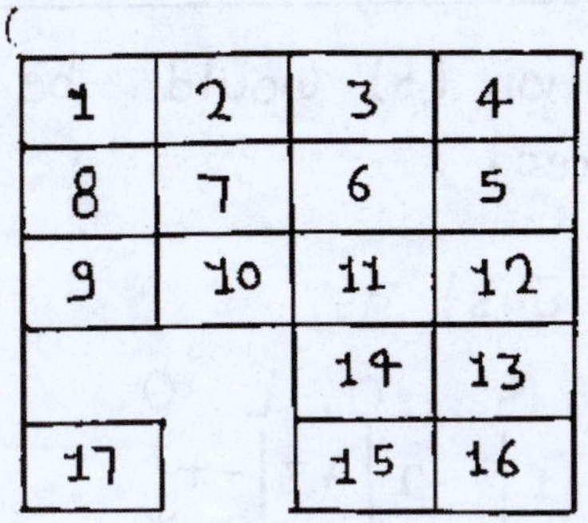

Number of squares formed by one digit = 1, 2, 3, 4, 5, 6, 7, 8, 9, 10, 11, 12, 13, 14, 15, 16, 17 = 17

Number of squares formed by four digits = (1, 2, 8, 7)(2, 3, 6, 7)(3, 4, 5, 6), (8, 7, 9, 10), (7, 6, 10, 11) (6, 5, 11, 12), (11, 12, 13, 14)(13, 14, 15, 16) = 8

Number of squares formed by nine digits = (1, 2, 3, 6, 7, 8, 9, 10, 11) (2, 3, 4, 5, 6, 7, 10, 11, 12) = 2

Hence total number of Squares = 17 + 8 + 2 = 27

27. The meaningful order of the given words-
(4) Admission → (2) College → (6) class → (1) Learn → (5) Assessment → (3) Degree
Hence, option (c) is correct.

28. Given,
$35 + (25 \times 3 - 45) \div 2 + (15 \times 4) = 125$
As per the question, on changing the number from 'option (b)'
$\Rightarrow 45 + (25 \times 5 - 35) \div 2 + (15 \times 4) = 125$
$\Rightarrow 45 + (40) \div 2 + 60 = 125$
$\Rightarrow 45 + 20 + 60 = 125$
$\Rightarrow 125 = 125$
Hence option (b) is correct.

29. The blood relation diagram is given below:-
Δ = Male
O = Female

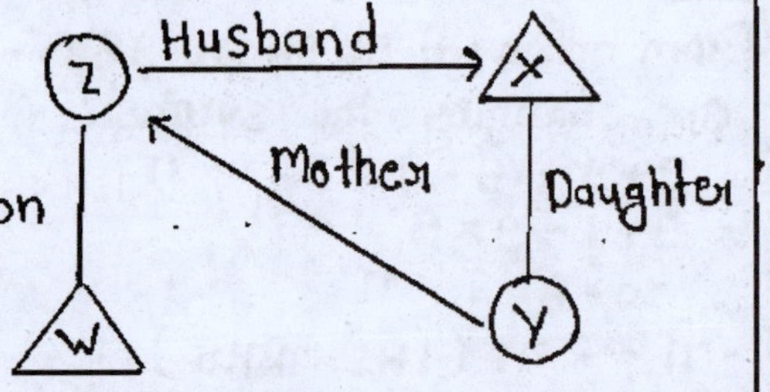

Hence, it clear from diagram that X is husband of Z.

30. On rotating clockwise direction with the common face

Opposite face → III V I
III VI II
IV

Hence, it is clear that the given dice has been made by folding the shape given in option (d).

PRACTICE SET-10
HINTS & SOLUTIONS

1. The statements only assert: (1) equal time, unequal wealth; (2) "compensation" via (instinctive/ inherent) knowledge.
Conclusion I ("God did not do justice...") is a value judgment not entailed by the facts → not necessary.
Conclusion II ("Must use ... knowledge to manage money") is a prescription absent from the premises → not necessary.
Since neither conclusion is logically compelled, option (d) stands.

2. It is clear from the statement that women have to set their minds because their empowerment cannot be wholly by the state. Hence only conclusion I follows.

3. The given series is as follows–

14 158 258 322 [358] 374

+$(12)^2$ = 44, +$(10)^2$ = 100, +$(8)^2$ = 64, +$(6)^2$ = 36, +$(4)^2$ = 16

Hence, option (c) is correct.

4. Given series is as follows-

R $\xrightarrow{-9}$ [J] $\xrightarrow{-9}$ Z $\xrightarrow{-9}$ Q $\xrightarrow{-9}$ H

K $\xrightarrow{-8}$ [C] $\xrightarrow{-8}$ U $\xrightarrow{-8}$ m $\xrightarrow{-8}$ E

D $\xrightarrow{-7}$ [W] $\xrightarrow{-7}$ P $\xrightarrow{-7}$ I $\xrightarrow{-7}$ B

5. On making the venn diagram as per statement.

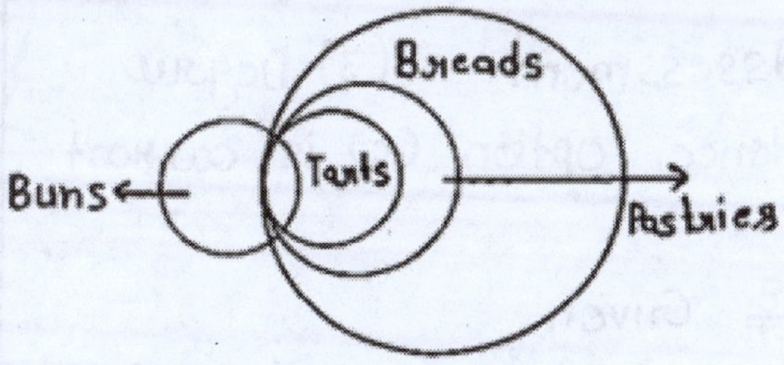

Conclusion :- (i) (✓)
(ii) (✓)
(iii) (✓)
(iv) (✓)

It is clear from the above Venn diagram that all the Conclusions follow.

6. C5 > C3 > C4 > C1 > C2
Speed of 3 cars is less than C3.

7. (i) $Z < Y = J \geq G \geq P \geq C \geq R$
$Z \geq R$ is False.
(ii) $J \geq G \geq C$
$J = C$ is false.
Hence. Neither conclusion (i) nor Conclusion (ii) Follows.

8. A→(÷), B→(×), C→(+), D→(−)
From option (d) 9C 9A 9D 9B9 = −71
On changing the symbols
= 9 + 9 ÷ 9 − 9 × 9 = −71
= 9 + 1 − 9 × 9 = −71
= 10 − 81 = −71
−71 = −71 (LHS = RHS)

9. According to question -

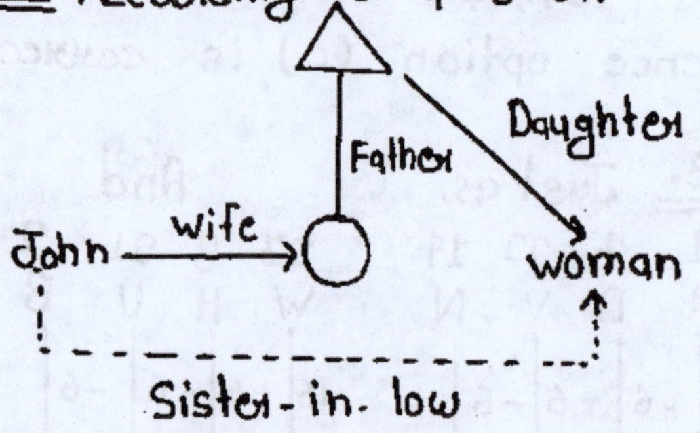

Hence, that woman is John's Sister-in-low.

10.

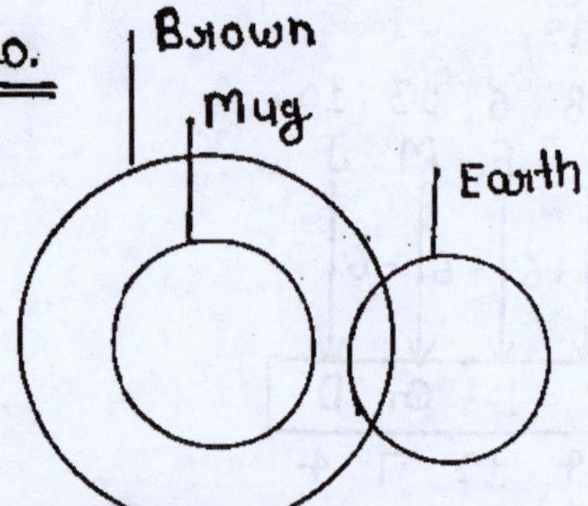

or.

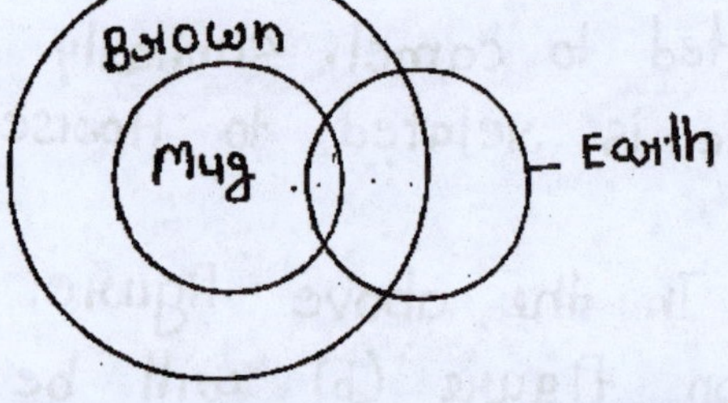

It is clear from the diagram that only conclusion I follows.

11. Bakelite is a thermosetting plastic and It is non-conductor of heat and electricity, it is used to make electric switches and pot handles etc.--- whereas Alumininium, Iron and Brass are the conductor of electricity. So bakaelite dose not belong to the group.

12. The series is as follows.

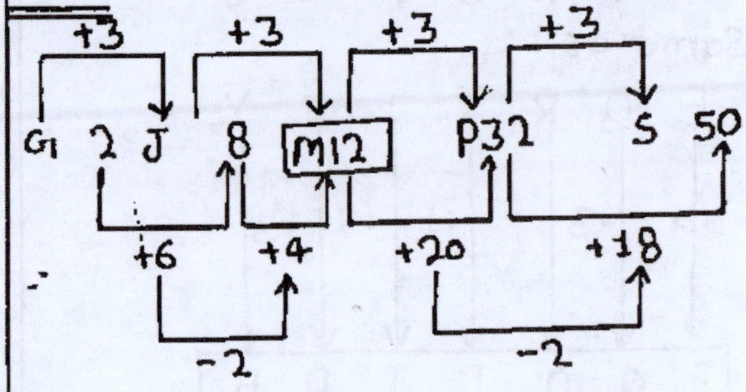

Hence M12 will be on the blank space in the series

13. From the given options -

(a) 43 : 84 → 43×2 = 86−2 = 84

(c) 15 : 210 → 15×2 = 30−2 = 28

(b) 21 : 40 → 21×2 = 42−2 = 40

(d) 19 : 36 → 19×2 = 38−2 = 36

It is clear from above that except option (c), all other options follows the same logic. Hence. Option (c) is odd one.

14. Probity, Virtue and Righteousness are the qualities of a peason whereas conduct is the behaviour of a person.

15. Just as.

W I D O W E R

-1 +2 -3 +1 -2 +3

V K A O X C U

Same as.

F O R T I F Y

-1 +2 -3 +1 -2 +3

E Q O T J D B

Hence, FORTIFY would be coded as EQOTJDB.

16. Just as.

A C N E

Opposite ✕ ✕ Opposite

X L V M

And

B O D Y

Opposite ✕ ✕ Opposite

L Y B W

Same as.

E V I L

Opposite ✕ ✕ Opposite

E V O R

17. Just as.

(17, 237) ⇒ 17 × 14 − 1 = 237

and. (9, 125) ⇒ 9 × 14 − 1 = 125

Same as,

(12, 167) ⇒ 12 × 14 − 1 = 167

Hence option (c) is correct.

18. Just as, And

1	4	22	14	23	8	21	2
A	D	V	N	W	H	U	B
+6	+6	-6	-6	+6	+6	-6	-6
G	J	P	H	C	N	O	V
7	10	16	8	3	14	15	22

Same as,

18	6	13	10
R	F	M	J
+6	+6	-6	-6
X	L	G	D
24	12	7	4

19. Just as the Howdah is related to camel. Similarly Saddle is related to Horse.

20. In the above figure, Option figure (b) will be completed the question mark (?)

21. when a mirror is place on the right side of the figure, Image will appear as in the option figure (d).

22. Such as

Row I ⇒ $(8+6)\times 5+6=76$

Row III ⇒ $(7+13)\times 5+13=113$

Same as,

Row II ⇒ $(12+10)\times 5+10=?$

⇒ $22\times 5+5=120$

$?=120$

Hence ? = 120

23. Such as.

Row I ⇒ $7^3-13^2=343-169=174$

Row II ⇒ $9^3-25^2=729-625$

$=104$

Same as,

Row III ⇒ $11^3-30^2=1331-900$

$=$ **431**

24. According to the question

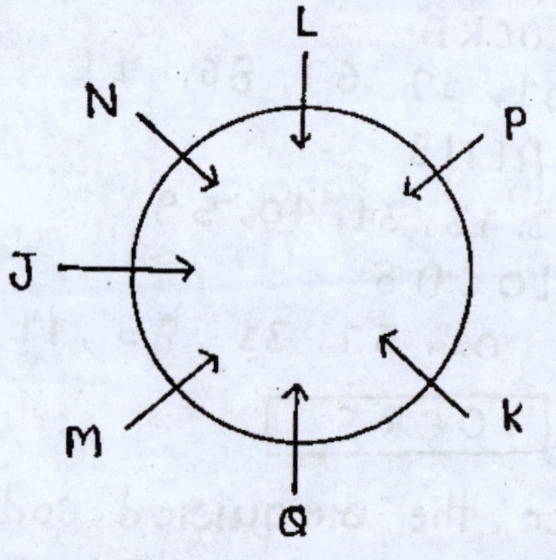

Hence, P is to the immediate left of L.

25. As per the question. Sitting arrangement is as follows–

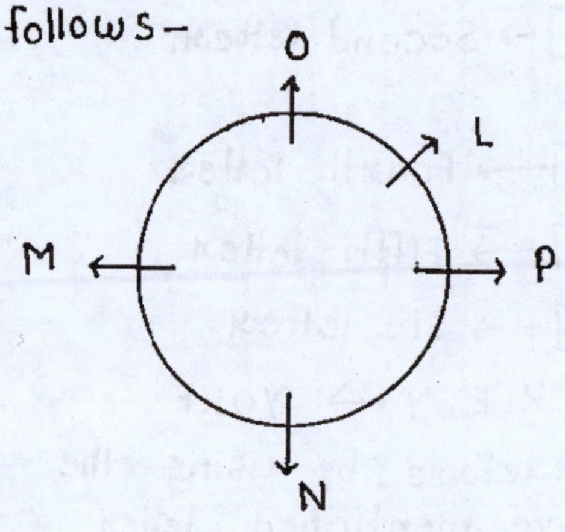

Hence, O sits immediate left of L.

26.

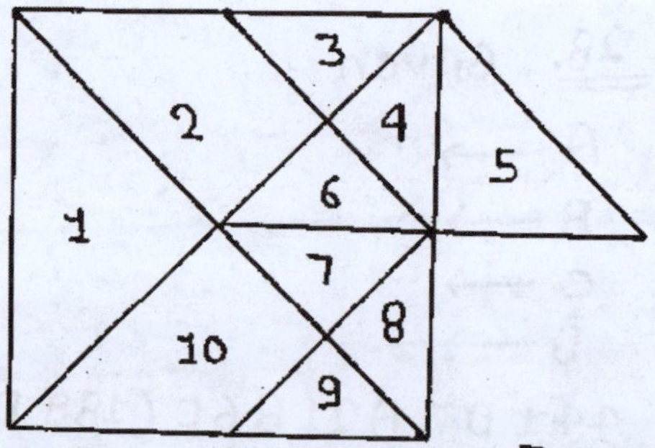

The number of triangles formed by one digit = 1, 3, 4, 5, 6, 7, 8, 9, = 8

The number of tringles Formed by two digit = (2, 3), (3, 4), (4, 6) (7, 8), (8, 9), (9, 10) = 6

The number of tringles Formed three digit = (1, 2, 3), (1, 10, 9) (6, 4, 5) = 3

The number of tringles Formed by four digit = (4, 6, 7, 8) = 1

The number of tringles Formed by six digit

= (2, 3, 4, 6, 7, 8), (4, 6, 7, 8, 9, 10) = 2

Hence total number of triangles

= 8+6+3+1+2 = **20**

27. According to the question

H
O → Second letter,
C
K → Fourth letter
E → Fifth letter
Y → six letter

O, K, E, Y → YOKE

Therefore, by using the above mentioned letter O, K, E, Y only one meaningful ward can be formed.

28. Given

A → +
B → ×
C → −
D → ÷

441 D 7 A 21 B 6 C (189 D 7) A (46 C 12)

$\Rightarrow 441 \div 7 + 21 \times 6 - (189 \div 7) + (46 - 12)$

$\Rightarrow 441 \div 7 + 21 \times 6 - 27 + 34$

$\Rightarrow 63 + 126 - 27 + 34$

$\Rightarrow 223 - 27$

$\Rightarrow 196$

Hence, option (a) is correct.

29. The blood relation diagram is given below :-

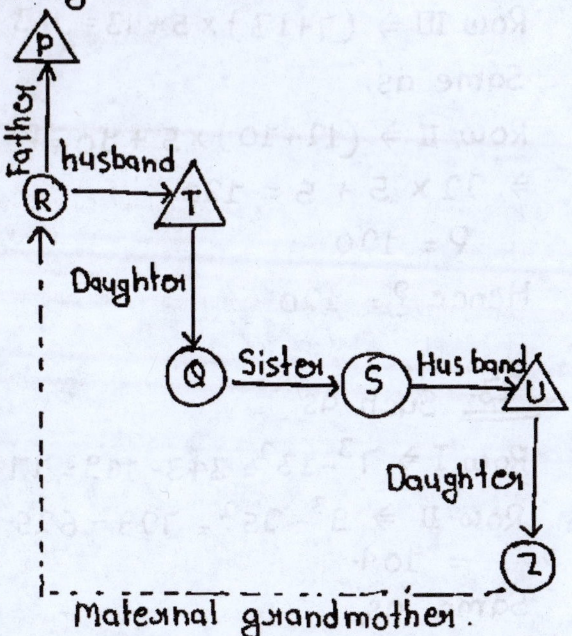

Therefore, it is clear that R is maternal grandmother of Z.

30. On checking the option

(a) 23, 89, 31, 10, 12
= LOCKA

(b) 01, 12, 67, 86, 11
= LAENS

(c) 23, 13, 31, 40, 59
= LOCDS

(d) = 01, 57, 31, 85, 11
= **LOCKS**

Hence, the required code of 'LOCKS' = 01, 57, 31, 85, 11

PRACTICE SET-11
HINTS & SOLUTIONS

1. In the given statement the economist welcomes the union budge with uncertainly and wants to know that the estimat is based on reliable data but the statement the economist has not given his two fingers crossed.
Hence conclusion I does not follow while conclusion II follow because the economist was not convinced of the accuracy of the estimate.
Hence only conclusion II follows.

2. Time is always moving and continues to pass it does not wait for any person, object, place etc. that is time can never be controlled. Once the time has passed he never returns so every person experience or time of his past and do good in his future time and move forward in life.
Therefore, every person should forget about the bad or time of his past and do good in his future time and move forward in life. Thus both conclusion here follow the given statement.

3. The given series is as follows,

46 → 51 → 76 → 201 → 826 → **3951**

Differences: +5, +25, +125, +625, 3125

i.e. 5^1, 5^2, 5^3, 5^4, 5^5

Hence, ? = 3951

4. The given series is as follows,

$B \xrightarrow{+1} C \xrightarrow{+3} F \xrightarrow{+5} K \xrightarrow{+7}$ **R**

$E \longrightarrow I \longrightarrow O \longrightarrow U \longrightarrow$ **A**

$C \xrightarrow{+1} D \xrightarrow{+3} G \xrightarrow{+5} L \xrightarrow{+7}$ **S**

Alphabetical order

∴ ? = RAS

5. On making venn diagram as per statement.

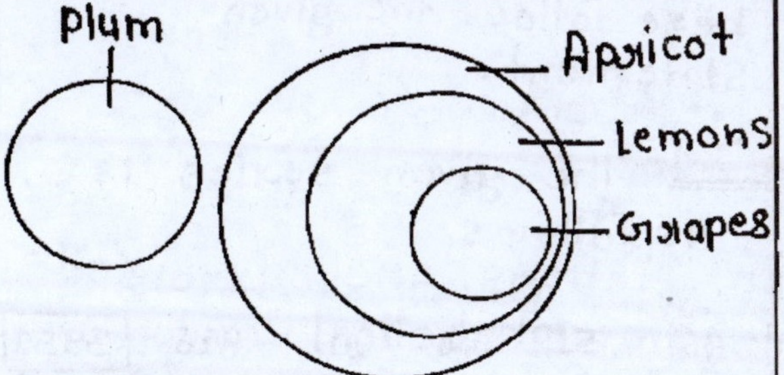

Conclusion:

(i) ✗

(ii) ✓

(iii) ✓

(iv) ✗

Hence it is clear from venn diagram that only conclusion II and III follows.

6. Qazi / Ravi > Param > Suresh > Tanvir > Qazi / Ravi > Varsha > Uday

Uday got the least percentege.

7. (i) $G < H > K \leq S \geq L$

$G > L$ is False.

(ii) $H > K \leq S \geq L = M < Q$

$H = Q$ is False.

Hence, Neither conclusion (i) nor conclusion (ii) Follow.

8. $5 \times 15 \div 7 - 20 + 4 = 77$

from option (a)

$5 \times 15 \div 7 + 20 - 4 = 77$

$5 \times \frac{15}{7} + 20 - 4 \neq 77$

from option (b)

$5 \div 15 \times 7 - 20 + 4 = 77$

$\frac{1}{3} \times 7 - 20 + 4 \neq 77$

from option (c)

$5 \times 15 + 7 - 20 \div 4 = 77$

$5 \times 15 + 7 - 5 = 77$

$75 + 7 - 5 = 77$

$77 = 77$

9.

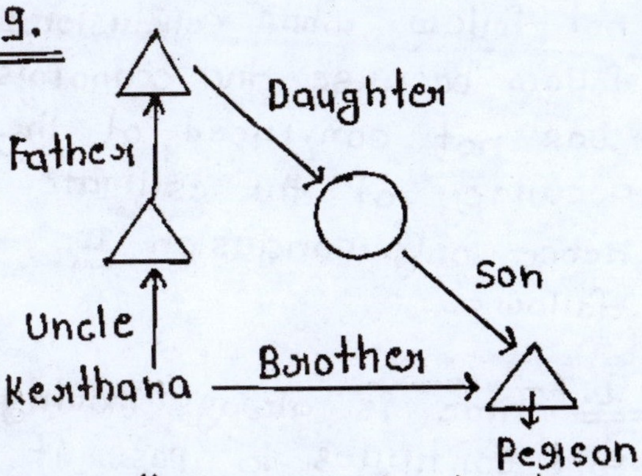

Hence the person is brother of Keritana.

10. On drawing the diagram as per the statement.

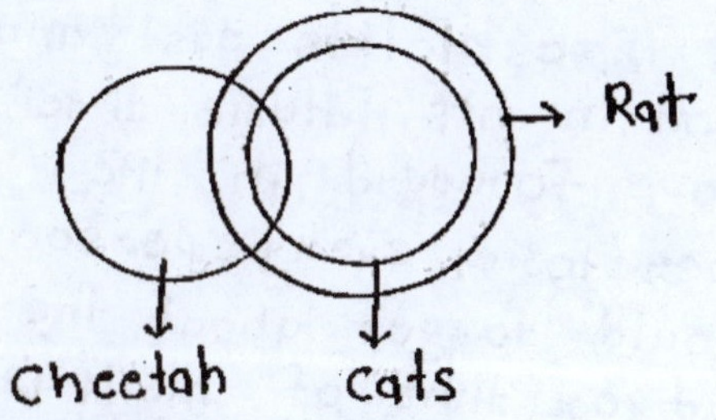

Therefore only conclusion 2 follows

11. Ravi, Sutlej and chenab are the tributary of sindhu River. These three originate in Indian territory and also flow into Pakistan, whereas Yamuna is a tributary of Ganga.

12.

1 2 6 **24** 120 720

1×2 2×3 6×4 24×5 120×6

Hence the number missing in the above series will be 24.

13. From the given options:-

(a) 7 + 37 → 44 Composite No.

(b) 18 + 49 → 67 Prime number

(c) 13 + 29 → 42 Composite No.

(d) 24 + 51 → 75 Composite No.

Hence, option (b) is different from others

14. Frustration is the state of mind whereas Diabetes, Anaemia and Hypertension are diseases.

15. Just as,

PENCIL

↓ Letters are arranged in alphabetical order

CEILNP

And,

FROST

↓ Letters are arranged in alphabetical order

FORST

Same as,

DUSTBIN

↓ Letters are arranged in alphabetical order

∴ **BDINSTU**

16. Just as,

I R O N I N G

+6 +5 +4 +3 +2 +1 +0

O W S Q K O G

Same as,

S H E R I F F

+6 +5 +4 +3 +2 +1 +0

Y M I U K G F

Hence, option (c) is the correct answer.

17. Just as,

12 : 20

↓ ↓

(3^2+3) (4^2+4)

Same as,

30 : 42

↓ ↓

(5^2+5) (6^2+6)

18. Just as, and

$B \xrightarrow{+1} C$ $C \xrightarrow{+1} D$

$H \xrightarrow{+2} J$ $I \xrightarrow{+2} K$

$J \xrightarrow{+3} M$ $K \xrightarrow{+3} N$

$L \xrightarrow{+4} P$ $M \xrightarrow{+4} Q$

Same as,

$D \xrightarrow{+1}$ E

$J \xrightarrow{+2}$ L

$L \xrightarrow{+3}$ O

$N \xrightarrow{+4}$ R

Hencs, **? = ELOR**

19. Just as, Lend is the opposite of borrow. Same as cruel is the opposite of Kind.

20. Answer option figure (a) will complete the question figure.

21. The correct mirror image of the given figure will be the option figure(c).

22. Such as,

Column I → $7 \times 3 + 7 = 28$

Column II → $9 \times 8 + 9 = 81$

Same as,

Column III → $5 \times ? + 5 = 50$

$? + 1 = 10$

Hence, **? = 9**

23. Such as

$13 + 108 = 121 = \sqrt{121} = 11$

and

$26 + 55 = 81 = \sqrt{81} = 9$

Same as

$? + 157 = 196 \quad \because \sqrt{196} = 14$

$? = 196 - 157$

$? = 39$

Hence, **? = 39**

27. According to the question

H

[O] → Second letter,

C

[K] → Fourth letter

[E] → Fifth letter

[Y] → Six letter

O, K, E, Y → YOKE

Therefore, by using the above mentioned letter O, K, E, Y only one meaningful word can be formed.

28. Given

A → +

B → ×

C → −

D → ÷

441 D 7 A 21 B 6 C (189 D 7) A (46 C 12)

$\Rightarrow 441 \div 7 + 21 \times 6 - (189 \div 7) + (46 - 12)$

$\Rightarrow 441 \div 7 + 21 \times 6 - 27 + 34$

$\Rightarrow 63 + 126 - 27 + 34$

$\Rightarrow 223 - 27$

$\Rightarrow 196$

Hence, option (a) is correct.

29. The blood relation diagram is given below :-

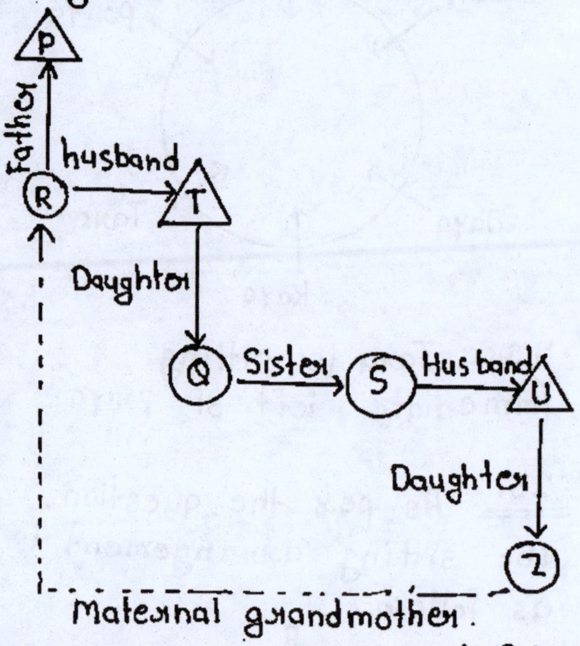

Therefore, it is clear that R is maternal grandmother of Z.

30. On checking the option

(a) 23, 89, 31, 10, 12
= LOCKA

(b) 01, 12, 67, 86, 11
= LAENS

(c) 23, 13, 31, 40, 59
= LOCDS

(d) = 01, 57, 31, 85, 11
= LOCKS

Hence, the required code of 'LOCKS' = 01, 57, 31, 85, 11

24.

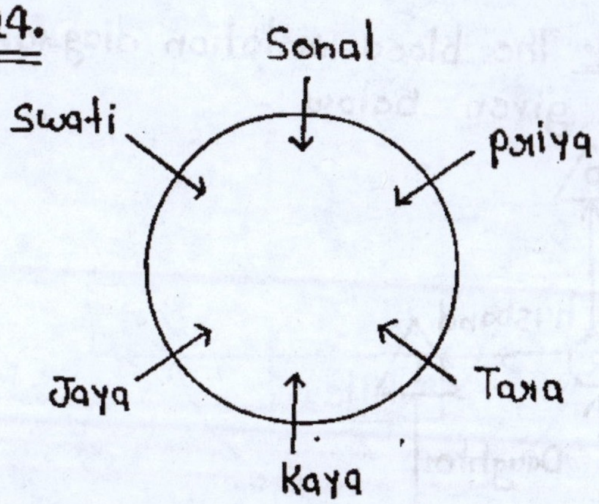

Hence, Tara is sitting immediate left of priya.

25. As per the question, the sitting arrangement is as follow.

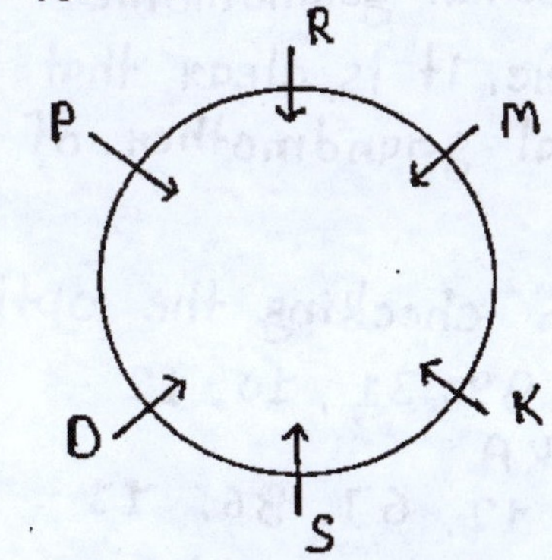

On interchanging the positions of D and K.

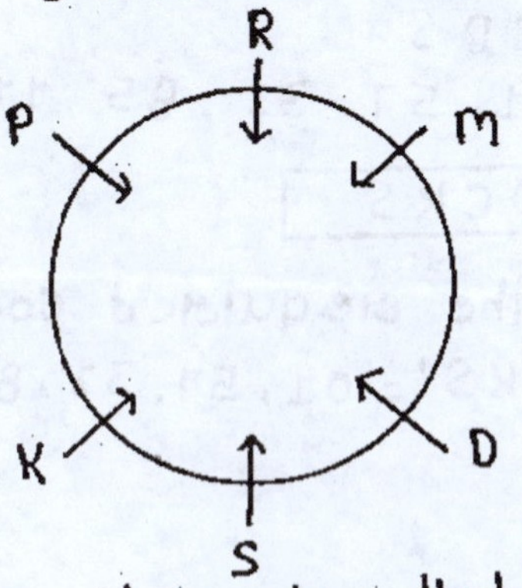

Hence, it is clear that 'M' is sitting immediate right D.

26. From the given figure-

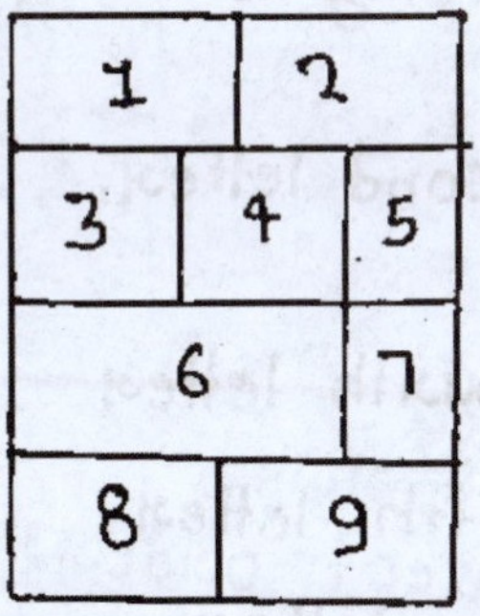

Number of quadrilaterals formd by one digit = 1, 2, 3, 4, 5, 6, 7, 8, 9 = 9

Number of quadrilaterals formd dy two digit = (1,2), (3,4), (4,5), (6,7), (5,7) (8,9) = 6

Number of quadrilaterals formd by three digit (3,4,5), (3,4,6) = 2

Number of quadrilaterals formd by four digit = (6, 7, 8, 9) = 1

Number of quadrilaterals formd by five digit = (3, 4, 5, 6, 7), (1, 2, 3, 4, 5) = 2

Number of quadrilaterals formd by seven digits = (1,2,3,4,5,6,7), (3,4,5,6,7,8,9) = 2

Number of quadilaterals formd by nine digits = (1, 2, 3, 4, 5, 6, 7, 8, 9) = 1

Total number of quadilaterals = 9 + 6 + 2 + 1 + 2 + 2 + 1 = 23

27. The logical and meaningful order of the given words is as follows.

(2) Field Marshal → (5) → General → (3) Brigadier → (1) Colonel → (4) Lieutenant

Hence, correct order (2, 5, 3, 1, 4).

28. Given

$29 + 46 - (48 \div 4) + (7 \times 3) - 26 = 61$

Now, From option (d)

$29 + 46 - (48 \div 3) + (7 \times 4) - 26 = 61$

$29 + 46 - (16) + 28 - 26 = 61$

$103 - 42 = 61$

$61 = 61$

L.H.S = R.H.S.

29. On making blood relation diagram –

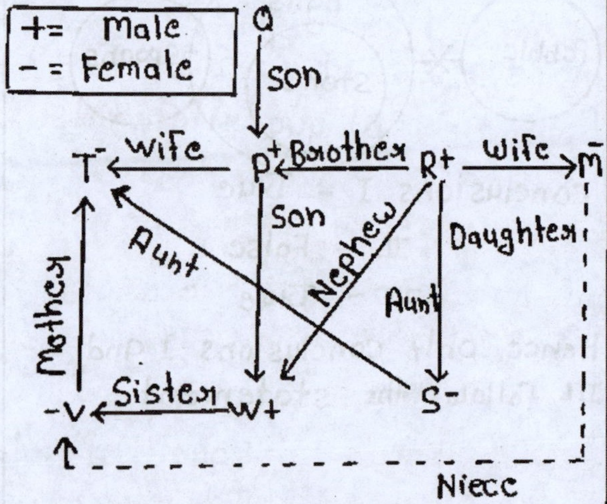

So it is clear that V is niece of M.

30. According to the question

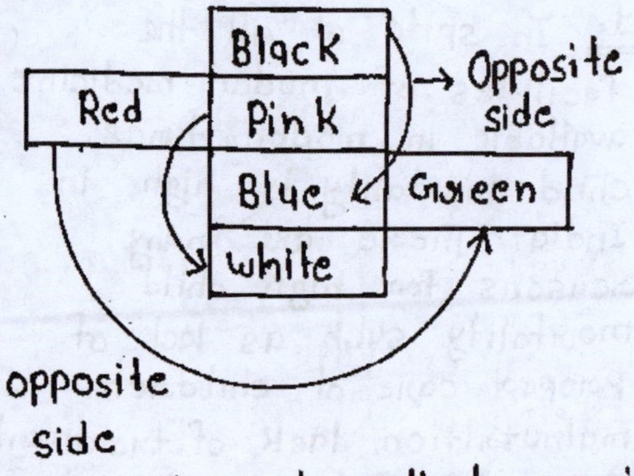

Hence it is clear that opposite side of 'Green' is 'Red'

PRACTICE SET-12
HINTS & SOLUTIONS

1. In spite of all the facilities of moden medicine available in moden times, child mortality is high in India. There are many reasons for high child mortality such as lack of proper care of children, malnutrition, lack of treatment due to financial constraints at the right time etc. For this the government should intensity efforts for proper nutrition, timely treatment and care etc. So that the death rate can be reduced. Hence only conclusion 2 follows the statement here.

2. Statement: The prices of essential commodities have increased due to strike by transponders. Hence the statement concludes that the government should negotiate with the strike workers to stop the strike. Hence it is clear that only conclusion 2 is true.

3. The given series is as follows.

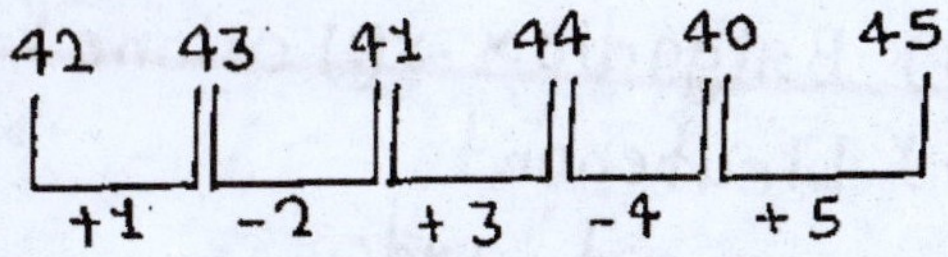

Hence, ? = 40

4. The given series is as follows –

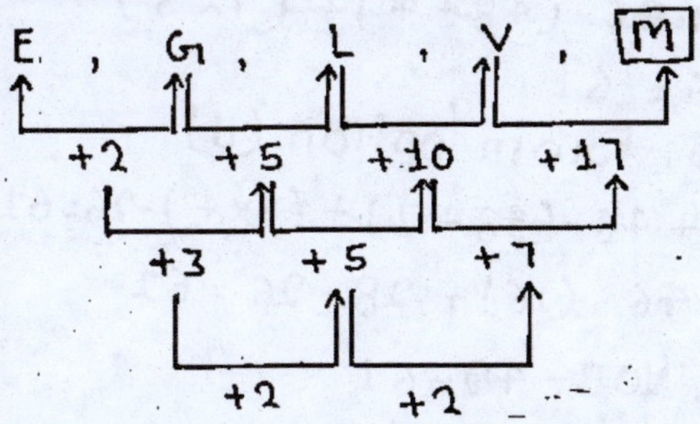

Hence, option (a) correct.

5. On making Venn diagram as per statement.

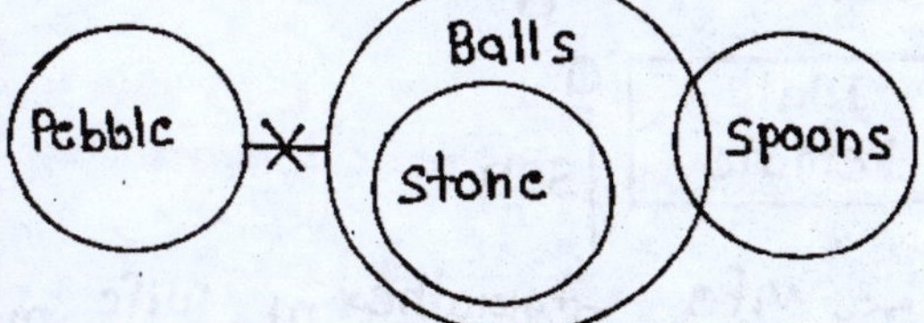

Conclusions I – True

II – False

III – True

Hence, only conclusions I and III follow the statement.

6. Laxman / Rahul > Laxman / Rahul > Bittu > mohan > Kamal > Anil

Here are two possibilities but according to option Rahul will be the answer.

7. 1. S < M is False. (M < F ≤ D ≤ S)

2. F = S is False (F < D < S)

3. I > J is False (I < M < F ≤ D ≤ S = J)

4. M < D is True (M < F ≤ D)

So, Only Conclusion IV is True.

8. 5 + 4 ÷ 2 − 8 × 14 में

Symbols − and × and the values of the number 5 and 14 mutually change

14 + 4 ÷ 2 × 8 − 5

From BODMAS rules −

→ 14 + 2 × 8 − 5

→ 14 + 16 − 5

→ 30 − 5

→ 25

9. According to question.

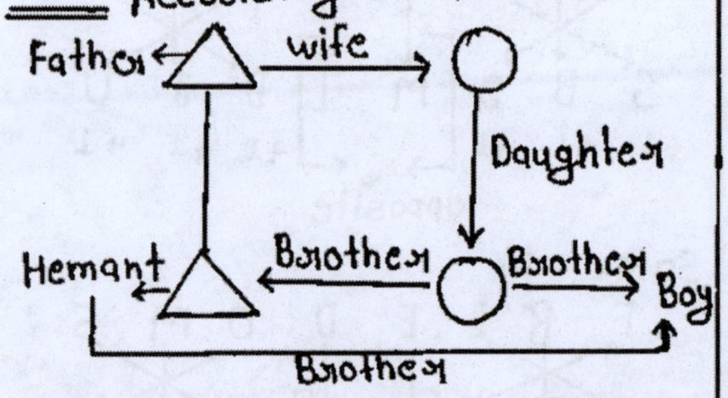

Hence the boy who is playing football is Hemant's brother.

10.

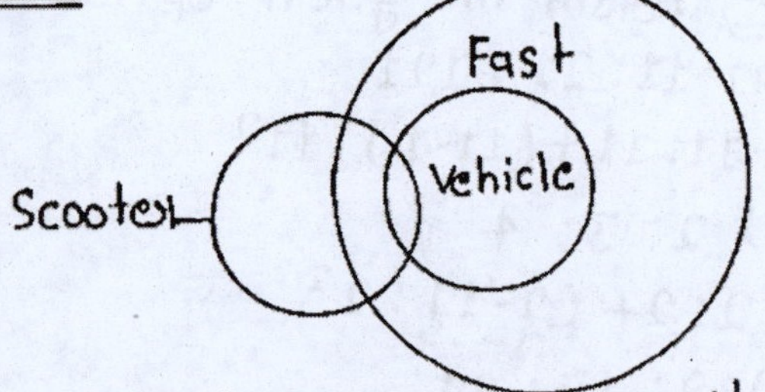

From the above diagram it is clear that only conclusion 1 follows.

11. The unit digit in all the numbers in the group is third to the right of the tens digit in the series while the unit digit of the number 27 is the fourth digit after the tens digit.

12. The series is as follows

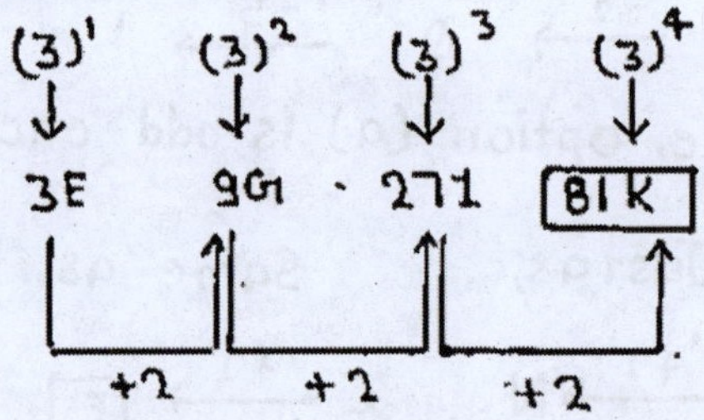

Hence, the next term in the series will be 81K

13. From the given options.

(a) 11 : 21 : 121

$= 11 : 11 + (11-1) : 11^2$

(b) 2 : 3 : 4

$= 2 : 2 + (2-1) : 2^2$

(c) 9 : 17 : 81

$= 9 : 9 + (9-1) : 9^2$

(d) 7 : 15 : 49

$= 7 : 7 + (7-1) : 7^2$

Hence, option (d) is different from others.

14. From options,

(a) $\boxed{Q \xrightarrow{-1} P \xrightarrow{-6} J}$

(b) $Y \xrightarrow{-1} X \xrightarrow{-5} S$

(c) $S \xrightarrow{-1} R \xrightarrow{-5} M$

(d) $R \xrightarrow{-1} Q \xrightarrow{-5} L$

Hence, option (a) is odd one.

15. Just as,

$L \xrightarrow{+2} N$

$A \xrightarrow{-4} W$

$Y \xrightarrow{+6} E$

$O \xrightarrow{+2} Q$

$U \xrightarrow{-4} Q$

$T \xrightarrow{+6} Z$

Same as,

$C \xrightarrow{+2} E$

$H \xrightarrow{-4} D$

$A \xrightarrow{+6} G$

$N \xrightarrow{+2} P$

$G \xrightarrow{-4} C$

$E \xrightarrow{+6} K$

16. Just as,

P	D	F	J	A	R	S
−1↓	−1↓	−1↓	+2↓	−1↓	−1↓	−1↓
O	C	E	L	Z	Q	R

And,

M	H	C	X	B	T	U
−1↓	−1↓	−1↓	+2↓	−1↓	−1↓	−1↓
L	G	B	Z	A	S	T

Same as,

Z	V	D	G	E	N	Q
−1↓	−1↓	−1↓	+2↓	−1↓	−1↓	−1↓
Y	U	C	I	D	M	P

17. Just as,

$(32 + 35) \times 3 = 201$

And $(26 + 29) \times 3 = 165$

Similarly, from option (c)

$(23 + 26) \times 3 = 147$

Hence, option (c) is correct.

18. Such as,

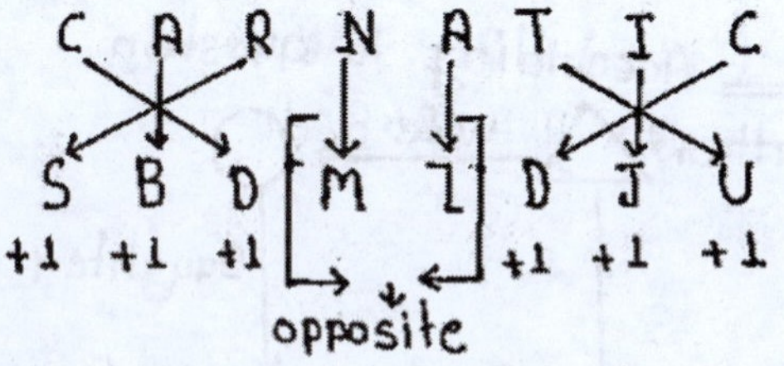

Same as,

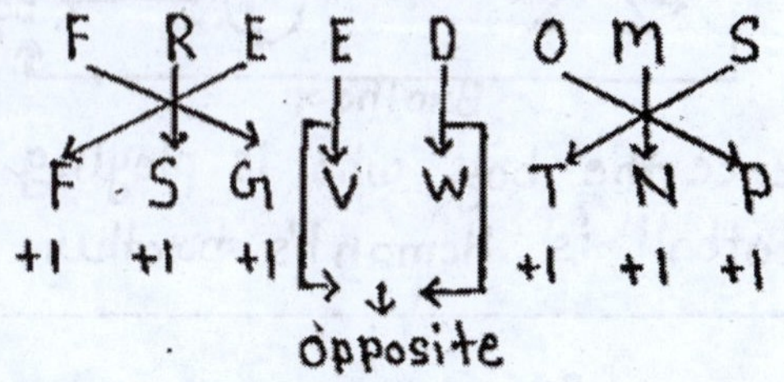

Hence, ? = FSGVWTNP

19. Cat, Dog Goat all are pets and 'Cow' is also a pet.
So option (c) will be correct.

20. According to the question figure, option figure (d) replaces the question mark.

21. The mirror image of the given question figure will be option figure (b).

22. Such as. In first column-

$(9+1)\times 13 \rightarrow 10\times 13$
$= 130$

And in second column,

$(14+1)\times 9 \rightarrow 15\times 9$
$= 135$

Same as,
In third column,

$(7+1)\times ? = 168$
$\rightarrow 8\times ? = 168$
$\rightarrow ? = \frac{168}{8}$

Hence, $\boxed{? = 21}$

23. From given-

Row I. $(3+5)\times 7+3\times 5$
$= 56 + 15 = 71$

Row II. $(9+2)\times 1+9\times 2$
$= 11+18 = 29$

Row III $(6+4)\times 11+6\times 4$
$= 110 + 24 = \boxed{134}$

Hence. option (a) will be correct.

24. The sitting arrangement is as follows -

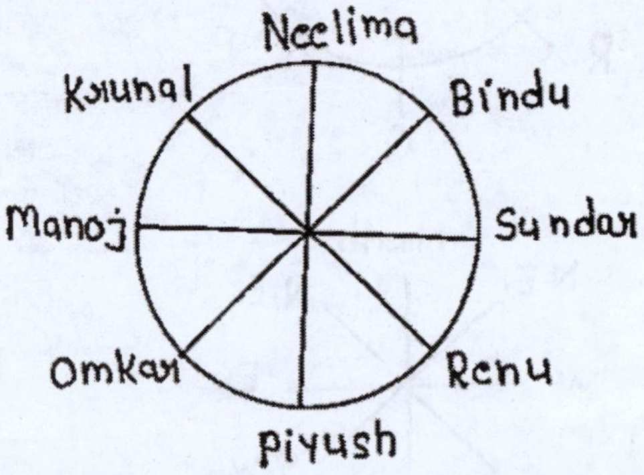

Hence, from the above it is clear that Neelima sits opposite to the person who is sitting to the immediate left of Renu.

25. A per the question sitting arrangement is as follows-

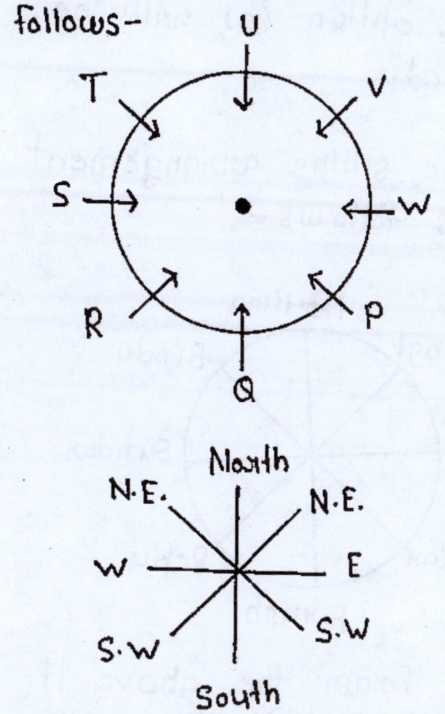

So it is clear from the above that 'R' sits in the South-west.

26.

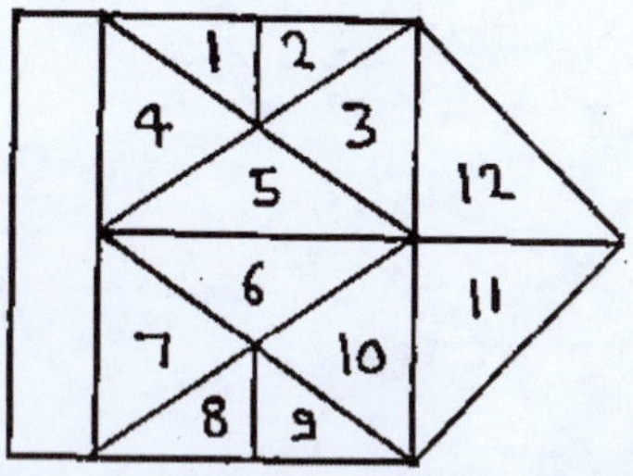

Number of triangles formed by one digit = 12 triangles

Number of triangles formed by two digit (1,2) (4,5) (6,7) (8,9) (11,12) (6,10) (5,3) = 7 tringles

Number of triangles formed by three digits = (1,2,3) (8,9,10) (5,3,12) (6,10,11) (7,8,9) (4,1,2) = 6 triangles

Number of triangles formed by Four digits = (3,5,6,10) (4,5,6,7) = 2 triangles

Total number of triangles = 12 + 7 + 6 + 2 = 27 triangles.

27. The logical and meaningful order of the given sequence is as follows –

(2) Mile > (1) Furlong > (4) Yard > (5) Foot > (3) Inch

28. According to the given question from option (d).

$(99-42+11)+(36\div6)\times7-50 = 73$

By interchanging 36 and 42

$(99-36+11)+(42\div6)\times7-50 = 75$

$74 + 49 - 50 = 73$

$73 = 73$

Hence option (d) is correct answer.

29. The blood relation diagram is as follows -

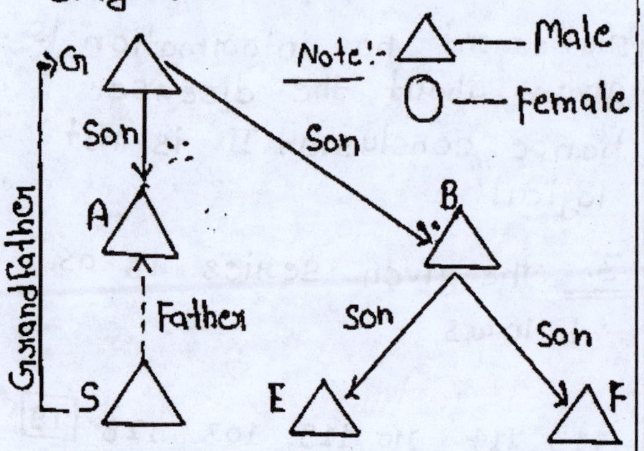

Hence, it is clear from figure that A is the Father of S.

30. From dice I and II

By common surface rule.

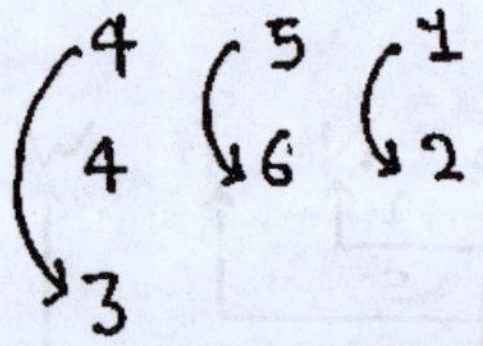

Hence, the number '6' will be on the face opposite to number.

PRACTICE SET-13
HINTS & SOLUTIONS

1. The government should Prohibit smoking in public places because smoking is a serious and fatal diseas. It is not only fatal for these who smoke but also for those who come in contact with its smoke. Therefore the government should be aware of smoking in public places and its ill effect. So that the increase in smoking in publec places and its ill effects, So that the increase in smoking in Public places can be stopped. Thus here both Conclusion (1) acd conclusion (2) follow the statement.

2. According to the given statement only conclusion I is rational because the given statements may cause risky side effect of all the brugs, meaning that the drug does not effect without side effect. Hence conclusion I is logical whereas in the statement no information is given about the disease hence conclusion II is not logical.

3. The given series is as follows,

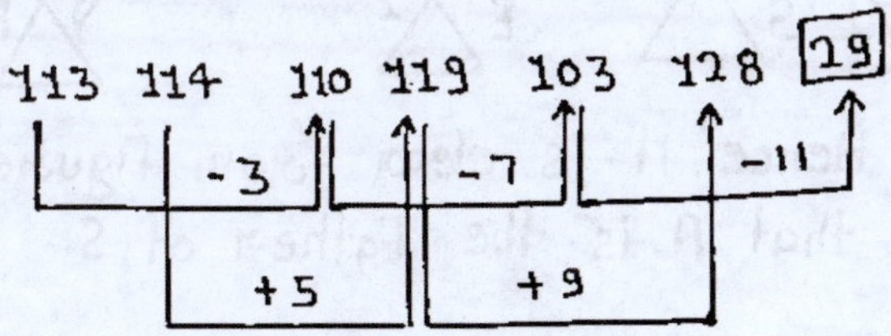

Hence, ? = 92

4. The given Series is as follows.

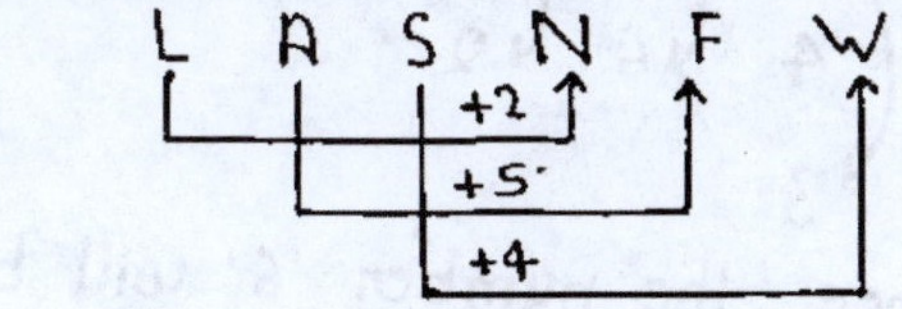

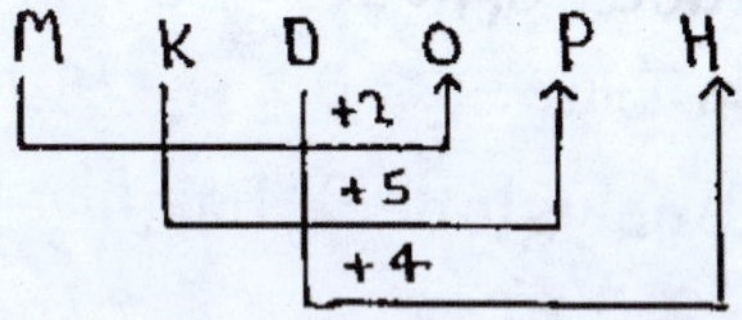

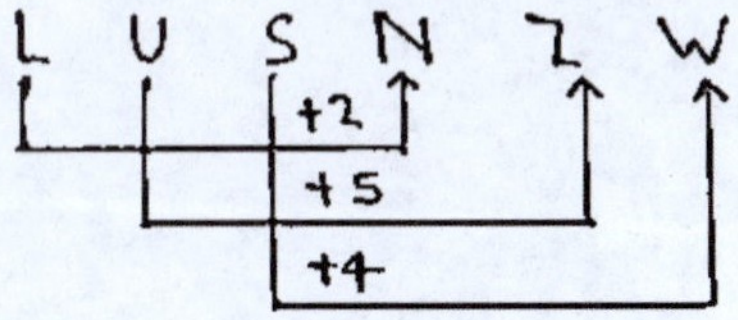

Hence, ?= NZW

5. On making venn diagram as per statement.

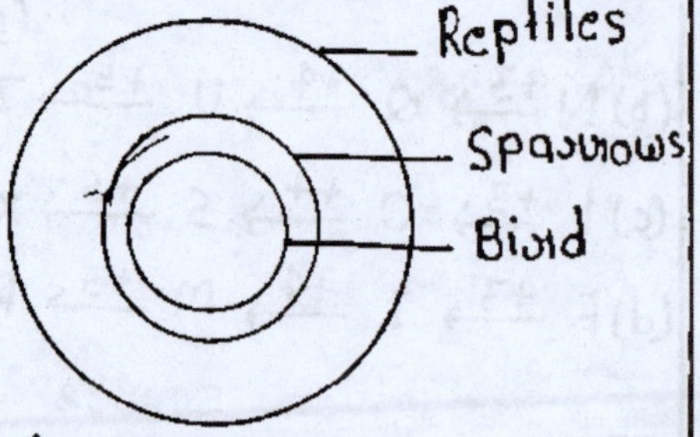

Conclusion: (I) ✓

(II) ✗

(III) ✓

Hence it is clear from venn diagram that

6. Neeraj > Suresh > Umesh > Satish > Tarun > Ritesh > Manish

Neeraj is the eldest.

7. Conclusion 1 :-

$G < F$ is False. ($F > B < E$)

Conclusion 2 :-

$C > G$ is True. ($C = D \geq A > G$)

Only Conclusion 2 Follow.

8. Equation $3.5 + 4 \times 7 - 8 \div 1 = 6$

on taking option (a)

$3.5 + 4 - 7 \times 8 \div 1 = 6$

$= -48.5 \neq 6$

On taking option (b)

$3.5 \div 4 \times 7 - 8 + 1 = 6$

$\Rightarrow \frac{3.5}{4} \times 7 - 7 = 6$

$\Rightarrow \frac{24.5 - 28}{4} = 6$

$\Rightarrow -\frac{3.5}{4} \neq 6$

On taking option (c)

$3.5 - 4 \times 7 + 8 \div 1 = 6$

$\Rightarrow 11.5 - 28 = 6$

$\Rightarrow -16.5 \neq 6$

On taking option (d)

$3.5 + 4 \times 7 \div 8 - 1 = 6$

$\Rightarrow 3.5 + 3.5 - 1 = 6$

$\Rightarrow 7 - 1 = 6$

$\Rightarrow \boxed{6 = 6}$

Hence option (d) is correct.

9.

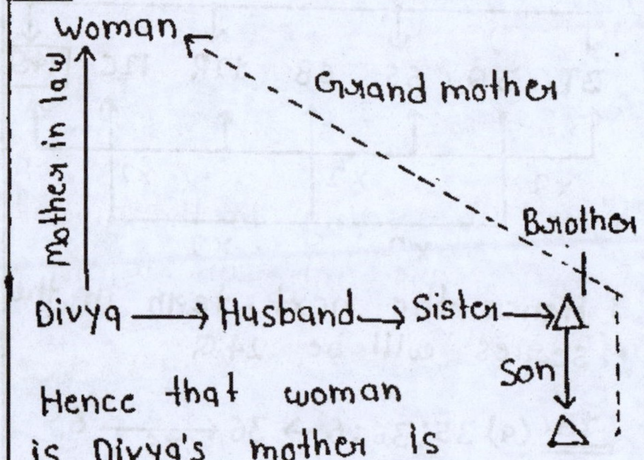

Hence that woman is Divya's mother in law.

10. On drawing the diagram as per the statement.

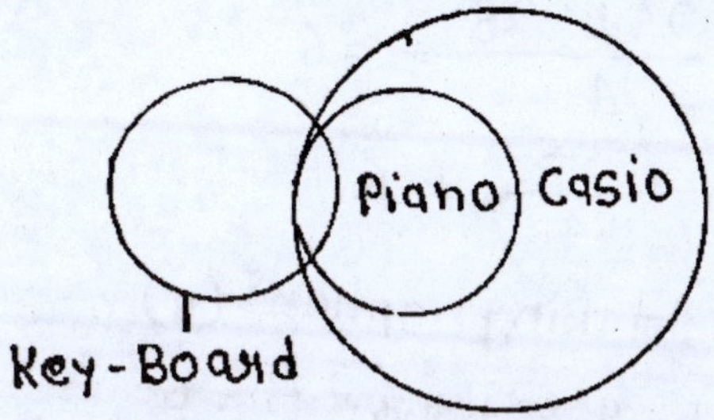

From the above diagram it is clear that only conclusion 2 follows

11. In the given number only 387 is divisible by 3. Hence 387 is different from others.

12. The series is as follows

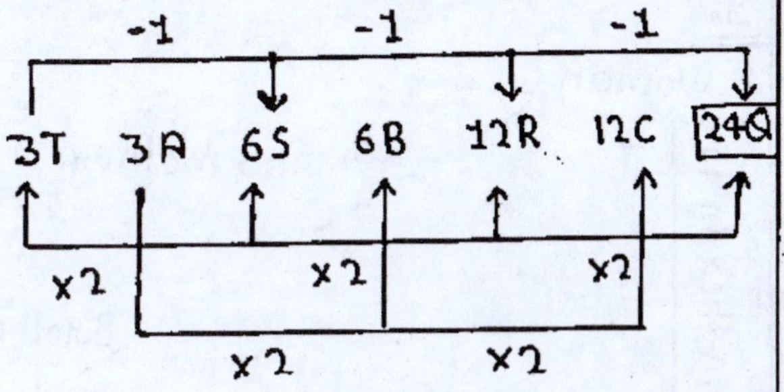

Hence the next term in the series will be 24Q

13. (a) 35:36:6 → 36 ←(x6)— 6

(b) 24 : 25 : 5 → 25 ←(x5)— 5

(c) 8 : 15 : 3 → 15 ←(x5)— 3

(d) 3: 10: 2 → 10 ←(x5)— 2

14. From the given options -

(a) Z —+3→ C —+4→ G —+5→ L —+7→ S (odd one)

(b) N —+3→ Q —+4→ U —+5→ Z —+6→ F

(c) L —+3→ O —+4→ S —+5→ X —+6→ D

(d) F —+3→ I —+4→ M —+5→ R —+6→ X

15. Just as

FIXED —Decreasing order→ XIFED

And,

MOUSE —Decreasing order→ USOME

Same as,

GAMBIT —Decreasing order→ TMIGBA

So, **GAMBIT = TMIGBA**

16. Just as, And,

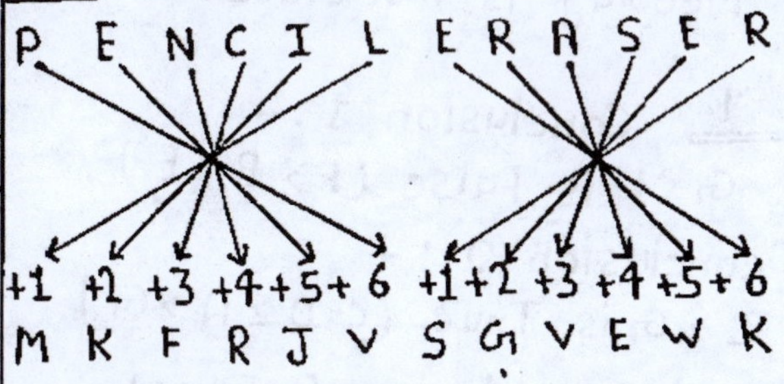

Same as,

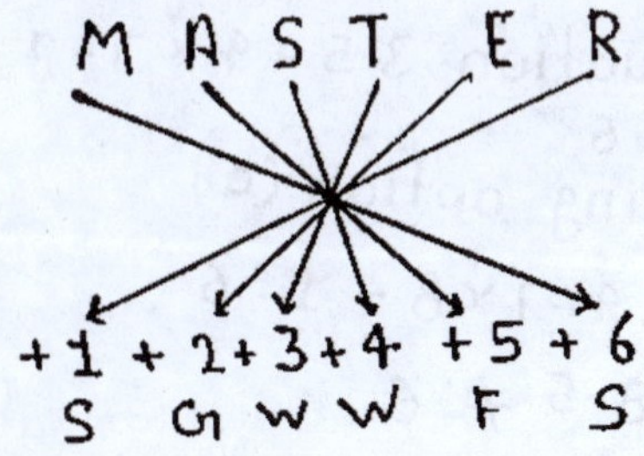

17. Just as,

5 7 [74]

$(5)^2 + (7)^2$

And

6 4 [52]

$(6)^2 + (4)^2$

Same as, from option (b)

11 5 [146]

$(11)^2 + (5)^2$

18. Just as,

O B 8 U E 3

(+6, +3, −5)

And

T O 11 Z R 6

(+6, +3, −5)

Similarly,

I B 8 O E 3

(+6, +3, −5)

19. Just as 'Phone' is related to 'Telecommunication'. Similarly 'Bus' is related to 'Transportation'. Hence option (b) is correct.

20. According to the given question figure, option figure (c) complete the pattern.

21. If the mirror is placed on the line PQ as shown in the question, the Figure of option (c) will be obtained as the correct mirror image of question figure.

22.

4, 26, 6	7, 25, 1	5, [17]?, 3
$4^2 + 6^2$	$7^2 + 1^2$	$5^2 + 3^2$
$= \frac{52}{2} \Rightarrow 26$	$= \frac{50}{2} \Rightarrow 25$	$= 25 + 9$
		$= \frac{34}{2} \Rightarrow 17$

Hence, option (b) will be correct.

23. Such as,

From first column

$11 + 5 + 3 = 19 \rightarrow (19)^2 = 361$

From second column

$17 + 3 + 7 = 27 \rightarrow (27)^2 = 729$

Same as,

From third column

$8 + 15 + ? = 23 + ? \rightarrow (23+?)^2 = 1225$

$23 + ? = \sqrt{1225}$

$23 + ? = 35$

$? = 35 - 23$

$\boxed{? = 12}$

24. According to the question the sitting arrangement on Circular table is as follows-

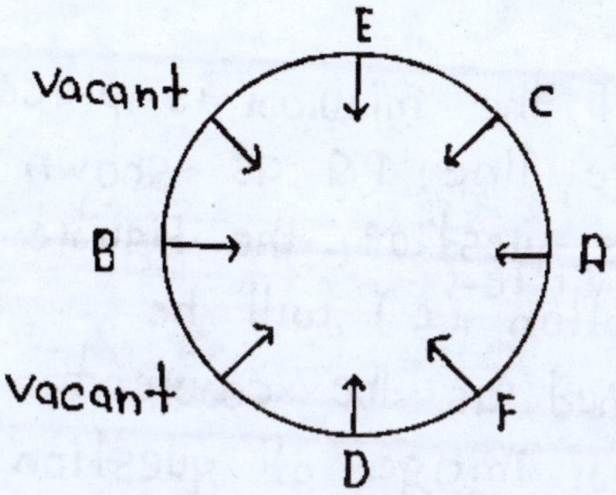

∵ Position of F with respect to C is second to the left of C

Hence, option (b) is correct.

25. According to the question. Sitting arrangement is as follows-

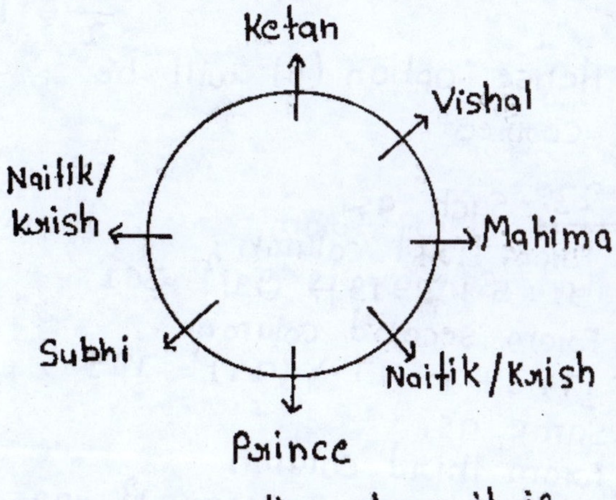

Hence from the above it is clear that 'Ketan' is sitting third to the right of Prince.

26.

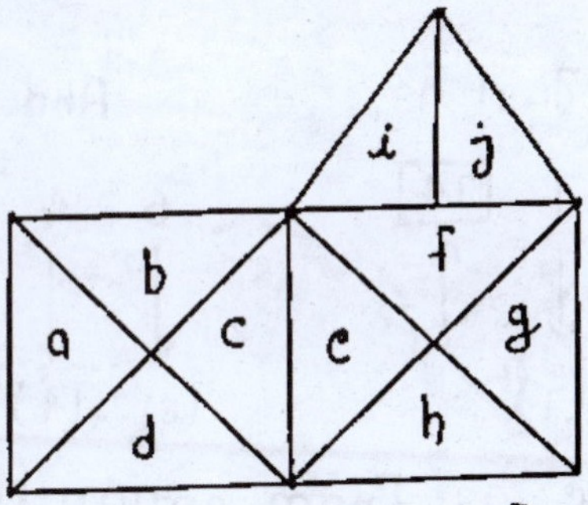

Hence, total number of triangles = a, b, c, d, e, f, g, h, i, j (a, b), (c, d), (a, d), (b, c) (e, f), (f, g) (g, h) (e, h) (i, j), (b, c, e, f), (d, c, e, h) = 21

27. The logical and meaningful order of the words-

(5) Iron, (1) Brass,
(3) Silver, (2) Gold
(4) Platinum

Hence, correct order will be 5, 1, 3, 2, 4.

28. From option

(a) $1+9\div 3+5=9$

On interchanging the number 3 and 5

$1+9\div 5+3=9$

$1+\frac{9}{5}+3=9$

$\frac{29}{5}\neq 9$

From option

(b) $3+5-4\times 2=-1$

On interchanging the number 3 and 5

$5+3-4\times 2=-1$

$8-8=-1$

$0\neq -1$

From option

(c) $6+5\times 2-3=7$

On interchacging the number 3 and 5

$6+3\times 2-5=7$

$6+6-5=7$

$12-5=7$

$\boxed{7=7}$

L.H.S = R.H.S

29. Given :-

A # B means 'A is the sister of B'

A @B means 'A is the mother of B'

From option (d) C @ H #

M # F

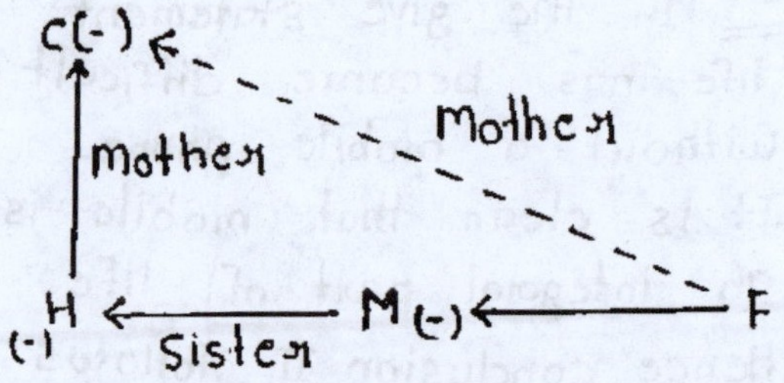

Hence. option (d) is correct.

30. According to the question.

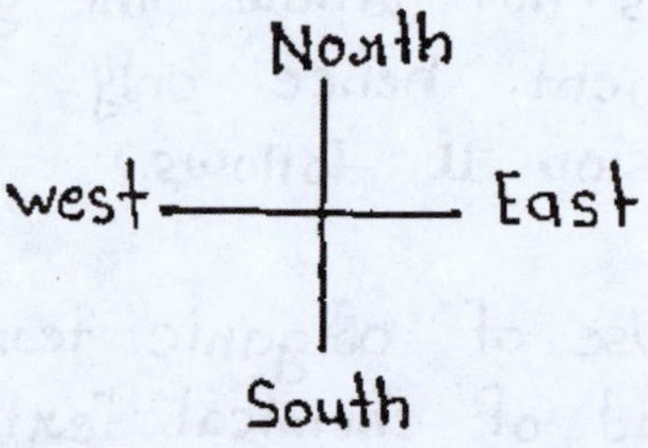

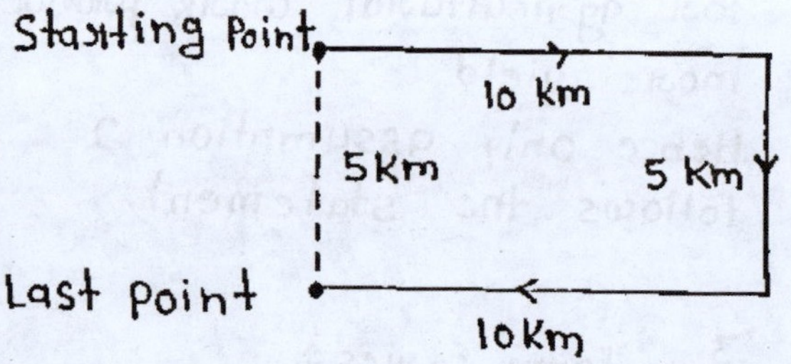

It is clear from the diagram that Sanjay is 5 km away from his starting point.

PRACTICE SET-14
HINTS & SOLUTIONS

1. In the give statement life has become difficult without a mobile phone. It is clear that mobile is an integral part of life. Hence conclusion II follows the given statement whils the Statement does not give any information about mobile subscribers, hence conclusion I does not follow the given statement. hence only conclusion II follows.

2. Use of organic fertilizer instead of chemical fertilizer for agricultural work provides more yield

Hence only assumption 2 follows the statement.

3. Form series –

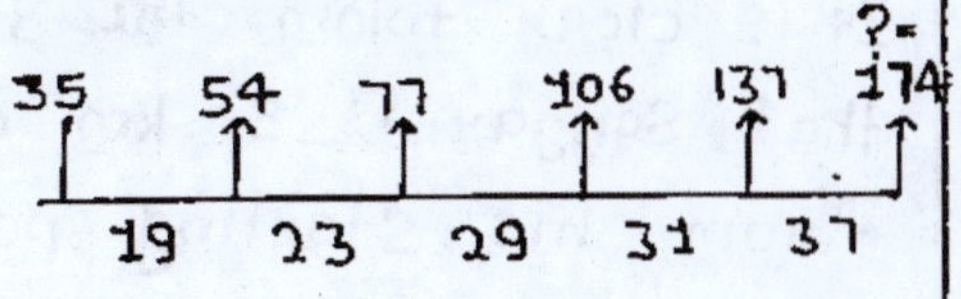

∴ ? = 174

Note Prime numbers have been added sequentially to the given number series.

4. On making Venn diagram as per statement,

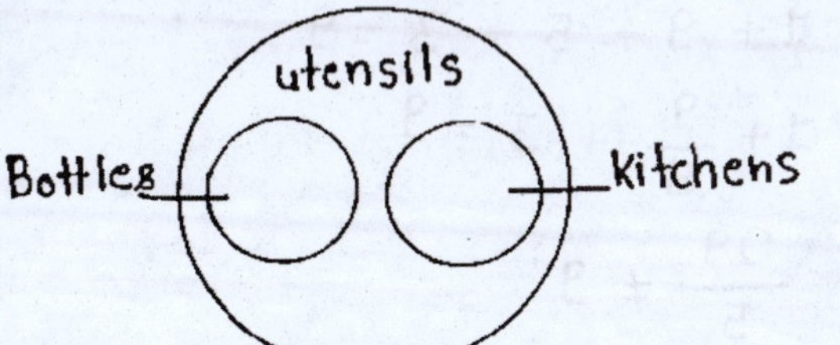

or

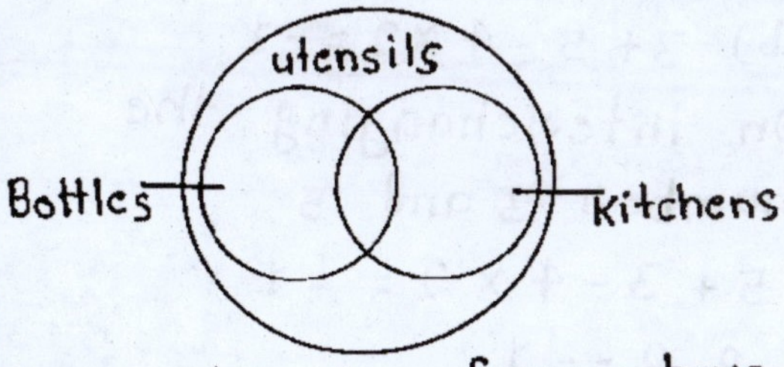

Hence, it is clear from above Venn diagram that either rather conclusion I or Conclusion II follows the given statement.

5. The given series is as follows –

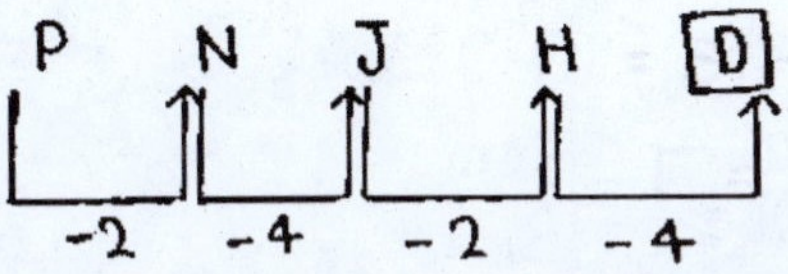

∴ D will be on the place of question mark.

6. R > U > V > P > A > S > T

V contribution is the third highest.

7. Conclusion 1 :-
N > L is True.
$(N > P = J > O \geq L)$

Conclusion 2 :- O = M is False.
$(M < K \leq N > P = J > O)$

Only conclusion 1 follows.

8. $3 + 2 \times 6 - 4 \div 5 = 10$

on exchanging ÷ and + symbols from option (d)

$3 \div 2 \times 6 - 4 + 5 = 10$

$\frac{3}{2} \times 6 - 4 + 5 = 10$

$10 = 10$

9.

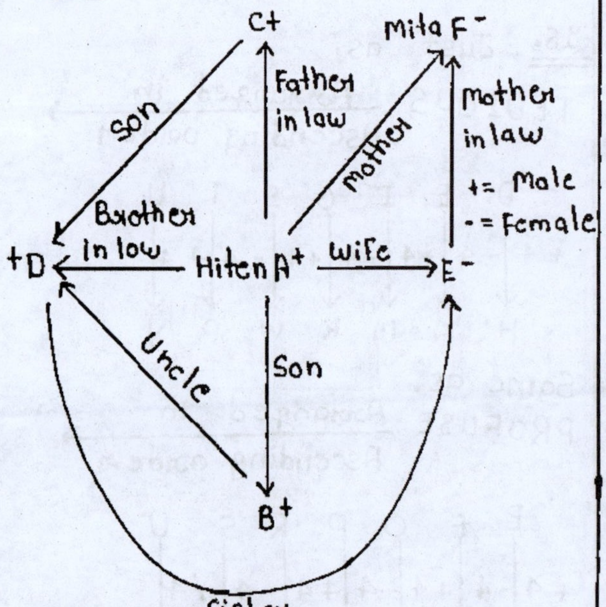

Hence mita is Hiten's mother.

10. As per the statement.

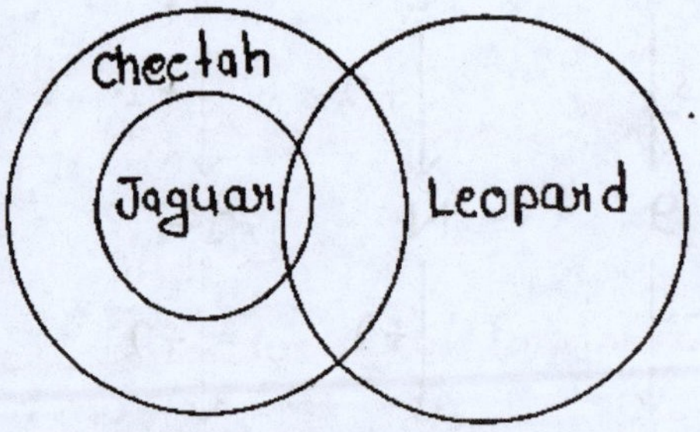

Therefore conclusion 1 and 2 both follow

11.

4 2 8 3 ⟶ 8 4 3 2
A B C D ⟶ C A D B

⇒ ABCD ⟶ CADB

7 3 1 9 ⟶ 1 7 9 3
A B C D ⟶ C A D B

⇒ ABCD ⟶ CADB

1 9 7 5 ⟶ 1 5 7 9
A B C D ⟶ A D C B

⇒ ABCD ⟶ ADCB

3 1 5 2 ⟶ 5 3 2 1
A B C D ⟶ C A D B

⇒ ABCD ⟶ CADB

The order of option (c) is different from other option. Hence it is inconsistent.

12. The series is as follows

3	L	12
×3 ↓	+2 ↓	+2 ↓
9	N	14
×3 ↓	+2 ↓	+2 ↓
27	P	16
×3 ↓	+2 ↓	+2 ↓
81	**R**	**18**

Hence the next term in the series will be **81R18**

13. From the given options:-

(a) **3+2+6 = 11**, 6+5+4 = 15, 9+8+1 = 18

(b) 2+9+1 = 12, 4+3+8 = 15, 6+5+7 = 18

(c) 1+9+2 = 12, 3+8+4 = 15, 5+7+6 = 18

(d) 2+7+3 = 12, 5+4+6 = 15, 8+1+9 = 18

Hence, option (a) is different from others.

14. From option.

(a) TX —opposite letter→ CZ

(b) DH —Opposite letter→ SP

(c) FJ —Opposite letter→ QN

(d) NR —opposite letter→ JG

Hence, option (d) is odd one.

15. Just as, Similarly

Just as	Similarly
B —(−6)→ V	P —(−6)→ J
U —(+5)→ Z	A —(+5)→ F
I —(+5)→ N	R —(−6)→ L
L —(−6)→ F	K —(−6)→ E
D —(−6)→ X	I —(+5)→ N
E —(+5)→ J	N —(−6)→ H
R —(−6)→ L	G —(−6)→ A

Hence, **PARKING = JFLENHA**

Note - Vowel → +5
Consonant → −6

16. Just as,

TEDIOUS —Arranged in Ascending order→

D	E	I	O	S	T	U
+4 ↓	−4 ↓	+4 ↓	−4 ↓	+4 ↓	−4 ↓	+4 ↓
H	A	M	K	W	P	Y

Same as,

PROFUSE —Arranged in Ascending order→

E	F	O	P	R	S	U
+4 ↓	−4 ↓	+4 ↓	−4 ↓	+4 ↓	−4 ↓	+4 ↓
I	**B**	**S**	**L**	**V**	**O**	**Y**

Hence, option (a) is correct.

17. Just as,

$25 \rightarrow (2+5)^3 = 343$

Similarly from option (a),

$24 \rightarrow (2+4)^3 = 216$

18. Just as, And

$J \xrightarrow{+3} M \quad I \xrightarrow{+3} L$

$K \xrightarrow{+3} N \quad J \xrightarrow{+3} M$

$2 \xrightarrow{\times 6} 12 \quad 25 \xrightarrow{\times 6} 150$

Similarly,

$R \xrightarrow{+3} U$

$S \xrightarrow{+3} V$

$24 \xrightarrow{\times 6} 144$

19. Just as the 'Venomous Frog' comes under the 'Amphibian' class, Same as, The 'Turtle' comes under the 'Reptile' class,

20. The answer figure (b) will complete the pattern. Hence, option (b) is correct.

21. When the mirror is placed at 'PQ' the correct mirror image of the given combination is "ƎJBATЯOꟼ".

22. Such as,

Row I. $(11)^2 \div 11 = 11$

Row III. $(6)^2 \div 4 = 9$

Same as, Row II $(9)^2 \div 27 = 3$

Hence, **? = 3**

23. Such as,

$15^2 - 8^2 = 161$

and $18^2 - 9^2 = 243$

Same as,

$x^2 - 12^2 = 432$

$x^2 = 432 + 144 = 576$

$x = 24$

24. The order of sitting around the circular table is as follows.

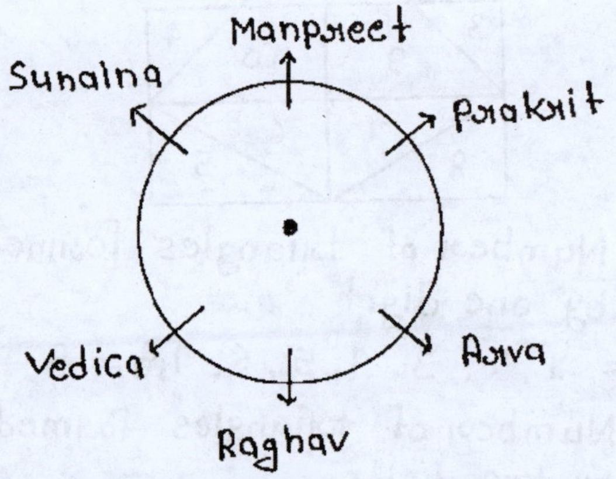

Hence, from the above it is clear that 'Arva' is sitting third to the left of Sunaina.

25. The sequence of sitting is follows –

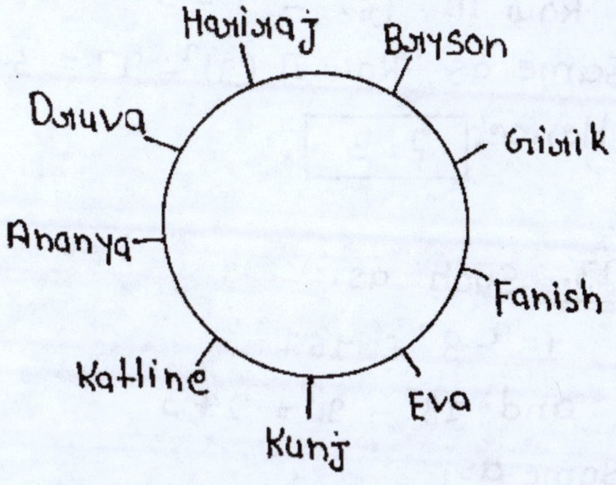

Hence, it is clear from above that Fanish is sitting between Girik and Eva.

26.

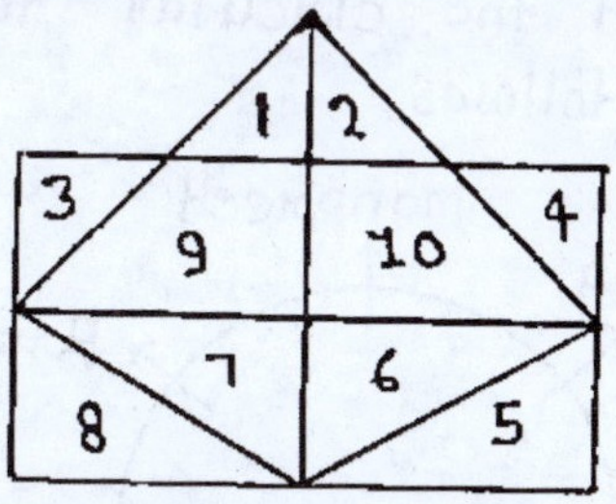

Number of triangles formed by one digit

= 1, 2, 3, 4, 5, 6, 7, 8 = 8

Number of triangles formed by two digits

= (1,2), (1,9), (2,10), (6,7) = 4

Number of triangles formed by three digits

= (1,9,7), (2,10,6) = 2

Number of triangles formed by Four digits

= (1, 2, 9, 10) = 1

Hence, total number of triangles = 8 + 4 + 2 + 1 = 15

27. The logical and meaningful order of the given words is as follows–

(5) Thalamus, (3) Eardrum

(1) Tonsil, (2) Naval,

(4) Calf muscle

Hence, option (c) is correct.

28. From option (a),

According to the question,

On interchanging the number 18 and 30 :–

$35 \div 5 \times 5 + 30 - 18 = 23$

$7 \times 5 + 18 - 30 = 23$

$53 - 30 = 23$

Hence, LHS = RHS

29. : H > R $ S @ T > N

According to the question,

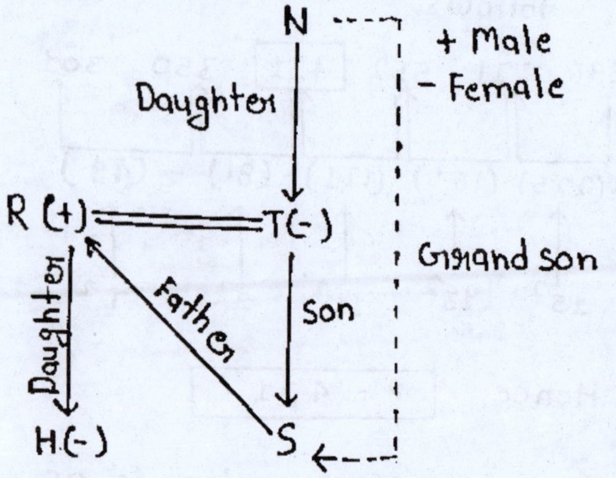

Hence S is the Grand son of N.

30. According to the question,

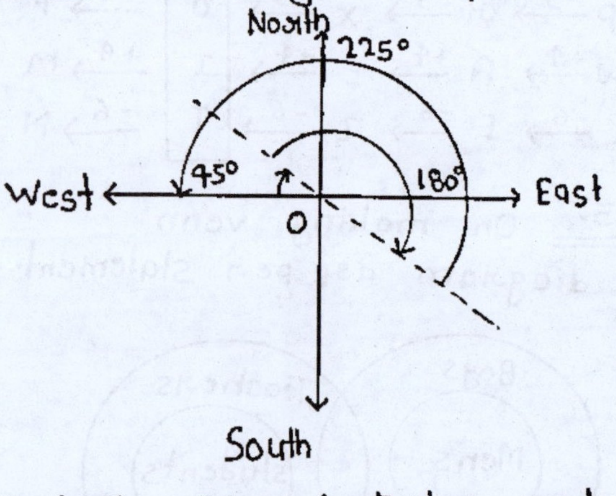

Initially, Rohan is Facing west and after turing 45° clockwise, then 180° clockwise, his face is in south east direction. After turning around 225° Anticlockwise, Rohan will return to its initial position (Facing west).

PRACTICE SET-15
HINTS & SOLUTIONS

1. It is clear from the given statement that only assumption (2) is implicit. Hence option (d) would be the correct answer as the local residents would always like to keep their apartment clean.

2. According to the statement consumption of alcohol is harmful to health the person who drink alcohol are warned for this. whereas, according to assumption

(1) warning is not required. Hence asssumption (1) is not implicit in the statement Here it is not necessary that peole who do not consume alcohol remain healthy, they can also remain unwell due to other reasons whether they consume alcohol or not.

(2) Is also not implicit in the statement.

3. The gives series is as follows.

946 → 721 → 552 → [431] → 350 → 301

-(225) -(169) -(121) -(81) - (49)

15^2 13^2 11^2 9^2 7^2

Hence, [? = 431]

4. The given series is as follows.

J $\xrightarrow{+3}$ M $\xrightarrow{+3}$ P $\xrightarrow{+3}$ S $\xrightarrow{+3}$ V

P $\xrightarrow{-9}$ G $\xrightarrow{-9}$ X $\xrightarrow{-9}$ O $\xrightarrow{-9}$ F

W $\xrightarrow{+4}$ A $\xrightarrow{+4}$ E $\xrightarrow{+4}$ I $\xrightarrow{+4}$ M

L $\xrightarrow{-6}$ F $\xrightarrow{-6}$ Z $\xrightarrow{-6}$ T $\xrightarrow{-6}$ N

5. On making venn diagram as per statement.

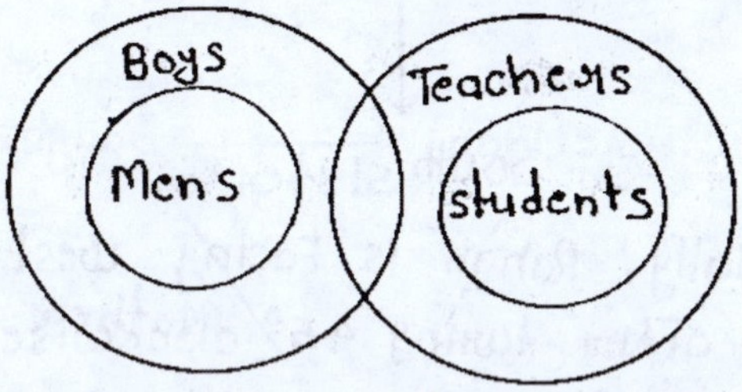

Hence, it is clear from venn diagram that only conclusion (I) and (II) follows.

6. Kiran > Prateek / Suraj > Tony > Rohit > Prateek / Suraj

Rohit got the fourth highest marks.

7. Conclusion 1 :-

H = F is False. (As, $H = G \leq F$)

Conclusion 2 :-

J > G is True. (J > H = G)

only conclusion II Follows.

8. $19 \div 9 \times 51 - 171 + 19 = ?$

On changing the symbols

$= 19 \times 9 - 51 + 171 \div 19$

$= 171 - 51 + 9$

$= 180 - 51 = 129$

9.

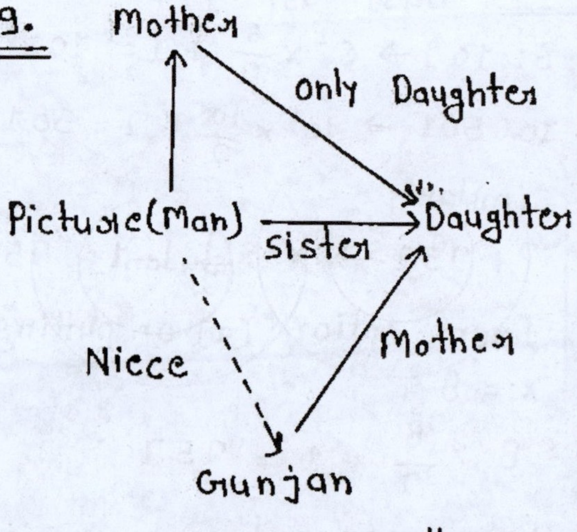

Hence Gunjan is the Niece of that man.

10. As per the statement.

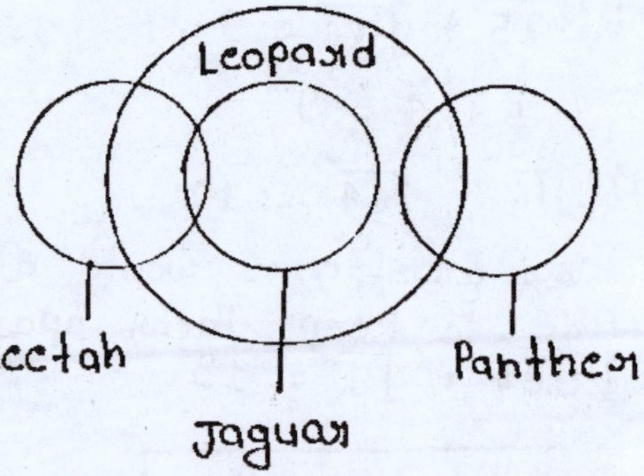

Therefore it is clear the diagram only Conclusion I follows

11. $16 - 64 = 4^2 - 8^2 = 8 - 4 = 4$

$25 - 81 = 5^2 - 9^2 = 9 - 5 = 4$

$36 - 100 = 6^2 - 10^2 = 10 - 6 = 4$

Whereas -

$49 - 169 = 7^2 - 13^2 = 13 - 7 = 6$

it is clear that 49 - 169 is different from others.

12. The series is as follows

$2^3 - 2 = 6$

$3^3 - 2 = 25$

$4^3 - 2 = 62$

$5^3 - 2 = 123$

$6^3 - 2 = 214$

$7^3 - 2 = \boxed{341}$

13. From the given options:-

(a) $\sqrt{25} + \sqrt{16} = 9$

$5 + 4 = 9$

(b) $\sqrt{16} + \sqrt{64} = 12$

$4 + 8 = 12$

(c) $\sqrt{81} + \sqrt{9} = 19$

$9 + 3 \neq 19$

(d) $\sqrt{64} + \sqrt{100} = 18$

$8 + 10 = 18$

Hence, option (c) is odd.

14. From the given options:-

(a) A $\xrightarrow{+3}$ D $\xrightarrow{+8}$ L

(b) N $\xrightarrow{+4}$ R $\xrightarrow{+5}$ W

(c) L $\xrightarrow{+4}$ P $\xrightarrow{+5}$ U

(d) P $\xrightarrow{+4}$ T $\xrightarrow{+5}$ Y

Hence, option (a) is different from others.

15. Just as,

F $\xrightarrow{+1}$ G
O $\longrightarrow$ U
R $\xrightarrow{+1}$ S
E $\longrightarrow$ I
S $\xrightarrow{+1}$ T
T $\xrightarrow{+1}$ U

And,

M $\xrightarrow{+1}$ N
A $\longrightarrow$ E
N $\xrightarrow{+1}$ O
G $\xrightarrow{+1}$ H
R $\longrightarrow$ S
O $\longrightarrow$ U
V $\xrightarrow{+1}$ W
E $\longrightarrow$ I

Same as,

R	E	I	N	C	A	R	N	A	T	E
↓	↓	↓	↓	↓	↓	↓	↓	↓	↓	↓
S	I	O	O	D	E	S	O	E	U	I

16. Just as,

R $\xrightarrow{+2}$ T
E $\xrightarrow{-5}$ Z
A $\xrightarrow{+6}$ G
S $\xrightarrow{+2}$ U
O $\xrightarrow{-5}$ J
N $\xrightarrow{+6}$ T

Same as,

P $\xrightarrow{+2}$ R
U $\xrightarrow{-5}$ P
N $\xrightarrow{+6}$ T
I $\xrightarrow{+2}$ K
S $\xrightarrow{-5}$ N
H $\xrightarrow{+6}$ N

17. Just as,

$6 : 109 \rightarrow 6^2 \times \frac{6}{2} + 1 = 109$

$10 : 501 \rightarrow 10^2 \times \frac{10}{2} + 1 = 501$

Similarly,

$? : 257 \rightarrow x^2 \times \frac{x}{2} + 1 = 257$

from option (a) on putting $x = 8$

$8^2 \times \frac{8}{2} + 1 = 257$

Hence correct answer is option (a).

18. Just as-

G I K
↓ ↓ ↓ (opposite letter)
T R P

And,

N P R
↓ ↓ ↓ (opposite letter)
M K I

Similarly, from option (b)

D F H
↓ ↓ ↓ (opposite letter)
W U S

19. Just as cow is lives in Byre, same as Owl leaves in Barn.
Hence option will be (a).

20. The figure given in option (d) will complete the pattern in the question figure.

21. The image obtained by placing the mirror to the right of the letter group will be option (b).

22. According to the question sitting order is as follows

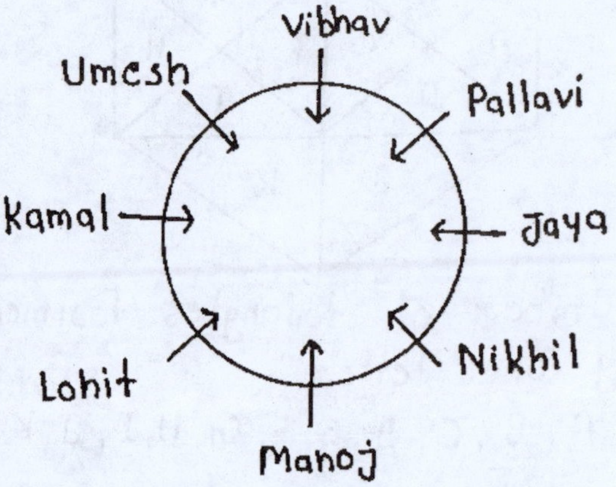

It is clear from above that 'Jaya' is at second place to the left of Vibhav and 'Manoj' is at the second place to the left of Jaya.

23. According to the question, sitting order is as follows-

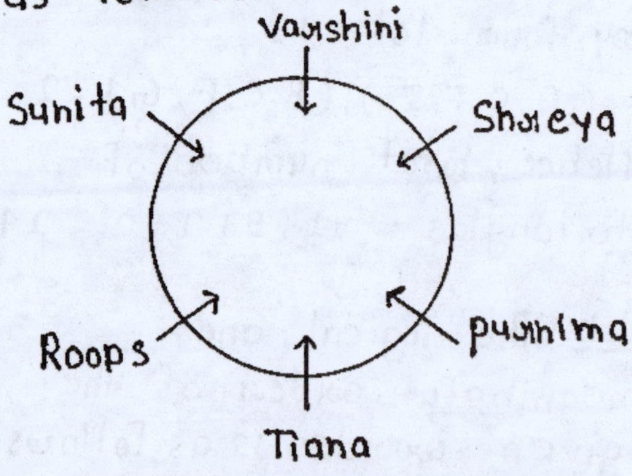

It is clear from above that Shreya is sitting second to the right of Tiana.

24.

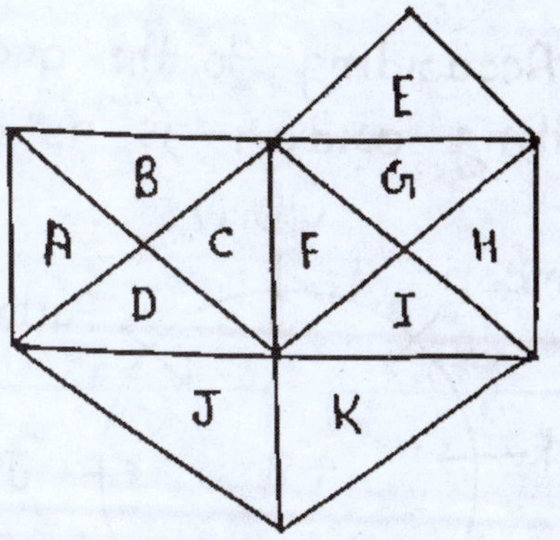

Number of triangles formed by one letter
= A, B, C, D, E, F, G, H, I, J, K
= 11

Number of triangles Formed by two letters
= (A, B), (C, D), (A, D), (B, C)
(F, G), (H, I), (G, H), (F, I)
(J, K) = 9

Number of triangles Formed by three letters
= (C, D, J), (F, I, K) = 2

Number of triangles Formed by four letters
= (D, C, F, I), (B, C, F, G) = 2

Hence, total number of triangles = 11 + 9 + 2 + 2 = 24

25. The logical and meaningful order of the given words is as follows
(5) Paritcipants, (2) Competition
(3) Marking by Judges
(4) winner, (1) Prize

Hence, logical and meaningful order - 5, 2, 3, 4, 1

26. According to the question.
On interchanging the number 3 and 8

From option (a),
$3 \times 2 - 8 \div 1 = -2$
$6 - 8 = -2$
$-2 = -2$

From option (b)
$8 - 3 + 6 = 12$
$14 - 3 = 12$
$11 \neq 12$

From option (c)
$3 + 4 \times 8 - 6 = 29$
$35 - 6 = 29$
$29 = 29$

From option (d)
$9 + 3 - 8 \times 1 = 4$
$12 - 8 = 4$
$4 = 4$

Hence option (b) is correct.

27.

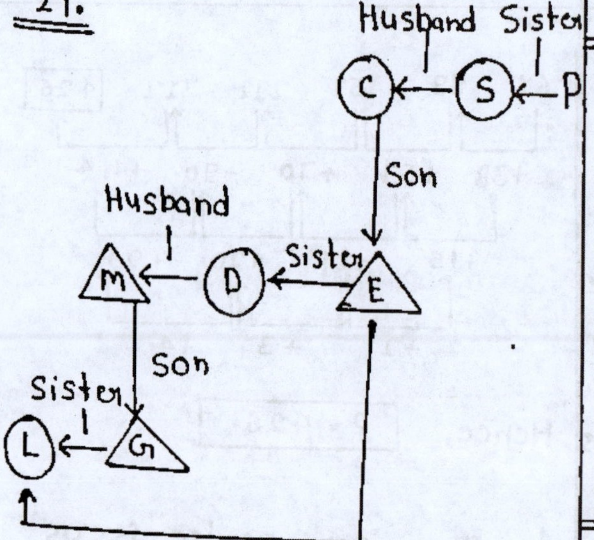

daughter of E' S sister

Ji is clear Form the above diagram that L is the daughter of E's sister.

28. Total number of Students = 68

Number of student do not participate in any games = 23

Total number of student participate in game = 68 - 23 = 45

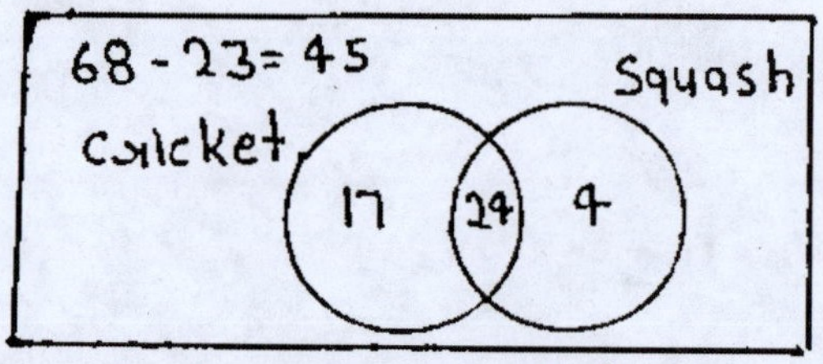

Hence it is clear that the number of students participipted In squash only = 4

29.

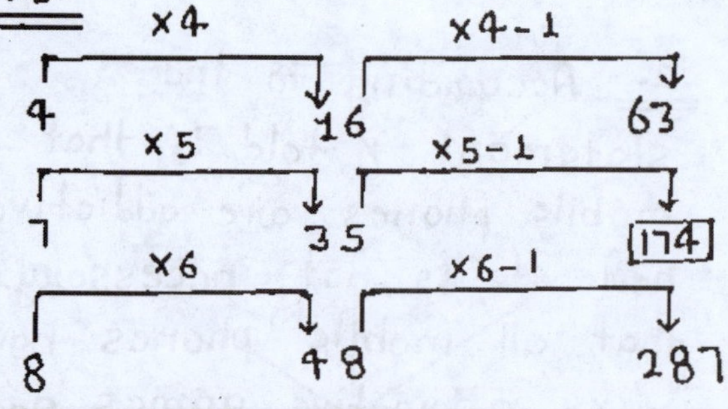

Hence, ? = 174

30. Vertical order in given series —

Such as,

37 - 5 × 2 = 27

⇒ 37 - 10 = 27

and, 142 - 27 × 2 = 88

⇒ 142 - 54 = 88

Same as

87 - 18 × 2 = ?

⇒ ? = 87 - 36 = 51

Hence, ? = 51

PRACTICE SET-16
HINTS & SOLUTIONS

1. According to the statement Y told Z that mobile phones are addictive here it is not necessary that all mobile phones have very attractive games and features but people who have many attractive games and features spend more time on those mobile Phones. So here only assumption II is implicit in the statement.

2. We need to protect the environment to prevent health problems, maintain the ecosystem and preserve the earth for our children. It is true. Assumption II talks about the effect of pollution, which is not implicit in statement. So only assumption I is implicit in the statement.

3. The given series is as follows.

61   99   152   222   312   [426]

+38   +53   +70   +90   +114

+15   +17   +20   +24

+2   +3   +4

Hence, [? = 426]

4. The given serise is as follows,

L $\xrightarrow{+4}$ P $\xrightarrow{\text{Opposite}}$ K $\xrightarrow{+4}$

G $\xrightarrow{+3}$ J $\xrightarrow{+3}$ M $\xrightarrow{+3}$

G $\xrightarrow{+5}$ L $\xrightarrow{\text{Opposite}}$ O $\xrightarrow{+5}$

O $\xrightarrow{\text{Opposite}}$ L $\xrightarrow{+4}$ [P]

P $\xrightarrow{+3}$ S $\xrightarrow{+3}$ [V]

T $\xrightarrow{\text{Opposite}}$ G $\xrightarrow{+5}$ [L]

Hence, ? = PVL

5. On making venn diagram as per statement.

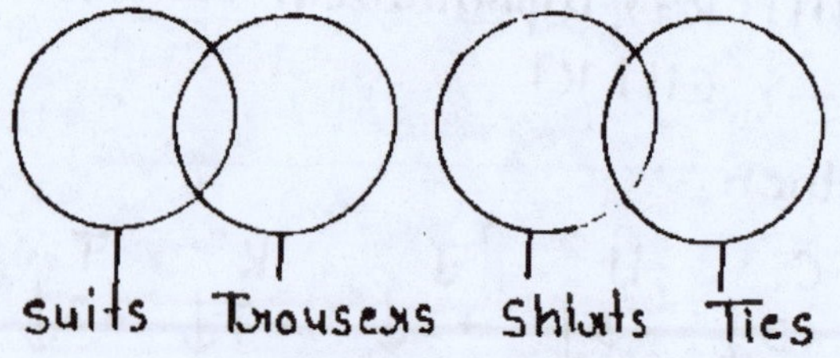

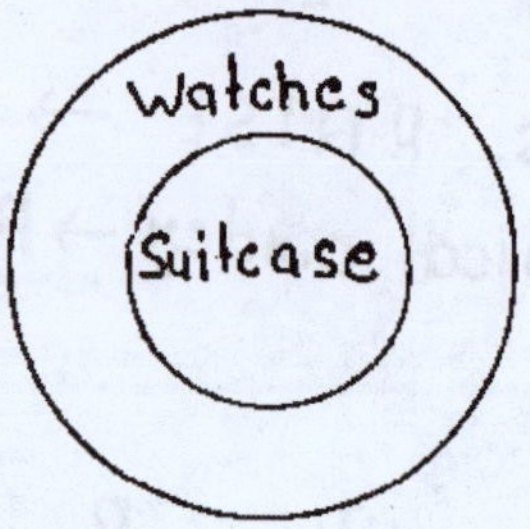

Conclusion:
[i] (×)
[ii] (×)
[iii] (×)
Hence, it is clear from venn diagram that none of the conclusion follows.

6. N > M > U > J > B
The price of two cars is less than the U.

7. Conclusion I :-
B>F is False. (B ≥ C ≤ D > G < E < F)
Conclusion II :-
C < A is False. (A = B ≥ C)
Neither conclusion 1 nor 2 Follows.

8. 7 > 7 < 7 + 7 = 14
On changing the symbols
7 + 7 − 7 ÷ 7 < 14
7 + 7 − 1 < 14
13 < 14
Hence option (d) is correct.

9.

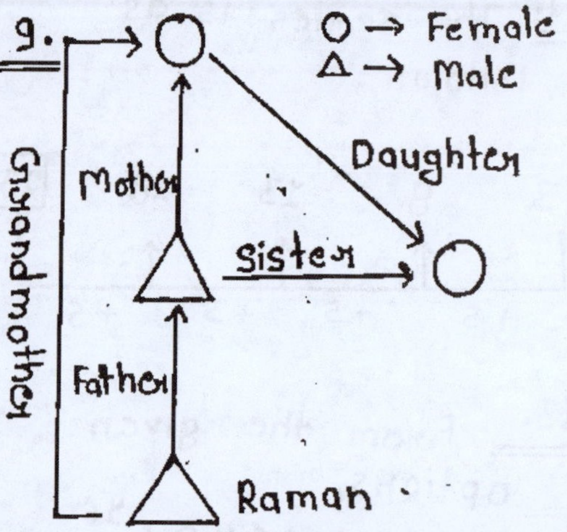

Hence, Raman taught to his Father.

10.

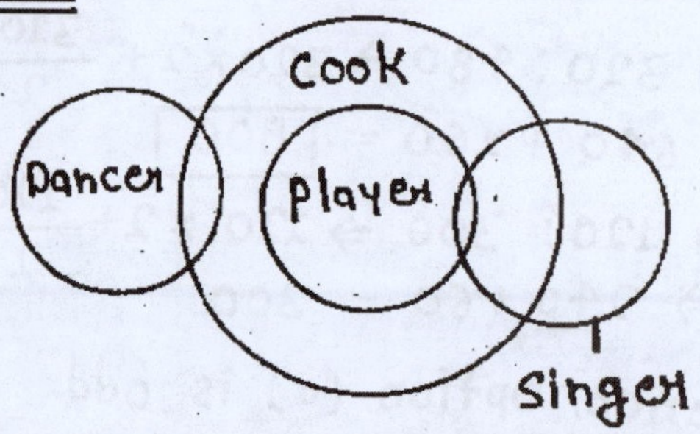

Therefore it is clear from the diagram that conclusion B and D both follow the statement.

11. Except the pair of option (b) the words given in all the other pairs are synonym of each other.

12. The series is as follows

3 → 8 → 13 → 18 → [23]

+5, +5, +5, +5

13. From the given options,

(a) 16 : 40 ⇒ $16 \times 2 + \frac{16}{2}$
⇒ 32 + 8 = 40

(b) 28 : 70 ⇒ $28 \times 2 + \frac{28}{2}$
⇒ 56 + 14 = 70

(c) 320 : 480 ⇒ $320 \times 2 + \frac{320}{2}$
⇒ 640 + 160 = [800]

(d) 120 : 300 ⇒ $120 \times 2 + \frac{120}{2}$
⇒ 240 + 60 = 300

Hence, option (c) is odd.

14 From the given options

LMNO ⇒ L $\xrightarrow{+1}$ M $\xrightarrow{+1}$ N $\xrightarrow{+1}$ O

IJKL ⇒ I $\xrightarrow{+1}$ J $\xrightarrow{+1}$ K $\xrightarrow{+1}$ L

ABCD ⇒ A $\xrightarrow{+1}$ B $\xrightarrow{+1}$ C $\xrightarrow{+1}$ D

[BDEF ⇒ B $\xrightarrow{+2}$ D $\xrightarrow{+1}$ E $\xrightarrow{+1}$ F]

Hence, options (d) is odd.

15. Just as,

THICK → Alphabetical order → CHIKT

then.

C	H	I	K	T
+3↓	−3↓	+3↓	−3↓	+3↓
F	E	L	H	W

Same as, RAISE → Alphabetical order → AEIRS

then.

A	E	I	R	S
+3↓	−3↓	+3↓	−3↓	+3↓
D	B	L	O	V

Hence, RAISE will be coded as DBLOV.

16. Just as,

1 2 3 4 5 6   5 6 3 4 1 2

G L A Z E D ⟶ E D A Z G L

Same as,

1 2 3 4 5 6   5 6 3 4 1 2

D A Y O U T ⟶ [U T Y O D A]

17. Just as,

14 : 421

$14^2 + 15^2$

196 + 225

= 421

Same as,

11 : 265

$11^2 + 12^2$

121 + 144

= 265

18. Just as,

A $\xrightarrow{+2}$ C

F $\xrightarrow{+2}$ H

19 $\xrightarrow{-3}$ 16

And

G $\xrightarrow{+2}$ I

L $\xrightarrow{+2}$ N

23 $\xrightarrow{-3}$ 20

Same as,

M $\xrightarrow{+2}$ O

R $\xrightarrow{+2}$ T

36 $\xrightarrow{-3}$ 33

Hence, option (d) is correct.

19. Just as 'Altimeter' is used to measure 'Height' similarly, Hygrometer is used to measure 'Humidity'.

20. The figure given in the question when opened will look similar to the shape given in option (b).

21. Option figure (c) is the correct mirror image of the given figure.

22. Such as,

Row I → $(3)^2 + 4 = 9 + 4 = 13$

Row II → $(6)^2 + 31 = 36 + 31 = 67$

Same as,

Row III → $(5)^2 + 20$

= 25 + 20 = 45

Hence, option (b) is correct.

23. In the horizontal order of the given pattern

Such as,

8 × 14 = 112

112 × 2 = 224

and

11 × 15 = 165

165 × 2 = 330

Same as,

9 × 12 = 108

108 × 2 = 216

Hence, ? = 216

24. According to the question.

The sitting order is as follows –

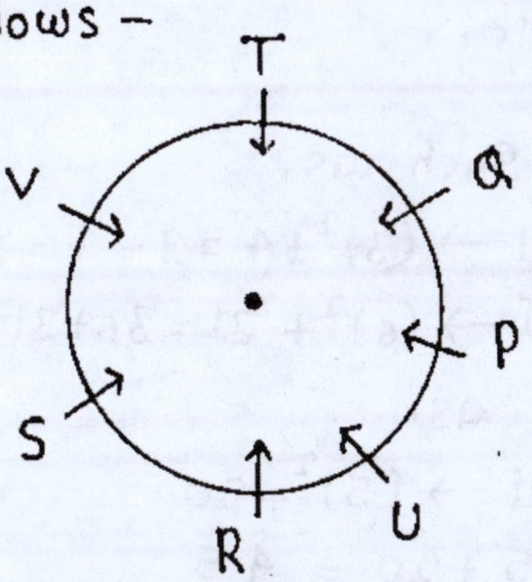

Hence it is clear from the diagram that V is sitting between S and T.

25. Sitting order of student is as follows –

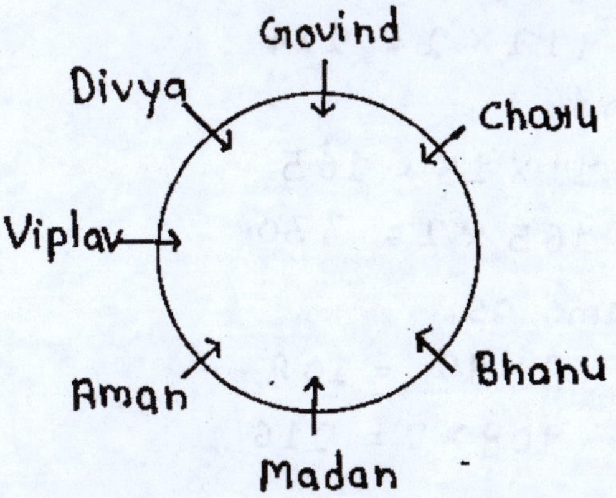

It is clear from above that Madan and charu are the neighbours of Bhanu.

26.

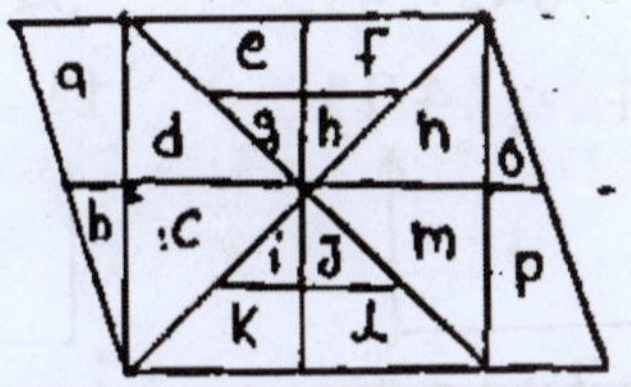

Number of triangles formed by one letter

= b, d, c, g, h, i, j, n, m, o = 10

Number of triangles formed by two letters

= (a, b), (d, c), (i, k), (j, l)

(n, m), (eg), (g, h) (i, j)

(h, f), (o, p), (o, n), (b, c)

= 12

Number of triangles formed by four letters

= (e, f, g, h) (i, j, k, l) = 2

Number of triangles formed by six letters

= (c, d, e, f, g, h), (e, f, g, h, n, m)

(n, m, j, l, k, i)

(j, l, i, k, c, d) = 4

Number of triangles formed by eight letters

= (a, b, c, d, e, f, g, h)

(n, o, m, p, i, j, k, L) = 2

Hence total number of triangles

= 10 + 12 + 2 + 4 + 2 = 30

27. The logical and meaningful order of the given words is as follows-
(3) pupil → (5) Pinna → (1) Throat → (4) Liver → (2) Bladder
Hence, the logical order will be option (d).

28. (I) $5 \times 7 + 6 \div 2 - 8$
Value of equation I by interchanging 7 and 8
$= 5 \times 8 + 6 \div 2 - 7$
$= 40 + 3 - 7$
$= 36$
(II) $8 + 3 \times 7 - 5 \div 1$
Value of equation II by interchanging 7 and 8
$= 7 + 3 \times 8 - 5 \div 1$
$= 7 + 24 - 5$
$= 7 + 19$
$= 26$
Hence, option (a) 36 and 26 are correct.

29. The blood relation diagram is given below-

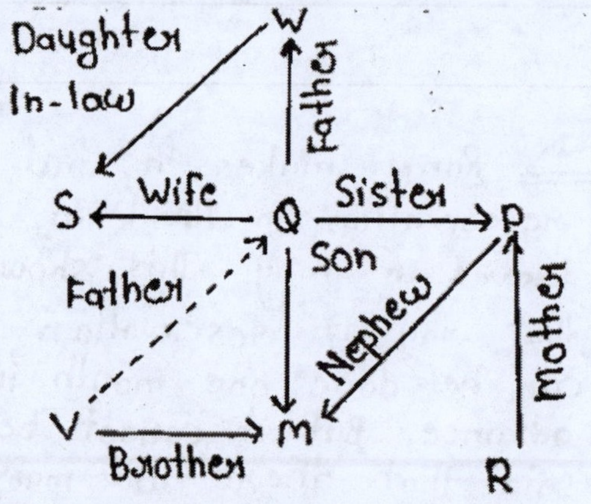

Hence, it is clear from figure that Q is the father of V.

30. According to the question.

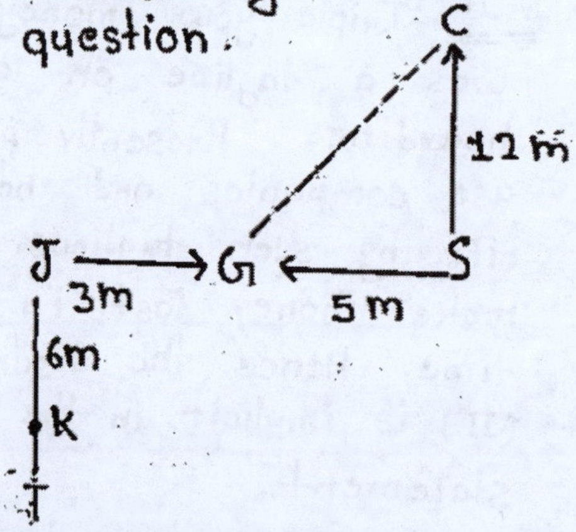

∴ Shortest distance between G and C
$= \sqrt{(12)^2 + (5)^2}$
$= \sqrt{144 + 25}$
$= \sqrt{169}$
$= 13m$

PRACTICE SET-17
HINTS & SOLUTIONS

1. Ramu makes a rail reservation in April to travel in may. This shows that railway reservation can be done one month in advance. But it cannot be said that there are many trains from Mumbai to Hyderabad.
Hence only assumption I is implicit in the statement.

2. 'Triple your money' It was a tagline on a hoardings. Presently peoples use companies and banks offering such taglines to make money fast in short time. Hence the assumption (II) is implicit in the statement.

3. The given series is as follows,

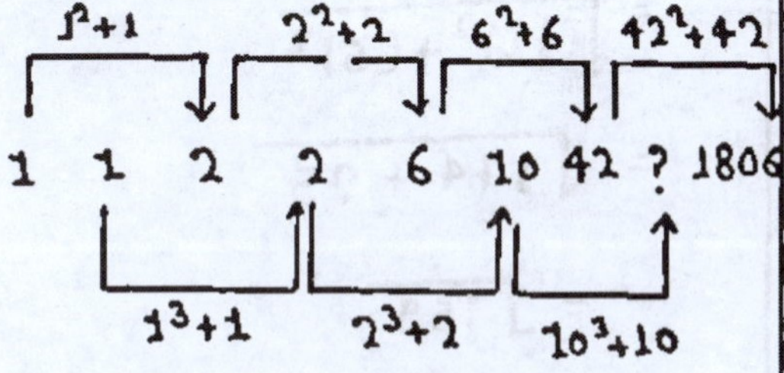

Hence, ? = 1010

4. The given series is as follows,

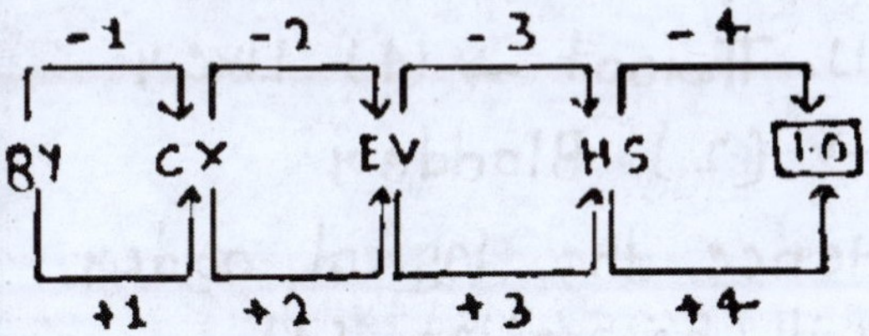

Hence, ? = LO

5. On making venn diggram as per statement –

Conclusion I. (✓)
II. (✗)
III. (✗)
IV. (✓)

Hence it is clear from venn diagram that only conclusion I and IV follow.

6. Chaman > Daman > Farhan > Aman > Baman
Three boys are older than Aman.

7. Conclusion I :-

Z < A is False. (Z > F ≥ A)

Conclusion 2 :-

G < F is False. (F ≥ A = B = G)

Neither Conclusion I nor II is True.

8. ([(25 < 15)] × 4) < 1 = ?

On changing the symbols

= ([(25 + 15)] ÷ 4) + 1

= (40 ÷ 4) + 1

= 10 + 1 = 11

9.

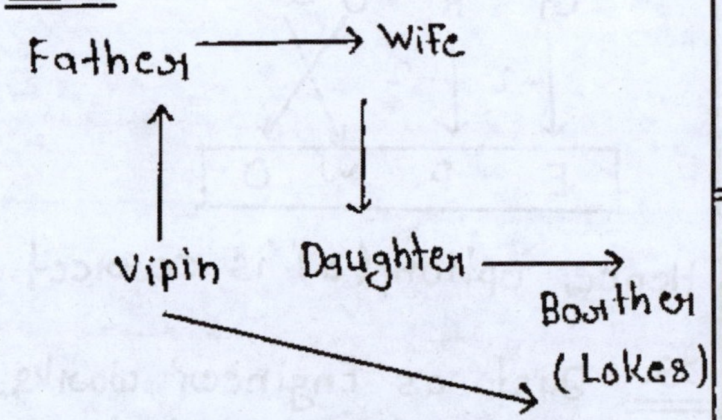

Hence the boy who is playing cricket will be Vipin's younger brother.

10.

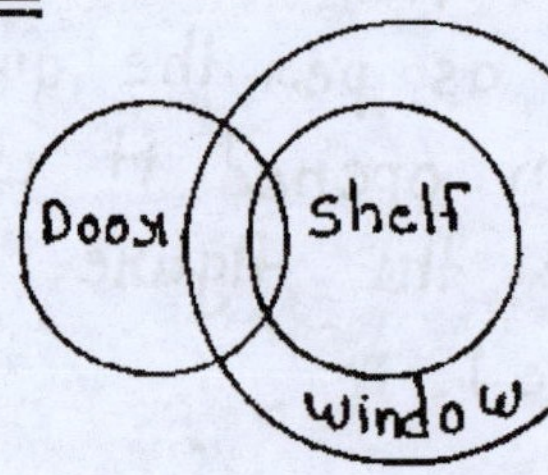

Therefore it is clear from the diagram that only Conclusion I follows.

11. On rearranging the letters.

OLENV ⟶ NOVEL

EISTSH ⟶ THESIS

AGZEANIM ⟶ MAGAZINE

TCAYRIDION ⟶ DICTIONARY

Hence option (b) is different or odd.

12. The series is as follows

3 → 12 → 147 → 21612

$(3)^2 + 3$, $(12)^2 + 3$, $(147)^2 + 3$

13. From the given options,

(a) 32 : 28 → 4 × 8 : 4 × 7

(b) 56 : 49 → 7 × 8 : 7 × 7

(c) 104 : 91 → 13 × 8 : 13 × 7

(d) 64 : 54 → 8 × 8 : 9 × 6

Hence, option (d) is odd.

14. From the given letter set-

U $\xrightarrow{+1}$ V $\xrightarrow{-3}$ S $\xrightarrow{+5}$ X

O $\xrightarrow{+1}$ P $\xrightarrow{-3}$ M $\xrightarrow{+5}$ R

A $\xrightarrow{+1}$ B $\xrightarrow{-2}$ Z $\xrightarrow{+4}$ D

G $\xrightarrow{+1}$ H $\xrightarrow{-3}$ E $\xrightarrow{+5}$ J

Hence, ABZD is different from others.

15. Just as,

H +1 I   G +1 H   E +1 R

J I   I H   S F

Same as,

C +1 O   D +1 I   N +1 G

| P | D | J | E | H | O |

16. Just as,

B A G S
+2↓ +2↓ +2↓ +2↓
4 3 9 21

And

K H E M
+2↓ +2↓ +2↓ +2↓
13 10 7 15

Similarly

J I N K
+2↓ +2↓ +2↓ +2↓
10 11 16 13

Hences, option (b) is correct.

17. Just as,

(48, 23, 47)

$\frac{48}{2} = 24$

47 − 24 = 23 (middle term)

And

(22, 27, 38)

$\frac{22}{2} = 11$

38 − 11 = 27 (middle term)

Similarly, from option (a)-

(16, 31, 39)

$\frac{16}{2} = 8$

39 − 8 = 31 (middle term)

18. Just as,   And

L I N K   T H A T
−2 −2   −2 −2
J G K N   R F T A

Same as,

G R O W
−2 −2

| E | P | W | O |

Hence, option (b) is correct.

19. Just as 'Engineer' works on or manages a 'site' similarly 'servant' work on 'House'.

20. If the paper is folded and cut as per the question, then when opened it will look like the figure in option (c).

21. When the mirror is placed on MN as per question, the mirror image will appear similar to option (d)

22. Such as,

Column I → $23 - \sqrt{25}$

$= 23 - 5 = 18$

Column II → $41 - \sqrt{64}$

$= 41 - 8 = 33$

Column III → $38 - \sqrt{81}$

$= 38 - 9 = 29$

23. Such as,

Row I – $(9 + 11) + (11 - 7)$

$= 20 + 4 = 24$

Row II – $(17 + 6) + (6 - 4)$

$= 23 + 2 = 25$

Same as,

Row III – $(12 + 12) + (12 - 9)$

$= 24 + 3 = \boxed{27}$

24. The sequence of sitting in a circle facing the center is as follows —

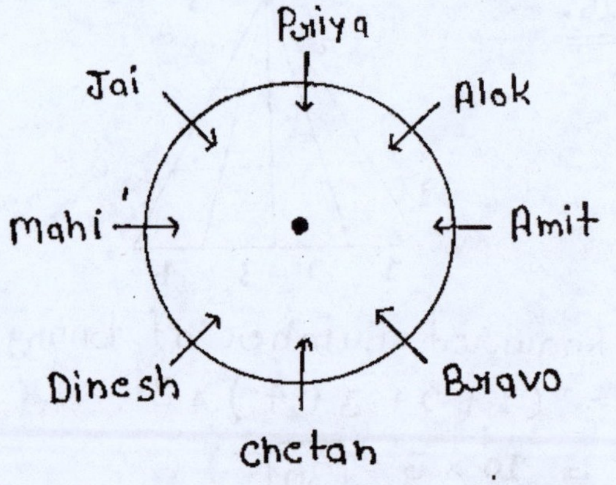

Hence it is clear from the diagram that Priya is sitting exactly to the right of Alok.

25. The order of eight friends P, Q, R, S, T, U, V and W sitting on a table facing the center is as follows –

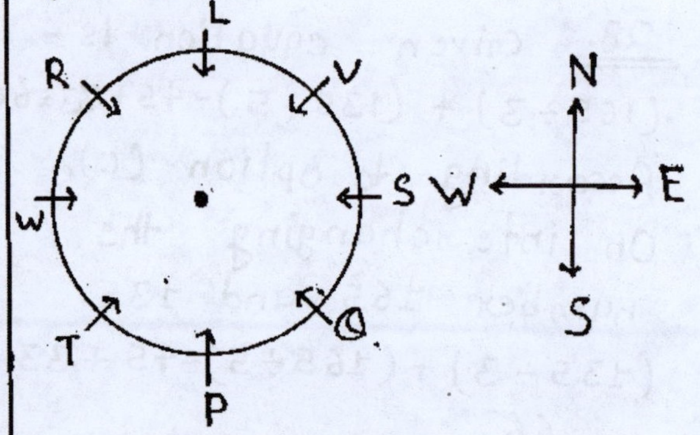

Hence it is clear from the diagram that U is sitting between R and V.

26.

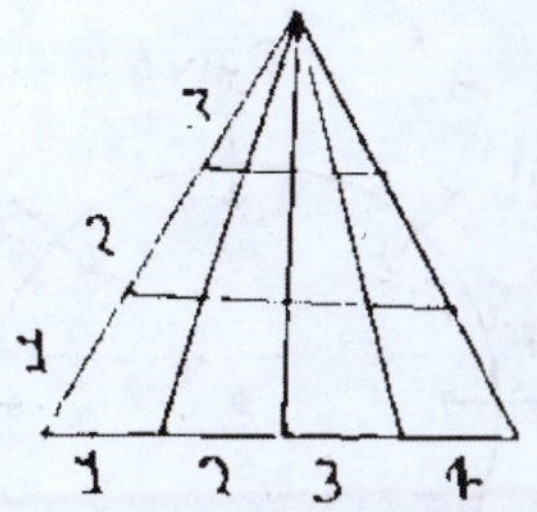

Required number of triangles

$= (1+2+3+4)\times 3$

$= 10 \times 3 = \boxed{30}$

27. The logical and meaningful order of given words is as follows –

(3) Jawaharlal Nehru

(1) Lal Bahadur Shastri

(5) Indira Gandhi

(2) Atal Bihari Vajpayee

(4) Manmohan singh.

28. Given equation is –

$(165 \div 3) + (135 \div 5) - 45 + 33 = 66$

According to option (c),

On interchanging the number 165 and 135.

$(135 \div 3) + (165 \div 5) - 45 + 33 = 66$

$45 + 33 - 45 + 33 = 66$

$33 + 33 = 66$

$66 = 66$

$\boxed{LHS = RHS}$

29. According to the question blood relationship diagram is as follow.

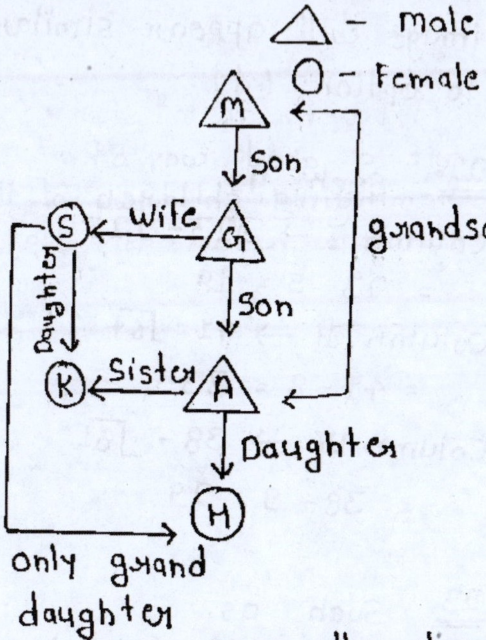

It is clear from the above diagram that A is sister of K.

30. T remembers his birthday is before 9th July

T = ... 5, 6, 7, $\boxed{8}$

T's wife remembers that

= $\boxed{8}$, 9, 10, 11 ......

Before 9th July & After 7th July there is only one date that is 8th July

The number 8 is common is both, so the answer will be 8.

PRACTICE SET-18
HINTS & SOLUTIONS

1. According to the statement both the concepts are true because it is clear from the statement that stories are a good way of reminding children of the concept in the early years of their lives because children love stories through which children listen to the stories by heart and try to become or do like that changes the skills and mindset of children significantly.

2. According to the statement scientists say that trees communicate with other trees in the forest and share nutrients It is therefore clear that only the assumption I is implicit in the statement.

3. The given series is as follows –

210, 120, ?, 180, 360, 900

×0.5, ×1, ×1.5, ×2, ×2.5

∴ ? = 120 × 1 = 120

Hence, option (a) is correct.

4. The given series is as follows –

G $\xrightarrow{-3}$ D $\xrightarrow{\text{Opposite letter}}$ W $\xrightarrow{-3}$ T

K $\xrightarrow{+3}$ N $\xrightarrow{+3}$ Q $\xrightarrow{+3}$ T

H $\xrightarrow{+4}$ L $\xrightarrow{\text{Opposite letter}}$ O $\xrightarrow{+4}$ S

$\xrightarrow{\text{Opposite letter}}$ G $\xrightarrow{-3}$ D

$\xrightarrow{+3}$ W $\xrightarrow{+3}$ Z

$\xrightarrow{\text{Opposite letter}}$ H $\xrightarrow{+4}$ L

5. Given

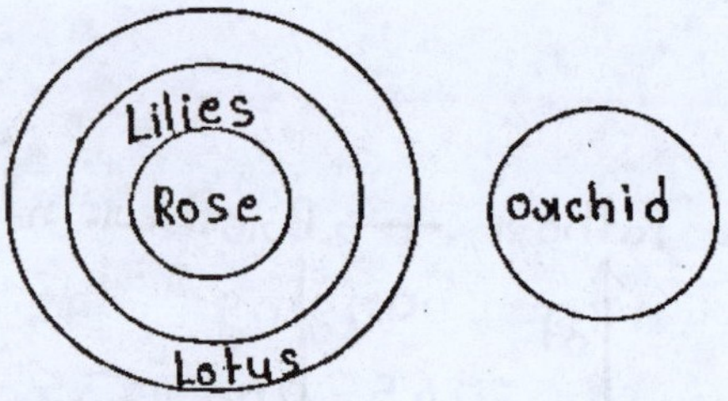

Conclusions –

(I) (×)

(II) (×)

(III) (×)

Hence, Neither conclusions I, II nor, III follows.

6. $F > G > A > C > E > D > B$

B is the shortest.

7. I. $R < F$ is False.

$(R > G < Y > Q = F)$

II. $R \geq Z$ is False.

$(Z = E \geq R)$

Neither conclusion I nor II is True

8. $63 \div 7 + 5 \times 3 - 46 = 2$

By converting (x and +)

$63 \div 7 \times 5 + 3 - 46 = 2$

$\Rightarrow 9 \times 5 + 3 - 46 = 2$

$\Rightarrow 48 - 46 = 2$

$\Rightarrow 2 = 2$

$\Rightarrow$ L.H.S = R.H.S

Hence option (b) is correct answer.

9.

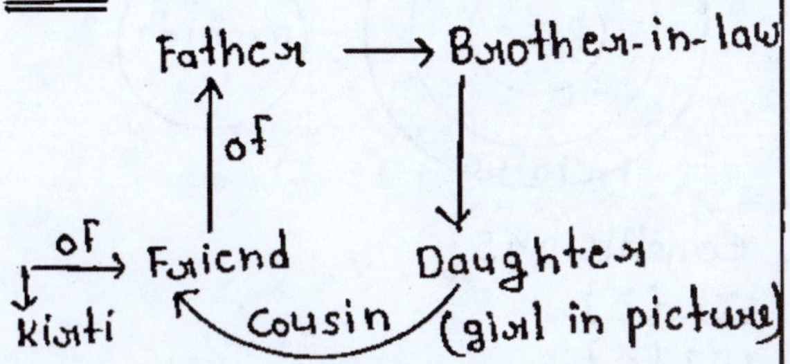

Hence, Kirti's friend is the cousin of the girl.

10.

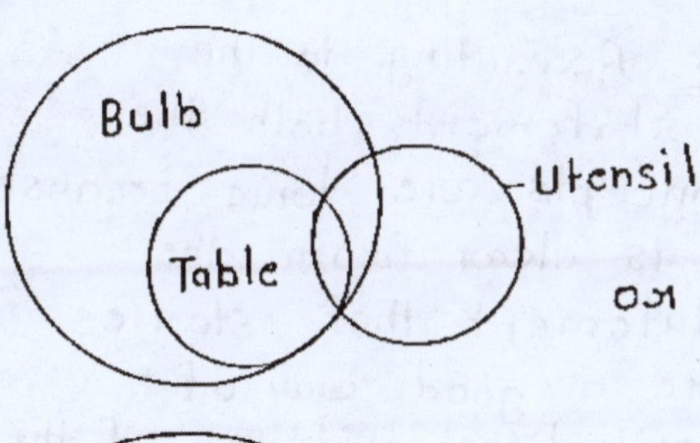

or

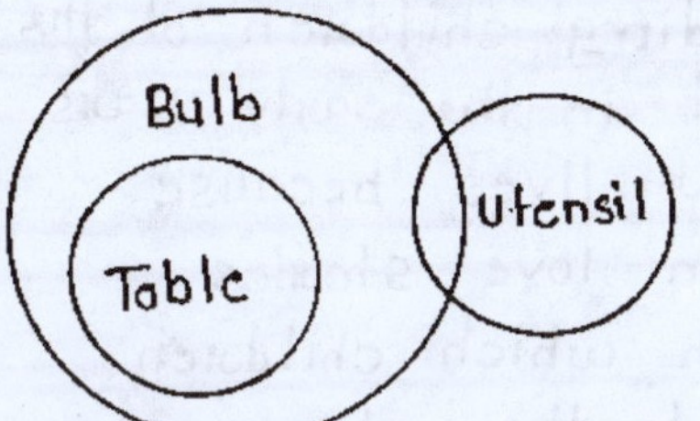

Therefore it is clear that some tables can be utensils or cannot be. Therefore option (a) is true.

11. From options,

(a) $M \xrightarrow{+1} N \xrightarrow{+1} O$

(b) $G \xrightarrow{+2} I \xrightarrow{+2} K$

(c) $A \xrightarrow{+2} C \xrightarrow{+2} E$

(d) $U \xrightarrow{+2} W \xrightarrow{+2} Y$

Hence option (a) is different

12. The series is as follows

3	7	13	21	31	43
↓	↓	↓	↓	↓	↓
2^2+1	3^2-2	4^2-3	5^2-4	6^2-5	7^2-6

∴ ? = 43

13. From options.

(a) 22 490: $(22)^2+6$

(b) 25 631: $(25)^2+6$

(c) 21 447: $(21)^2+6$

(d) 30 908: $(30)^2+6 \neq 908$

Hence. option (d) is different.

14. From the given options,

(a) J $\xrightarrow{+3}$ M $\xrightarrow{+1}$ N

(b) U $\xrightarrow{+3}$ X $\xrightarrow{+1}$ Y

(c) D $\xrightarrow{+3}$ G $\xrightarrow{+1}$ H

(d) O $\xrightarrow{+3}$ R $\xrightarrow{+2}$ T

Hence, it is clear from the above that option (d) is different from others.

15. According to the question.

△C ⓐ [R] D → △7 3 [5] ⑨

S E [R] V → 1 2 [5] 6

P ⓐ △C K → 8 4 ⑨ △7

Hence, it is clear from above that the code for D is 3.

16. Just as

C L I M A T E

↓ ↓ ↓ ↓ ↓ ↓ ↓

3 + 12 + 9 + 13 + 1 + 20 + 5 = 63

⇒ (Number of letter) 63

⇒ 763

And,

G L O B A L

↓ ↓ ↓ ↓ ↓ ↓

7 + 12 + 15 + 2 + 1 + 12 = 49

⇒ 649

Same as,

C R E E P

↓ ↓ ↓ ↓ ↓

3 + 18 + 5 + 5 + 16 = 47

⇒ 547

So, CREEP = 547

17. Just as,

14 : 450

$(14+1)^2 \times 2$

Similarly, from option (d)

18 : 722

$(18+1)^2 \times 2$

18. Just as,

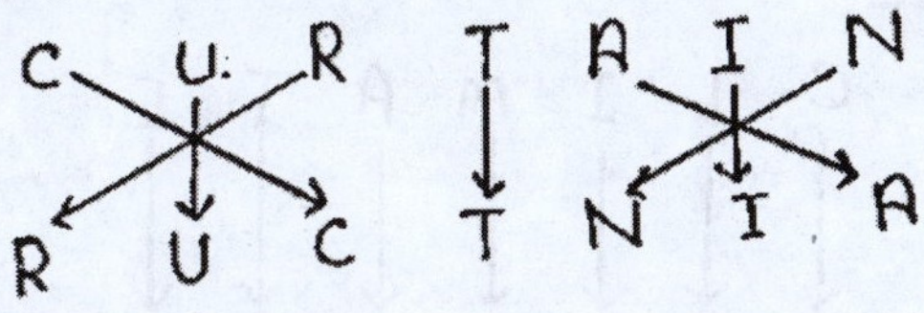

And,

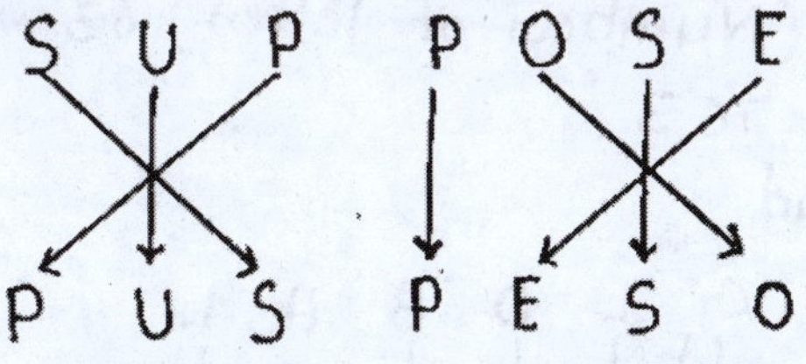

Similarly,

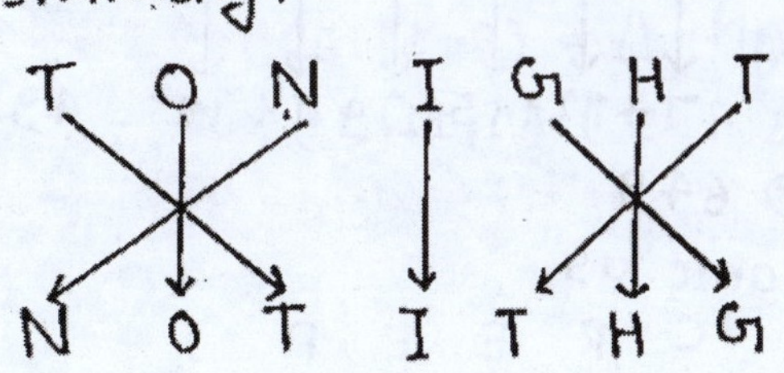

Hence, option (a) is correct.

19. Just as,

Tranquil $\xrightarrow{\text{Opposite}}$ Violent

Same as, from option (a),

Timid $\xrightarrow{\text{Opposite}}$ Bold

Hence option (a) is correct.

20. The given piece of paper will appear as option (d), when it is opened after folding it and cutting.

21. Option figure (c) will be correct mirror image of the given figure.

22. Such as,

from first row ⇒ $5 \times 9 - 6 = 39$

and From second row

⇒ $3 \times 11 - 7 = 26$

Same as,

From third row

$8 \times 5 - 4 = \boxed{36}$

Hence, $\boxed{? = 36}$

23. Such as.

From 1st row –

$9 \times 11 - 5 = 94$

From 3rd row –

$6 \times 5 - 14 = 16$

Same as,

From 2nd row –

$7 \times 9 - 13 = \boxed{50}$

Hence, $\boxed{? = 50}$

24. Order of sitting around a round table facing the centre of six friends A, B, C, D, E and F is as follows –

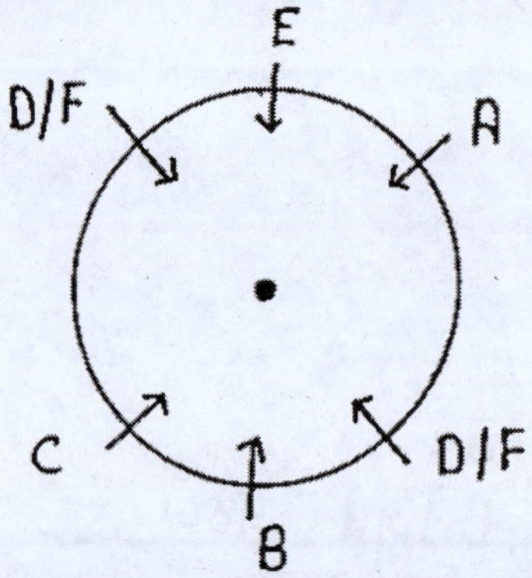

Hence 'A' sits to the immediate left of E.

25. The order of placing the six toys on the circular path of is as follows –

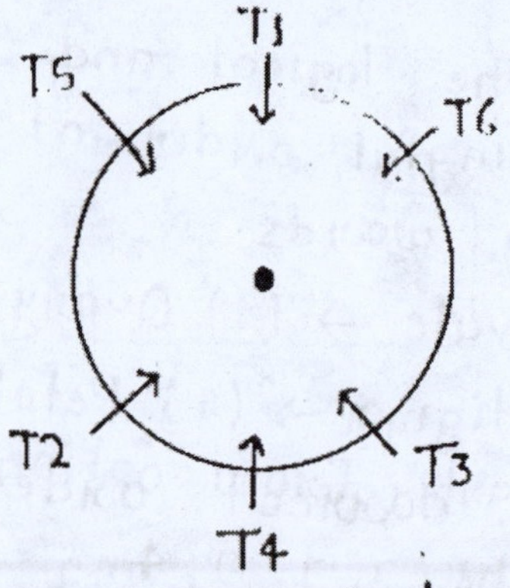

So when we start counting the number of toys to the left of 'T5' then only one toy 'T1' is placed between T5 and T6.

26.

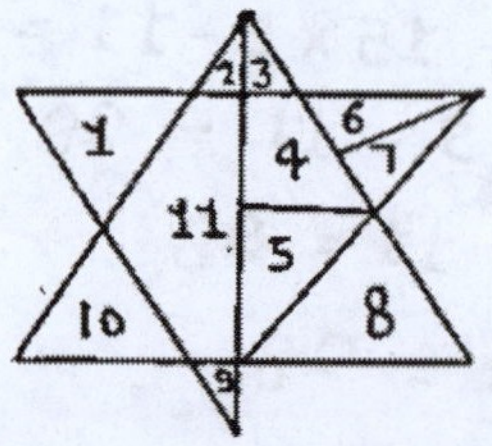

Formed by taking one digit Δ
= 1, 2, 3, 4, 5, 6, 7, 8, 9, 10 = 9

Formed by taking two digit Δ
= (2, 3) (3, 4) (6, 7) = 3

Formed by taking three digit Δ = (2, 11, 10) (1, 11, 9) (3, 4, 5) (2, 11, 9) = 4

Formed by taking Four digit Δ = (3, 4, 5, 8) (4, 5, 6, 7) = 2

Formed by taking seven digit Δ = (2, 3, 4, 5, 8, 10, 11) = 1

So total Δ = 9 + 3 + 4 + 2 + 1
= 19

27. The logical and meaningful order of the given words.
(3) ovule → (1) Ovary → (2) stigma → (4) Petal
Hence, correct order will be 3, 1, 2, 4.

28. The given equation is –
$15 + 90 \div 9 \times 5 - 11 = 28$
On interchanging the numbers 15 and 9,
$\rightarrow 9 + 90 \div 15 \times 5 - 11 = 28$
$\rightarrow 9 + 6 \times 5 - 11 = 28$
$\rightarrow 9 + 30 - 11 = 28$
$\rightarrow 39 - 11 = 28$
$\rightarrow 28 = 28$
Hence, Option (b) is correct.

29. According to the question blood relationship diagram is as follows–

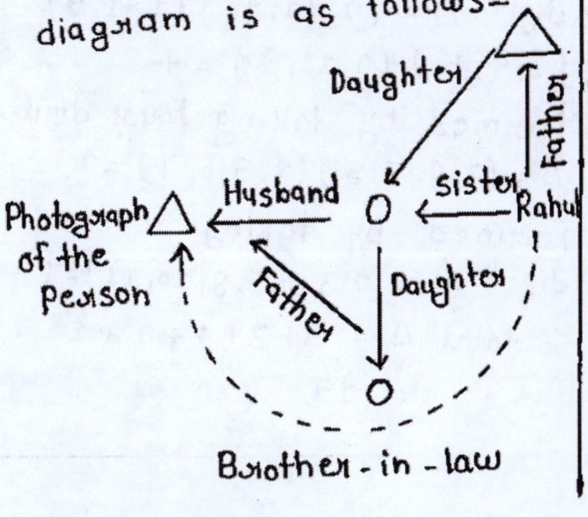

Hence, It is clear that the Person in the picture is Rahul's brother-in-law.

30. According to the question,

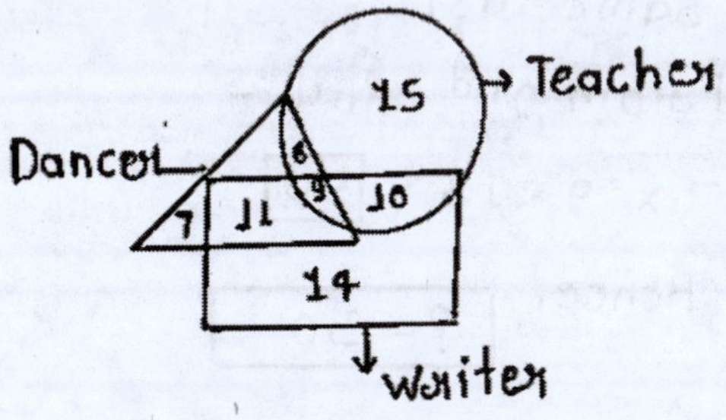

It is clear from above venn diagram that number of teachers who are writers but not dancers = 10

PRACTICE SET-19
HINTS & SOLUTIONS

1. Assumption II is absolutely wrong as per the given statement. Because it is not necessary that people use public transport only people were already paying public transport charges.
Hence able to pay the increased fares. So the only assumption is contained in the statement.

2. According to the statement, I like an Indian pilot and I have decided to become a pilot that means I am not a pilot this is defintely true.
Hence only assumption I is implicit in the statement.

3. The given series is as follows -

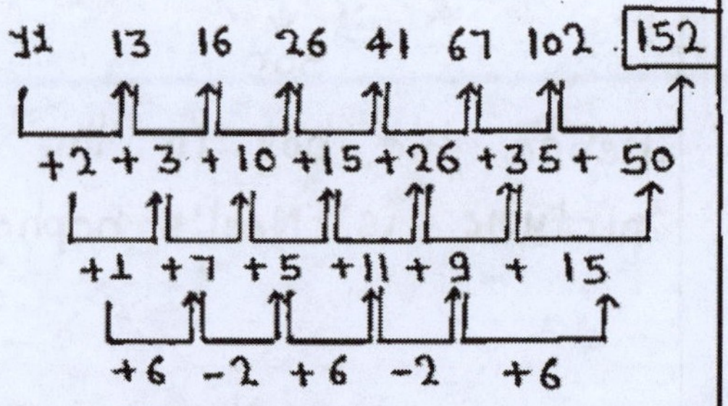

Hence, ? = 152

Hence, option (c) is correct.

4. The given series is as follows -

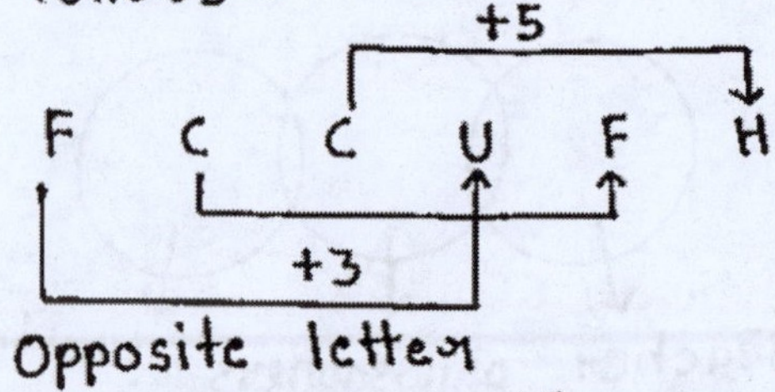

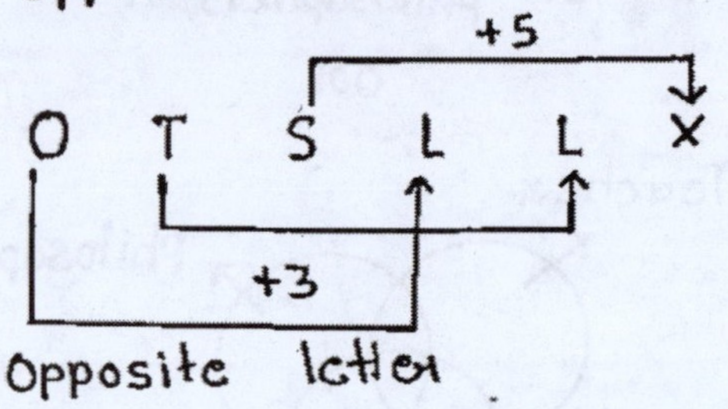

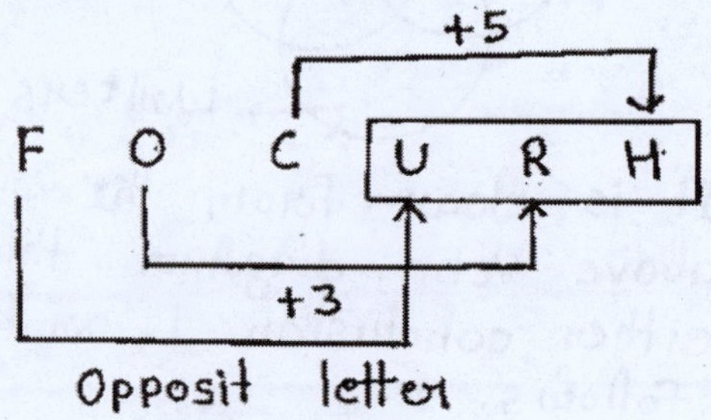

Hence, ? = URH

5. On making the Venn diagram as per statemet

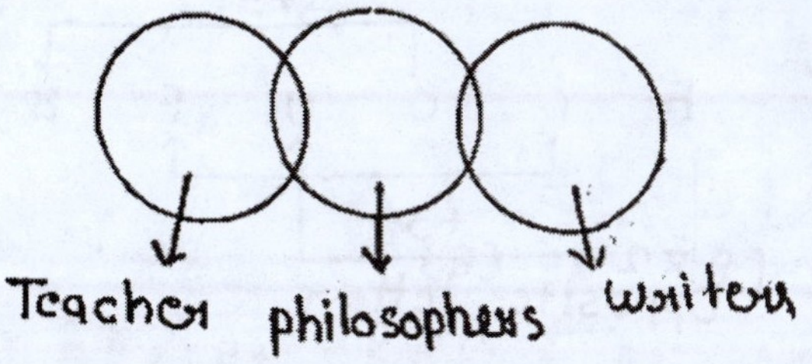

or

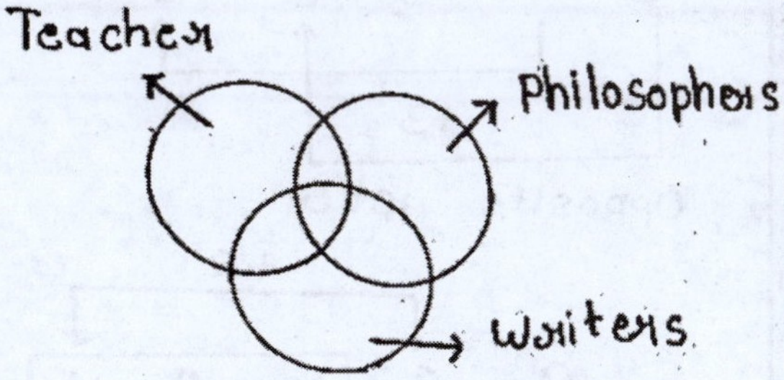

It is clear, from the above Venn diagram that either conclusion I or II follows.

6. Since it is given that the average of surya is more than only one person and the average of Rohit is more then Hardik. Average of Rohit is 120, so the average of surya must be 118.

7. I. $T = V$ is False.
$(T = U \leq V)$
II. $R > U$ is True.
$(R > T = U)$
Only Conclusion II is True.

8. $16 + 2 \div 2 - 21 \times 7 = 21$
On exchanging × and ÷ sings / symbols from option (d)
$16 + 4 \times 2 - 21 \div 7 = 21$
$16 + 4 \times 2 - 3 = 21$
$16 + 8 - 3 = 21$
$21 = 21$

9.

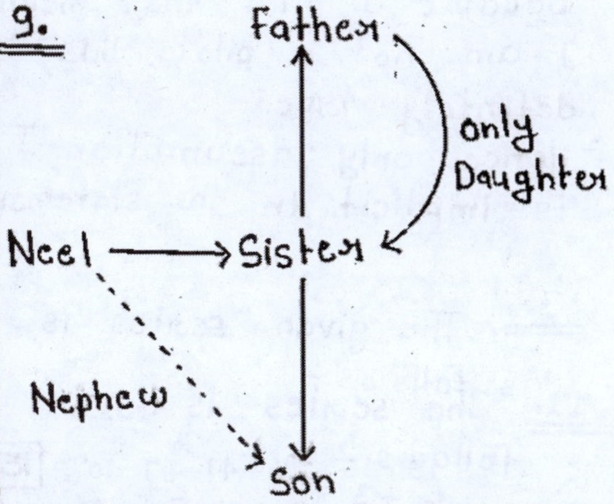

Hence the boy in the picture is Neel's nephew.

10.

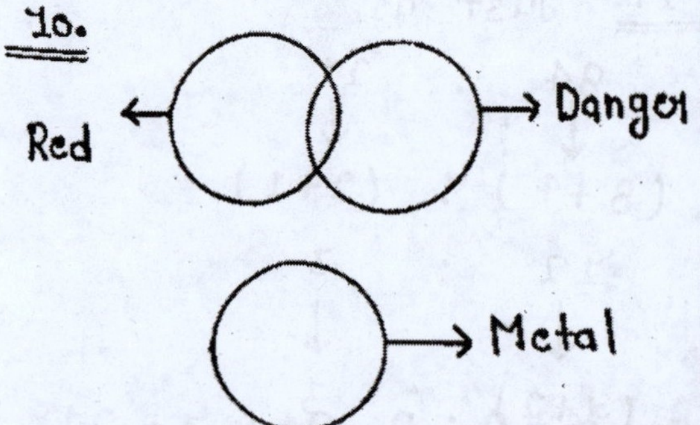

It is clear from the above diagram that neither conclusion 1 nor 2 follows.

11.

Jumbled	Rearrang
EVCOL	CLOVE
LCIIHL	CHILLI
MIUNC	CUMIN
HLTCO	CLOTH

Clove, chilli and cumin are under to spices whereas cloth is different from these.

12. The series is as follows –

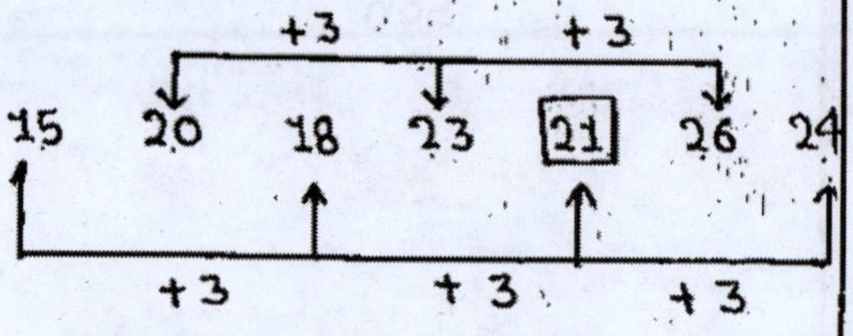

Hidden number = 21

13. From the given options-

(a) 26 – 168

26 = (13 × 2), 168 = $(13)^2 - 1$

(b) 16 – 64

16 = (8 × 2), 64 = $(8)^2$

(c) 34 – 289

34 = (17 × 2), 289 = $(17)^2$

(d) 18 – 81

18 = (9 × 2), 81 = $(9)^2$

Hence, option (a) is odd.

14. From the given letter set,

D $\xrightarrow{+3}$ G $\xrightarrow{-2}$ E

F $\xrightarrow{+2}$ H $\xrightarrow{-1}$ G

S $\xrightarrow{+2}$ U $\xrightarrow{-1}$ T

W $\xrightarrow{+2}$ Y $\xrightarrow{-1}$ X

Hence, DGE is different from other

15. Just as,

FRIAR → (Number of letters) × 4 = 5 × 4 = 20

And,

FREEDOM → (Number of letters) × 4 = 7 × 4 = 28

Same as,

FARROW → (Number of letters) × 4 = 6 × 4 = 24

Hence, code for FARROW is 24.

16. Given,

T O W A R D
↓ ↓ ↓ ↓ ↓ ↓
9 6 2 1 4 7

And,

W A N T E D
↓ ↓ ↓ ↓ ↓ ↓
2 1 3 9 5 7

On using above the code,

W A R R A N T
↓ ↓ ↓ ↓ ↓ ↓ ↓
2 1 4 4 1 3 9

Hence option (a) is correct.

17. Just as,

84 : 21
↓ ↓
(8 + 4) : (2 + 1)
12 : 3
↓ ↓
(1 + 2) : 3
↓ ↓
3 : 3

Same as,

65 : 65
↓ ↓
(6 + 5) : (6 + 5)
↓ ↓
11 : 11
↓ ↓
(1 + 1) : (1 + 1)
↓ ↓
2 : 2

18. Just as,

J O S : G M R

J −3 → G, O −2 → M, S −1 → R

And

Y H L : V F K

Y −3 → V, H −2 → F, L −1 → K

Similarly

S O E : P M D

S −3 → P, O −2 → M, E −1 → D

19. Just as, Ebola disease is caused by virus. Similarly, plague disease is caused by Bacteria. Hence, option (a) is correct.

20. According to the given figure a paper is folded and cut as shown figure option (b). Hence option (b) is the correct figure of the given question.

21. Correct mirror image of the given Combination will be option (d)

22.

$49 + 65 = 114$, $86 - 70 = 156$, $104 - 88 = 192$

$27 + 87 = 114$, $66 + 90 = 156$, $78 + ? = 192$

$78 + ? = 192$

$? = 114$

Hence, $? = 114$

23. Such as,

Column I − $(4)^3 + (5)^2$

$\Rightarrow 64 + 25 = 89$

Column II − $(3)^3 + (4)^2$

$\Rightarrow 27 + 16 = 43$

Same as,

Column III − $(1)^3 + (2)^2$

$\Rightarrow 1 + 4 = 5$

So, $? = 5$

24. The order of sitting of eight friends P, Q, R, S, T, U V and W facing the center is as follows –

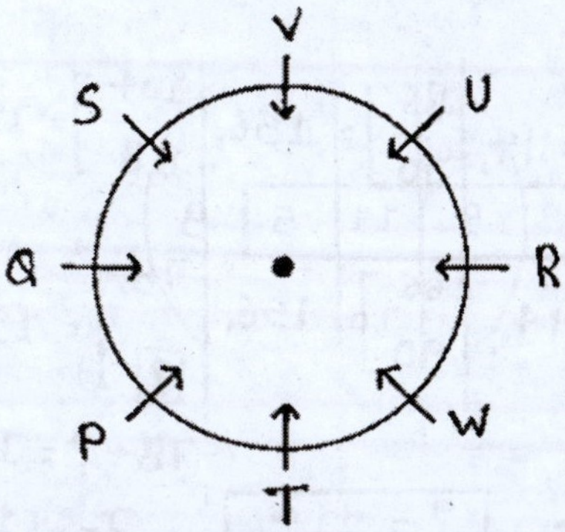

So, it is clear from the sitting arrangement that 'T' is sitting between 'P' and 'W'

25. The sequence of sitting of six sellers G, H, J, K, C and M facing the center is as follows –

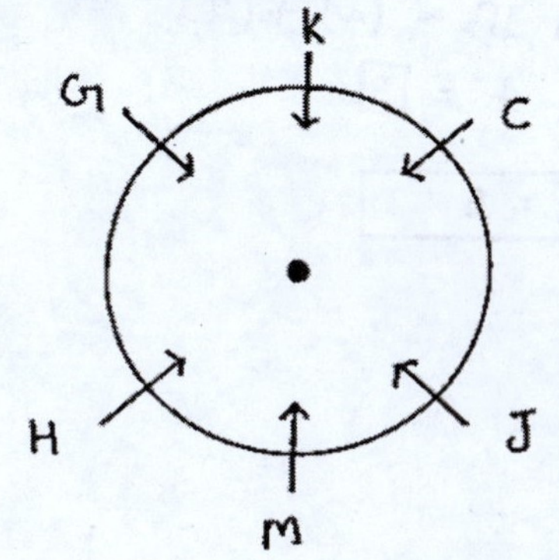

'CM and KH' sellers represent the immediate neighbours of 'J' and 'G'

26.

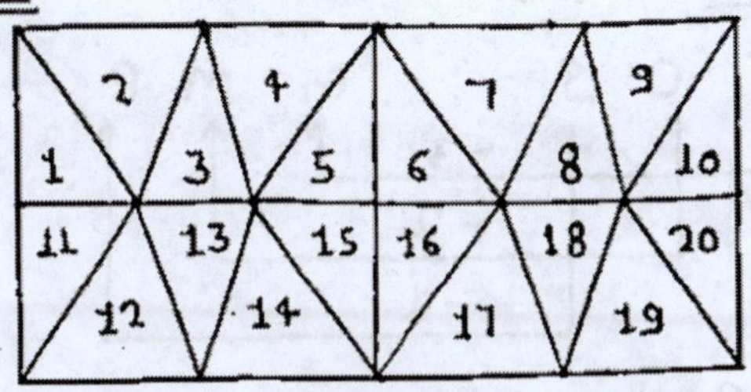

One digit triangle = 20

Two digit triangle

= (1, 11) (5, 15) (6, 16) (10, 20) (5, 6) (15, 16) = 6

So there will be total number of triangle 26.

27. The logical and meaningful order of the given activities is as follows –

(2) Fix a wedding day,

(1) Marriage hall to make certain,

(5) To print the invitation card, (3) Invite guests

(4) Marriage ceremony to be held.

⇒ 2, 1, 5, 3, 4

Hence, option (b) is correct.

28. On interchanging the number 36 and 14,

$14 \times 81 \div 9 - (88 \div 4) + 36 + (22+7)$

$= 14 \times 9 - (22) + 36 + 29$

$= 126 - 22 + 65$

$= 191 - 22$

$= 169$

Hence option (a) is correct answer.

29. According to the question blood relationship diagram is as follow.

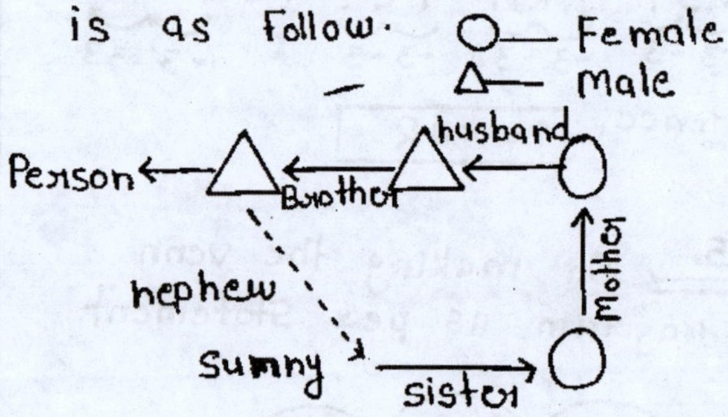

Hence, it is clear from the blood relation diagram that sunny is the nephew of the person in the person in the picture.

30. According to the question.

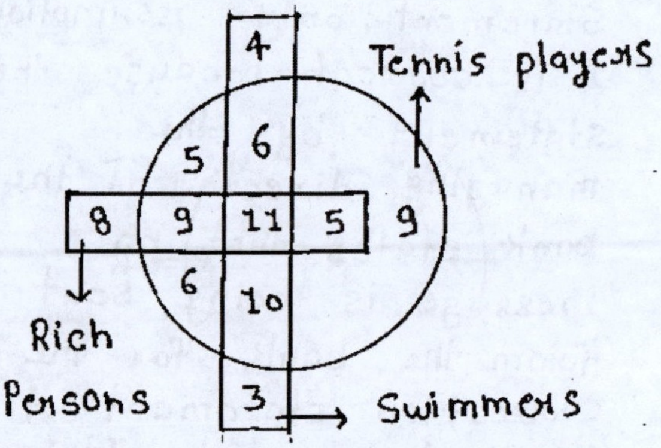

It is clear from above venn. diagram that total number of tennis player are either swimmers or rich persons but not both $= (6+10) + (9+5)$

$= 16 + 14 = 30$

PRACTICE SET-20
HINTS & SOLUTIONS

1. According to the given statement, only assumption I is correct because the statement by the managing director of the bank states that no message is being sent from the bank for the correction statement of the bank account. It may be that the customer's are getting fake calls on which the managing director has received the information.

2. According to the given statement only assumption I is implicit. Because according to the statement that Krishna's house cannot be contacted by email, it is clear that interent facility is not available there.

3. The given series is as follows –

3   20   38   52   75   82   114   **110**

+17   +18   +14   +23   +7   +32   −4

$+1^2$ -2^2 $+3^2$ -4^2 $+5^2$ -6^2

4. The given series is as follows –

VSP (−2) NKH (−2) FCZ (−2) ? = XUR

(within each term: −3, −3)

Hence, **? = XUR**

5. On making the venn diagram as per statement.

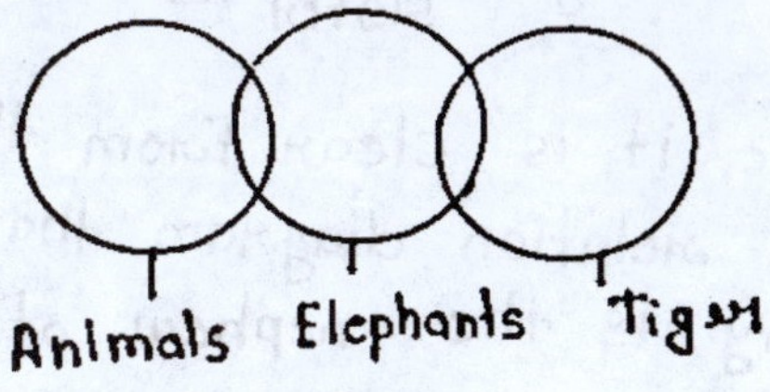

or

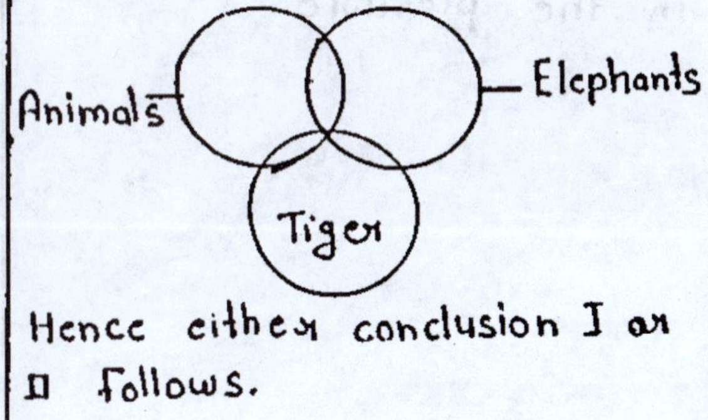

Hence either conclusion I or II follows.

6. Nikita > Uma > Harshita > Prerna > Monika > Rashmi > Sana

Sana is the shortest.

7. (a) $B < Z$ is False.

(as $B = M$ and $M > Z$)

(b) $X < A$ is True.

(as $A > B = M$ and $M > Z > X$)

(c) $Z > A$ is False.

(as $A > B = M$ and $M > Z$)

(d) $S > A$ is False.

(as $S = M = B < A$)

Opt (b) is True.

8. $36 \times 12 + 4 \div 6 + 2 - 3 = ?$

On changing the symbols

$= 36 - 12 \div 4 + 6 \div 2 \times 3$

$= 36 - 3 + 3 \times 3$

$= 36 - 3 + 9$

$= 45 - 3 = 42$

9.

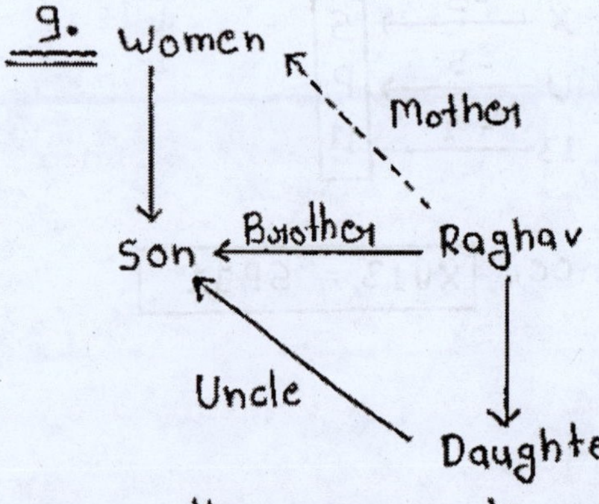

Hence the woman is mother of Raghav.

10. On drawing the diagram as per the given statement.

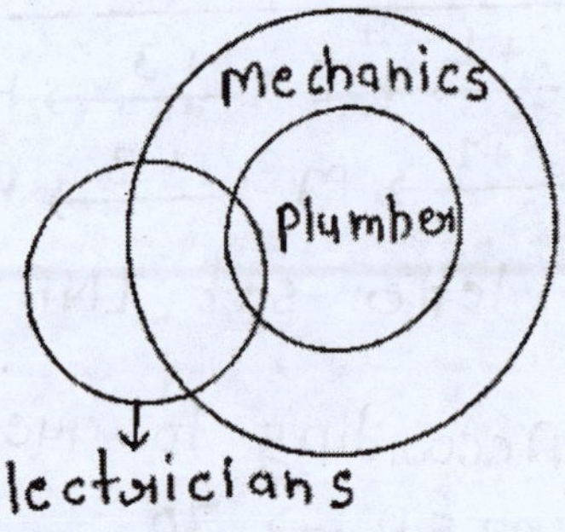

Therefore, conclusion I correct.

11. Cook and chef are synonyms of each other.

Hence option (d) is different from others.

12. The above given numbers 71, 73 and 79 are prime number. while 77 is prime number

13. From the given options.

(a) $28 \rightarrow (2+8) \times (8-2) = 60$

(b) $42 \rightarrow (4+2) \times (4-2) = 12$

(c) $39 \rightarrow (3+9) \times (9-3) = 72$

(d) $57 \rightarrow (5+7) \times (7-5) = 24$

Hence, option (d) different from others.

14. From the given letters set

N $\xrightarrow{+1}$ O $\xrightarrow{+3}$ R

| L $\xrightarrow{+2}$ N $\xrightarrow{+2}$ P |

D $\xrightarrow{+1}$ E $\xrightarrow{+3}$ H

L $\xrightarrow{+1}$ M $\xrightarrow{+3}$ P

Hence letter set LNP is odd.

15. According to question.

WATER → 30

No. of letters in water × 6 = 5 × 6 = 30

And

ORANGE → 36

No. of letters in Orange × 6 = 6 × 6 = 36

EIGHT → [30] ?

No. of Letters in EIGHT × 6 = 5 × 6 = 30

Hence, option (d) is correct answer.

16. Just as,

M O S T

13 + 15 + 19 + 20 = 67

→ 67 × 2 = 134

And, F U R

6 + 21 + 18 = 45

→ 45 × 2 = 90

Same as,

S U C E S S

19 + 21 + 3 + 3 + 5 + 19 + 19 = 89

⟹ 89 × 2 = [178]

17. Just as,

$16 : 144 \rightarrow 16 \times \left[\frac{16}{2} + 1\right] = 144$

$14 : 112 \rightarrow 14 \times \left[\frac{14}{2} + 1\right] = 112$

Similarly,

$22 : ? \rightarrow 22 \times \left[\frac{22}{2} + 1\right] = 264$

Hence ? = [264]

18. Just as,

Y $\xrightarrow{-5}$ T

V $\xrightarrow{-5}$ Q

15 $\xrightarrow{-2}$ 13

And

V $\xrightarrow{-5}$ Q

S $\xrightarrow{-5}$ N

19 $\xrightarrow{-2}$ 17

Same as,

X $\xrightarrow{-5}$ S

U $\xrightarrow{-5}$ P

13 $\xrightarrow{-2}$ 11

Hence, [XU13 = SP11]

19. Just as the female gender of Horse is Mare. In the same way the Female gender of Buck is Doe. Hence, option (d) is correct.

20. According to the question, on folding cutting and opening the paper, the figure will look like option Figure (b).

21. By placing the mirror to the AB line, the correct mirror image of the given figure is option (c).

22. Such as

$(19+20) \times 2 \rightarrow 39 \times 2 = 78$

and $(25+47) \times 2 \rightarrow 72 \times 2 = 144$

Similarly,

$(16+13) \times 2 \rightarrow 29 \times 2 = \boxed{58}$

So $\boxed{? = 58}$

23. Such as

$(4)^2 + 3$

$16 + 3 = 19$

and

$(6)^2 + 4$

$36 + 4 = 40$

In the same way

$(9)^2 + 9$

$81 + 9 = \boxed{90}$

So, $\boxed{? = 90}$

24. The order of sitting facing towards the center six tailors G1, G2, G3, G4, G5 and G6 is as follows-

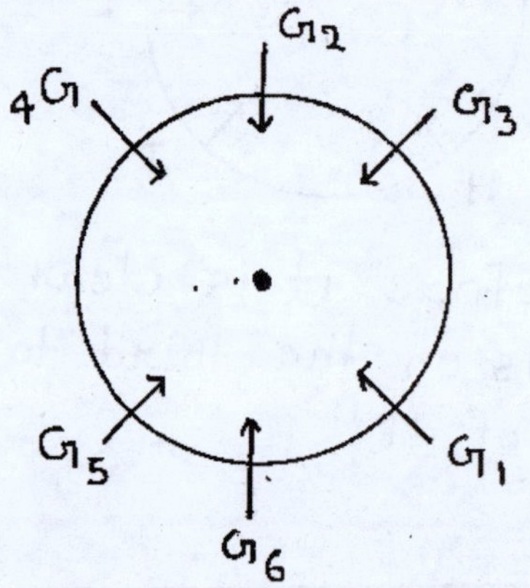

Therefore, it is clear that 'G4 is seated second to the right of 'G3'.

25. Six friends B, D, F, H, J and L are sitting on a circular table whose faces are towards the center. Their sitting order will be as follows:-

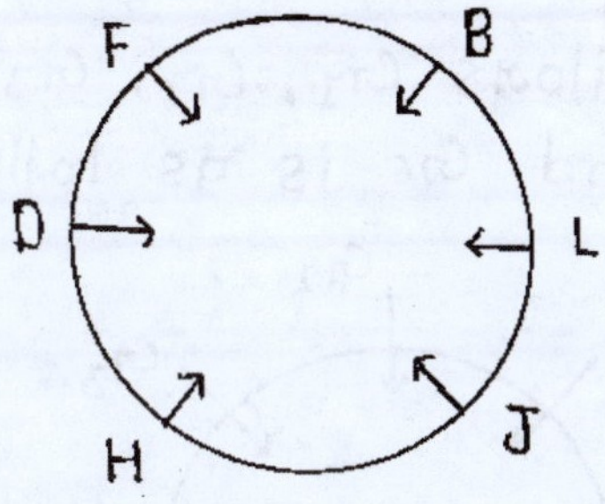

Therefore, it is clear that 'J' sits on the third to the left of 'F'

26.

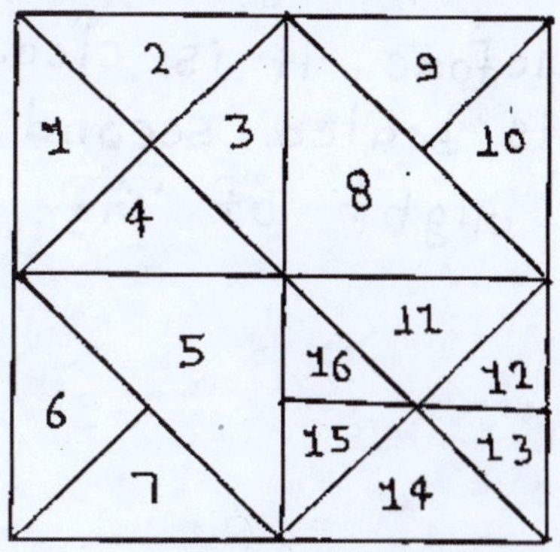

Number of triangles formed by one digit = 1, 2, 3, 4, 5, 6, 7, 8, 9, 10, 11, 12, 13, 14, 15, 16 = 16

Number of triangles formed by two digits

(1,2), (2,3), (3,4), (4,1)
(9,10), (6,7), (16,15)
(12,13) = 8

Number of tringles formed by three digits = (11, 12, 13)
(12, 13, 14), (14, 15, 16), (11, 16, 15)
(8, 3, 4), (3, 4, 5) = 6

Number of tringles formed by four digits = (5, 16, 15, 11)
(8, 11, 16, 15) = 2

Number of tringles formed by eight digite.
(1, 4, 5, 6, 7, 14, 15, 16)
(2, 3, 8, 9, 10, 11, 12, 13) = 2

Hence total number of triangles = 16 + 8 + 6 + 2 + 2 = 34

27. The logical and meaningful order of the given activities is as follows –

(2) Feeling stomach ache.
(3) See a doctor
(4) Doctor is decision
(1) Writing a form of medicine (5) Take medicine as per the prescribed time
(6) Relief in pain.

28. $(40 \times 6) \div 8 + 14 - (7 \times 16) + (13 \times 12) = 26$

From option (b),

On interchanging 8 and 12.

$(40 \times 6) \div 12 + 14 - (7 \times 16) + (13 \times 8)$

$= 240 \div 12 + 14 - 112 + 104$

$= 20 + 14 - 8$

$= 20 + 6$

$= 26$

29. According to the question, Blood relationship diagram is as follow-

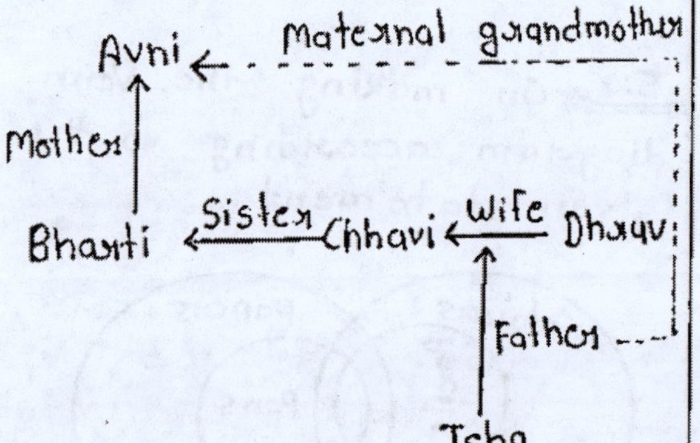

So, it is clear that 'Avni' is Isha's grand.-mother.

30. Venn diagram is as follows

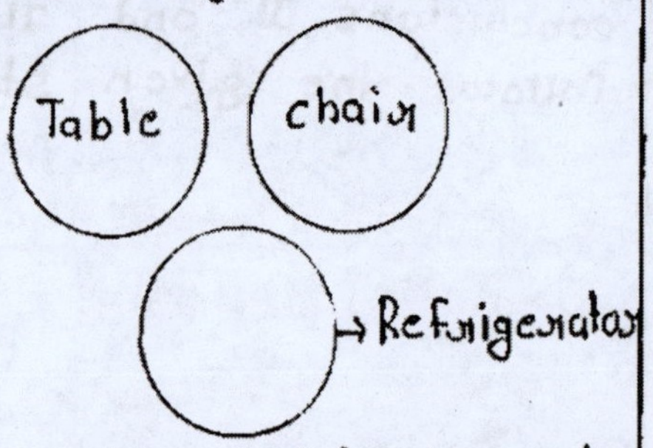

Hence, option (b) is correct.

PRACTICE SET-21
HINTS & SOLUTIONS

1. Both I and II are implicit.

Reason: Jumping straight to advanced questions implies the interviewer assumes the candidate knows the basics (I) and expects advanced knowledge (II).

2. It is clear from the statement that the old customer wanted to buy a tape recorder and he would have also asked the shopkeeper whether old style tapes were supported in the new system. Hence both the assumptions I and II are implicit in the statement.

3. The given series is as follows —

1 , 24 , 58 , 125 , 247 , 446 , 744

+23 +34 +67 +122 +199 +298

+11 +33 +55 +77 +99

∴ $? = 446 + 298 = 744$

Hence, option (c) is correct.

4. The given series is as follows.

A B E J Q Z

+1 +3 +5 +7 +9

+2 +2 +2 +2

Hence, $? = Z$

5. On making the Venn diagram according to the given statement.

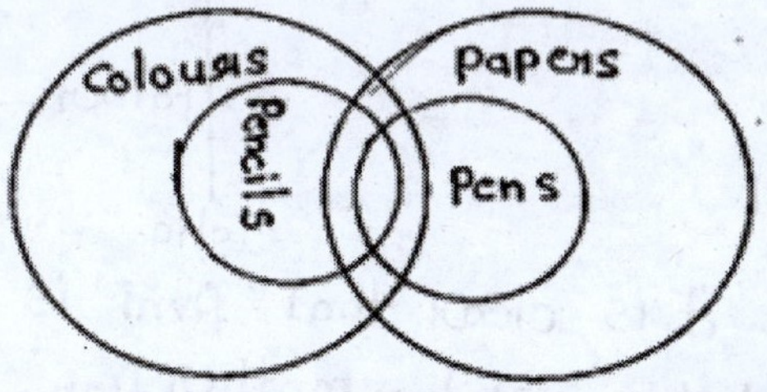

Hence, it is clear from the above venn diagram conclusions II and III follows the given statement.

6. E5 > E3 > E1 > E2 > E4

If the marks of E2 is 180, then marks of E4 must be 178.

7. I. Q > U is False.

(as Q ≥ R ≤ S > T < U)

II. R ≤ P is True.

(as P = Q ≥ R)

only conclusion II is True.

8. 8 α 6 / γ 4 β 7 ω 3 = ?

On changing the symbols

$= 8 \div 6 - 4 \times 7 + 3$

$= \frac{8}{6} - 4 \times 7 + 3$

$= \frac{4}{3} - 28 + 3$

$= \frac{4 - 84 + 9}{3}$

$= \frac{13 - 84}{3} = \frac{-71}{3}$

9. According to question-

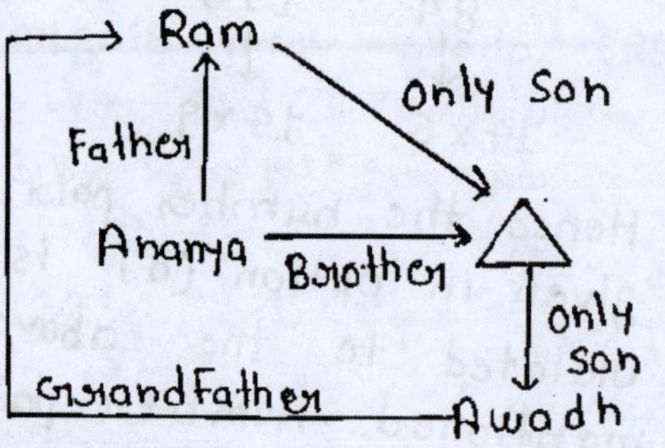

Hence Ram is the grandfather of Awadh.

10.

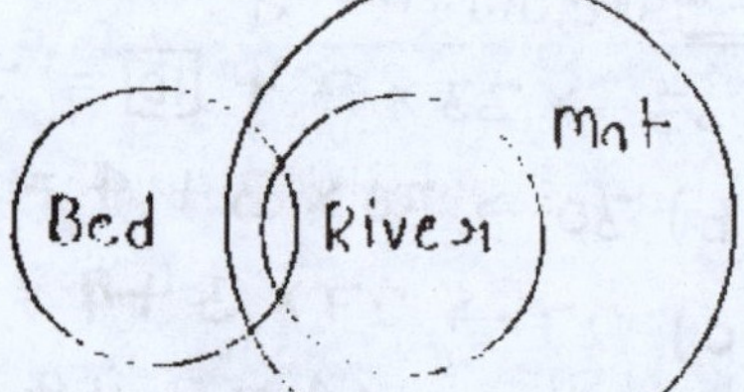

It is clear from the venn-diagram that some beds are mats therefore.

11. The given words of arrangement as follow.

OLEMN = LEMON

ORGEAN = ORANGE

PEALP = APPLE

OTTOPA = POTATO

Potato is grown under the ground which a type of stem. whereas all others are grown above the ground, which belong to under fruits.

Hence potato is different from all others.

12. The series is as follows.

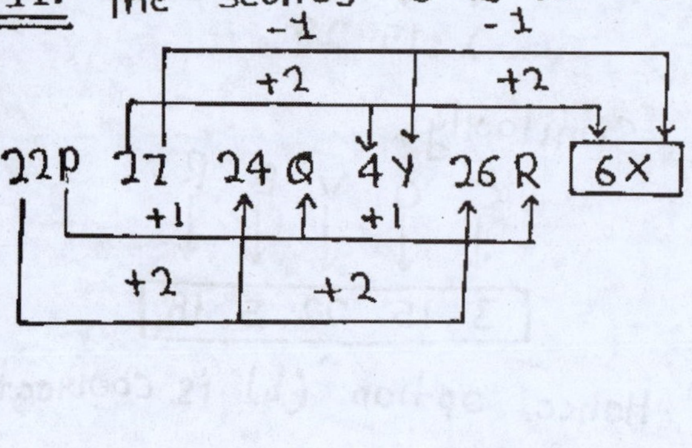

13. (a) From the given options,

$33 \rightarrow 33 \times 3 + \boxed{10} = 109$

(b) $30 \rightarrow 30 \times 3 + 4 = 94$

(c) $27 \rightarrow 27 \times 3 + 4 = 85$

(d) $44 \rightarrow 44 \times 3 + 4 = 136$

Hence, option (a) is different from others.

14. From the given options,

(a) $H \xrightarrow{+2} J \xrightarrow{+1} K \xrightarrow{+5} P$

(b) $B \xrightarrow{+4} F \xrightarrow{+4} J \xrightarrow{+4} N$

(c) $J \xrightarrow{+4} N \xrightarrow{+4} R \xrightarrow{+4} V$

(d) $D \xrightarrow{+4} H \xrightarrow{+4} L \xrightarrow{+4} P$

Hence, letters set HJKP is different from others.

15. Just as,

B A S K E T
↓ ↓ ↓ ↓ ↓ ↓
2 1 19 11 5 20

And,

B O X
↓ ↓ ↓
2 15 24

Similarly,

C O V E R
↓ ↓ ↓ ↓ ↓
3 15 22 5 18

Hence, option (b) is correct.

16. Just as,

D R A M A
↓ ↓ ↓ ↓ ↓
4 + 18 + 1 + 13 + 1 = (Number of letters)
= 37 − 5 = 32

And,

P L A Y
↓ ↓ ↓ ↓
16 + 12 + 1 + 25
= 54 − 4 = 50

Same as,

T H E A T R E
↓ ↓ ↓ ↓ ↓ ↓ ↓
20 + 8 + 5 + 1 + 20 + 18 + 5
= 77 − 7 = 70

THEATRE = 70

17. Just as,

72 : 108
↓ ↓
12×6 12×9

Same as

84 : 126
↓ ↓
14×6 14×9

Hence the number pair given in option (a) is related to the above mentioned number pair.

18. Just as And

$A \xrightarrow{+2} C$ $E \xrightarrow{+2} G$

$D \xrightarrow{+2} F$ $H \xrightarrow{+2} J$

$17 \xrightarrow{-4} 13$ $29 \xrightarrow{-4} 25$

Same as,

$I \xrightarrow{+2} K$

$L \xrightarrow{+2} N$

$38 \xrightarrow{-4} 34$

Hence, options (c) is correct

19. Just as sodium is present in salt. similarly, Hydrogen is present in water.

20. The given question figure is embedded in option (c). Hence option (c) is correct.

21. The correct mirror image of the question figure will be the option figure (c).

22. Such as,

Column I,

$16 \xrightarrow{+1} 17 \xrightarrow{+6} 23$

Colum III

$\boxed{21} \xrightarrow{+1} 22 \xrightarrow{+6} 28$

Same as,

Column II

$36 \xrightarrow{+1} 37 \xrightarrow{+6} 43$

Hence, $\boxed{? = 21}$

23. Such as,

$(2+3) \rightarrow (5+5) \rightarrow 10 \times 11 = 110$

$(5+6) \rightarrow 11 \rightarrow (1+1) + 9 \rightarrow 11 \times 11 = 121$

Same as,

$(4+9) \rightarrow 13 \rightarrow (1+3)+3 \rightarrow 7 \times 11 = \boxed{77}$

Here 23. 56 and 49 changed in single digit.

24. Sitting order of sitting of five boys G, K, P, R and T is as follows-

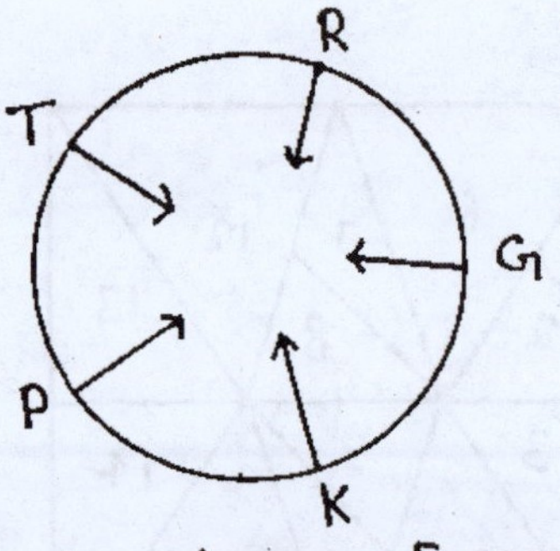

So it is clear from the diagram that 'G' is second to the sitting right of 'P'.

25. According to the given conditions, the sitting order of A, B, C, D, E, F, G and H will be as follows-

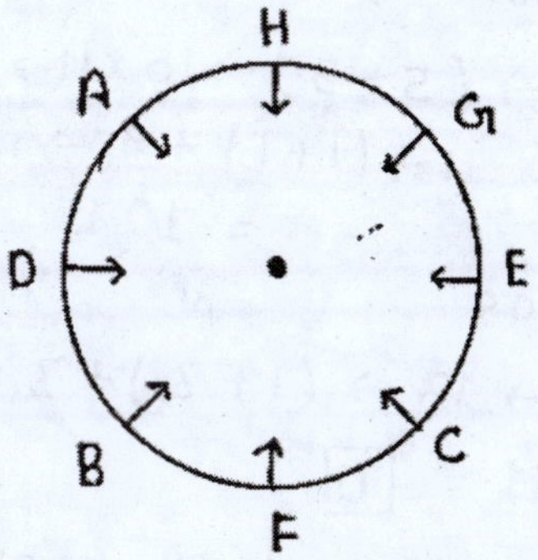

It is clear from the diagram that 'D' is sitting between 'A' and 'B'

Hence option (c) is correct.

26.

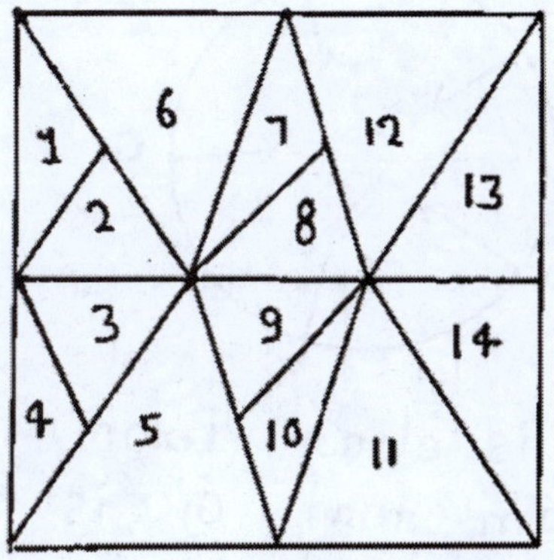

Number of triangles formed with the help of one digit

= 14

Number of triangles formed with the help of Two digit

= (1,2) (3,4) (9,10) (8,7) (13,14)

= 5

Number of triangles formed with the help of four digit

= (1, 2, 3, 4

= 1

So total triangles

= 14 + 5 + 1 = 20

27. The logical and meaningful order of the given words.

(4) Script, (2) Rehearsal, (1) Recording (5) Video Editing (3) Viewers

Hence, option (b) is correct.

28. $55 + 32 - 4 \times (1 \times 12) + (16 \div 4) = 31$

From option (a)-

On interchanging the number 16 and 32 in the given equation.

$55 + 16 - 4 \times (1 \times 12) + (32 \div 4) = 31$

$55 + 16 - 4 \times 12 + 8 = 31$

$55 + 16 - 48 + 8 = 31$

$55 + 24 - 48 = 31$

$79 - 48 = 31$

$31 = 31$

L.H.S = R.H.S.

29. The blood relation diagram is given below-

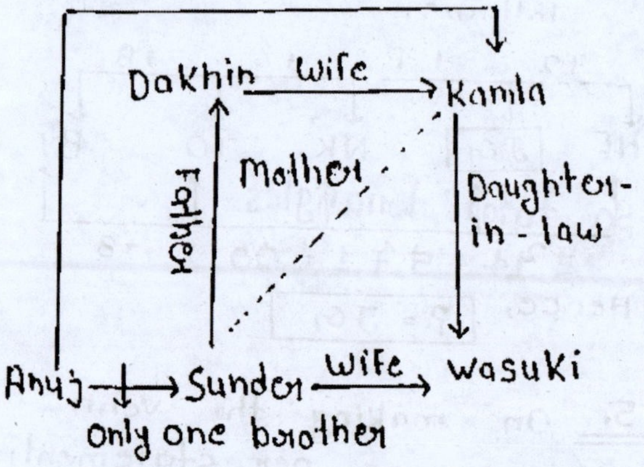

Hence, it is clear from above diagram that Kamla is the mother of anuj.

30. The best suitable venn diagram is as follows-

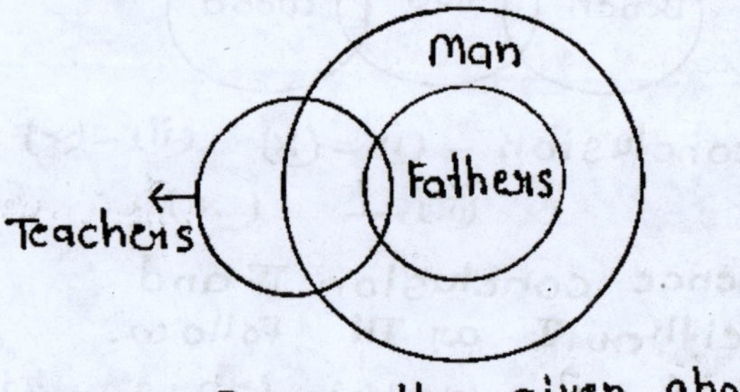

Hence, from the given above Venn diagram, it is clear that option (a) is correct.

PRACTICE SET-22
HINTS & SOLUTIONS

1. According to the above statement if the patient considers the advice given by Dr. and quits smoking and cooperates with the doctor then the doctor will be able to cure his illness. Hence both the assumptions I and II are implicit in the statement.

2. It is clear from the statement that only the assumption I is implicit in the statement. Because in the statement the teacher says, If you don't listen to me, I will punish you. After such a warning the students pay attention to the teacher's words and listen to the teacher's words and punishing the students, according to assumption II is not a good way.

3. According to the question.

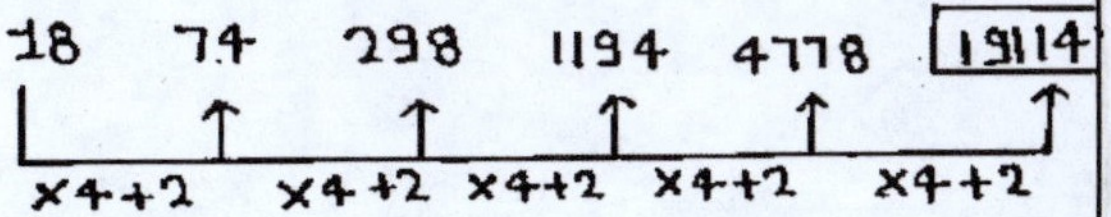

Hence, ? = 19114

4. The given series is as follows.

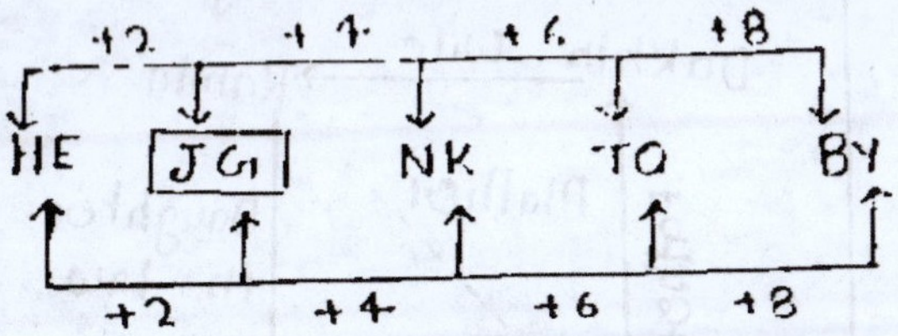

Hence, ? = JG

5. On making the venn diagram as per statement.

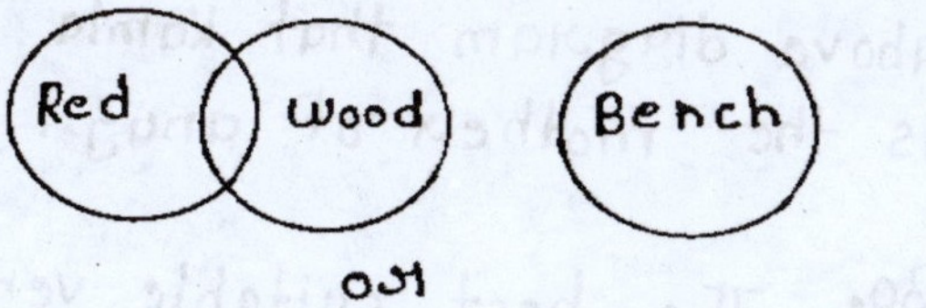

or

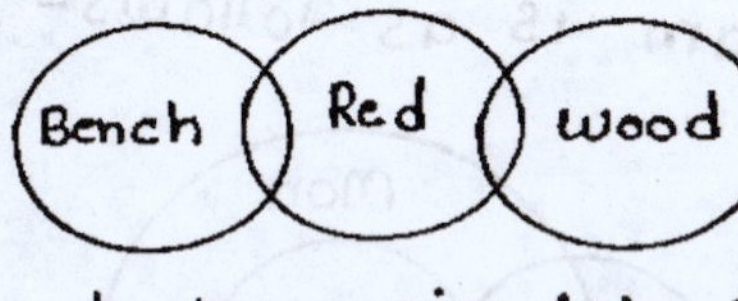

conclusion – (i) – (✗) (ii) – (✓)
(iii) – (✗)

Hence conclusion II and either I or III Follow.

6. M > L > T > J > A

Price of two cars is more than T.

7. (a) $T < R$ is False.
(as $R = T$)
(b) $K = N$ is False.
(as $K \geq U = N$)
(c) $K > Q$ is True.
(as $K \geq U = N > Q$)
(d) $Q > U$ is False.
(as $U = N > Q$)
opt (c) is True.

8. $(65 - 4 - 10) + 25) \div 9 = 6$
By changing addition and subtraction symbols
$= (65 + 4 + 10) - 25) \div 9 = 6$
$= (79 - 25) \div 9 = 6$
$= 54 \div 9 = 6$
$6 = 6$ (L.H.S = R.H.S)

9.

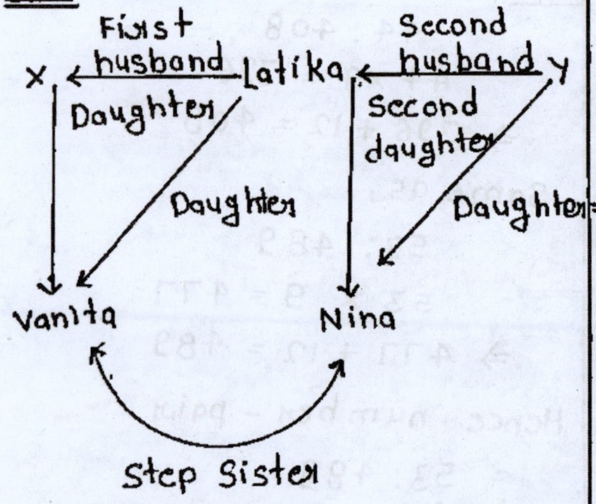

Hence Vanita and Nina are step sister.

10.

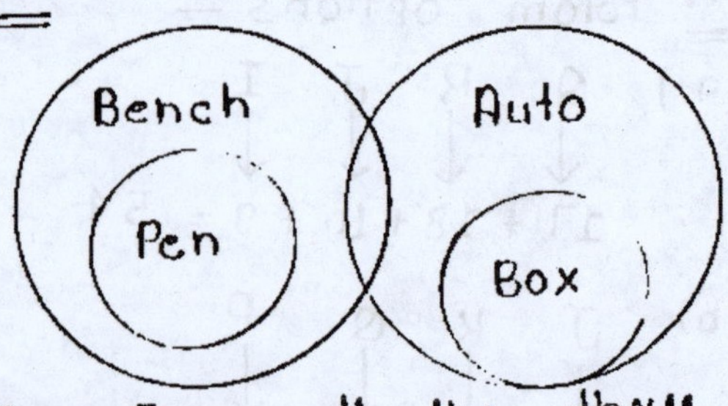

Therefore all the three conclusion are false.

11. In the given elements P (Phosphorus) is a non-metal, whereas other (silicon) si, (germanium) Ge, (Arsenic) As are sub metallic.

12. Just as,
$122 - 37 = 85$
$127 - 48 = 79$
$48 - 16 = 32$
similarly
$105 - 66 = \boxed{39}$

13. From the given options:-
(a) $18 - 81 \rightarrow \left(\frac{18}{2}\right)^2 - 81 = 0$
(b) $34 - 289 \rightarrow \left(\frac{34}{2}\right)^2 - 289 = 0$
(c) $26 - 168 \rightarrow \left(\frac{26}{2}\right)^2 - 168 = 1$
(d) $16 - 64 \rightarrow \left(\frac{16}{2}\right)^2 - 64 = 0$
Hence, option (c) is odd.

14. From options —

(a) Q R J I
↓ ↓ ↓ ↓
17 + 18 + 10 + 9 = 54

(b) J K Q P
↓ ↓ ↓ ↓
10 + 11 + 17 + 16 = 54

(c) D E W V
↓ ↓ ↓ ↓
4 + 5 + 23 + 22 = 54

(d) O P M K
↓ ↓ ↓ ↓
15 + 16 + 13 + 11 = 55

Hence, option (d) is different.

15. Just as,

MERITORIOUS
(Number of letters) − 1
= 11 − 1

And, OBJECTIONABLE
= (Number of letter) − 1
= 13 − 1
= 12

Same as, PREPATORY
= (Number of letters) − 1
= 9 − 1
= 8

Hence, the word PREPATORY will be coded as 8 in the code language.

16. Just as, Same as,

C → 3 $\xrightarrow{\times 2}$ 6   G → 7 $\xrightarrow{\times 2}$ 14
H → 8 $\xrightarrow{\times 2}$ 16   U → 21 $\xrightarrow{\times 1}$ 21
I → 9 $\xrightarrow{\times 1}$ 9   E → 5 $\xrightarrow{\times 1}$ 5
L → 12 $\xrightarrow{\times 2}$ 24   S → 19 $\xrightarrow{\times 2}$ 38
D → 4 $\xrightarrow{\times 2}$ 8   T → 20 $\xrightarrow{\times 2}$ 40

And,

B → 2 $\xrightarrow{\times 2}$ 4
O → 15 $\xrightarrow{\times 1}$ 15
O → 15 $\xrightarrow{\times 1}$ 15
K → 11 $\xrightarrow{\times 2}$ 22

Hence, Book → 415522

Note → Consonant letters → ×2
Vowel letters → ×1

17. Just as,

44 : 408
44 × 9 = 396
⇒ 396 + 12 = 408

Same as,

53 : 489
53 × 9 = 477
⇒ 477 + 12 = 489

Hence, number - pair
= 53 : 489

18. Just as,

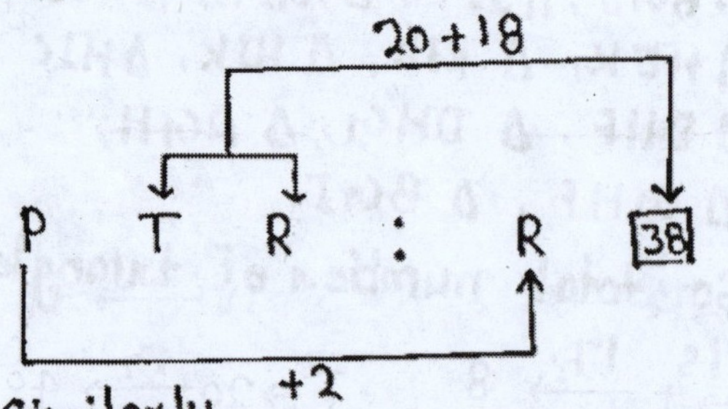

Similarly

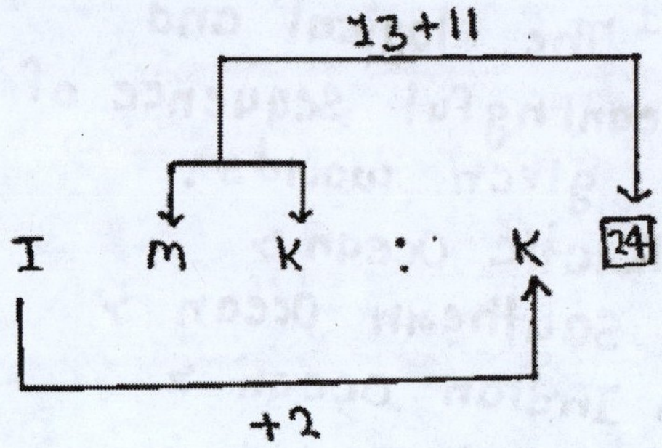

19. Just as Mycology is the study of Fungi similarly Seimology is the study of Earthquakes.

20. The given question figure is embeded in option figure (c).

21. The correct mirror image of the given figure will be the figure given in option (b).

22. Such as

$(3+14) \times 2 = 34$

$(18+13) \times 2 = 62$

Same as

$(27+x) \times 2 = 98$

$x = 49 - 27 = 22$

$\boxed{? = 22}$

Hence. 22 will be number replace the question mark (?)

23. Such as,

Column I $\rightarrow \frac{16+4}{2} = 10$

Column II $\rightarrow \frac{30+34}{2} = 32$

Same as,

Column III $\rightarrow \frac{18+?}{2} = 40$

$= 18 + ? = 80$

$= \boxed{? = 62}$

Hence, option (b) will be correct.

24. According to the question

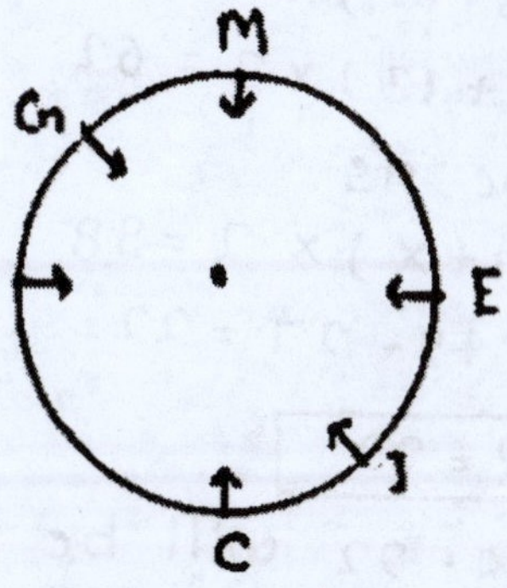

moving from left side of I, '3' friends are sitting between I and M.

25. According to the question sitting arrangement is as follows

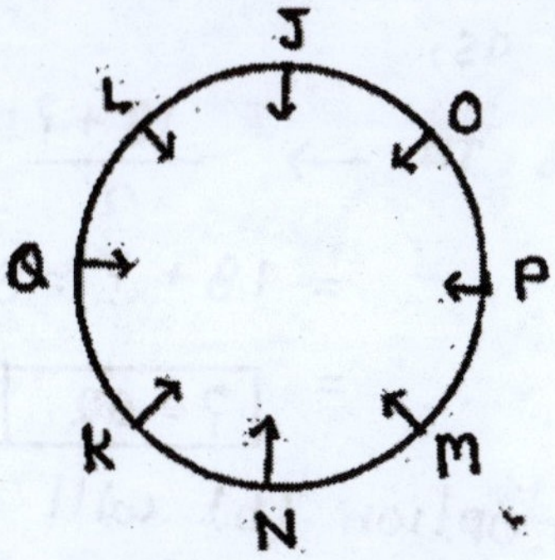

Hence, 'J' is to the immediate left to 'L'.

26.

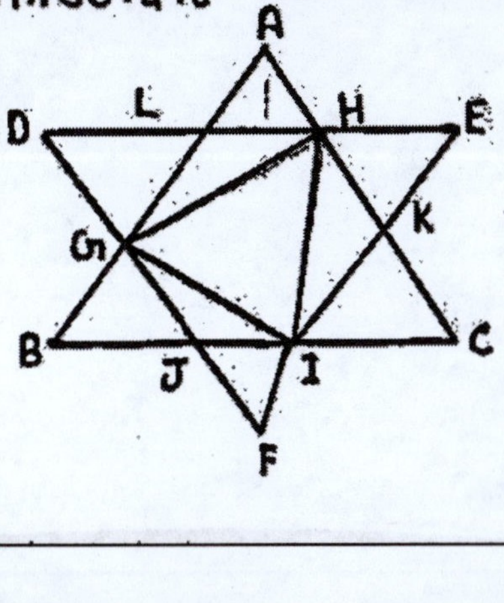

ΔABC, ΔALH, ΔLHG, ΔDLG, ΔBGJ, ΔJIF, ΔGIH, ΔHEI, ΔHEK, ΔKIC, ΔHIK, ΔHIC, ΔDHF, ΔDHG, ΔAGH, ΔGHF, ΔBGI

So total number of triangles is 17.

27. The logical and meaningful sequence of the given words:

(4) Arctic Ocean >
(3) Southern Ocean >
(5) Indian Ocean >
(1) Atlantic ocean >
(2) Pacific Ocean

Hence the correct order would be 4, 3, 5, 1, 2

28. Given

$123 - 41 \times 14 + 2 \div 7 = ?$

As per the question on changing the sign –

$\Rightarrow 123 \div 41 + 14 \times 2 - 7 = ?$

$\Rightarrow 3 + 28 - 7 = ?$

$\Rightarrow 31 - 7 = ?$

$\Rightarrow 24 = ?$

Hence, option (a) is correct.

29. According to the question, blood relation diagram is as follows-

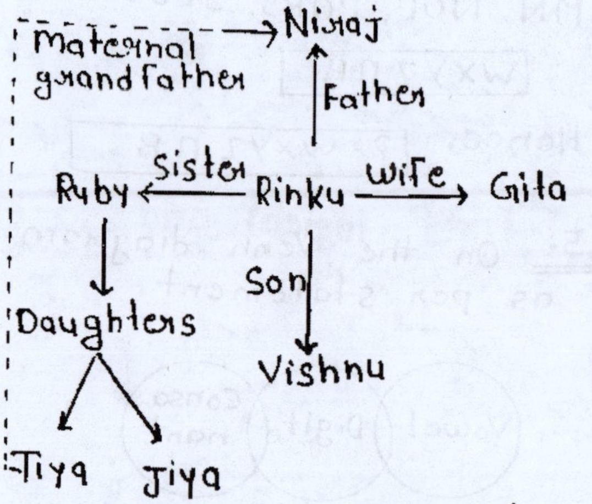

Hence, Niraj is Maternal grandfather of Tiya.

30. Venn diagram is as follows -

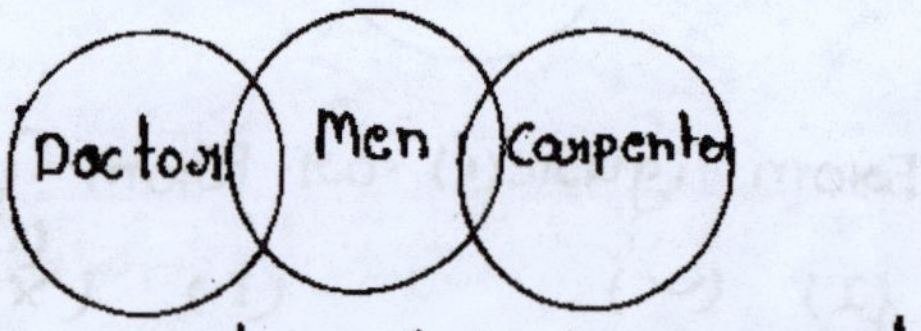

Hence, option (c) is correct.

PRACTICE SET-23
HINTS & SOLUTIONS

1. Due to snow in icy weather, the road is more slippery due to which a very fatal accident can occur. Therefore it is very dangerous to drive that's why every highway has a sing board.
Hence both the assumptions I and II are implicit in the statement.

2. Only assumption II is implicit in the given statement. Because the appointment of employees is said in the statement. It is clear that qualified and suitable people would be available and by their recruitment they will expand their profession.

3. The given series is as follows,

4 7 17 38 72 123 193 286 408 561

+3 +10 +21 +34 +51 +70 +93 +122 +153

+7 +11 +13 +17 +19 +23 +29 +31

Hence, ? = 561

4. The given series is as follows,

MN, NOP, PQRS, STUVW,

WXYZAB

Hence, ? = WXYZAB

5. On the Venn diagram as per statement.

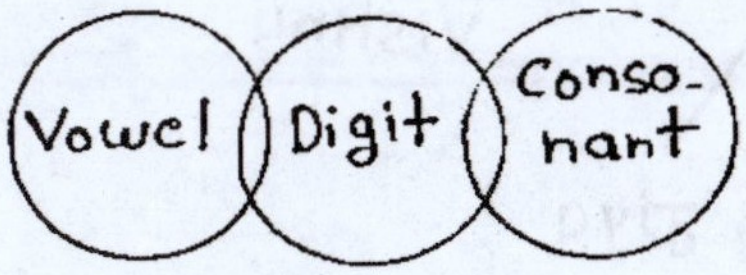

OR

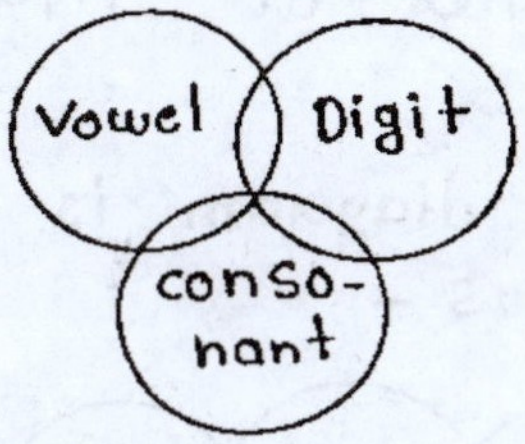

From figure (I)		or From figure (II)	
(I)	(✓)	(I)	(✗)
(II)	(✗)	(II)	(✗)
(III)	(✗)	(III)	(✓)

It is clear from the Venn diagram that either conclusion I or III follows.

6. According to the question,

x —Opposite→ c

d ←Opposite→ g

a —Opposite→ F

Hence, It is clear that option (a) cannot be formed on folding the given sheet.

7. According to the question The blood relation diagram is as follows-

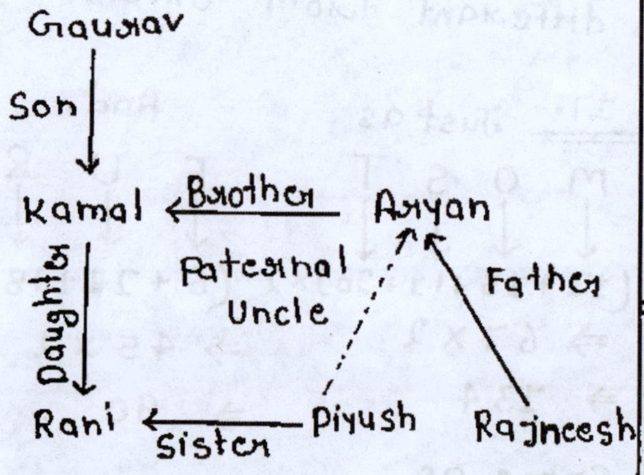

Hence, Aryan is Paternal Uncle of piyush.

8. Ramesh > Kamal > mohan > Vivek > Laxman

Speed of the two cars is less than Mohan's car.

9. (a) N < Q is True.

(as N < M < S < T < P < Q)

(b) Q < S is False.

(as S < T and T < P < Q)

(c) P < M is False.

(as M < S < T and T < P)

(d) P < N is False.

(as N < M < S < T and T < P)

opt (a) is True.

10. 18 + 32 − 4 × 8 ÷ 3 = ?

On changing the symbols

= 18 × 32 ÷ 4 − 8 + 3

= 18 × 8 − 8 + 3

= 144 − 8 + 3

= 147 − 8

= 139

11.

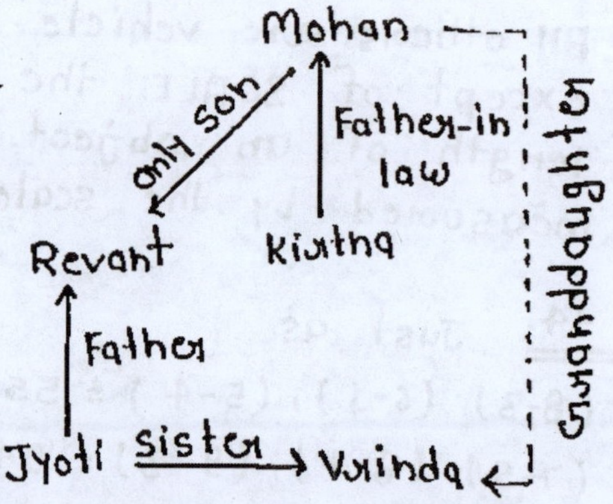

Hence Vrinda is Mohan's granddaughter.

12.

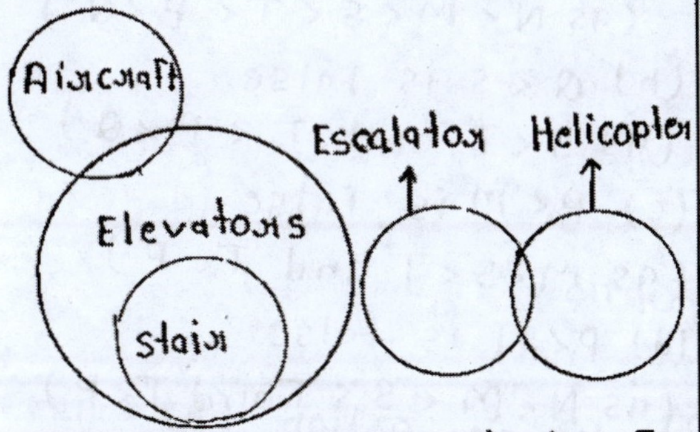

Therefore only conclusion I and IV logically follow the statement.

13. On arranging to make a meaningful word –

ARC = CAR
USB = BUS
LACES = SCALE
LECCY = CYCLE

All others are vehicle except of SCALE the length of an object is measured by the scale.

14. Just as,

(8-3), (6-1), (5-4) = 551
(7-5), (8-4), (9-3) = 246

similarly

(8-2), (6-4), (3-1) = 622

15. Option (c) are different from other options because the same digits are used in different order in all others.

16. From the given option

(a) W $\xrightarrow{-3}$ T $\xrightarrow{-2}$ R

(b) W $\xrightarrow{-2}$ U $\xrightarrow{-1}$ T (odd)

(c) M $\xrightarrow{-3}$ J $\xrightarrow{-2}$ H

(d) S $\xrightarrow{-3}$ P $\xrightarrow{-2}$ N

Hence, Option (b) is differant from others.

17. Just as

M O S T
(13 + 15 + 19 + 20) × 2
⇒ 67 × 2
⇒ 134

And,

F U R
(6 + 21 + 18) × 2
⇒ 45 × 2
⇒ 90

Same as,

S U C C E S S
(19 + 21 + 3 + 3 + 5 + 19 + 19) × 2
⇒ 89 × 2 = 178

Hence, option (b) is correct,

18. Just as,

CROW = (Number of letters)^3

= $(4)^3 = 64$

EAGLE = $(5)^3 = 125$

Same as,

PARROT = $(6)^3 = 216$

Hence, PARROT = 216

19. Just as,

72 : 14 (7×2)

Same as,

45 : 20 (4×5)

Hence option (c) is correct.

20. Just as-

S X 27 → 7 E 9

(S +7 → Z, X +7 → E, 27 ÷3 → 9)

And,

K P 72 → R W 24

(K +7 → R, P +7 → W, 72 ÷3 → 24)

Similarly,

F K 3 → M R 1

(F +7 → M, K +7 → R, 3 ÷3 → 1)

21. Just as, Bee lives in Hive same as, Hare lives in Burrow.

22. The given question figure is embedded in option figure (c).

23. Hence, option (b) will be the correct mirror image of given question figure.

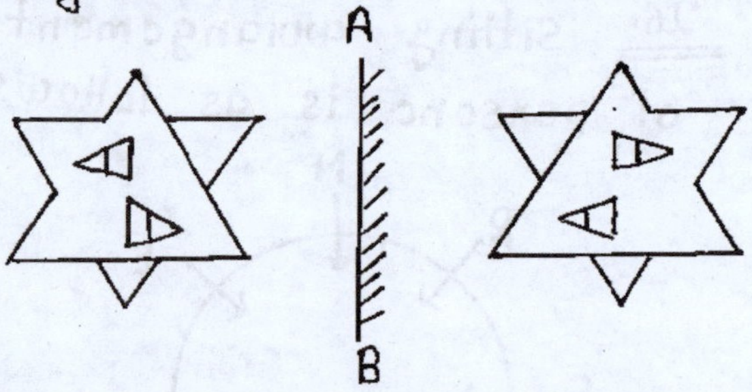

24. Such as,

$4^2 + 3 = 19$

$18^2 + 6 = 330$

Same as, $23^2 + 1 = 530$

25. Such as,

3	2	$3^2+2^2+5^2=38$ 38	5
5	3	$5^2+3^2+4^2$? = 50	4
7	1	$7^2+1^2+2^2=54$ 54	2

So option (a) is correct.

26. Sitting arrangement of persons is as follows,

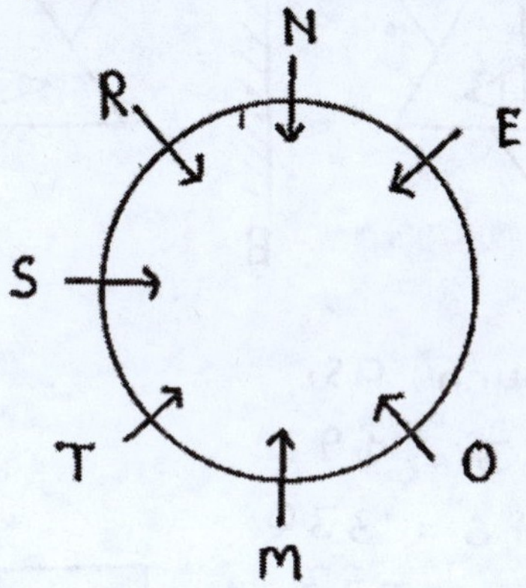

It is clear from the above that E and R are the immediate neighbours of N.

27. The order of sitting of Q, R, S, T, O and V around the cicular table facing towards the centre is as follows-

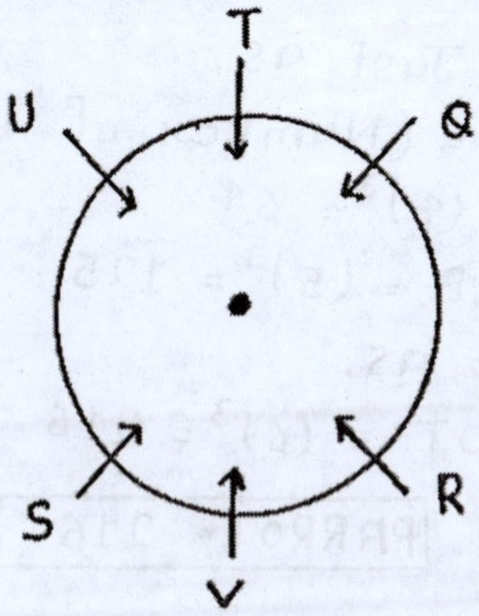

From the above it is clear that 'Two' people are sitting between U and R when counted from the right of R.

28.

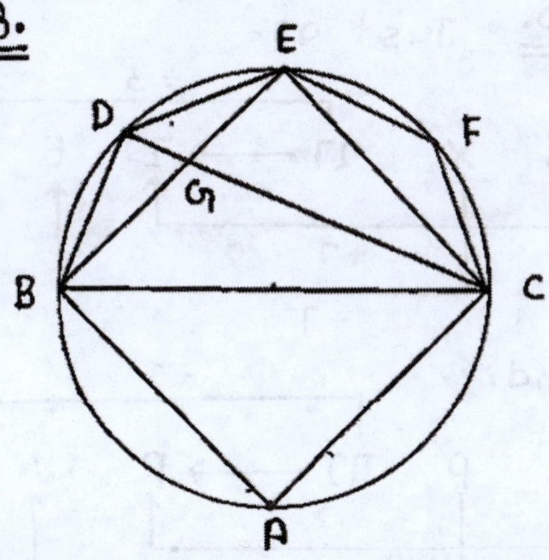

ΔABC + ΔBGC + ΔGEC + ΔEFC + ΔBEC + ΔBDE + ΔBDC + ΔDEC + ΔBDG + ΔDGE = 10

So there are 10 triangles in the figure.

29. On arranging the given words in a logical and meaningful order.

4. Triangl (Three sides)
1. Rectangle (Four sides)
5. Pentagon (Five sides)
2. Hexagon (six sides)
3. Nonagon (Nine sides)

Hence, Option (a) is correct.

30. According to the question

Given expression is.

$800 \times 16 - 8 \div 12 + 18$

On interchanging the signs –

$800 \div 16 + 8 \times 12 - 18$

$50 + 96 - 18$

$= 128$

Hence, option (a) is correct.

PRACTICE SET-24
HINTS & SOLUTIONS

1. Assumptions I and II both are implicit in the statement as it is clear from the statement that a warning has been written regarding compulsory ticket for travelling. Financial penalty and one month punishment has also been mentioned for passengers travelling without a ticket therefore, no penalty will be imposed on the passengers carrying tickets.

2. Despite the increase in petroleum production in India, we still import petrol because per capita consumption of petrol in India has increased and many Indian petroleum refining companies are not able to meet the demand of petrol in India. Hence either prediction I or II is implicit.

3. The given series is as follows –

729	512	343	216	125
↓	↓	↓	↓	↓
9^3	8^3	7^3	6^3	5^3

4. The given series is as follows,

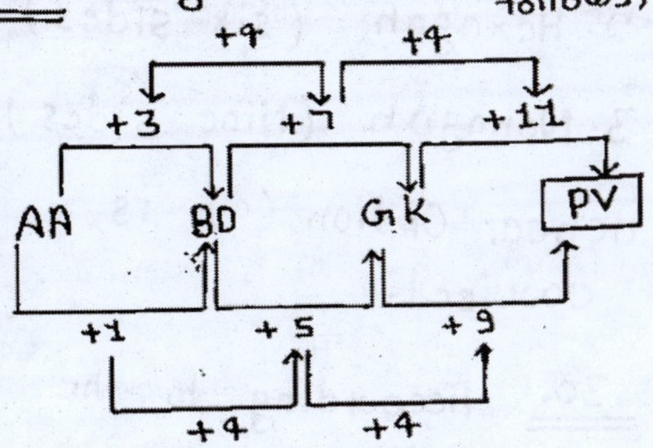

Hence, ? = PV

5. According to the question the venn diagram is as follows –

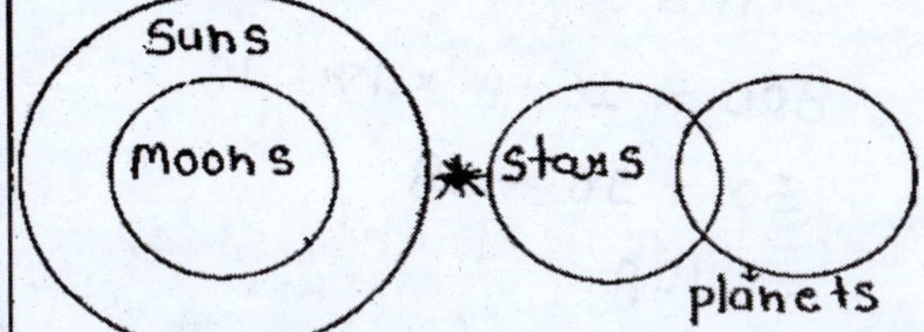

Conclusion:
(I) ×
(II) ×
(III) ×

It is clear from above that none of the conclusions follows the statement.
So, option (b) is correct.

6. Diksha > Shruti > Anjali > Beena > Chintu
Beena is the fourth oldest.

7. (1) P < C is True.
(as P < H = C)
(2) G > P is True.
(as G ≥ B > D > P)
(3) D < C is False.
(as D > P < H = C)
(4) B > P is True.
(as B > D > P)
So, option (3) is Incorrect.

8. $25 * 5 * 35 * 20 * 2$
according to the option (a)
$25 = 5 \times 35 \div 20 + 2$
$25 = 5 \times \frac{35}{20} + 2$
$25 = \frac{35}{4} + 2$
Left side ≠ Right side
From option (b)
$25 + 5 = 35 \times 20 \div 2$
$\Rightarrow 30 = 350$
Left side ≠ Right side
from option (c)
$25 \div 5 + 35 = 20 \times 2$
$\Rightarrow 40 = 40$
Left side = Right side

9.
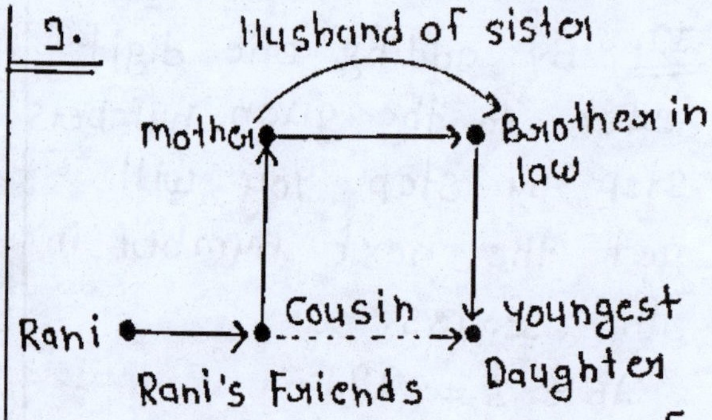

Hence the girl is cousin of Rani's Friends.

10.
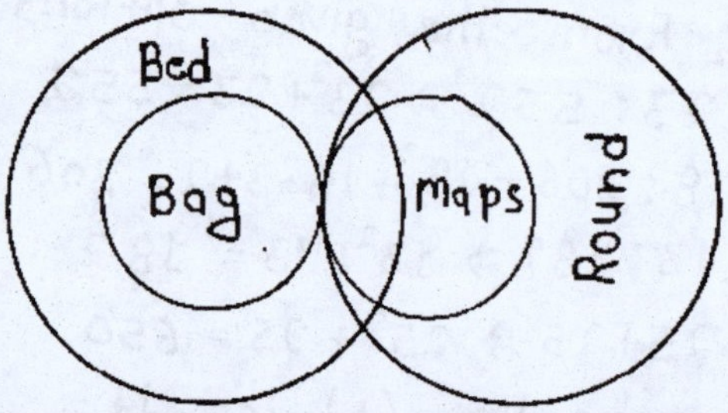

Therefore neither conclusion I nor II can be drawn.

11.
AWAY = 2341 = WAYA
1234
MEET = 2341 = EETM
1234
HAVE = 2341 = AVEH
1234
LIKE = 3214 = KILE
1234
Hence it is clear that option (c) is different from other options.

12. By adding one digit each to the given numbers step by step. You will get the next number in the series.

$26 + 3 = 29$

$29 + 4 = 33$

$33 + 5 = 38$

$38 + 6 = \boxed{44}$

13. From the given options

(a) $23 : 552 \Rightarrow 23^2 + 23 = 552$

(b) $18 : 306 = 18^2 + 18 = 342 \neq 306$

(c) $13 : 182 \Rightarrow 13^2 + 13 = 182$

(d) $25 + 25 \Rightarrow 25^2 + 25 = 650$

Hence, option (b) is odd.

14. From the given options-

FBL ⟶ (2×6) = 12

DDP ⟶ (4×4) = 16

GCV ⟶ (7×3)+1 = 22

BJT ⟶ (2×10) = 20

Multiplying the code digits of the first two letters of the letter pair gives the third letter, whereas option (c) does not follow it.

15. Just as

ALPINE → 1+12+16+9+14+5

= 57× (no. of vowel)

= 57 × 3 = 171

SPRING → 19+16+18+9+14+7

= 83

= 83× multiply by no. of vowels

= 83×1 = 83

Same as,

CAPITAL → 3+1+16+9+20+1+12 = 62

= 62× multiply by no. of vowels

= 62× 3 = 186

16. Just as,

T ⟶ 20×2 = 40

O ⟶ 15×2 = 30

M ⟶ 13×2 = 26

A ⟶ 1×2 = 2

T ⟶ 20×2 = 40

O ⟶ 15×2 = 30

And,

G ⟶ 7×2 = 14

I ⟶ 9×2 = 18

N ⟶ 14×2 = 28

G ⟶ 7×2 = 14

E ⟶ 5×2 = 10

R ⟶ 18×2 = 36

Same as,

G ⟶ 7×2 = 14

A ⟶ 1×2 = 2

R ⟶ 18×2 = 36

L ⟶ 12×2 = 24

I ⟶ 9×2 = 18

C ⟶ 3×2 = 6

Hence, GARLIC be coded as 14-2-36-24-18-6

17. Just as,

(12, 8, 28) ⇒ $12 + 2 \times 8 = 28$

And (34, 9, 52) ⇒ $34 + 2 \times 9 = 52$

Similarly,

From option (d),

(62, 11, 84) ⇒ $62 + 11 \times 2 = 84$

∴ Option (d) will be correct.

18. Just as,

C → G (+4), E → I (+4), 13 → 19 (+6)

And,

K → O (+4), M → Q (+4), 19 → 25 (+6)

Similarly

S → W (+4), U → Y (+4), 17 → 23 (+6)

W Y 23

19. Just as, Trump is an action while playing Bridge. Similarly, Dribbing is an attacking move in Football.

Hence, option (c) is correct pair.

20. The given question figure is embedded in the option figure (b).

21. By placing a mirror on the right side of the given question figure, the option figure (c) will be the correct image.

22. Such as,

$(48 - 28) \times 3 = 20 \times 3 = 60$

and $(71 - 65) \times 18 = 6 \times 18 = 108$

In the same way

$(35 - ?) \times 7 = 98 \Rightarrow 35 - ? = 14$

$\Rightarrow ? = 35 - 14$

$? = 21$

So, **? = 21**

23. Such as,

$\frac{28}{2} \times \frac{36}{2} = 14 \times 18 = 252$

and, $\frac{30}{2} \times \frac{32}{2} = 15 \times 16 = 240$

Same as, $\frac{36}{2} \times \frac{18}{2} = 18 \times 9$

$= $ **162**

24. The sitting arrangement is as follows-

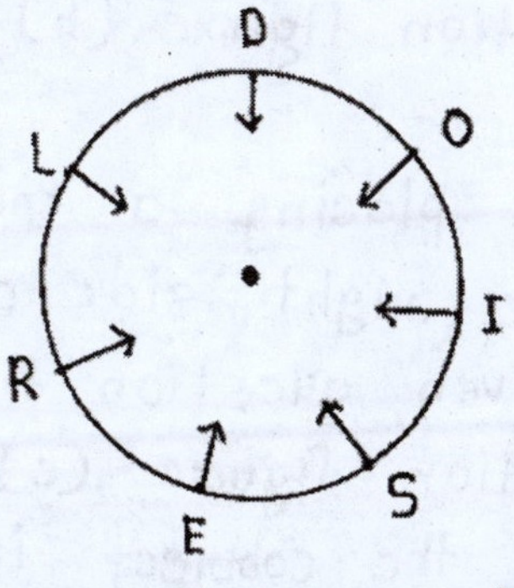

Hence, S and O are the immediate neighbours of I.

25. According to the question

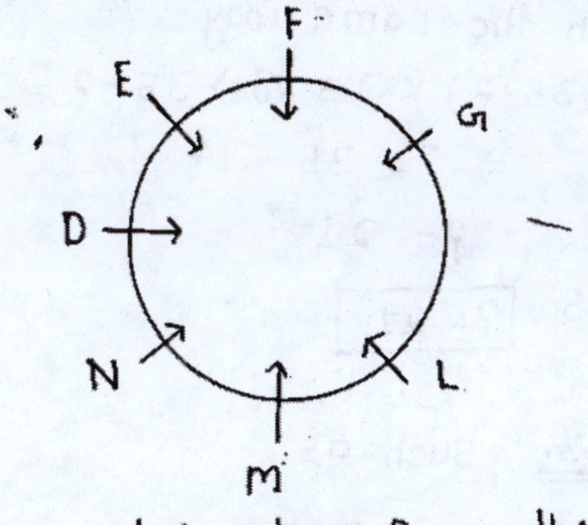

Hence, it is clear from the above diagram that F sits third to the right of M.

26.

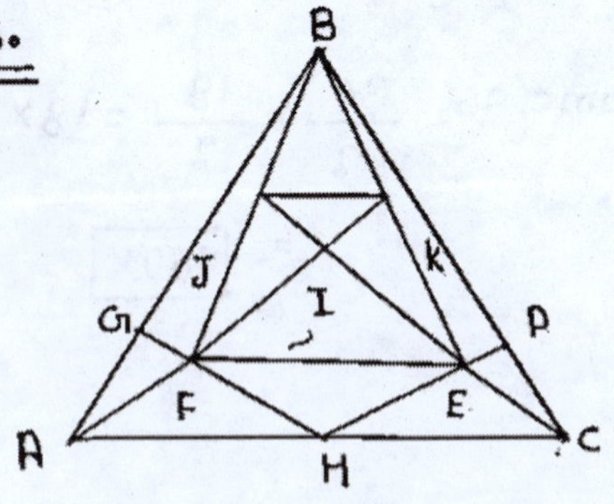

ΔBJK + ΔIJK + ΔIFE + ΔIJF + ΔIKE + ΔBGF + ΔBDE + ΔAGF + ΔAFH + ΔFEH + ΔHEC + ΔEDC = 12

ΔAGH + ΔCHD + ΔABF + ΔCBE + ΔJEF + ΔEKF + ΔKJE + ΔFJE = 8

ΔBKF + ΔBJE + ΔBFE + ΔAIC + ΔAKB + ΔCJB + ΔABC = 7

So total number of triangles 12 + 8 + 7 = 27

27. The correct and logical sequnce of given words-

(4) Foetus → (5) Baby → (1) Toddler → (3) Adolecent → (2) Adult

Hence, option (b) is correct.

28. 163 ÷ 3 + 147 × 7 − 1 = ?

Interchanging the sing ('+' and '−') and ('×' and '÷')

163 × 3 − 147 ÷ 7 + 1 = ?

163 × 3 − 21 + 1 = ?

489 − 21 + 1 = ?

490 − 21 = ?

? = 469

29. According to the question, the blood relation diagram is as follows —

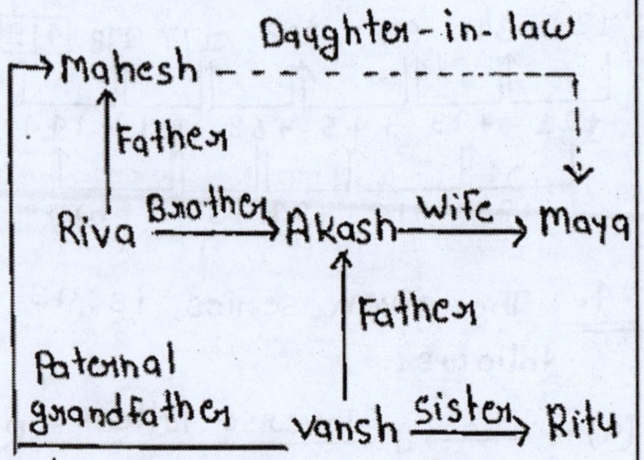

It is clear from above diagram that Maya is the daughter-in-law of Mahesh. Hence option (a) is correct.

30. Side of larger cube = 125 cm long

Side of smaller cube = 25 cm long

∴ Total number of face in each side (A) $= \frac{125}{25} = 5$

$\boxed{n = 5}$

Atleast two face painted means that 2 or 3 faces are painted

∴ For 2 face painted,

$12(n-2) = 12(5-2) = 36$ cubes

for 3 face painted that means it has always 8 cubes,

∴ Total smaller cube $= 36 + 8 = 44$

PRACTICE SET-25
HINTS & SOLUTIONS

1. As it is clearly written on the board of the clinic that the sales person is not allowed to visit the doctor. Which is expected that the sales officers will not come to the clinic to meet the doctor and if they have come then receptionist can stop them.
Hence both predictions I and II follows.

2. It is clear from the logic that by increasing the fare by 10%, the bus travel company BEST, passengers can go by buses with low fares or they can go by the same bus even if the number of passengers is very high that means the number of passengers may remain the same.
Hence it is clear both the predictions are implicit in the statement therefore both predictions are correct Hence option (a) will be true.

3. The given series is as follows.

13 → 34 → 63 → 108 → 177 → 278 → [419]

+21, +29, +45, +69, +101, +141

+8, +16, +24, +32, +40

4. The given series is as follows.

(a) H $\xrightarrow{+2}$ J $\xrightarrow{\text{Inverse letter}+1}$ R (same)

(b) C $\xrightarrow{+2}$ E $\xrightarrow{\text{Inverse letter}+1}$ W (same)

(c) K $\xrightarrow{+2}$ M $\xrightarrow{\text{Inverse letter}+1}$ O (Same)

(d) D $\xrightarrow{+2}$ F $\xrightarrow{\text{Inverse letter}+}$ U (different)

Hence, option (d) is different.

5. On making the Venn diagram as per statement.

It is clear from the Venn diagram that neither conclusion I nor conclusion II follows.

6. VI > I > III > IV > VII > V > II

IV is the fourth oldest.

7. 1. G > C is True.
(as C = E < G)
2. G < C is falas.
(as C = E, E < G)
Only conclusion 1 follows.

8.
$= 25 - 2 + [3\{(10-4)^2 - 19 \times 2\}]$
$= 25 - 2 + [3\{(6)^2 - 38\}]$
$= 25 - 2 + [3 \times 36 - 38 \times 3]$
$= 25 - 2 + [3 \times (-2)]$
$= 25 - 2 - 6$
$= 25 - 8$
$= 17$

9.

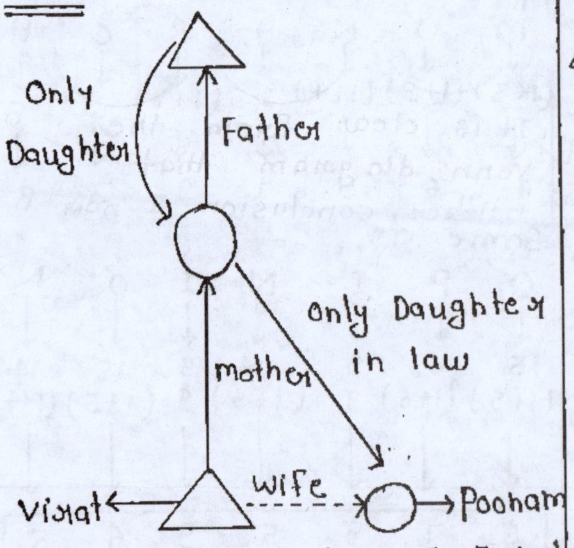

Hence Poonam is the wife of Virat

10.

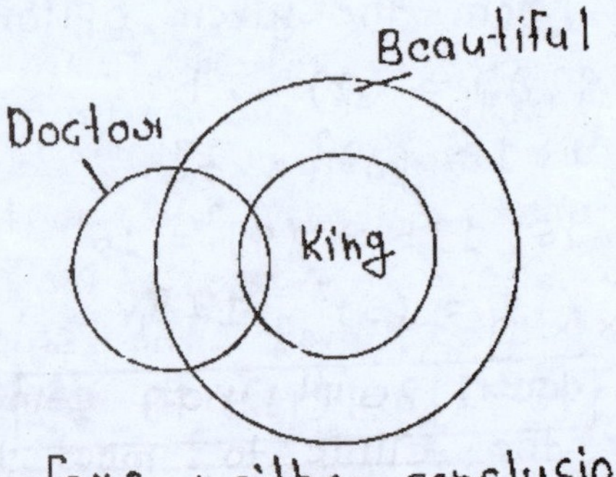

Therefore neither conclusion I nor II follows.

11. Cage → Rocket → Net → planets → Airoplane → cycles → car
'Earth' is planet and here the planet is called airoplane. Hence, Earth is called airoplane.

12. From the first figure.
$3^2 = 9, 4^2 = 16, 5^2 = 25, 6^2 = 36$
From the second figure
$4^2 = 16, 5^2 = 25, 6^2 = 36, 7^2 = 49$
From the third figure.
$6^2 = 36, 7^2 = 49$ $\boxed{8^2 = 64}$,
$9^2 = 81$
Hence ? = 64.

13. From the given options:

(a) 4 : 27 ⇒ $(2)^2 = 4$

⇒ $2+1 = (3)^2 = 27$

(b) 16 : 125 ⇒ $(4)^2 = 16$

⇒ $4+1 = (5)^3 = 125$

(c) 49 : 218 ⇒ $(7)^2 = 49$

⇒ $7+1 = (8)^3 \neq 218$

(d) 9 : 64 ⇒ $(3)^2 = 9$

⇒ $3+1 = (4)^3 = 64$

Hence, option (c) is an unequal number pair.

14. Form the given options

(a) U W Z B I

+2 +3 +2 +7

(b) N P S W B

+2 +3 +4 +5

(c) T V Y C H

+2 +3 +4 +5

(d) A C F J O

+2 +3 +4 +5

Hence option (a) is odd

15. Just as,

BANK (No. of letter) = 4

2 + 1 + 14 + 11 = Sum of letter = 28

Total number = 32

And

BRAKE → Number of letter = 5

2 + 18 + 1 + 11 + 5

→ Sum of letter = 37

Total sum = 42

Same as,

CLEVER → No of letter → 6

3 + 12 + 5 + 22 + 5 + 18

→ Sum of letter = 65

Total sum = 71

16. Just as,

H	E	C	T	A	R	E
8	5	3	(2+0)	1	(1+8)	5
8	5	3	2	1	9	5

And

M	O	N	A	R	C	H
(1+3)	(1+5)	(1+4)	1	(1+8)	3	8
4	6	5	1	9	3	8

Same as,

O	P	I	N	I	O	N
15	16	9	14	9	15	14
(1+5)	(1+6)	9	(1+4)	9	(1+5)	(1+4)
6	7	9	5	9	6	5

17. Just as,

$216 \div 6 = 36$

$12 \times 3 = 36$

And $408 \div 8 = 51$

$17 \times 3 = 51$

Same as, from option (b)-

$210 \div 5 = 42$

$14 \times 3 = 42$

Hence option (b) is correct

18. Just as:-

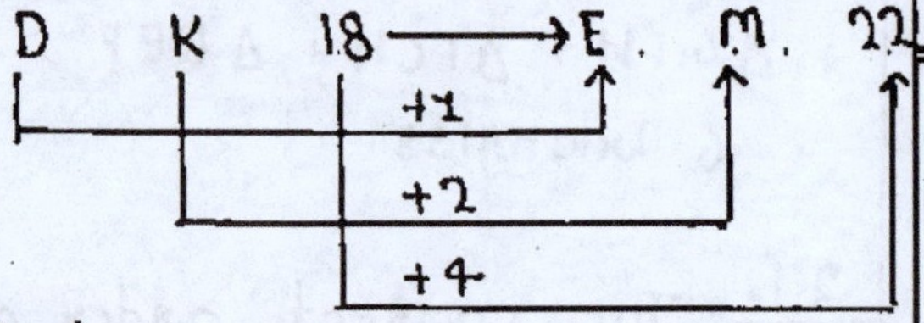

And

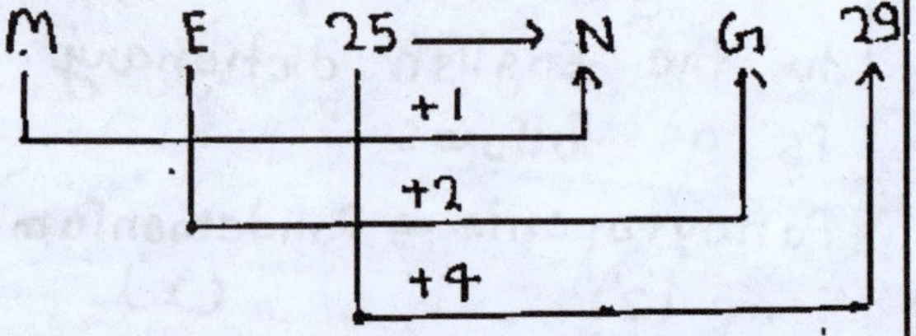

Similarly

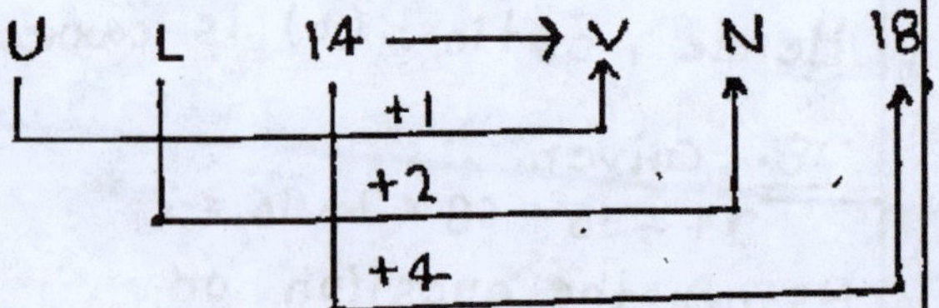

19. Just as, Mechanic works In Garage, same as, Doctors work in Hospital.

20. The given question figure is embedded in option figure (b).

21. If the mirror is placed on the right side of the given question figure, the mirror image of the figure will look like option figure (d)

22. Such as

$\frac{33+4}{11} = 3 \times 4 = 12$

and $\frac{39 \times 2}{6} = \frac{39}{3} = 13$

and $\frac{10 \times 7}{5} = 2 \times 7 = 14$

In the same way

$\frac{9 \times ?}{2} = 18$

$? = \frac{18 \times 2}{9} = 2 \times 2$

$? = 4$

So the number 4 will be replace the question mark (?).

23. Such as,

$9 \xrightarrow{\times 3+1} 28 \xrightarrow{\times 3+1} 85$

$7 \xrightarrow{\times 3+1} 22 \xrightarrow{\times 3+1} 67$

In the same way

$17 \xrightarrow{\times 3+1} 52 \xrightarrow{\times 3+1} \boxed{157}$

24. According to the question The sitting arrangement around a circular table is as follows -

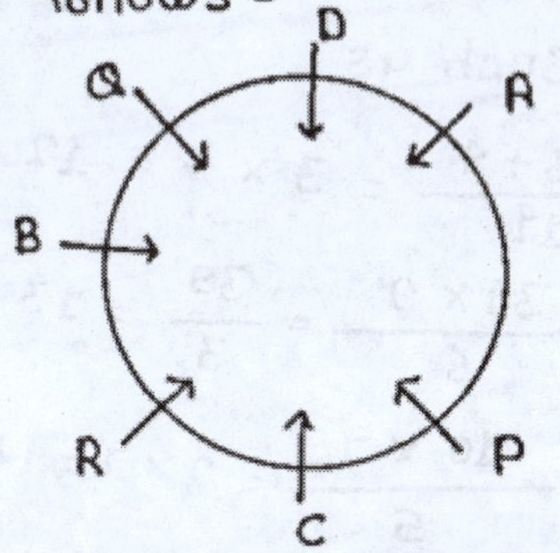

Hence from above it is clear that 'A' is sitting third to the right of R.

25. The sitting arrangement of six friend around a circular table is as follows -

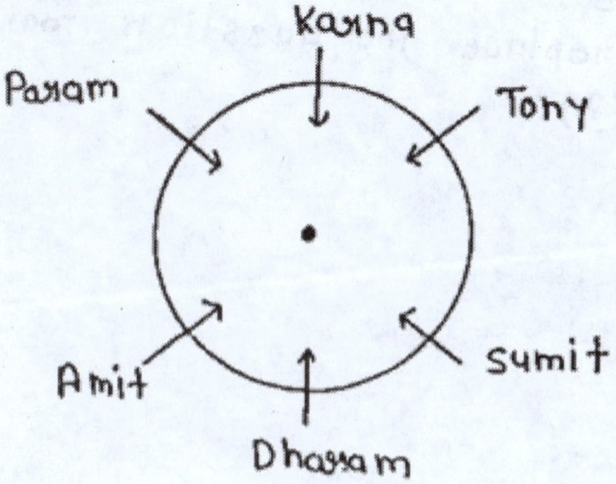

Hence, it is clear from the above that Param is sitting immediate left of Amit.

26.

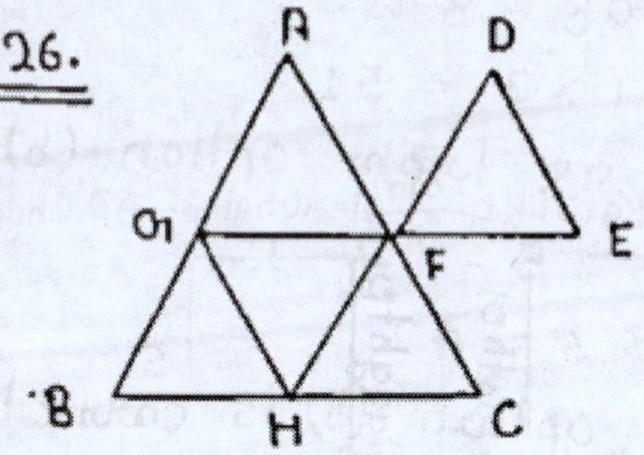

Total Number of Triangles

$= \Delta ABC + \Delta AGF + \Delta GBH + \Delta GFH + \Delta FCH + \Delta DEF$

= 6 Triangles.

27. The correct order of the given words according to the English dictionary is as follows

Pancytopenia → Pandemonium → Panegyric → Panelist → Pediculate
(3) (2) (5) (4) (1)

Hence, option (b) is correct.

28. Given

$24 \div 10 + 68 \times 2 - 16 = ?$

As per the question on interchanging the signs -

$\Rightarrow 24 \times 10 - 68 \div 2 + 6 = ?$

$\Rightarrow 240 - 34 - 16 = ?$

$\Rightarrow 256 - 34 = ?$

$\Rightarrow 222 = ?$

Hence, Option (a) is correct.

29. Blood relation diagram is as follows–

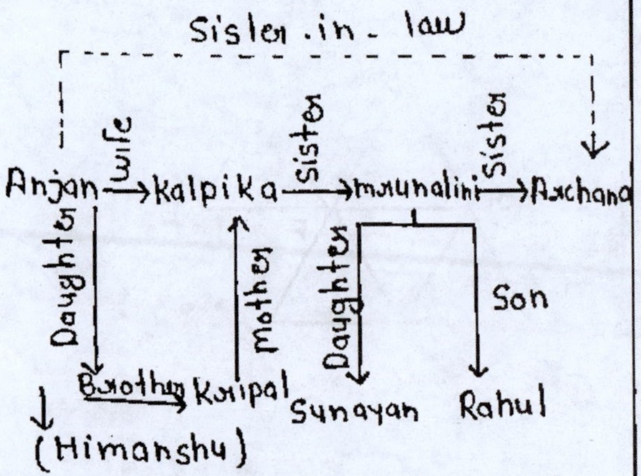

Hence, Archana is the sister-in-law of Anjan.

30. Opposite of 2 = 6

Opposite of 1 = 4

Opposite of 5 = 3

Opposite face do not appear together.

Hence, only dice B and C can be made.

NOTES